中华人民共和国交通运输部

公路工程标准施工招标文件

（2009年版）（下册）

交公路发〔2009〕221号

自2009年8月1日起施行

人民交通出版社

图书在版编目(CIP)数据

公路工程标准施工招标文件(2009 年版)/
中华人民共和国交通运输部编. --北京:人民交通
出版社,2009.5
ISBN 978-7-114-07722-7

I.公… II.中… III.道路工程-工程施工-
招标-文件-中国 IV.U415.13

中国版本图书馆 CIP 数据核字(2009)第 063526 号

Gonglu Gongcheng Biaozhun Shigong Zhaobiao Wenjian
书　　名:**公路工程标准施工招标文件(2009年版)(下册)**
著 作 者:中华人民共和国交通运输部
责任编辑:沈鸿雁　刘永超
出版发行:人民交通出版社股份有限公司
地　　址:(100011)北京市朝阳区安定门外外馆斜街 3 号
网　　址:www.ccpress.com.cn
销售电话:(010) 59757973
总 经 销:人民交通出版社股份有限公司发行部
经　　销:各地新华书店
印　　刷:北京市密东印刷有限公司
开　　本:880×1230　1/16
印　　张:31
总 字 数:964 千
版　　次:2009 年 5 月　第 1 版
印　　次:2017 年 6 月　第 16 次印刷
书　　号:ISBN 978-7-114- 07722- 7
总 定 价:128.00 元 (上、下册)
(有印刷、装订质量问题的图书由本社负责调换)

关于发布公路工程标准施工招标资格预审文件和公路工程标准施工招标文件2009年版的通知

交公路发〔2009〕221号

各省、自治区、直辖市、新疆生产建设兵团交通运输厅(局、委),天津市市政公路管理局:

为加强公路工程施工招标管理,规范资格预审文件和招标文件编制工作,我部在国家九部委联合编制的《标准施工招标资格预审文件》和《标准施工招标文件》(以下简称《标准文件》)基础上,结合公路工程施工招标特点和管理需要,组织制定了《公路工程标准施工招标资格预审文件》(2009年版)和《公路工程标准施工招标文件》(2009年版)(以下简称《公路工程标准文件》),现予发布。

《公路工程标准文件》中“申请人须知”、“资格审查办法”、“投标人须知”、“评标办法”和“通用合同条款”等部分,与《标准文件》内容相同的只保留条目号,具体内容见《标准文件》。《标准文件》电子文本可在我部网站(www.moc.gov.cn)“下载中心”下载。

《公路工程标准文件》自2009年8月1日起施行,原《公路工程国内招标文件范本》(2003年版)同时废止,之前根据《公路工程国内招标文件范本》完成招标工作的项目仍按原合同条款执行。

自施行之日起,必须进行招标的二级及以上公路工程应当使用《公路工程标准文件》,二级以下公路项目可参照执行。在具体项目招标过程中,招标人可根据项目实际情况,编制项目专用文件,与《公路工程标准文件》共同使用,但不得违反九部委56号令的规定。

请各地交通运输主管部门加强对《公路工程标准文件》贯彻落实情况的监督检查,并注意收集有关意见和建议,及时向部反馈。

中华人民共和国交通运输部

二〇〇九年五月十一日

主题词:公路　施工　招标　通知

抄送:北京市路政局,中国公路建设行业协会。

交通运输部办公厅　　2009年5月12日印发

《公路工程标准施工招标文件》
审定委员会

主 任 委 员:李　华

副主任委员:胡　滨　王松波

委　　　员:熊哲清　陈悦海　解绍璋　吴大元　潘晓东　李　丁　冷曦晨
谢家全　何通海　王登科　陈　飚　朱青云　蒋振雄　王康臣
徐　涛　王淑波　杜会民　李小林　孙国富　孙旭东

编 写 人 员

主　　编:石国虎　胡　滨　王松波　高会晋　李伟雄

编写人员:袁　静　彭耀军　王海臣　李锺根　韩　涛　张海斌　阮明华
于　光　王恒斌　王　林　鲍秀铎　肖颂鸿　刘月波　张鸿飞
程　磊　白金岭　王秋远

使用说明

一、为加强公路工程施工招标管理，规范招标文件编制工作，交通运输部公路局组织华杰工程咨询有限公司和国内专家对2003年版《公路工程国内招标文件范本》进行修订并经审定形成了《公路工程标准施工招标文件》(2009年版)(以下简称《公路工程标准施工招标文件》)。

二、交通运输部《公路工程标准施工招标文件》以《标准施工招标文件》(2007年版)(以下简称《标准施工招标文件》)为依据，考虑公路工程施工的招标特点和管理需要编制而成。《标准施工招标文件》规定通用部分，《公路工程标准施工招标文件》补充公路工程行业内容，两者结合使用，其中《公路工程标准施工招标文件》不加修改地引用了《标准施工招标文件》的部分只标注相关条款号，其内容详见《标准施工招标文件》。

三、《公路工程标准施工招标文件》适用于各等级公路和桥梁、隧道建设项目，且设计和施工不是由同一承包人承担的工程施工招标。

四、招标人根据《公路工程标准施工招标文件》编制项目招标文件时，不得修改"投标人须知"和"评标办法"正文，但可在前附表中对"投标人须知"和"评标办法"进行补充、细化，补充和细化的内容不得与"投标人须知"和"评标办法"正文内容相抵触。

五、招标人在根据《公路工程标准施工招标文件》编制项目招标文件中的"项目专用合同条款"时，可根据招标项目的具体特点和实际需要，对"通用合同条款"及"公路工程专用合同条款"进行补充、细化，除"通用合同条款"明确"专用合同条款"可作出不同约定以及"公路工程专用合同条款"明确"项目专用合同条款"可作出不同约定外，补充和细化的内容不得与"通用合同条款"及"公路工程专用合同条款"强制性规定相抵触。同时，补充、细化或约定的不同内容，不得违反法律、行政法规的强制性规定和平等、自愿、公平和诚实信用原则。

六、《公路工程标准施工招标文件》用相同序号标示的章、节、条、款、项、目，供招标人选择使用；以空格标示的由招标人填写的内容，招标人应根据招标项目具体特点和实际需要具体化，确实没有需要填写的，在空格中用“/”标示。

七、招标人按照《公路工程标准施工招标文件》第一章的格式发布招标公告或发出投标邀请书后，将实际发布的招标公告或实际发出的投标邀请书编入出售的招标文件中，作为招标文件的组成部分。其中，招标公告应同时注明发布的所有媒介名称。

八、《公路工程标准施工招标文件》第三章“评标办法”分别规定合理低价法、综合评估法和经评审的最低投标价法三种评标方法，供招标人根据招标项目具体特点和实际需要选择适用。

第三章“评标办法”前附表应列明全部评审因素和评审标准，并在本章(前附表及正文)标明投标人不满足其要求即导致废标的全部条款。废标条款应以醒目的方式提示。

招标人选择适用综合评估法的，在满足交通运输部相关规定的前提下，各评审因素的评审标准、分值和权重等由招标人自主确定。

招标人选择适用各种评标方法时，也可采用双信封形式，具体说明详见《公路工程标准施工招标文件》。

九、第五章“工程量清单”由招标人根据《公路工程标准施工招标文件》、招标项目具体特点和实际需要编制，并与“投标人须知”、“通用合同条款”、“专用合同条款”、“技术规范”、“图纸”相衔接。第五章所附表格可根据有关规定作相应的调整和补充。

十、第六章“图纸”由招标人根据《公路工程标准施工招标文件》、招标项目具体特点和实际需要编制，并与“投标人须知”、“通用合同条款”、“专用合同条款”、“技术规范”相衔接。

十一、第七章“技术规范”由招标人根据《公路工程标准施工招标文件》、招标项目具体特点和实际需要编制。“技术规范”中的各项技术标准应符合国家强制性标准，不得要求或标明某一特定的专利、商标、名称、设计、原产地或生产供应者，不得含有倾向或者排斥潜在投标人的其他内容。如果必须引用某一生产供应者的技术标准才能准确或清楚地说明拟招标项目的技术标准时，则应当在参照后面加上“或相当于”字样。

十二、各使用单位或个人对《公路工程标准施工招标文件》的修改意见和建议，请及时反馈交通运输部。

总　目　录

第一卷（另册出版）

第二卷（另册出版）

第三卷（本册出版）

第四卷（另册出版）

目　录

第100章　总　则

第200章　路　基

第300章　路　面

第400章　桥梁、涵洞

第500章　隧　　道

第 600 章　安全设施及预埋管线

第 700 章　绿化及环境保护设施

第 100 章　总　则

第 101 节　通　　则

101.01　范围

1. 本规范适用于新建、扩建或改建高等级公路项目及其他公路项目的施工与管理。

2. 本规范对工程在施工中使用的原材料、半成品或成品，隐蔽工程以及施工原始资料和记录，均进行一系列的控制与检查，使工程质量符合规定的质量标准。在每一章节的施工要求中均对质量标准、质量等级、检验内容和方法等提出了要求。如有未写明之处，应按照国家和交通运输部现行有关规范规定且经监理人批准后执行。

3. 本规范仅为方便起见划分为若干章节，阅读时应将本规范视作一个整体。

4. 凡本规范或与本规范有关的其他规范及图纸中未规定的细节，或在涉及到任何条款的细节没有明确的规定时，都应认为指的是需经监理人同意的我国公路工程的常规做法。

101.02　定义

1. 本规范中使用的工程名词术语均采用《道路工程术语标准》(GBJ 124—88)、《公路工程技术标准》(JTG B01—2003)、《公路工程名词术语》(JTJ 002—87)等标准文件中所列明的词语及其定义。

2. 除合同条款已规定的词语定义外，凡在本规范中使用的下列名词，其含义分别为：

工作或作业：指根据合同条款规定或根据合同合理地推及的，为本工程(包括永久工程和临时工程)施工与维护所需要的劳务(包括管理)、材料、施工设备和其他物品的提供。

图纸：指包含在合同中的工程图纸，以及由发包人按合同提供的任何补充和修改的图纸，包括配套的说明。

施工工艺图：要求承包人提供并提交经监理人批准的施工工艺图表、施工工艺转化图、应力图表、装配图、安装图、结构骨架图或其他补充图纸或类似资料。

3. 本规范的编写，分别按章、节、小节、条、款、项、目序列表达。在规范条文中相互引用时，其表示方式示例如下：

300 章、400 章……

301 节、302 节……

301.01 小节、301.02 小节……

301.01-1 条、301.01-2 条……

301.01-1(1)款、301.01-1(2)款……

301.01-1(1)a 项、301.01-1(1)b 项……

301.01-1(1)a(a)目、301.01-1(1)a(b)目……

101.03 缩写词

1. 国家标准、协会标准与行业标准

本规范采用以下缩写词来表示国家、工程建设标准化协会、各工程建设标准主管部门发布的文件、标准与规范。

GB、GB/T、GBJ	中华人民共和国国家标准
CECS、SHC	中国工程建设标准化协会标准
JG 、JG/T、 JGJ、JGJ/T、CJ、CJ/T、CJJ、CJJ/T	中华人民共和国建筑行业标准
JT、JT/T、JTJ、JTJ/T、JTG	中华人民共和国交通运输行业标准
TB、TB/T、TBJ	中华人民共和国铁路行业标准
DL、DL/T	中华人民共和国电力行业标准
HG、HG/T,HGJ	中华人民共和国化工行业标准
SL、SL/T	中华人民共和国水利行业标准
YB、YB/T,YBJ	中华人民共和国冶金工业行业标准
JCJ	中华人民共和国建材行业标准
YD、YD/T、YDJ	中华人民共和国信息产业行业标准

2. 计量支付单位

计量支付单位应采用如下缩写符号:

米(延米)	m
毫米	mm
微米	μm
平方米	m^2
平方毫米	mm^2
立方米	m^3
千克	kg
吨	t
牛(顿)	N
千牛(顿)	kN
帕(斯卡)	Pa
千帕(斯卡)	kPa
兆帕(斯卡)	MPa
摄氏度	℃
天	d
小时	h
分	min
秒	s

101.04 标准与规范

1. 在工程实施中所采用的材料设备与工艺,应符合本规范及本规范引用的其他标准与规范的相应要求。

2. 在工程实施全过程中，所引用的标准或规范如果有修改或新颁，应由发包人决定是否用新标准或规范，承包人应在监理人的监督下按发包人的决定执行。采用新标准、规范所增加的费用由发包人承担。

3. 对于工程所采用的标准或规范的任何部分，当承包人认为改用其他标准或规范，能够保证工程达到更高质量时，承包人应在 42d 前报经监理人审批后，方可采用；否则，承包人应严格执行本规范。但这种批准，应不免除承包人根据合同条款规定的任何责任。

4. 当适用于工程的几种标准与规范出现意义不明或不一致时，应由监理人作出解释和校正，并就此向承包人发出指令。除非本规范另有规定，在引用的标准或规范发生分歧时，应按以下顺序优先考虑：

a. 本规范。

b. 中华人民共和国国家标准。

c. 有关部门标准与规范。

101.05　承包人的施工机械

1. 一般要求

(1) 用于工程施工的一切施工机械，必须类型齐全、配套完整并与施工质量和进度相适应，其机械状况应满足工程要求，并能做出保证质量的作业。

(2) 施工机械的使用与操作，应不使路基、路面、结构物、邻近的公用设施、财产或其他公路受到损伤、损坏或造成污染。

(3) 承包人承诺的施工设备必须按时到达现场，不得拖延、缺短或任意更换。尽管承包人已按承诺提供了上述设备，但若承包人使用的施工设备不能满足合同进度计划和(或)质量要求时，监理人有权要求承包人增加或更换施工设备。承包人应及时增加或更换，由此增加的费用和(或)工期延误由承包人承担。

2. 规范规定的施工机械

(1) 如规范要求某项作业需由某种施工机械来完成，则必须使用该种施工机械，除非监理人批准使用其他机械。

(2) 如果承包人要求使用非规范所规定的施工机械，则应向监理人提交书面申请，对替换使用的施工机械应充分说明和解释作出这一变动的原因。

(3) 上述书面申请必须获得监理人批准后，替换施工机械方可投入使用。同时，丝毫不能免除承包人按合同所规定的任何责任或义务。

(4) 如果替换的机械经试用后，监理人判定其作业成果不能满足规范要求，承包人应中止使用该替换机械，并应按照监理人指示仍使用规范要求的施工机械进场，发生的费用由承包人负担。

(5) 根据工程的实施，承包人在提交施工进度计划时应附上一份详细的进场施工机械表。表中应包括各种机械的型号、能量大小、功率、产地、出厂日期、数量以及进入工地的日期，并报监理人批准。承包人应在监理人批准的时间内将表列所有施工机械装备运至工地。没有监理人的书面同意，承包人不得将施工机械运出工地。

101.06 工程量的计量

1. 一般要求

(1)本规范所有工程项目,除个别注明者外,均采用中国法定的计量单位,即国际单位及国际单位制导出的辅助单位进行计量。

(2)本规范的计量与支付,应与合同条款、工程量清单以及图纸同时阅读,工程量清单中的支付项目号和本规范的章节编号是一致的。

(3)任何工程项目的计量,均应按本规范规定或监理人书面指示进行。

(4)按合同提供的材料数量和完成的工程数量所采用的测量与计算方法,应符合本规范规定。所有这些方法,应经监理人批准或指示。承包人应提供一切计量设备和条件,并保证其设备精度符合要求。

(5)除非监理人另有准许,一切计量工作都应在监理人在场情况下,由承包人测量、记录。有承包人签名的计量记录原本,应提交给监理人审查和保存。

(6)工程量应由承包人计算,由监理人审核。工程量计算的副本应提交给监理人,并由监理人保存。

(7)全部必需的模板、脚手架、装备、机具、螺栓、垫圈和钢制件等其他材料,应包括在工程量清单中所列的有关支付项目中,均不单独计量。

(8)除监理人另有批准外,凡超过图纸所示的面积或体积,都不予计量与支付。

(9)承包人应严格标准计量基础工作和材料采购检验工作。沥青混凝土、沥青碎石、水泥混凝土、高强度等级水泥砂浆的施工现场必须使用电子计量设备称重。因不符合计量规定引发质量问题,所发生的费用由承包人承担。

(10)如本规范规定的任何分项工程或其子目未在工程量清单中出现,则应被认为是其他相关工程的附属工作,不再另行计量。

2. 重量

(1)凡以重量计量或以重量作为配合比设计的材料,都应在精确与批准的磅秤上,由称职合格的人员在监理人指定或批准的地点进行称重。

(2)称重计量时应满足以下条件:监理人在场;称重记录;载有包装材料、支撑装置、垫块、捆束物等重量的说明书在称重前提交给监理人作为依据。

(3)钢筋、钢板或型钢计量时,应按图纸或其他资料标示的尺寸和净长计算。搭接、接头套筒、焊接材料、下脚料和固定、定位架立钢筋等,则不予计量。钢筋、钢板或型钢应以千克计量,四舍五入,不计小数。钢筋、钢板或型钢由于理论单位重量与实际单位重量的差异而引起材料重量与数量不相匹配的情况,计量时不予考虑。

(4)金属材料的重量不得包括施工需要加放或使用的灰浆、楔块、填缝料、垫衬物、油料、接缝料、焊条、涂敷料等重量。

(5)承运按重量计量的材料的货车,应每天在监理人指定的时间和地点称出空车重量。每辆货车还应标示清晰易辨的标记。

(6)对有规定标准的项目,例如钢筋、金属线、钢板、型钢、管材等,均有规定的规格、重量、截面尺寸等指标,这类指标应视为通常的重量或尺寸;除非引用规范中的允许偏差值加以控制，否则可用制造商的允许偏差。

3. 面积

除非另有规定，计算面积时，其长、宽应按图纸所示尺寸线或按监理人指示计量。对于面积在 $1m^2$ 以下的固定物（如检查井等）不予扣除。

4. 结构物

（1）结构物应按图纸所示净尺寸线，或根据监理人指示修改的尺寸线计量。

（2）水泥混凝土的计量应按监理人认可的并已完工工程的净尺寸计算，钢筋的体积不扣除，倒角不超过 $0.15m \times 0.15m$ 时不扣除，体积不超过 $0.03m^3$ 的开孔及开口不扣除，面积不超过 $0.15m \times 0.15m$ 的填角部分也不增加。

（3）所有以延米计量的结构物（如管涵等），除非图纸另有表示，应按平行于该结构物位置的基面或基础的中心方向计量。

5. 土方

（1）土方体积可采用平均断面积法计算，但与似棱体公式（prismoidal formula）计算结果比较，如果误差超过 ±5% 时，监理人可指示采用似棱体公式。

（2）各种不同类别的挖方与填方计量，应以图纸所示界线为限，而且应在批准的横断面图上标明。

（3）用于填方的土方量，应按压实后的纵断面高程和路床面为准来计量。承包人报价时，应考虑在挖方或运输过程中引起的体积差。

（4）在现场钉桩后 56d 内，承包人应将设计和进场复测的土方横断面图连同土方的面积与体积计算表一并提交监理人批准。所有横断面图都应标有图题框，其大小由监理人指定。一旦横断面图得到最后批准，承包人应交给监理人原版图及三份复制图。

6. 运输车辆体积

（1）用体积计量的材料，应以经监理人批准的车辆装运，并在运到地点进行计量。

（2）用于体积运输的车辆，其车厢的形状和尺寸应使其容量能够容易而准确地测定并应保证精确度。每辆车都应有明显标记。每车所运材料的体积应于事前由监理人与承包人相互达成书面协议。

（3）所有车辆都应装载成水平容积高度，车辆到达送货点时，监理人可以要求将其装载物重新整平，对超过定量运送的材料将不支付。运量达不到定量的车辆，应被拒绝或按监理人确定减少的体积接收。根据监理人的指示，承包人应在货物交付点，随机将一车材料刮平，在刮平后如发现货车运送的材料少于定量时，从前一车起所有运到的材料的计量都按同样比率减为目前的车载量。

7. 重量与体积换算

（1）如承包人提出要求并得到监理人的书面批准，已规定要用立方米计量的材料可以称重，并将此重量换算为立方米计量。

（2）将重量计量换算为体积计量的换算系数应由监理人确定，并应在此种计量方法使用之前征得承包人的同意。

8. 沥青和水泥

（1）沥青和水泥应以千克（kg）计量。

(2)如用货车或其他运输工具装运沥青材料,可以按经过检定的重量或体积计算沥青材料的数量,但要对漏失量或泡沫进行校正。

(3)水泥可以以袋作为计量的依据,但一袋的标准应为50kg。散装水泥应称重计量。

9. 成套的结构单元

如规定的计量单位是一成套的结构物或结构单元(实际上就是按"总额"或称"一次支付"计的工程子目),该单元应包括了所有必需的设备、配件和附属物及相关作业。

10. 标准制品项目

(1)如规定采用标准制品(如护栏、钢丝、钢板、轧制型材、管子等),而这类项目又是以标准规格(单位重、截面尺寸等)标识的,则这种标识可以作为计量的标准。

(2)除非所采用标准制品的允许误差比规范的允许误差要求更严格,否则,生产厂确立的制造允许误差不予认可。

101.07 图纸

1. 发包人提供的图纸中的工程数量表内数值,仅供施工作业时参考,并不代表支付项目,因此不能作为计量与支付的依据。

2. 承包人施工时应核对图中标注的构造物尺寸和高程。发现错误时,应立即和监理人联系,按照监理人批准的尺寸及高程实施。

3. 合同授予后,监理人(发包人)可提供进一步的详细图纸或补充图纸,供完成施工工艺图参考。但这并不免除承包人完成施工工艺图和对施工质量负责的任何义务。承包人应向监理人提出图纸使用计划,以保证施工进度不被延误。

101.08 工程变更

工程实施过程中的工程变更应按照合同条款第15条的相关规定执行。

101.09 税金和保险

1. 承包人应根据中华人民共和国税法的规定和地方政府的规定缴纳有关税费。

2. 在施工期及缺陷责任期内,承包人应按照合同条款要求办理保险,包括建筑工程一切险和第三者责任保险。

3. 承包人应按照合同条款要求为其履行合同所雇用的全部人员缴纳工伤保险费,在整个施工期间为其现场机构雇用的全部人员投保人身意外伤害险并为其施工设备办理保险,其费用由承包人负担。

101.10 各支付项的范围

1. 承包人应得到并接受按合同条款规定的报酬,作为实施各工程项目(不论是临时的或永久性的)与缺陷修复中需提供的一切劳务(包括劳务的管理)、材料、施工机械及其他事务的充分支付。

2. 除非另有规定,工程量清单中各支付子目所报的单价或总额,都应认为是该支付子目全部作业的全部报酬。包括所有劳务,材料和设备的提供、运输、安装和临时工程的修建、维护与拆除,责任和义务等费用,均应认为已计入工程量清单标价的各工程子目中。

3. 工程量清单未列入的子目,其费用应认为已包括在相关的工程子目的单价和费率中,不再另行支付。

101.11　计量与支付

属履行第101节中各项要求的,除第101.09小节按下述规定办理外,其他不单独计量与支付。

1. 计量

(1)承包人按合同条款办理的建筑工程一切险和第三者责任保险,按总额计量。

(2)承包人应缴纳的所有税金(包括营业税、城市维护建设税和教育费附加)和工伤事故险保险费、人身意外伤害险保险费以及施工设备险保险费,由承包人摊入各相关工程子目的单价和费率之中,不单独计量。

2. 支付

合同条款中规定的建筑工程一切险和第三者责任险的保险费,将根据保险公司的保单经监理人签证后支付。如果由发包人统一与保险公司办理上述两项保险,则由发包人扣回。

3. 支付子目

子 目 号	子 目 名 称	单　位
101-1	保险费	
-a	按合同条款规定,提供建筑工程一切险	总额
-b	按合同条款规定,提供第三者责任险	总额

第102节　工 程 管 理

102.01　一般要求

1. 开工报审表

(1)开工报审表:承包人应按合同进度计划,向监理人提交工程开工报审表,经监理人审批后执行。开工报审表应详细说明按合同进度计划正常施工所需的施工道路、临时设施、材料设备、施工人员等施工组织措施的落实情况以及工程的进度安排。

(2)分部工程开工报审表:承包人应在分部工程开工前14d向监理人提交分部工程开工报审表。若承包人的开工准备、工作计划和质量控制方法是可接受的且已获得批准,则经监理人书面同意,分部工程才能开工。

(3)中间开工报审表:长时间因故停工或休假(7d 以上)重新施工前,或重大安全、质量事故处理完后,承包人应向监理人提交中间开工报审表。

2. 工程报告单

承包人应按合同条款规定向监理人提供有关不同项目和内容的工程报告单供审批。报告单的主要项目为:各种测量、试验、材料检验、各类工程(分工序)检验、工程计量、工程进度、工程事故等报告单,或监理人指定需要提供的其他报告单。

3. 制订施工进度计划和施工方案说明

(1)按合同条款规定,承包人应在签订合同协议后的 28d 内,编制详细的施工进度计划和施工方案说明报送监理人。监理人应在 14d 内批复或提出修改意见,否则该进度计划视为已得到批准。经监理人批准的施工进度计划称为合同进度计划,是控制合同工程进度的依据。承包人还应根据合同进度计划,编制更为详细的分阶段或分项进度计划,报监理人审批。

(2)合同进度计划应按照关键线路网络图和主要工作横道图两种形式分别编绘,并应包括每月预计完成的工作量和形象进度。所提交的关键线路网络图、主要工作横道图中的一切主要活动应与工程量清单中的项目一致。关键线路和与里程桩的相关联系必须清楚标明。年度、月度的任务(工程量和价值)、资源需求及累计进度必须标注清楚。提交计划时,应将制订依据、逻辑说明、资金流量、资源提供柱状图表以及使用的输入数据的副本等一并提交。

(3)不论何种原因造成工程的实际进度与合同进度计划不符时,承包人可以在实际进度发生滞后的当月 25 日前向监理人提交修订合同进度计划的申请报告,并附有关措施和相关资料,报监理人审批;监理人也可以直接向承包人作出修订合同进度计划的指示,承包人应按该指示修订合同进度计划,报监理人审批。监理人应在收到修订合同进度计划后 14d 内批复。监理人在批复前应获得发包人同意。

(4)承包人应在每年 11 月底前,根据已同意的合同进度计划或其修订的计划,向监理人提交 2 份格式和内容符合监理人合理规定的下一年度的施工计划,以供审查。该计划应包括本年度估计完成的和下一年度预计完成的分项工程数量和工作量,以及为实施此计划将采取的措施。

(5)施工方案说明包括形象进度图(柱状图表)和资金流量表,如出现以下几种情况时,应予以修改。即:

a. 承包人改变了方案的逻辑线路或改变了其建议的施工程序。

b. 施工期无任何理由产生延误。

c. 实际工程进度与计划进度严重不符以及监理人认为有必要修改时。

(6)分部工程和分项工程施工计划

承包人应根据合同进度计划和年度施工计划,制订各分部工程的施工计划和某些分项工程的施工计划,并在该分部工程和分项工程开工前 14d 报请监理人批准。承包人在施工过程中必须严格执行监理人批准的施工计划,若发现需要调整或修改时,应再次报请监理人批准。如承包人未按批准的施工计划施工,监理人有权责令其立即纠正,或令其暂时停工。

(7)编制施工方案说明使用的全套软件,应经监理人批准,并向监理人提交拷贝,以供执行合同时使用。编制施工方案柱状图表、资金流转表以及提供软件所发生的一切费用应由承包人负担，即应被认为是包括在合同单价之内，不另行计量与支付。

(8)承包人必须按照合同进度计划和施工方案说明的要求确保投入并及时到位，监理人应依据合同条款督促其实施。

4. 工程管理软件

高速公路、一级公路及独立特大桥、特长隧道工程宜按下列规定配备工程管理软件，其他工程根据工程需要并经发包人批准时也可配备工程管理软件。

(1)承包人应统一配备发包人指定的工程管理软件系统，并建立网络系统。网络带宽不宜小于10M。

(2)承包人应根据工程管理软件系统的要求配备专用计算机。计算机的硬件及软件配置应满足能够使工程管理软件系统的顺畅运行的要求。

(3)工程管理软件系统应由专人负责操作，并应保持系统的安全性和稳定性，定期更新杀毒软件和进行系统维护，备份相关管理数据。

102.02　专业分包、劳务分包、人员培训

1. 专业分包和劳务分包按照合同条款第4.3款的相关规定执行。

2. 承包人应加强现场施工人员(包括劳务人员)的岗位和技能教育，加强质量、安全知识的岗位培训，做到人人懂质量、人人抓安全、科学管理、文明施工。

102.03　施工测量、设计及放样

1. 承包人应检查工程原测设的所有永久性标桩，并将遗失的标桩在接管工地14d之内通知监理人；然后根据监理人提供的工程测设资料和测量标志，承包人应在28d之内将复测结果提交监理人。上述测量标志经检查批准后，承包人应自费进行施工测量设计和补充测量，并在监理人批准后，在工地正确放样。

2. 经过复测，对持有异议的原地面高程，承包人应向监理人提交一份列出有误的高程和相应的修正高程表。在监理人和原设计单位及发包人确定正确高程之前，对有争议的高程的原有地面不得扰动。

3. 结构物应完成全部现场放样并核对无误后方可进行施工。在合同执行期间，承包人应将施工中所有的标桩，包括转角桩、中桩、桥涵结构物和隧道的起终点、控制点以及监理人认为对放样和检验有用的标桩等，进行加固保护，并对水准点、三角网点等树立易于识别的标志。承包人应对永久性测量标志进行保护，直至工程竣工验收后，完整地交给监理人。

4. 承包人应根据批准的格式向监理人提供全部的测量标记资料。所有测量标记应涂上油漆，其颜色要取得监理人同意，易于辨别。所有标桩保护或迁移的费用均由承包人承担；因施工而引起的标桩变动所发生的费用，发包人将不予支付。

5. 承包人应按照上述测量标志资料自费完成全部恢复定线、施工测量设计和施工放样。承包人应对施工测量、设计和施工放样工作的质量负责到底。

6. 承包人要求得到由监理人提供的测量资料时，应在3d前通知监理人。

7. 合同执行期间,当监理人需要时,承包人应为监理人提供所需要的辅助测量员、司仪员和助手,费用由承包人支付。

8. 各合同段衔接处的测量应在监理人的统一协调下由相邻两合同段的承包人共同进行,将测量结果协调统一在允许的误差范围内。

102.04 施工工艺图

1. 承包人应仔细阅读图纸,发现疑问应及时向监理人提出,当图纸内有关施工说明与本规范规定有矛盾时,以图纸为准。图纸及本规范均缺少有关的要求和规定时,由监理人参考国内外已建同类工程及相应的规定并结合实际情况确定或规定,同时报发包人同意后实施。

2. 承包人应根据发包人提供的图纸进行定线测量和编绘施工工艺图,以适应工程管理需要,并将施工工艺图的一般要求,作为合同图纸部分的补充,送监理人审查批准。

3. 所有施工工艺图都应与规范的规定、发包人提供的图纸所标明的路线、纵坡、断面、尺寸和材料要求保持一致。

4. 永久性工程的施工工艺图应包括:由于施工需要由承包人提供的补充设计、如细部布置图、装配详图、安装图、设备表,以及规范中专门规定必须在某一工程项目施工前经监理人审查的其他资料。

5. 承包人应提供模板设计并为水泥混凝土和各种结构的特殊要求而使用的木笼、围堰、脚手架、临时支承系统、拱架模板以及施工用的临建工程的施工工艺图。除非合同中另有规定,木笼、围堰、脚手架、施工装配图、便桥结构施工工艺图,应由专业工程师设计,并有其签字和盖章。

6. 承包人应在相关工程开工前不少于 28d,将此工程的施工工艺图报监理人审批,以保证按时施工。

7. 施工工艺图应符合 A3 的标准尺寸。每张图和计算表都应标有项目编号、名称及其他注解。至少应向监理人提交 3 套图纸,其中一套用于修改或填加必要的注解后,退还承包人。同样程序也适用于此后的提交手续。

8. 提供施工工艺图所需费用,包含在图纸所属具体项目的合同价格之中,不再另行支付。

102.05 施工方法与质量控制

1. 承包人开工前,必须按《公路工程质量检验评定标准　第一册　土建工程》(JTG F80/1—2004)的规定,并结合工程特点进行分项、分部和单位工程划分,经发包人和监理人批准执行。现场质量检查、质量验收资料按划分的分项、分部和单位工程归纳收集。现场质检原始资料必须真实、准确、可靠,不得追记,不得复印。接受质量检查时必须出示原始资料。

2. 承包人应通过组织试验路、试验工程,总结施工工艺,指导规模生产。分项工程施工实行现场标示牌管理,标示牌上注明分项工程作业内容、简要工艺和质量要求、施工及质量负责人姓名等。

3. 承包人应按规定随时将对材料及工程质量的检验与试验报告报送监理人审查,还应采用质量动态管理方法,随时将检测结果、取样地点、试验项目、试验方法、试验员姓名、试验结果及合格与否的评定意见输入计算机,建立工程质量数据库,并将各项试验结果逐日绘制工程质量指标管理图,同时随施工的进展分阶段绘制施工质量直方图和正态分布曲线,送监理人审查。

4. 当监理人提出要求后,承包人应在 7d 内提供工程各部分的书面施工方法和说明及有关特殊工程施工工艺图。若 7d 内没有提供,监理人按照合同条款第 12 条可以责令承包人暂时停止本工程或部分工程的施工,直到承包人圆满提供上述文件为止。

5. 本条款内提供施工方法和说明的费用,已包含在相应的永久性工程项目之内,发包人不再另行支付。

102.06　材料

1. 质量要求

(1)用于永久工程的材料(含半成品、成品),都必须是符合本规范规定的合格材料,并经监理人批准。承包人在材料的订购或自采加工之前,应取得监理人的同意,必要时应附有材料的样品及其材质和使用的有关说明。

(2)用于永久工程的材料,均应按规定进行抽检、试验。经检验不合格的材料严禁进入施工现场。

(3)凡本规范未涉及而工程又需要的某些材料,应符合监理人指示的质量要求。

(4)没有监理人的批准,不得采用任何替代材料。

(5)监理人对料源送检材料质量的认可,并不意味着这一料源的所有材料都合格,监理人有权拒绝使用此料源不合格的材料。

(6)任何作业凡使用了未经监理人批准的材料,不论该作业正在进行或已完成,均应由承包人自费拆除并重建。

2. 搬运与储存

(1)各类材料的搬运方式,均应保证其质量不受损坏、环境不受污染。集料的车辆运送应防止运送途中漏失和分离。

(2)材料堆存以前,承包人应清理、整平、硬化、围砌全部堆存场地。

(3)材料采用分类堆放的储存方式,石灰、粉煤灰等粉质材料应有遮盖。应保证材料质量的完好并适应工程进度的要求,同时应不污染环境,又便于检查。

(4)除非监理人准许,材料不应储存于公路用地范围内。

3. 取样与试验

(1)材料的取样与试验频率应符合本规范中各章节的规定。所有取样应在监理人在场情况下进行除非监理人另有准许。

(2)试验应在监理人在场的情况下由承包人在现场的试验室进行,监理人另有规定者除外。

(3)试样取用的材料,其费用应已包括在有关工程项目的单价内。

(4)承包人应为监理人的试验与取样提供方便。

102.07　进度照片与录像

1. 承包人应(间隔不多于 1 个月)向监理人提供表明时间和工程进度记录的彩色照片副本两份或数码图片电子文件,并附有详细文字说明和足够的数据和记录,以表明工程的确切位置和进度。彩色照片的尺寸应征得监理人同意。关键性的施工程序承包人应用数码摄像机拍制录像。

2. 承包人应提供监理人确认的相册,以供贴片之用,这些彩色照片及承包人拍摄的录像带应是发包人的财产。

3. 承包人提供的工程彩照和相册以及录像带的费用应包含在相应的工程项目之内由承包人支付,发包人不再另行支付。

102.08　工程记录与竣工文件

1. 承包人应自费保管工程进度、隐蔽工程、试验报告、障碍物拆除以及所有影响工程的记录(包括资料、设备的来源),以备需要评定工程进度和工程质量时查阅。

2. 当分部工程完成时,承包人须按竣工文件编制要求,将上述原始记录、施工记录、进度照片、录像等资料编订成册,并复印 2 份,提交监理人。其中发包人和监理人各保存一份,原始资料由承包人保存。

3. 承包人应按照《公路工程竣(交)工验收办法》的相关规定编制竣工资料。全部工程完工后,在全部工程的交工验收证书签发之前,承包人须按合同条款规定向发包人提交监理人认为完整、合格的竣工文件。在缺陷责任期内,承包人应补充竣工资料,并在签发缺陷责任期终止证书之前提交。

102.09　关于工程附近建筑物和财产的保护

1. 发包人负责对公路用地范围内地面以上的建筑物及其他的设施的拆迁工作。但工程开工之前,承包人仍应向有关部门调查现有地上和地下公共设施的现状,并进行适当的测量。

2. 工程施工期间,承包人应采取有效措施保护施工现场附近不需拆迁的建筑物、地上或地下的管线设施、水力设施、道路、铁路、河道、树木、光缆及通信设施等及其他财产,免遭损坏,否则,造成损失的责任由承包人自负。

3. 若在施工期间新发现需拆迁的结构物或地下管线,承包人应及时探明具体位置和现状并查明该设施的所有者或产权管理部门,同时书面报告监理人并按监理人的指示办理。

4. 承包人在靠近上述某个公用设施处开挖、拆除作业时,应事先通知当地有关产权管理部门,并应在产权部门的代表在场时进行作业。

5. 在挖方及拆除作业时,承包人应采取支撑或防护等措施,避免损坏附近建筑物和影响财产的安全。

6. 如果由于承包人采取的措施不力,施工造成上述建筑物或设施的损坏或影响,承包人应自费负责赔偿或修复。

102.10　线外工程

由于工程施工,破坏了沿线的原有道路、公共设施、排灌系统及其他设施。对受干扰或被破坏工程和设施的重建、改建或移位,以及未包含在本合同或责任范围内的工程,均被列为线外工程。在合同执行期间,发包人如委托当地政府部门或其他人员进行线外工程施工,承包人应通过监理人的联络与线外工程施工的其他承包人在工程计划、施工程序、施工现场的占用等方面进行协调,以确保尽量减少各方面的互相干扰。承包人上述合作所发生的费用已包括在合同价之内,不另行计量与支付。

102.11　环境保护

1. 一般要求

(1)承包人在工程施工中,应严格遵守国家环境保护部门及本规范的有关规定。承包人有责任采取有效措施以预防和消除因施工造成的环境污染,对工程范围以外的土地及植被应注意保护,并应保证发包人避免由于污染而承担的索赔或罚款。

(2) 承包人生产、生活设施应符合环保要求,并接受当地政府及有关部门的监督。

(3) 承包人应在施工期间加强环保意识,保持工地清洁,控制扬尘,杜绝漏洒材料。由于扬尘、排污、噪声、材料漏失等对周围居民和环境造成的损失应由承包人自负。

(4) 沥青混合料应集中场站搅拌,其设备污染物排放应符合《大气污染物综合排放标准》(GB 16297—1996)中的一级标准的规定。搅拌场站必须设在离开居民区、学校等环境敏感点 300m 以外的下风向处,且不能采用开敞式或半封闭式沥青熬化作业。

(5)施工中应充分利用挖方,尽量减少弃方或不弃方,以节省占地面积和减少对环境的破坏。清表土中的腐殖土应按监理人的要求进行收集并加以管理,争取全部用在绿化植树或植草中。

(6)工程施工必须做到兼顾生态保护和环境保护的原则,做到工程施工、生态保护、环境保护同步协调,避免出现施工后再治理、再补救、破坏生态环境现象。

2. 文物保护

(1)公路工程施工时如发现文物古迹,不得移动和收藏,承包人应保护好现场,防止文物流失,并暂时停止作业,立即将有关情况报告监理人及当地文物保护部门。在主管部门未结束处理前,不得重新进行作业。

(2)由于历史文物的发现和处理,致使承包人的工程进度延误和(或)导致费用的增加,则监理人与发包人和承包人应根据合同条款第 1 条的规定协商解决。

(3)土方工程以及其他需要借土、弃土时,对现有的或规划的保护文物遗址,承包人应采取避让的原则进行地点的选择。

3. 防止水土流失和废料废方处理

(1)防水排水

a. 在公路工程施工期间应始终保持工地的良好排水状态,修建必要的临时排水渠道,并与永久性排水设施相连接,且不得引起淤积和冲刷。

b. 因承包人未设置足够的排水设施致使土方工程遭受破坏时,其责任由承包人自负。

c. 雨季填筑路堤应随挖、随运、随填、随压实。每层表面应筑成适当的横坡,确保不积水。

(2)冲刷与淤积

a. 承包人应采取有效预防措施,防止施工场所占用的土地或临时使用的土地受到冲刷。

b. 承包人应采取有效预防措施,防止从本工程施工中开挖的土石材料,对河流、水道、灌溉渠或排水系统产生淤积或堵塞。

c. 公路工程施工中的临时排水系统,应能最大限度地减少水土流失及水文状态的改变。

d. 开挖或填筑的土质路基边坡应及时采取防护措施,防止雨季到来时水流对坡面的冲刷而影响排水系统的功能,减少对附近农田与水域的污染。

e. 承包人不管出于任何需要,未经监理人的事先书面同意,不得干扰河道、水道或现有灌溉或排水系统的自然流动,导致冲刷与淤积的发生。

(3)废料废方的处理

a. 清理场地的废料和土石方工程的废方处理,不得影响排灌系统及农田水利设施,不得向江河、湖泊、水库和专门堆放地以外的地方倾倒;应按图纸规定或监理人的指示在适当地点设置弃土场,有条件时,力求少占土地,并对弃土进行整治利用。

b. 当设置弃土堆时,应按《公路路基施工技术规范》(JTG F10—2006)第 4.3.4 条的规定执行。

c. 桥梁施工过程中的泥浆及废弃物等,应在工程完工时即时清除干净,以免堵塞河道和妨碍交通。

d. 挖方工程及隧道工程的大型弃方场地,应采取以下水土保持措施:

(a)废方堆放点应统筹安排,堆放点应远离河道,尽量不要压盖植被,尽可能选择荒地。

(b)及时对弃方进行压实,并在其表面进行植被覆盖,可以种植草皮、灌木或树木,达到防止水土流失、美化环境的目的。

(c)尽可能对弃土方加以整治后用作耕地。

(d)隧道弃渣点应选择植被稀疏的荒地。弃渣的下部和边角宜砌筑拦渣坝或墙,以防止水土流失。

e. 承包人应将施工及生活中产生的废弃物及时处理,运至监理人及当地环保部门同意的指定地点弃置,应注意避免阻塞河流或泄洪系统和污染水源,并防止汛期淹没农田或村庄。如无法及时处理或运走,则必须设法防止散失。

4. 防止和减轻水、大气受污染

(1)保护水质

a. 施工废水、生活污水不得直接排入农田、耕地、灌溉渠和水库,严禁排入饮用水源。

b. 公路工程施工区域、砂石料场,在施工期间和完工以后,应妥善处理以减少对河道、溪流的侵蚀,防止沉渣进入河道或溪流。

c. 冲洗集料或含有沉积物的操作用水,应采取过滤、沉淀池处理或其他措施,做到达标排放。

d. 施工期间,施工物料如沥青、水泥、油料、化学品等应堆放管理严格,防止在雨季或暴雨将物料随雨水径流排入地表及附近水域造成污染。

e. 施工机械应防止严重漏油,禁止机械在运转中产生的油污水未经处理就直接排放,或维修施工机械时油污水直接排放。

f. 承包人应将施工及生活中产生的污水或废水,集中处理,经检验符合《污水综合排放标准》(GB 8978—1996)环保标准后,才能排放到河流或沟溪中。承包人不得将含有污染物质或可见悬浮物质的水,排入河流、水道或灌溉系统中。承包人的排水不得增加河流或水道中的悬浮物或造成河道冲刷、水流污染。

g. 保护农田排灌系统。当路线经过农田灌溉区域时,承包人在施工时应采取必要的临时措施,以保证不影响或中断农田的排灌作业。修建的临时设施应保证施工不影响当地农田的高峰排灌作业。在软土地区施工时,应注意路堤沉降对水源和排灌系统的影响。

承包人应根据路线经过水田地区的情况,拟定需采取的措施,确定设计方案报监理人批准后执行,但监理人的批准并不意味着可以免除承包人的责任。

(2)控制扬尘

a. 为减少公路工程施工作业产生的灰尘,在施工区域内应随时进行洒水或采取其他抑尘措施,确保不出现明显的降尘。

b. 易于引起粉尘的细料或松散料应予遮盖或适当洒水润湿;运输时,应用帆布、盖套及类似遮盖物覆盖。

c. 运转时有粉尘发生的施工场地,如水泥混凝土拌和机站(场)、大型轧石机场、沥青拌和机站(场)等投料器,均应有防尘设备。在这些场所作业的工作人员,应配备必要的劳保防护用品。

d. 承包人应使施工场地砂石化或保持经常洒水,确保施工场地旁的农田作物绿叶无扬尘污染。

(3)减少噪声、废气污染

a. 各种临时设施和场地,如堆料场、加工厂、轧石厂、沥青厂等,距居民区不宜小于300m,而且应设于居民区主要风向的下风处。

b. 使用机械设备的工艺操作,要尽量减少噪声、废气等的污染;建筑施工场地的噪声应符合《建筑施工场界噪声限值》(GB 12523—1990)的规定,并应遵守当地有关部门对夜间施工的规定。

c. 如果承包人预防措施不力,并已对邻近区域的环境、卫生造成了危害,则由此而引起的一切损失及后果,应由承包人负责。

d. 在居民集中居住区和靠近学校、医院等环境敏感区,噪声大的施工作业,应按监理人规定的作业时间施工。

e. 承包人应通过有效的技术手段和管理措施,将施工噪声控制到最低程度。当施工工地距居民住宅区、学校、医院等环境敏感区距离小于150m,承包人不得在夜间安排噪声很大(55dB以上)的机械施工,应按监理人规定的作业时间施工。

5. 保护绿色植被

(1)承包人应尽量保护公路用地范围之外的现有绿色植被。若因修建临时工程破坏了现有的绿色植被,应负责在拆除临时工程时予以恢复。

(2)要保护公路两旁的古树名木和法定保护的树种,即使处在公路用地范围内,有可能时也要尽量设法保护。

(3)施工期间工程破坏植被的面积应严格控制,除了不可避免的工程占地、砍伐以外,不应再发生其他形式的人为破坏。

6. 土地资源的保护

(1)妥善处理废方,山坡弃土应尽量避免破坏或掩埋路基下侧的林木、农田及其他工程设施。沿河弃土应避免壅塞河道、改变水流方向和抬高水位而淹没或冲毁农田、房屋。

应重视弃土堆的复垦,有条件时,宜在弃土堆顶面绿化或整平成为耕地。

(2)取土坑应选在高地、荒地上,尽量不占耕地;当必须从耕地取土时,应将表面种植土铲除,集中成堆保存,并在工程交工前做好还地工作。对于深而宽的取土坑,可根据当地需要,用作蓄水池或鱼塘。

在多年的经济作物区或重要的绿化带,不得设置取土坑。

(3)在河床开采砂砾材料时,必须注意防止河流状态的改变,并应遵守《中华人民共和国水法》中"在行洪、排涝河道和航道范围内开采砂石、砂金,必须经河道主管部门批准,按照批准的范围和作业方式开采,涉及航道的,由河道主管部门会同航道主管部门批准"的规定。

(4)采石场的位置,应结合环境保护的要求选择,其中包括噪声、爆破引起的地下振动、公共安全问题等。采石场的位置,应征得当地政府及环境管理部门的同意并办理必要的手续。

(5)对施工人员加强保护自然资源及野生动植物的教育,在雇用合同中规定严禁偷猎和随意砍伐树木。

(6)要认真贯彻《国务院关于坚决制止占用基本农田进行植树等行为的紧急通知》(国发明电[2004]1 号)的有关要求,对公路沿线是耕地的,要严格控制绿化带宽度。

7. 现有公用设施的保护

(1)对于受本工程影响或正在受影响的一切公用设施与结构物,承包人应在本工程施工期间采取一切适当措施加以保护。

(2)靠近公用设施的开挖作业,承包人应通知有关部门,并邀请有关部门代表在施工时到场。承包人应将上述通知与邀请的副本提交监理人备查。

102.12 交通流计划和控制

1. 承包人在安排和组织施工时,应注意尽量减少各种车辆之间与施工现场的干扰。为此,承包人应适当地考虑便道的位置和通行能力。

2. 已有的各种道路应该向施工车辆开放。按照计划或监理人的指示,承包人可以设置支线。在需要调节交通流的情况下,承包人可以向公共交通开放本工程的一部分,并且应该设置适当的照明、警告信号和标志牌等交通安全设施,还应该采取预防措施以保护本工程和公众的安全。

3. 当工程施工可能会对道路交通产生干扰时，承包人应设置必要的路障、警告信号等。

4. 承包人在收到开工通知之后的49d以内，应制订一份详细的交通流计划报监理人审查批准。这个计划应说明现有各种等级道路和河流的交通流量和通行能力；临时道路、桥梁和码头的修建计划；对现有道路、河流和临时道路、码头构成的交通网的通行能力和流量分析；施工材料的运输量和运输计划以及防止交通堵塞的措施。交通流计划应避免在运输高峰期间进行本项目的高峰运输。

5. 交通流计划应考虑充分利用当地河道的特点，尽可能多得安排水路运输。在通航水域中施工，承包人应设置导航和通航标志。

6. 施工期间，承包人应按照交通流计划安排本项目运输，并在必要时请求监理人召集有当地交通部门参加的协调会议，讨论和修改本计划。承包人使用当地的交通设施应按规定缴纳过路、过桥费。

7. 承包人应强化对已有交通运输设施的保护意识，严禁超限运输，由此造成对已有道路、码头、港口等设施损坏应自费予以赔偿，并保障发包人免于承担由于承包人行为所遭受的第三方的索赔。上述索赔一旦发生，发包人将在给承包人的任何一期支付中扣回等额的赔款。

8. 承包人编制交通流计划及采取相应措施等所发生的费用，已包括在合同价之内，不再另行计量与支付。

102.13　安全保护与事故报告

1. 一般要求

(1)承包人应贯彻《中华人民共和国安全生产法》，严格地遵守《建设工程安全生产管理条例》、《公路水运工程安全生产监督管理办法》和《公路工程施工安全技术规程》的有关规定，制订安全制度和采取安全措施，并负责检查实施情况，切实地做到施工安全。

(2)承包人对所承包合同段的施工安全全面负责，接受当地有关安全职能部门的劳动安全卫生监督和发包人、监理人的监督管理。

(3)承包人应与发包人签订《安全生产合同》，并在《安全生产合同》中制订相应的职责和措施，明确责任。

(4)承包人应配备专职安全生产管理机构，建立安全生产保证体系，健全各种安全生产规章制度；自上而下形成安全生产管理网络，要做到专人专职，明确工作职责，落实岗位责任；保证安全生产工作措施有力，反应迅速。

(5)承包人应建立教育培训制度，从业人员必须经过培训，特殊工种人员必须持证上岗。

驻地管理人员一律佩证上岗。佩证内容有姓名、职务和本人相片。安全员的佩证为红色以示醒目。

(6)承包人应建立并落实各种安全生产检查制度，及时发现和处理险情及紧急情况；一旦发生安全事故，应迅速采取措施，把事故损失减少到最低限度。

(7)承包人应在工程正式开工前，编制本项目安全生产紧急预案，并上报监理人批准；

当发生安全事故时,应迅速启动预案,尽可能减少损失。

2.安全员

在工程施工期间,承包人应按《公路水运工程安全生产监督管理办法》规定的最低数量和条件在施工现场配置专职安全生产管理人员。该专职安全员必须取得安全生产考核合格证书,且熟悉所施工的工作类型。专职安全员对安全生产进行现场监督检查,查看所有安全规则与条例的实施情况,并做好检查记录。如发现生产安全事故隐患,专职安全员应当及时向项目经理和安全生产管理机构报告;对违章指挥、违章操作和违反劳动纪律的,应当立即制止。

3.安全标志

(1)承包人应在本工程现场周围配备、架立并维修必要的标志牌,以为其雇员和公众提供安全和方便。

(2)标志牌应包括:

a.警告与危险标志;

b.安全与控制标志;

c.指路标志与标准的道路标志。

(3)所有标志的尺寸、颜色、文字与架设地点,均应经监理人认可;临时安全标志应设在监理人认为必须设置的一切位置上。

4.事故报告

(1)无论何时,一旦发生危害工程或人身、财产安全、工程进度或工程质量的事故时,承包人除采取必要的抢救措施以外,必须立即暂停此项目和与之有关的项目的施工。

(2)安全事故发生后,承包人应当立即启动事故相应应急预案,或者采取有效措施,组织抢救,防止事故扩大,减少人员伤亡和财产损失,并立即上报监理人和发包人。同时,承包人应按《生产安全事故报告和调查处理条例》的规定,应当于1h内向事故发生地县级以上人民政府安全生产监督管理部门和负有安全生产监督管理职责的有关部门报告。

(3)质量事故发生后,承包人(事故发生单位)必须以最快的方式,将事故的简要情况同时向建设单位、监理单位、质量监督站报告。在质量监督站初步确定质量事故的类别性质后,再按下述要求进行报告。质量事故等级的划分和报告制度应按照《公路工程质量管理办法》的规定办理。

a.质量问题:承包人应在2d内书面上报建设单位、监理单位、质量监督站。

b.一般质量事故:承包人应在3d内书面上报质量监督站,同时报企业上级主管部门、建设单位、监理单位和省级质量监督站。

c.重大质量事故:承包人必须在2h内速报省级交通主管部门和国务院交通主管部门,同时报告省级质量监督站和部质监总站,并在12h内报出公路工程重大质量事故快报。

(4)质量事故书面报告内容

a.工程项目名称,事故发生的时间、地点,建设、设计、施工、监理等单位名称。

b.事故发生的简要经过、造成工程损伤状况、伤亡人数和直接经济损失的初步估计。

c.事故发生原因的初步判断。

d. 事故发生后采取的措施及事故控制情况。

e. 事故报告单位。

(5)发生重大质量事故的现场保护措施

事故发生后,事故发生单位和该工程的建设、施工、监理等单位,应严格保护事故现场,采取有效措施抢救人员和财产,防止事故扩大。

因抢救人员、疏导交通等原因,需要移动现场物件时,应当做出标志,绘制现场简图并做出书面记录,妥善保存现场重要痕迹、物证,并应采取拍照或录像等直录方式反映现场原状。

(6)监理人视察了事故现场,提出处理意见,承包人在上报事故报告、查明事故原因、消除事故产生的危害和影响之后的7d之内,可向监理人提交复工报告,请求批准复工。若事故原因迟迟未能查明,监理人认为事故隐患尚未消除时,承包人不得复工,直到事故原因查明并采取补救措施为止。

上述事故的责任和费用按照合同条款处理。

5. 炸药的使用

(1)进行爆破作业时,承包人应使用标准的爆炸警告信号(此种信号应事先取得书面批准),并应对人员、本工程及所有财产采取一切防护措施。承包人应对爆破引起的任何人身伤亡和造成的工程或财产的任何损害单方面负责。

(2)炸药库的位置与设计、炸药运输方法、炸药的管理使用以及防止事故所采取的预防措施等,都应符合国家的法定规章。

6. 除合同另有规定外,承包人因采取安全保护措施和处理事故等所发生的费用已包括在合同价之内,不再另行计量与支付。

102.14　计量与支付

1. 计量

(1)第102.08小节的工作内容及与此有关的一切作业经监理人审查批准后,以总额计量。

(2)第102.11小节的工作内容包括施工场地砂石化、控制扬尘、降低噪声、合理排污等一切与此有关的作业经监理人检查验收后以总额计量。

(3)第102.13小节安全生产费用按投标价(不含安全生产费及建筑工程一切险及第三者责任险的保险费)的1%(若招标人公布了投标控制价上限时,按投标控制价上限的1%计)以固定金额形式计入工程量清单支付子目102-3中。第102.13小节所发生的施工安全生产费用,应用于施工安全防护用具及设施的采购和更新、安全施工措施的落实、安全生产条件的改善,不得挪作他用。施工安全设施费及与此有关的一切作业经监理人,对工程安全生产情况审查批准后,以总额计量。如承包人在此基础上增加安全生产费用以满足项目施工需要,则承包人应在本项目工程量清单其他相关子目的单价或总额价中予以考虑,发包人不再另行支付。

(4)工程管理软件按第102.01-4条要求安装运行,工程管理软件费用由发包人估定,以暂估价的形式按总额计入工程总价内。其费用包括系统操作人员的培训、劳务和计算机配置、维护、备份管理及网络构筑等一切与此相关的费用。

2. 支付

102-1 子目在监理人验收合格后一次支付。

102-2 子目费用每三分之一工期支付总额的30%。交工验收证书签发之后,支付总额的10%。

102-3 子目费用由监理人发出开工通知后支付总额的50%;在承包人的施工进度计划和施工方案说明被监理人批复后支付总额的25%;按规范要求及监理人的指示落实安全生产措施后支付剩余的25%。

102-4 子目经监理人验收后,支付监理人确认的实际金额的90%;交工验收证书签发之后,支付剩余的10%。

3. 支付子目

子 目 号	子 目 名 称	单 位
102-1	竣工文件	总额
102-2	施工环保费	总额
102-3	安全生产费	总额
102-4	工程管理软件(暂估价)	总额

第103节 临时工程与设施

103.01 一般要求

1. 临时工程与设施应包括为实施永久性工程所必需的各项相关的临时性工作,如:临时道路、桥涵的修建与维护;临时电力、电信线路的架设与维护;临时供水、排污系统的建设与维护以及其他相关的临时设施等。承包人应按不同的类型和需要,对临时工程与设施进行设计。

2. 承包人在进行临时工程与设施的设计和施工时,应遵守当地运输管理、公安、供电、电信、供水、环保等有关部门的要求和规定。

3. 除非合同另有规定,按本节提供的全部临时工程与设施的费用,应被认为已包括了有关永久工程中所需要的所有临时工程与设施的全部费用。

4. 承包人应将临时工程的设计与说明书以及监理人认为需要的详细图纸,在开工前至少21d报监理人审批。没有监理人的批准,承包人不得在现场开始进行任何临时工程的施工。

5. 监理人应在收到承包人报送的临时工程和设计图纸后的7d内完成审批并通知承包人,这种批准是对于该项临时工程与设施开工的书面同意。

6. 各项临时工程开工之前,承包人应取得当地有关管理部门及其他当事人的同意,并取得书面协议。监理人将据此作为审批开工的条件。

7. 除非另有协议,当永久性工程完工后,承包人应移去、拆除和处理好全部临时工程与设施,并将临时工程所占用的区域进行清理或恢复原貌后,报监理人检查验收。

103.02　临时设施

1. 供电

(1)承包人应对本工程的实施与维修所需全部电力(包括提供监理人驻地的用电)的供应与分配做出配置。此外,承包人应根据工程需要配备发电机组,作为后备电源,以保证电网停电时能继续进行施工。承包人应负责安装、连接、操作、维修、燃料供应等,直至交工验收证书签发之日止。

(2)承包人应将拟议的发电与配电系统的说明与图纸,报监理人批准。

(3)承包人的电力安装工作必须符合国家电力标准,或监理人批准的其他标准。

(4)承包人应在发包人的协助下,负责就建立临时电力系统同当地政府和电力部门联系并取得批准。承包人应负担此项设备的修建、安装和维修的费用,并向供电管理部门缴纳有关费用。

(5)本工程交工时,承包人应将所安装的发电与配电系统(监理人驻地除外)全部拆除,但在交工前双方另有协议者除外。

2. 电信设备

承包人应在发包人协助下负责就建立临时电信系统同当地政府和电信部门联系,并取得批准。承包人应负担此项设备的修建、连接、安装和维修费用,并向有关管理部门缴纳有关电信费用。本工程交工时,承包人应拆除临时电信的所有设施,但在交工前双方另有协议者除外。

3. 供水

(1)承包人在实施和维修本工程期间,应负责提供、安装和保养全部施工和生活用水(包括监理人驻地用水)设施,并保证施工用水要求和国家规定的生活饮用水标准持续不断地供水。

(2)承包人应将拟议的供水系统的说明与图纸,报监理人批准。

(3)本工程交工时,承包人应将临时供水系统全部拆除,但在交工前双方另有协议者除外。

4. 污水与垃圾处理

(1)承包人应负责安装、维修和管理临时排污系统,用以排放全部施工和生活污水和废水。

(2)排污系统的设置说明及图纸应报监理人批准,同时还应获得当地政府的水利部门和环境保护部门的认可。其设置必须符合环境保护要求,并且不妨碍当地排水和灌溉作业。

(3)承包人应收集和处理所有工作区域的垃圾,直到工程交工为止。

(4)承包人应提供工地污水处理与清洁工作所需的全部设备和劳力。

(5)工程交工时,承包人应将其排污设施全部拆除(监理人驻地除外),但在交工前双方另有协议者除外。

103.03　临时道路、桥涵

1. 一般要求

(1)承包人应将拟修建的临时道路和桥涵的详细设计与说明,提交监理人批准。

(2)修建的临时工程,应包含设置标志、护栏、警告装置以及其他工程安全设施。临时道路、桥涵的标准应满足施工条件的需要,且不低于现有道路、桥涵的标准。除非监理人另有准许,临时道路、桥涵的宽度应不小于现有道路、桥涵的宽度。

2. 临时道路、桥涵

(1)本工程的施工与现有的道路、桥涵发生冲突和干扰之处,承包人都要在本工程施工之前完成改道施工或修建临时道路。临时道路应满足现有交通量的要求,路面宽度应不小于现有道路的宽度,且应硬化。

(2)如果承包人利用现有的乡村道路作为临时道路,应将该乡村道路进行修整、加宽、加固及设置必要的交通标志,并经监理人验收合格方可通行。

(3)工程施工期间,承包人应配备人员,对临时道路进行养护,以保证临时道路和结构物的正常通行。

(4)工程结束时,除监理人另有批准外,应将临时道路和结构物做一次全面维修保养,恢复原有的交通标志。凡因施工需要而临时增加的设施均应拆除,并应经监理人检验合格。

103.04　临时占地

1. 临时占地由承包人向当地政府土地管理部门申请,并办理租用手续。承包人按有关规定直接支付其费用,发包人对此将予以协调。

临时占地范围包括承包人驻地的办公室、食堂、宿舍、道路和机械设备停放场、材料堆放场地、弃土场、预制场、拌和场、仓库、进场临时道路、临时便道、便桥等。承包人应在“临时占地计划表”范围内按实际需要与先后次序,提出具体计划报监理人同意,并报发包人。临时占地的面积和使用期应满足工程需要。

2. 临时占地退还前,承包人应自费恢复到临时占地使用前的状况。如因承包人撤离后未按要求对临时占地进行恢复或虽进行了恢复但未达到使用标准的,将由发包人委托第三方对其恢复,所发生的费用将从应付给承包人的任何款项内扣除。

103.05　计量与支付

1. 计量

(1)临时道路、电信设施及供水与排污设施的修建、维修及拆除等临时工程,根据施工过程中已完成的经监理人现场验收合格分别以总额计量。

(2)临时占地经监理人批准,以总额计量。

(3)临时供电设施的修建及拆除经监理人现场验收合格后以总额计量;临时供电设施的维修以月为单位计量。

(4)为完成上述各项设施所需的一切材料、机械设备、人员及与此有关的一切作业费用均含入相关子目单价或总额价之中不另行计量。

2. 支付

临时工程完工后,由监理人验收合格后分期支付,所报总额的80%,应在第1次至第4次进度付款证书中,以4次等额予以支付;所报总价中余下的20%,待交工验收证书颁发后支付。

3. 支付子目

子 目 号	子 目 名 称	单　位
103-1	临时道路修建、养护与拆除(包括原道路的养护费)	总额
103-2	临时占地	总额
103-3	临时供电设施	
-a	设施架设、拆除	总额
-b	设施维修	月
103-4	电信设施的提供、维修与拆除	总额
103-5	供水与排污设施	总额

第104节　承包人驻地建设

104.01　一般要求

1. 承包人应按改善提高作业人员的工作环境与生活条件,保护生态环境,促进安全生产,文明施工的总体要求,合理规划、布置和建造驻地建设。

2. 承包人应建立施工与管理所需的办公室、住房、医疗卫生、车间、工作场地、仓库与储料场及消防设施。

3. 驻地由承包人自行选择地质条件好、不受自然灾害的地方,但应服从合同条款的有关规定。

4 驻地建设的总平面布置包括防护、围墙、临时便道和安全、环保、防火安排,应经监理人事先批准。

5. 驻地建设的管理与维护,应满足科学管理、文明施工的要求。工程交工之后,承包人应自费将驻地恢复原貌,并经监理人验收合格;但交工时双方另有协议者除外。

104.02　办公室、住房及生活区

1. 承包人应按施工组织设计合理布置生产、生活设施并随时保持施工营地的整洁、卫生、有序。

2. 承包人应在其中心驻地区域内,建造现场办公室、会议室和供所有人员使用的住房和生活区。驻地用房根据需要采用砖混结构或其他结构,但不得采用简易棚式结构。

3. 承包人应配置与工程规模相适应的现场办公设备(包括微机联网所需的机型及软件)、测量仪器、试验仪器设备和交通工具。

4. 承包人应绿化、美化生产、生活营地。承包人应将消防、安全设施配备齐全;处理好临时雨污水排放,以防止污染环境。

104.03　工地试验室

1. 在合同实施期间,承包人应在其驻地建立工地试验室,并在大桥、隧道工地及拌和

站(场)或独立工点建立工地试验室或流动试验室,负责材料检验与工程质量的控制试验。工地试验室应在取得交通运输行业主管部门核发的相应资质证书后方可启用。试验用检测设备均应经相应的计量部门或检测机构检定合格,并须在使用中定期进行校正。试验室用房和试验仪器、设备及一切供应等均由承包人负责自费提供。

2. 工地试验室应能承担各项与工程质量控制有关的检测、试验,还应承担对拟采用的材料进行标准试验及混合料配合比试验等有关的试验。

3. 承包人应委派具有相应资质的试验检测技术人员做试验工作,并负责设备维护、检修等工作。

4. 工地试验室及流动试验室的试验结果应按有关规定及时送交监理人批准。

5. 承包人应在签订合同后 14d 内向监理人提交工地试验室必须配备的设备、仪器、物品清单及试验室平面布置图,报监理人审查批准。

6. 工程交工后,承包人应将工地试验室与流动试验室的所有设施、设备、器材及其他物资等移走。

104.04 医疗卫生与消防设施

1. 工地医疗

(1)工程实施期间,承包人应负责为工地人员提供必要的医疗和急救服务。在传染病易发期应配合当地防疫、卫生管理部门及医疗机构做好消毒预防、隔离感染人员、抢救和疫情防控等工作。在传染病传播期,承包人还应建立人员流动登记制度、信息报告制度,要与当地卫生防疫部门取得联系,做好各项防范措施的落实工作。

(2)承包人应为工地聘请有行医资格的、在卫生保健与急救方面具有丰富经验的医务人员。

(3)承包人配备的医疗设施(包括房间、器械、药品、急救车辆等)应取得当地医疗卫生管理部门的批准。

(4)承包人应就有关供水、环境卫生、垃圾与污水处理以及工人健康等方面的有关问题,取得并遵从有关医疗卫生防疫和管理部门的意见。

(5)承包人应对施工人员进行疾病控制等知识教育,尤其是一些传染病,如:艾滋病、非典型性肺炎(SARS)或肝炎等。

2. 消防设施

(1)承包人应按当地消防管理部门的有关规定,配备消防器材和消防用水,做到布局合理,并经常检查、维护、保养,保证灭火器材灵敏有效、水源充足。施工驻地要有明显的防火宣传标志,并设专人负责对工地人员进行防火知识教育。

(2)施工驻地用电及使用的电气设备必须符合防火要求。临时用电必须安装过载保护装置,严禁超负荷使用电气设备。

(3)施工材料的存放场地和使用应符合防火要求。易燃易爆物品,必须有严格的保管制度和防火措施,专人负责,分类单独存放,还必须设置危险地点及危险物品安全警告标志牌,确保安全。

104.05　其他建设

1. 车间与工作场地

(1)为了对本工程使用的所有施工机械进行养护、检修或改进以及工程材料(如钢筋、钢板等)的再加工,车间必须要有相适应的加工设备。

(2)施工机械停放场,应保持整洁和便于工人操作,并保证出入通道畅通。

2. 仓库、储料场及拌和场

(1)仓库区的规模和组成应能为储存材料、燃料、备件及其他物件提供足够的面积,所储存的材料及备件数量能保证本工程的需求。仓库、储料场及拌和场应保持整洁,地面应硬化,不同材料应设标志分别堆放,灰粉状材料应遮盖、并应防止有害物质污染和混杂于其他物质之中。

(2)预制(拌和)场占地面积应满足施工需要。

(3)桥涵梁板及其他预制构件不得零星生产,承包人应根据合同段桥涵分布及小型预制构件的工程量,建立集中预制场统一预制。

3. 车间、库房等其他建设,应固定、稳定,布置合理,不得采用彩条布等易老化的材料做车间、库房的立墙,亦不得使用油毡、石棉瓦等作屋顶。

4. 承包人应合理选择预制(拌和)场设置地点,并修筑隔离围墙;材料堆放区、拌和区、作业区、模板、钢筋制作区应分开或隔离;场内主要作业区、堆放区及场内道路应做硬化处理。

104.06　承包人驻地设施的拆迁

工程交工时,承包人驻地中的一切建筑物及其固定设备和附件均属承包人财产。承包人应全部拆迁。

104.07　计量与支付

1. 计量

驻地建设完成后,经监理人现场核实,以总额计量。

2. 支付

104-1 子目所报总价的 90%,应在第 1 ~ 3 次进度付款证书中,以 3 次等额支付;余下的 10%,应在承包人驻地建设已经移走和清除,并经监理人验收合格时予以支付。

3. 支付子目

子　目　号	子 目 名 称	单　　位
104-1	承包人驻地建设	总额

第 200 章　路　　基

第201节　通　　则

201.01　范围

本章为路基工程，其工作内容包括路基土石方工程、排水工程及路基防护工程的施工及其有关的作业。

1. 路基土石方工程包括：填方路基、挖方路基和特殊路基处理及其有关的作业。

2. 排水工程包括：坡面排水的施工及其有关的作业。

3. 路基防护工程包括：石砌护坡、护面墙、挡土墙、抗滑桩、河道防护及锥坡和其他防护工程的砌筑，以及其基础开挖与回填的施工作业。

201.02　材料

1. 在公路路基土石挖方中用不小于112.5kW推土机单齿松动器无法松动，须用爆破或用钢楔大锤或用气钻方法开挖的，以及体积大于或等于$1m^3$的孤石为石方，余为土方。其土石分类应以设计为依据由监理人批准确定。

2. 混凝土、水泥砂浆

混凝土、水泥砂浆应符合图纸要求和本规范第410节和第413节的规定。

3. 钢筋

钢筋应符合图纸要求和本规范第403节的规定。

4. 模板、支架

模板、支架应符合图纸要求和本规范第402节的规定。

5. 石料

石砌体所用材料应符合图纸要求及本规范第413节的规定。

6. 沥青材料

(1)沥青涂层按图纸要求由建筑石油沥青与汽油配制而成，建筑石油沥青(40号及30号)应符合《建筑防腐蚀工程施工及验收规范》(GB 50212—2002)第7.2节及本规范表201-1的规定。

建筑石油沥青主要技术指标　　表201-1

名　　称	规　定　值	
	40号	30号
针入度(25℃,100g,5s)(0.1mm)	36～50	26～35
延度(25℃,5cm/min)(cm)	≥3.5	≥2.5
软化点(环球法)(℃)	≥60	≥75

(2)沥青油毡应符合《石油沥青纸胎油毡》(GB 326—2007)的要求。

(3)沥青麻絮应符合图纸要求或经监理人批准的标准。

7. 垫层材料

(1)砂宜采用洁净的中、粗砂，含泥量不应大于5%，有机质含量不大于1%。

(2)砂砾碎石垫层材料粒径不大于50mm，含泥量不超过5%，含砂量不超过40%。

(3)石灰土应符合图纸要求和本规范第205节的有关规定。

8. 反滤层

(1)材料粒径应满足表201-2的规定。

(2)砾砂及粗粒反滤层的空隙率均不得小于35%。

(3)用做反滤层的材料应清洗干净，不允许含有有机物质或其他有害物质。粗砾和卵石应质地坚硬、耐久。

9. 土工织物

用于防水土工织物应符合图纸及本规范第205节有关要求。

反滤材料粒径规定值 表201-2

材料名称	粒径范围(mm)	平均粒径(mm)
砂砾	0.5~5	2.5
粗砾	15~20	17
卵石	75~100	—
片石	150以上	—

201.03 一般要求

1. 路基土石方工程一般要求

(1)施工测量

a. 承包人应在开工之前进行现场恢复和固定路线。其内容包括：导线、中线的复测，水准点的复测与增设，横断面的测量与绘制等。

b. 承包人应对所有的测量进行记录并整理这些资料。每段测量完成后，测量记录本及成果资料由承包人的测量员及其主管技术人员共同签字，送交监理人核查。

c. 在监理人核查全部或任何一部分工程的测量成果时，承包人应无偿提供设备及辅助人员。

d. 在监理人核准测量成果后，承包人应按图纸要求现场设置路基用地界桩和坡脚、路堑堑顶、截水沟、边沟、护坡道、取土坑、弃土堆等的具体位置桩，标明其轮廓，报请监理人检查批准。

e. 公路路基施工开始前，应先进行控制性桩点的现场交桩，并保护好交桩成果。各级公路的平面控制测量、水准测量的等级以及施工放样，应符合《公路路基施工技术规范》(JTG F10—2006)第3.2节相关规定。

(2)调查与试验

a. 路基施工前，承包人应对施工范围内的地质、水文、障碍物、文物古迹及各种管线等情况进行详细调查。

b. 承包人应对图纸所示的挖方、借土场的路堤填料取有代表性的土样，进行试验，试验方法按《公路土工试验规程》(JTG E40—2007)执行。试验项目如下：

(a)液限、塑限、塑性指数、天然稠度。

(b)颗粒大小分析试验。

(c)含水率试验。

(d)密度试验。

(e)相对密度试验。

(f)土的击实试验。

(g)土的承载比试验(CBR值)。

(h)有机质含量及易溶盐含量试验。

(i)冻胀和膨胀等试验。

c.承包人应将调查与试验结果以书面形式报告监理人备案。如所调查与试验的结果与图纸资料不符时,应提出解决方案报监理人审批;否则,路基不得施工。

d.路基施工前,应对路基基底土进行相关试验,每公里至少取2个点;土质变化大时,视具体情况增加取样点数。

e.使用特殊材料作为填料时,应按相关标准做相应试验,必要时还应进行环境影响评估,经批准后方可使用。

f.承包人应将调查与试验结果以书面形式报告监理人备案。如所调查与试验的结果与图纸资料不符时,应提出解决方案报监理人审批;否则,路基不得施工。

g.本规范中集料的粒径均为ISO565的R40/3系列中的标准筛孔(方孔筛)。

(3)施工期间防水、排水

a.在路基工程施工期间,为防止工程或附近农田、建筑物及其他设施受冲刷、淤积,应修建临时排水设施,以保持施工场地处于良好的排水状态。

b.临时排水设施应与永久性排水设施相结合。施工场地流水不得排入农田、耕地或污染自然水源,也不应引起淤积、阻塞和冲刷。

c.施工时,不论挖方或填方,均应做到各施工层表面不积水,因此,各施工层应随时保持一定的泄水横坡或纵向排水通道。挖方路基顶面或填方基底含水率过大时,承包人应采取措施降低其含水率。

d.承包人的临时排水设施及排水方案应报请监理人检查验收。任何因污染、淤积和冲刷遭受的损失,均应由承包人负担。承包人因未设有足够的排水设施,使土方工程遭受损坏时,应由承包人自费加以修复。

(4)冬季施工

在反复冻融地区,当昼夜平均气温连续10d以上在-3℃以下时,或者昼夜平均温度虽然升到-3℃以上,但冻土未完全融化时,承包人应按照《公路路基施工技术规范》(JTG F10—2006)第6.9节有关季节性冻土地区路基施工的规定执行,将计划安排的工程项目和施工方案报监理人审批。

(5)雨季施工

雨季施工前,承包人应根据现场具体情况确定可进行雨季施工地段,按照《公路路基施工技术规范》(JTG F10—2006)第7.3节有关雨季施工的规定执行,编制雨季施工组织计划,报监理人审批。

(6)特殊地区路基的施工

特殊地区的路基施工应根据不同的特殊土、特殊地段、季节气候等条件,按照《公路路基施工技术规范》(JTG F10—2006)第 6 章的有关规定,组织安排施工。施工计划及施工方案应报监理人审批。

2. 排水工程一般要求

(1)在开工之前,承包人应向监理人提供本工程的有关施工方法和施工安排的书面报告,只有在获得监理人的批准后,才能开工。

(2)承包人应按图纸确定的排水构造物的位置和高程,进行施工放样测量,并经监理人核准。

(3)排水构造物的基槽开挖和回填,应按本规范第 204 节的有关规定进行。

(4)排水构造物的基槽底面均应夯实到图纸规定的压实度。若基槽底面的地质状况与图纸要求不符时,承包人应根据实际情况提出处理方案和加固措施,经监理人审核批准后进行地基处理。

(5)为防止排水构造物的基底冲刷,承包人应严格按图纸要求施工。若监理人根据实际地形指示增加基底深度,承包人应按监理人的指示执行。

(6)所有砂浆砌体均应按《公路桥涵施工技术规范》(JTJ 041—2000)第 13.6 节的有关规定进行勾缝及养护。所有混凝土的养生和表面缺陷修整弥补,应按照本规范第 410 节的有关规定执行。

(7)所有地面以下的隐蔽工程,只有在经监理人检验合格之后,才能掩埋。

(8)由于承包人未执行上述有关规定而导致排水构造物的损坏和缺陷,应由承包人自费拆除重建。

(9)预制构件应符合图纸要求及本规范第 410 节有关规定。

3. 防护工程一般要求

(1)承包人应在防护工程开工前对工程所处位置的原地面进行复测,以核实图纸上结构物尺寸、形状和基础高程是否符合实际。复测结果应作详细记录,经监理人批准后方可施工。

(2)所有防护工程及其有关作业,除应符合本规范的要求外,还应按照图纸所示和监理人的指示进行施工。

(3)有水浸或属风化岩石的边坡,应在土石方施工同时,按图纸或监理人指示,及时进行防护工程的施工。

(4)防护工程的清理场地,应符合图纸和本规范的第 202 节的要求。

(5)防护工程的挖基和回填,应符合图纸和本规范第 404 节的要求。

(6)砌体的砌筑工艺,应符合图纸和本规范第 413 节的要求;混凝土的浇筑,应符合图纸和本规范第 410 节的要求。

(7)除有监理人的书面允许外,不得在昼夜平均气温低于 +5℃或石料受冻的情况下进行浆砌砌体的施工。所有混凝土及石砌体应按《公路桥涵施工技术规范》(JTJ 041—2000)第 11.8 节及第 13.6 节有关规定进行养生。

(8)砌体应按图纸要求进行勾缝,如图纸上无规定,则应采用 M7.5 水泥砂浆勾凹缝。砌体勾缝应嵌入砌缝内不小于 20mm。

201.04 计量与支付

本节工作内容均不作计量与支付,其所涉及的费用应包括在与其相关工程子目的单价或费率之中。

第202节　场地清理

202.01　范围

本节为公路用地范围及借土场范围内施工场地的清理、拆除和挖掘,以及必要的平整场地等有关作业。

202.02　一般要求

1. 承包人应在施工前确定现场工作界线,并保护所有规定保留和监理人指定的要保留的植物及构造物。

2. 场地清理拆除及回填压实后,承包人应重测地面高程,并将填挖断面和土石方调配图提交监理人审核。

3. 清理及拆除工作完成后,应由监理人进行现场检查验收,在验收合格后才能进行下一工序的施工。

202.03　施工要求

1. 清理场地

(1)路基用地范围内的树木、灌木丛等均应在施工前砍伐或移植。砍伐的树木应堆放在路基用地之外,并妥善处理。

(2)路基用地范围(含取土坑)内的垃圾、有机物残渣及取土坑原地面表层(100~300mm)腐殖土、草皮、农作物的根系和表土应予以清除,并将种植表土集中储藏在监理人指定地点以备将来做种植用土。场地清理完成后,应全面进行填前碾压,使其密实度达到规定的要求。

(3)二级及二级以上公路路堤或填方高度小于1m的公路路堤,应将路基基底范围内的树根全部挖除并将坑穴填平夯实;填方高度大于1m的二级以下公路路堤,可保留树根,但树根不能露出地面。此外,应将路基用地范围内的坑穴填平夯实。取土坑范围内的树根应全部挖除。

(4)地基表层处理应符合下列规定

a. 二级及二级以上公路路堤基底的压实度应不小于90%;三级、四级公路应不小于85%。路基填土高度小于路面和路床总厚度时,基底应按图纸要求处理。

b. 原地面坑、洞、穴等,应在清除沉积物后,用合格填料分层回填分层压实。压实度符合上述a项的规定。

c. 泉眼或露头地下水,应按图纸要求,采取有效导排措施后方可填筑路堤。

d. 地基为耕地、土质松散、水稻田、湖塘、软土、高液限土等时,应按图纸要求进行处理;局部软弹的部分或地下水位较高段也应采取有效的处理措施。

2. 拆除与挖掘

(1)路基用地范围内的旧桥梁、旧涵洞、旧路面和其他障碍物等应予以拆除。正在使用的旧桥梁、旧涵洞、旧路面及其他排水结构物,应在对其正常交通和排水做出妥善的安排之后,才能拆除。

(2)原有结构物的地下部分,其挖除深度和范围应符合设计图纸或监理人指示的要求。

(3)拆除原有结构物或障碍物需要进行爆破或其他作业,如有可能损伤新结构物时,必须在新工程动工之前完成。

(4)所有指定为可利用的材料,都应避免不必要的损失。为了便于运输,可由承包人分段或分片,按监理人指定的地点存放;对于废弃材料,承包人应按监理人的指示自费妥善处理。

(5)承包人应将所有拆除后的坑穴回填并压实。承包人由于拆除施工造成的其他建筑物、设施等的损坏时,应自费负责赔偿。

202.04 计量与支付

1. 计量

(1)施工场地清理的计量应按监理人书面指定的范围(路基范围以外临时工程用地清场等除外)进行验收。现场实地测量的平面投影面积以平方米计量。现场清理包括路基范围内的所有垃圾、灌木、竹林及胸径小于100mm的树木、石头、废料、表土(腐殖土)、草皮的铲除与开挖。借土场的场地清理与拆除(包括临时工程)均应列入土方单价之内,不另行计量。

(2)砍伐树木仅计胸径(即离地面1.3m高处的直径)大于100mm的树木,以棵计量,包括砍伐后的截锯、移运(移运至监理人指定的地点)、堆放等一切有关作业;挖除树根以棵计量,包括挖除、移运、堆放等一切有关的作业。

(3)挖除旧路面(包括路面基层)应按不同结构类型的路面以平方米计量;拆除原有公路结构物应分别按结构物的类型,依据监理人现场指示范围和量测方法量测,以立方米计量。

(4)所有场地清理、拆除与挖掘工作的一切挖方、坑穴的回填、整平、压实,以及适用材料的移运、堆放和废料的移运处理等作业费用均含入相关子目单价之中,不另行计量。

2. 支付

按上述规定计量,经监理人验收并列入工程量清单的以下支付子目的工程量,其每一计量单位,将以合同单价支付。此项支付包括材料、劳力、设备、运输等及其为完成此项工程所必需的全部费用。

3. 支付子目

子 目 号	子 目 名 称	单 位
202-1	清理与掘除	
-a	清理现场	m^2

续上表

子目号	子目名称	单位
-b	砍伐树木	棵
-c	挖除树根	棵
202-2	挖除旧路面	
-a	水泥混凝土路面	m^2
-b	沥青混凝土路面	m^2
-c	碎石路面	m^2
202-3	拆除结构物	
-a	钢筋混凝土结构	m^3
-b	混凝土结构	m^3
-c	砖、石及其他砌体结构	m^3

第203节　挖方路基

203.01　范围

本节工作内容为挖方路基施工和边沟、截水沟、排水沟以及改河、改渠、改路等开挖有关作业。

203.02　一般要求

1.在挖方路基开工前至少28d,承包人应将开挖工程断面图报监理人批准,否则不得开挖。

2.所有挖方作业均应符合图纸和《公路路基施工技术规范》(JTG F10—2006)的有关规定,并应按监理人的要求施工。

3.挖方作业应保持边坡的稳定,不得对邻近的各种结构物及设施产生损坏或干扰,否则由此而引起的后果应由承包人自负。

4.在开挖中出现石方时,承包人应测量土石分界线,经监理人鉴定认可后,分层进行开挖。如果出现零星石方,承包人应在事前量测石方数量,报经监理人批准后,方能继续施工。

5.路堑挖方材料应尽量予以利用,但不得重复计算利用材料的开挖数量。可作为路基填料的土方,应分类开挖分类使用。除图纸规定或被定为非适用材料外,不得任意废弃,并力争填、挖、借、弃合理。

6.如路床面开挖超过图纸或监理人的要求时,承包人应自费回填并压实。

7.在整个施工期间,承包人必须始终保证路基排水畅通。如因排水不当而造成工程损坏时,承包人应立即自费对其进行修补。

8.施工前,应对图纸提供的弃土方案进行现场核对,若有疑问,应及时处理。沿线弃土堆的设置应符合图纸要求和《公路路基施工技术规范》(JTG F10—2006)第 4.3.4 条的相关规定。

203.03 施工要求

1.土方开挖

(1)土方开挖应按图纸要求自上而下的进行,不得乱挖或超挖。无论工程量多大,土层多深,均严禁用爆破法施工或掏洞取土。

(2)开挖中如发现土层性质有变化时,应修改施工方案及挖方边坡,并及时报监理人批准。开挖过程中,应采取措施保证边坡稳定。开挖至边坡线前,应预留一定宽度。预留的宽度应保证刷坡过程中设计边坡线外的土层不受到扰动。

(3)如果指定的弃土场不能满足弃方要求时,承包人应尽早重新选择弃土位置并相应修改施工方案报监理人批准。

(4)沿溪及沿山坡和其他按图纸规定不能横向弃置废方的开挖路段,承包人必须严格在指定的弃土场弃方;否则,承包人必须自费清除和移运到指定地点,并赔偿所造成的损失。

(5)承包人必须注意对图纸未示出的地下管道、缆线、文物古迹和其他结构物的保护。开挖中一旦发现上述结构物,应立即报告监理人,且应停止作业并保护现场听候处理。

(6)居民区附近的开挖,承包人应采取有效措施,以保护居民区房屋及保证居民和施工人员的安全,并为附近居民的生活及交通提供临时便道或便桥。

(7)土方地段的路床顶面高程,应考虑因压实而产生的下沉量,其值由试验确定。路床顶面以下 0～800mm 的压实度,应符合本规范表 203-1 的要求。承包人应按《公路土工试验规程》(JTG E40—2007)重型击实法进行检验;如不符合要求,承包人应进一步压实,或采取其他措施进行处理,使之达到规定的压实度。

(8)当因气候条件使挖出的材料无法按照本规范的要求用于填筑路基和压实时,承包人应停止开挖,直到气候条件转好。

(9)开挖至零填、路堑路床部分后,应尽快进行路床施工;如不能及时进行,宜在设计路床顶高程以上预留至少 300mm 厚的保护层。

(10)挖方路基施工遇到地下水时应按下列规定处理

a.应采取排导措施,将水引入路基排水系统。不得随意堵塞泉眼。

b.路床土含水率高或为含水层时,应采取设置渗沟、换填、改良土质、土工织物等处理措施。路床填料除应符合表 204-1 的规定外,还应具有良好的透水性能。

2.石方开挖

(1)石方开挖施工承包人应根据岩石的类别、风化程度、岩层产状、岩体断裂构造、施工机械配备、施工环境等情况确定开挖方案。石方开挖严禁采用峒室爆破,近边坡部分宜采用光面爆破或预裂爆破。

(2)石方爆破作业以小型及松动爆破为主,严禁过量爆破,并应在事前 14d 作出计划和措施报监理人批准。未经监理人批准,不得采用大爆破施工。当确需要进行大爆破施工时,承包人应严格按《爆破安全规程》(GB 6722—2003)和国家关于爆破施工相关规定编制爆破施工组织设计文件,于爆破施工前28d报监理人审批。

(3)承包人应就爆破器材的存放地点、数量、警卫、收发、安全措施及必要的工艺图纸编制报告,并应在爆破器材进入工地前28d报监理人审批;同时将运入路线和时间报有关管理部门批准,并取得通行证后方可将爆破器材运入工地保管。

(4)承包人应确定爆破的危险区,并采取有效的措施防止人、畜、建筑物和其他公共设施受到危害和损失。在危险区的边界应设置明显的标志,建立警戒线,显示爆破时间的警戒信号;在危险区的入口或附近道路应设置标志,并派人看守,严禁人员在爆破时进入危险区。

(5)由于爆破引起的松动岩石,必须清除。当属于超挖工程量不予计量。深挖石方路基施工,应逐级开挖,逐级按图纸要求进行防护。

深挖路基施工应随时对边坡稳定性进行监测,并根据地形特征设置边坡控制点。

(6)石方路堑的路床顶面高程,应符合图纸要求,高出部分应辅以人工凿平,超挖部分应按监理人批准的材料自费回填并碾压密实稳固,严禁用细粒土找平。路床顶面高程的允许偏差见表203-2。

3. 非适用材料的处理

(1)当要求承包人在填方区挖除低于原地表面的非适用材料时(除本规范第202.03小节的要求外),其挖除深度及范围应由监理人确定。在挖除前,应测量必要的断面报监理人批准。

(2)路基挖至完工断面后,如仍留有非适用材料,应按监理人要求的宽度和深度继续挖除,并用监理人批准的材料回填和压实到图纸规定或与其毗连路段相同规定的密实度。在回填前,应测量必要的断面报监理人批准。

(3)除非监理人另有许可,在暴露出的挖方是适用材料和非适用材料相混杂的挖方部分,应分别开挖、移运。适用材料供填方使用,且不应被非适用材料污染。已污染的材料应按弃方处理。

(4)凡经监理人批准,在路基挖方或填方区内挖除的非适用材料,应按弃方要求处理。

4. 弃方的处理

(1)承包人在有弃方的路段开工前至少28d,应提出开挖、调运施工方案,报监理人批准。该方案包括:挖方及弃方的数量、调运方案、弃方位置及其堆放形式、坡脚加固处理、排水系统的布置以及有关的计划安排等。

(2)当弃土场的位置、堆放形式或施工方案等有更改时,必须在更改前不少于14d将更改方案报监理人批准。

(3)弃土堆应堆置整齐、稳定,排水畅通,避免对土堆周围的建筑物、排水及其他任何设施产生干扰或损坏,避免对环境造成污染。否则,因此而引起的一切后果,应由承包人自费处理。

(4)沿线弃土堆设置应符合图纸要求

弃土不得占用耕地。沿河弃土不得影响排洪、通航,不得加剧河岸冲刷。不得向水库、湖泊、岩溶漏斗及暗河口处弃土。禁止在贴近桥墩台、涵洞口处弃土。

(5)弃土应按图纸要求进行压实,且应按图纸要求及时完成弃土场的结构防护、排水工程。承包人还应按本规范的有关技术要求对弃土场进行绿化,以保障生态环境不受破坏。

5. 边沟、截水沟、排水沟的开挖

(1)边沟、截水沟和排水沟开挖的位置、断面尺寸和沟底纵坡应符合图纸或监理人的要求。当其需要铺砌时,应按图纸或监理人的指示,增加开挖深度和宽度。

(2)在有超高路段的边沟沟底纵坡,应与曲线前后沟底相衔接,不允许曲线内侧积水或外溢。

(3)路堑与路堤连接处,边沟应缓顺引向路堤两侧的自然沟或排水沟,勿使路基附近积水,亦不得冲蚀路堤。

(4)开炸石质边沟、排水沟,应用小孔、少量炸药。超挖部分,要用小石块浆砌密实,沟底凸出部分,应予凿平。

(5)边沟与截水沟应从下游向上游开挖。截水沟通过地面坑凹处时,应将凹处填平夯实。边沟及截水沟开挖后,应及时进行防渗处理,不得渗漏、积水和冲刷边坡及路基。

6. 改河、改渠、改路的开挖

按图纸所示的位置和断面的尺寸进行施工。开挖出的土方除可利用外,应按弃方妥善处理。

203.04 质量检验

1. 基本要求

(1)路基的路床高程、宽度、线形及边坡坡度,应符合图纸要求;边沟、截水沟和排水沟沟底无阻水、积水现象,具备铺砌要求;临时排水设施与现有排水沟渠连通,挖出的废方按指定的地点整齐堆放。

(2)石方路堑的开挖宜采用光面爆破法。爆破后应及时清理险石、松石,确保边坡安全、稳定。

(3)路床欠挖部分必须凿除。超挖部分应采用无机结合料稳定碎石或级配碎石填平碾压密实,严禁用细粒土找平。

(4)石质边坡不宜超挖。

2. 检查项目及标准

土方路基检查项目及检验标准,见表203-1。

石方路基检查项目及检验标准,见表203-2。

3. 外观鉴定

(1)土方路基

a. 路基表面平整,边线直顺,曲线圆滑。

b. 路基边坡坡面平顺,稳定,不得亏坡,曲线圆滑。

c. 取土坑、弃土堆、护坡道、碎落台的位置适当,外形整齐、美观,防止水土流失。

土方路基实测项目　　表203-1

项次	检查项目				规定值或允许偏差			检查方法和频率
					高速公路一级公路	其他公路		
						二级公路	三、四级公路	
1	压实度（%）	零填及挖方（m）		0～0.30	≥96	≥95	≥94	按JTG F80/1—2004附录B检查密度法：每200m每压实层测4处
				0.30～0.80	≥96	≥95	—	
		填方（m）	上路床	0～0.30	≥96	≥95	≥94	
			下路床	0.30～0.80	≥96	≥95	≥94	
			上路堤	0.80～1.50	≥94	≥94	≥93	
			下路堤	＞1.50	≥93	≥92	≥90	
2	弯沉（0.01mm）				不大于设计要求值			按JTG F80/1—2004附录I检查
3	纵断高程（mm）				+10，－15	+10，－20		水准仪：每200m测4断面
4	中线偏位（mm）				50	100		经纬仪：每200m测4点，弯道加HY、YH两点
5	宽度（mm）				符合设计要求			米尺：每200m测4处
6	平整度（mm）				15	20		3m直尺：每200m测2处×10尺
7	横坡（%）				±0.3	±0.5		水准仪：每200m测4个断面
8	边坡				符合设计要求			尺量：每200m测4处

注：①表列压实度以《公路土工试验规程》（JTG E40—2007）重型击实试验法为准，评定路段内的压实度平均值下置信界限不得小于规定标准，单个测定值不得小于极值（表列规定值减5个百分点）。按不小于表列规定值2个百分点的测点数量占总检查点的百分率计算减分值。

②采用核子仪检验压实度时应进行标定试验，确认其可靠性。

③特殊干旱、特殊潮湿地区或过湿土路基，可按交通运输部颁发的路基设计、施工规范所规定的压实度标准进行评定。

④三、四级公路铺筑沥青混凝土或水泥混凝土路面时，其路基压实度应采用二级公路标准。

石方路基实测项目　　表203-2

项次	检查项目		规定值或允许偏差		检查方法和频率
			高速公路、一级公路	其他公路	
1	压实度		符合试验路段确定的施工工艺		查施工记录
			沉降差≤试验路确定的沉降差		水准仪：每40m测1个断面，每个断面测5～9点
2	纵断高程（mm）		+10，－20	+10，－30	水准仪：每200m测4个断面
3	弯沉		不大于设计值		
4	中线偏位（mm）		50	100	经纬仪：每200m测4点，弯道加HY、YH两点
5	宽度（mm）		不小于设计		米尺：每200m测4处
6	平整度（mm）		20	30	3m直尺：每200m测4点×10尺
7	横坡（%）		±0.3	±0.5	水准仪：每200m测4断面
8	边坡	坡度	不陡于设计值		每200m抽查4处
		平顺度	符合设计要求		

注：土石混填路基可根据实际可能进行压实度或固体体积率检验。

(2)石方路基

a. 上边坡不得有松石。

b. 路基边线直顺,曲线圆滑。

203.05 计量与支付

1. 计量

(1)路基土石方开挖数量包括边沟、排水沟、截水沟,应以经监理人校核批准的横断面地面线和土石分界的补充测量为基础,按路线中线长度乘以经监理人核准的横断面面积进行计算,以立方米计量。

(2)挖除路基范围内非适用材料及淤泥(不包括借土场)的数量,应以承包人测量,并经监理人审核批准的断面或实际范围为依据的计算数量,分别以立方米计量。

(3)除非监理人另有指示,凡超过图纸或监理人规定尺寸的开挖,均不予计量。

(4)石方爆破安全措施、弃方的运输和堆放、质量检验、临时道路和临时排水等均含入相关子目单价或费率之中,不另行计量。

(5)在挖方路基的路床顶面以下,土方断面挖松深 300mm 再压实;石方断面应辅以人工凿平或填平压实,作为承包人应做的附属工作,均不另行计量。

改河、改渠、改路的开挖工程按合同图纸施工,计量方法可按上述(1)款进行。改路挖方线外工程的工作量计入 203-2 子目内。

2. 支付

(1)按上述规定计量,经监理人验收并列入工程量清单的以下支付子目的工程量,每一计量单位,将以合同单价支付。此项支付包括材料、劳力、设备、运输等及其为完成此项工程所必需的全部费用。

(2)土方和石方的单价费用,包括开挖、运输、堆放、分理填料、装卸、弃方和剩余材料的处理,以及其他有关的全部施工费用。

3. 支付子目

子 目 号	子 目 名 称	单 位
203-1	路基挖方	
-a	挖土方	m^3
-b	挖石方	m^3
-c	挖除非适用材料(不含淤泥)	m^3
-d	挖淤泥	m^3
203-2	改河、改渠、改路挖方	
-a	挖土方	m^3
-b	挖石方	m^3
-c	……	

第204节　填方路基

204.01　范围

本节工作内容为填筑路基和结构物处的台背回填以及改路填筑等有关的施工作业。

204.02　填筑材料

1. 凡具有规定强度且能被压实到规定密实度和能形成稳定填方的材料均为适用填料。通常情况下，下列材料为非适用材料：

(1)沼泽土、淤泥、泥炭、冻土、生活垃圾、建筑垃圾。

(2)含有树根和易腐朽物质的土。

(3)有机质含量大于5%的土。

(4)液限大于50%、塑性指数大于26的土。

2. 对于盐渍土、膨胀土、冻土及含水率超过规定的土，不得直接作为路堤填料，在采取图纸要求的技术措施并经监理人批准后，方可使用。

3. 利用粉煤灰等工业废渣填筑路堤，应先进行试验，并将试验报告及其施工方案报监理人批准后，方可使用。

4. 对填挖交界、台背回填、上路床(0～300mm)等部位的填筑材料，应先报告监理人批准后，方可使用。粉质土不宜直接填筑于路床，不得直接填筑于浸水部分的路堤及冻土地区的路床。

5. 填石路堤填料中其石块最大粒径应不大于500mm，并不宜超过层厚的2/3，不均匀系数宜为15～20；路床底面以下400mm范围内，填料粒径应小于150mm。

6. 填料强度和粒径，应符合表204-1的规定。

路基填料最小强度和最大粒径要求　　表204-1

填料应用部位 (路床顶面以下深度，m)		填料最小强度(CBR)(%)			填料最大粒径 (mm)
		高速公路、一级公路	二级公路	三、四级公路	
路堤	上路床(0～0.30)	8	6	5	100
	下路床(0.30～0.80)	5	4	3	100
	上路堤(0.80～1.50)	4	3	3	150
	下路堤(>1.50)	3	2	2	150
零填及挖方路基	0～0.30	8	6	5	100
	0.30～0.80	5	4	3	100

注：①表列强度按《公路土工试验规程》(JTG E40—2007)规定的浸水96h的CBR试验方法测定。

②三、四级公路铺筑沥青混凝土和水泥混凝土路面时，应采用二级公路的规定。

③表中上、下路堤填料最大粒径150mm的规定不适用于填石路堤和土石路堤。

204.03 试验

1. 填方材料的试验:在路堤填筑前,填方材料应每 5 000m^3 或在土质变化时取样,按《公路土工试验规程》(JTG E40—2007)规定的方法进行颗粒分析、含水率、密实度、液限、塑限、承载比(CBR)试验和击实试验,高速公路、一级公路还应做有机质含量和易溶盐含量试验。

2. 填方试验路段

(1)承包人应在开工 28d 前,用路堤填料铺筑长度不小于 100m(全幅路基)有代表性的试验路段,并将试验结果报监理人审批。

下列情况下,应进行试验路段施工:

a. 二级及二级以上公路路堤。

b. 填石路堤、土石路堤。

c. 特殊地段路堤。

d. 特殊填料路堤。

e. 拟采用新技术、新工艺、新材料的路基。

(2)现场试验应进行到能有效地使该种填料达到规定的压实度为止。试验时应记录压实设备的类型、最佳组合方式,碾压遍数及碾压速度、工序,每层材料的松铺厚度、材料的含水率等。试验结果报经监理人批准后,即可作该种填料施工时控制的依据。试验结束时,试验段若达到表 203-1 质量检验标准,可作为路基的一部分;否则,应予挖除,重新进行试验。

(3)用于填方(包括回填)的每种类型的材料,都应进行现场压实试验。试验段所用的填料和机具应与施工所用材料和机具相同。

204.04 施工要求

1. 一般要求

(1)填方路堤施工前,应按本规范第 202 节的有关规定对原地面进行清理及压实。所有填方作业均应严格按照图纸或监理人的要求施工。

(2)路堤基底应在填筑前进行压实,承包人应将压实后新测绘的填方工程断面图提交监理人核准,否则不得填筑。

(3)填方作业不得对邻近的结构物和其他设施产生损坏及干扰;否则,由此而引起的后果应由承包人自负。

(4)整个施工期间,承包人必须保证排水畅通。如因排水不当而造成工程损坏,承包人应自费立即进行修补。

(5)路堤填料中石料含量等于或大于 70% 时,应按填石路堤施工;石料含量小于 70% 且大于 30% 时,按土石混填路堤施工;石料含量小于 30% 时,按填土路堤施工。

(6)特殊路基施工前,承包人应按图纸要求,提出处理方案报监理人批准。

(7)路堤基底及路堤每层施工完成后未经监理人检验合格,不得进行上一层的填土施工。

（8）施工机械选择，应考虑工程特点、土石种类及数量、地形、填挖高度、运距、气候条件、工期等因素，经济合理地确定。适宜各种填方路基的碾压机械可参照《公路路基施工技术规范》（JTG F10—2006）条文说明第4.2节相关规定执行。

2. 零填挖路基

（1）对于高速公路和一级公路零填挖及挖方路床顶面以下0～800mm范围内的压实度，不应小于96%；对于二级公路，不应小于95%；对于三级、四级公路零填挖及挖方路床顶面以下0～300mm范围内的压实度，不应小于94%，但当三级、四级公路采用沥青混凝土或水泥混凝土路面时，其路床顶面以下0～800mm范围内的压实度不应小于95%。如不符合上述要求，承包人应翻松后再压实，使压实度达到规定的要求。

（2）特殊路基土层上的零填挖路床面，承包人应按图纸或监理人的要求，进行换填、改善或翻拌晾晒。换填、改善厚度应按图纸或由监理人根据现场情况确定，并分层压实。换填的填料最小强度和最大粒径应符合表204-1的要求，其压实度应达到表203-1的要求。

3. 填土路堤

（1）填方路基必须按路面平行线分层控制填土高程；填方作业应分层平行摊铺；保证路基压实度。每层填料铺设的宽度，每侧应超出路堤的设计宽度300mm，以保证修整路基边坡后的路堤边缘有足够的压实度。性质不同的填料，应水平分层、分段填筑，分层压实。同一水平层路基的全宽应采用同一种填料，不得混合填筑。每种填料压实后的连续厚度不宜小于500mm。填筑路床顶最后一层时，压实后的厚度应不小于100mm。

（2）路堤填土高度小于800mm（不包括路面厚度）时，对于原地表清理与挖除之后的土质基底，应将表面翻松深300mm，然后整平压实。其压实度应符合表203-1的要求。

（3）含水率适宜或冻融敏感性小的填料应填筑在路基上层，强度较小的填料应填筑在下层。在有地下水的路段或临水路基范围内，宜填筑透水性好的填料。

（4）路堤填筑应从最低处分层填筑，逐层压实。地面自然横坡陡于1∶5时或纵坡陡于12%时，应将原地面挖成台阶，台阶宽度应满足摊铺和压实设备操作的需要，且不得小于2m。台阶顶一般做成向内并大于4%的内倾斜坡。砂类土上则不挖台阶，但应将原地面以下200～300mm的表土翻松。

（5）加宽旧路堤时，应沿旧路堤边坡挖成向内倾斜的台阶；所用填料宜与旧路堤相同或选用透水性较好的材料。

（6）连接结构物的路堤工程，其施工方法不应危害结构物的安全与稳定。

（7）如在路堤范围内修筑便道或引道时，该便道或引道不得作为路堤填筑的部分，应重新填筑成符合规定要求的新路堤。

（8）任何靠压实设备无法压碎的大块硬质材料，应予以清除或破碎。破碎后的硬质材料最大尺寸不超过压实层厚度的2/3，并应均匀分布，以便达到要求的压实度。

（9）填土路堤分几个作业段施工时，两个相邻段交接处不在同一时间填筑，则先填段应按1∶1坡度分层留台阶；如两段同时施工，则应分层相互交叠衔接，其搭接长度不得小于2m。

（10）用透水性较小的土填筑路堤时，应控制含水率在最佳含水率的2%范围内；当填筑路堤下层时，其顶部应做成4%的双向横坡；如填筑上层时，不应覆盖在由透水性较好的土所填筑的路堤边坡上。

(11)在土石混合填料中不得采用倾填法施工,应进行分层填筑。分层压实每层摊铺厚度应根据压实机械类型和规格确定,不宜超过 400mm。

(12)用土石混合料填筑路堤压实度由现场试验确定,并报经监理人检验批准。

4. 填石路堤

(1)填石路堤填筑材料应符合图纸要求及本规范第 204.02 小节相关规定,其粒径应不大于 500mm,并不宜超过层厚的 2/3,不均匀系数宜为 15 ~ 20;路床底面以下 400mm 范围内,填料粒径应小于 150mm;路床填料粒径应小于 100mm。

(2)基底处理除满足本规范第 202.03-1(4)款的规定外,承载力应满足图纸要求;在非岩石地基上,填筑填石路堤前,应按图纸要求设过渡层。

(3)路堤及路床施工前,承包人应先修筑试验路段,确定路堤满足表 204-2 中孔隙率标准的松铺厚度和路床能达到最大压实干密度的松铺厚度、压实机械型号及组合、压实速度及压实遍数、沉降差等参数。

(4)二级及二级以上公路的填石路堤应分层填筑压实。二级以下砂石路面公路在陡峻山坡地段施工特别困难时,可采用倾填的方式将石料填筑于路堤下部,但在路床底面以下不小于 1.0m 范围内仍应分层填筑压实。

(5)岩性相差较大的填料应分层或分段填筑。严禁将软质石料与硬质石料混合使用。

(6)中硬、硬质石料填筑路堤时,应按图纸要求进行边坡码砌。码砌边坡的石料强度、尺寸及码砌厚度应符合图纸要求。边坡码砌与路基填筑宜基本同步进行。

(7)压实机械宜选用自重不小于 18t 的振动压路机。

(8)在填石路堤顶面与细粒土填土层之间应按图纸要求设过渡层。

5. 土石路堤

(1)填料应符合图纸要求,天然土石混合填料中,中硬、硬质石料的最大粒径不得大于压实层厚的 2/3;石料为强风化石料或软质石料时,其 CBR 值应符合表 204-1 的规定,石料最大粒径不得大于压实层厚。

(2)基底处理应满足第 202.03-1(4)款的规定。在陡、斜坡地段,土石路堤靠山一侧应按图纸要求,做好排水和防渗处理。

(3)施工前,应根据土石混合材料的类别分别进行试验路段施工,确定能达到最大压实干密度的松铺厚度、压实机械型号及组合、压实速度及压实遍数、沉降差等参数;压实机械宜选用自重不小于 18t 的振动压路机。

(4)土石路堤不得倾填,应分层填筑压实,碾压前应使大粒径石料均匀分散在填料中,石料间孔隙应填充小粒径石料、土和石渣。

(5)压实后透水性差异大的土石混合材料,应分层或分段填筑,不宜纵向分幅填筑;如确需纵向分幅填筑,应将压实后渗水良好的土石混合材料填筑于路堤两侧。

(6)土石混合材料来自不同料场,其岩性或土石比例相差较大时,宜分层或分段填筑。

(7)填料由土石混合材料变化为其他填料时,土石混合材料最后一层的压实厚度应小于 300mm,该层填料最大粒径宜小于 150mm,压实后该层表面应无孔洞。

(8)中硬、硬质石料的土石路堤,应进行边坡码砌。码砌边坡的石料强度、尺寸及码砌厚度应符合图纸要求。边坡码砌与路堤填筑宜基本同步进行。软质石料土石路堤的边坡按土质路堤边坡处理。

6. 高填方路堤

(1)高填方路堤填料宜优先采用强度高、水稳性好的材料,或采用轻质材料。

(2)基底承载力应满足图纸要求。特殊地段或承载力不足的地基应按图纸要求进行处理;覆盖层较浅的岩石地基,宜清除覆盖层。

(3)施工中应按图纸要求预留路堤高度与宽度,并进行动态监控。

(4)高填方路堤宜优先安排施工。

(5)高填方路堤如果材料来源不同,其性能相差较大时,应分层填筑,不应分段或纵向分幅填筑。

(6)半挖半填的一侧高填方路基为斜坡时,应按图纸规定挖好横向台阶,并应在填方路堤完成后,对设计边坡外的松散弃土进行清理。

(7)高填方路堤必须进行沉降和位移观测,观测方法可按本规范第205节有关规定办理或经监理人批准的其他方法。观测资料应提供监理人审查,以便做出路面铺筑的有关决定。

7. 半填半挖路基、路堤与路堑过渡段

(1)应从填方坡脚起向上设置向内侧倾斜的台阶,台阶宽度不小于2m,在挖方一侧,台阶应与每个行车道宽度一致、位置重合。

(2)石质山坡,应清除原地面松散风化层,按图纸要求开凿台阶,孤石、石笋应清除。

(3)纵向填挖结合段,应按图纸要求合理设置台阶。

(4)有地下水或地面水汇流的路段,应按图纸要求采用合理措施导排水流。

(5)纵(横)向半填半挖路堤与路基,应从最低高程处的台阶开始分层填筑,分层压实。

(6)填筑时,应严格处理横向、纵向、原地面等结合界面,确保路基的整体性。

(7)高度小于800mm的路堤、零填及挖方路床的加固换填宜选用水稳性较好的材料。

(8)若纵(横)向半填半挖路基采用土工合成材料加筋时,则土工合成材料的设置部位、层数和材料规格、质量要求应符合图纸要求。

(9)纵(横)向填、挖交界处的开挖,必须待填方处原地面处理好并经监理人检验合格后,方可开挖挖方断面。对挖方中非适用材料严禁用于填筑。

8. 粉煤灰路堤

(1)用于高速公路、一级公路路堤的粉煤灰,烧失量宜小于20%;烧失量超过标准的粉煤灰应做对比试验,分析论证后采用。

(2)粉煤灰的粒径,宜在0.001~1.18mm之间,小于0.075mm的颗粒含量宜大于45%。粉煤灰中不得含团块、腐殖质及其他杂质。

(3)用于粉煤灰路堤的包边土和顶面封层的填料,宜采用塑性指数不小于12的黏性土。隔离层和土质护坡中的盲沟所用砂砾料、矿渣料等,最大粒径应小于75mm,4.75mm以下细料含量小于50%,含泥量小于5%。

(4)粉煤灰运输、装卸、堆放,应采取有效措施防止扬尘、流失与污染环境;储灰场地应排水通畅,地面应硬化。大的储灰场宜设置雨水沉淀池。堆场应安装洒水设备,防止干灰飞扬。

(5)粉煤灰路堤施工应符合图纸要求及《公路路基施工技术规范》(JTG F10—2006)

第4.4节的相关规定。

(6)按图纸要求铺筑隔离层,隔离层界面的路拱横坡应与路堤同坡。其厚度不宜小于300mm。

(7)粉煤灰路堤应采用水平分层填筑施工。当分成不同作业段填筑时,先填地段应分层预留台阶,每个压实层应相互重叠搭接,搭接长度宜大于1.5m。相邻作业段接头范围内的压实度应达到规定要求。

(8)土质包边土应与粉煤灰填筑同步进行。土质护坡铺筑宽度应保证削坡后的净宽满足设计要求,同时应按设计要求,做好土质护坡的排水盲沟,底层盲沟高程应避免地表水倒灌。

(9)施工过程中,应及时洒水,防止干灰飞扬;应采取相关措施保护周围环境不受污染。

(10)粉煤灰摊铺后必须及时碾压,做到当天摊铺、当天碾压完毕;粉煤灰路堤的压实,应遵循先轻后重、先低后高的原则。

(11)粉煤灰路堤应根据压实试验确定的压实机械类型和压实遍数、摊铺厚度及压实度进行施工。粉煤灰路堤压实度应符合本规范表204-3的规定。

(12)粉煤灰路堤施工应符合国家及当地环境保护部门的有关要求。

9. 桥、涵及结构物的回填

(1)结构物(包括桥涵台背、锥坡、挡土墙墙背等)的回填是指结构物完成后,用符合要求的材料分层填筑结构物与路基之间的遗留部分。

(2)填料宜采用透水性材料、轻质材料、无机结合料等;非透水性材料不得直接用于回填。

(3)基坑回填必须在隐蔽工程验收合格后方可进行。基坑回填应分层填筑、分层压实,分层厚度宜为100~200mm。二级及二级以上公路,采用小型夯实机具时,基坑回填的分层压(夯)实厚度不宜大于150mm,并应压(夯)实到图纸要求的压实度。

(4)二级及二级以上公路应按图纸做好过渡段,过渡段路堤压实度应不小于96%,并应按图纸做好纵向和横向防排水系统;二级以下公路的路堤与回填的连接部,应按图纸要求预留台阶。

(5)结构物处的回填,应按图纸和监理人的指示进行。回填时圬工强度的具体要求及回填时间,应按《公路桥涵施工技术规范》(JTJ 041—2000)有关规定执行。桩板式挡土墙墙身强度应达到设计强度的75%以上时,方可开始回填。如果回填滞后,必须和挖方路基或填方路基有效搭接,纵向接缝必须设置台阶。桥台路基填筑碾压顺序为自台前至台后。

(6)结构物处台背回填部分的路床,应尽量与路堤路床填筑保持同步。

(7)锥坡填土应与桥背填土同时进行,一次填足并保证压实整修后能达到设计宽度要求。紧靠台背部分的填土应采用小型压实设备分薄层碾压。

(8)台背回填范围应符合图纸要求。图纸无规定时应按如下要求执行:台背填土顺路线方向长度,顶部为距翼墙尾端不小于台高加2m;底部距基础内缘不小于2m;拱桥台背填土长度不应小于台高的3~4倍;涵洞填土长度每侧不应小于2倍孔径长度。

(9)搭板的设置应在路基填筑预压期完成并基本稳定后,经监理人批准方可进行。搭板下垫层基面应平整、密实,垫层的材料及密实度应符合图纸要求。

(10)涵洞洞身两侧,应对称分层回填压实,填料粒径宜小于150mm;两侧及顶面填土时,应采取措施防止压实过程对涵洞产生不利后果。

10. 路基拓宽改建施工

(1)应按图纸要求及本规范第 202 节相关要求拆除老路路缘石、旧路肩、边坡防护、边沟及原有构造物的翼墙或护墙等。

(2)施工前应截断流向拓宽作业区的水源,开挖临时排水沟,保证施工期间排水通畅。

(3)拓宽部分路堤的地基处理应按图纸要求和本规范相关条款处理。

(4)老路堤与新路堤交界的坡面挖除清理的法向厚度不宜小于 0.3m,然后从老路堤坡脚向上按图纸要求挖设台阶;老路堤高度小于 2m 时,老路堤坡面处理后,可直接填筑新路堤。严禁将边坡清挖物作为新路堤填料。

(5)拓宽部分的路堤采用非透水性填料时,应在地基表面按图纸铺设垫层。垫层材料一般为砂砾或碎石,含泥量不大于 5%。

(6)拓宽路堤的填料宜选用与老路堤相同的填料,或者选用水稳性较好的砂砾、碎石等填料。

(7)拓宽施工中的挖方路基按本规范第 203 节相关规定执行;拓宽施工中的半填半挖路基按按本规范第 204.04-7 条的相关规定执行。

(8)边通车边拓宽时,应有交通管制和安全防护措施。

(9)拓宽施工不得污染环境,不得破坏或污染原有水系。

204.05　质量检验

1. 基本要求

(1)土方路基

a. 在路基用地和取土坑范围内,应清除地表植被、杂物、积水、淤泥和表土,处理坑塘,并按规范和设计要求对基底进行压实。

b. 路基填料应符合规范和设计的规定,经认真调查、试验后合理选用。

c. 填方路基须分层填筑压实,每层表面平整,路拱合适,排水良好。

d. 施工临时排水系统应与设计排水系统结合,避免冲刷边坡,勿使路基附近积水。

e. 在设定取土区内合理取土,不得滥开滥挖;完工后应按要求对取土坑和弃土场进行修整,保持合理的几何外形。

(2)石方路基

a. 修筑填石路堤时应进行地表清理,逐层水平填筑石块,摆放平稳,码砌边部。填筑层厚度及石块尺寸应符合设计和施工规范规定,填石空隙用石渣、石屑嵌压稳定。上、下路床填料和石料最大尺寸应符合规范规定。采用振动压路机分层碾压,压至填筑层顶面石块稳定,20t 以上压路机振压两遍无明显高程差异。

b. 填石路堤填筑至设计高程并整修完成后,其路基表面应平整、施工质量应符合表 203-2 的规定。

c. 中硬、硬质石料土石路堤质量应符合以下规定:

(a)施工过程中的每一压实层,可用试验路段确定的工艺流程和工艺参数,控制压实过程;用试验路段确定的沉降差指标,检测压实质量。

(b)路基成型后质量应符合表 203-2 的规定。

d. 软质石料填筑的土石路堤,应符合第 204.04-5(1)款的相关规定。

2. 检查项目

(1)路基检查项目见本规范第 203 节表 203-1 和表 203-2。

(2)填石路堤施工上下路堤的压实质量标准,应符合表 204-2 的规定。

(3)软质石料填筑的土石路堤,应符合本规范表 203-1 的规定。

(4)粉煤灰路堤压实度,应符合表 204-3 的规定。

填石路堤上、下路堤压实质量标准

表 204-2

分区	路床顶面以下深度(m)	硬质石料孔隙率(%)	中硬石料孔隙率(%)	软质石料孔隙率(%)
上路堤	0.8 ~ 1.50	≤23	≤22	≤20
下路堤	>1.50	≤25	≤24	≤22

粉煤灰路堤压实度标准

表 204-3

填料应用部位(路床顶面以下深度,m)		压实度(%)	
		二级及二级以上公路	其他等级公路
上路床	0.0 ~ 0.30	≥95	≥93
下路床	0.30 ~ 0.80	≥93	≥90
上路堤	0.80 ~ 1.50	≥92	≥87
下路堤	>1.50	≥90	≥87

注:①表列压实度以部颁《公路土工试验规程》(JTG E40—2007)重型击实试验法为准;

②特别干旱或潮湿地区的压实度标准可降低 1% ~2%;

③包边土和顶面封层压实度应符合表 203-1 的规定。

3. 外观鉴定

(1)土方路基

a. 路基表面平整、密实、无局部坑洼、曲线圆滑,边线顺直。

b. 边坡坡面平顺稳定,不得亏坡,曲线圆滑。

c. 取土坑、弃土堆、护坡道、碎落台的位置适当,外形整齐、美观,防止水土流失。

d. 对取土造成的裸露面,应采取整治或防护措施。

(2)石方路基

a. 上边坡不得有松石,路基边线直顺,曲线圆滑。

b. 土石路堤成型后的外观质量标准为路堤表面无明显孔洞,大粒径填石不松动,铁锹挖动困难。

c. 中硬、硬质石料土石路基边坡码砌紧贴、密实,无明显孔洞、松动,砌块间承接面向内倾斜,坡面平顺。

204.06 计量与支付

1. 计量

(1)填筑路堤的土石方数量,应以承包人的施工测量和补充测量经监理人校核批准的横断面地面线为基础,以监理人批准的横断面图为依据,由承包人按不同来源(包括利用土方、利用石方和借方等)分别计算,经监理人校核认可的工程数量作为计量的工程数量。

(2)零填挖路段的翻松、压实含入报价之中,不另计量。

(3)零填挖路段的换填土,按压实的体积,以立方米计量。计价中包括表面不良土的翻挖、运弃(不计运距)、换填好土的挖运、摊平、压实等一切与此有关作业的费用。

(4)利用土、石填方及土石混合填料的填方,按压实的体积,以立方米计量。计价中包括挖台阶、摊平、压实、整型等一切与此有关作业的费用。利用土、石方的开挖作业在第203节路基挖方中计量。承包人不得因为土石混填的工艺、压实标准及检测方法的变化而要求增加额外的费用。

(5)借土填方,按压实的体积,以立方米计量,计价中包括借土场(取土坑)中非适用材料的挖除、弃运及借土场的资源使用费、场地清理、地貌恢复、施工便道、便桥的修建与养护、临时排水与防护等和填方材料的开挖、运输、挖台阶、摊平、压实、整型等一切与此有关作业的费用。

(6)粉煤灰路堤按压实体积,以立方米计量,计价中包括材料储运(含储灰场建设)、摊铺、晾晒、土质护坡、压实、整型以及试验路段施工等一切与此有关的作业费用。土质包边土在本节支付子目号204-1-e中计量。

(7)结构物台背回填按压实体积,以立方米计量,计价中包括:挖运、摊平、压实、整型等一切与此有关的作业费用。

(8)锥坡及台前溜坡填土,按图纸要求施工,经监理人验收的压实体积,以立方米计量。

(9)临时排水以及超出图纸要求以外的超填,均不计量。

(10)改造其他公路的路基土方填筑的计量方法同本条(1)款。

2. 支付

按上述规定计量,经监理人验收并列入工程量清单的以下支付子目的工程量,其每一计量单位,将以合同单价支付。此项支付包括材料、劳力、设备、运输等及其为完成此项工程所必需的全部费用。

3. 支付子目

子目号	子目名称	单位
204-1	路基填筑(包括填前压实)	
-a	换填土	m^3
-b	利用土方	m^3
-c	利用石方	m^3
-d	利用土石混填	m^3
-e	借土填方	m^3
-f	粉煤灰路堤	m^3
-g	结构物台背回填	m^3
-h	锥坡及台前溜坡填土	m^3
204-2	改河、改渠、改路填筑	
-a	利用土方	m^3
-b	利用石方	m^3
-c	借土填筑	m^3

第 205 节　特殊地区路基处理

205.01　范围

本节工作内容包括:软土地区路基、滑坡地段路基、岩溶地区路基、膨胀土地区路基、黄土地区路基、盐渍土地区路基、风积沙及沙漠地区路基、季节性冻土地区路基和河、塘、湖、海地区路基的处理及其有关的工程作业。

205.02　一般要求

1. 在特殊地区路基施工时,承包人应严格执行《公路路基施工技术规范》(JTG F10—2006)的第 4 章和第 6 章的有关规定。

2. 承包人应在特殊路基处理施工之前 28d,按图纸或监理人要求编制施工方案报监理人审批。该方案包括一切材料的说明、样品、试验报告和机械设备情况及施工工艺、技术措施等内容。

3. 不同类型的地基处理开始前应先铺筑长不小于 100m(全幅路基宽)的试验路段或进行成桩试验。试验段和成桩试验的试验结果经监理人批准,方可进行规模施工。

4. 在施工过程中,如发现实际地质情况与图纸不符合而需要改变设计,应报监理人审批。

5. 在施工前,承包人应将拟用的土工织物、塑料排水板及砂袋编织布样品及水泥、石灰、粉煤灰等样品附以出厂说明、取样日期、标明组号和批号,送交试验室进行试验,并将试验结果报监理人批准后方可采用。

6. 采用新技术、新工艺、新设备、新材料时,必须制定相应的工艺、质量标准。

7. 用湿黏土、红黏土和中、弱膨胀土作为填料直接填筑时,应符合《公路路基施工技术规范》(JTG F10—2006)第 6.1.4 条的相关规定。

8. 软土地区路堤施工计划中宜考虑地基固结工期。施工时不宜破坏软土地基表层硬壳层。

205.03　软土地基处理

1. 软土地基处理包括挖除换填、抛石挤淤、设置垫层、超载预压、袋装砂井、塑料排水板、粉喷桩、碎石桩、水泥粉煤灰碎石桩(以下简称 CFG 桩)、砂桩、强夯、铺设土工织物等一系列施工方法,并应进行路堤沉降观测。承包人应按图纸或经监理人批准的处理方法进行施工。

2. 材料

(1)砂砾料

用做垫层的砂砾料,应具有良好的透水性,不含有机质、黏土块和其他有害物质。若采用天然级配砂砾料，其最大粒径应小于50mm，含泥量不得大于5%；砾石强度为洛杉矶法磨耗率小于60%。

(2)砂及砂袋

袋装砂井应采用中、粗砂，中、粗砂中大于0.6mm颗粒含量宜占总重的50%以上，含泥量应小于3%，渗透系数大于5×10^{-2}mm/s。砂袋的渗透系数应不小于砂的渗透系数。

(3)碎石

碎石由岩石或砾石轧制而成，应洁净、干燥，并具有足够的强度和耐磨耗性，其颗粒形状应具有棱角，不得掺有软质和其他杂质，粒径宜为19~63mm，含泥量不应大于10%。

(4)土工合成材料

土工合成材料的选用应符合《公路土工合成材料应用技术规范》(JTJ/T 019—98)的规定，并应具有足够的抗拉强度；对土工织物，还应具有较高的刺破强度、顶破强度和握持强度等。土工合成材料的试验项目和方法应符合《公路工程土工合成材料试验规程》(JTG E50—2006)的规定。

(5)塑料排水板

塑料排水板应由芯体和包围芯体的合成纤维透水膜构成的复合体，应具有很好的耐腐蚀性和足够的柔性，并符合《塑料排水板施工规程》(JTJ/T 256—96)的规定和《塑料排水板质量检验标准》(JTJ/T 257—96)的标准。塑料排水板的测试项目和测试方法应符合图纸要求。图纸无规定时可参照《公路路基施工技术规范》(JTG F10—2006)条文说明表6-4规定执行。

(6)片石

抛石挤淤应采用不易风化的片石，其尺寸不应小于300mm。

(7)水泥

水泥各项性能指标应符合图纸要求，严禁使用过期、受潮、结块、变质的劣质水泥。所有水泥均应经过试验并符合《通用硅酸盐水泥》(GB 175—2007)的要求。

(8)石灰

石灰应符合《公路路面基层施工技术规范》(JTJ 034—2000)表4.2.2所规定的Ⅰ级要求。按《公路工程无机结合料稳定材料试验规程》(JTJ 057—94)规定的试验方法进行检验，同时应符合下述规定：

生石灰粒径应小于2.36mm，无杂质，氧化镁和氧化钙总量应不小于85%，其中氧化钙含量应不小于80%。

(9)粉煤灰

a.用于高速公路、一级公路路堤的粉煤灰，烧失量宜小于20%；烧失量超过标准的粉煤灰应做对比试验，分析论证后采用。

b.粉煤灰的粒径，宜在0.001~1.18mm之间，小于0.075mm的颗粒含量宜大于45%。

c.粉煤灰中不得含团块，腐殖土及其他杂质。

(10)材料采购和保管

用于软土地基处理的塑料排水板、土工合成材料、砂袋及石灰、水泥、砂子等材料，都必须按图纸和规范要求的质量指标采购进场、堆放,严禁材料被污染或混合堆放,过期产品严禁使用。塑料排水板、土工合成材料和砂袋等材料应储存在不被日光直接照射和被雨水淋泡处,根据工程进度和日用量按日取用。

3. 施工要求

(1)挖除换填 抛石挤淤

a. 按图纸或监理人的要求,将原路基一定深度和范围内的淤泥挖除,换填符合规定要求的材料。换填时,应分层铺筑,逐层压实,使之达到规定的压实度。换填料应选用水稳性或透水性好的材料。

b. 抛石挤淤应按图纸或监理人的要求进行,当软土地层平坦时,从路堤中心成等腰三角形向前抛填,渐次向两侧对称地抛填至全宽,使泥沼或软土向两侧挤出。当软土地层横坡陡于1:10时应自高侧向低侧抛投,并在低侧边部多抛填,使低侧边部约有2m的平台顶面,待片石抛出软土面或抛出水面后,应用较小石块填塞垫平,用重型压路机压实。

(2)砂垫层或砂砾垫层

a. 按图纸或监理人的要求,在清理的基底上分层铺筑符合要求的砂或砂砾垫层。分层铺筑松厚不得超过200mm,并逐层压实至规定的压实度。压实的方法应根据地基情况而选择振动法(平振、插振、夯实等)、水撼法、碾压法等。若采用碾压法施工时,应控制最佳含水率。砂砾垫层应宽出路基边脚0.5~1.0m,且无明显的粗细料分离现象。两侧端以片石护砌,以免砂料流失。

b. 填筑砂砾垫层的基面和层面铺有土工布时,在砂砾垫层上下各厚100mm层次中不得使用轧制的粒料,以免含有裂口的碎砾石损伤土工布。

c. 施工中应避免砂或砂砾受到污染。如监理人认为有严重污染,承包人应换料重填,并承担其费用。

(3)灰土垫层

当软弱土层的厚度在1~3m范围内时,也可考虑用灰土垫层来提高地基承载力,通常灰土为石灰土或二灰土(石灰粉煤灰)。

a. 石灰土垫层施工前必须对下卧地基进行检验,如发现局部软弱土坑,应挖除,用素土或石灰土填平夯实。

b. 施工时应将灰土拌和均匀,控制含水率,如土料水分过多或不足时应晾干或洒水润湿,以达到灰土最佳含水率。

c. 掌握分层松铺厚度,按采用的压实机具现场试验来确定,一般情况下松铺厚度应不大于300mm,分层压实厚度应不大于200mm。

d. 压实后的灰土应采取排水措施,3d内不得受水浸泡。灰土垫层铺筑完毕后,要防止日晒雨淋,应及时铺筑上层。

(4)预压和超载预压

a. 预压和超载预压的填土高度应符合图纸或监理人的要求。

b. 用于预压与超载预压的土方应分层填筑并压实。

c. 预压路堤顶面应设一定的横坡使排水顺畅。

d. 承包人对有要求预压的路段,尤其是桥头路段和箱涵相接路段,在施工安排上应尽可能早地堆载预压。堆载顶面要平整密实有横坡。在工期限制较严、预压时间较短时,也可采用超载预压的方法来加快预压期的沉降量。

e. 预压或超预压沉降后应及时补方，一次补方厚度不应超过一层填筑厚度，并适当压实；对地基稳定性较好的路段，亦可按预测沉降量随路堤填筑一次完成到位。对于在预压期间高程低于图纸规定预压高程以下的均需及时补填，严禁在预压期不补填，而在预压后期或在路面施工时一次补填的做法，以避免引起过大的沉降。

(5)真空预压、真空堆载联合预压

a. 承包人在施工前应按图纸要求及工程水文地质情况编写真空预压或真空堆载联合预压的施工组织设计报监理人批准。

b. 真空预压用材料规格、性能应符合图纸要求。

c. 真空预压施工中的密封沟开挖、筑围堰和抽真空等以及真空堆载联合预压施工，应符合图纸要求及《公路路基施工技术规范》(JTG F10—2006)第6.3.8条的相关规定。

d. 施工监测

(a)预压过程中，应进行孔隙水压力、真空压力、深层沉降量及水平位移等预压参数的监测。真空压力每隔4h观测一次，表面沉降每2d测一次。

(b)当连续五昼夜实测地面沉降小于0.5mm/d、地基固结度已达到设计要求的80%时，经验收，即可终止抽真空。

(c)停泵卸荷后24h，应测量地表回弹值。

(6)袋装砂井

a. 袋装砂井的平面位置、长度、灌砂量均应如实做出施工记录，并报监理人审批；未获批准，不得进行下一道工序施工。

b. 袋装砂井深度不应小于设计深度，顶部应伸入砂砾垫层至少300mm，使其与砂砾垫层贯通，保证排水畅通。

c. 袋装砂井套管插入地基时，应严格控制垂直度和桩位，沉入深度应能保证砂袋放至井底高程并不得使砂袋扭结、缩颈、断裂、磨损。

d. 拔钢套管时，要防止带出和损坏砂袋，如将砂袋带出或损坏，应在原孔位边缘重打；连续两次将砂袋带出时，应停止施工，查明原因并处理后方可施工。

e. 砂袋露天堆放时，应有遮盖，不得长时间曝晒。

(7)塑料排水板

a. 塑料排水板的质量，应符合图纸和本规范规定的要求。施工之前应将塑料排水板堆放在现场，并加以覆盖，以防暴露在空气中老化。施工时应严格按照图纸指出的位置、深度和间距设置。塑料排水板留出孔口长度应保证伸入砂垫层不小于500mm，使其与砂垫层贯通；并将其保护好，以防机械、车辆进出时受损，影响排水效果。

b. 塑料排水板在插入地基的过程中，应保证板不扭曲，透水膜无破损和不被污染。板的底部应有可靠的锚固措施，以免在抽出保护套管时将其带出。

c. 塑料排水板插好后，应及时将露在垫层的多余部分切断，并予以保护，以防因插板机移动、车辆的进出或下雨时受到损坏而降低排水效果。

d. 塑料排水板不得搭接。

e. 施工中防止泥土等杂物进入套管内，一旦发现应及时清除。

f. 打设形成的孔洞应用砂回填，不得用土块堵塞。

g. 施工质量不符合要求时,承包人应按监理人的要求采取补救措施或更换排水板,并承担其费用。

(8)加固土桩

a. 加固土桩施工前必须进行成桩试验,桩数不宜少于 5 根,且满足以下要求:

(a)应取得满足设计喷入量的各种技术参数,如钻进速度、提升速度、搅拌速度、喷气压力、单位时间喷入量等。

(b)应确定能保证胶结料与加固软土拌和均匀性的工艺。

(c)掌握下钻和提升的阻力情况,选择合理的技术措施。

(d)根据地层、地质情况确定复喷范围。

(e)承包人应将试桩结果报告监理人批准后方能开工,并以此指导施工。

b. 加固土桩施工在机具设备和材料进场的同时,应进行场地清理,使之符合施工要求,并布置粉喷桩所需材料的储存棚以及机具设备安装地点、水电供应和排水沟位置。

c. 应根据固化剂喷入的形态(浆液或粉体),采用不同的施工机械组合。其钻机技术性能和指标应满足图纸和施工要求。

d. 钻机就位,应满足图纸要求,垂直度偏位不得大于 1%,桩孔的位置与图纸位置偏差不得大于 50mm。

e. 采用浆液固化剂时,制备好的浆液不得离析,不得停置过长。超过 2h 的浆液应降低等级使用。浆液拌和均匀,不得有结块。供浆应连续。

f. 采用粉体固化剂时,应符合以下规定

(a)严格控制喷粉高程和停粉高程,不得中断喷粉,确保桩体长度;严格控制粉喷时间、停粉时间和喷入量。应采取措施防止桩体上下喷粉不匀、下部剂量不足、上下部强度差异大等问题,应按设计要求的深度复搅。

(b)当钻头提升到地面以下小于 500mm 时,送灰器停止送灰,用同剂量的混合土回填。

(c)如喷粉量不足,应整桩复打。复打的喷粉量不小于设计用量。因故喷粉中断时,必须复打,复打重叠长度应大于 1m。

(d)钻头直径的磨损量不得大于 10mm。

(e)施工设备必须配有自动记录的计量系统。施工中应做好施工记录。

(9)碎石桩

a. 承包人应提前 21d 提供计划用于工程的碎石材料样品以及施工设备、施工方法,报监理人批准。

b. 承包人应于开工前在监理人批准的地点按《公路路基施工技术规范》(JTG F10—2006)或图纸规定设置试验桩,且试验桩数不少于 5 根。设置试验桩时,承包人应认真仔细地记录桩的贯入时间和深度、冲水量和水压、压入的碎石量和电流的变化等,以确定桩体在密实状态下的各项指标,以此作为设置碎石桩的控制指标。

施工中应根据试桩成果,严格控制水压、电流和振冲器在固定深度位置的留振时间。

c. 试验桩设置完毕后,承包人应对其中的三根试验桩进行标准贯入试验,并对其中的两根进行荷载试验,以检验施工设备和方法是否符合规范及监理人的要求;若试验桩不成功应按规定重做。试验桩全部费用由承包人负担。

d. 施工时,碎石料应分批加入,每次加料量一般为1m堆高的填料。

e. 承包人应填写施工记录,监理人可随时抽查并将这些记录作为最终质量检查验收的依据。

f. 碎石桩设置完毕后,其顶部应按设计图纸或监理人的要求铺设碎石或砂砾垫层。在整个施工过程中,应保证碎石料不被周围土体污染。

(10)CFG桩

a. 材料要求

(a)集料:应根据施工方法,选择合理的集料级配和最大粒径;

(b)水泥:宜选用普通硅酸盐水泥;

(c)粉煤灰:宜选用袋装II、III级粉煤灰。

b. 施工前应进行成桩试验,试桩数量宜为5~7根。CFG桩试桩成功,经监理人验收合格后,方可开始施工。

c. 水泥粉煤灰碎石桩施工应符合以下规定

(a)桩体施工应选择合理的施打顺序,一般应隔行隔桩跳打,相邻桩之间施工间隔时间应大于7d,避免对已成桩造成损害。

(b)成桩过程中,应对已打桩的桩顶进行位移监测。

(c)混合料应拌和均匀。在施工中,每台机械每天应做一组(3块)试块(试块为边长150mm的立方体),经标准养生,测定其立方体抗压强度,应符合图纸规定。

(d)CFG桩沉管时间宜短,拔管速度控制在1.2~1.5m/min,不允许反插,以防止桩缩颈、断桩及桩身强度不均。

(e)桩顶设500mm保护桩长,CFG桩施工完成7d后,开挖至设计高程,截去保护桩长。CFG桩施工完成28d后,方可填筑路基。

(f)冬季施工时混合料入孔温度不得低于5℃,对桩头和桩间土应采取保温措施。

(11)砂桩

a. 砂桩材料应采用符合第205.03-2(2)款规定的中、粗砂;也可使用砂砾混合料,含泥量应小于5%。

b. 承包人应在施工前21d向监理人提交建议使用的材料样本、设备以及砂桩的施工安装方法,以便获得监理人的批准。

c. 获得监理人对拟采用方法初步批准后,承包人应在监理人指示的位置按《公路路基施工技术规范》(JTG F10—2006)或图纸规定设置试验桩,试验桩数不应小于5根。

d. 试验桩完成后,承包人应通过标准贯入试验证明施工方法是否满足本规范及监理人的要求。

e. 如果第一次试验不能满足本规范要求,承包人应更换设备和改变施工方法,并再次进行试验,直至规定的试验桩均成功。施工方法和设备应得到监理人的批准后才能使用。工程用桩实际灌砂量未达到设计用量时,应进行处理。全部试验桩的费用和工程桩处理费用由承包人负担。

f. 地面下1~2m土层应超量投砂,通过压挤提高表层砂的密实程度。

g. 成桩过程应连续,并应保证桩径和砂料不被周围土体污染。

h. 承包人应编写施工记录,以供监理人随时抽查,这些记录亦作为最终质量验收的依据。

(12)铺设土工合成材料

a.土工合成材料的质量应符合图纸及本规范要求。在采用土工合成材料加筋的路堤填筑正式开工前,应结合工程先修筑试验路段,以指导施工。

b.铺设土工合成材料应按图纸施工,在平整的下承层上全断面铺设。铺设时,土工织物应拉直平顺,紧贴下承层,不得扭曲、折皱。在斜坡上摊铺时,应保持一定松紧度。可采用插钉等措施固定土工合成材料于填土下承层表面。

c.土工合成材料在铺设时,应将强度高的方向置于垂直于路堤轴线方向。

d.应保证土工合成材料的整体性。当采用搭接法连接时,搭接长度宜为300~600mm;采用缝接法时,缝接宽度应不小于50mm;采用粘结法时,粘结宽度不应小于50mm,粘合强度应不低于土工合成材料的抗拉强度。

e.铺设土工合成材料的土层表面应平整,表面严禁有碎、块石等坚硬凸出物;在距土工合成材料层80mm以内的路堤填料,其最大粒径不得大于60mm。

f.土工合成材料摊铺以后应及时填筑填料,以避免其受到阳光过长时间的直接暴晒。一般情况下,间隔时间不应超过48h。填料应分层摊铺、分层碾压,所选填料及其压实度应符合本规范第204节规定的要求。与土工合成材料直接接触的填料中严禁含强酸性、强碱性物质。

g.土工合成材料上的第一层填土摊铺宜采用轻型推土机或前置式装载机。一切车辆、施工机械只容许沿路堤的轴线方向行驶。

h.对于软土地基,应采用后卸式货车沿加筋材料两侧边缘倾卸填料,以形成运土的交通便道,并将土工合成材料张紧。填料不允许直接卸在土工合成材料上面,必须卸在已摊铺完毕的土面上;卸土高度以不大于1m为宜,以免造成局部承载能力不足。卸土后应立即摊铺,以免出现局部下陷。

i.填成施工便道后,再由两侧向中心平行于路堤中线对称填筑,第一层填料宜采用推土机或其他轻型压实机具进行压实;只有当已填筑压实的垫层厚度大于600mm后,才能采用重型压实机械压实。

j.双层土工合成材料上、下层接缝应交替错开,错开长度不应小于500mm。

k.施工过程中土工织物不应出现任何损坏,以保证工程质量;否则,承包人应予更换重铺,并承担其费用。

(13)强夯和强夯置换

a.强夯

(a)强夯施工前,应选择有代表性并不小于500m^{2}的路段进行试夯,确定最佳夯击能、间歇时间、夯间距等参数。

(b)垫层材料应符合图纸要求,可采用透水性好的砂、砂砾、石屑、碎石土等。

(c)强夯施工中,应采取隔振、防振措施,消除强夯对邻近建筑物的有害影响。

(d)施工前应检查锤落距,确保单击夯击能量符合图纸要求。

b.强夯置换

(a)强夯置换施工前,应进行试夯,并按图纸要求对夯点进行放样。

(b)置换材料应符合图纸要求,可采用级配良好的块(片)石、碎石、矿渣等坚硬的粗颗粒材料,粒径不宜大于夯锤底面直径的0.2倍,含泥量不宜大于10%,粒径大于300mm的颗粒含量不宜大于总质量的30%。

(c)垫层材料应符合图纸要求,可采用透水性好的砂、砂砾、石屑、碎石土等。

(d)强夯置换施工开始前,标出第一遍夯点位置、测量地面高程和夯前锤底高程。

(e)夯击并逐击记录夯坑深度,当夯坑达到图纸要求深度或夯坑过深而发生起锤困难时,应停夯后向坑内填料直至坑顶填平,记录填料数量,如此重复直至达到规定的夯击次数及控制标准,完成一个墩体的夯击。

(f)按上述工艺由内而外、隔行跳夯击打的原则完成全部夯点的施工。在施工过程中,夯完后检查夯坑位置,发现偏差或漏夯应及时纠正。

(g)施工中应采取隔振、防振措施消除强夯对邻近建筑物的有害影响。

(h)全部夯点施工完成后,推平地基,用低能量进行满夯,将表层松土夯实,并按图纸要求铺设垫层,分层碾压密实。

(14)路堤施工观测

a. 在软土地基路堤填筑施工预压期内的观测项目、内容和频率应符合图纸要求。

b. 二级及二级以上公路路堤施工中,必须进行沉降和稳定的动态观测。观测项目及观测内容以及目的见《公路路基施工技术规范》(JTG F10—2006)表6.3.19。

c. 观测仪表应在软土地基处理之后埋设,并在观测到稳定的初始值后,方可进行路堤填筑。

d. 地基条件差、地形变化大、实际问题多的部位和土质调查点附近应设置观测点。同一路段不同观测项目的测点宜布置在同一横断面上。

e. 施工期间,应按设计要求进行沉降和稳定的跟踪观测。观测频率应与沉降、稳定的变形速率相适应,每填筑一层应观测一次;如果两次填筑间隔时间较长,每3d至少观测一次。路堤填筑完成后,堆载预压期间定期观测应视地基稳定情况而定,半月或每月观测一次,直至预压期结束。

f. 如地基稳定出现异常,应立即停止加载并采取措施处理,待路堤恢复稳定后,方可继续填筑。

g. 在超载预压路段,应进行沉降和稳定观测。在桥头纵向坡脚、填挖交界的填方端、沿河等特殊路段酌情增设观测点,地基的沉降和稳定可以通过位移边桩与沉降板测定。承包人应承担由于未按要求进行沉降监测而造成沉降期延长和任何施工延误的全部责任。

h. 在预压期完成前14d,承包人应将监测原始记录、沉降记录汇总表、沉降曲线图等资料以及完成预压期的分析报告,报监理人批准。预压期可根据沉降监测结果在监理人指示下确定是否应予延长。

i. 路堤沉降变形达到设计预期值后,经监理人批准,允许开始铺筑路面。有超出路床以上多余填料时,承包人应在路面即将铺筑之前,将路堤超出的多余填料卸除,并将路堤整修到路床面高程和满足压实要求。

j. 承包人应在软基地段路堤施工前,将用于沉降监测的记录表和报表格式报监理人批准。

k. 稳定性观测

(a)一般路段沿纵向每100～200m设置一个观测断面,同时,每一路段应不少于3个断面;桥头路段应设置2～3个观测断面;桥头纵向坡脚、填挖交界的填方端、沿河等特殊路段均应增设观测点。

(b)位移观测边桩,应根据需要埋设在路堤两侧坡脚或坡脚以外3～5m处,并结合稳定分析,在预测可能的滑裂面与地面的切面位置布设测点,一般在坡脚以外1～10m范围内设置3～4个位移边桩。同一观测断面的边桩应埋在同一横轴线上。边桩应埋置稳固。

(c)校核基点四周必须采用保护措施,并定期与工作基点桩校核。

(d)地面位移观测仪器要求:测距精度±5mm,测角精度2″。

(e)沿河、临河等凌空面大而稳定性很差的路段,必要时需进行地基土体内部水平位移的观测。

l. 沉降观测

(a)在施工路段的原地面上一般埋设沉降板进行高程观测。沉降板埋置于路基中心、路肩及坡趾的基底。

(b)沉降板观测仪器要求为往返水准测量精度1mm/km。

(c)用于观测水平位移标点桩、校核基点桩亦同时用于沉降观测,埋设于坡趾及以外的标点边桩一般兼测地面沉降。

(d)堆载预压期间观测应视地基稳定情况而定,一般情况下,第一个月每3d观测1次,第二、第三个月每7d观测一次,从第四个月起每15d观测1次,直至预压期结束。

m. 工作标点桩、沉降板观测标、工作基点桩、校核基点桩在观测期均必须采取有效措施加以保护,还应在标杆上有醒目的警示标志。

(15)湿黏土路基施工

a. 用不符合《公路路基施工技术规范》(JTG F10—2006)第6.1.4条规定的湿黏土填筑路基时,应进行处理;处理后应符合本规范表204-1的规定,压实质量应符合本规范表203-1的规定。

b. 基底为软土时,应按图纸要求进行处治。不同类的填料,不得填筑在同一压实层上。

c. 路堤填筑时,每层宜设2%～3%的横坡。当天的填土,宜当天完成压实。填筑层压实后,应采取措施防止路基工作面曝晒失水。

d. 水稻田地段路基施工,不得影响农田排灌。水稻田地段路基施工施工前应采取措施排除公路用地范围内的地表水;疏干地表水确有困难时,应按图纸要求进行处治。路堑段施工应按图纸及本规范相关要求设截水沟、护墙、护坡。

e. 河、塘、湖地段路堤受水浸润作用的路堤部分,宜用水稳性好、塑性指数不大于6、压缩性小、不易风化的透水性填料填筑。

f. 在洪水淹没地段的路堤两侧不得取土;三、四级公路,特殊情况下,可按图纸要求在下游侧距路堤安全距离外取土。防洪工程应在洪水期前按图纸要求完成,施工期间应注意防洪。

205.04 河、塘、湖、海地区路基施工

1. 承包人应事先详细查清洪水影响、路基基底、山坡地质、水文条件等情况,并按图纸

要求,采取符合实际情况的有效处理方法报监理人审批。

2.在此类地区填筑高速公路和一级公路路基时,宜设置集中取土场集中取土,常水位以下路堤应选用矿渣、块石、砾石等水稳定性良好的材料填筑,其粒径不宜大于300mm。

3.路堤跨越洪水淹没地段,其两旁不应设置取土坑。特殊情况下的三、四级公路,如需设置取土坑,应留有宽度不小于4m的护坡道,并在路堤下游20m以外设置。

4.受水位涨落影响的部分,亦应选用水稳性好的材料,如具有天然级配的砂砾、卵石、粗(中)砂或石质坚硬不易风化的片、碎石等。

5.在施工两侧水位差较大的河滩路堤时,为防止管涌现象,应按图纸要求采取放缓路基下游一侧边坡、设滤水趾和反滤层等措施。若渗流通过基底,则应在基底设隔渗墙或隔渗层。

6.承包人必须根据水流对路基破坏作用的性质、程度进行防护和加固,其防护方式及施工要求应符合图纸及本规范的有关规定。

7.山区沿河路基施工及水库地区路堤、滨海地区路堤施工应符合图纸要求及《公路路基施工技术规范》(JTG F10—2006)第6.18～6.20节的有关规定。

205.05　滑坡地段路基处理

1.滑坡地段施工前,承包人应详细调查地形、地质和水文条件,结合图纸及监理人的要求,制订应对滑坡或边坡危害的安全预案及处理方法,报监理人审批,并在施工过程中应进行监测。

2.滑坡整治宜在旱季施工,需要在冬季施工时,应了解当地气候、水文情况,严格按照冬季施工的有关规定实施。

3.路基施工应注意对滑坡区内其他工程和设施的保护。在滑坡区内有河流时,应尽量避免因滑坡工程的施工使河流改道或压缩河道。

4.滑坡整治,应及时采取技术措施封闭滑坡体上的裂隙;在滑坡边缘一定距离外的稳定地层上,按设计要求并结合实际情况修筑一条或数条环形截水沟。截水沟应有防渗措施。

5.施工时应采取措施截断流向滑坡体的地表水、地下水及临时用水。

6.滑坡体未处理之前,严禁在滑坡体上增加荷载,严禁在滑坡前缘减载。

7.滑坡整治完成后,应及时恢复植被。

8.采用削坡减载方案整治滑坡时,减载应自上而下进行,严禁超挖或乱挖,严禁爆破减载。

9.采用加填压脚方案整治滑坡时,只能在抗滑段加重反压,并且做好地下排水时实施;不得因为加填压脚土而堵塞原有地下水出口。

10.抗滑支挡工程施工应符合图纸要求及《公路路基施工技术规范》(JTG F10—2006)中第6.13节相关规定及本规范路基防护的有关要求。

11.降雨前后及降雨过程中,应加强对施工现场的检查巡视。

205.06　岩溶地区路基施工

1.施工前,应结合图纸详细核查岩溶分布、地形、地表水、地下水活动规律及设计处治方案的可行性和完整性,严禁随意堵塞溶洞、堵塞岩溶水的出路。

2.在路堑边坡上的干溶洞,应清除洞内沉积物并用干砌或浆砌片石堵塞。

3.路基上方的溶泉或涌水,应按图纸先做好排水涵(管);做好疏导、排水工作。

4.路基基底下的或挡土墙基底的干溶洞,可结合图纸要求采取以下措施:

(1)铲除溶洞石笋,整平基底,直接用砂砾石、碎石、干(浆)砌片石等回填密实。

(2)当溶洞顶板太薄或者顶板较破碎,按图纸要求进行加固时,应严格控制加固质量,确保强度。

(3)当溶洞顶板较完整、厚度较大时,应根据图纸要求,确定处理方案。

(4)采用桥涵跨越通过时,桥涵基础必须置于有足够承载能力的稳定地基上。

5.路基基底下有溶泉或涌水,应采取排导措施保证路基不受浸害;当修建水泥混凝土、沥青路面等路面时,应按图纸要求采取措施防止因温差作用而使水汽上升,聚集在路面基层下。

6.流水量大的暗洞及消水洞,用桥涵跨越时,应确保基础稳定。

7.无论何种方法处理岩溶洞,均应报监理人并经检查认可,否则应挖除重新处理,所需费用由承包人负担。

205.07　膨胀土地区路基施工

1.承包人应在膨胀土地区路基施工前,按图纸和监理人的要求,修筑规定长度、全幅路基宽度的试验段,以确定膨胀土路堤施工中的石灰掺量、松铺厚度、最佳含水率、碾压机具以及全部施工工艺。试验结果应报监理人批准。

2.膨胀土具有明显的吸水膨胀和失水收缩的高塑性能。故施工工艺必须和膨胀土的性能相吻合,并符合《公路路基施工技术规范》(JTG F10—2006)第6.5节的规定。

3.膨胀土地区路基施工,应避开雨季作业,加强现场排水,基底和已填筑的路基不得被水浸泡。

4.膨胀土地区路基应分段施工,各道工序应紧密衔接,连续完成。路基边坡按图纸要求修整,路堤或路堑两侧边坡的防护封闭工程必须及时完成,防止雨水直接浸蚀。

5.强膨胀土不得作为路堤填料;中等膨胀土经处理后可作为填料,用于二级及二级以上公路路堤填料时,改性处理后胀缩总率应不大于0.7%。中弱膨胀土改性掺石灰的用量应经试验确定。

6.二级及二级以上公路路堤基底处理应符合以下规定:

(1)高度不足1m的路堤,应按图纸要求采取换填或改性处理等措施处治。

(2)表层为过湿土,应按图纸要求采取换填或进行固化处理等措施处治。

(3)填土高度小于路面和路床的总厚度,基底为膨胀土时,宜挖除地表0.30~0.60m的膨胀土,并将路床换填为非膨胀土或掺灰处理。若为强膨胀土,挖除深度应达到大气影响深度。

7.膨胀土地区路堑施工应符合下列规定:

(1)路堑施工前,先施工截水、排水设施,将水引至路幅以外。

(2)边坡施工过程中,必要时宜采取临时防水封闭措施保持土体原状含水率。边坡不得一次挖到设计线，应预留厚度300～500mm，待路堑完成时，再分段削去边坡预留部分，并立即进行加固和封闭处理。

(3)挖方路段的路床按图纸规定进行超挖，并对开挖底面进行压实处理达到规范要求后，应立即用符合要求的材料回填(非膨胀土或改性土)并按规定压实。压实标准应符合表203-1规定。

(4)宜用支挡结构对强膨胀土边坡进行防护。支挡结构基坑应采取措施防止暴晒或浸水，基础埋深应在大气风化作用影响深度以下。

8. 膨胀土路基填筑松铺厚度不得大于300mm，土块粒径应小于37.5mm。

9. 填筑膨胀土路堤时，应及时对路堤边坡及顶面进行防护。

10. 路基完成后，当年不能铺筑路面时，应按设计要求做封层，其厚度应不小于200mm，横坡不小于2%。

11. 膨胀土路基施工中采用的中、弱膨胀土符合《公路路基施工技术规范》(JTG F10—2006)第6.1.4条规定时，可采用第6.1.4条的压实标准。

205.08 黄土地区路基施工

1. 黄土地区路基施工应符合图纸要求及《公路路基施工技术规范》(JTG F10—2006)第6.6节的要求。

2. 若基底为一般湿陷性黄土，应采取拦截、排除地表水措施，防止地表水下渗；地下排水构造物和地面排水沟渠必须采取防渗措施。若地基黄土具有强湿陷性或较高的压缩性，应按图纸要求进行处理。

3. 若采用老黄土作为填料时，应在使用前通过试验决定措施，报监理人批准后实施。路床填料不得使用老黄土。

4. 黄土路堤应分层填筑、分层压实；大于100m的块料，必须打碎，并在最佳含水率范围时碾压密实。

5. 黄土路堤施工时，应按图纸做好填挖界面的处理。黄土路堤的边坡应刷顺，整平拍实，并应及时予以防护，防止路表水冲刷。

6. 不应使用黄土填筑浸水路堤。

7. 黄土路堑施工前，应做好路堑顶地表排水系统工程。路堑施工期间，开挖作业面应保持干燥。

8. 路堑路床土质应符合图纸要求，密实度不足时，应碾压至要求的压实度；路堑施工中，如边坡地质与图纸不符时，应向监理人报告修改边坡的建议，并经监理人会同原设计单位检查、批复后，方可实施。

9. 黄土陷穴地区的路基施工，宜将挖方边坡坡顶以外50m范围内和路堤坡脚以外20m范围内的黄土陷穴进行处理，对串珠状陷穴应彻底进行处理。

205.09 盐渍土地区路基

1. 盐渍土路基的处理宜在干旱季节施工。施工前应对该地区地表土层1m内的土质进行含盐性质及含盐量进行控制检测，将检测结果报监理人审查。

2. 盐渍土地区路堤填料应符合图纸要求及《公路路基施工技术规范》(JTG F10—2006)表6.7.1 的规定;如不符合规定或路堤高度小于《公路路基施工技术规范》(JTG F10—2006)中表6.7.2 的规定时,应将基底土挖除,并且按图纸要求换填透水性较好的土。

3. 地表为过盐渍土的细粒土、有盐结皮和松散土层时,应将其铲除,铲除的深度通过试验确定。地表过盐渍土层过厚时,如仅铲除一部分,则应设置封闭隔断层,隔断层宜设置在路床顶以下 800mm 处;若存在盐胀现象,隔断层应设在产生盐胀的深度以下。

4. 盐渍土路堤应分层填筑、分层压实,每层松铺厚度不宜大于 200mm,砂类土松铺厚度不宜大于 300mm。碾压时应严格控制含水率,碾压含水率不宜大于最佳含水率 1 个百分点。压实度应符合表 203-1 规定。雨天不得施工。

5. 盐渍土路堤的施工,应从基底处理开始,连续施工。在设置隔断层的地段,宜一次做到隔断层的顶部。

6. 施工中应首先合理设置排水设施,路基及其附近不得积水。

盐渍土地区的地下排水管与地面排水沟渠,必须采取防渗措施。盐渍土地区不宜采用渗沟。

205.10 风积沙及沙漠地区路基施工

1. 风积沙及沙漠地区路基施工应按图纸要求及《公路路基施工技术规范》(JTG F10—2006)第 6.8 节相关规定执行。地表清理时,不得随意破坏路线两侧植被和地表硬壳,注意保护沙漠环境。

2. 路基施工应遵循边施工边防护的原则,土方施工、防护工程、防沙工程应配套完成。

3. 流动性沙漠地区,应采用高效并且具有一定防风沙性能的施工机械。路基的填、挖应完成一段,防护一段,确保路基的强度和稳定。

4. 取土坑应按图纸要求布设合理,减少对植被和原地貌的大面积破坏;取料结束后应整平,恢复原有植被。弃土应根据地形情况,弃于背风侧低洼处,并大致整平。

5. 填筑路堤的风积沙填料应不含有机质、黏土块、杂草和其他有害物质。路堤填筑宜采用水平分层填筑方式,按照横断面全宽推筑。

6. 挖方深度大于 2m 的路基两侧及半填半挖路段两侧路基宜加宽 1 ~ 2m。流动沙漠路基边坡按图纸要求整平坡度,并进行固沙处理。

7. 沙漠路基宜采用振动压实机械进行碾压。沙漠路基压实度应符合图纸要求及《公路路基施工技术规范》(JTG F10—2006)表 6.8.9 的相关规定。

8. 防沙工程应按图纸要求及《公路路基施工技术规范》(JTG F10—2006)第 6.8.8 条的相关规定实施。

205.11 季节性冻土地区路基施工

1. 冻胀路基施工,应根据图纸要求和现场调查、核对情况,合理选择施工方法,采取合理有效的抗冻措施。承包人的施工方法及抗冻措施应报监理人审批。

2. 路床填料宜优先选择矿渣、炉渣、粉煤灰、砂、砂砾石及碎石等抗冻稳定性较好的材料。若路床或上路堤采用粉土、黏土填筑时,应按图纸要求对填料进行稳定处理。填料的改善或处理应根据路基抗冻胀性能要求,结合填料性质经试验确定。试验资料应报监理人批准。

3. 挖方段路基应分层开挖,一般宜从外侧向内侧挖掘,最后一层应从内向外挖掘。

4. 路床地基土的挖除和换填深度及换填材料应符合图纸要求。换填材料应分层填筑,压实度达到图纸要求。

5. 施工前应按图纸要求完成截水沟,填筑拦水埂,填平坡顶的冲沟、水坑;施工中,应采取措施阻止边界外的水流入路基中;应保持排水沟通畅,将水迅速排出路基之外。

6. 石质挖方、零填路段不宜超挖。超挖或清除软层后的凸凹面,严禁用挖方料和未经稳定处理的混合料回填;岩面凸出部分应凿除,超挖的坑槽及岩石凹面可用贫水泥混凝土浇筑,混凝土最小厚度应大于80mm。

7. 全冻路堤及非全冻路堤在冻深范围内的填筑施工应符合图纸要求及《公路路基施工技术规范》(JTG F10—2006)第6.9.7条及第6.9.8条的规定。

205.12　质量检验

1. 基本要求

(1)挖除换填、抛石挤淤、砂垫层、砂砾垫层、真空预压、真空堆载联合预压、塑料排水板、袋装砂井、加固土桩、碎石桩、砂桩、CFG桩、铺设土工织物及岩溶地区和膨胀土地区地基处理等各种特殊路基处理所用各种材料的质量、规格均应符合图纸和本规范要求。

(2)换填路基的填筑压实,应符合土方路基施工的规定。

(3)垫层的压实度、厚度均应符合图纸要求。

(4)砂垫层:砂的规格和质量必须符合设计要求和规范规定;适当洒水,分层压实;砂垫层宽度应宽出路基边脚0.5~1.0m,两侧端以片石护砌;砂垫层厚度及其上铺设的反滤层应符合设计要求。

(5)反压护道:填筑材料、护道高度、宽度应符合设计要求,压实度不低于90%。

(6)软土地基上的路堤,应在施工过程中进行沉降观测和稳定性观测,并根据观测结果对路堤填筑速率和预压期等做出必要调整。

(7)袋装砂井、塑料排水板下沉时,不得出现扭结、断裂等现象;砂井底部及板底高程必须符合图纸要求,其顶端必须按规定伸入碎石或砂砾垫层。

(8)土工合成材料

a. 土工合成材料质量应符合设计要求,无老化,外观无破损,无污染。

b. 土工合成材料应紧贴下承层,按设计和施工要求铺设、张拉、固定。

c. 土工合成材料的接缝搭接、粘结强度和长度应符合设计要求,上、下层土工合成材料搭接缝应交替错开。

(9)加固土桩、碎石桩、砂桩、CFG桩的材料、工艺、设置应符合图纸和监理人的要求。

(10)滑坡处理符合图纸或监理人要求。

(11)堵塞岩溶洞要求密实。

(12)膨胀土路基处理符合图纸和监理人的要求;石灰用量准确,拌和均匀,碾压达到规定的压实度。

(13)黄土陷穴封堵密实。

(14)湿黏土路基施工应按图纸和本规范相关要求进行施工,不同施工环境其填料选择、基底处治、地表水处治、取土坑设置位置、填筑工艺要求及路堤成型质量要求均应符合相关要求。

(15)盐渍土路堤施工顺序和质量应符合图纸和本规范要求。

(16)风积沙路基施工应符合图纸和本规范要求。

(17)强夯和强夯置换

a. 强夯施工应通过标准贯入、静力触探等原位测试,测量地基在强夯完成后(固结压密)的夯后承载能力是否达到设计要求。

b. 强夯置换

动力触探试验检查置换夯墩着底情况及墩间土形成复合地基的承载力。检验数量不小于夯墩点数 1%,且不少于 3 点;置换夯墩直径与深度应符合图纸要求。

(18)季节性冻土地区路堤填筑所采用填料、挖方路基施工的地基土换填和挖掘顺序、换填土改性处理以及施工现场排水系统等均应符合图纸要求。其成型后的路床的压实度和外形应符合表 203-1、表 203-2 要求。

2. 检查项目

(1)砂垫层、袋装砂井、塑料排水板、土工合成材料铺设、加固土桩、碎石桩、砂桩、水泥粉煤灰碎石桩的检查项目分别见表 205-1 ~ 表 205-8。

(2)挖除换填、抛石挤淤的检查,按图纸要求及本规范有关章节规定的有关检查项目进行。

3. 岩溶地区路基、黄土地区路基、盐渍土地区路基的检查项目见本规范第 200 章表 203-1。

砂垫层检查项目 表 205-1

项　次	检 查 项 目	规定值或允许偏差	检查方法和频率
1	砂垫层厚度	不小于设计	每 200m 检查 4 处
2	砂垫层宽度	不小于设计	每 200m 检查 4 处
3	反滤层设置	符合设计要求	每 200m 检查 4 处
4	压实度(%)	90	每 200m 检查 4 处

袋装砂井施工检查项目 表 205-2

序　号	项　　目	允 许 偏 差	检查方法和频率
1	井距(mm)	±150	抽查 3%
2	井长	不小于设计值	查施工记录
3	井径(mm)	+10,0	挖验 3%
4	竖直度(%)	1.5	查施工记录
5	灌砂率(%)	-5	查施工记录

塑料排水板施工检查项目　表 205-3

序　号	检 查 项 目	允 许 偏 差	检查方法和频率
1	板距(mm)	±150	抽查 3%
2	板长	不小于设计值	抽查 3%
3	竖直度(%)	1.5	查施工记录

加固土桩施工检查项目　表 205-4

序号	项　目	允 许 偏 差	检查方法和频率
1	桩距(mm)	±100	抽查桩数 3%
2	桩径	不小于设计值	抽查桩数 3%
3	桩长	不小于设计值	喷粉(浆)前检查钻杆长度,成桩 28d 后钻孔取芯 3%
4	竖直度(%)	不大于 1.5	抽查桩数 3%
5	单桩每延米喷粉(浆)量(%)	不小于设计值	查施工记录
6	桩体无侧限抗压强度	不小于设计值	成桩 28d 后钻孔取芯,桩体三等分段各取芯样一个,成桩数 3%
7	单桩或复合地基承载力	不小于设计值	成桩数的 0.2%,并不少于 3 根

碎石桩检查项目　表 205-5

项　次	检 查 项 目	规定值或允许偏差	检 查 方 法
1	桩距(mm)	±150	抽查 3%
2	桩径(mm)	不小于设计	抽查 3%
3	桩长(m)	不小于设计	查施工记录
4	竖直度(%)	1.5	查施工记录
5	灌碎石量(m^3)	不小于设计	查施工记录
6	碎石桩密实度		抽查 2%

砂桩检查项目　表 205-6

项　次	检 查 项 目	规定值或允许偏差	检 查 方 法
1	桩距(mm)	±150	抽查 3%
2	桩径(mm)	不小于设计值	抽查 3%
3	桩长(m)	不小于设计值	查施工记录
4	竖直度(%)	1.5	查施工记录
5	灌砂量(m^3)	不小于设计值	查施工记录

CFG 桩施工检查项目　表 205-7

序　号	检 查 项 目	允 许 偏 差	检查方法和频率
1	桩距(mm)	±100	抽查桩数 3%
2	桩径	不小于设计值	抽查桩数 3%
3	桩长	不小于设计值	施工记录
4	竖直度(%)	1	抽查桩数 3%
5	桩体强度	不小于设计值	取芯法,总桩数的 5%
6	单桩和复合地基承载力	不小于设计值	成桩数的 0.2%,并不少于 3 根

土工合成材料检查项目 表 205-8

项　次	检 查 项 目	规定值或允许偏差	检查方法(每幅车道)
1	下承层平整度、拱度	符合设计、施工要求	每 200m 检查 4 处
2	搭接宽度(mm)	+50，-0	抽查 2%
3	搭接缝错开距离 (mm)	符合设计、施工要求	抽查 2%
4	锚固长度(mm)(加筋工程)	符合设计、施工要求	抽查 2%
5	搭接处透水点(隔离工程)	不多于 1 个	每缝
6	粘结力(N)(防裂工程)	≥20	抽查 2%
7	搭接宽度(mm)(防裂工程)	≥50(横向)，≥150(纵向)	抽查 2%

205.13　计量与支付

1. 计量

本节所完成的工程，经验收后，由承包人计算监理人校核的数量作为计量的工程数量。

(1)挖除换填

挖除原路基一定深度及范围内淤泥以立方米计量；列入本规范第 203 节相应的支付子目中。

换填的填方，包括由于施工过程中地面下沉而增加的填方量以立方米计量；列入本规范第 204 节相应的支付子目中。

(2)抛石挤淤

按图纸或验收的尺寸计算抛石体积的片石数量，以立方米计量，包括有关的一切作业。

(3)砂垫层、砂砾垫层及灰土垫层

按垫层类型分别以立方米计量，包括材料、机械及有关的一切作业。

(4)预压、超载预压

按图纸或监理人要求的预压宽度和高度以立方米计量，包括材料、机械及有关的一切作业。

(5)真空预压、真空堆载联合预压

应以图纸或监理人所要求预压范围(宽度、高度、长度)经监理人验收合格，预压后体积以立方米为单位计量；计量中包括预压所用垫层材料、密封膜、滤管及密封沟与围堰等一切相关的材料、机械、人工费用。

(6)袋装砂井

按不同直径及深(长)度分别以米计量。砂及砂袋不单独计量。

(7)塑料排水板

按规格及深(长)度分别以米计量，不计伸入垫层内长度，包括材料、机械及有关的一切作业。

(8)砂桩、碎石桩、加固土桩、CFG 桩

按不同桩径及桩深(长)度以图纸为依据经验收合格按米为单位计量，包括材料、机械

及有关的一切作业。

(9)土工织物

铺设土工织物以图纸为依据,经监理人验收合格以设计图为依据计算单层净面积数量(不计搭接及反包边增加量),包括材料、机械及与此有关的一切作业。

(10)滑坡处理

按实际发生的挖除及回填体积,经监理人验收合格后以立方米计量。计价中包括施工中所采取的安全保护措施、采取措施截断流向滑体的地表水、地下水及临时用水,以及采取措施封闭滑体上的裂隙等全部作业。

滑坡处理采用抗滑支挡工程施工时所发生工程量按不同工程项目,分别在相关支付子目下计量。

(11)岩溶洞按实际填筑体积,经监理人验收合格后以立方米计量。经批准采取其他处理措施时,经验收合格后,参照类似项目的规定进行计量。

(12)膨胀土路基按图纸及监理人指示进行铺筑,经监理人验收合格,按不同厚度以平方米计量,其内容仅指石灰土改良费用,包括石灰的购置、运输、消解、拌和及有关辅助作业等一切有关费用;土方的挖运、填筑及压实等作业含入第203节、第204节相关子目之中。

(13)黄土陷穴按实际开挖和回填体积,经监理人验收合格后以立方米计量。

(14)采用强夯处理,以图纸为依据经监理人验收合格后以平方米为单位计量,包括施工前的地表处理、拦截地表和地下水、强夯及强夯后的标准贯入、静力触探测试等相关作业。

(15)盐渍土路基处理换填,经监理人验收合格后按不同厚度以平方米计量,其内容包括铲除过盐渍土、材料运输、分层填筑、分层压实等相关作业。

(16)风积沙填筑路基以图纸为依据,经验收合格以立方米为单位计量,包括材料、运输、摊平、碾压等相关作业。

(17)季节性冻土地区路基施工以图纸为依据,经验收合格按不同填料规格,以立方米计量,其内容包括清除软层、材料运输、分层填筑、分层压实等相关作业。

(18)工地沉降观测作为承包人应做的工作,不予计量与支付。

(19)临时排水与防护设施认为已包括在相关工程中,不另行计量。

2. 支付

按上述规定计量,经监理人验收,第一次支付按完成工程数量的85%支付,其余部分经监理人核准承包人递交的沉降监测报告后再支付15%。此项支付包括材料、劳力、设备、运输等及其他为完成安装工程所必需的全部费用。

3. 支付子目

子 目 号	子 目 名 称	单 位
205-1	软土地基处理	
-a	抛石挤淤	m^3
-b	砂垫层、砂砾垫层	m^3
-c	灰土垫层	m^3
-d	预压与超载预压	m^3

续上表

子 目 号	子 目 名 称	单 位
-e	真空预压与真空堆载预压	m^3
-f	袋装砂井	m
-g	塑料排水板	m
-h	加固土桩	m
-i	碎石桩	m
-j	砂桩	m
-k	CFG桩	m
-l	土工织物	m^2
-m	强夯	m^2
-n	强夯置换	m^3
205-2	滑坡处理	m^3
205-3	岩溶洞回填	m^3
205-4	膨胀土处理	
-a	厚...mm石灰土改良	m^2
205-5	黄土处理	
-a	陷穴	m^3
205-6	盐渍土处理	
-a	厚...mm	m^2
205-7	风积沙填筑	m^3
205-8	季节性冻土改性处理	m^3

第206节 路基整修

206.01 范围

本节包括按规范规定进行的路堤整修和路堑边坡的修整,达到符合图纸所示的线形、纵坡、边坡、边沟和路基断面的有关作业。

206.02 一般要求

路基整修应在路基工程陆续完毕,所有排水构造物已经完成并在回填之后进行。

206.03 施工要求

1.承包人应恢复各项标桩,按设计图纸要求检查路基的中线位置、宽度、纵坡、横坡、边坡及相应的高程等。根据检查结果,编制出整修计划。整修工作应在检查结果及整修计划经监理人核查与批准后方能动工。

2. 土质路基应用人工或机械刮土或补土的方法整修成型。深路堑边坡整修应按设计要求的坡度,自上而下进行刷坡,不得在边坡上以土贴补。

3. 在整修需加固的坡面时,应预留加固位置。当填土不足或边坡受雨水冲刷形成小冲沟时,应将原边坡挖成台阶,分层填补,仔细夯实。如填补的厚度很小(100～200mm),而又是非边坡加固地段时,可用种草整修的方法以种植土来填补。

4. 路基顶面表层的整修,应根据质量缺陷的具体情况采用合理的施工方案、工艺进行。补填的土层压实厚度应不小于100mm,压实后表面应平整,不得松散、起皮。石质路基表面应用石屑嵌缝紧密、平整,不得有坑槽和松石。

5. 修整的路基表层厚150mm以内,松散的或半埋的尺寸大于100mm的石块,应从路基表面层移走,并按规定填平压实。

6. 边沟的整修应挂线进行。对各种水沟的纵坡(包括取土坑纵坡)应用仪器检测,修整到符合图纸及规范要求。各种水沟的纵坡,应按图纸及规范要求办理,不得随意用土填补。

7. 填土路基两侧超填的宽度按图纸要求和监理人的指示进行切除。如遇边坡缺土时,必须挖成台阶,分层填补夯实。

8. 在路面铺筑完成后或铺筑时,应立即填筑土路肩,同时按设计要求进行加固。

9. 路基整修完毕后,堆于路基范围内的废弃土料应按图纸要求或监理人的指示予以清除。

10. 路基工程完工后路面未施工前及公路工程初验后至终验前,路基如有损毁,承包人应负责维修,并保证路基排水设施完好,及时清除排水设施中淤积物、杂草等。

11. 对中途停工较长时间和暂时不做路面的路基,亦应做好排水设施,复工前应对路基各分项工程予以修整。

12. 路基工程完成后,每当大雨、连日暴雨或积雪融化后,应控制施工机械和车辆在土质路基上通行。若不可避免时,应将碾压的坑槽中的积水及时排干,整平坑槽,对修复部分重新压实。

206.04　质量标准

1. 修整后的路基应符合本规范第203节表203-1和表203-2的要求。

2. 挖方边坡应从开挖面往下分段整修,每下挖2～3m,宜对新开挖边坡刷坡,同时清除危石及松动石块。

3. 石质路床底面有地下水时,应设置有渗沟进行排导。渗沟应用坚硬碎石回填。

206.05　计量与支付

本节工作内容均不作计量与支付,其所涉及的费用应包括在与其相关的工程子目的单价或费率之中。

第207节　坡面排水

207.01　范围

本节工作为坡面排水和路界内地表水排除,包括边沟、排水沟、跌水与急流槽、盲沟和截水沟等结构物的施工及有关的作业。

207.02　材料

所需材料均须符合图纸要求和本规范第201.02小节的规定。

207.03　一般要求

1. 坡面排水施工应遵守图纸要求和本规范第201.03-2条的规定。

2. 各种形式的边沟、排水沟、截水沟的开挖,已列入本规范第203节进行施工和计量与支付。为铺砌需要而进行的开挖部分应包含在铺砌工程内容之中。

3. 各种水沟边坡必须平整、稳定,严禁贴坡。纵坡应按图纸施工,沟底平整,排水畅通,无阻水现象,并应按图纸所示将水引入排水系统。

4. 各种水沟浆砌片石工程应咬扣紧密,嵌缝饱满、密实,勾缝平顺无脱落,缝宽大体一致。

5. 各种水沟的位置、断面、尺寸、坡度、高程均应符合图纸要求并经监理人验收合格。

6. 若路基范围内采用各种地下排水沟、渗沟来排除地下水,其施工方法应严格按《公路路基施工技术规范》(JTG F10—2006)第5.3节要求执行。

7. 承包人应按《公路桥涵施工技术规范》(JTJ 041—2000)的要求加强水泥混凝土、水泥砂浆的养生管理。

207.04　施工要求

1. 边沟施工要求

(1)挖方地段和填方地段均应按图纸规定设置边沟。路堤靠山一侧应设置不渗水的边沟。

(2)边沟应按图纸规定施工。边沟和涵洞接合处应与涵洞洞口建筑配合,以便水流通畅进入涵洞。

(3)平曲线处边沟施工时,沟底纵坡应与曲线前后沟底纵坡平顺衔接,不允许曲线内侧有积水或外溢现象发生。曲线外侧边沟应适当加深,其增加值等于超高值;但曲线在坡顶时可不加深边沟。

(4)边沟的加固:土质地段当沟底纵坡大于3%时应采取加固措施;采用干砌片石对

边沟进行铺砌时,应选用有平整面的片石,各砌缝要用小石子嵌紧;采用浆砌片石铺砌时,砌缝砂浆应饱满,沟身不漏水;若沟底采用抹面时,抹面应平整压光。

(5)石质路床的边沟应与路床同步进行。

2. 截水沟施工要求

(1)截水沟的位置:在无弃土的情况下,截水沟的边缘离开挖方路基坡顶的距离视土质而定,以不影响边坡稳定为原则。如系一般土质至少应离开5m,对黄土地区不应小于10m并应进行防渗加固。截水沟挖出的土,可在路堑与截水沟之间修成土台并进行夯实,台顶应筑成2%倾向截水沟的横坡。

路基上方有弃土堆时,截水沟应离开弃土堆坡脚1~5m,弃土堆坡脚离开路基挖方坡顶不应小于10m,弃土堆顶部应设2%倾向截水沟的横坡。

(2)山坡上路堤的截水沟离开路堤坡脚至少2m,并用挖截水沟的土填在路堤与截水沟之间,修筑向沟倾斜坡度为2%的护坡道或土台,使路堤内侧地面水流入截水沟排出。

(3)截水沟应先施工并与其他排水设施平顺衔接。截水沟应按图纸要求设置出水口,必要时须设置排水沟、跌水或急流槽。

(4)为防止水流下渗和冲刷,截水沟应进行严密的防渗和加固。地质不良地段和土质松软、透水性较大或裂隙较多的岩石路段,对沟底纵坡较大的土质截水沟及截水沟的出水口,均应采用加固措施防止渗漏和冲刷沟底及沟壁。

3. 排水沟施工要求

(1)排水沟的线形要求平顺,尽可能采用直线形,转弯处宜做成弧形,其半径应符合图纸要求。

(2)排水沟的出水口,应按图纸要求设置跌水和急流槽将水流引出路基或引入排水系统。

(3)排水沟沿路线布设时,应离路基尽可能远一些,距路基坡脚不宜小于3~4m。

(4)当排水沟、截水沟、边沟因纵坡过大产生水流速度大于沟底、沟壁土的容许冲刷流速时,应采用边沟表面加固措施。

4. 跌水与急流槽施工要求

(1)跌水与急流槽必须采用浆砌圬工结构,跌水的台阶高度可根据地形、地质等条件决定。片石砌缝应不大于40mm,砂浆饱满,槽底表面粗糙。

(2)急流槽的纵坡应按图纸所示进行施工,一般不宜超过1:1.5,同时应与天然地面坡度相配合。

(3)当急流槽较长时,应分段砌筑,每段宜超为5~10m,接头用防水材料填塞,密实无空隙。混凝土预制块急流槽,分节长度宜为2.5~5.0m,接头采用榫接。

(4)急流槽基础应嵌入地面以下,其底部应按图纸要求砌筑抗滑平台并应设置端护墙。

路堤边坡急流槽的修筑,应能为水流入排水沟提供一个顺畅通道。路缘石开口及流水进入路堤边坡急流槽的过渡段应连接圆顺。

(5)无消力池的跌水,其台阶高度应小于600mm,每阶高度与长度之比应与原地面坡度相协调。

5. 蒸发池

(1)蒸发池与路基之间的距离应符合图纸对路基稳定的要求。湿陷性黄土地区,蒸发池与路基排水沟外缘的距离应大于湿陷半径。

(2)不得因设置蒸发池而使附近地基泥沼化或对周围生态环境产生不利影响。

(3)蒸发池池底宜设0.5%的横坡,入口处应与排水沟平顺连接。

(4)蒸发池四周应进行围护。

6. 油水分离池

(1)污水进入油水分离池前应先通过格栅和沉砂池处理。

(2)不得由于设置油水分离池而污染当地生态环境。

(3)池底、池壁和隔板应采用砂浆片石或现浇混凝土进行加固。

7. 地下排水

暗沟、渗沟、渗井及仰斜式排水孔、排水隔离层以及承压水的排除等的施工应符合图纸要求及《公路路基施工技术规范》(JTG F10—2006)第5.3节的相关规定。

8. 拦水缘石施工要求

(1)为避免高路堤边坡被路面水冲毁可在路肩上设拦水缘石,将水流拦截至挖方边沟或在适当地点设急流槽引离路基。与高路堤急流槽连接处应设喇叭口。

(2)拦水缘石必须按设计安置就位。

(3)设拦水缘石路段的路肩宜适当加固。

9. 路基盲沟

(1)盲沟通常为矩形或梯形,在盲沟的底部和中部用较大碎石或卵石(粒径30~50mm)填筑,在碎石或卵石的两侧和上部,按一定比例分层(层厚约150mm),填较细颗粒的粒料(中砂、粗砂、砾石),做成反滤层,逐层的粒径比例,大致按4:1递减。砂石料颗粒小于0.15mm的含量不应大于5%。或用土工合成材料包裹有孔的硬塑管,管四周填以大于硬塑管孔径的等粒径碎、砾石,组成盲沟。在盲沟顶部做封闭层,用双层反铺草皮或其他材料(如土工合成的防渗材料)铺成,并在其上夯填厚度不小于0.5m的黏土防水层。

(2)盲沟的埋置深度,应满足渗水材料的顶部(封闭层以下)不得低于原有地下水位的要求。当排除层间水时,盲沟底部应埋于最下面的不透水层上。在冰冻地区,盲沟埋深不得小于当地最小冻结深度。

(3)当采用土工织物做反滤层时,应先在底部及两侧沟壁铺好就位,并预留顶部覆盖所需的土工织物,并拉直平顺紧贴下垫层。所有纵向或横向的搭接缝应交替错开,搭接长度均不得小于300mm。

(4)盲沟只宜用于渗流不长的地段,且纵坡不应小于1%。出水口底面高程,应高出沟外最高水位0.2m。

(5)除盲沟之外,其他形式的渗沟施工方法应严格按《公路路基施工技术规范》(JTG F10—2006)第5.3节的有关规定执行。

207.05 质量检验

1. 各种排水沟

(1)基本要求

a. 各种排水沟砌体的砂浆和构件混凝土配合比准确,砌缝砂浆均匀饱满,勾缝密实,抹面平整、压光、顺直。

b. 基础设有缩缝时应与墙身缩缝对齐,填缝材料饱满。
c. 纵坡顺直,曲线线形圆滑。
d. 沟壁平整、稳定,无贴坡。沟底平整,排水畅通,无冲刷和阻水现象。
e. 干砌片石工程,砌筑咬合紧密,无叠砌、贴砌和浮塞。
f. 水泥混凝土砌块的强度符合设计要求,砌体平整,勾缝整齐牢固。
g. 排水管质量检查参照第314节规定执行。

(2)检查项目

土质边沟、截水沟、排水沟施工质量应符合表207-1的规定。

浆砌排水沟、截水沟、边沟施工质量应符合表207-2的规定。

混凝土排水管施工质量应符合表207-3的规定。

土质边沟、截水沟、排水沟施工检查项目　　表207-1

序号	检 查 项 目	规定值或允许偏差	检查方法和频率
1	沟底纵坡	符合设计要求	水准仪:200m测8点
2	沟底高程(mm)	+0, -30	水准仪:每200m测8处
3	断面尺寸	不小于设计要求	尺量:每200m测8处
4	边坡坡度	不陡与设计要求	每50m测2处
5	边棱顺直度(mm)	50	尺量:20m拉线,每200m测4处

浆砌水沟施工检查项目　　表207-2

序号	检 查 项 目	规定值或允许偏差	检查方法和频率
1	砂浆强度(MPa)	符合设计要求	按JTG F80/1—2004附录F检查,每台班2组
2	轴线偏位(mm)	50	经纬仪:每200m测8处
3	墙面直顺度(mm)或坡度	30或符合设计要求	20m拉线、坡度尺:每200m测4处
4	断面尺寸(mm)	±30	尺量:每200m 4处
5	铺砌厚度(mm)	不小于设计值	尺量:每200m 4处
6	基础垫层宽、厚度(mm)	不小于设计值	尺量:每200m 4处
7	沟底高程(mm)	±15	水准仪:每200m 8点

混凝土排水管施工检查项目　　表207-3

序号	检 查 项 目		规定值或允许偏差	检查方法和频率
1	混凝土强度或砂浆强度(MPa)		符合设计要求	按JTG F80/1—2004附录D或F检查,每台班2组
2	管轴线偏位(mm)		15	经纬仪或拉线:每两井间测5处
3	管内底高程(mm)		±10	水准仪:每两井间测4处
4	基础厚度(mm)		不小于设计值	尺量:每两井间测5处
5	管座	肩宽(mm)	+10, -5	尺量、挂边线:每两井间测4处
		肩高(mm)	±10	
6	抹带	宽度	不小于设计	尺量:按20% 抽查
		厚度	不小于设计	
7	进出口、管节接缝处理		符合设计要求	每处检查

(3)外观鉴定

砌体内侧及沟底应平顺、整齐、无裂缝、空鼓现象。

2. 跌水与急流槽

(1)基本要求

a. 急流槽所用的混凝土及砌筑砂浆强度应满足图纸要求,配合比准确,砌缝砂浆饱满,槽内抹面平整、直顺。

b. 进口汇集水流设施、出口设置消力槛等应砌筑牢固,不得有裂缝、空鼓现象。

c. 浆砌片石工程,嵌缝均匀、饱满、密实,勾缝平顺无脱落、密实、美观,缝宽均衡协调,砌体咬扣紧密。

(2)检查项目

急流槽施工质量应符合表 207-4。

急流槽检查项目 表 207-4

<table>
<tr><th>项次</th><th colspan="2">检 查 项 目</th><th colspan="2">规定值或允许偏差</th><th>检 查 方 法</th></tr>
<tr><td>1</td><td colspan="2">混凝土及砂浆强度(MPa)</td><td colspan="2">在合格标准内</td><td>按 JTG F80/1—2004 附录 D 或 F 检查</td></tr>
<tr><td rowspan="2">2</td><td rowspan="2">轴线偏位
(mm)</td><td>浆砌片石</td><td colspan="2">50</td><td rowspan="2">经纬仪:每 200m 测 5 处</td></tr>
<tr><td>混凝土</td><td colspan="2">20</td></tr>
<tr><td rowspan="2">3</td><td rowspan="2">槽底高程
(mm)</td><td>浆砌片石</td><td colspan="2">±50</td><td rowspan="2">水准仪:每 200m 测 5 处</td></tr>
<tr><td>混凝土</td><td colspan="2">±15</td></tr>
<tr><td rowspan="2">4</td><td rowspan="2">断面尺寸
(mm)</td><td>浆砌片石</td><td colspan="2">±30</td><td rowspan="2">尺量:每 200m 查 2 处</td></tr>
<tr><td>混凝土</td><td colspan="2">±10</td></tr>
<tr><td rowspan="2">5</td><td rowspan="2">直顺度或坡度
(mm)</td><td>浆砌片石</td><td>±30</td><td rowspan="2">或符合设计要求</td><td rowspan="2">20m 拉线、坡度尺:每 200m 查 2 处</td></tr>
<tr><td>混凝土</td><td>±10</td></tr>
<tr><td>6</td><td colspan="2">浇(砌)筑厚度(mm)</td><td colspan="2">不小于设计</td><td>尺量:每 200m 查 2 处</td></tr>
<tr><td>7</td><td colspan="2">基础垫层宽、厚(mm)</td><td colspan="2">不小于设计</td><td>尺量:每 200m 查 2 处</td></tr>
</table>

注:跌水施工质量检查可参照本表执行。

(3)外观鉴定

a. 槽内抹面平顺无裂纹。

b. 设置坡度顺直,无折坡现象。

3. 渗沟(盲沟)

(1)基本要求

a. 盲沟采用的材料规格、质量应符合图纸要求和施工规范规定。

b. 土工布的铺设应拉直平顺,接缝搭接要求符合图纸及规范要求。

c. 设置反滤层应用筛选过的中砂、粗砂、砾石等渗水性材料,按图分层填筑。

d. 排水层应采用石质坚硬的较大粒料填筑,以保证排水孔隙度。

e. 各类防渗、加固设施坚实稳固。

f. 属于路面结构层部分渗沟尚应满足第 314 节相关规定。

(2)检查项目

排水渗沟施工质量应符合表 207-5 的规定。

渗沟(盲沟)检查项目 表207-5

项次	检查项目	规定值或允许偏差	检查方法
1	沟底高程(mm)	±15	水准仪:每20m测4点处
2	断面尺寸(mm)	不小于设计	尺量:每20m测2处

(3)外观鉴定

a. 反滤层应层次分明。

b. 进出口应排水通畅。

4. 地下排水

(1)基本要求

a. 隔离工程、过滤排水工程等土工合成材料应符合图纸和本规范第205节相关规定。

b. 检查井、雨水井基混凝土强度达到5MPa后方可砌筑井体。井壁砂浆饱满,抹面密实光洁,蹬步梯安装牢固。井框、井盖平稳。进口周围无积水。

c. 排水泵站平面位置、地基承载力应符合设计要求。井壁混凝土应密实,沉井下沉位置准确,井底不漏水。水泵及管件安装牢固,位置准确。

(2)检查项目

a. 土工合成材料检查项目按第205节表205-8规定执行。

b. 检查井、雨水井施工质量应符合表207-6的规定。

c. 排水泵站施工质量应符合表207-7的规定。

检查井、雨水井砌筑检查项目 表207-6

项次	检查项目	规定值或允许偏差		检查方法和频率
1	砂浆强度(MPa)	符合设计要求		按JTG F80/1—2004附录F检查,每台班2组
2	轴线偏位(mm)	50		经纬仪:每个检查井检查
3	圆井直径或方井长、宽(mm)	±20		尺量:每个检查井检查
4	井底高程(mm)	±15		水准仪:每个检查井检查
5	井盖与相邻路面高差(mm)	检查井	+4,-0	水准仪、水平尺:每个检查井检查
		雨水井	+0,-4	

排水泵站检查项目 表207-7

项次	检查项目	规定值或允许偏差	检查方法和频率
1	混凝土强度(MPa)	符合设计要求	按JTG F80/1—2004附录D检查,每工作台班2组
2	轴线平面偏位(mm)	1%井深	经纬仪:纵、横向各3处
3	垂直度(mm)	1%井深	用垂线:纵、横向各2处
4	底板高程(mm)	±50	水准仪:检查6处

(3)外观鉴定

a. 泵站轮廓线条清晰,表面平整。

b. 检查井内砂浆抹面无裂缝,井内平整圆滑。

c. 土工合成材料应铺设平顺,固定牢固。

207.06 计量与支付

1. 计量

(1)边沟、排水沟、截水沟的加固铺砌,按图纸施工经监理人验收合格的实际长度,分不同结构类型以米计量。由于边沟、排水沟、截水沟加固铺砌而需扩挖部分的开挖,均作为承包人应做的附属工作,不另计量与支付。

(2)改沟、改渠护坡铺砌按图纸施工,经监理人验收合格的不同圬工体积,以立方米计量。

(3)急流槽按图纸施工,经验收合格的断面尺寸计算体积(包括消力池、消力槛、抗滑台等附属设施),以立方米计量。

(4)路基盲沟按图纸施工,经验收合格的断面尺寸及所用材料,按长度以米计量。

(5)所用砂砾垫层或基础材料、填缝材料、钢筋以及地基平整夯实及回填等土方工程均含入相关子目单价之中,不另行计量与支付。

(6)土工合成材料的计量、支付按第 205 节规定执行。

(7)渗井、检查井、雨水井的计量、支付按第 314 节规定执行。

2. 支付

按上述规定计量,经监理人验收的列入工程量清单的以下工程子目的工程量,其每一计量单位将以合同单价支付。此项支付包括材料、劳力、设备、运输等及其他为完成地面排水工程所必需的所有费用,是对完成工程的全部偿付。

3. 支付子目

子 目 号	子 目 名 称	单 位
207-1	M...浆砌片石边沟	m
207-2	M...浆砌片石排水沟	m
207-3	M...浆砌片石截水沟	m
207-4	M...浆砌片石急流槽	m^3
207-5	...mm×...mm 路基盲沟	m
207-6	涵洞上下游改沟、改渠铺砌	m^3
207-7	现浇混凝土坡面排水结构物	m^3
207-8	预制混凝土坡面排水结构物	m^3

注:当尺寸类别较多时,可自行按顺序增加。

第 208 节 护坡、护面墙

208.01 范围

本节工作内容包括:植物护坡、浆砌片(块)石或预制混凝土块护坡、护面墙、封面等有关的施工作业。

208.02　材料

1. 石砌体所用材料应符合图纸和本规范第201.02小节的规定。

2. 水泥、集料、钢筋应符合图纸和本规范第410节和403节的规定。

3. 客土须颗粒均匀，土壤团粒结构好，呈粉细壤土状，无石块和其他杂物存在；客土必须具有足够的肥力，有利于草籽生长；客土的各项指标应符合图纸规定。

4. 草籽配方应符合图纸要求。应选择适合于当地自然条件易于生长的草种，或经监理人同意或指示的其他混合草种。混合草种应试验其萌芽情况，其纯度和萌芽率均应达到95%以上。

5. 肥料应优先使用经过沤制的农家肥。如使用化肥时，应为标准农用化肥并按袋装提供。

6. 土工合成材料的选用应符合《公路土工合成材料应用技术规范》(JTJ/T 019—98)和《公路工程土工合成材料等九项》(JT/T 513～521—2004)的规定。土工合成材料的试验项目和方法应符合《公路土工合成材料试验规程》(JTG E50—2006)的规定。

7. 锚杆、网、绿化基材等应符合图纸要求。

208.03　施工要求

1. 一般要求

(1)遵守本规范第201.03-3条的规定。

(2)在需要施工的区域内，应按图纸所示整修成坡度整齐的新鲜坡面，坡面不应有树桩、有机质或废物。坡面修整后应立即进行护坡铺砌。开挖一级防护一级，并及时进行养护。

(3)砌筑之前必须将基面或坡面夯实平整后，方可砌筑。各类防护和加固工程应置于稳定的基础或坡体上。

(4)砌体外露面的坡顶、边口应选用较平整的石块并加以修整。

(5)护坡及锥坡坡脚应挖槽，使基础嵌入槽内。基础埋置深度应按图纸规定或监理人指示进行。

(6)当挖方边坡有渗水之处的护面墙，应适当增加泄水孔。应采取有效措施截排地表水和导排地下水。

(7)设置砂砾垫层，应符合图纸要求。铺设砂砾垫层前，应将地表面拍打平整密实，厚度均匀，密实度应符合图纸规定，并不低于90%。

(8)砌体的沉降缝、伸缩缝、泄水孔的设置应符合图纸要求。

(9)承包人应按《公路桥涵施工技术规范》(JTJ 041—2000)的要求加强水泥混凝土、水泥砂浆的养生管理。

2. 植物护坡

(1)植被防护

a. 植被防护应按照图纸要求铺设表土，铺设厚度不应少于图纸规定。当表土过分潮湿或不利于铺设时,不应进行铺设。

b. 植被护坡表土铺设的线形、坡度、边坡等应符合图纸要求。

c. 草种喷播方法和用量及植草皮的施工要求应符合图纸要求及本规范第703节的相关规定。

d. 铺、种植被后,应适时进行洒水、施肥等养护管理,直到植被成活。

e. 灌木(树木)应在适宜季节栽植。

f. 养护用水应采用不含油、酸、碱、盐等有碍草木生长的成分。

(2)三维植被网防护

a. 三维植被网中的回填土应符合图纸要求及本规范第208.02小节的相关规定,宜采用客土,或土、肥料及腐殖土的混合物。

b. 三维植被网应符合图纸要求及本规范第208.02-6条的规定。

c. 三维植被网的搭接宽度,应符合图纸要求,一般不宜小于100mm。三维植被网用U形钢钉固定,固定间距和U形钢钉材质及尺寸等应符合图纸要求。

d. 三维土工网铺设完毕后,以上述的肥沃种植土覆盖土工网且不外露,然后按图纸要求喷播或撒播草籽。

e. 铺设土工网时应力求平整,不能褶皱。

f. 三维植被网施工后,要进行后期养护直至草籽成活达到坡面防护绿化的要求。

(3)客土喷播施工

a. 喷播植草混合料的配合比,应符合图纸要求或由承包人根据边坡坡度、地坡、地质情况和当地气候条件拟定,并经监理人批准的配合比实施。

b. 植草混合料由植生土、土壤稳定剂、保水剂、肥料、混合草籽、水等组成。

c. 气温低于12℃不宜喷播草籽作业。

3. 石砌体的工艺要求

(1)基础砌筑应选用较大石块,如基础与排水沟相连,其基础应设在沟底以下,并按设计要求砌筑浆砌片石。砌筑应彼此镶紧,接缝要错开,缝隙间用小石块填满塞紧。

(2)铺砌层的砂砾垫层材料应符合图纸要求。垫层应与铺砌层配合铺砌,随铺随砌,厚度不宜小于100mm。

(3)软土地基的砌体工程应在预压沉降期后才可开始砌筑。

4. 预制空心砖网格护坡及各式砌体护坡

(1)各式骨架植草护坡的施工,应先清理施工场地,修整边坡使砌筑地带的高程和边坡坡度与图纸要求相一致。浅挖砌筑空心砖网格的基坑,并进行人工夯实。垫层厚度不宜小于100mm。

(2)路堤边坡预制块铺置宜在路堤沉降稳定后施工。埋置预制混凝土空心砖,要求整齐、顺直、无凹凸不平现象。

(3)经必要的养生后,将砌筑材料的残留物清除干净,同时不得损坏已成的网格,如有松动或脱落之处必须及时修整。

(4)水泥混凝土预制板护坡砌筑时应错缝安装,板缝用砂浆填实并勾凸缝。现浇混凝土基础的施工应符合本规范第410节有关规定。

(5)预制块应与坡面紧贴,不得有空隙,并与相邻坡面平顺。

(6)骨架形成后,应及时按图纸要求进行铺草皮或播种草种。

5. 浆砌片(块)石护面墙的修筑

(1)砌体砌筑前应测量放样,要经常复核验证,以保持线形顺适,砌体平整。

(2)护面墙修筑前应先清除边坡松动岩石,清出新鲜面,边坡上的凹陷部分挖成台阶后,应以墙体相同的圬工砌补,不可回填土石或干砌片石。

(3)墙背与坡面应密贴结合,砌体咬口紧密,错缝,砂浆饱满,不得有通缝、叠砌、贴砌和浮塞。砌体勾缝应牢固和美观。

(4)护面墙基础应设在可靠的地基上,埋置深度应在当地冰冻线以下0.25m,承载力不宜小于300kPa。在冻胀变化较大的土质边坡上,护坡底面应铺设100~150mm厚的碎石或砂砾垫层。

(5)坡顶护面墙与坡面之间应按图纸要求做好防渗处理。

(6)护面墙砌体应自下而上逐层砌筑,直至墙顶。当为多级墙时,上墙边坡清刷完后,可先砌上墙,有利于施工的安全和进度。

6. 窗孔式护面墙防护

(1)窗孔式护面墙防护一般用于挖方边坡坡面防护。

(2)如施工条件允许,窗式护面墙拱肋部分应采用隐形加固方式砌筑,即坡面开挖沟槽片(块)石嵌入护坡岩内;其他要求同护面墙。

(3)窗孔式护面墙顶面应按图纸要求设置护坡,或设置三维网,做到上下级窗孔式护面墙连接紧密。

(4)窗孔式护面墙中泄水孔设置,短锚杆、U形固定钉施工,以及营养土、土工格室、三维网、喷播植草等施工均须符合图纸要求。

(5)采用浆砌块(片)石衬砌拱实施路基边坡防护时,尚应符合如下要求:

a. 窗孔式护面墙衬砌拱护坡应按图纸规定间隔、沿路线方向设置伸缩缝;缝内按规定填塞。

b. 衬砌拱拱圈内采用液压喷播植草防护或植草皮。

7. 封面、捶面防护

(1)封面防护

a. 封面防护施工不宜在严寒冬季和雨天进行。

b. 封面前岩体表面要冲洗干净,土体表面要平整、密实、湿润。

c. 封面厚度应符合图纸要求,封面应分两层进行施工,底层为全厚的2/3,面层为全厚的1/3。封面厚度要均匀,表面光滑,封面与坡面应密贴稳固。

d. 大面积封面按图纸要求设伸缩缝。

e. 封面初凝后应立即进行养生。

f. 封面、捶面防护必须按图纸规定做好边坡封顶和排水设施。

g. 封面、捶面防护的坡面不能承受土压力,要求边坡必须平整、干燥、稳定,坡面不平整的岩石边坡,宜采用喷浆防护。

(2)捶面护坡

a. 嵌补填平边坡坑凹、裂缝。

b. 厚度要均匀,表面光滑,捶面与坡面应密贴稳固。

c.伸缩缝设置、边坡封顶、排水、养生方法、气候要求与封面防护施工要求相同。

208.04 质量检验

1.浆砌片石护坡、护面墙

(1)基本要求

a.石料应选用未风化的硬质石料,砌筑应紧密、错缝,严禁通缝、叠砌、贴砌和浮塞。勾缝应均匀饱满、美观,坡面应平顺。

b.基础埋置深度及地基应符合图纸要求。

c.砂浆或混凝土的配合比应符合本规范第410节及图纸有关规定。

d.墙背填料符合图纸要求。

e.沉降缝、泄水孔的位置和数量应符合图纸要求。

(2)检查项目

干砌片石施工质量应符合表208-1的规定。

浆砌砌体施工质量应符合表208-2的规定。

干砌片石施工检查项目 表208-1

序号	检查项目	规定值或允许偏差	检查方法与频率
1	厚度(mm)	±50	每抽20m检查3处
2	顶面高程(mm)	+30	水准仪:每20m测3点
3	外形尺寸(mm)	±100	每20m或自然段,长宽各测3点
4	表面平整度(mm)	50	2m直尺:每20m测5处×3尺

浆砌砌体施工检查项目 表208-2

<table>
<tr><th>序号</th><th>检查项目</th><th colspan="2">允许偏差</th><th>检查方法与频率</th></tr>
<tr><td>1</td><td>砂浆强度(MPa)</td><td colspan="2">不小于设计强度</td><td>按JTG F80/1—2004附录F检查</td></tr>
<tr><td rowspan="2">2</td><td rowspan="2">顶面高程(mm)</td><td>料、块石</td><td>±15</td><td rowspan="3">水准仪:每20m检查3点</td></tr>
<tr><td>片石</td><td>±20</td></tr>
<tr><td>3</td><td>底面高程(mm)</td><td colspan="2">-20</td></tr>
<tr><td rowspan="2">4</td><td rowspan="2">坡度或垂直度(%)</td><td>料、块石</td><td>0.3</td><td rowspan="2">吊垂线:每20m检查3点</td></tr>
<tr><td>片石</td><td>0.5</td></tr>
<tr><td rowspan="3">5</td><td rowspan="3">断面尺寸(mm)</td><td>料石、混凝土块</td><td>±20</td><td rowspan="3">尺量:每20m检查2处</td></tr>
<tr><td>块石、混凝土块</td><td>±30</td></tr>
<tr><td>片石、混凝土块</td><td>±50</td></tr>
<tr><td>6</td><td>墙面距路基中线(mm)</td><td colspan="2">±50</td><td>尺量:每20m检查2点</td></tr>
<tr><td rowspan="3">7</td><td rowspan="3">表面平整度(mm)</td><td>料石、混凝土块</td><td>10</td><td rowspan="3">2m直尺:每20m检查5处×3尺</td></tr>
<tr><td>块石、混凝土块</td><td>20</td></tr>
<tr><td>片石、混凝土块</td><td>30</td></tr>
</table>

(3)外观鉴定

a.表面平整,无垂直通缝。

b.勾缝平顺,无脱落现象。

c.泄水孔坡度向外,无堵塞现象。

d.沉降缝整齐垂直,上下贯通。

2.预制空心砖网格护坡及各式砌体护坡

(1)基本要求

a.各式骨架植草护坡的混凝土空心砖及地表要求符合图纸规定。

b.混凝土空心砖及砌体材料质量规格应符合规定,埋置符合图纸要求。

(2)检查项目

检查项目见表208-3。

预制空心砖网格护坡检查项目 表208-3

项次	检查项目	规定值或允许偏差	检查方法
1	砂浆强度(MPa)	不小于设计强度	按JTG F80/1—2004附录F检查
2	网眼尺寸(mm)	±100	用尺量每50m量3点,不足50m至少3点
3	坡度	不陡于图纸规定	每50m用坡度尺抽量3处
4	边棱直顺度(mm)	±50	用网眼边长直尺检查,每50m抽量3处
5	表面平整度(mm)	±30	用2m直尺检查,每50m量3处
6	嵌入度(mm)	±50	用尺量外露部分,每50m量3处

(3)外观鉴定

砌体表面平顺,线条清晰。

3.封面、捶面施工质量应符合图纸和本规范相关要求,检查项目按表208-4规定执行。

封面、捶面防护施工检查项目 表208-4

序号	检查项目	允许偏差	检查方法与频率
1	厚度	+20%、-10%	每10m检查1个断面,每3m检查2个点

208.05 计量与支付

1.计量

(1)干砌片石、浆砌片石护坡、护面墙等工程的计量,应以图纸所示和监理人的指示为依据,按实际完成并经验收的数量按不同的工程子目的不同的砂浆砌体分别以立方米计量。

(2)预制空心砖和拱形及方格骨架护坡,按其铺筑的实际体积以立方米计量。所有垫层、嵌缝材料、砂浆勾缝、泄水孔、滤水层、回填种植土以及基础的开挖和回填等有关作业,均作为承包人应做的附属工作,不另行计量与支付。

(3)种草、铺草皮、三维植被网、客土喷播等应以图纸要求和所示面积为依据实施,经监理人验收的实际面积以平方米计量。整修坡面、铺设表土、三维土工网、锚钉、客土、草种(灌木籽)、草皮、苗木、混合料、水、肥料、土壤稳定剂等(含运输)及其作业均作为承包人应做的附属工作,不另行计量。

(4)封面、捶面施工以图纸为依据,经监理人验收合格,以平方米为单位计量,该项支付包括了上述工作相关的工料机全部费用。

2. 支付

按上述规定计量,经监理人验收并列入了工程量清单的以下支付子目的工程量,其每一计量单位,将以合同单价支付。此项支付包括材料、劳力、设备、运输等及其为完成防护工程所必需的费用,是对完成工程的全部偿付。

3. 支付子目

子 目 号	子 目 名 称	单　位
208-1	植物护坡	
-a	种草	m^2
-b	三维植被网护坡	m^2
-c	客土喷播护坡	m^2
208-2	干砌片石	m^3
208-3	M...浆砌片石护坡	
-a	拱形护坡	m^3
-b	方格护坡	m^3
208-4	预制混凝土块护坡	
-a	预制空心砖护坡	m^3
-b	拱形骨架护坡	m^3
-c	方格护坡	m^3
-d	预制六棱砖护坡	m^3
208-5	护面墙	
-a	M...浆砌片(块)石	m^3
-b	C...混凝土	m^3
208-6	封面	m^2
208-7	捶面	m^2

第 209 节　挡　土　墙

209.01　范围

本节工作内容包括砌体挡土墙、干砌挡土墙及混凝土挡土墙的施工及其相关作业。

209.02　材料

所用材料应符合图纸和本规范第201.02小节及410节和403节有关规定的要求。

209.03　一般要求

1. 挡土墙施工前,应做好截水、排水及防渗设施。

2. 在岩体破碎、土质松软或地下水丰富地段修建挡土墙,宜避开雨季施工。

3. 施工过程中应对地质情况进行核对,与图纸不符时,应及时处理。

4. 基坑内积水应随时排干,基坑开挖宜分段跳槽进行;采用倾斜基底时,基底高程应按图纸控制,不得超挖填补。

5. 基底检验合格后,应及时按图纸和本规范相关要求进行下道工序施工。

6. 挡土墙端部伸入路堤或嵌入地层部分应与墙体同时砌筑。挡土墙顶应找平抹面或勾缝,其与边坡间的空隙应用黏土或其他材料夯填封闭。

7. 挡土墙与桥台、隧道洞门连接应协调施工,必要时应加临时支撑,确保与墙相接的填方或山体的稳定。

8. 承包人应按《公路桥涵施工技术规范》(JTJ 041—2000)的要求加强水泥混凝土、水泥砂浆的养生管理。

209.04　施工要求

1. 重力式挡土墙

(1)承包人应熟悉图纸,根据工地特点、工期要求及施工条件,结合自己的设备能力,做出施工组织设计,在开始砌筑前28d报监理人,经监理人批准后,方可开始砌筑。

(2)砌筑时必须两面立杆挂线或样板挂线,外面线应顺直整齐,逐层收坡,内面线可大致适顺。在砌筑过程中应经常校正线杆,以保证砌体各部尺寸符合图纸要求。

(3)墙基础直接置于天然地基上时,应经监理人检验同意后,方可开始砌筑。当有渗透水时,应及时排除,以免基础在砂浆初凝前遭水侵害。

(4)雨季在土质或易风化软质岩石基坑中砌筑基础时,应在基坑挖好后及时封闭坑底。当基底设有向内倾斜的稳定横坡时,应采取临时排水措施,辅以必要坐浆后安砌基础。

(5)墙基础为软弱土层,不能保证图纸要求的强度时,应经监理人批准,采用加宽基础或其他措施。浸水或近河路基的挡土墙基础的设置深度,应符合图纸规定,且不小于冲刷线以下0.5m。硬质岩石基坑中的基础,宜满坑砌筑。

(6)当墙基础设置在岩石的横坡上时,应清除表面风化层,并做成台阶形。台阶的高宽比不得大于2∶1,台阶宽度不应小于0.5m。

(7)沿墙长度方向地面有纵坡时,应沿纵向按图纸要求做成台阶。台阶与墙体应连在一起同时砌筑,基底及墙趾台阶转折处不得砌成垂直通缝。砌体与台阶壁间的缝隙砂浆应饱满。

(8)砌筑基础的第一层时,如基底为基岩或混凝土基础,应先将其表面加以清洗、湿润,坐浆砌筑。砌筑工作中断后再进行砌筑时,应将砌层表面加以清扫和湿润。

(9)基坑应随砌筑分层回填夯实,并在表面留 3% 的向外斜坡。

(10)砌体应分层坐浆砌筑,砌筑上层时,不应振动下层。砌体砌筑完成后,应进行勾缝。

(11)墙身要分层错缝砌筑,砌出地面后基坑应及时回填夯实,并完成其顶面排水、防渗设施。

(12)伸缩缝与沉降缝内两侧壁应竖直、平齐,无搭叠;缝中防水材料应按图纸要求施工。

(13)工作段的分段位置宜在伸缩缝和沉降缝之处,各段水平缝应一致。防水层、泄水孔应按图纸要求设置。

(14)当墙身的强度达到设计强度的 75% 时,方可进行回填等工作。在距墙背 0.5 ~ 1.0m 以内,不宜用重型振动压路机碾压。

2. 混凝土悬臂式和扶壁式挡土墙

(1)凸榫必须按照图纸尺寸开挖,并与墙底板一同灌注混凝土。

(2)现场整体浇筑时,每段墙的底板、面板和肋的钢筋应一次绑扎,宜一次完成混凝土灌注。当采用现场分段浇筑时,应按图纸要求进行施工,并预埋好连接钢筋。连接处混凝土面应严格凿毛,并清洗干净。

(3)灌注混凝土后,应按有关规定进行养护。墙体达到图纸强度的 75% 以后方可进行墙背填土,并应按设计要求的填料和密实度分层填筑、压实;墙背排水设施应随填土及时施工。

(4)装配法施工时,预制墙板的预制、安装质量应符合图纸和本规范第 400 章和第 210 节相关的规定;基础混凝土强度达到设计强度的 75% 后,方可安装;预制墙板与基础必须按图纸要求连接牢固。

209.05 质量检验

1. 砌体挡土墙及干砌挡土墙

(1)基本要求

a. 石料规格和质量应符合有关规定。

b. 地基与基础必须满足图纸要求。

c. 砂浆或混凝土的配合比应符合试验规定。

d. 砌石分层错缝,浆砌时坐浆挤紧,嵌填饱满密实,不得有空洞。

e. 混凝土表面应平整、密实、施工缝整齐,无蜂窝麻面现象。

f. 墙背填料符合图纸要求。

g. 沉降缝、泄水孔的位置和数量应符合图纸要求。

(2)检查项目

a. 砌体挡土墙的检查项目见表 209-1。

b. 干砌挡土墙的检查项目见表 209-2。

砌体挡土墙检查项目　　表209-1

项次	检查项目		规定值或允许偏差	检查方法
1	砂浆强度(MPa)		不小于设计强度	按JTG F80/1—2004附录F检查,每一工作台班2组试件
2	平面位置(mm)		50	经纬仪:每20m检查墙顶外边线5点
3	顶面高程(mm)		±20	水准仪:每20m检查2点
4	竖直度或坡度(%)		0.5	吊垂线:每20m检查4点
5	断面尺寸(mm)		不小于设计	尺量:每20m量4个断面
6	底面高程(mm)		±50	水准仪:每20m检查2点
7	表面平整度(mm)	块石	20	2m直尺:每20m检查5处,每处检查竖直和墙长两个方向
		片石	30	
		混凝土块、料石	10	

干砌挡土墙检查项目　　表209-2

项次	检查项目	规定值或允许偏差	检查方法
1	平面位置(mm)	50	经纬仪:每20m检查5点
2	顶面高程(mm)	±30	水准仪:每20m检查5点
3	垂直度或坡度(%)	0.5	吊垂线:每20m检查4点
4	断面尺寸(mm)	不小于设计	尺量:每20m量4个断面
5	底面高程(mm)	±50	水准仪:每20m检查2点
6	表面平整度(mm)	50	2m直尺:每20m检查5处,每处检查竖直和墙长两个方向

(3)外观鉴定

a.砌体坚实牢固,勾缝平顺,无脱落现象。

b.泄水孔坡度向外,无堵塞现象。

c.沉降缝整齐垂直,上下贯通。

d.位于弯道处的挡土墙要平顺、圆滑、美观。

2.混凝土挡土墙质量检验

(1)基本要求

a.混凝土所用的水泥、石、砂、水和外掺剂的规格和质量应符合有关规范的要求,按规定的配合比施工。

b.地基强度必须满足设计要求。

c.不得有露筋和空洞现象。

d.沉降缝、泄水孔的设置位置、质量和数量应符合设计要求。

(2)检查项目

现浇悬臂式和扶壁式挡土墙施工质量应符合表209-3的规定。

现浇悬臂式和扶壁式挡土墙检查项目　　表209-3

序号	检查项目	规定值或允许偏差	检查方法和频率
1	混凝土强度(MPa)	在合格标准内	按JTG F80/1—2004附录D,每1工作台班2组试件
2	平面位置(mm)	30	经纬仪:每20m检查5点
3	顶面高程(mm)	±20	水准仪:每20m检查2点
4	垂直度或坡度(%)	0.3	吊垂线:每20m检查4点
5	断面尺寸(mm)	不小于设计	尺量:每20m量4个断面,抽查扶臂4个
6	底面高程(mm)	±30	水准仪:每20m检查2点
7	表面平整度(mm)	5	2m直尺:每20m检查3处,每处检查竖直和墙长两个方向

(3)外观鉴定

a.混凝土施工缝平顺。

b.蜂窝、麻面面积不得超过该面面积的0.5%,深度超过10mm的必须处理。

c.混凝土表面出现非受力裂缝。裂缝宽度超过设计规定或设计未规定时超过0.15mm必须处理。

d.泄水孔坡度向外,无堵塞现象。不符合要求时必须进行处理。

e.沉降缝整齐垂直,上下贯通。不符合要求时应进行处理。

209.06 计量与支付

1.计量

(1)砌体挡土墙、干砌挡土墙和混凝土挡土墙工程应以图纸所示或监理人的指示为依据,按实际完成并经验收的数量,按砂浆强度等级及混凝土强度等级分别以立方米计量。砂砾或碎石垫层按完成数量以立方米计量。

(2)混凝土挡土墙的钢筋,按图纸所示经监理人验收后,以千克(kg)计量。

(3)嵌缝材料、砂浆勾缝、泄水孔及其滤水层,混凝土工程的脚手架、模板、浇筑和养生、表面修整,基础开挖、运输与回填等有关作业,均作为承包人应做的附属工作,不另行计量与支付。

2.支付

按上述规定计量,经监理人验收并列入了工程量清单的以下支付子目的工程量,其每一计量单位,将以合同单价支付。此项支付包括材料、劳力、设备、运输等及其为完成防护工程所必需的费用,是对完成工程的全部偿付。

3.支付子目

子目号	子目名称	单位
209-1	砌体挡土墙	
-a	M...浆砌片(块)石	m^3
-b	M...浆砌混凝土块	m^3
-c	M...浆砌料石	m^3
-d	砂砾垫层	m^3
209-2	干砌挡土墙	
-a	片(块)石	m^3
-b	砂砾垫层	m^3
209-3	混凝土挡土墙	
-a	C...混凝土	m^3
-b	钢筋	kg
-c	砂砾垫层	m^3

第210节 锚杆、锚定板挡土墙

210.01 范围

本节工作内容为锚杆挡土墙的施工及有关的工程作业。

210.02 材料

1. 混凝土、水泥砂浆所用材料应符合本规范第400章的有关规定。
2. 锚杆采用的钢筋,应符合图纸要求,其性能应符合第403节的规定。

210.03 施工要求

1. 锚杆挡土墙

(1)锚杆挡土墙的施工除按图纸要求和本规范第410节有关规定进行挡土板、立柱的预制浇筑外,还应符合下列各条款的要求。

(2)应做好施工场地清理,平整夯实;场内注意排水畅通;锚孔孔位正确,并经监理人检验认可,方能进行下一工序。

(3)施工前,承包人应将锚杆挡土墙的施工方法的全部细节报请监理人批准后方可进行施工。

(4)锚杆挡土墙的施工,应由有经验的施工人员主持,掌握锚孔处地层地质和水文情况。钻孔设备完好,施工时做好记录。

(5)锚孔轴线应准确,锚孔位置、直径及锚孔深应不小于图纸规定。孔轴应保持直线,孔位允许偏差为±50mm,深度允许偏差为-10~+50mm。

(6)施工前,应清除岩面松动石块,整平墙背坡面。根据设计孔径及岩土性质合理选择钻孔机具。

(7)锚孔钻孔时,不应损伤岩体结构,以避免岩层裂隙扩大,造成坍孔和灌浆困难。

(8)锚孔成孔后,应将孔内岩粉碎屑等杂物排除干净,保持孔内干燥及孔壁干净粗糙。

(9)为增加锚杆的抗拔能力,在钻孔过程,可将锚固部分或锚孔底部用小药量爆破成葫芦状。有水地段安装锚杆,应将孔内的水排出或采用早强速凝药包式锚杆。

(10)锚杆挡土墙不宜在雨天施工。锚孔钻孔、放置锚杆、锚孔灌浆各工序应连续完成,以一根桩、一个孔为工作单元。锚杆放入锚孔后,应检查灌浆孔及排气孔是否畅通、完好。锚杆未插入岩层部分,必须按图纸要求做防锈处理。

(11)宜先插入锚杆然后灌浆,灌浆应采用孔底注浆法,灌浆管应插至距孔底50~100mm,并随水泥砂浆的注入逐渐拔出,灌浆压强宜不小于0.2MPa。

(12)砂浆锚杆安装后,不得敲击、摇动。普通砂浆锚杆在3d内,早强砂浆锚杆在12h内,不得在杆体上悬挂重物。必须待砂浆达到设计强度的75%后方可安装肋柱、墙板。

(13)锚孔灌浆应符合图纸要求。水泥砂浆配合比应按图纸规定经试验确定,细集料粒径不宜大于 2mm。为加快进度提高砂浆强度,可适当掺加外加剂,掺加品种和数量经试验确定。砂浆应随拌随用。

(14)为判定锚杆能否满足图纸要求,应进行锚杆抗拔力验证试验。锚杆极限抗拔力试验数量不少于锚杆总数量的 1%,且不得少于 3 根,应在灌浆后水泥砂浆强度达到设计强度后进行。试验可使用 YC—60 型穿心千斤顶或其他相适应的设备。

(15)立柱、挡土板及锚杆按图纸要求安置完毕,墙背应即进行回填。填料宜选择砂类土、碎砾石土,严禁使用腐殖土和树皮、草根等杂物,并按图纸要求的压实度进行碾压和夯实。墙背回填时,应特别注意不得将锚杆钢筋压弯造成立柱、挡土板的损坏。

(16)安装墙板时,应边安装墙板边进行墙背回填及墙背防、排水系统施工。

2. 锚定板挡土墙

(1)锚定板挡土墙施工应按图纸要求,并参照第 210.03-1 条相关规定执行。

(2)拉杆使用前应按规定取样试验。拉杆埋于土中部分,必须进行防锈处理。

(3)吊装时应保证肋柱不前倾。

(4)拉杆及锚定板埋设,应先填土后挖槽就位;挖槽时,锚定板比图纸位置宜高 30 ~ 50mm。锚定板前方超挖部分宜用 C10 水泥混凝土或灰土回填夯实。严禁直接碾压拉杆和锚定板。

(5)肋柱、锚定板上的锚头及螺丝杆应做防锈处理和防水封闭。

(6)分级平台应按设计要求进行封闭,并设 2% 的外倾排水坡。

3. 承包人应按《公路桥涵施工技术规范》(JTJ 041—2000)的要求加强水泥混凝土、水泥砂浆的养生管理。

210.04 质量检验

1. 基本要求

(1)混凝土所用的水泥、砂、石、水和外掺剂的规格和质量必须符合有关规范的要求,按规定的配合比施工。

(2)地基强度应符合设计要求。

(3)锚杆、拉杆或筋带的强度、质量和规格,必须满足设计和有关规范的要求,根数不得少于设计数量。

(4)混凝土不得出现露筋和空洞现象。

2. 检查项目

锚杆挡土墙、锚定板挡土墙施工检查项目应符合表 210-1、表 210-2、表 210-3 的规定。

锚杆、拉杆施工检查项目 表 210-1

序号	检 查 项 目	规定值或允许偏差	检查方法和频率
1	锚杆、拉杆长度	符合设计要求	尺量:每 20m 检查 5 根
2	锚杆、拉杆间距(mm)	±20	尺量:每 20m 检查 5 根
3	锚杆、拉杆与面板连接	符合设计要求	目测:每 20m 检查 5 处
4	锚杆、拉杆防护	符合设计要求	目测:每 20m 检查 10 处
5	锚杆抗拔力	抗拔力平均值≥设计值,最小抗拔力≥0.9 设计值	抗拔力试验:锚杆数量的 1%,并不少于 3 根

面板预制、安装施工检查项目　　表210-2

序号	检 查 项 目	规定值或允许偏差	检查方法和频率
1	混凝土强度(MPa)	不小于设计强度	按JTG F80/1—2004附录D检查,每台班2组试件
2	边长(mm)	±5或0.5%边长	尺量:长宽各量1次,每批抽查20%
3	两对角线差(mm)	10或0.7%最大对角线长	尺量:每批抽查20%
4	厚度(mm)	+5,-3	尺量:检查4处,每批抽查20%
5	表面平整度(mm)	4或0.3%边长	2m直尺:长、宽方向各测1次,每批抽查20%
6	预埋件位置(mm)	5	尺量:检查每件,每批抽查20%
7	每层面板顶高程(mm)	±10	水准仪:每20m抽查5组板
8	轴线偏位(mm)	10	挂线、尺量:每20m量5处
9	面板竖直度或坡度	+0,-0.5%	吊垂线或坡度板:每20m量5处
10	相邻面板错台(mm)	5	尺量:每20m面板交界处检查5处

注:面板安装以同层相邻两板为一组。

锚杆、锚定板、加筋土挡土墙总体施工检查项目　　表210-3

序号	检 查 项 目		规定值或允许偏差	检查方法和频率
1	墙顶和肋柱平面位置(mm)	路堤式	+50,-100	经纬仪:每20m检查5处
		路肩式	±50	
2	墙顶和柱顶高程(mm)	路堤式	±50	水准仪:每20m测5点
		路肩式	±30	
3	肋柱间距(mm)		±15	尺量:每柱间
4	墙面倾斜度(mm)		+0.5%H且不大于+50,-1%H且不小于-100,见注	吊垂线或坡度板:每20m测4处
5	面板缝宽(mm)		10	尺量:每20m至少检查5条
6	墙面平整度(mm)		15	2m直尺:每20m测5处,每处检查竖直和墙长两个方向
7	墙背填土:距面板1m范围内的压实度(%)		90	每100m每压实层测2处,并不得少于2处

注:平面位置和倾斜度"+"指向外,"-"指向内,H为墙高。

3.外观鉴定

(1)预制面板表面平整光洁,线条顺直美观,不得有破损翘曲、掉角、啃边等现象。

(2)蜂窝、麻面面积不得超过该面面积的0.5%,深度超过10mm的必须处理。

(3)混凝土表面出现裂缝宽度超过设计规定或设计未规定时超过0.15mm必须进行处理。

(4)墙面直顺,线形顺适,板缝均匀,伸缩缝贯通垂直。

(5)露在面板外的锚头应封闭密实、牢固,整齐美观。

210.05　计量与支付

1.计量

(1)锚杆挡土墙、锚定板挡土墙工程计量应以图纸所示和监理人的指示为依据,按实际完成并经验收的数量,混凝土挡板和立柱以立方米为单位计量,钢筋及锚杆、拉杆以千克(kg)为单位计量。

(2)锚孔的钻孔、锚杆的制作和安装、锚孔灌浆、钢筋混凝土立柱和挡土板的制作安装、墙背回填、防排水设置及锚杆的抗拔力试验等,以及一切未提及的相关工作均为完成锚杆挡土墙及锚定板挡土墙所必须的工作,均含入相关支付子目单价之中,不单独计量。

2. 支付

按上述规定计量,经监理人验收并列入工程量清单的以下支付子目的工程量,其每一计量单位将以合同单价支付,此项支付包括材料、劳力、设备、运输、试验等及其他为完成本项工程所必需的费用,是对完成工程的全部偿付。

3. 支付子目

子 目 号	子 目 名 称	单 位
210-1	锚杆挡土墙	
-a	混凝土立柱	m^3
-b	混凝土挡板	m^3
-c	锚杆	kg
-d	钢筋	kg
210-2	锚定板挡土墙	
-a	混凝土锚定板	m^3
-b	钢筋混凝土肋柱	m^3
-c	混凝土挡板	m^3
-d	拉杆	kg
-e	钢筋	kg

第211节 加筋土挡土墙

211.01 范围

本节工作内容包括在公路填方路段修建加筋土挡土墙及其有关的全部作业。

211.02 材料

1. 钢筋及水泥混凝土

所有钢筋及水泥混凝土应符合本规范第400章的要求。混凝土28d的抗压强度要满足图纸的要求。

2. 片石

(1)单个石料的厚度应不小于150mm。镶面石料应选择尺寸稍大并具有较平整表面,且应稍加粗凿。

(2)除非图上另有注明,护坡、斜坡水渠及排水沟的石料的特征强度应符合图纸要求,且不小于20MPa。

(3)在角隅处应使用较大的石料,大致粗凿方正。

3. 填料

填料应符合图纸的要求。用以填筑的砂砾料不得含有锋利破碎刃角的碎砾石,以免伤害土工带。

4. 筋带

采用聚丙烯土工带,应符合图纸要求的塑料标准和规格,表面花纹清晰,色泽均匀,无开裂、损伤、穿孔等缺陷,断面一致;在25℃时断裂拉应力不小于220MPa,断裂伸长率不宜大于10%。注意产品时间,不应暴晒及露天存放,应存放在通风的室内。

采用钢筋混凝土带,应符合图纸要求的标准和规格及本规范第410节规定和要求。

外露钢材(包括墙面板的拉环)均须防锈处理;拉环与土工带不得直接接触,应用拉环上的涂塑等防锈层或橡胶等衬垫物予以隔离。所有防锈及隔离的处理方法及要求,应按图纸的规定进行。

5. 沥青木板、沥青毡

作嵌缝料用沥青木板,以锯成的木板满涂热沥青;沥青毡应符合《石油沥青纸胎油毡》(GB 326—2007)的要求。

211.03　施工要求

1. 一般规定

(1)承包人应将根据调查资料、图纸和工期要求,编制施工组织设计,在开工前28d提交给监理人批准。

(2)按《公路路基施工技术规范》(JTG F10—2006)的有关规定及图纸要求进行施工测量,并按本规范第202节有关规定对施工场地进行清理、整平压实。

(3)加筋土工程施工,除按路基施工配备压实机械外,还应选备振动板、蛙式夯、手扶式振动压路机等小型压实机具,以在面板内侧1.0m范围内压实填料。

(4)除护轮带(帽石)现浇外,所有墙面板、钢筋混凝土带等,应严格地按照图纸要求及尺寸,用混凝土或钢筋混凝土预制,注意加强养生工作。

(5)要求预制的墙面板,混凝土表面应平整无缺角、啃边现象,无蜂窝麻面。

(6)当墙面板质量检验不符合上述要求时,承包人应自行逐一检查,消除不合格的面板,报请监理人二次检验;当仍发现不合格时,对这批面板不能采用,并全部清除出场,一切责任由承包人自负。

(7)聚丙烯土工带,应由专人下料,各部尺寸应准确,平整不变形。

(8)墙面板和筋带的堆放及运输,应按《公路路基施工技术规范》(JTG F10—2006)的相关规定办理。

(9)承包人应按《公路桥涵施工技术规范》(JTJ 041—2000)的要求加强水泥混凝土、水泥砂浆的养生管理。

2. 基础施工

(1)开挖基坑应严格按图纸和监理人的指示分段进行,控制好基础位置和垫层基底设计高程,对基底按分段长度整平压实,检测地基承载力,满足设计要求,并经监理人检验同意后,方可进入下一道工序。

(2)垫层材料应分层填筑,分层夯实。垫层厚度及压实要求应符合图纸和监理人的指示。

(3)砌筑浆砌片石基础或浇筑混凝土基础时,必须分段进行。对浇筑混凝土和浆砌片石的施工工艺,应符合本规范第400章的要求;浆砌片石顶面用水泥砂浆予以整平,符合施工高程,基础施工时,应按图纸要求设置沉降缝,用沥青木板填塞,深度不宜小于80mm。

3. 安装墙面板

(1)当基础施工后强度、高程、尺寸符合图纸要求,经监理人检验合格;预制的墙面板质量符合图纸规定时,便可进行安装工作。

(2)在清洁的条形基础顶面上,准确画出面板外缘线,曲线部位应加密控制点。

(3)按图纸要求的垂度、坡度挂线安装,安装缝宜小于10mm。

(4)安装直立式墙面板应按不同填料和拉筋预设仰斜坡,仰斜坡一般为1∶0.02 ~ 1∶0.05,墙面不得前倾。

(5)安装时用低强度砂浆砌筑调平,同层相邻面板水平误差不大于10mm;轴线偏差每20延米不大于10mm。

(6)面板安装可用人工或机械吊装就位。安装时单块面板倾斜度,一般可内倾1/100 ~ 1/200,作为填料压实时面板外倾的预留度。

(7)当填料为黏性土时,宜在面板后不小于0.5m范围内回填砂砾材料,但在筋带近旁的填料最大粒径不宜大于50mm,不得含有锋利的碎砾石。

(8)墙面板的安装方法、措施、要求等按图纸和本规范的相关规定进行。

4. 铺设筋带

(1)铺设筋带应与墙面板成垂直,上下层筋带位置应错开,按图纸所示或监理人的指示进行。

(2)铺设筋带的层面应平整,并在一个水平高程上,不得出现打折、扭曲等现象,不得与硬质、棱角填料直接接触。

(3)聚丙烯土工带与墙面板的拉环连接,不得直接接触,应有间隔处理;连接后用拉具拉直拉紧。

(4)钢筋混凝土带与面板拉环的连接,以及每节钢筋混凝土带之间的钢筋连接,可采用焊接、扣环或螺栓连接,平铺及拉直在填筑的平面上;其焊接方式和焊缝长度应按《公路桥涵施工技术规范》(JTJ 041—2000)第10章的有关规定执行。

(5)拉筋应有粗糙面,并按设计布置呈水平铺设,当局部与填土不密贴时应铺砂垫平。连续敷设的拉筋接头应置于其尾部;拉筋尾端宜用拉紧器拉紧,各拉筋的拉力应大体均匀,但应避免拉动墙面板。

(6)钢拉筋与外露钢筋的防锈处理及土工带与拉环的间隔处理应符合本节第211.02-4条的规定。

(7)严禁车辆或行人扰动筋带。

5. 填筑与碾压

(1)墙背拉筋锚固段填料宜采用粗粒土或改性土等填料。墙背填土必须满足设计压实度要求。

(2)填料摊铺、碾压应从拉筋中部开始平行于墙面碾压,先向拉筋尾部逐步进行,然后再向墙面方向进行,严禁平行于拉筋方向碾压。填料内不得含有机料及冻块,含水率应在最佳含水率2%范围以内。压实度按路基高度而定。

(3)卸料时机具与面板距离不应小于1.5m,机具不得在未覆盖填料的筋带上行驶,并不得扰动下层筋带。

(4)可采用人工摊铺或机械摊铺,摊铺厚度应均匀一致,表面平整,并设不小于3%横坡。

(5)填土分层厚度及碾压遍数,应根据拉筋间距、碾压机具和密实度要求,通过试验确定,严禁使用羊足碾碾压。靠近墙面板1m范围内,应使用小型机具夯实或人工夯实,不得使用重型压实机械压实。

(6)加筋土工程的填料应严格分层碾压,碾压时一般应先轻后重。压路机不得在未经压实的填料上急剧改变运行方向和紧急制动。

(7)压实作业应先从筋带中部开始,逐步碾压至筋带尾部再碾压靠近面板部位。

(8)施工过程中随时观测加筋土挡土墙异常变化。

6. 墙面封顶

(1)顶层墙面板安装后,所形成纵向高低不平,用砂浆找平,严格注意控制设计高程及位置偏差。

(2)找平砂浆经养生达到一定强度后,即可现浇帽石,并将预制的栏杆固定在正确的位置上,浇筑在帽石中,另按设计每隔5m设一泄水管。

211.04　质量检验

1. 基本要求

(1)地基与基础应符合图纸要求。

(2)预制构件的强度和质量,经检验合格后方可安装。

(3)筋带的强度和质量规格,应符合规范及图纸的要求。

(4)筋带的长度、根数不得小于图纸要求。筋带需理顺,放平拉直。筋带与面板、筋带与筋带应连接牢固。

(5)填料的规格和压实度,必须严格按照规范及图纸要求进行。

2. 检查项目

筋带施工质量检查按表211-1规定进行;加筋土挡土墙施工的面板预制和安装可参照第210节表210-2规定进行;加筋土挡土墙总体施工质量检查按第210节表210-3规定进行。

筋带施工检查项目　　表 211-1

序号	检 查 项 目	规定值或允许偏差	检查方法和频率
1	筋带长度	不小于设计	尺量:每 20m 检查 5 根(束)
2	筋带与面板连接	符合设计要求	目测:每 20m 检查 5 处
3	筋带与筋带连接	符合设计要求	目测:每 20m 检查 5 处
4	筋带铺设	符合设计要求	目测:每 20m 检查 5 处

3. 外观鉴定

(1)预制面板表面平整光洁,线条顺直美观,不得有破损翘取、掉角、啃边等现象。

(2)蜂窝、麻面面积不得超过该面面积的 0.5%,深度超过 10mm 的必须处理;裂缝超过图纸允许宽度或超过 0.15mm 时必须处理。

(3)墙面直顺,线形顺直,板缝均匀,伸缩缝贯通垂直。

211.05　计量与支付

1. 计量

(1)加筋土挡墙的墙面板、钢筋混凝土带、混凝土基础以及混凝土帽石,经监理人验收合格,以立方米计量。浆砌片石基础以立方米计量。

(2)铺设聚丙烯土工带,按图纸及验收数量以千克(kg)计量。

(3)基坑开挖与回填、墙顶抹平层、沉降缝的填塞、泄水管的设置及钢筋混凝土带的钢筋等,均作为承包人的附属工作,不另计量。

(4)加筋土挡墙的路堤填料按图纸的规定和要求,在本规范第 204 节计量。

2. 支付

按上述规定计量,经监理人验收并列入了工程量清单的以下支付子目的工程量,其每一计量单位,将以合同单价支付。此项支付包括材料、劳力、设备、运输等及其他为完成加筋挡土墙工程所必需的费用,是对完成工程的全部偿付。

3. 支付子目

子 目 号	子 目 名 称	单　位
211-1	加筋土挡墙	
-a	M...砂浆砌片石基础	m^3
-b	C...混凝土基础	m^3
-c	C...混凝土帽石	m^3
-d	C...混凝土墙面板	m^3
-e	C...钢筋混凝土带	m^3
-f	聚丙烯土工带	kg

第212节　喷射混凝土和喷浆边坡防护

212.01　范围

本节工作内容包括在挖方边坡上进行喷射素混凝土、喷浆防护、锚杆挂网喷射混凝土和喷浆防护以及土钉支护等有关的施工作业。

212.02　材料

1. 水泥:应符合本规范第410.04小节的规定,其强度等级不得低于32.5级,且应优先选用普通硅酸盐水泥。

2. 集材:应符合本规范第410.02小节的规定。细集料应采用中砂或粗砂、细度模数宜大于2.5;含水率宜控制在5%~7%;粗集料应采用砾石或碎石,粒径不大于15mm。

3. 钢筋:钢筋网及网框用钢筋应符合本规范第403节的规定。

4. 锚杆:锚杆用钢筋宜采用HRB335牌号钢筋。

5. 铁丝网:铁丝网用铁丝应符合《一般用途低碳钢丝》(YB/T 5294—2006)的规定。

6. 土工格栅:坡面防护的土工格栅应符合图纸要求及《公路土工合成材料应用技术规范》(JTJ/T 019—98)及《交通工程土工合成材料 土工格栅》(JT/T 480—2002)的规定。

7. 土钉支护所涉及材料:砂、石、水泥、钢筋、外加剂等均应符合图纸和本规范相关规定,进场材料应做相关检测,合格后才允许使用。

212.03　施工要求

1. 一般要求

(1)在边坡进行喷射混凝土前,应按图纸或监理人指示做好各项准备工作:

a. 破碎且不平整的边坡,必须将松散的浮石和岩渣清除,用浆砌片石填补空洞,对坡面缝隙进行封闭处理。边坡修整后应平整、密实,无溜滑体、蠕变体和松动岩体。

b. 用高压水冲洗坡面,并使岩面保持一定湿度。

(2)在岩面上确定锚杆孔位,进行钻孔,孔深及孔径应符合图纸要求。钻孔完毕,应将孔内岩粉吹干净。

(3)安装锚杆,同时在钻孔内灌注水泥砂浆或其他图纸规定并经监理人批准的材料。

(4)埋设控制喷射混凝土厚度的标志,铺设钢筋网和铁丝网或土工格栅。网眼的大小应符合图纸规定。钢筋网和土工格栅应与锚杆连接牢固,其与岩面的间隙宜为30mm或按图纸规定。

(5)修整边坡的弃渣应按有关规定堆放,不得污染环境。

(6)钢筋制作与安装应符合《公路桥涵施工技术规范》(JTJ 041—2000)的规定。

(7)浇筑混凝土时,模板应加支撑固定。

(8)承包人应按《公路桥涵施工技术规范》(JTJ 041—2000)的要求加强水泥混凝土、水泥砂浆的养生管理。

2. 喷射水泥砂浆

(1)边坡喷浆防护,水泥砂浆的配合比应按照图纸规定。如图纸未作规定,砂浆强度应不低于 M10。

(2)喷浆前应先试喷,以确定合适的配比及施工方法。试喷效果经监理人认可后方可大面积施工。

(3)大面积喷浆,应沿路线方向每隔 20 ~ 25m 设置一道伸缩缝,缝宽 20mm。

(4)喷射水泥砂浆的施工工艺,可参照喷射混凝土的工艺要求。

3. 喷射混凝土

(1)施工前应先确定喷射混凝土的施工工艺(干式、湿式)及混凝土的配合比、选择使用的喷射机具,报监理人批准。喷射混凝土前应先进行试喷、调整回弹量、确定混凝土的配合比及施工操作程序,经监理人认可后方可大面积施工。

(2)喷射混凝土的混合料配合比应符合下列规定:

a. 水泥与集料的重量比宜为 1:4 ~1:4.5;

b. 砂率宜为 45% ~55%;

c. 水灰比宜为 0.40 ~0.45;

d. 速凝剂掺量应通过试验后确定。

(3)喷射混凝土的配合设计参照本规范第 410.06 小节有关规定。

(4)混合料宜随拌随用。不掺速凝剂时,存放时间不应超过 2h;掺速凝剂时,存放时间不应超过 20min。混合料的拌和时间参照本规范第 410.08 小节规定。

(5)混合料在运输、存放过程中,应严防雨淋、滴水及大块石等杂物混入,在装入喷射机前应过筛。

(6)喷射混凝土应分段、分片由下而上进行。作业开始时,应先送风,后开机,再给料;结束时,应待料喷完后,再关机。向喷射机供料时应连续均匀,机器正常运转时,料斗内应保持足够的存料。喷层厚度应均匀,符合图纸要求的厚度。

(7)喷射开始时,应减小喷头至受喷坡面的距离,并调节喷射角度,以保证铁丝网与岩面间混凝土的密实性。

(8)喷射时,应保持混凝土表面平整,呈湿润光泽,无干斑或滑移流淌现象。

(9)喷射后,当采用普通硅酸盐水泥时,养护应不少于 10d;当采用矿渣硅酸盐水泥或火山灰硅酸盐水泥时,养护不得少于 14d。喷层周边与未防护坡面的衔接处应做好封闭处理。

(10)喷射混凝土应符合图纸规定的厚度,并按图纸规定或监理人指示设置伸缩缝及泄水孔。

(11)喷射混凝土的回弹物,不能收集起来放入下批配料中,以免影响喷射混凝土质量。

(12)下列情况应暂停喷射施工:

a. 雨天冲刷新喷面上的水泥，造成混凝土脱落。

b. 气温低于+5℃。

c. 大风妨碍喷射手进行工作。

4. 锚杆

（1）施工中严格按照如下顺序进行：清理边坡、设置锚杆孔、清孔、注浆、放入锚杆、安装端头垫板、进行其他坡面施工。

（2）锚杆孔成孔及清孔应视不同地质条件选取合适的方法，报监理人批准后实施。

（3）锚杆杆体使用前应平直、除锈、除油。

（4）注浆用砂浆配合比：水泥：砂宜为1:1～1:2，水灰比宜为0.38～0.45。

（5）砂浆应拌和均匀，随拌随用，一次拌和的砂浆应在初凝前用完，并严防石块、杂物混入。

（6）注浆开始或中途停止超过30min时，应用水或稀水泥浆润滑注浆罐及其管路。

（7）孔深小于3m时，宜采用先注浆后插锚杆的施工工艺。注浆时，浆体除孔口200～300mm外，应均匀充满全孔。锚杆插入后应居中固定。杆体外露部分应避免敲击、碰撞，3d内不得悬吊重物，3d后才可安装垫板。

（8）当孔深大于3m时应按本规范第210.03小节的相关要求施工。

（9）每段工程应取代表性段落对锚杆进行抗拔试验，要求锚杆抗拔力大于图纸规定，通过试验修正施工参数，指导大面积施工。

（10）挂网应符合图纸规定，并经监理人同意。可用直径2mm普通镀锌铁丝制成，也可用高强度聚合物土工格栅或钢筋网。

5. 土钉支护

（1）土钉支护施工，应按施工组织设计制订的方案和工序进行，仔细安排土方开挖、支护和设置排水系统等工序并使之密切配合，连续快速施工。

（2）开挖、成孔等过程中，应随时观察地质、位移的变化，发现异常应及时采取措施。大型土钉支护工程应进行施工监控。

（3）施工中应采取有效措施加强安全防护，严禁大爆破、大开挖。

（4）施工时应综合考虑排水系统，做好排水设施，疏导地表径流和地下水。

（5）坡面开挖应根据图纸和实际地质情况确定分层深度及工作顺序。在完成上层作业面的土钉与喷射混凝土以前，严禁进行下一层深度的开挖。

进行土方开挖作业时，应保证边坡平整并符合图纸坡率，严禁边壁出现超挖或造成边壁土体松动。

（6）土钉施工和喷射混凝土面层以及地梁、网格梁施工等应符合图纸要求及《公路路基施工技术规范》（JTG F10—2006）第8.6节相关规定。

212.04　质量检验

1. 基本要求

锚杆喷射混凝土和喷射砂浆边坡护坡及土钉支护检查项目应符合表212-1、表212-2的规定。

锚杆喷射混凝土和喷射砂浆边坡防护检查项目　　表 212-1

项次	检 查 项 目	规定值或允许偏差	检 查 方 法
1	混凝土或砂浆强度(MPa)	在合格标准内	按 JTG F80/1—2004 附录 E 或 F 检查,每台班 2 组试件
2	钻孔位置(mm)	100	钢尺:逐孔检查
3	钻孔倾角、水平方向角	与设计锚固轴线倾角、水平方向角偏差 ±1°	地质罗盘仪:逐孔检查
4	锚孔深度(mm)	不小于设计	尺量:抽查 20%
5	锚杆间距(mm)	±100	尺量:抽查 20%
6	锚杆拔力(kN)	拔力平均值≥设计值,最小拔力≥0.9 设计值	拔力试验:按锚杆数 1%,且不少于 3 根
7	喷层厚度(mm)	平均厚≥设计厚; 60% 检查点的厚度≥设计厚; 最小厚度≥0.5 设计厚,且不小于设计规定	尺量(凿孔)或雷达端面仪:每 10m 检查 2 个断面,每 3m 检查 2 点
8	网眼尺寸(mm)	±20	用尺量,每 10m 抽查 5 个网眼
9	坡面平整度(mm)	30	用 2m 直尺,每 20m 检查 3 处

土钉支护检查项目　　表 212-2

序号	检 测 项 目	质 量 标 准	检测频率和检测方法
1	水泥(砂)浆强度	满足设计要求	按 JTG F80/1—2004 附录 F 检查,每工作班 1 组试件
2	喷射混凝土强度	满足设计要求	按 JTG F80/1—2004 附录 E 检查,每 100m^3 取 1 组抗压试件,不足 100m^3 留 1 组抗压试件
3	水泥混凝土强度	满足设计要求	按 JTG F80/1—2004 附录 D 检查,每工作台班 2 组试件
4	钢筋网网格	±10mm	抽检
5	钢筋网连接	绑接长度应不小于一个网格间距或 200mm,搭焊焊缝长不小于网筋直径的 10 倍	抽检
6	土钉抗拔力	平均值不小于设计值,低于设计值的土钉数 < 20%,最低抗拔力不小于设计值的 90%	见表注
7	土钉间距、倾角、孔深	孔位不大于 150mm,钻孔倾角不大于 2°,孔径:+20、-5mm,孔深:+200、-50mm	工作土钉的 3%,钢尺、测钎和地质罗盘仪量测
8	喷射混凝土面层厚度	允许偏差 -10mm	每 10m 长检查一个断面,每 3m 长检查一个点。钻孔取芯或激光断面仪测量
9	网格梁、地梁、边梁	外观平整,无蜂窝麻面,尺寸允许偏差 +10mm, -5mm	每 100m^2 检查一个点,钢尺量测

注:土钉抗拔力检测按工作土钉总数量的 1% 进行抽检,且不得少于 3 根;抽检不合格的土钉数量超过检测数量的 20% 时,将抽检的土钉数增大到 3%;如仍有 20% 以上的土钉不合格,则该土钉支护工程为不合格工程,应采取处理措施。

2. 外观鉴定

(1)表面平整,无钢筋、铁丝外露现象。

(2)使用喷锚支护时锚杆杆体露出岩面的长度不应大于喷射混凝土的厚度。

(3)防护的表面平顺、密实、无脱落现象。

(4)设置的伸缩缝整齐垂直,上下贯通。

(5)泄水孔坡度向外,无堵塞现象。

212.05　计量与支付

1. 计量

(1)锚杆按图纸或监理人指示为依据,经验收合格的实际数量,以米为单位计量。

(2)喷射混凝土和喷射水泥砂浆边坡防护的计量,应以图纸所示和监理人的指示为依据,按实际完成并经验收的数量,以平方米计量;钢筋网、铁丝网以千克(kg)计量;土工格栅以平方米计量。

(3)喷射前的岩面清理,锚孔钻孔,锚杆制作以及钢筋网和铁丝网编织及挂网土工格栅的安装铺设等工作,均为承包人为完成锚杆喷射混凝土和喷射砂浆边坡防护工程应做的附属工作,不另行计量与支付。

(4)土钉支护施工以图纸为依据,经监理人验收合格,分不同类型组合的工程项目按下列内容分别计量:

a. 土钉钻孔桩、击入桩分别按米为单位计量;

b. 含钢筋网或土工格栅网的喷射混凝土面层区分不同厚度按平方米为单位计量;

c. 钢筋、钢筋网以千克(kg)为单位计量;

d. 土工格栅以净面积为单位计量;

e. 网格梁、立柱、挡土板以立方米(m^3)为单位计量。

f. 永久排水系统依结构形式参照第207节规定计量。

g. 土钉支护施工中的土方工程、临时排水工程以及未提及的其他工程均作为土钉支付施工的附属工作,不予单独计量,其费用含入相关工程子目单价之中。

2. 支付

同本规范第208.05-2条。

3. 支付子目

子　目　号	子 目 名 称	单　　位
212-1	挂网土工格栅喷浆防护边坡	
-a	厚...mm喷浆防护边坡	m^2
-b	铁丝网	kg
-c	土工格栅	m^2
-d	锚杆	m
212-2	挂网锚喷混凝土防护边坡(全坡面)	
-a	厚...mm喷混凝土防护边坡	m^2

续上表

子 目 号	子 目 名 称	单 位
-b	钢筋网	kg
-c	铁丝网	kg
-d	土工格栅	m^2
-e	锚杆	m
212-3	坡面防护	
-a	厚...mm 喷射混凝土	m^2
-b	厚...mm 喷射水泥砂浆	m^2
212-4	土钉支护	
-a	土钉钻孔桩	m
-b	土钉预制击入桩	m
-c	厚...mm 喷射混凝土	m^2
-d	钢筋	kg
-e	钢筋网	kg
-f	网格梁、立柱、挡土板	m^3
-g	土工格栅	m^2

第 213 节 预应力锚索边坡加固

213.01 范围

本节工作为开挖边坡的加固,其内容包括钻孔、锚索制作、锚索安装、注浆、张拉、锚固及检验等有关施工作业。

213.02 材料

1. 锚索采用高强度、低松弛钢绞线,其性能应符合图纸要求及本规范第 411 节的有关规定。

2. 混凝土及水泥浆或水泥砂浆的材料应符合图纸要求及本规范第 400 章的有关规定。

213.03 施工要求

1. 施工准备

(1)在锚索施工前,承包人应会同监理人及设计人员对锚索施工范围地段进行视察,根据地质条件和图纸要求布设孔位和定向。

(2)清理孔位附近松动的石块危石，平整施工场地，为钻机的安设稳妥和操作提供方便条件。

2. 钻孔

(1)根据图纸布设的孔位进行钻孔，钻孔时必须保持下倾角的稳定，并随时加以检测，发现钻进下倾角有偏差应及时纠正。

(2)在孔口应安装吸尘装置，避免钻进过程尘土飞扬。

(3)钻孔倾斜度允许偏差为3%，孔口位置允许偏差为±50mm，孔深允许偏差为+200mm。

3. 清孔

(1)锚索钻孔完成后，应将孔内岩屑和岩粉等杂物清除干净，并保持孔内干燥。

(2)清孔可用清水在钻孔内充分冲洗，然后用高压空气将孔内积水吹干，孔底不得保留有积水。

4. 编制锚索

(1)严禁使用有机械损伤、电弧烧伤和严重锈蚀的钢绞线。严禁将钢绞线及锚索直接堆放在地面或露天储存，避免受潮、受腐蚀。

(2)编制锚索前，应将钢绞线表面的浮锈刷除，在锚索自由段涂上防锈剂。钢绞线不得有缠绞及扭麻花现象。

(3)在锚索自由段套装护套，护套不得有破损，避免锚索自由段发生锚索与漏入灰浆粘结现象，自由段锚索应能自由伸缩。

5. 锚索安装与注浆

(1)锚索束制作宜在现场厂棚内进行。

(2)锚索安装前应检查钻孔情况，保证孔深与锚索长度一致，且保证锚索编号与孔号一致，并做好标记。同时检查附件及排气管是否完好，否则应予更换。

(3)锚索可用人工方法推进，使锚索在钻孔顺直送到孔底，保证锚索束顺直地安放在钻孔中心，避免锚索体扭曲。

(4)锚索安装完毕，应进行锚固段注浆。注浆通过注浆管泵送灌注。灌注时，注意锚索束及锚固段的实际长度应符合图纸要求。

(5)注浆时，注浆管应随浆液的注入而徐徐上拔，保证锚索锚固段的砂浆饱满。

(6)注浆用水泥，其强度等级应为32.5级或42.5级，砂的粒径应小于或等于2mm，水灰比应符合图纸要求，浆体强度应符合图纸规定，并不低于30MPa。

(7)锚固端灌浆应符合下列规定：

a. 放入锚索束后应及时灌浆。

b. 无粘结锚索孔灌浆宜一次注满锚固段和自由段。

c. 灌浆应饱满、密实。

6. 浇筑锚固板

(1)锚固板可采取现浇或预制混凝土，除按本规范第410节有关规定施工外，并应符合图纸的要求。

(2)现浇混凝土锚固板经养生其强度达到设计强度70%后，方可进行锚索张拉。

7. 张拉与二次注浆

(1)锚索张拉应按设计要求进行,并应符合下列规定:

a. 张拉设备必须按规定配套标定,标定间隔期不宜超过 6 个月。拆卸检修的张拉设备或压力表经受强烈撞击后,都必须重新标定。

b. 孔内砂浆的强度未达到设计强度的 75% 以上时,不得进行张拉。

c. 锚索张拉采用张拉力和伸长值进行控制,用伸长值校核应力,当实际伸长值大于计算伸长值的 10% 或小于 5% 时,应暂停张拉,查明原因并处理后,可继续张拉。

d. 锚索锁定后,在 48h 内若发现有明显的预应力松弛时,应进行补偿张拉。

(2)张拉完成后,即进行第二次注浆,注浆压力宜 0.5 ~ 1.0MPa,待出浆浓度与进浆浓度一致时停止注浆。最后用混凝土封闭锚头。

(3)注浆结束后的次日,应逐孔检查各锚索孔注浆是否灌满,如有未灌满的,要进行复灌,确保每个锚索孔灌浆饱满密实。

8. 封孔应符合下列规定

(1)封孔灌浆应在锚索张拉、检测合格、锁定后进行。

(2)封孔灌浆时,进浆管必须插到底,灌浆必须饱满。

(3)封孔灌浆后,锚头部分应涂防腐剂,并按设计要求及时进行封闭。

9. 抗拔力试验

在锚索正式施工之前,应做锚索抗拔力试验,通过试验结果,检验锚索锚固段的锚固效果是否满足图纸要求,确定施工工艺;如否,应报请监理人及设计单位,修改锚固段设计。

213.04 质量检验

1. 混凝土、水泥砂浆质量检验,每一工作班应制取不少于 2 组试件,由监理人现场抽检,其强度评定应按《公路工程质量检验评定标准 第一册 土建工程》(JTG F80/1—2004)附录 D、F 办理。

2. 检查项目

预应力锚索的检查项目见表 213-1。

3. 外观鉴定

(1)锚固板表面平整光滑、无蜂窝麻面。

(2)封头混凝土牢固,锚头不外露。

预应力锚索的检查项目 表 213-1

项次	检查项目	规定值或允许偏差	检查方法
1	混凝土、砂浆强度(MPa)	在合格标准内	按 JTG F80/1—2004 附录 D、F 检查
2	锚索间距(mm)	±100	尺量:抽查 20%
3	锚孔深度(mm)	不小于设计	尺量:抽查 20%
4	锚索张拉应力(MPa)	符合设计要求	油压表:每索由读数反算
5	张拉伸长率(%)	符合设计规定;设计未规定时采用 ±6	尺量:每索
6	断丝、滑丝数	每束 1 根,且每断面不超过钢丝总数的 1%	目测:逐根(束)检查

213.05　计量与支付

1.计量

(1)预应力锚索长度按图纸要求,经监理人验收合格以米为单位计量。

(2)混凝土锚固板按图纸要求,经监理人验收合格以立方米为单位计量。

(3)钻孔、清孔、锚索安装、注浆、张拉、锚头、锚索护套、场地清理以及抗拔力试验等均为锚索的附属工作,不另行计量。

(4)混凝土的立模、浇筑、养生等为锚固板的附属工作,不另行计量。

2.支付

按上述规定计量,经监理人验收并列入工程量清单的以下支付子目的工程量,其每一计量单位将以合同单价支付。此项支付包括材料、劳力、设备、运输、试验等及其他为完成锚索工程所必需的费用,是对完成工程的全部偿付。

3.支付子目

子 目 号	子 目 名 称	单　　位
213-1	预应力锚索(钢绞线规格)	m
213-2	混凝土锚固板(C...)	m^3

第214节　抗　滑　桩

214.01　范围

本节工作内容包括设置抗滑桩及其有关的施工作业。

214.02　材料

1.水泥

水泥应符合本规范第410节的有关规定,为了以防滑坡有滑动迹象出现,需加速施工,采用速凝、早强混凝土,应准备一定的混凝土速凝剂和早强剂。

2.钢筋应符合本规范第403节的有关规定。

214.03　施工要求

1.桩基开挖过程中,应随时核对滑动面情况,及时进行岩性资料编录,当其实际情况与图纸不符时,应报监理人进行处理。

2.抗滑桩开挖前准备工作

(1)抗滑桩平面位置应按图纸放样,开挖中应核对滑面情况,如其实际位置与图纸出入较大时,应通过变更设计处理。实际桩底高程应报监理人会同设计单位现场检查确定。

(2)整平孔口地面。做好桩区地表截水、排水及防渗工作。施工宜在旱季进行。在雨季施工时,孔口应搭雨棚。孔口地面下 0.5m 内应先做好加强衬砌。孔口地面上加筑适当高度的围埂。

(3)备好各项工序的机具器材和桩孔内排水、通风、照明设备,落实人员配备、施工组织计划。

(4)设置好对滑坡变形、移动的观测设施。

(5)做好作业人员的安全防护技术措施。

3. 开挖

(1)应分节开挖,每节高度宜为 0.6 ~2.0m,挖一节应立即支护一节。围岩较松软、破碎或有水时,分节应较短。分节不应在土石层变化和滑床面处。

(2)孔下工作人员不宜超过 2 人,必须戴安全帽。随时测量孔下空气污染物浓度,如超过本规范第 407 节规定的各项污染物的浓度限值三级标准时,应增设通风设施。

(3)孔下照明必须采用安全电压。

(4)孔内爆破应采用松动爆破,不得放大炮。

4. 支护

(1)护壁支护,宜用就地灌注混凝土。灌注前应清除岩壁上的松动石块、浮土。

(2)护壁厚度应符合图纸规定,护壁混凝土应紧贴围岩灌注。灌注前应清除孔壁上的松动石块、浮土。围岩较松软、破碎、有水时,护壁宜设泄水孔。

(3)开挖应在上一节护壁混凝土终凝后进行,护壁混凝土模板的支撑应在混凝土强度达到能保持护壁结构不变形后方可拆除。

(4)在围岩松软、破碎和有滑动面的节段,应在护壁内顺滑动方向用临时横撑加强支护,并经常观察其受力情况,及时进行加固。当发现横撑受力变形、破损而失效时,孔下施工人员必须立即撤离。

(5)开挖桩群应从两端沿滑坡主轴间隔开挖,桩身强度不低于 75% 时可开挖邻桩。

(6)弃渣严禁堆放在滑坡范围内。

5. 灌注桩身混凝土

(1)灌注前,应检查桩孔断面尺寸、凿毛护壁,清洗混凝土护壁,做好安置钢筋的放样。

(2)钢筋宜预制成笼,可在桩孔内搭接,搭接不得设在土石分界和滑动面处。钢筋笼制作、搭接要求按本规范第 403 节的有关规定办理。

(3)灌注混凝土必须连续作业,应符合本规范第 407 节有关规定。如因故中断灌注其接缝面,应做特殊处理。严禁施工缝处在滑动面上。

(4)在施工中有滑动迹象时,应加速施工进度,可采用速凝和早强混凝土。

6. 桩组上或桩间支挡结构以及与桩相邻的挡土、排水、防渗等设施,均应与抗滑桩正确连接,配套完成。

7. 桩板式抗滑挡墙

(1)桩身混凝土应达到设计强度后方可安装挡土板。安装挡土板时,应边安装边回填,并做好施工板后排水设施。

(2)当桩间为土钉墙或喷锚支护时,桩间土体应分层开挖、分层加固;当锚固桩上部设有多排锚索(杆)时,应待上一排锚索(杆)施工完成后,才可开挖下一层的桩前土体。

（3）锚索（杆）桩板式路堤挡土墙，应严格控制墙背填土的压实度，压实时不得直接碾压锚索（杆）。

8. 承包人应按《公路桥涵施工技术规范》（JTJ 041—2000）的要求加强水泥混凝土、水泥砂浆的养生管理。

214.04　质量检验

1. 基本要求

（1）混凝土所用的水泥、砂、石、水和外掺剂的质量和规格必须符合设计和有关规范的要求，按规定的配合比施工。

（2）开挖断面尺寸不得小于护壁厚度加桩身断面尺寸（长、宽或直径）。

（3）开挖深应达到图纸要求，结合滑动面实际情况确定高程。

（4）做好桩区地面截、排水及防渗，孔口地面上应加筑适当高度的围埂。

2. 抗滑桩检测项目见表214-1。

抗滑桩检测项目　　表214-1

项次	检查项目		规定值或允许偏差	检查方法
1	混凝土强度（MPa）		在合格标准内	按 JTG F80/1—2004 附录 D 检查，每工作台班 2 组试件
2	桩长（m）		不小于设计	测绳量：每桩测量
3	孔径或断面尺寸（mm）		不小于设计	探孔器：每桩测量
4	桩位（mm）		100	经纬仪：每桩测量
5	竖直度（mm）	钻孔桩	1% 桩长，且不大于 500	测壁仪或吊垂线：每桩检查
		挖孔桩	0.5% 桩长，且不大于 200	吊垂线：每桩检查
6	钢筋骨架底面高程（mm）		±50	水准仪：测量每桩骨架顶面高程后反算

3. 外观鉴定

无破损检测桩应为没有质量缺陷的桩。

214.05　计量与支付

1. 计量

（1）抗滑桩按图纸规定尺寸及深度为依据，现场实际完成并验收合格的实际桩长以米计量，设置支撑和护壁、挖孔、清孔、通风、钎探、排水及浇筑混凝土以及无破损检验，均作为抗滑桩的附属工程，不另行计量。

（2）抗滑桩用钢筋按图纸规定及经监理人验收的实际数量，以 kg 计量。

（3）桩板式抗滑挡墙应按图纸要求进行施工，经监理人验收合格，挡土板以立方米为单位计量。桩板式抗滑挡墙施工中的挖孔桩按第214.05-1（1）款规定计量。钻孔灌注桩、锚杆、锚索等项工作按实际发生参照第405节、第212节、第213节相关规定进行计量。

（4）土方工程、临时排水等相关工作均作为辅助工作不予计量，费用含入相关工程报价中。

2. 支付

按上述规定计量,经监理人验收并列入了工程量清单的以下支付子目的工程量,其每一计量单位,将以合同单价支付。此项支付包括材料、劳力、设备、运输等及其为完成抗滑桩工程所必需的费用,是对完成工程的全部偿付。

3. 支付子目

子 目 号	子 目 名 称	单 位
214-1	混凝土抗滑桩	
-a	...m×...m,C...混凝土抗滑桩	m
-b	...m×...m,C...混凝土抗滑桩	m
-c	钢筋(带肋钢筋)	kg
214-2	桩板式抗滑挡墙	
-a	挡土板	m^3
-b	……	

第215节 河道防护

215.01 范围

本节工作内容包括河床加固铺砌及顺坝、丁坝、调水坝及锥坡等砌筑工程及其有关的施工作业。

215.02 材料

材料应符合本规范第201.02小节规定的要求。

215.03 施工要求

1. 顺坝、丁坝及河岸防护的布设位置,应严格按图纸规定进行放样,并将其与河道、水流的相对平面位置报监理人审批,以保证能正确发挥作用。

2. 所有石砌工程,必须在基面或坡面夯实平整后,方可砌筑。

3. 石砌工程,应符合本规范第201.03-3条的要求。

4. 石砌工程的基础,应按图纸要求或监理人指示的深度嵌入基槽。凡坡脚与混凝土或砌石基础相接时,应将相接的基面打毛并坐以砂浆。

5. 在土基上浆砌片石时,第一层可不坐浆,选用较大石块,砌于下层。自第二层起,必须坐浆,且砌缝互相咬接,砂浆饱满。

6. 砌体外露面和坡顶、边缘及边角,应选用较大的平整石块并略加修整,互相咬接。砌筑完成后,应进行勾缝。

7. 干砌片石时,应使坐于下一层上的每一石块至少有三个分开的坚实支承点,但不得用小石块支垫和找平。

8. 为使沿石块的全长有坚实的支承,干砌片石的石块下面的明缝均应用小石料填塞。

9. 干砌片石表面砌缝的宽度不应超过25mm。

10. 干砌片石坡面上的砌筑,应在夯实的砂砾石垫层上,以一层锁结一层的接缝方式铺砌。

11. 铺砌边缘应顺直、整齐、牢固。

215.04 质量检验

1. 河床铺砌及顺坝、丁坝

(1)基本要求

a. 河床铺砌埋置深度及顺坝、丁坝、调水坝及锥坡的砌筑应符合图纸要求。

b. 材料规格和质量符合图纸及本规范第201.02小节的规定。

(2)检查项目

见表215-1。

河床铺砌、顺坝、丁坝、调水坝及锥坡砌筑检查项目 表215-1

项次	检查项目		规定值或允许偏差	检查方法
1	砂浆强度(MPa)		在合格标准内	按JTG F80—2004附录F检查
2	平面位置(mm)		30	按图纸控制坐标检查
3	长度(mm)		-100	用尺量:每个检查
4	断面尺寸(mm)		±50	用尺量5处
5	高程(mm)	基底	不大于设计	用水准仪检查5点
		顶面	±30	

2. 外观鉴定

(1)表面整齐、线条顺直、曲线圆顺。

(2)石块嵌挤紧密,无松动现象。

215.05 计量与支付

1. 计量

(1)河床铺砌、顺坝、丁坝、调水坝及锥坡砌筑等工程及抛石防护,应分别按图纸尺寸和监理人的指示,按实际完成并经验收的数量,以立方米计量。砂砾(碎石)垫层以立方米计量。

(2)砌体的基础开挖、回填、夯实、砌体勾缝等工作,均作为承包人应做的附属工作,不另行计量与支付。

2. 支付

按上述规定计量,经监理人验收并列入了工程量清单的以下支付子目的工程量,其每一计量单位,将以合同单价支付。此项支付包括材料、劳力、设备、运输等及其为完成防护工程所必需的费用,是对完成工程的全部偿付。

3. 支付子目

子 目 号	子 目 名 称	单 位
215-1	浆砌片石河床铺砌(M...)	m^3
215-2	浆砌片石顺坝(M...)	m^3
215-3	浆砌片石丁坝(M...)	m^3
215-4	浆砌片石调水坝(M...)	m^3
215-5	浆砌片石锥坡(M...)	m^3

第 300 章　路　　面

第301节　通　　则

301.01　范围

本章工作内容包括在已完成并经监理人验收合格的路基上铺筑各种垫层、底基层、基层和面层；路面及中央分隔带排水施工；培土路肩、中央分隔带回填及路缘石设置，以及修筑路面附属设施等有关的作业。

301.02　材料

1. 土

按土中单个颗粒的粒径大小和组成，将土分为下列三种：

细粒土：颗粒的最大粒径小于9.5mm，且其中小于2.36mm的颗粒含量不少于90%；

中粒土：颗粒的最大粒径小于26.5mm，且其中小于19mm的颗粒含量不少于90%；

粗粒土：颗粒的最大粒径小于37.5mm，且其中小于31.5mm的颗粒含量不少于90%。

(1)碎石

碎石由岩石或砾石轧制而成，应洁净、干燥，并具有足够的强度和耐磨耗性。其颗粒形状应具有棱角，接近立方体，不得含有软质和其他杂质。

(2)砾石

砾石应坚硬、耐久；有机质、黏土块和其他有害物质的含量应符合有关规范的规定。

(3)砂

砂应洁净、坚硬、干燥、无风化、无杂质，符合规定级配，其泥土杂物含量应小于3%。

(4)石屑

石屑系机械轧制而成。石屑应坚硬、清洁、干燥、无风化、无杂质，并具有适当的级配。

2. 水

水应洁净，不含有害物质。来自可疑水源的水应按照《公路工程水质分析操作规程》(JTJ 056—84)要求进行试验，未经监理人批准的水源不得使用。

3. 水泥

水泥根据路用要求可采用普通硅酸盐水泥、硅酸盐水泥、矿渣硅酸盐水泥、火山灰质硅酸盐水泥和道路硅酸盐水泥等。采用其他种类水泥应报监理人批准。

4. 石灰

(1)石灰应符合表301-1的要求，对于高速公路和一级公路，宜采用磨细生石灰粉。

(2)石灰应在用于工程之前7d，充分消解成能通过10mm筛孔的粉状，并尽快使用。

(3)石灰应设棚存放，并能防风避雨，在用于工程之前按《公路工程无机结合料稳定材料试验规程》(JTJ 057—94)进行试验，不符合上述要求时，监理人有权拒绝使用，所发生的费用，由承包人自负。

5. 沥青

沥青材料应为道路石油沥青、乳化沥青、液体石油沥青、煤沥青、改性沥青和改性乳化沥青等,沥青质量应符合《公路沥青路面施工技术规范》(JTG F40—2004)的要求。每一批沥青材料都应有厂家的技术标准、试验分析证明书,并提交监理人审核。

石灰的技术指标(JTJ 034—2000)　　表 301-1

类别 / 指标 / 项目	钙质生石灰			镁质生石灰			钙质消石灰			镁质消石灰		
	等级											
	I	II	III	I	II	III	I	II	III	I	II	III
有效钙加氧化镁含量(%)	≥85	≥80	≥70	≥80	≥75	≥65	≥65	≥60	≥55	≥60	≥55	≥50
未消化残渣含量 5mm 圆孔筛的筛余(%)	≤7	≤11	≤17	≤10	≤14	20						
含水率(%)							≤4	≤4	≤4	≤4	≤4	≤4
细度 0.71mm 方孔筛的筛余(%)							0	≤1	≤1	0	≤1	≤1
细度 0.125mm 方孔筛的累计筛余(%)							≤13	≤20	—	≤13	≤20	—
钙镁石灰的分类界限,氧化镁含量(%)	≤5			>5			≤4			>4		

注:硅、铝、镁氧化物含量之和大于5%的生石灰,有效钙加氧化镁含量指标:I 等≥75%,II 等≥70%,III 等≥60%;未消化残渣含量指标与镁质生石灰指标相同。

301.03　一般要求

1. 路面施工应符合《公路路面基层施工技术规范》(JTJ 034—2000)、《公路沥青路面施工技术规范》(JTG F40—2004)和《水泥混凝土路面施工技术规范》(JTG F30—2003)及《水泥混凝土路面滑模施工规范》(JTJ/T 037.1—2000)的要求。

2. 承包人不得随意改变材料的来源,未经批准的材料不得用于工程。由于材料不合格造成工程损失应由承包人承担一切费用。

3. 路面材料存放场地应硬化处理,材料应物理分离堆放,并搭设防雨棚。

4. 承包人应根据工程的结构特点,按图纸要求及相关规范的规定,以及设备情况编制路面工程各结构层的施工组织设计,在各结构层开工前 28d 报请监理人审查批准,否则不得开工。

5. 在隧道内摊铺沥青混凝土路面时,承包人应加强安全环保措施,合理组织施工,制订切实可行的消防疏散预案。在施工中必须采用机械通风排烟,使洞内空气中的有毒气体和可燃气体的浓度不得超出相关规定。洞内施工人员必须佩戴经批准的防毒面罩,确保人身安全。

301.04　材料的取样和试验

各种材料必须在使用前 56d 选定。承包人应将具有代表性的样品,委托中心试验室或监理人确认的试验室,按规定进行材料的标准试验或混合料配合比设计。试验结果提交监理人审批,未经批准的材料不得使用,未经批准的混合料配合比设计不能用于施工。

试验所需费用由承包人负担。监理人未批准的混合料,应由承包人在规定的时间清除出现场,并用符合要求的材料替换,所需费用承包人自负。

301.05　试验路段

1. 承包人在各结构层施工前均应铺筑长度为100~200m试验路段;用滑模摊铺水泥混凝土路面的试验路段长度应不小于200m。

2. 在试验路段开始至少14d之前,承包人应提出铺筑试验路段的施工方案报送监理人审批。施工方案内容包括:试验人员、机械设备、施工工序和施工工艺等详细说明。

3. 试验路段的目的是为了验证混合料的质量和稳定性,检验承包人采用的机械能否满足备料、运输、摊铺、拌和和压实的要求和工作效率,以及施工组织和施工工艺的合理性和适应性。

4. 试验路段确认的压实方法、压实机械类型、工序、压实系数、碾压遍数和压实厚度、最佳含水率等均作为今后施工现场控制的依据。

5. 此项试验应在监理人监督下进行,如果试验路段经监理人批准验收,可作为永久工程的一部分,按合同规定的项目计量支付。否则,应移出重做试验,费用由承包人自负。

301.06　料场作业

1. 料场应按图纸所示或由承包人自己选择并经监理人批准。料场应依照试验室提供的集料组成设计指定的各种集料规格进行开采作业。承包人应经常检验材质的变化情况,随时向监理人报告。若由于材质变化,不合要求的集料不得使用;否则所发生的费用,由承包人承担。

2. 料场在开采之前应办好所有相关的用地手续及生产许可证。料场爆破作业应取得当地公安机关的批准,特殊工种人员应持证上岗。炸药库的位置与设计、炸药运输方法、炸药的管理使用以及防止事故所采取的预防措施等,都应符合国家的法定规章。

3. 料场应剥去覆盖层,清除杂草和其他杂质后始得开采。弃土应在指定的地点处理。

4. 合格的集料应分等级、规格堆放在硬化、无污染场地上。

5. 材料开采完毕后,应进行清理,防止水土流失,并符合环境保护部门的有关要求。

6. 料场的清理、剥离覆盖层、运输道路的修建、养护和防冲刷等费用,均包括在工程量清单中路面工程有关项目的投标价格内,不单独计量与支付。

301.07　拌和场场地硬化及遮雨棚

承包人应按合同规定及监理人要求,对基层拌和场和沥青拌和站场地进行硬化处理及搭设遮雨棚:

1. 基层拌和场面积应满足施工需要,场地硬化宜采用水泥稳定土,下承层应做适当处理和补强,并设置纵横向排水沟和盲沟,以利场区排水。

2. 沥青拌和站场地应进行硬化,硬化面积应满足施工需要。场地硬化宜采用水泥稳定土等强度大于3MPa的结构,进出场道路宜采用水泥混凝土路面(厚150mm),下承层应做处理和补强,并设置纵横向排水沟和盲沟,以利场区排水。

3. 承包人应在路面集料堆放地,为路面细集料设置遮雨棚,遮雨棚宜采用钢结构,净高不宜低于 6m。棚顶应具有防风、防雨、防老化功能。遮雨棚面积应满足工程需要。

301.08 雨季施工

1. 集中力量,分段铺筑,在雨前做到碾压坚实,并采取覆盖措施,以防雨水冲刷。

2. 施工时应随时疏通边沟,保证排水良好。

3. 在垫层或基层施工之前,完工的路基顶面或垫层,应根据监理人的指示始终保持合格的状态。在雨季期间,路基或垫层不允许车辆通行。

301.09 计量与支付

本节工作内容均不作计量与支付,其所涉及的费用应包括在与其相关工程支付子目的单价或费率之中。

第 302 节 垫 层

302.01 范围

本节工作内容是在完成和验收合格,经监理人批准的路基上铺筑碎石、砂砾、煤渣、矿渣和水泥稳定土、石灰稳定土垫层。它包括所需的设备、劳力和材料,以及施工、试验等全部作业。

302.02 材料

1. 碎石

应符合本规范第 301.02.1 条的要求,高速公路及一级公路垫层用碎石的最大粒径不应超过 37.5mm;其他公路垫层用碎石的最大粒径不应超过 53mm。按《公路工程集料试验规程》(JTG E42—2005)标准方法进行试验时,压碎值对高速公路和一级公路不大于 30%,其他公路不大于 35%。碎石中不应有黏土块、植物等有害物质,针片状颗粒重量不应超过 20%。

2. 砂砾

可采用天然砂砾或级配砂砾,应符合表 302-1 的要求。砂砾的压碎值,对高速公路和一级公路,不大于 30%;对其他公路,不大于 35%。

3. 煤渣和矿渣

煤渣和矿渣应坚硬、无杂质,宜具有适当的级配,且小于 2.36mm 的颗粒含量不宜大于 20%。

天然砂砾垫层颗粒组成范围　　表302-1

通过下列筛孔(mm)的质量百分率(%)						液限(%)	塑性指数
53	37.5	9.5	4.75	0.6	0.075		
100	80~100	40~100	25~85	8~45	0~15	<28	<9

4. 水泥

应符合本规范第301.02-3条的要求。

5. 石灰

应符合本规范第301.02-4条的要求。

302.03　施工要求

1. 承包人应在监理人验收合格的路基上铺筑垫层材料,未经监理人批准而在其上摊铺的材料,应由承包人自费清除。

2. 在铺筑垫层前,应将路基面上的浮土、杂物全部清除,并洒水湿润。

3. 承包人应采用经监理人批准的机械进行垫层材料的摊铺。

4. 摊铺后的碎石、砂砾应无明显离析现象,或采用细集料做嵌缝处理。

5. 经过整平和整型,承包人应按试验路段所确认的压实工艺,在全宽范围内均匀地压实至重型击实最大密度的96%以上。

6. 一个路段碾压完成以后,应按批准的方法做密实度试验。若被检验的材料没有达到所需的密实度、稳定性,则承包人应重新碾压、整型及整修,所需费用由承包人自理。

7. 凡压路机不能作业的地方,应采用机夯进行压实,直到获得规定的压实度为止。

8. 严禁压路机在已完成的或正在碾压的路段上掉头和紧急制动。

9. 两段作业衔接处,第一段留下5~8m不进行碾压,第二段施工时,将前段留下未压部分与第二段一起碾压。

10. 在已完成的垫层上每一作业段或不大于2 000m^2随机取样6次,按《公路路基路面现场测试规程》(JTG E60—2008)规定进行压实度试验,并按规定检验其他项目。所有试验结果,均报监理人审批;所发生的一切费用,由承包人自理。

11. 除上述要求外,若图纸要求采用结合料稳定垫层时,可按本规范相关章节同类材料的底基层施工要求进行施工。

302.04　质量检验

参见本规范相关章节同类材料底基层的质量检验。

302.05　计量与支付

1. 计量

(1)碎石、砂砾垫层应按图纸和监理人指示铺筑、经监理人验收合格的面积,按不同厚度以平方米计量。

(2)水泥稳定土、石灰稳定土垫层应按图纸和监理人指示铺筑、经监理人验收合格的面积,按不同厚度以平方米计量。

(3)对个别特殊形状的面积,应采用适当计算方法计量,并经监理人批准以平方米计量。除监理人另有指示外,超过图纸所规定的面积,均不予计量。

2. 支付

(1)费用的支付,主要包括:

a. 承包人提供工程所需的材料、机具、设备和劳力等;

b. 原材料的检验、级配颗粒组成与塑性指数的试验或混合料设计与试验,以及经监理人批准的按照规范所要求的试验路段的全部作业;

c. 铺筑前对下承层的检查和清扫、材料的运输、拌和、摊铺、整型、压实、养护等;

d. 质量检验所要求的检测、取样和试验等工作。

(2)按上述规定计量,经监理人验收并列入工程量清单的以下支付子目的工程量,其每一计量单位,将以合同单价支付。此项支付包括一切为完成本项工程所必需的全部费用。

3. 支付子目

子 目 号	子 目 名 称	单 位
302-1	碎石垫层	
-a	厚...mm	m^2
302-2	砂砾垫层	
-a	厚...mm	m^2
302-3	水泥稳定土垫层	
-a	厚...mm	m^2
302-4	石灰稳定土垫层	
-a	厚...mm	m^2

第 303 节　石灰稳定土底基层

303.01　范围

本节工作内容是在已完成并经监理人验收合格的路基或垫层上,铺筑石灰稳定土底基层。它包括所需的设备、劳力和材料,以及施工、试验等全部作业。

303.02　材料

1. 石灰

石灰应符合本规范第 301.02-4 条的要求,且宜采用磨细生石灰粉。

2. 稳定土

(1)适宜石灰稳定的土可以为细粒土、中粒土和粗粒土。级配碎石、未筛分碎石、砂砾、碎石土、砂砾土、煤矸石和各种粒状矿渣等集料,均适宜用做石灰稳定。石灰稳定土中上述粒状材料含量应在80%以上,并应具有良好的级配。石灰稳定土用做高速公路和一级公路的底基层或其他公路基层时,颗粒的最大粒径不大于37.5mm;用做其他公路底基层时,颗粒的最大粒径不大于53mm。

(2)塑性指数15~20的黏性土以及含有一定数量黏性土的中粒土和粗粒土。不含黏性土或无塑性指数的级配砂砾、级配碎石和未筛分碎石,应掺加15%左右黏性土,土粒的最大尺寸应不大于15mm。

(3)石灰稳定土中碎石或砾石的压碎值对高速公路和一级公路底基层应不大于35%,对其他公路底基层不大于40%;石灰稳定土做二级公路基层时,压碎值应不大于30%,做二级以下公路基层时应不大于35%。

(4)硫酸盐含量超过0.8%的土和有机质含量超过10%的土,不宜用石灰稳定土。

3. 水

应符合本规范第301.02-2条的要求。

303.03 混合料组成设计

1. 混合料的组成设计应符合《公路路面基层施工技术规范》(JTJ 034—2000)第4章有关规定。

2. 混合料的原材料应按表303-1的要求进行试验,混合料按设计掺配后,应进行重型击实试验。

石灰稳定土底基层原材料的试验项目 表303-1

试验项目	材料名称	频度
含水率	土、砂砾、碎石等集料	每天使用前测2个样品
颗粒分析	砂砾、碎石等集料	每种土使用前测2个样品,使用过程中每2 000m^{3}测2个样品
液限、塑限	土、级配砾石或级配碎石中0.5mm以下的细土	每种土使用前测2个样品,使用过程中每2 000m^{3}测2个样品
相对密度、吸水率	砂砾、碎石等	使用前测2个样品,砂砾使用过程中每2 000m^{3}测2个样品,碎石种类变化重做2个样品
压碎值	砂砾、碎石等	同上
有机质和硫酸盐含量	土	对土有怀疑时做此试验
有效钙、氧化镁	石灰	做材料组成设计和生产使用时分别测2个样品,以后每月测2个样品
重型击实	土	每种土使用前进行

3. 石灰稳定土混合料的组成设计包括:用于底基层 7d 浸水抗压强度标准应符合图纸要求,并考虑气候、水文条件等因素,通过试验选取最适宜于稳定的土,确定必需的或最佳的石灰剂量和混合料的最佳含水率。在需要改善混合料的物理力学性质时,还应包括确定掺加料的比例。

4. 采用石灰和水泥综合稳定土时,如水泥用量占结合料总重的 30% 以下,则按本节的技术要求进行组成设计。

303.04 施工要求

1. 一般要求

(1) 石灰稳定土应符合《公路路面基层施工技术规范》(JTJ 034—2000)第 4 章有关规定。

(2) 石灰稳定土的施工气温应不低于 5℃,并在第一次重冰冻到来之前一个月完成。降雨时不应进行石灰稳定土施工,一般情况下,使用这种材料的工程不宜安排在雨季施工。

(3) 石灰稳定土施工的压实厚度,每层不小于 100mm,也不超过 200mm,并应先轻型后重型压路机碾压。

(4) 石灰稳定土施工时,应采用集中厂拌法拌制混合料,采用摊铺机进行摊铺,或采用专用的稳定土拌和机进行路拌法施工。采用其他拌和方法应取得监理人的批准。

(5) 在铺筑上层前应将下层的表面拉毛,并洒水湿润。

2. 现场拌和(路拌)

(1) 承包人可选择能满足就地拌和的施工设备,并始终处于良好的工作状态,经监理人同意,方可采用现场拌和法施工。

(2) 现场拌和前应将下层表面杂物清除干净,所备土应将超尺寸颗粒筛除,经摊铺、洒水闷料后整平,用 6 ~ 8t 两轮压路机碾压 1 ~ 2 遍,使其表面平整。此后将石灰均匀地摊铺在整平的表面上,即可采用稳定土拌和机拌和。拌和过程中应及时检查含水率,使其等于或略大于最佳值,同时使土和石灰充分拌和均匀,不得留有“素土”夹层。

3. 集中拌和(厂拌)

(1) 采用厂拌可减少石灰的损失和对环境的污染,并能保证拌和质量。厂拌的设备及布置位置应在拌和以前提交监理人并取得批准。

(2) 当进行拌和操作时,稳定料应充分拌和均匀,拌和设备应为抽取试样提供方便。拌和时应根据原材料和混合料的含水率,及时调整加水量。拌和好的混合料要尽快摊铺。

(3) 运输混合料的车辆应装载均匀,在已完成的铺筑层整个表面上通过时,速度宜缓,以减少不均匀碾压或车辙。当厂拌离摊铺现场距离较远时,混合料在运输中应加覆盖以防水分蒸发。

(4) 摊铺时必须采用监理人批准的机械进行,使混合料按要求的松铺厚度,均匀地摊铺在要求的宽度上。摊铺时混合料的含水率宜高于最佳含水率 1% ~2%,以补偿摊铺及碾压过程中的水分损失。

(5)石灰稳定土的施工应尽可能避免纵向接缝,如必须分两幅施工时,宜采用两台摊铺机前后相隔8~10m同步向前摊铺,一起进行碾压。纵缝必须平行于中线。

4. 压实

(1)路拌整型合格后或摊铺机摊铺的混合料,应立即按试验路段的施工工艺、压实速度和遍数进行压实,连续碾压达到规定的压实度。

(2)一个路段完成之后应按规定做密实度检查,如果未达到规定的要求,承包人应重新进行碾压至合格为止。

(3)两工作段的衔接处应搭接拌和,前一段拌和后,留5~8m不进行碾压,后一段施工时,将前一段未压部分一起再进行拌和,并与后一段一起碾压。

(4)厂拌法的工作接缝,应在碾压段末端压成斜坡,接缝时将此工作缝切成垂直于路面及路中心线的横向断面,再进行下一施工段的摊铺及碾压。

(5)施工机械不宜在已压成的底基层上掉头,如必须在其上进行,应采取保护措施。

5. 养生

(1)石灰稳定土层碾压完成后,必须保湿养生,不使稳定土层表面干燥,也不应过分潮湿或时干时湿。

(2)石灰稳定土养生期应不少于7d。养生方法可采用洒水、覆盖砂或低黏性土,或采用不透水薄膜和沥青膜等。

(3)养生期内除洒水车外,不得通行车辆,采用覆盖措施的石灰稳定土层上,经监理人批准通行的车辆,应限制车速不得超过30km/h。

6. 取样和试验

石灰稳定土应在施工现场每天进行一次或每2 000m^{2}取样一次,并按《公路工程无机结合料稳定材料试验规程》(JTJ 057—94)标准方法进行混合料的含水率、石灰含量和无侧限抗压强度试验;在已完成的下承层上按《公路路基路面现场测试规程》(JTG E60—2008)规定进行压实度试验,每一作业段或不超过2 000m^{2}检查6次以上。所有试验结果,均报监理人审批,所发生的一切费用,由承包人自负。

303.05　质量检验

1. 基本要求

(1)集料符合图纸和本规范要求。

(2)石灰用量控制准确。

(3)混合料拌和均匀,无粗细颗粒离析现象。

(4)碾压达到要求的压实度。

(5)养生符合本规范要求。

2. 检查项目

石灰土及石灰稳定粒料底基层检查项目及检验标准见表303-2和表303-3。

3. 外观鉴定

(1)表面平整密实、无坑洼。

(2)施工接茬平整、稳定。

石灰稳定土底基层检查项目 表 303-2

项次	检查项目	规定值或允许偏差		检查方法
		高速、一级公路	其他公路	
1	压实度(代表值)(%)	95	93	按 JTG F80/1—2004 附录 B 检查,每 200m 每车道 2 处
2	平整度(mm)	12	15	3m 直尺:每 200m 2 处 ×10 尺
3	纵断高程(mm)	+5,-15	+5,-20	水准仪:每 200m 测 4 断面
4	宽度(mm)	符合设计要求		尺量:每 200m 测 4 处
5	厚度(代表值)(mm)	-10	-12	按 JTG F80/1—2004 附录 H 检查,每 200m 每车道 1 点
6	横坡(%)	±0.3	±0.5	水准仪:每 200m 测 4 断面
7	强度(MPa)	符合设计要求		按 JTG F80/1—2004 附录 G 检查

石灰稳定粒料底基层检查项目 表 303-3

项次	检查项目	规定值或允许偏差		检查方法
		高速、一级公路	其他公路	
1	压实度(代表值)(%)	96	95	按 JTG F80/1—2004 附录 B 检查,每 200m 每车道 2 处
2	平整度(mm)	12	15	3m 直尺:每 200m 2 处 ×10 尺
3	纵断高程(mm)	+5,-15	+5,-20	水准仪:每 200m 测 4 断面
4	宽度(mm)	符合设计要求		尺量:每 200m 测 4 处
5	厚度(代表值)(mm)	-10	-12	按 JTG F80/1—2004 附录 H 检查,每 200m 每车道 1 点
6	横坡(%)	±0.3	±0.5	水准仪:每 200m 测 4 断面
7	强度(MPa)	符合设计要求		按 JTG F80/1—2004 附录 G 检查

注:当石灰稳定粒料做二级和二级以下公路的基层时,其压实度应达到 97%。

303.06 计量与支付

1. 计量

(1)石灰稳定土底基层应按图纸所示和监理人指示铺筑的平均面积,经监理人验收合格,按不同厚度以平方米计量。

(2)对个别特殊形状的面积,应采用监理人认可的计算方法计算。除监理人另有指示外,超过图纸所规定的计算面积或体积均不予计量。

(3)桥梁和明涵处的搭板、埋板下变截面石灰稳定土底基层按图纸所示和监理人的指示铺筑,经监理人验收合格后,以立方米计量。

2. 支付

(1)费用的支付,主要包括以下内容:

a. 承包人提供工程所需的材料、机具、设备和劳力等。

b. 原材料的检验、混合料设计与试验，以及经监理人批准的按照规范所要求的试验路段的全部作业。

c. 铺筑前对下承层的检查和清扫、材料的拌和、运输、摊铺、压实、整型、养护等。

d. 质量检验所要求的检测、取样和试验等工作。

(2)按上述规定计量，经监理人验收，并列入工程量清单的以下支付子目的工程量，其每一计量单位，将以合同单价支付。此项支付包括一切为完成本项工程所必需的全部费用。

3. 支付子目

子　目　号	子 目 名 称	单　　位
303-1	石灰稳定土底基层	
-a	厚...mm	m^2
303-2	搭板、埋板下石灰稳定土底基层	m^3

第304节　水泥稳定土底基层、基层

304.01　范围

本节工作内容是在完成并经监理人验收合格的路基或垫层上，铺筑水泥稳定土底基层或在底基层上铺筑水泥稳定土基层，包括所需的设备、劳力和材料，以及施工、试验等全部作业。

304.02　材料

1. 水泥

普通硅酸盐水泥、硅酸盐水泥、矿渣硅酸盐水泥和火山灰质硅酸盐水泥均适用于稳定土，但不得使用快硬水泥、早强水泥以及已受潮变质的水泥。

2. 稳定土

(1)适宜水泥稳定的土包括级配碎石、未筛分碎石、砂砾、碎石土、砂砾土等。其中水泥稳定土用做底基层时，其最大粒径，对高速公路和一级公路不超过37.5mm，对其他公路不超过53mm；用做基层时最大粒径，对高速公路和一级公路不超过31.5mm，对其他公路不超过37.5mm。颗粒组成见表304-1。

适宜用水泥稳定的集料的颗粒组成范围　　表304-1

结构层	通过下列方筛孔(mm)的质量百分率(%)									液限(%)	塑性指数
	37.5	31.5	26.5	19	9.5	4.75	2.36	0.6	0.075		
底基层	100	90~100	—	67~90	45~68	29~50	18~38	8~22	0~7①	<28	<9
基层		100	90~100	72~89	47~67	29~49	17~35	8~22	0~7①	<28	<9

注：集料中0.6mm以下细土有塑性指数时，小于0.075mm的颗粒含量不应超过5%；细土无塑性指数时，小于0.075mm的颗粒含量不应超过7%。

(2)用于高速公路和一级公路基层的碎石(砾石),应预先筛分成 3 ~4 个不同粒径组备料,然后配合成,使颗粒组成符合表 304-1 所列级配范围。

(3)水泥稳定土中碎石或砾石的压碎值,对高速公路和一级公路的基层不大于 30%,其他公路不大于 35%;对底基层,高速公路和一级公路不应大于 30%,其他公路不大于 40%。

(4)有机质含量超过 2% 的土,不适宜做水泥稳定土。

(5)硫酸盐含量超过 0.25% 的土,不适宜做水泥稳定土。

3. 水

应符合本规范第 301.02-2 条的要求。

4. 石灰

应符合本规范第 301.02-4 条的要求。

304.03 混合料组成设计

1. 混合料的组成设计应符合《公路路面基层施工技术规范》(JTJ 034—2000)的有关规定。

2. 试验

(1)用于基层、底基层的原材料应进行标准试验,试验项目见表 304-2。

(2)混合料按设计掺配后,应进行重型击实试验、承载比试验及抗压强度试验。

水泥稳定土底基层和基层原材料的试验项目　　表 304-2

试验项目	材料名称	频度
含水率	土、砂砾、碎石等集料	每天使用前测 2 个样品
颗粒分析	砂砾、碎石等集料	每种土使用前测 2 个样品,使用过程中每 2 000m³ 测 2 个样品
液限、塑限	土、级配砾石或级配碎石中 0.5mm以下的细土	每种土使用前测 2 个样品,使用过程中每 2 000m³ 测 2 个样品
相对密度、吸水率	砂砾、碎石等	使用前测 2 个样品,砂砾使用过程中每 2 000m³ 测 2 个样品,碎石种类变化重做 2 个样品
压碎值	砂砾、碎石等	同上
有机质和硫酸盐含量	土	对土有怀疑时做此试验
水泥强度等级和终凝时间	水泥	做材料组成设计时测一个样品,料源或强度等级变化时重测
重型击实	土	每种土使用前进行

3. 水泥稳定混合料的设计应考虑气候、水文条件等因素,按《公路工程无机结合料稳定材料试验规程》(JTJ 057—94)规定进行试验,通过试验选取最适宜于稳定的材料,确定最佳的水泥剂量和最佳含水率。在需要改善土的颗粒组成时,还应包括掺加料的比例。工地实际采用的水泥剂量可比室内试验确定的剂量适当增加,采用集中厂拌法时,最多不超过 0.5%,并应取得监理人的批准。

4. 采用水泥和石灰综合稳定时,如水泥用量占结合料总量的 30% 以上,则按本节要求进行组成设计,并且还需确定石灰剂量。

5. 水泥稳定土的 7d 浸水抗压强度应符合图纸要求。

6. 水泥的最小剂量应符合表 304-3 的规定。

水泥最小剂量　　表304-3

拌和方法 土　类	集中拌和法
中粒土和粗粒土	3%
细粒土	4%

304.04　施工要求

1. 拌和与运输

(1)水泥稳定混合料的拌和应采用厂拌法。

(2)厂拌的设备及布置位置应在拌和以前提交监理人并取得批准,方可进行设备安装、检修与调试,使拌和的混合料颗粒组成和含水率达到规定要求。

(3)运输混合料的车辆应根据需要配置并装载均匀,及时将混合料运至现场。

(4)当摊铺现场距拌和厂较远时,混合料在运输中应加覆盖以防水分蒸发。

2. 摊铺和整型

(1)混合料的摊铺应采用监理人批准的机械进行,并使混合料按规定的松铺厚度,均匀地摊铺在要求的宽度上。

(2)摊铺时混合料的含水率宜高于最佳含水率0.5% ~1.0%,以补偿摊铺及碾压过程中的水分损失。

(3)混合料压实用12 ~15t压路机碾压时,每层的压实厚度不应超过150mm;用18 ~20t压路机碾压时,每层的压实厚度不应超过200mm;每层最小压实厚度为100mm。当压实厚度超过上述规定时,应分层摊铺,底基层分层施工时,下层水泥稳定土碾压完后,在采用重型振动压路机碾压时,宜养生7d后铺筑上层水泥稳定土。在铺筑上层稳定土之前,应始终保持下层表面湿润。在铺筑上层稳定土时,宜在下层表面撒少量水泥或水泥浆。底基层养生7d后,方可铺筑基层。先摊铺的一层应经过整型和压实,在监理人验收合格后,将先摊铺的一层表面拉毛后再继续摊铺上层。

3. 碾压

(1)混合料的碾压程序应按试验路段确认的方法施工。

(2)碾压过程中,水泥稳定土的表面应始终保持潮湿。如表面水蒸发得快,应及时补洒少量的水。

(3)严禁压路机在已完成的或正在碾压的路段上掉头和紧急制动,以保证水泥稳定土层表面不受破坏。

(4)施工中,从加水拌和到碾压终了的延迟时间不得超过水泥初凝时间,按试验路段确定的合适的延迟时间严格施工。

4. 接缝和掉头的处理

施工接缝和压路机掉头,应按《公路路面基层施工技术规范》(JTJ 034—2000)的规定处理。

5. 养生

碾压完成后应立即进行养生。养生时间不应少于7d。养生方法可视具体情况采用洒水,覆土工布、草袋、砂后洒水或洒透层油或封层等。养生期间除洒水车外应封闭交通;不能封闭时,须经监理人批准,并将车速限制在30km/h以下,禁止重型车辆通行。

6. 气候条件

工地气温低于5℃时,不应进行施工,并应在重冰冻之前一个月结束。雨季施工,应特别注意天气变化,勿使水泥和混合料受雨淋。降雨时应停止施工,但已摊铺的混合料应尽快碾压密实。

7. 取样和试验

水泥稳定土应在施工现场每天进行一次或每2 000m^2取样一次,检查混合料的级配是否在规定的范围内;并按《公路工程无机结合料稳定材料试验规程》(JTJ 057—94)标准方法进行混合料的含水率、水泥含量和无侧限抗压强度试验;在已完成的铺筑层上按《公路路基路面现场测试规程》(JTG E60—2008)进行压实度试验。基层应取钻件(路面芯样)检验其整体性。水泥稳定基层的龄期7~10d时,应能取出完整的钻件。对于所有试验结果,均应报监理人审批,所发生的一切费用,由承包人自负。

304.05 质量检验

1. 基本要求

(1)集料符合图纸和本规范要求。

(2)水泥用量按图纸要求控制准确。

(3)混合料拌和均匀,无粗细颗粒离析现象。

(4)碾压达到要求的压实度。

(5)养生符合本规范要求。

2. 检查项目

水泥稳定粒料基层和底基层的检查项目及检验标准见表304-4,水泥土基层和底基层的检查项目及检验标准见表304-5。

水泥稳定粒料基层、底基层实测项目 表304-4

项次	检查项目	规定值或允许偏差				检查方法
		基层		底基层		
		高速、一级公路	其他公路	高速、一级公路	其他公路	
1	压实度(代表值)(%)	98	97	96	95	按JTG F80/1—2004附录B检查,每200m每车道2处
2	平整度(mm)	8	12	12	15	3m直尺:每200m测2处×10尺
3	纵断高程(mm)	+5,-10	+5,-15	+5,-15	+5,-20	水准仪:每200m测4断面
4	宽度(mm)	符合设计要求				尺量:每200m测4处
5	厚度(mm)	-8	-10	-10	-12	按JTG F80/1—2004附录H检查,每200m每车道1处
6	横坡(%)	±0.3	±0.5	±0.3	±0.5	水准仪:每200m测4断面
7	强度(MPa)	符合设计要求				按JTG F80/1—2004附录G检查
8	整体性(基层检查)	龄期7~10d时应能取出完整的钻件		龄期7~10d时应能取出完整的钻件		每车道500m或每一作业段取样1次

水泥土基层、底基层实测项目　　表304-5

项次	检查项目	规定值或允许偏差				检查方法
		基层		底基层		
		高速、一级公路	其他公路	高速、一级公路	其他公路	
1	压实度(代表值)(%)	—	95	95	93	按JTG F80/1—2004附录B检查,每200m每车道2处
2	平整度(mm)	—	12	12	15	3m直尺:每200m测2处×10尺
3	纵断高程(mm)	—	+5, -15	+5, -15	+5, -20	水准仪:每200m测4断面
4	宽度(mm)	符合设计要求				尺量:每200m测4处
5	厚度(mm)	—	-10	-10	-12	按JTG F80/1—2004附录H检查,每200m每车道1处
6	横坡(%)	—	±0.5	±0.3	±0.5	水准仪:每200m测4断面
7	强度(MPa)	符合设计要求				按JTG F80/1—2004附录G检查

3.外观鉴定

(1)表面平整密实、无坑洼,稳定粒料还应无明显离析。

(2)施工接茬平顺、稳定。

304.06　计量与支付

1.计量

(1)水泥稳定土底基层、基层按图纸所示和监理人指示铺筑,经监理人验收合格的平均面积,按不同厚度以平方米计量。

(2)对个别特殊形状的面积,应采用监理人认可的计算方法计量。除监理人另有指示外,超过图纸所规定的计算面积或体积均不予计量。

(3)桥梁及明涵的搭板、埋板下变截面水泥稳定土底基层按图纸所示和监理人指示铺筑,经监理人验收合格后,以立方米计量。

2.支付

(1)费用的支付,主要包括以下内容:

a.承包人提供工程所需的材料、机具、设备和劳力等。

b.原材料的检验、混合料设计与试验,以及经监理人批准的按照规范所要求的试验路段的全部作业。

c.铺筑前对下承层的检查和清扫、混合料的拌和、运输、摊铺、压实、整型、养护等。

d.质量检验所要求的检测、取样和试验等工作。

(2)按上述规定计量,经监理人验收,并列入工程量清单的以下支付子目的工程量,其每一计量单位,将以合同单价支付。此项支付包括一切为完成本项工程所必需的全部费用。

3. 支付子目

子 目 号	子 目 名 称	单　位
304-1	水泥稳定土底基层	
-a	厚... mm	m^2
304-2	搭板、埋板下水泥稳定土底基层	m^3
304-3	水泥稳定土基层	
-a	厚... mm	m^2

第 305 节　石灰粉煤灰稳定土底基层、基层

305.01　范围

本节工作内容是在已完成并经监理人验收合格的路基或垫层上,铺筑石灰粉煤灰稳定土底基层,或在底基层上铺筑石灰粉煤灰稳定土基层。它包括所需的设备、劳力和材料,以及施工、试验等全部作业。

305.02　材料

1. 石灰

应符合本规范第 301.02-4 条的要求。

2. 粉煤灰

粉煤灰中 SiO_2、Al_2O_3 和 Fe_2O_3 的总含量应大于 70%,粉煤灰的烧失量不应超过 20%,粉煤灰比面积宜大于 2 500cm^2/g(或 90% 通过 0.3mm 筛孔,70% 通过 0.075mm 筛孔)。

干粉煤灰和湿粉煤灰都可以使用。干粉煤灰如堆在空地上,应加水,防止飞扬造成污染。湿粉煤灰的含水量不宜超过 35%。

使用时,应将凝固的粉煤灰块打碎或过筛,同时清除有害杂质。

3. 稳定土

(1)宜采用塑性指数 12 ~ 20 的黏性土(亚黏土),土中土块的最大尺寸不应大于 15mm。

(2)有机质含量超过 10% 的土不宜选用。

(3)用于高速公路和一级公路的二灰稳定土应符合下列要求:

二灰稳定土用做底基层时,土中碎石、砾石颗粒的最大粒径不应超过 37.5mm。各种细粒土、中粒土和粗粒土都可用二灰稳定后用做底基层。

二灰稳定土用做基层时,二灰的质量应占 15%,最多不超过 20%,石料颗粒的最大粒径不应超过 31.5mm,其颗粒组成宜符合《公路路面基层施工技术规范》(JTJ 034—2000)第 5 章的要求,粒径小于 0.075mm 的颗粒含量宜接近 0。

用于其他公路的二灰稳定土应符合下列要求:

二灰稳定土用做底基层时,石料颗粒的最大粒径不应超过 53mm。

二灰稳定土用做基层时，石料颗粒的最大粒径不应超过37.5mm；并符合《公路路面基层施工技术规范》（JTJ 034—2000）第5章的要求。

（4）基层碎石或砾石的压碎值，对高速公路和一级公路不大于30%，其他公路不大于35%；底基层碎石或砾石的压碎值，对高速公路和一级公路不大于35%，其他公路不大于40%。

（5）对所用的砾石或碎石，应预先筛分成3～4个不同粒径组备料，然后再配合成使颗粒组成符合表305-1或表305-2所列级配范围的混合料。

4. 水

应符合本规范第301.02-2条的要求。

石灰粉煤灰稳定砂砾混合料中集料的颗粒组成范围　　表305-1

结构层	通过下列方筛孔（mm）的质量百分率（%）								
	37.5	31.5	19.0	9.5	4.75	2.36	1.18	0.60	0.075
底基层	100	85～100	68～85	50～70	35～55	25～45	17～35	10～27	0～15
基层		100	85～100	55～75	39～59	27～47	17～35	10～25	0～10

石灰、粉煤灰稳定碎石混合料中集料的颗粒组成范围　　表305-2

结构层	通过下列方筛孔（mm）的质量百分率（%）								
	37.5	31.5	19.0	9.5	4.75	2.36	1.18	0.60	0.075
底基层	100	90～100	72～90	48～68	30～50	18～38	10～27	6～20	0～7
基层		100	81～98	52～70	30～50	18～38	10～27	6～20	0～7

305.03　混合料组成设计

1. 混合料的组成设计应按照《公路路面基层施工技术规范》（JTJ 034—2000）第5章的有关规定办理。

2. 石灰粉煤灰稳定土混合料的设计应考虑气候、水文条件等因素，通过试验选取最适宜于稳定的土，确定必需的或最佳的石灰粉煤灰剂量和混合料的最佳含水率。

3. 施工前，应取有代表性的样品按表305-3要求对原材料进行试验。

底基层和基层原材料的试验项目　　表305-3

试验项目	材料名称	频　度
含水率	土、砂砾、碎石等集料	每天使用前测2个样品
颗粒分析	砂砾、碎石等集料	每种土使用前测2个样品，使用过程中每2 000m^3测2个样品
液限、塑限	土、级配砾石或级配碎石中0.5mm以下的细土	每种土使用前测2个样品，使用过程中每2 000m^3测2个样品
相对密度、吸水率	砂砾、碎石等	使用前测2个样品，砂砾使用过程中每2 000m^3测2个样品，碎石种类变化重做2个样品
压碎值	砂砾、碎石等	同上
有机质和硫酸盐含量	土	对土有怀疑时做此试验
有效钙、氧化镁	石灰	做材料组成设计和生产使用时分别测2个样品，以后每月测2个样品
烧失量	粉煤灰	做材料组成设计前测2个样品

305.04 施工要求

1. 一般要求

(1)石灰粉煤灰稳定土底基层或基层的最低施工温度应在5℃以上,并在第一次重冰冻(-3 ~ -5℃)到来之前一个月完成。雨季施工应采取措施,避免石灰、粉煤灰和细粒土遭受雨淋。

(2)承包人应为现场操作人员提供防护用品。

(3)混合料压实,用12 ~15t 三轮压路机碾压时,每层的压实厚度不应超过150mm;用18 ~20t 三轮压路机碾压时,每层的压实厚度不应超过200mm;采用能量大的振动压路机碾压时,每层的压实厚度可以根据试验适当增加。压实厚度超过上述规定时,应分层铺筑,每层的最小压实厚度为100mm,下层宜稍厚。对于石灰土工业废渣稳定土,应采用先轻型、后重型压路机碾压。

(4)除底基层的下层可以采用路拌法施工外,其他的各个稳定土层必须用集中厂拌法拌制混合料,并应用摊铺机摊铺混合料。

(5)必须保湿养生,不使石灰粉煤灰层表面干燥。

2. 集中拌和(厂拌)混合料及摊铺

(1)厂拌的设备及布置位置应在拌和以前提交监理人并取得批准后,方可进行设备的安装、检修、调试,使混合料的颗粒组成、含水率达到规定的要求。

(2)运输混合料的运输设备,应根据需要配置,在已完成的铺筑层上通过时,速度宜缓,以减少不均匀碾压或车辙。

(3)摊铺时混合料的含水率应略大于最佳含水率,以补偿摊铺及碾压过程中的水分损失。

(4)拌和场离摊铺地点较远时,混合料在运输时应覆盖,以防水分蒸发;卸料时应注意卸料速度,防止离析;运到现场的混合料应及时摊铺,现场存放时间不得超过24h。

(5)路床表面摊铺前应洒水湿润,在未经监理人批准的路床上摊铺混合料,应由承包人自费清除。

3. 现场拌和(路拌)混合料及摊铺

(1)承包人可选择能满足就地拌和的施工设备,并始终处于良好的工作状态,经监理人同意,底基层下层可采用现场拌和法。

(2)现场拌和前应将下层表面杂物清除干净。所备土应将超尺寸颗粒筛除,经摊铺、洒水闷料后整平,并用6 ~8t 两轮压路机碾压1 ~2 遍,使其表面平整。此后将石灰、粉煤灰分别按规定的用量均匀地摊铺在整平的表面上,即可进行拌和。拌和过程中应及时检查含水率,使其等于或略大于最佳含水率,同时应使土和石灰、粉煤灰充分拌和均匀。

4. 压实

(1)经摊铺及整型的混合料应立即在全宽范围压实,并在当日完成碾压,监理人另有指示时除外。必要时混合料需晾晒或补加水,使之达到最佳含水率,再进行压实。

(2)一个路段完成之后,应按批准的方法做压实度试验,如果未达到所需的压实度要求,则承包人应自费重新碾压,直至达到压实度合格标准。

(3)两工作段的衔接处应搭接拌和,前一段拌和后,留5~8m不进行碾压,后一段施工时,将前一段未压部分一起再进行拌和,并与后一段一起碾压。

(4)未经压实的混合料被雨淋后,均应清除并更换。

(5)严禁压路机在已完成的或正在碾压的路段上掉头和紧急制动。如必须在其上掉头,应采取措施,以保护稳定土层表面不受破坏。

5.养生

石灰、粉煤灰稳定土层碾压完成后应及时养生,养生期不少于7d,应始终保持表面潮湿;对于二灰稳定粗、中粒土的基层,也可用沥青乳液和沥青下封层进行养生,养生期一般为7d;底基层分层施工时,下层施工完成后,可根据图纸和监理人要求决定是否需要养生,再铺筑上层。养生期间应封闭交通,除洒水车外禁止车辆通行。

305.05　质量检验

1.基本要求

(1)稳定土应符合图纸和本规范的要求。土块要打碎。

(2)石灰、粉煤灰质量应符合图纸和本规范的要求,块灰须经充分消解才能使用。

(3)各项材料用量按图纸要求控制准确,未消解生石灰块应剔除。

(4)混合料拌和均匀。

(5)碾压达到要求的压实度,养生期符合本规范要求。

2.检查项目

石灰粉煤灰稳定粒料基层和底基层检查项目及检验标准见表305-4、石灰粉煤灰土基层和底基层检查项目及检验标准见表305-5。

石灰、粉煤灰稳定粒料底基层、基层检查项目　　表305-4

项次	检 查 项 目	规定值或允许偏差				检 查 方 法
		基层		底基层		
		高速、一级公路	其他公路	高速、一级公路	其他公路	
1	压实度(代表值)(%)	98	97	96	95	按JTG F80/1—2004附录B检查,每200m每车道2处
2	平整度(mm)	8	12	12	15	3m直尺:每200m2处×10尺
3	纵断高程(mm)	+5,-10	+5,-15	+5,-15	+5,-20	水准仪:200m 4个断面
4	宽度(mm)	符合设计要求		符合设计要求		尺量:每200m 4处
5	厚度(mm)	-8	-10	-10	-12	按JTG F80/1—2004附录H检查,每200m每车道1点
6	横坡(%)	±0.3	±0.5	±0.3	±0.5	水准仪:每200m 4个断面
7	强度(MPa)	符合设计要求		符合设计要求		按JTG F80/1—2004附录G检查
8	整体性	龄期20~28d时应能取出完整的钻件				每车道500m或每一作业段取样1次

石灰、粉煤灰土底基层、基层检查项目 表 305-5

项次	检查项目	规定值或允许偏差				检查方法
		基层		底基层		
		高速、一级公路	其他公路	高速、一级公路	其他公路	
1	压实度(代表值)(%)	—	95	95	93	按 JTG F80/1—2004 附录 B 检查,每 200m 每车道 2 处
2	平整度(mm)	—	12	12	15	3m 直尺:每 200m 2 处×10 尺
3	纵断高程(mm)	—	+5,-15	+5,-15	+5,-20	水准仪:200m 4 个断面
4	宽度(mm)	符合设计要求		符合设计要求		尺量:每 200m 4 处
5	厚度(mm)	—	-10	-10	-12	按 JTG F80/1—2004 附录 H 检查,每 200m 每车道 1 点
6	横坡(%)	—	±0.5	±0.3	±0.5	水准仪:每 200m 4 个断面
7	强度(MPa)	符合设计要求		符合设计要求		按 JTG F80/1—2004 附录 G 检查

3. 外观鉴定

(1)表面平整密实、无坑洼,稳定粒料无明显离析。

(2)施工接茬平整、稳定。

305.06 计量及支付

1. 计量

(1)石灰粉煤灰稳定土基层和底基层按图纸或监理人指示铺筑,并经验收的平均面积按不同厚度以平方米计量。任何地段的长度应沿路幅中线水平量测。对个别不规则形状,应采用经监理人批准的计算方法计量。

(2)桥梁及明涵的搭板、埋板下变截面石灰粉煤灰稳定土底基层按图纸所示和监理人指示铺筑,经监理人验收合格后,以立方米计量。

2. 支付

(1)费用的支付,主要包括以下内容:

a. 承包人提供工程所需的材料、机具、设备和劳力等。

b. 原材料的检验、混合料设计与试验,以及经监理人批准的按照规范所要求的试验路段的全部作业。

c. 铺筑前对下承层的检查和清扫、混合料的拌和、运输、摊铺、压实、整型、养护等。

d. 质量检验所要求的检测、取样和试验等工作。

(2)按上述规定计量,经监理人验收并列入工程量清单的以下支付子目的工程量,其每一计量单位,将以合同单价支付。此项支付包括一切为完成本项工程所必需的全部费用。

3. 支付子目

子目号	子目名称	单位
305-1	石灰粉煤灰稳定土底基层	
-a	厚...mm	m^2
305-2	搭板、埋板下石灰粉煤灰稳定土底基层	m^3
305-3	石灰工业废渣稳定土基层	
-a	厚...mm	m^2

第306节　级配碎(砾)石底基层、基层

306.01　范围

本节工作内容是在已完成并经监理人验收合格的路基或垫层上铺筑级配碎(砾)石底基层或在底基层上铺筑级配碎石基层。它包括所需的设备、劳力和材料,以及施工、试验等全部作业。

306.02　材料

1.级配碎石

(1)用于底基层的碎石最大粒径,对于高速公路和一级公路不应超过37.5mm(方孔筛),其他公路不应超过53mm。压碎值对高速公路和一级公路不应大于30%,二级公路不大于35%,二级以下公路不大于40%;用于基层的碎石最大粒径,对于高速公路和一级公路不应大于31.5mm,其他公路不应超过37.5mm。压碎值对高速公路和一级公路不应大于26%,二级公路不应超过30%,二级以下公路不大于35%。

(2)碎石中不应有黏土块、植物等有害物质,针片状颗粒总含量不应超过20%。

(3)用于二级及其以上公路基层和底基层的级配碎石,应用预先筛分成37.5(或31.5mm)~19mm、19~9.5mm、9.5~4.75mm碎石及4.75mm以下石屑组配而成;其他公路上的级配碎石,可用未筛分碎石和石屑组配而成。

(4)级配碎石基层和未筛分碎石底基层的颗粒组成和塑性指数应分别符合表306-1和表306-2的规定。

级配碎石基层的颗粒组成范围　　表306-1

结构层	通过下列方筛孔(mm)的质量百分率(%)								液限(%)	塑性指数
	37.5	31.5	19	9.5	4.75	2.36	0.6	0.075		
高速公路、一级公路		100	85~100	52~74	29~54	17~37	8~20	0~7	<28	小于6或9
其他公路	100	90~100	73~88	46~69	29~54	17~37	8~20	0~7	<28	小于6或9

注:1.潮湿多雨地区塑性指数宜小于6,其他地区塑性指数宜小于9。

2.对于无塑性的混合料,小于0.075mm的颗粒含量应接近高限。

未筛分碎石底基层的颗粒组成范围 表 306-2

结构层	通过下列方筛孔(mm)的质量百分率(%)									液限(%)	塑性指数
	53	37.5	31.5	19	9.5	4.75	2.36	0.6	0.075		
高速公路、一级公路		100	83 ~ 100	54 ~ 84	29 ~ 59	17 ~ 45	11 ~ 35	6 ~ 21	0 ~ 10	< 28	<6 或 9
其他公路	100	85 ~ 100	69 ~ 88	40 ~ 65	19 ~ 43	10 ~ 30	8 ~ 25	6 ~ 18	0 ~ 10	< 28	<6 或 9

注:在潮湿多雨地区,塑性指数宜小于 6,其他地区塑性指数宜小于 9。

2. 级配砾石

(1)级配砾石的最大粒径,用于基层时不应超过 37.5mm,用于底基层时不应超过 53mm。

(2)砾石颗粒中针片状颗粒含量不应超过 20%。

(3)级配砾石基层(非高速公路和非一级公路)的颗粒组成和塑性指数应符合表306-3的规定。

级配砾石基层的颗粒组成范围 表 306-3

通过下列方筛孔(mm)的质量百分率(%)									液限(%)	塑性指数
53	37.5	31.5	19.0	9.5	4.75	2.36	0.6	0.075		
100	90 ~ 100	81 ~ 94	63 ~ 81	45 ~ 66	27 ~ 51	16 ~ 35	8 ~ 20	0 ~ 7	<28	<6 或 9
	100	90 ~ 100	73 ~ 88	49 ~ 69	29 ~ 54	17 ~ 37	8 ~ 20	0 ~ 7	<28	<6 或 9
		100	85 ~ 100	52 ~ 74	29 ~ 54	17 ~ 37	8 ~ 20	0 ~ 7	<28	<6 或 9

注:1. 潮湿多雨地区塑性指数宜小于 6,其他地区塑性指数宜小于 9。
2. 对于无塑性的混合料,小于 0.075mm 的颗粒含量应接近高限。

(4)用于底基层时,集料的压碎值对高速公路和一级公路不应大于 30%,二级公路不应大于 35%,二级以下公路不大于 40%;用作二级公路的基层时,压碎值不应大于 30%,二级以下公路不大于 35%。

(5)砾石应在最佳含水率时进行碾压,按重型击实试验法确定的压实度,底基层达到 96%,基层达到 98% 以上。

(6)砂砾底基层的砂砾级配范围应符合表 306-4 的要求。

砂砾底基层的集料级配范围 表 306-4

通过下列方筛孔(mm)的质量百分率(%)						液限(%)	塑性指数
53	37.5	9.5	4.75	0.6	0.075		
100	80 ~ 100	40 ~ 100	25 ~ 85	8 ~ 45	0 ~ 5	<28	<9

306.03 施工要求

1. 级配碎(砾)石混合料应在料场集中拌和。

2. 承包人应在监理人批准的路基上摊铺级配碎(砾)石混合料。未经监理人批准而在其上摊铺的材料,应由承包人自费清除。

3. 承包人应根据监理人批准的试验路段的施工工艺、施工机械进行混合料的施工。

4. 在任何情况下,拌和的混合料都应均匀,含水率适当,无粗细颗粒离析现象。

5. 级配碎(砾)石应在最佳含水率时遵循先轻后重的原则进行碾压,并碾压至要求的压实度。

6. 严禁压路机在已完成的或正在碾压的路段上掉头或紧急制动。

7. 在已完成的底基层、基层上按表 306-5 要求进行取样试验,所有试验结果均应报监理人审批,所发生的一切费用由承包人自理。

8. 碎石层在最佳含水率时进行碾压,按重型击实试验法确定的压实度,底基层达到 96% 以上,基层达到 98% 以上。

级配碎(砾)石试验项目与频度　　表 306-5

项　目	频　度	质量标准
级配	每 2 000m^2 1 次	在规定范围内
均匀性	随时观察	无粗细集料离析现象
压实度	每一作业段或不超过 2 000m^2 检查 6 次以上	级配集料基层和中间层 98%,填隙碎石固体体积率 85%
塑性指数	每 1 000m^2 1 次,异常时随时试验	小于规定值
集料压碎值	据观察,异常时随时试验	不超过规定值
承载比	每 3 000m^2 1 次,据观察,异常时随时增加试验	不小于规定值
弯沉值检验	每一评定段(不超过 1km)第一线车道 40 ~ 50 个测点	95% 或 97.7% 概率的上波动界限不大于计算的容许值
含水率	据观察,异常时随时试验	最佳含水率 -1% ~ +2%

306.04　质量检验

1. 基本要求

(1) 石料质地坚韧、无杂质,颗粒级配符合要求。

(2) 配料必须准确,塑性指数应符合规定。

(3) 混合料拌和均匀,无粗细颗粒离析现象。

(4) 碾压达到要求的密实度。

2. 检查项目

级配碎(砾)石底基层和基层检查项目及检验标准见表 306-6。

3. 外观鉴定

表面平整密实,边线整齐,无松散现象。

级配碎(砾)石底基层、基层检查项目　表 306-6

项次	检查项目	规定值或允许偏差				检查方法
		基层		底基层		
		高速、一级公路	其他公路	高速、一级公路	其他公路	
1	压实度(代表值)(%)	98	98	96	96	按 JTG F80/1—2004 附录 B 检查,每 200m 每车道 2 处
2	弯沉值(0.01mm)	符合设计要求		符合设计要求		按 JTG F80/1—2004 附录 I 检查
3	平整度(mm)	8	12	12	15	3m 直尺:每 200m 测 2 处×10 尺
4	纵断高程(mm)	+5,-10	+5,-15	+5,-15	+5,-20	水准仪:每 200m 测 4 个断面
5	宽度(mm)	符合设计要求				尺量:每 200m 测 4 处
6	厚度(mm)	-8	-10	-10	-12	按 JTG F80/1—2004 附录 H 检查,每 200m 每车道 1 点
7	横坡(%)	±0.3	±0.5	±0.3	±0.5	水准仪:每 200m 测 4 个断面

306.05　计量与支付

1. 计量

(1)级配碎(砾)石底基层和基层应按图纸和监理人指示铺筑的平均面积、经监理人验收合格后,按不同厚度以平方米计量。除监理人另有指示外,超过图纸所规定的面积,均不予计量。

(2)桥梁及明涵的搭板、埋板下变截面级配碎(砾)石底基层按图纸所示和监理人指示铺筑,经监理人验收合格后,以立方米计量。

2. 支付

(1)费用的支付,主要包括:

a. 承包人提供工程所需的材料、机具、设备和劳力等。

b. 原材料的检验、级配颗粒组成与塑性指数的试验等。

c. 铺筑前对下承层的检查和清扫、材料的运输、拌和、摊铺、整型、压实等。

d. 质量检验所要求的检测、取样和试验等工作。

(2)按上述规定计量,经监理人验收并列入工程量清单的以下支付子目的工程量,其每一计量单位,将以合同单价支付。此项支付包括一切为完成本项工程所必需的全部费用。

3. 支付子目

子目号	子目名称	单位
306-1	级配碎石底基层	
-a	厚...mm	m^2
306-2	搭板、埋板下级配碎石底基层	m^3
306-3	级配碎石基层	
-a	厚...mm	m^2

续上表

子 目 号	子 目 名 称	单　位
306-4	级配砾石底基层	
-a	厚...mm	m^2
306-5	搭板、埋板下级配砾石底基层	m^3
306-6	级配砾石基层	
-a	厚...mm	m^2

第307节　沥青稳定碎石基层(ATB)

307.01　范围

本节工作内容为在完成的路面底基层上铺筑沥青碎石基层,包括所需的设备、劳力和材料,以及施工、试验等全部作业。

307.02 材料

1. 矿料

(1)柔性基层采用粗粒式密级配沥青稳定碎石 ATB-25,其矿料级配范围应符合图纸要求及表307-1的规定。

粗粒式密级配沥青碎石 ATB-25 级配范围　　表307-1

筛孔尺寸(mm)	31.5	26.5	19	16	13.2	9.5	4.75	2.36	1.18	0.6	0.3	0.15	0.075
通过各筛孔的百分率(%)	100	90~100	60~80	48~68	42~62	32~52	20~40	15~32	10~25	8~18	5~14	3~10	2~6

(2)ATB-25级配用碎石的质量技术要求应符合图纸规定,且石料压碎值不大于28%,洛杉矶磨耗损失不大于30%。

(3)ATB-25混合料马歇尔试验配合比设计技术标准应满足《公路沥青路面施工技术规范》(JTG F40—2004)表5.3.3-2的要求。

2. 沥青

密级配沥青碎石用沥青材料应符合图纸要求及本规范第309节相关技术要求。

307.03　沥青稳定碎石 ATB-25 混合料组成设计

1. 承包人应按图纸要求及《公路沥青路面施工技术规范》(JTG F40—2004)第5.3.3条及附录B相关规定进行沥青稳定碎石混合料配合比设计,沥青混合料配合比采用马歇尔试验配合比设计方法。

2. 沥青稳定碎石混合料技术要求应符合表 307-2 的要求。

3. 承包人应在配合比试验前 28d 向监理人提交拟用的沥青稳定碎石混合料级配的稳定度、流值、空隙率、饱和度等各项技术指标作出书面详细说明。在承包人提交的目标配合比未经监理人批准前,不得进入生产配合比设计。

4. 在沥青稳定碎石混合料设计未被批准之前,不得进行下一步工序。经监理人批准的沥青稳定碎石混合料配合比和原材料品种,未经监理人批准不得更改。

沥青稳定碎石(ATB)混合料马歇尔试验配合比设计技术标准 表 307-2

试验指标	单位	密级配基层(ATB)		
公称最大粒径	mm	26.5		
马歇尔试验尺寸	mm	ϕ101.6×63.5		
击实次数(双面)	次	75		
空隙率 VV	%	3~6		
稳定度	kN	≥7.5		
流值	mm	1.5~4		
沥青饱和度 VFA	%	55~70		
密级配基层 ATB-25 的碎料间隙率 VMA	%	设计空隙率(%)		
		≥4	≥5	≥6
		≥12	≥13	≥14

307.04 施工要求

1. 在沥青稳定碎石基层施工前,承包人应做 200m 的试验路段,并做好各项原始数据的记录、整理验证施工方案。试验路段及资料应经监理人验收合格后方可开始施工。试验段应分为试拌和试铺两个阶段,通过试验应决定如下内容:

(1)通过试验确定适宜的施工机械,决定机械数量及组合方式。

(2)通过试拌决定拌和机的操作方式,验证沥青混合料的配合比设计和技术性质,决定正式生产用的矿料配合比和油石比。

(3)通过试铺决定摊铺机的操作方式,压路机的选择、组合,以及压实温度、顺序、速度、遍数等。

(4)通过试铺决定混合料的松铺系数及施工缝的处理方法。

(5)通过试铺全面检查材料及施工质量是否符合要求。

2. 承包人应根据本工程的具体情况及试验路段资料编写沥青稳定碎石(ATB－25)基层施工组织设计,报请监理人批准。

3. 承包人应按经批准的施工组织设计及本规范第 309 节相关要求进行沥青稳定碎石基层的施工。

307.05 质量检验

1. 基本要求

(1)沥青稳定碎石混合料的矿料质量及矿料级配应符合设计要求和施工规范的规定。

(2)沥青材料及混合料的各项指标应符合图纸和施工规范要求。

(3)严格控制各种矿料和沥青用量及各种材料和沥青混合料的加热温度。

(4)拌和后的沥青混合料应均匀一致,无花白,无粗细料分离和结团成块现象。

(5)摊铺时应严格掌握厚度和平整度,细致找平,要注意控制摊铺和碾压温度,碾压至要求的密实度。

2. 检查项目

沥青稳定碎石基层检查项目及检验标准见表307-3。

3. 外观鉴定

(1)表面平整密实,无泛油、松散、裂缝、粗细料集中等现象。

(2)表面无明显碾压轮迹。

(3)接缝紧密、平顺,烫缝不应枯焦。

沥青稳定碎石ATB基层检查项目　　表307-3

项次	检查项目		规定值或允许偏差	检查方法(每幅车道)
1	压实度(%)		不小于设计要求	按JTG F80/1—2004附录B检查,每200m测1处
2	平整度	σ(mm)	2.4	平整度仪:全线每车道连续按每100m计算σ
3	弯沉值(0.01mm)		符合设计对交工验收的要求	按JTG F80/1—2004附录I检查
4	渗水系数		沥青混凝土路面300mL/min	渗水试验仪:每200m测1处
5	厚度(mm)	代表值	总厚度:设计值的-5%	按JTG F80/1—2004附录H,双车道每200m测1处
		合格值	总厚度:设计值的-10%	
6	中线平面偏位(mm)		20	经纬仪:每200m测4点
7	纵断面高程(mm)		±15	水准仪:每200m测4断面
8	宽度(mm)	无侧石	不小于设计	尺量:每200m测4断面
9	横坡(%)		±0.3	水准仪:每200m测4断面

307.06　计量及支付

1. 计量

沥青稳定碎石混合料,按图纸所示或监理人指示的平均铺筑面积,经监理人验收合格,按不同厚度分别以平方米计量。除监理人另有指示外,超过图纸所规定的面积均不予计量。

2. 支付

(1)费用的支付,主要包括以下内容:

a. 承包人提供工程所需的材料、机具、设备和劳力等。

b. 原材料的检验、混合料设计与试验,以及经监理人批准的按照规范所要求的试验路段的全部作业。

c. 铺筑前对下承层的检查和清扫、混合料的拌和、运输、摊铺、压实、整型、养护等。

d. 质量检验所要求的检测、取样和试验等工作。

(2)按上述规定计量,经监理人验收并列入工程量清单的以下支付子目的工程量,其每一计量单位,将以合同单价支付。此项支付包括一切为完成本项工程所必需的全部费用。

3.支付子目

子目号	子目名称	单位
307-1	沥青稳定碎石基层(ATB-25)	
-a	厚...mm	m^2
-b	厚...mm	m^2

第308节　透层和黏层

308.01　范围

本节工作内容为在已建成并经监理人验收合格的基层上洒布透层沥青;在沥青面层、水泥混凝土路面或桥面上洒布黏层沥青。它包括所需的设备、劳力和材料,以及施工、试验等全部作业。

308.02　材料

1.透层

应根据基层类型选择渗透性好的液体沥青、乳化沥青、煤沥青作透层油,喷洒后通过钻孔或挖掘确认透层油渗透入基层的深度宜不小于5mm(无机结合料稳定集料基层)~10mm(无结合料基层),并能与基层联结成为一体。透层油使用之前应按照《公路工程沥青及沥青混合料试验规程》(JTJ 052—2000)的方法进行试验,且满足规范的要求。透层材料的规格和用量,应符合《公路沥青路面施工技术规范》(JTG F40—2004)表9.1.4的要求。

透层油的质量应符合《公路沥青路面施工技术规范》(JTG F40—2004)第4章的要求。沥青标号应根据基层的种类、当地气候等条件确定。

2.黏层

黏层的沥青材料宜采用快裂或中裂乳化沥青、改性乳化沥青,也可采用快、中凝液体石油沥青,黏层沥青材料使用之前应按照《公路工程沥青及沥青混合料试验规程》(JTJ 052—2000)规定的方法进行试验,且满足规范的要求。黏层材料的规格和用量,应符合《公路沥青路面施工技术规范》(JTG F40—2004)表9.2.3的要求,所使用的基层基质沥青标号宜与主层沥青混合料相同。

308.03　施工要求

1.准备工作

准备浇沥青的工作面,应整洁而无尘。监理人应对已准备好的工作面进行检查,在未批准前不得喷洒沥青材料。

2. 气候条件

洒布沥青材料时的气温不应低于 10℃，风速适度；浓雾或下雨时不应施工。

3. 喷洒温度

液体石油沥青和乳化沥青在正常温度下洒布，如气温较低，稠度较大的沥青材料可适当加热。

4. 沥青用量

承包人应按监理人的指示，根据基层的种类通过试洒确定透层、黏层所用的沥青品种和用量，并符合《公路沥青路面施工技术规范》(JTG F40—2004)表 9.1.4 和表 9.2.3 的要求。

5. 喷洒

(1)承包人应在喷洒工作开始前 3d 报经监理人批准。

(2)透层及黏层沥青应采用沥青洒布车均匀洒布，并按《公路路基路面现场测试规程》(JTG E60—2008)中有关要求和方法检测洒布用量，每次检测不少于 3 处。透层及黏层油的洒布方法、洒布要求及质量控制应按图纸要求及《公路沥青路面施工技术规范》(JTG F40—2004)第 9 章的相关要求执行。

(3)沥青洒布设备应配备有适用于不同稠度沥青喷洒用的喷嘴，在沥青洒布机喷不到的地方可采用手工洒布机。喷洒超量或漏洒或少洒的地方应予纠正。

(4)喷洒区附近的结构物和树木表面应加以保护，以免溅上沥青受到污染。当其受到污染时，承包人应自费清除。

(5)黏层沥青应在铺筑覆盖层之前 24h 内洒布或涂刷。

6. 养护

(1)承包人应使洒好透层、黏层沥青的基层和面层保持良好状态。当出现泛油或监理人有指示时，应按指定用量补撒吸附沥青材料。

(2)如果透层沥青被尘土或泥土完全吸收，以致使覆盖的面层无法与透层粘结，监理人可要求在摊铺沥青路面之前在透层上补洒一次黏层沥青。

(3)养生期间，一般不应在已洒好透层沥青的路面上开放交通。如果在沥青材料充分渗入之前需要开放交通，为了防止车轮粘沥青，应按监理人的指示撒铺吸附材料，以覆盖尚未完全吸收的沥青。吸附材料应洁净无石粉。

(4)除运送沥青外，任何车辆均不得在完成的黏层上通行。

308.04　计量与支付

1. 计量

(1)透层和黏层按图纸规定的或监理人指示的喷洒面积，经监理人验收合格，以平方米计量。

(2)对个别特殊形状的面积，应采用适当的计算方法计量。除监理人另有指示外，超过图纸规定的计算面积均不予计量。

2. 支付

(1)支付费用主要包括下列内容：

a. 承包人提供工程所需的材料，使用的工具、设备和劳力等。

b.材料的检验、试验,以及按规范规定的全部作业。

c.喷洒前对层面的检查和清扫,材料的加热、运输、喷洒、养护等工作。

(2)按上述规定计量,经监理人验收并列入工程量清单的以下支付子目的工程量,将以合同单价支付。此项支付包括一切为完成本项工程所必需的全部费用。

3.支付子目

子目号	子目名称	单位
308-1	透层	m^2
308-2	黏层	m^2

第309节　热拌沥青混合料面层

309.01　范围

本节工作内容为在经监理人验收合格的基层上,按照图纸和监理人指示铺筑一层或多层的热拌沥青混合料面层。它包括提供全部设备、劳力和材料,以及施工、养护、试验等全部作业。

309.02　材料

1.粗集料

(1)粗集料包括碎石、破碎砾石、筛选砾石、钢渣、矿渣等,但高速公路和一级公路不得使用筛选砾石和矿渣。它应洁净、干燥、表面粗糙。

(2)粗集料的质量应符合表309-1的要求。

(3)粗集料的粒径规格应符合图纸要求,并按表309-2的要求选用。

(4)当按《公路工程沥青及沥青混合料试验规程》(JTJ 052—2000)规定的方法试验时,沥青与集料的黏附性不低于4级,否则,应掺加外掺剂。外掺剂的精确比例由试验室确定。

沥青面层用粗集料质量技术要求　表309-1

指标	单位	高速公路、一级公路		其他公路
		表面层	其他层次	
石料压碎值,不大于	%	26	28	30
洛杉矶磨耗损失,不大于	%	28	30	35
表观相对密度,不小于	—	2.60	2.50	2.45
吸水率,不大于	%	2.0	3.0	3.0
坚固性,不大于	%	12	12	—
针片状颗粒含量(混合料),不大于	%	15	18	20
其中粒径大于9.5mm,不大于	%	12	15	—
其中粒径小于9.5mm,不大于	%	18	20	—
水洗法<0.075mm颗粒含量,不大于	%	1	1	1
软石含量,不大于	%	3	5	5

沥青面层用粗集料规格　　　　表 309-2

规格	公称粒径（mm）	通过下列筛孔（mm）的质量百分率（%）												
		106	75	63	53	37.5	31.5	26.5	19.0	13.2	9.5	4.75	2.36	0.6
S1	40~75	100	90~100	—	—	0~15	—	0~5						
S2	40~60		100	90~100	—	0~15	—	0~5						
S3	30~60		100	90~100	—	—	0~15	—	0~5					
S4	25~50			100	90~100	—	—	0~15	—	0~5				
S5	20~40				100	90~100	—	—	0~15	—	0~5			
S6	15~30					100	90~100	—	—	0~15	—	0~5		
S7	10~30					100	90~100	—	—	—	0~15	0~5		
S8	15~25						100	90~100	—	0~15	—	0~5		
S9	10~20							100	90~100	—	0~15	0~5		
S10	10~15								100	90~100	0~15	0~5		
S11	5~15								100	90~100	40~70	0~15	0~5	
S12	5~10									100	90~100	0~15	0~5	
S13	3~10									100	90~100	40~70	0~20	0~5
S14	3~5										100	90~100	0~15	0~3

2. 细集料

（1）细集料可采用天然砂、机制砂、石屑。

（2）细集料应洁净、干燥、无风化、无杂质或其他有害物质，并有适当的颗粒级配。

（3）天然砂、机制砂、石屑的规格和细集料的质量技术要求，应符合表 309-3 ~ 309-5 的要求规定。

沥青面层用天然砂规格　　　　表 309-3

方孔筛（mm）	通过各筛孔的质量百分率（%）		
	粗砂	中砂	细砂
9.5	100	100	100
4.75	90~100	90~100	90~100
2.36	65~95	75~90	85~100
1.18	35~65	50~90	75~100
0.6	15~30	30~60	60~84
0.3	5~20	8~30	15~45
0.15	0~10	0~10	0~10
0.075	0~5	0~5	0~5

沥青面层用机制砂或石屑规格　　　　表 309-4

规格	公称粒径（mm）	水洗法通过各筛孔（mm）的质量百分率（%）							
		9.5	4.75	2.36	1.18	0.6	0.3	0.15	0.075
S15	0~5	100	90~100	60~90	40~75	20~55	7~40	2~20	0~10
S16	0~3	—	100	80~100	50~80	25~60	8~45	0~25	0~15

沥青面层用细集料质量技术要求　　表 309-5

项　目	单　位	高速公路、一级公路	其他公路
表观相对密度,不小于	—	2.50	2.45
坚固性(>0.3mm 部分),不大于	%	12	—
含泥量(小于 0.075mm 的含量),不大于	%	3	5
砂当量,不小于	%	60	50
亚甲蓝值,不小于	g/kg	25	—
棱角性(流动时间),不小于	s	30	—

3. 填料

填料必须采用石灰岩或岩浆岩中的强基性岩石等憎水性石料经磨细得到的矿粉,原石料中的泥土杂质应除净。矿粉应干燥、洁净,能自由地从矿粉仓流出,其质量应符合表 309-6 的技术要求。

沥青面层用矿粉质量技术要求　　表 309-6

项　目	单　位	高速公路、一级公路	其他公路
表观密度,不小于	t/m^3	2.50	2.45
含水率,不大于	%	1	1
粒度范围 <0.6mm <0.15mm <0.075mm	% % %	100 90~100 75~100	100 90~100 70~100
外观	—	无团粒结块	
亲水系数	—	<1	
塑性指数	—	<4	
加热安定性	—	实测记录	

4. 沥青

(1)使用的沥青材料应为道路石油沥青。

(2)运到现场的每批沥青都应附有制造厂的证明和出厂试验报告,并说明装运数量、装运日期、订货数量等。

(3)沥青材料的技术要求应符合《公路沥青路面施工技术规范》(JTG F40—2004)表 4.2.1-2 的规定。沥青标号应按照公路等级、当地的气候条件、交通条件、路面类型及在结构层中的层位及受力特点、施工方法等,结合当地的使用经验情况和图纸要求确定,并取得监理人的批准。

(4)承包人应于施工开始前 28d 将拟用的沥青样品和上述证明及试验报告提交监理人检验、批准。除监理人另有指示外,承包人不得在施工中以其他沥青替代。

(5)进场沥青每批都应重新进行取样和试验。取样和试验应符合《公路工程沥青及沥青混合料试验规程》(JTJ 052—2000)的规定。

(6)不同生产厂家、不同标号的沥青必须分开存放,不得混杂,并应有防水措施。

309.03 沥青混合料组成设计

1. 沥青混合料各层应满足所在层位的功能性要求,便于施工,不容易离析。

2. 各层沥青混合料的技术标准,应符合《公路沥青路面施工技术规范》(JTG F40—2004)表 5.3.3-1 ~ 表 5.3.3-4 的规定,沥青混合料的各种使用性能检验应符合第 5.3.4 条的规定。

3. 承包人应按目标配合比设计、生产配合比设计和生产配合比验证三阶段进行沥青混合料的配合比设计。沥青混合料配合比的设计与检验应按《公路沥青路面施工技术规范》(JTG F40—2004)附录 B、C 或 D 规定的方法进行。

4. 承包人应在 28d 前向监理人提交拟用的沥青混合料级配、沥青结合料用量及沥青混合料稳定度、流值、空隙率、动稳定度、残留稳定度等各项技术指标作出书面详细说明。在承包人提交的目标配合比未经监理人批准前,不得进入生产配合比设计。

5. 如果承包人建议改变料源时,应在材料生产之前,把新的目标配合比设计报告监理人审批。审批新的工地拌和料级配时应做试验。由于这些变化而产生的所有费用都应由承包人支付。

6. 在沥青混合料未被批准之前,不得进行下一步工序。未经监理人认可,批准的沥青混合料配合比和原材料品种不得更改。

309.04 施工要求

1. 施工设备

(1)沥青拌和厂

a. 拌和厂应在其设计、协调配合和操作方面,都能使生产的沥青混合料符合工地配合比设计要求。拌和厂必须配备足够试验设备的试验室,能及时提供试验资料,并应将试验人员的资质及试验设备报请监理人批准。

b. 拌和设备应是能按用量(以质量计)分批配料的间歇式拌和机,其产量应不小于 120t/h,并装有温度检测系统及保温的成品储料仓和二级除尘设施。拌和设备的产量应和生产进度相匹配,在安装完成后应进行标定,并按批准的配合比进行试拌调试,直到符合要求。其偏差值应符合《公路沥青路面施工技术规范》(JTG F40—2004)表 11.4.4 的规定。

c. 拌和场地布置,应保证热料运送距离合理,进出方便,电、水供应好,且远离居民区,并应符合《公路环境保护设计规范》(JTJ/T 006—98)的有关要求。

(2)运料设备应采用干净有金属底板的自卸槽斗车辆运送混合料,车槽内不得沾有杂物。运输车辆应备有覆盖设备,车槽四角应密封坚固。

(3)摊铺机械

a. 沥青混合料摊铺设备,应是自动找平式的,安装有可调的熨平板或整平组件。熨平板在需要时可以加热,能按照规定的典型横断面和图纸所示的厚度在车道宽度内摊铺,摊铺机应有振动夯锤或可调整振幅的振动熨平板的组合装置,夯锤与振动熨平板的频率和振幅,应能各自单独的调整。

b. 摊铺沥青混合料时,摊铺机的摊铺速度应根据拌和机产量、施工机械配套情况及摊铺层厚度、宽度确定。

c. 摊铺机应配备熨平板自控装置,传感器可通过基准线自动发出信号来操纵熨平板,使摊铺机能铺筑出理想的纵横坡度和平整度。

(4)压实机械

压实设备应配有钢筒式压路机、轮胎式及振动压路机,能按合理的压实工艺进行组合压实。还应备有监理人认可的小型振动压路机具,以用于压路机不便压实的地方。

2. 沥青混合料的拌和

(1)粗、细集料应分类堆放和供料,取自不同料源的集料应分开堆放。每个料源的材料应进行抽样试验,并经监理人批准。

(2)拌和时,每种规格的集料、矿粉和沥青都必须按批准的生产配合比准确计量,其计量误差应控制在规定的范围内。

(3)沥青的加热温度、矿料加热温度、沥青混合料的出厂温度,保证运到施工现场的温度均应符合《公路沥青路面施工技术规范》(JTG F40—2004)表 5.6.6 的要求。

(4)所有过度加热即沥青混合料出厂温度超过正常温度高限的 30℃时,混合料应予废弃。拌和后的混合料必须均匀一致,无花白、无粗细料离析和结团现象。

(5)材料的规格或配合比发生改变时,都应根据室内试验资料进行试拌。试拌时必须抽样检查混合料的沥青含量、级配组成和有关指标,并报请监理人批准。

3. 沥青混合料的运送

(1)已经离析或结成团块或在运料车辆卸料时滞留于车上的混合料,以及低于规定铺筑温度或被雨水淋湿的混合料都应废弃。

(2)运至铺筑现场的混合料,应在当天或当班完成压实。

4. 沥青混合料的摊铺

(1)半刚性基层沥青路面的基层与沥青层宜在同一年内施工,以减少路面开裂。在清扫干净的基层上,也可先做下封层,以防止基层干缩开裂,同时保护基层免遭施工车辆破坏,宜在铺设下封层后的 10 ~ 30d 内开始铺筑沥青面层的底面层。在经监理人验收合格的基层上,方可铺筑沥青混合料。摊铺必须均匀、缓慢、连续不断地进行。并在摊铺面层时必须采取措施防止层面之间被污染。

(2)通常应采用两台或两台以上摊铺机组成梯队联合摊铺,两台摊铺机前后的距离,一般为 10 ~ 20m。前后两台摊铺机轨道重叠 30 ~ 60mm。

(3)沥青混合料的摊铺温度应符合《公路沥青路面施工技术规范》(JTG F40—2004)表 5.6.6 的要求,并应随沥青的标号及气温的不同通过试验确定。

(4)摊铺机应以均匀的速度行驶,其摊铺速度根据拌和能力、摊铺厚度、宽度及连续摊铺的长度而定。

(5)要注意摊铺机接料斗的操作程序,以减少粗细料的离析,并避免运料车卸料时撞击摊铺机。

(6)摊铺时应调整好摊铺机熨平板的激振强度,使各块熨平板激振力相一致。以避免激振强度强弱不均使铺层粗、细料在表面和铺层下部分布不均,摊铺的初压实度≥85%。

(7)对于铺面上所出现洞眼,应在碾压前用人工及时填入适量热沥青混合料,以达到平整。

(8)沥青混合料摊铺过程中随时检查其宽度、厚度、平整度、路拱及温度,对不合格之处应及时进行调整。

(9)对外形不规则、路面厚度不同、空间受到限制以及人工构造物接头等摊铺机无法工作的地方,经监理人批准可以采用人工铺筑混合料。

5. 沥青混合料的压实

(1)混合料摊铺后应立即进行压实作业。压实分初压、复压和终压(包括成型)三个阶段,每阶段的碾压速度应符合《公路沥青路面施工技术规范》(JTG F40—2004)表5.7.4的要求。

(2)压路机不得在未碾压成型或未冷却的路段上转向、制动或停留。同时,应采取有效措施,防止油料、润滑脂、汽油或其他杂质在压路机操作或停放期间落在路面上。

(3)压路机的碾压温度,应按试验路确定的碾压温度进行碾压,并应符合《公路沥青路面施工技术规范》(JTG F40—2004)表5.2.2的要求,并根据混合料种类、压路机、气温、层厚等情况经试压确定。在不产生严重推移和裂缝的前提下,初压、复压、终压都应在尽可能高的温度下进行。同时不得在低温状况下作反复碾压,以防石料棱角磨损、压碎、破坏集料嵌挤。

(4)碾压中应注意压路机的粘轮现象,对于钢轮压路机和轮胎压路机应分别采用各自相适应措施进行处理。

(5)沥青混合料施工应按试验室标准密度和最大理论密度双控指标进行控制,即压实度应大于试验室标准密度的97%,并大于最大理论密度的93%(空隙率4%~7%)。

(6)在沿着缘石或压路机压不到的其他地方,应采用小型振动压路机或振动夯板把混合料充分压实。已经完成碾压的路面,不得修补表皮。

(7)桥面铺装不得采用振动碾压,应使用振荡式压路机。

6. 气候条件

(1)沥青混合料的摊铺应避免在雨天进行。当路面滞水或潮湿时,应暂停施工。

(2)高速公路和一级公路当施工气温低于10℃时、其他等级公路施工气温低于5℃时,不得进行沥青面层施工。

(3)未经压实即遭雨淋的沥青混合料应全部清除,更换新料。所发生的一切费用由承包人负担。

7. 路面平整度的控制

(1)各面层平整度的质量缺陷应及时得到弥补,否则将会影响上一级面层的平整度。应特别注意清除表面污染,保证表面清洁;应按规定做好桥头搭板前后、面层施工接缝和桥梁接缝等位置衔接。

(2)必须严格控制面层集料最大粒径的含量和级配的准确性,以减少压实系数的波动,从而保证路面平整度。

(3)注意机械设备的调试和日常检修,应采用具有自动调整摊铺厚度装置(接触式或非接触式平衡梁)的摊铺机进行沥青面层施工;应注意减少压路机初压产生的推挤现象,保证平整度。

(4)合理确定拌和、运输的生产能力和摊铺能力相匹配,以保证均匀、连续不断地摊铺。

8. 取样和试验

(1)沥青混合料应按《公路工程沥青及沥青混合料试验规程》(JTJ 052—2000)规定的方法取样,以测定矿料级配、沥青含量。混合料的试样,每台拌和机应在每天进行 1 ~ 2 次取样,并按《公路沥青路面施工技术规程》(JTG F40—2004)中表 11.4.4 的规定进行检验。

(2)压实的沥青路面应按《公路路基路面现场测试规程》(JTG E60—2008)要求的方法钻孔取样,或用核子密度仪测定其压实度。

(3)所有试验结果均应报监理人审批。所发生的一切费用由承包人自理。

309.05 质量检验

1. 基本要求

(1)沥青混合料的矿料质量及矿料级配应符合设计要求和施工规范的规定。

(2)严格控制各种矿料和沥青用量及各种材料和沥青混合料的加热温度。

(3)拌和后的沥青混合料应均匀一致,无花白,无粗细料分离和结团成块现象。

(4)摊铺时应严格掌握厚度和平整度,细致找平,要注意控制摊铺和碾压温度,碾压至要求的密实度。

2. 检查项目

沥青混凝土面层检查项目及检验标准见表 309-7。

3. 外观鉴定

(1)表面平整密实,无泛油、松散、裂缝和明显离析等现象。

(2)表面无明显碾压轮迹。

(3)接缝紧密、平顺,烫缝不应枯焦。

(4)面层与路缘石及其他构筑物衔接平顺,无积水现象。

(5)沥青面层内部及表面的水要排除到路面范围之外,路面无积水。

沥青混凝土面层实测项目 表 309-7

项次	检查项目		规定值或允许偏差		检查方法(每幅车道)
			高速公路、一级公路	其他公路	
1	压实度(%)		试验室标准密度的 96% (98% *); 最大理论密度的 92% (94% *); 试验段密度的 98% (99% *)		按 JTG F80/1—2004 附录 B 检查,每 200m 测 1 处
2	平整度	σ(mm)	1.2	2.5	平整度仪:全线每车道连续按每 100m 计算 IRI 或 σ
		IRI(m/km)	2.0	4.2	
		最大间隙 h(mm)	—	5	3m 直尺:每 200m 测 2 处 × 10 尺
3	弯沉值(0.01mm)		符合设计要求		按 JTG F80/1—2004 附录 I 检查
4	渗水系数		SMA 路面 200mL/min; 其他沥青混凝土路面 300mL/min	—	渗水试验仪:每 200m 测 1 处

续上表

<table>
<tr><td rowspan="2">项次</td><td colspan="2" rowspan="2">检 查 项 目</td><td colspan="2">规定值或允许偏差</td><td rowspan="2">检查方法(每幅车道)</td></tr>
<tr><td>高速公路、一级公路</td><td>其他公路</td></tr>
<tr><td rowspan="2">5</td><td rowspan="2">抗滑</td><td>摩擦系数</td><td rowspan="2">符合设计</td><td rowspan="2">—</td><td>摆式仪:每200m测1处
横向力系数测定车:全线连续,按JTG F80/1—2004附录K评定</td></tr>
<tr><td>构造深度</td><td>砂铺法:每200m测1处</td></tr>
<tr><td rowspan="2">6</td><td rowspan="2">厚度(mm)</td><td>代表值</td><td>总厚度:设计值的-5%
上面层:设计值的-10%</td><td>-8%H</td><td rowspan="2">按JTG F80/1—2004附录H检查,双车道每200m测1处</td></tr>
<tr><td>合格值</td><td>总厚度:设计值的-10%
上面层:设计值的-20%</td><td>-15%H</td></tr>
<tr><td>7</td><td colspan="2">中线平面偏位(mm)</td><td>20</td><td>30</td><td>经纬仪:每200m测4点</td></tr>
<tr><td>8</td><td colspan="2">纵断面高程(mm)</td><td>±15</td><td>±20</td><td>水准仪:每200m测4断面</td></tr>
<tr><td rowspan="2">9</td><td rowspan="2">宽度(mm)</td><td>有侧石</td><td>±20</td><td>±30</td><td rowspan="2">尺量:每200m测4断面</td></tr>
<tr><td>无侧石</td><td colspan="2">不小于设计</td></tr>
<tr><td>10</td><td colspan="2">横坡(%)</td><td>±0.3</td><td>±0.5</td><td>水准仪:每200m测4断面</td></tr>
</table>

注:1. 表内压实度可选用其中的1个或2个标准评定,选用两个标准时,以合格率低的作为评定结果。带*号者是指SMA路面,其他为普通混凝土路面。

2. 表列厚度仅规定负允许偏差。其他公路的厚度代表值和合格值允许偏差按总厚度计,当总厚度≤60mm时,允许偏差分别为-5mm和-10mm;总厚度>60mm时,允许偏差分别为-8%和-15%的总厚度,H为总厚度(mm)。

309.06 计量与支付

1. 计量

热铺沥青混凝土,应按图纸所示或监理人指示的平均铺筑面积,经监理人验收合格,按粗、中、细粒式沥青混凝土和不同厚度分别以平方米计量。除监理人另有指示外,超过图纸所规定的面积均不予计量。

2. 支付

(1)费用的支付,主要包括以下内容:

a. 承包人提供工程所需的材料、机具、设备和劳力等。

b. 原材料的检验、混合料设计与试验,以及经监理人批准的按照规范所要求的试验路段的全部作业。

c. 铺筑前对下承层的检查和清扫、材料的拌和、运输、摊铺、压实、整型、养护等。

d. 质量检验所要求的检测、取样和试验等工作。

(2)按上述规定计量,经监理人验收并列入工程量清单的以下支付子目的工程量,将以合同单价支付。此项支付包括一切为完成本项工程所必需的全部费用。

3. 支付子目

子 目 号	子目名称	单 位
309-1	细粒式沥青混凝土	
-a	厚...mm	m^2
-b	厚...mm	m^2
309-2	中粒式沥青混凝土	
-a	厚...mm	m^2
-b	厚...mm	m^2
309-3	粗粒式沥青混凝土	
-a	厚...mm	m^2
-b	厚...mm	m^2

第310节　沥青表面处治与封层

310.01　范围

本节内容为在按图纸所示施工,并经监理人验收合格的基层上铺筑单层或多层沥青表面处治面层;在沥青面层或沥青面层延迟期较长的基层上铺筑封层。它包括所需的设备、劳力和材料,以及施工、试验等全部作业。

310.02　材料

1. 沥青表面处治材料

(1)集料

表面处治所用集料必须清洁、干燥、无风化、无杂质,具有足够的强度和耐磨耗性,采用集料的最大粒径应与处治层厚度相等。除非监理人特别批准,在一个段落表面处治工程中应采用一种集料。集料的规格和用量应按《公路沥青路面施工技术规范》(JTG F40—2004)表6.2.1选用。

(2)沥青

沥青可采用道路石油沥青、乳化沥青、煤沥青铺筑,沥青的标号和品种应根据图纸要求或按《公路沥青路面施工技术规范》(JTG F40—2004)中相关规定选用。

2. 封层材料

(1)上封层应根据情况可选乳化沥青稀浆封层、微表处、改性沥青集料封层、薄层磨耗层或其他适宜的材料。上封层的类型应根据使用目的、路面的破损程度选取。下封层宜采用层铺法表面处治或稀浆封层法施工。稀浆封层可采用乳化沥青或改性乳化沥青作结合料。下封层的厚度不宜小于6mm,且做到完全密水。封层沥青材料使用之前应按照《公路工程沥青及沥青混合料试验规程》(JTJ 052—2000)的方法进行试验,且满足规范的要求。

沥青的标号应根据当地气候情况确定。

(2)封层集料及吸附沥青用集料

封层及吸附沥青所用的石屑或粗砂的质量应符合本规范第309.02-2条的规定。

310.03　施工要求

1.一般规定

(1)沥青表面处治与封层宜选择在干燥和较热的季节施工,并应在雨季到来之前及日最高气温低于15℃到来以前半个月结束,使表面处治层通过开放交通压实,成型稳定。

(2)沥青表面处治可采用拌和法或层铺法施工,厚度不宜大于30mm。

(3)施工工序应紧密衔接,每个作业段长度应根据压路机数量、沥青、洒布设备及集料撒布机能力等确定,当天施工的路段必须在当天完成。

(4)在新建或旧路的表层进行表面处治时,应将表面的泥沙及一切杂物必须清除干净,底层必须坚实、稳定、平整、保持干燥后才可施工。

2.施工设备

沥青表面处治施工应采用沥青洒布车喷洒沥青,洒布时应保持稳定的速度和喷洒量。沥青洒布车在整个洒布宽度内必须喷洒均匀。

沥青表面处治宜采用轮胎或光面钢筒压路机,压路机的吨位以能使集料嵌挤紧密又不致使石料有较多的压碎为度,通常采用6~8t及8~10t压路机进行碾压。乳化沥青表面处治宜采用较轻的压路机进行碾压。

3.表面准备

(1)沥青表面处治层的表面应平整、清洁、无松散处,并应符合图纸所示或监理人确定的典型断面。

(2)洒布沥青之前,应用机动路帚或高压风动机械,并辅以人工扫净表面,清除有害物质。

4.洒布

(1)沥青表面处治施工应采用沥青洒布车喷洒沥青,撒布机撒布集料。按图纸所示或监理人指定的层数施工。

(2)沥青的浇洒温度应根据施工气温及沥青标号选择,且应符合《公路沥青路面施工技术规范》(JTG F40—2004)中第6章的有关要求。

(3)沥青的浇洒长度应该与集料布料机能力相适应,前后车的接茬搭接良好,分数幅浇洒时,纵向搭缝宽度宜为100~150mm,浇洒第二、三层沥青的搭接缝应错开。

(4)沥青的用量应按《公路沥青路面施工技术规范》(JTG F40—2004)中表6.2.1选用;但各层用量应根据施工气温、沥青标号、基层等情况,在规定的范围内选用。在寒冷地区施工气温较低,沥青针入度较小,基层空隙较大时,沥青用量宜采用高限,反之采用低限。

(5)分数幅浇洒时,纵向搭缝宽度宜为100~150mm,浇洒第二、三层沥青的搭接缝应错开。

(6)对道路人工构造物及各种管井盖座、侧平石、路缘石等外露部分以及人行道面等,洒油时应加遮盖、防止污染。

(7)封层应按《公路沥青路面施工技术规范》(JTG F40—2004)第6章要求的方法铺筑。层铺法的用量应符合表6.2.1的要求。铺筑下封层前,基层表面应经监理人验收合格后进行。

(8)拌和法按本规范第309节的有关要求施工。

5.碾压

(1)碾压应在集料撒布后立即进行,并在当日完成。

(2)撒布一段集料后即用6~8t钢筒双轮压路机碾压,每层集料应按撒布的全宽初压一遍,并应按需要进行补充碾压。碾压时每次轮迹重叠约300mm,从路边逐渐移向路中心,然后再从另一边开始移向路中心;以此作为一遍,一般全宽的碾压宜不少于3~4遍,碾压速度初始时以不大于2km/h为宜,以后可适当增大速度。

6.交通管理

除乳化沥青表面处治应待破乳后水分蒸发并基本成型后方可开放交通外,其他沥青表面处治碾压结束后即可开放交通。通车初期应设专人指挥交通,控制行车,使路面全宽度均匀压实。在路面完全成型前应限制行车速度不超过20km/h,严禁畜力车及铁轮车行驶。

7.养护

沥青表面处治应进行初期养护。当发现有泛油时,应在泛油处补撒与最后一层石料规格相同的嵌缝料并扫匀,过多的浮动集料应扫出路面外,并不得搓动已经黏着在位的集料,如有其他破坏现象应及时进行补修。

310.04 质量检验

1.基本要求

(1)沥青材料的各项指标和石料的质量、规格、用量应符合设计要求和施工规范的规定。

(2)沥青浇洒应均匀,无露白,不得污染其他建筑物。

(3)嵌缝料必须趁热撒铺,扫布均匀,不应有重叠现象,压实平整。

2.检查项目

参见表310-1。

3.外观鉴定

(1)表面应平整密实,不应有松散、油包、油丁、波浪、泛油、封面料明显散失等现象,有上述缺陷的面积之和不超过受检面积的0.2%。

(2)无明显碾压轮迹。

(3)面层与路缘石及其他构筑物应密贴接顺,不得有积水现象。

沥青表面处治面层检查项目　　　　表310-1

项次	检查项目		规定值或允许偏差	检查方法(每幅车道)
1	平整度(mm)	标准偏差 σ(mm)	4.5	平整度仪:全线每车道连续按每100m计算 σ 或IRI
		IRI(m/km)	7.5	
		最大间隙 h	10.0	3m直尺:每200m测2处×10尺
2	弯沉值(0.01mm)		符合设计要求	按JTG F80/1—2004附录I检查
3	厚度(mm)	代表值	-5	按JTG F80/1—2004附录H检查,每200m每车道1点
		合格值	-10	
4	沥青总用量(kg/m^2)		±0.5%	每工作日每层洒布查1次
5	中线平面偏差(mm)		30	经纬仪:每200m测4点
6	纵断高程(mm)		±20	水准仪:每200m测4断面
7	宽度(mm)	有侧石	±30	尺量:每200m测4处
		无侧石	不小于设计值	
8	横坡(%)		±0.5	水准仪:每200m测4断面

310.05　计量与支付

1. 计量

(1)沥青表面处治按图纸所示或监理人指示铺筑,经监理人验收合格,按不同厚度分别以平方米计量。

(2)封层按图纸规定的或监理人指示的喷洒面积,经监理人验收合格,以平方米计量。

(3)表面处治除监理人另有指示外,超过图纸规定的面积不予计量。

2. 支付

(1)支付费用主要包括下列内容:

a. 承包人提供工程所需的材料,使用的工具、设备和劳力等。

b. 材料的检验、试验,以及按规范规定的全部作业。

c. 喷洒前对层面的检查和清扫,材料的加热、运输、喷洒、养护等工作。

(2)按上述规定计量,经监理人验收并列入工程量清单的以下支付子目的工程量,将以合同单价支付。此项支付包括一切为完成本项工程所必需的全部费用。

3. 支付子目

子目号	子目名称	单位
310-1	沥青表面处治	
-a	厚...mm	m^2
-b	厚...mm	m^2
310-2	封层	m^2

第 311 节　改性沥青及改性沥青混合料

311.01　范围

本节工作内容是在完成并经监理人验收合格的基层或其他沥青面层上,铺筑改性沥青混合料面层。它包括提供所需的设备、劳力和材料,以及施工、养护、试验等全部作业。

311.02　材料

1. 基质沥青

制造改性沥青的基质沥青应与改性剂有良好的配伍性,其质量宜符合《公路沥青路面施工技术规范》(JTG F40—2004)表 4.2.1-2 中 A 级或 B 级道路石油沥青的技术要求。

2. 改性剂

(1)改性剂应符合图纸及《公路沥青路面施工技术规范》(JTG F40—2004)第 4.6 节的相关要求。

(2)根据改善路面性能的特殊要求,宜选择使用热塑性橡胶类、橡胶类或热塑性树脂类改性剂及辅助外掺剂。

(3)在沥青混合料中掺加的纤维稳定剂宜选用木质素纤维、矿物纤维等。木质素纤维的质量应符合表 311-1 的要求。

木质素纤维质量技术要求　　表 311-1

项　　目	单　　位	指　　标
纤维长度,不大于	mm	6
灰分含量	%	18 ± 5
pH 值	—	7.5 ± 1.0
吸油率,不小于	—	纤维质量的 5 倍
含水率(以质量计),不大于	%	5

(4)矿物纤维宜采用玄武岩等矿石制造,但使用纤维必须符合环保要求,确保人体健康。

(5)通常情况下用于 SMA 路面的木质素纤维不宜低于沥青混合料总量的 0.3%(矿物纤维不宜低于 0.4%),必要时可适当增加纤维用量。

3. 集料与填料

(1)粗集料

a. 用于改性沥青混合料面层的集料宜采用碎石或破碎砾石,其粒径和质量要求均应符合《公路沥青路面施工技术规范》(JTG F40—2004)第 4.8 节有关规定。

b. 粗集料应洁净、干燥、无风化、无有害杂质,且具有一定硬度和强度,及良好的颗粒形状。

c. 当采用酸性石料时，必须采用抗剥落剂，以保证沥青与石料的黏附性，并经监理人批准。

(2)细集料

a. 可采用天然砂、机制砂及石屑。其规格和质量要求，均应符合《公路沥青路面施工技术规范》(JTG F40—2004)第4.9节的有关规定。

b. 细集料应洁净、坚硬、干燥、无风化、无杂质或其他有害物质，并有适当级配，并与改性沥青有良好的黏附性。

(3)填料

a. 必须采用石灰岩或者岩浆岩中的强基性岩石等憎水性石料经磨细的矿粉，原石料中的泥土杂质应除净。

b. 矿粉应干燥、洁净，能自由地从矿粉仓流出，其质量应符合《公路沥青路面施工技术规范》(JTG F40—2004)表4.10.1的要求。

311.03 改性沥青试验及储存

1. 改性沥青的试验

(1)承包人应在生产前14d，将现场制备改性沥青所需的材料、设备、加工工艺的试验报告报请监理人审批。

(2)聚合物改性沥青的技术要求应根据工程所在地的气候、交通及特殊使用要求选定，并符合《公路沥青路面施工技术规范》(JTG F40—2004)表4.6.2的规定，按《公路工程沥青及沥青混合料试验规程》(JTJ 052—2000)规定的方法进行试验，确定改性沥青的相应等级，选取最适宜的基质沥青、改性剂的剂量和加工温度及加工工艺。承包人应将试验结果报监理人审批。

(3)成品改性沥青应附有产品的说明书，并注明产品名称、代号、标号、运输、储放条件、使用方法、生产工艺、安全须知等。承包人使用前应取样进行检验。确认无明显分离、凝聚现象，且各项性能指标均符合上述要求，报监理人批准方可使用。

2. 改性沥青的储存

成品改性沥青的储存应符合规定的要求，储存时间不得超过保质期。经检验确认已经发生离析的改性沥青不得使用。

311.04 改性沥青混合料配合比设计

1. 改性沥青混合料应按本规范第309.03小节的要求进行混合料组成设计。确定的目标配合比、生产配合比设计均应报监理人批准。

2. 以提高高温抗车辙能力为主要目的的新拌改性沥青混合料，按“沥青混合料车辙试验”方法测定的动稳定度应符合《公路沥青路面施工技术规范》(JTG F40—2004)表5.3.4-1的要求。同时，经改性的沥青混合料的低温性能不得低于未改性的基质沥青混合料的指标。

3. 以提高低温抗裂性能为主要目的的改性沥青混合料，按“沥青混合料弯曲试验”方法测定的低温弯曲试验的破坏应变应符合《公路沥青路面施工技术规范》(JTG F40—2004)表5.3.4-3的要求。同时，经改性的沥青混合料的高温性能不得低于未改性沥青混合料的指标。

4. 必须在规定的试验条件下进行浸水马歇尔试验和冻融劈裂试验,检验改性沥青混合料的水稳定性。试验结果应符合《公路沥青路面施工技术规范》(JTG F40—2004)表5.3.4-2规定的浸水马歇尔试验残留稳定度和冻融劈裂试验的残留强度比的要求。达不到要求时应采取抗剥落措施。

5. 沥青玛蹄脂碎石混合料(SMA)使用的粗集料应采用破碎石料,细集料宜采用破碎人工砂,稳定剂可采用木质素纤维、矿物纤维或聚合物纤维,马歇尔试验配合比设计及使用性能检验的技术要求应符合图纸要求及上述相关规定。

311.05 改性沥青混合料路面施工设备

1. 承包人应配置满足工程施工需要的、功能先进的、工作状态良好的机械设备。在施工过程中,如果监理人认为不能满足工程需要,或不能保证工程质量的机械设备,承包人应将其更换。

2. 沥青拌和场、运料设备、摊铺设备、压实机械等施工设备可参照本规范第309.04-1条相关要求。

311.06 改性沥青混合料路面施工

1. 面层施工应遵守下列规定

(1)应具有下承层的"中间交工证书"。

(2)应具有经监理人批准的该层沥青混合料配合比设计资料和"开工报告"。

(3)对下承层应彻底清扫(冲洗)干净,并均匀洒布黏层沥青。

(4)严格控制摊铺层的设计高程、厚度、平整度、横坡度和压实度。

(5)根据气温情况严格控制混合料的施工温度。

(6)严格控制各道工序的质量,上道工序的质量未经检验合格并签认,不得进行下道工序的施工。

(7)气温10℃以下或雨天不得进行改性沥青混合料路面施工。未压实而被雨淋的沥青混合料应铲除废弃,不得回收利用。

(8)集料应有篷盖,防止被水淋湿。

(9)注意机械设备检修调试,保证其正常运转。储备够使用半月以上的经检验合格的各种材料。

(10)改性沥青混合料路面施工应符合《公路沥青路面施工技术规范》(JTG F40—2004)第5章的相关规定。

2. 施工温度

(1)改性沥青混合料的施工温度,应根据所用改性沥青的黏度与温度关系曲线确定,并参照《公路沥青路面施工技术规范》(JTG F40—2004)的表5.2.2-3的规定。改性沥青混合料的最低摊铺温度应不低于《公路沥青路面施工技术规范》(JTG F40—2004)的表5.6.6的规定。

(2)SMA混合料的施工温度视纤维品种和数量、矿料用量的不同,在改性沥青混合料的基础上通过试验适当提高。

3. 改性沥青混合料的拌和

(1)粗、细集料应严格分类堆放和供料。不同料源即使粒径相同的集料也应分开堆放,且不能混合使用。每个料源的材料应进行抽样试验,并经监理人批准。

(2)必须严格按批准的配合比进行配料,并应将集料充分烘干。

(3)回收的粉尘不得利用,应全部废弃在指定地点进行处理防止污染环境。

(4)应严格控制拌和温度,不得超过 195℃;超过时必须废弃。

(5)沥青料拌和时间根据具体情况经试拌确定,以沥青均匀裹覆集料为度。SMA 混合料的拌和时间应适当延长。

(6)改性沥青混合料储存时间不应超过 24h。

(7)出厂的沥青混合料应逐车用经过标定的地磅称重,同时测量其温度,签发运料单,归档备查。

(8)如发现其配合比偏差过大或性能指标不合格时应立即通知停机,查明原因,予以调整。

(9)拌和场应逐盘打印各种材料用量及预热温度、拌和温度与时间、沥青混合料重量与出厂时间等数据资料,并及时报告监理人。

4. 沥青混合料的运输

(1)热拌沥青混合料宜采用较大吨位的运料车运输,但不得超载运输,或紧急制动、急转弯掉头,使透层、封层造成损伤。

(2)运料车每次使用前后必须清扫干净,在车厢板上涂一薄层防止沥青粘结的隔离剂或防粘剂,但不得有余液积聚在车厢底部。

(3)运料车进入摊铺现场时,轮胎上不得粘有泥土等可能污染路面的脏物。

(4)运料车每次卸料必须倒净,尤其是对改性沥青或 SMA 混合料,如有剩余,应及时清除,防止硬结。

(5)SMA 混合料在运输、等候过程中,如发现有沥青结合料沿车厢滴漏时,应采取措施予以避免。

5. 改性沥青混合料的摊铺

(1)摊铺沥青面层时必须按图纸规定的平面、高度数据设控制导线或导梁,确保铺筑层的高度、横坡度和宽度符合设计要求。铺筑改性沥青及 SMA 路面时宜采用非接触式平衡梁。

(2)应做到匀速、连续(不停地)摊铺。摊铺速度应根据拌和机产量、运力配置情况、摊铺宽度和厚度等条件,通过试验段确定。一般为 2 ~ 4m/min,SMA 及改性沥青混合料宜放慢至 1 ~ 3m/min。不得随意变换速度或中途停顿,以提高平整度,减少混合料的离析。

(3)在摊铺过程中应随时观察摊铺机的工作状态和摊铺层的外观质量,出现异常且调节无效时,应立即停机查明原因,进行调整。对不合格的摊铺层经过整修仍不达标时,应铲除重铺。

(4)在摊铺过程中应跟踪检测质量,发现缺陷应“趁热”修补;修补不好的应刨除重铺。

(5)在没有其他负面影响的前提下,应将熨平板的振频振幅调整到摊铺层的压实度达 85%,且以高频低幅为宜。

(6)沥青路面上面层应全幅摊铺,摊铺时应采用沥青混合料转运车。

6. 混合料的压实

(1)混合料摊铺后无明显质量缺陷时,应随即用通过试验段确定的压实设备和工艺进行碾压,防止因降温而影响压实密度。改性沥青混合料一般应在温度降至 120℃ 前结束碾压作业。

(2)在初压和复压过程中,宜采用同型号压路机并列呈梯队碾压,不宜采用首尾相接的纵列方式。

(3)采用振动压路机碾压改性沥青混合料路面时,压路机的轮迹重叠宽度不应超过 200mm;但用于静载钢轮压路机碾压时,压路机轮迹重叠宽度不应少于 200mm。

(4)碾压速度可参照《公路沥青路面施工技术规范》(JTG F40—2004)表 5.7.4 的规定。

(5)改性沥青混合料碾压较困难,需要更多的压实功,应尽可能提高碾压温度和振动频率,在其不稳定温度区以上获得足够的密度。如果在指定温度内还未压实,则应改用轮胎压路机碾压,不能用钢轮碾,更不能起振,防止推移破坏。

(6)改性沥青混合料碾压过程中,应密切注意压实度的变化情况,既要达到压实标准,又要防止过度碾压而破坏集料的棱角嵌挤,或出现弹簧现象。

(7)碾压时,压路机不得中途停留、转向或紧急制动。当压路机来回交替碾压时,前后两次停留地点应相距 10m 以上,并应驶出压实起始线 3m 以外。

(8)压路机不得停留在温度高于 60℃ 的已经压过的混合料上。同时,应采取有效措施,防止油料、润滑脂、汽油或其他杂质在压路机操作或停放期间落在路面上。

(9)SMA 路面除试验证明采用轮胎压路机碾压有良好效果外,不宜采用轮胎压路机碾压,以防止将沥青结合料搓揉挤压上浮。

(10)SMA 路面宜采用振动压路机或钢筒式压路机碾压,振动压路机的碾压应遵循:“高温、紧跟、均速、慢压、高频、低幅、先边、后中”的原则。

311.07 质量检验

1. 基本要求

(1)基质沥青及改性剂和各种集料均应符合图纸及规范要求。

(2)改性沥青混合料级配及各项技术指标达到规范要求。

(3)拌和后的混合料均匀一致,无花白、无离析和结团现象。

(4)改性沥青混合料碾压后达到规定的压实度要求。

2. 检查项目

改性沥青混合料路面检查项目及检验标准同本规范表 309-7。

311.08 计量与支付

1. 计量

改性沥青混合料按图纸要求及监理人的指示按不同厚度及实际摊铺的面积以平方米计量。

2. 支付

(1)费用的支付,主要包括以下内容:

a. 承包人提供工程所需的材料、机具、设备和劳力等。

b. 原材料的检验、混合料设计与试验，以及经监理人批准的按照规范所要求的试验路段的全部作业。

c. 铺筑前对下承层的检查和清扫、材料的拌和、运输、摊铺、压实、整型、养护等。

d. 质量检验所要求的检测、取样和试验等工作。

(2)按上述规定计量，经监理人验收，并列入工程量清单的以下支付子目的工程量，其每一计量单位，将以合同单价支付。此项支付包括一切为完成本项工程所必需的全部费用。

3. 支付子目

子　目　号	子 目 名 称	单　　位
311-1	细粒式改性沥青混合料路面	
-a	厚...mm	m^2
-b	厚...mm	m^2
311-2	中粒式改性沥青混合料路面	
-a	厚...mm	m^2
-b	厚...mm	m^2
311-3	SMA 路面	
-a	厚...mm	m^2
-b	厚...mm	m^2

第312节　水泥混凝土面板

312.01　范围

本节内容为在完成并经监理人验收合格的基层上，铺筑水泥混凝土面板的工作。它包括提供所需的设备、人工和材料，以及施工、养护、试验、检测等全部作业。

312.02　材料

1. 水泥

(1)各级路面用水泥的物理性能和化学成分应符合图纸要求和《通用硅酸盐水泥》(GB 175—2007)和《道路硅酸盐水泥》(GB 13693—2005)的规定，并应符合《公路水泥混凝土路面施工技术规范》(JTG F30—2003)中表3.1.2的规定。

(2)特重、重交通混凝土路面宜采用旋窑道路硅酸盐水泥，也可采用旋窑硅酸盐水泥或普通硅酸盐水泥；中、轻交通的路面可采用矿渣硅酸盐水泥；低温天气施工、有快通要求的路段可采用R型水泥,此外宜采用普通型水泥。

(3)采用机械化铺筑时,宜选用散装水泥,散装水泥的夏季出厂温度应符合《公路水泥混凝土路面施工技术规范》(JTG F30—2003)第3.1.4小节的规定。

(4)当贫混凝土和碾压混凝土用作基层时,可使用各种硅酸盐类水泥。不掺用粉煤灰时,宜使用强度等级32.5级以下的水泥。掺用粉煤灰时,只能使用道路水泥、硅酸盐水泥、普通水泥。

(5)水泥进场时,应附有产品合格证及化验单。承包人应对品种、强度等级、包装、数量、出厂日期等进行检查验收,并报监理人审批。

2.粗集料

(1)粗集料应使用碎石、破碎卵石和卵石。粗集料应质地坚硬、耐久、洁净。粗集料技术指标应符合图纸要求及表312-1的规定。粗集料按技术要求分为Ⅰ、Ⅱ、Ⅲ级。高速公路、一级公路、二级公路及有抗(盐)冻要求的三、四级公路混凝土路面使用的粗集料级别应不低于Ⅱ级,无抗(盐)冻要求的三、四级公路混凝土路面、碾压混凝土及贫混凝土基层可使用Ⅲ级粗集料。有抗(盐)冻要求时,Ⅰ级集料吸水率不应大于1.0%;Ⅱ级集料吸水率不应大于2.0%。

(2)粗集料的级配范围应符合表312-2的要求。

碎石、碎卵石和卵石技术指标 表312-1

项　目	技术要求		
	Ⅰ级	Ⅱ级	Ⅲ级
碎石压碎指标(%)	<10	<15	<20①
卵石压碎指标(%)	<12	<14	<16
坚固性(按质量损失计%)	<5	<8	<12
针片状颗粒含量(按质量计%)	<5	<15	<20②
含泥量(按质量计%)	<0.5	<1.0	<1.5
泥块含量(按质量计%)	<0	<0.2	<0.5
有机物含量(比色法)	合格	合格	合格
硫化物及硫酸盐(按SO_3质量计%)	<0.5	<1.0	<1.0
岩石抗压强度	火成岩不应小于100MPa;变质岩不应小于80MPa;水成岩不应小于60MPa		
表观密度	>2 500kg/m^3		
松散堆积密度	>1 350kg/m^3		
空隙率	<47%		
碱集料反应	经碱集料反应试验后,试件无裂缝、酥裂、胶体外溢等现象,在规定试验龄期的膨胀率应小于0.10%		

注:①Ⅲ级碎石的压碎指标,用作路面时,应<20%;用作下面层或基层时,可<25%。

②Ⅲ级粗集料的针片状颗粒含量,用作路面时,应<20%;用作下面层或基层时,可<25%。

粗集料级配范围 表312-2

类型	级配＼粒径	方筛孔尺寸(mm)							
		2.36	4.75	9.50	16.0	19.0	26.5	31.5	37.5
		累计筛余(以质量计)(%)							
合成级配	4.75~16	95~100	85~100	40~60	0~10				
	4.75~19	95~100	85~95	60~75	30~45	0~5	00		
	4.75~26.5	95~100	90~100	70~90	50~70	25~40	0~5	0	
	4.75~31.5	95~100	90~100	75~90	60~75	40~60	20~35	0~5	0
粒级	4.75~9.5	95~100	80~100	0~15	0				
	9.5~16		95~100	80~100	0~15	0			
	9.5~19		95~100	85~100	40~60	0~15	0		
	16~26.5			95~100	55~70	25~40	0~10	0	
	16~31.5			95~100	85~100	55~70	25~40	0~10	0

(3)路面和桥面混凝土粗集料不得使用不分级的统料,应按公称最大粒径的不同采用2~4粒级集料进行掺配,并应符合图纸要求及表312-2合成级配的要求。卵石最大公称粒径不宜大于19.0mm;碎卵石最大公称粒径不宜大于26.5mm;碎石最大公称粒径不应大于31.5mm。贫混凝土基层粗集料最大公称粒径不应大于31.5mm;钢纤维混凝土与碾压混凝土粗集料最大公称粒径不宜大于19.0mm。碎卵石或碎石中粒径小于75μm的石粉含量不宜大于1%。

(4)当怀疑有碱活性集料或夹杂有碱活性集料时,应进行碱集料反应检验,确认无碱集料反应后,方可使用。

(5)当粗集料中含有活性二氧化硅或其他活性成分时,水泥中碱的含量不得大于0.6%,并应按照《公路工程集料试验规程》(JTG E42—2005)的规定进行试验,确认对混凝土质量无有害影响后方可施工。

(6)在含碱环境中(如盐碱地、含碱工业废水侵蚀)的混凝土,不得使用含有活性成分的集料。

3.细集料

(1)细集料应采用质地坚硬、耐久、洁净的天然砂、机制砂或混合砂,细集料的技术指标应符合图纸要求及表312-3的规定。细集料按技术要求分为I级、II级、III级。高速公路、一级公路、二级公路及有抗(盐)冻要求的三、四级公路混凝土路面使用的砂类别应不低于II级,无抗(盐)冻要求的三、四级公路混凝土路面、碾压混凝土及贫混凝土基层可使用III级砂。特重、重交通混凝土路面宜使用河砂,砂的硅质含量不应低于25%。

(2)细集料级配要求应符合图纸要求及表312-4的规定。砂按细度模数分为粗砂、中砂、细砂。路面和桥面用天然砂宜为中砂,可使用细度模数应在2.0~3.5之间的砂。同一配合比用砂的细度模数变化范围不应超过0.3,否则,应分别堆放,并调整配合比中的砂率后使用。

(3)路面和桥面混凝土所使用的机制砂除应符合表312-3和表312-4规定外,还应检验砂浆磨光值,且其值宜大于35,不宜使用抗磨性较差的泥岩、页岩、板岩等水成岩类母岩品种生产机制砂。配制机制砂混凝土应同时掺引气高效减水剂。

(4)在河砂资源紧缺的沿海地区,二级及二级以下公路混凝土路面和基层可使用淡化海砂,但设有缩缝传力杆混凝土路面和钢筋混凝土、钢纤维混凝土路面及桥面不得使用淡化海砂。淡化海砂的技术要求除应符合表 312-3 和表 312-4 要求外,尚应符合下述规定:

a. 淡化海砂带入混凝土中的含盐量不应大于 1.0kg/m^3;

b. 淡化海砂中碎贝壳等甲壳类动物残留物含量不应大于 1.0%;

c. 与河砂对比试验,淡化海砂应对砂浆磨光值、混凝土凝结时间、耐磨性、弯拉强度无不利影响。

(5)当怀疑有碱活性集料或夹杂有碱活性集料时,应进行碱集料反应检验,确认无碱集料反应后,方可使用。

细集料技术指标 表 312-3

项目	技术要求		
	I 级	II 级	III 级
机制砂单粒级最大压碎指标(%)	<20	<25	<30
氯化物(氯离子质量计%)	<0.01	<0.02	<0.06
坚固性(按质量损失计%)	<6	<8	<10
云母(按质量计%)	<1.0	<2.0	<2.0
天然砂、机制砂含泥量(按质量计%)	<1.0	<2.0	<3.0②
天然砂、机制砂泥块含量(按质量计%)	0	<1.0	<2.0
机制砂 MB 值<1.4 或合格石粉含量①(按质量计%)	<3.0	<5.0	<7.0
机制砂 MB 值≥1.4 或不合格石粉含量(按质量计%)	<1.0	<3.0	<5.0
有机物含量(比色法)	合格	合格	合格
硫化物及硫酸盐(按 SO_3 质量计%)	<0.5	<0.5	<0.5
轻物质(按质量计%)	<1.0	<1.0	<1.0
机制砂母岩抗压强度	火成岩不应小于 100MPa;变质岩不应小于 80MPa;水成岩不应小于 60MPa。		
表观密度	>2 500kg/m^3		
松散堆积密度	>1 350kg/m^3		
空隙率	<47%		
碱集料反应	经碱集料反应试验后,由砂配制试件无裂缝、酥裂、胶体外溢等现象,在规定试验龄期的膨胀率应小于 0.10%		

注:①亚甲蓝试验 MB 试验方法见《公路水泥混凝土路面施工技术规范》(JTG F30—2003)附录 B。

②天然 III 级砂用作路面时,含泥量应<3%;用作贫混凝土基层时,可<5%。

细集料级配范围 表 312-4

砂分级	方筛孔尺寸(mm)					
	0.15	0.30	0.60	1.18	2.36	4.75
	累计筛余(以质量计)(%)					
粗砂	90~100	80~95	71~85	35~65	5~35	0~10
中砂	90~100	70~92	41~70	10~50	0~25	0~10
细砂	90~100	55~85	16~40	0~25	0~15	0~10

4. 掺和料

(1)混凝土路面可掺用质量指标符合表图纸要求及表 312-5 规定电收尘的 I、II 级干排或磨细粉煤灰,不得使用 III 级粉煤灰。贫混凝土、碾压混凝土基层或复合式路面下面层应掺用符合表 312-5 规定的 III 级及 III 级以上的粉煤灰,不得使用等外粉煤灰。

粉煤灰分级和质量指标　　表 312-5

粉煤灰等级	细度[①](45μm 气流筛,筛余量)(%)	烧失量(%)	需水量比(%)	含水率(%)	Cl^-(%)	SO_3(%)	混合砂浆活性指数[②]	
							7d	28d
I	≤12	≤5	≤95	≤1.0	<0.02	≤3	≥75	≥85(75)
II	≤20	≤8	≤105	≤1.0	<0.02	≤3	≥70	≥80(62)
III	≤45	≤15	≤115	≤1.5	—	≤3	—	—

注:①45μm 气流筛的筛余量换算为 80μm 水泥筛的筛余量换算系数约 2.4。

②混合砂浆的活性指数为掺粉煤灰的砂浆与水泥砂浆的抗压强度比的百分数,适用于所配制混凝土强度等级≥C40 的混凝土;当配制的混凝土强度等级 < C40,混合砂浆的活性指数要求应满足 28d 括号中的数值。

(2)路面和桥面混凝土中可使用硅灰或磨细矿渣等掺和料,但使用前必须经过试配对弯拉强度、工作性、抗磨性、抗冻性等技术指标进行检验,并报请监理人批准后方可使用,以确保路面和桥面混凝土的质量。

(3)粉煤灰宜采用散装粉煤灰,进货应有等级检验报告。应确切了解所用水泥中已经加入的掺和料种类和数量。

5. 外加剂

外加剂的产品质量及掺量应符合图纸要求及《公路水泥混凝土路面施工技术规范》(JTG F30—2003)表 3.6.1 的规定。供应商应提供有相应资质外加剂检测机构认定的品质检测报告,检验报告应说明外加剂的主要化学成分,对钢筋无锈蚀、对混凝土无腐蚀和对人员无毒副作用。承包人在施工中应进行配合比试验确定其品种质量和剂量。所有外加剂的使用均应得到监理人批准。

6. 水

混凝土搅拌和养护用水应清洁,宜采用饮用水。对水质有疑问或使用非饮用水,应进行检验,并符合下列规定:

(1)硫酸盐含量(按 SO_4^{2-} 计)小于 2 700mg/L。

(2)含盐量不得超过 5 000mg/L。

(3)pH 值不得小于 4。

(4)不得含有油污、泥和其他有害杂质。

(5)海水不得作为混凝土拌和用水。

7. 钢筋

(1)钢筋应符合图纸及《钢筋混凝土用钢　第 2 部分:热轧带肋钢筋》(GB 1499.2—2007)和《钢筋混凝土用钢　第 1 部分:热轧光圆钢筋》(GB 1499.1—2008)的要求。

(2)钢筋应顺直,不得有裂缝、断伤、刻痕,表面油污和颗粒状或片状锈蚀应清除。

8. 接缝材料

(1)胀缝板宜选用杉木版、纤维板、沥青纤维板、泡沫橡胶板或泡沫树脂板等材料。其技术要求应符合图纸及《公路水泥混凝土路面施工技术规范》(JTG F30—2003)中表3.9.1

的要求。

(2)填缝料可选用沥青橡胶类、聚氯乙烯胶泥类、沥青玛蹄脂类等加热施工式填缝料和聚氨酯焦油类、氯丁橡胶类、乳化沥青橡胶类等常温施工式填缝料及预制橡胶嵌缝条。其技术要求应符合《公路水泥混凝土路面施工技术规范》(JTG F30—2003)中表 3.9.2-1 及表 3.9.2-2 的规定。

9. 其他材料

用于混凝土路面养护的养生剂、用于防裂缝修补材料和传力杆套(管)帽、沥青及塑料薄膜等材料的技术性能及物理力学性能应符合《公路水泥混凝土路面施工技术规范》(JTG F30—2003)第 3.10 节的规定。

312.03 配合比设计

1. 普通混凝土配合比设计适用于滑模摊铺机、轨道摊铺机、三辊轴机组和小型机具四种施工方式。

2. 普通混凝土路面的配合比设计在兼顾经济性的同时应满足弯拉强度、工作性、耐久性等三项技术要求。三项技术要求应符合图纸要求及《公路水泥混凝土路面施工技术规范》(JTG F30—2003)中第 4.1 节的有关规定。

3. 路面混凝土满足耐久性要求的最大水灰比和最小水泥用量应符合表 312-6 的规定。

4. 外加剂的掺量应由混凝土试配试验确定。在夏季高温下施工时,混凝土拌和物的初凝时间不得小于 3h,小于 3h 时应采取缓凝或保塑措施;低温和负温施工时的终凝后时间不得大于 10h,大于 10h 时,应采取必要的促凝或早强措施。

5. 水泥混凝土路面普通混凝土配合比参数的计算和配合比计算及配合比调整等均按《公路水泥混凝土路面施工技术规范》(JTG F30—2003)中第 4.1 节及第 4.5 节的有关规定进行。

混凝土满足耐久性要求的最大水灰(胶)比和最小单位水泥用量 表 312-6

公路等级		高速公路、一级公路	二级公路	三、四级公路
最大水灰(胶)比		0.44	0.46	0.48
抗冰冻要求最大水灰(胶)比		0.42	0.44	0.46
抗盐冻要求最大水灰(胶)比		0.40	0.42	0.44
最小单位水泥用量 (kg/m³)	42.5 级	300	300	290
	32.5 级	310	310	305
抗冰(盐)冻时最小单位水泥用量 (kg/m³)	42.5 级	320	320	315
	32.5 级	330	330	325
掺粉煤灰时最小单位水泥用量 (kg/m³)	42.5 级	260	260	255
	32.5 级	280	270	265
抗冰(盐)冻掺粉煤灰最小单位水泥用量 (42.5 级水泥)(kg/m³)		280	270	265

注:1. 掺粉煤灰,并有抗冰(盐)冻性要求时,不得使用 32.5 级水泥。

2. 水灰(胶)比计算以砂石料的自然风干状态计(砂含水率≤1.0%;石子含水率≤0.5%)。

3. 处在除冰盐、海风、酸雨或硫酸盐等腐蚀性环境中或在大纵坡等加减速车道上的混凝土,最大水灰(胶)比可比表中数值降低 0.01 ~0.02。

6. 承包人应将计划用于铺筑水泥混凝土面层的各层材料,至少在用于工程之前28d,通过试验进行混合料组成配合比设计,这些设计应包括材料标准试验、混凝土弯拉强度、集料级配、水灰比、坍落度、水泥用量、质量控制等,承包人应及时提供所有设计、试验报告单和详细说明,报监理人批准。混凝土的试配强度按设计强度提高10% ~15%。

7. 承包人应按上述混合料的设计通过混凝土的试拌,检验混凝土混合料的配合比,报监理人审批。

8. 在整个施工过程中,混凝土的质量和混合料配合比,承包人应按照质量管理要求进行自检。

9. 已批准了的混凝土混合料的生产方法和材料,未经监理人的同意不得改变。如需改变时,承包人应重新作试拌试验报批。

312.04　混合料拌和、运输

1. 承包人应根据图纸、机械设备、施工条件及摊铺方式拟定混凝土路面施工方案及施工工艺流程,编制详细的施工组织设计,在开工前28d报请监理人批准。

2. 水泥混凝土路面拌和、运输,应按照《公路水泥混凝土路面施工技术规范》(JTG F30—2003)的第5章及第6章的有关规定办理。

3. 在浇筑水泥混凝土面层前,应将监理人检查认可的基层表面上的浮土及杂物予以清除干净,并进行必要的修整。

4. 水泥混凝土路面施工开始前应对进场的材料进行检验,其检验项目及检验频率应按表312-7的规定进行。

5. 施工前必须对机械设备、测量仪器、基准线或模板、机具工具及各种试验仪器等进行全面地检查、调试、校核、标定、维修和保养。对主要施工机械的易损零部件应有适量储备。

6. 不同摊铺方式所要求的搅拌楼最小生产容量应满足《公路水泥混凝土路面施工技术规范》(JTG F30—2003)中表6.1.1的规定。一般可配备2 ~3台搅拌楼,最多不宜超过4台。搅拌楼的规格和品牌尽可能统一。

7. 搅拌楼的配备应符合《公路水泥混凝土路面施工技术规范》(JTG F30—2003)中表5.1.1的规定。应优先选配间歇式搅拌楼,也可使用连续式搅拌楼。连续式搅拌楼应配备两个或一个长度足够的搅拌锅,并应在搅拌锅上配备电视监控设备。

8. 每台搅拌楼在投入生产前,必须进行标定,并试拌正常。在标定有效期满或搅拌楼搬迁安装后,均应重新标定。施工中应每15d校验一次搅拌楼计量精确度。

9. 搅拌过程中,拌和物质量检验与控制应符合表312-8的规定。低温或高温天气时施工,拌和物出料温度宜控制在10 ~35℃。并应测定原材料温度、拌和物的温度、坍落度损失率和凝结时间等。

10. 应根据施工进度、运量、运距及路况,选配车型和车辆总数。总运力应比总拌和能力略有富余。确保新拌混凝土在规定时间内运到摊铺现场。

11. 运输到现场的拌和物必须具有适宜摊铺的工作性。不同摊铺工艺的混凝土拌和物从搅拌机出料到运输、铺筑完毕的允许最长时间应符合表312-9的规定。不满足时应通过试验、加大缓凝剂或保塑剂的剂量。

混凝土原材料的检测项目和频率 表 312-7

材料	检查项目	检查频度	
		高速公路、一级公路	其他公路
水泥	抗折强度、抗压强度、安定性	机铺 1 500t 一批	机铺 1 500t,小型机具 500t 一批
	凝结时间、标稠需水量、细度	机铺 2 000t 一批	机铺 3 000t,小型机具 500t 一批
	f-CaO、MgO、SO_3 含量、铝酸三钙、铁铝酸四钙、干缩率、耐磨性、碱度、混合材料种类及数量	每标段不少于 3 次,进场前必测	每标段不少于 3 次,进场前必测
	温度、水化热	冬、夏季施工随时检测	冬、夏季施工随时检测
粉煤灰	活性指数、细度、烧失量	机铺 1 500t 一批	机铺 1 500t,小型机具 500t 一批
	需水量比、SO_3 含量	每标段不少于 3 次,进场前必测	每标段不少于 3 次,进场前必测
粗集料	针片状、超径颗粒含量、级配、表观密度、堆积密度、空隙率	机铺 2 500m^3 一批	机铺 5 000m^3,小型机具 1 500m^3 一批
	含泥量、泥块含量	机铺 1 000m^3 一批	机铺 2 000m^3,小型机具 1 000m^3 一批
	坚固性、岩石抗压强度、压碎指标	每种粗集料每标段不少于 2 次	每种粗集料每标段不少于 2 次
	碱集料反应	怀疑有碱活性集料进场前测	怀疑有碱活性集料进场前测
	含水率	降雨或湿度变化随时测	降雨或湿度变化随时测
砂	细度模数、表观密度、堆积密度、空隙率、级配	机铺 2 000m^3,一批	机铺 4 000m^3,小型机具 1 500m^3 一批
	含泥量、泥块、石粉含量	机铺 1 000m^3 一批	机铺 2 000m^3,小型机具 500m^3 一批
	坚固性	每种砂每标段不少于 3 次	每种砂每标段不少于 3 次
	云母含量、轻物质与有机物含量	目测有云母或杂质时测	目测有云母或杂质时测
	含盐量(硫酸盐,氯盐)	必要时测,淡化海砂每标段 3 次	必要时测,淡化海砂每标段 2 次
	含水率	降雨或湿度变化随时测	降雨或湿度变化随时测
外加剂	减水剂减水率、液体外加剂含固量和相对密度粉状外加剂的不溶物含量	机铺 5t 一批	机铺 5t,小型机具 3t 一批
	引气剂引气量、气泡细密程度和稳定性	机铺 2t 一批	机铺 3t,小型机具 1t 一批
钢纤维	抗拉强度、弯折性能、长度、长径比、形状	开工前或有变化时,每标段 3 次	开工前或有变化时,每标段 3 次
	杂质、质量及其偏差	机铺 50t 一批	机铺 50t,小型机具 30t 一批
养生剂	有效保水率、抗压强度比、耐磨性、耐热性、膜水溶性	开工前或有变化时,每标段 3 次	开工前或有变化时,每标段 3 次
	含固量、成膜时间	试验路段测,施工每 5t 测 1 次	试验路段测,施工每 5t 测 1 次
水	pH 值、含盐量、硫酸根及杂质含量	开工前和水源有变化时	开工前和水源有变化时

注:1. 开工前,所有原材料项目均应检验;当原材料规格、品种、生产厂、来源变化时,必检。

2. 机铺指滑模、轨道、三辊轴机组和碾压混凝土摊铺,数量不足一批时,按一批检验。

混凝土拌和物的质量检验项目和频率 表312-8

检查项目	检查频度	
	高速公路、一级公路	其他公路
水灰比及稳定性	每500m^3抽检1次,有变化随时测	每5 000m^3抽检1次,有变化随时测
坍落度及其均匀性	每工班测3次,有变化随时测	每工班测3次,有变化随时测
坍落度损失率	开工、气温较高和有变化随时测	开工、气温较高和有变化随时测
振动黏度系数	试拌、原材料和配合比有变化时测	试拌、原材料和配合比有变化时测
钢纤维体积率	每工班测2次,有变化随时测	每工班测1次,有变化随时测
含气量	每工班测2次,有抗冻要求不少于3次	每工班测1次,有抗冻要求不少于3次
泌水率	必要时测	必要时测
视密度	每工班测1次	每工班测1次
温度、凝结时间水化发热量	冬、夏季施工,气温最高最低时,每工班至少测1~2次	冬、夏季施工,气温最高最低时,每工班至少测1次
离析	随时观察	随时观察
VC值及稳定性、压实度、松铺系数	碾压混凝土作复合式路面底层时,检查频率与其他公路相同	每工班测3~5次,有变化随时测

注:1. 混凝土拌和物振动黏度系数试验方法见《公路水泥混凝土路面滑模施工技术规程》(JTJ 037.1—2000)附录A。

2. 钢纤维混凝土拌和物钢纤维体积率试验方法见《公路水泥混凝土路面施工技术规范》(JTG F30—2003)附录D.2。

混凝土拌和物运输、铺筑完毕允许最长时间 表312-9

施工气温*(℃)	运输允许最长时间(h)		铺筑完毕允许最长时间(h)	
	滑模、轨道	三轴、小机具	滑模、轨道	三轴、小机具
5~9	2.0	1.5	2.5	2.0
10~19	1.5	1.0	2.0	1.5
20~29	1.0	0.75	1.5	1.25
30~35	0.75	0.50	1.25	1.0

注:*指施工时间的日间平均气温,使用缓凝剂延长凝结时间后,本表数值可增加0.25~0.5h。

312.05 滑模机械铺筑

1. 滑模摊铺的机械配备

(1)高速公路、一级公路施工,宜选配能一次摊铺2~3个车道宽度(7.5~12.5m)的滑模摊铺机;二级及二级以下公路路面的最小摊铺宽度不得小于单车道设计宽度。硬路肩的摊铺宜选配中、小型多功能滑模摊铺机,并宜连体一次摊铺路缘石。可按《公路水泥混凝土路面施工技术规范》(JTG F30—2003)表7.1.1-1的基本技术参数选择滑模摊铺机。

(2)滑模摊铺路面时,承包人应根据路面结构、工期要求、公路等级及监理要求配齐摊铺机、搅拌机、搅拌站、运输车辆、布料设备、抗滑构造施工设备、切缝设备等。机械配套可参照《公路水泥混凝土路面施工技术规范》(JTG F30—2003)表 7.1.1-2 的要求进行。

(3)滑模摊铺混凝土路面的施工应设置基准线。基准线形式、基准线器具、基准线设置及基准线的施工要求应符合《公路水泥混凝土路面施工技术规范》(JTG F30—2003)第 7.1.2 条有关规定。

2. 滑模摊铺准备

(1)滑模摊铺混凝土路面开始前,承包人的所有施工设备和机具应全部就位,且处于良好状态。基层、封层表面及履带行走部位应清扫干净。摊铺面板位置应洒水湿润,但不得积水。

(2)横向连接摊铺时,前次摊铺路面纵缝的溜肩胀宽部位应切割顺直。侧边拉杆应校正扳直,缺少的拉杆应钻孔锚固植入。纵向施工缝的上半部缝壁应满涂沥青。

3. 混凝土布料

(1)滑模摊铺机前的正常料位高度应在螺旋布料器叶片最高点以下,亦不得缺料。卸料、布料应与摊铺速度相协调。

(2)当坍落度在 10 ~ 50mm 时,布料松铺系数宜控制在 1.08 ~ 1.15 之间。布料机与滑模摊铺机之间施工距离宜控制在 5 ~ 10m。

(3)摊铺钢筋混凝土路面、桥面或搭板时,严禁任何机械开上钢筋网。

4. 滑模摊铺机的施工参数设定、校准和摊铺操作技术要领及摊铺中问题的处置等参照《公路水泥混凝土路面施工技术规范》(JTG F30—2003)中第 7.1.5 条、7.1.6 条及 7.1.7条的规定执行。

5. 滑模摊铺过程中应采用自动抹平板装置进行抹面。对少量局部麻面和明显缺料部位,应在挤压板后或搓平梁前补充适量拌和物,由搓平梁或抹平板机械修整。滑模摊铺的混凝土面板在下列情况下,可用人工进行局部修整:

(1)用人工操作抹面抄平器,精整摊铺后表面的小缺陷,但不得在整个表面加薄层修补路面高程。

(2)对纵缝边缘出现的倒边、塌边、溜肩现象,应顶侧模或在上部支方铝管进行边缘补料修整。

(3)对起步和纵向施工接头处,应采用水准仪抄平并采用大于 3m 的靠尺边测边修整。

6. 滑模摊铺结束后,必须及时做下述工作:

(1)清洗滑模摊铺机,并进行当日保养,加油加水,打润滑油等。

(2)宜在第二天硬切横向施工缝,也可当天软作施工横缝。应丢弃端部的混凝土和摊铺机振动仓内遗留下的纯砂浆,两侧模板应向内各收进 20 ~ 40mm,收口长度宜比滑模摊铺机侧模板略长。施工缝部位应设置传力杆,并应满足图纸规定的路面平整度、高程、横坡和板长要求。

312.06 模板及其架设与拆除

1. 模板技术要求

(1)公路混凝土路面板、桥面板和加铺层的施工模板应采用刚度足够的槽钢、轨模或钢制边侧模板，不应使用木模板、塑料模板等其他易变形的模板。模板的精确度及尺寸要求应符合《公路水泥混凝土路面施工技术规范》(JTG F30—2003)第7.2.1条的规定。

(2)横向施工缝端模板应按图纸规定的传力杆直径和间距设置传力杆插入孔和定位套管。

(3)模板或轨模数量应根据施工进度和施工气温确定，并应满足拆模周期内周转需要。

2.模板架设和安装及拆除的技术要求及允许偏差应符合《公路水泥混凝土路面施工技术规范》(JTG F30—2003)第7.2节的规定。

312.07　三辊轴机组铺筑

1.三辊轴机组的设备应符合下列规定：

(1)三辊轴整平机的主要技术参数应满足施工需要。当板厚200mm以上时宜采用直径为168mm的辊轴；桥面铺装或厚度较小的路面可采用直径为219mm的辊轴。轴长宜比路面宽度长出600～1 200mm。

(2)三辊轴机组铺筑混凝土面板时，必须同时配备一台安装插入式振捣棒组的排式振捣机。当铺装桥面厚度小于150mm时，可采用振捣梁。当面板厚度较大或坍落度较低时，宜使用100Hz以上的高频振捣棒。

(3)当一次摊铺双车道路面时应配备纵缝拉杆插入机，并配有插入深度控制和拉杆间距调整装置。

(4)其他施工辅助配套设备承包人可根据施工需要选配。

2.三辊轴机组铺筑

(1)三辊轴机组铺筑面层工艺流程宜按《公路水泥混凝土路面施工技术规范》(JTG F30—2003)第7.3.2条规定顺序施工。

(2)应有专人指挥车辆均匀卸料。布料应与摊铺速度相适应，不适应时应配备适当的布料机械。坍落度为10～40mm的拌和物，松铺系数为1.12～1.25。

(3)混凝土拌和物布料长度大于10m时，可开始振捣作业。密排振捣棒组间歇插入振实时，每次移动距离不宜超过振捣棒有效作用半径的1.5倍，并不得大于500mm，振捣时间宜为15～30s。排式振捣机连续拖行振实时，作业速度宜控制在4m/min以内。

(4)面板振实后，应随即安装纵缝拉杆。单车道摊铺的混凝土路面，在侧模预留孔中应按设计要求插入拉杆；一次摊铺双车道路面时，除应在侧模孔中插入拉杆外，还应在中间纵缝部位，使用拉杆插入机在1/2板厚处插入拉杆，插入机每次移动的距离应与拉杆间距相同。

(5)三辊轴整平机作业

a.三辊轴整平机按作业单元分段整平，作业单元长度宜为20～30m，振捣机振实与三辊轴整平两道工序之间的时间间隔不宜超过15min。

b.三辊轴滚压振实料位高差宜高于模板顶面5～20mm，过高时应铲除，过低应及时补料。

c.三辊轴整平机在一个作业单元长度内，应采用前进振动、后退静滚方式作业，宜分别滚压 2 ~3 遍。最佳滚压遍数应经过试铺确定。

d. 在三辊轴整平机作业时,应有专人处理轴前料位的高低情况,过高时,应辅以人工铲除,轴下有间隙时,应使用混凝土找补。

e. 滚压完成后,将振动辊轴抬离模板,用整平轴前后静滚整平,直到平整度符合要求,表面砂浆厚度均匀为止。

f. 表面砂浆厚度宜控制在(4 ±1)mm,三辊轴整平机前方表面过厚、过稀的砂浆必须刮除丢弃。

(6)应采用 3 ~5m 刮尺,在纵、横两个方向进行精平饰面,每个方向不少于两遍。也可采用旋转抹面机密实精平饰面两遍。刮尺、刮板、抹面机、抹刀饰面的最迟时间不得迟于在表 312-9 规定的铺筑完毕允许最长时间。

312.08　轨道摊铺机铺筑

1. 轨道摊铺设备

(1)轨道摊铺机的选型应根据路面车道数和设计宽度按轨道摊铺机的技术参数选择。最小摊铺宽度不得小于单车道 3.75m。

(2)其他设备根据施工需要配套采用。

2. 轨道摊铺机铺筑、振实及整平

(1)使用轨道摊铺机前部配备的螺旋布料器或可上下左右移动的刮板布料,这两种布料方式均要求料堆不得过高过大,亦不得缺料,可使用挖掘机、装载机或人工辅助布料。螺旋布料器前应保持面板以上 100mm 左右的拌和物,布料器后宜配备松铺高度控制刮板。

(2)轨道摊铺时的适宜坍落度按振捣密实情况宜控制在 20 ~40mm 之间。不同坍落度时的松铺系数 K 可参考《公路水泥混凝土路面施工技术规范》(JTG F30—2003)表7.4.2 确定,并按此计算出松铺高度。

(3)当施工钢筋混凝土路面时,宜选用(两台)箱型轨道摊铺机分两层两次布料,可在第一层布料完成后,将钢筋网片安装好,再进行表面第二层布料,然后一次振实;也可两次布料两次振实,中间安装钢筋网。

(4)轨道摊铺机应配备振捣棒组,振捣方式及混凝土表面振捣和修整等应按《公路水泥混凝土路面施工技术规范》(JTG F30—2003)第 7.4.2 条有关规定执行。

(5)面板整平及饰面应符合下列要求:

a. 往复式整平滚筒前的混凝土堆积物应涌向横坡高的一侧,保证路面横坡高端有足够的料找平。

b. 及时清理因整平推挤到路面边缘的余料,以保证整平精度和整平机械在轨道上的作业行驶。

c. 轨道摊铺机上宜配备纵向或斜向抹平板。纵向抹平板随轨道摊铺机作业行进可左右贴表面滑动并完成表面修整;斜向修整抹平板作业时,抹平板沿斜向左右滑动,同时随机身行进,完成表面修整。

(6)整平饰面操作要求与本规范第 312.07-2(6)款的要求相同。

312.09　小型机具铺筑

1. 承包人的小型机具性能应稳定可靠,操作简易,维修方便,机具配套应与工程规模、施工进度相适应。选配的成套机械、机具应符合《公路水泥混凝土路面施工技术规范》(JTG F30—2003)表7.5.1的要求。

2. 摊铺、振实与整平

(1)摊铺

a. 承包人在混凝土拌和物摊铺前,应对模板的位置和支撑稳固情况及传力杆、拉杆的安设等进行全面检查。修复破损基层,并洒水润湿。用厚度标尺板全面检测板厚,与设计值相符,方可开始摊铺。

b. 专人指挥自卸车尽量准确卸料。人工布料应用铁锹反扣,严禁抛掷和耧耙。人工摊铺混凝土拌和物的坍落度应控制在5~20mm之间,拌和物松铺系数宜控制在K=1.10~1.25之间,料偏干,取较高值;反之,取较低值。

c. 因故造成1h以上停工或达到2/3初凝时间,致使拌和物无法振实时,应在已铺筑好的面板端头设置施工缝,废弃不能被振实的拌和物。

(2)插入式振捣棒振实

a. 在待振横断面上,每车道路面应使用2根振捣棒,组成横向振捣棒组,沿横断面连续振捣密实,并应注意路面板底、内部和边角处不得欠振和漏振。

b. 振捣棒的振捣方法及注意事项应按《公路水泥混凝土路面施工技术规范》(JTG F30—2003)中第7.5.2-2款的有关规定执行。

(3)振动板振实

a. 在振捣棒已完成振实的部位,可开始振动板纵横交错两遍全面提浆振实,每车道路面应配备1块振动板。

b. 振动板移位时,应重叠100~200mm,移位控制以振动板底部和边缘泛浆厚度3±1mm为限。

c. 缺料的部位,应铺以人工补料找平。

(4)振动梁振实

a. 每车道路面宜使用1根振动梁。振动梁应具有足够刚度和质量,底部应焊接或安装深度4mm左右的粗集料压实齿,保证(4±1)mm的表面砂浆厚度。

b. 振动梁应垂直路面中线沿纵向拖行,往返2~3遍,使表面泛浆均匀平整。在振动梁拖振整平过程中,缺料处应使用混凝土拌和物填补,不得用纯砂浆填补;料多的部位应铲除。

(5)整平饰面

a. 每车道路面应配备1根滚杠(双车道两根)。振动梁振实后,应拖动滚杠往返2~3遍提浆整平。多余水泥浆应铲除。

b. 拖滚后的表面宜采用3m刮尺,纵横各1遍整平饰面,或采用叶片式或圆盘式抹面机往返2~3遍压实整平饰面。抹面机配备每车道路面不宜少于1台。

c. 在抹面机完成作业后,应进行清边整缝,清除粘浆,修补缺边、掉角。应使用抹刀将抹面机留下的痕迹抹平,当烈日暴晒或风大时,应加快表面的修整速度,或在防雨篷遮阴下进行。精平饰面后的面板表面应无抹面印痕,致密均匀,无露骨,平整度应达到规定要求。

3. 小型机具施工三、四级公路混凝土路面,应优先采用在拌和物中掺外加剂,无条件时,应使用真空脱水工艺,该工艺适用于面板厚度不大于 240mm 混凝土面板施工。采用真空脱水工艺的机具及施工工艺要求应按《公路水泥混凝土路面施工技术规范》(JTG F30—2003)第 7.5.3 条的有关规定执行。

312.10 接缝施工

1. 纵缝施工

(1)当一次铺筑宽度小于路面和硬路肩总宽度时,应设纵向施工缝,位置应避开轮迹,并重合或靠近车道线,构造可采用平缝加拉杆型。

(2)当所摊铺的面板厚度≥260mm 时,也可采用插拉杆的企口形纵向施工缝。采用滑模施工时,纵向施工缝的拉杆可采用摊铺机的侧向拉杆装置插入。采用固定模板施工方式时,应在振实过程中,从侧模预留孔中手工插入拉杆。

(3)当一次铺筑宽度大于 4.5m 时,应采用假缝拉杆型纵缝,即锯切纵向缩缝,纵缝位置应按车道宽度设置,并在摊铺过程中用专用的拉杆插入装置插入拉杆。

(4)桥面与搭板纵缝拉杆可由横向钢筋延伸穿过接缝代替。

(5)插入或置入的侧向拉杆应牢固,不得松动、碰撞或拔出。若发现拉杆松脱、拔出或未插入,应在横向相邻路面摊铺前,钻孔重新置入拉杆。当发现拉杆可能被拔出时,宜进行拉杆拔出力(握裹力)检验,混凝土与拉杆握裹力试验方法可参照《公路水泥混凝土路面施工技术规范》(JTG F30—2003)附录 C。

2. 每天摊铺结束或摊铺中断时间超过 30min 时,应设置横向施工缝。其位置宜与胀缝或缩缝重合,确有困难不能重合时,施工缝应采用设螺纹传力杆的企口缝形式。横向施工缝应与路中心线垂直。横向施工缝在缩缝处采用平缝加传力杆型。

3. 横向缩缝施工

(1)普通混凝土路面横向缩缝宜等间距布置。不宜采用斜缩缝和不等间距缩缝。不得不调整板长时,最大板长宜不大于 6.0m;最小板长不宜小于板宽。

(2)在中、轻交通的公路混凝土路面上,横向缩缝可采用不设传力杆假缝型。

(3)在特重和重交通公路、收费广场、邻近胀缝或路面自由端的 3 条缩缝应采用假缝加传力杆型。钢筋支架应具有足够的刚度,传力杆应准确定位,摊铺之前应在基层表面放样,并用钢钎锚固,宜使用手持振捣棒振实传力杆高度以下的混凝土,然后机械摊铺。

4. 胀缝设置与施工

(1)普通混凝土路面的胀缝应按图纸要求和《公路水泥混凝土路面施工技术规范》(JTG F30—2003)第 9.1.4 条的规定设置。

5. 拉杆、胀缝板、传力杆及其套帽、滑移端设置精确度应符合《公路水泥混凝土路面施工技术规范》(JTG F30—2003)表 9.1.5 的要求。

6. 贫混凝土基层、各种混凝土面层、加铺层、桥面和搭板的纵、横向缩缝均应采用切缝法施工。切缝作业应按《公路水泥混凝土路面施工技术规范》(JTG F30—2003)第9.1.6条规定执行。

7. 填缝

(1)混凝土面板所有接缝凹槽都应按图纸规定,用填缝料填缝。填缝材料和填缝方法应经监理人批准。

(2)缝槽应在混凝土养生期满后及时填缝,填缝前必须保持缝内干燥清洁,防止砂石等杂物掉入缝内。填缝前应经监理人检查。

(3)填缝料应与混凝土缝壁黏附紧密,其灌注深度宜为缝宽的2倍,当深度大于30~40mm时,可填入多孔柔性衬底材料。在夏季应使填缝料灌至与板面齐平;在冬季则应稍低于板面。

(4)在开放交通前,填缝料应有充分的时间硬结。

312.11　混凝土路面养生

1. 混凝土路面铺筑完成或软作抗滑构造完毕后应立即开始养生。机械摊铺的各种混凝土路面、桥面及搭板宜采用喷洒养生剂同时保湿覆盖的方式养生。在雨天或养生用水充足的情况下,也可采用覆盖保湿膜、土工毡、土工布、麻袋、草袋、草帘等洒水湿养生方式。不宜使用围水养生方式。

2. 混凝土路面采用喷洒养生剂养生和覆盖物保湿养生时应按《公路水泥混凝土路面施工技术规范》(JTG F30—2003)第9.3节有关规定执行。

312.12　特殊气候条件下的施工

1. 一般规定

(1)承包人应根据图纸提供的当地气象资料及承包人收集的月、旬、日天气预报资料,遇有影响混凝土路面施工质量的天气时,应暂停施工或采取必要的防范措施,制订特殊气候的施工方案。

(2)混凝土路面施工如遇下述条件之一者,必须停工。

a. 现场降雨;

b. 风力大于6级,风速在10.8m/s以上的强风天气;

c. 现场气温高于40℃或拌和物摊铺温度高于35℃;

d. 摊铺现场连续5昼夜平均气温低于5℃,夜间最低气温低于-3℃。

2. 雨天施工:当降雨影响路表面质量时应停止施工。雨季施工时应准备足够的防雨篷或塑料薄膜,对被暴雨冲刷后,路面平整度严重劣化的部位,应尽早铲除重铺。

3. 刮风天施工:在日照较强,空气干燥的多风季节或经常刮风的地区,为防止路面发生塑性收缩而产生开裂。应采取《公路水泥混凝土路面施工技术规范》(JTG F30—2003)中表10.3.1的相应措施。

4. 高温季节施工:当现场气温高于30℃时,应避开中午高温时段施工,若不能避开应采取相应的降温技术措施。无论在什么情况和条件下,混凝土拌和物的出料温度不宜超过35℃。夏季高温气候施工时,应随时加测气温和水泥、拌和水、拌和物及路面温度。必要时加测混凝土水化热。

5. 低温季节施工:冬季负温施工,当最低温度为 -3℃以下,应采用路面保温覆盖措施施工。最低气温 -10℃以下,应同时采用保温覆盖和加防冻剂的冬季负温施工方法。搅拌机出料温度不得低于 10℃,摊铺混凝土温度不得低于 5℃。否则应采用热水拌和混凝土。冬季负温施工覆盖保温养生的最少天数不得少于 21d。养生方式为先洒养生剂,加塑料薄膜保湿,再盖保温材料保温。

312.13 混凝土面板的移除及更换

1. 凡不符合规定要求的混凝土面板应根据监理人指示予以凿除并重新摊铺,其费用由承包人负担。

2. 凿缝范围应是横向接缝间的全部混凝土,并将基底清理干净,经监理人验收合格后,再进行混凝土摊铺。

312.14 取样和试验

1. 施工单位应随时对施工质量进行自检。自检项目和频率:原材料应按表 312-7 规定进行;拌和物应按表 312-8 规定进行;混凝土路面应按本规范表 312-10 规定进行。当施工、监理、监督人员发现异常情况,应加大检测频率,找出原因,及时处理。高速公路、一级公路应利用计算机实行动态质量管理。其方法见《公路水泥混凝土路面施工技术规范》(JTG F30—2003)附录 A.2 的规定。

2. 浇筑完成的混凝土板,应检查实际强度,可现场钻取圆柱试件,进行圆柱劈裂强度的试验,以圆柱劈裂强度推算小梁弯拉强度。

3. 如果试件表明混凝土的 28d 强度不能达到规定的强度,则承包人可以从相应龄期地点的混凝土构件中切取样品,对照其强度。切取样品的尺寸和切取试件的部位均由监理人决定,取件后由承包人负责修复孔穴,其费用由承包人承担。

混凝土路面的检验项目、方法和频率 表 312-10

项次	检查项目	检验方法和频率	
		高速公路、一级公路	其他公路
1	弯拉强度	每班留 2~4 组试件,日进度 <500m 取 2 组;≥500m 取 3 组;≥1 000m 取 4 组,测 f_{cs},f_{min},C_v	每班留 1~3 组试件,日进度 <500m 取 1 组;≥500m 取 2 组;≤1 000m 取 3 组,测 f_{cs},f_{min},C_v
	钻芯劈裂强度	每车道每 3km 钻取 1 个芯样,硬路肩为 1 个车道,测平均 f_{cs},f_{min},C_v,板厚 h	每车道每 3km 钻取 1 个芯样,硬路肩为 1 个车道,测平均 f_{cs},f_{min},C_v,板厚 h
2	板厚度	路面摊铺宽度内每 100m 左右各 2 处,连接摊铺每 100m 单边 1 处,参考芯样	路面摊铺宽度内每 100m 左右各 1 处,连接摊铺 100m 单边 1 处,参考芯样

续上表

项次	检 查 项 目	检验方法和频率	
		高速公路、一级公路	其他公路
3	3m直尺平整度	每半幅车道100m 2处10尺	每半幅车道200m 2处10尺
	动态平整度	所有车道连续检测	所有车道连续检测
4	抗滑构造深度	铺砂法：每幅200m 2处	铺砂法，每幅200m1处
5	相邻板高差	尺测：每200m纵横缝2条，每条3处	尺测：每200m纵横缝2条，每条2处
6	连接摊铺纵缝高差	尺测：每200m纵向工作缝，每条3处，每处间隔2m 3尺，共9尺	尺测：每200m纵向工作缝，每条2处，每处间隔2m 3尺，共6尺
7	接缝顺直度	20m拉线测：每200m6条	20m拉线测：每200m4条
8	中线平面偏位	经纬仪：每200m6点	经纬仪：每200m4点
9	路面宽度	尺测：每200m6处	尺测：每200m4处
10	纵断高程	水准仪：每200m6点	水准仪：每200m4点
11	横坡度	水准仪：每200m6个断面	水准仪：每200m4个断面
12	断板率	数断板面板块占总块数比例	数断板面板块占总块数比例
13	脱皮裂纹露石缺边掉角	量实际面积，并计算与总面积比	量实际面积，并计算与总面积比
14	路缘石顺直度和高度	20m拉线测：每200m4处	20m拉线测：每200m 2处
15	灌缝饱满度	尺测：每200m接缝测6处	尺测：每200m接缝测4处
16	切缝深度	尺测：每200m6处	尺测：每200m4处
17	胀缝表面缺陷	每条观察填缝及啃边断角	每条观察填缝及啃边断角
18	胀缝板连浆	每条胀缝板安装时测量	每条胀缝板安装时测量
	胀缝板倾斜	尺测：每块胀缝板每条两侧	尺测：每块胀缝板每条两侧
	胀缝板弯曲和位移	尺测：每块胀缝板每条3处	尺测：每块胀缝板每条3处
19	传力杆偏斜	钢筋保护层仪：每车道4根	钢筋保护层仪：每车道3根

注：路面钻芯劈裂强度应换算为实际面板弯拉强度进行质量评定。

312.15　质量检验

1. 基本要求

(1)混凝土的摊铺、捣实、整平与混凝土面板养护符合规范要求。

(2)接缝的位置、规格、尺寸和传力杆、拉力杆的设置以及面板补强钢筋的布设等符合图纸和规范要求。

(3)路面的平整度和构造深度符合规范要求。

(4)路线符合图纸要求。

2. 检查项目

检查项目分别见表312-11。

各级公路混凝土路面铺筑质量要求　　表 312-11

项次	检查项目		允许值	
			高速公路、一级公路	其他公路
1	弯拉强度(MPa)		100% 符合 JTG F30—2003 附录 A.1 的规定	
2	板厚度(mm)		代表值≥ -5;极值≥ -10,C_v 值符合设计要求	
3	平整度	σ(mm)	1.2	2.0
		IRI(m/km)	2.0	3.2
		3m 直尺最大间隙 Δh(mm)	3(合格率应≥90%)	5(合格率应≥90%)
4	抗滑构造深度(mm)		0.70 ~ 1.10	0.50 ~ 1.0
5	相邻板高差(mm)		2	3
6	连接摊铺纵缝高差(mm)		平均值≤3;极值≤5	平均值≤5;极值≤7
7	接缝顺直度(mm)		10	
8	中线平面偏位(mm)		20	
9	路面宽度(mm)		±20	
10	纵断高程(mm)		±10	±15
11	横坡度(%)		±0.15	±0.25
12	断板率(‰)		≤2	≤4
13	脱皮印痕裂纹露石缺边掉角(‰)		≤2	≤3
14	路缘石顺直度和高度(mm)		≤20	≤20
15	灌缝饱满度(mm)		≤2	≤3
16	切缝深度(mm)		≥50	≥50
17	胀缝表面缺陷		不应有	不宜有
18	胀缝板连浆(mm) 胀缝板倾斜(mm) 胀缝板弯曲和位移(mm)		≤20 ≤20 ≤10	≤30 ≤25 ≤15
19	传力杆偏斜(mm)		≤10	≤13

注:1. 路面钻芯劈裂强度应换算为实际面板弯拉强度进行质量评定。

2. 质量检查方法见表 312-10 的规定。

3. 外观鉴定

(1)混凝土板表面脱皮、印痕、裂纹、露石、蜂窝、麻面、缺边、掉角等有缺陷的面积不得超过受检面积的 2‰(高速公路和一级公路)和 3‰(其他公路)。

(2)混凝土的断裂块数不得超过评定路段混凝土板总块数的 2‰(高速公路和一级公路)和 4‰(其他公路)。

(3)路面边线直顺、曲线圆滑。

(4)接缝填缝料饱满密实、粘结牢固、缝缘清洁整齐。

312.16　计量与支付

1. 计量

(1)水泥混凝土面板按图纸和监理人指示铺筑的面积、经监理人验收合格,按不同厚度以平方米计量。除监理人另有指示外,任何超过图纸所规定的尺寸的计算面积,均不予计量。

(2)水泥混凝土路面的补强钢筋及拉杆、传力杆等钢筋按图纸要求设置,经监理人现场验收后以千克计量。因搭接而增加的钢筋不予计入。

(3)接缝材料等未列入支付子目中的其他材料均含入水泥混凝土路面单价之中,不单独计量与支付。

2.支付

(1)费用的支付,主要包括以下内容:

a.承包人提供工程所需的材料、机具、设备和劳力等。

b.原材料的检验,混合料设计与试验,以及经监理人批准的按照规范所要求的试验路段的全部作业。

c.铺筑混凝土面板前对基层的检查和清扫、混凝土混合料的拌和、运输、摊铺、终饰、接缝、养护等。

d.质量检验所要求的检测、取样和试验等。

(2)按上述规定计量,经监理人验收并列入工程量清单的以下支付子目的工程量,其每一计量单位,将以合同单价支付。此项支付包括一切为完成本项工程所必需的全部费用。

3.支付子目

子　目　号	子目名称	单　　位
312-1	水泥混凝土面板	
-a	厚...mm(混凝土弯拉强度...MPa)	m^2
-b	厚...mm(混凝土弯拉强度...MPa)	m^2
312-2	钢筋	
-a	HPB235	kg
-b	HRB335	kg

第313节　培土路肩、中央分隔带回填土、土路肩加固及路缘石

313.01　范围

本节工作内容包括路肩培土、中央分隔带的回填土以及土路肩加固工程等施工作业。

313.02　材料

1.路肩培土及中央分隔带回填土所用材料应符合图纸及本规范第204.02小节的要求。

2. 水泥混凝土应符合图纸和本规范第 410 节的要求。

3. 水泥砂浆应符合图纸和本规范第 413 节的要求。

313.03 施工要求

1. 当路肩用料与稳定土层用料不同时,应采取培肩措施,先将两侧路肩培好。路肩料层的压实厚度应与稳定土层的压实厚度相同。在路肩上,每隔 5 ~ 10m 应交错开挖临时泄水沟。路面铺筑完成后,可进行路肩培土及中央分隔带回填土的施工作业,并应符合图纸和监理人指示。

2. 路肩培土和中央分隔带回填土的施工工艺及要求参照本规范 204.04 节的有关规定,同时符合图纸要求。

3. 中央分隔带内根据图纸或监理人指示,表层应回填种植土。

4. 土路肩加固前准备

(1)施工前应按图纸逐桩测量其施工高程及应有宽度,当不符合图纸规定时,应进行修整;二级及其以上公路土路肩的压实度应不小于 95%;二级以下公路的压实度应不小于 94%,同时路基边坡整修应符合图纸要求。

(2)经监理人检查同意后,方可分段进行预制块的铺砌或现浇水泥混凝土加固作业。

5. 混凝土预制块加固土路肩

(1)混凝土预制块按图纸要求的尺寸应在预制场集中预制,并经检验合格后方可使用,预制块在运输时应轻拿轻放,不得野蛮装卸,避免损坏。

(2)铺砌预制块时,首先应按图纸要求设置垫层或整平,然后将块件接缝处用水湿润,并在侧面涂抹水泥砂浆。砌块落座时应位置正确、灰缝挤紧,但不得碰撞相邻砌块。灰缝宽度不大于 10mm。

(3)铺砌段完成后,即进行养生,在砂浆强度达到图纸规定要求前,禁止在其上行走或碰撞。

6. 现浇混凝土加固土路肩

(1)模板应采用钢板材料制成,所有模板均不应翘曲,并应有足够强度来承受混凝土压力,而不发生变形。所有模板应处理干净,并涂上经批准的脱模剂,并按图纸尺寸对混凝土全深立模,然后浇筑混凝土。

(2)混凝土应按试验确定的配合比进行拌和及浇筑。按图纸要求的厚度,浇筑在模板内的混凝土宜用捣动器振捣或监理人认可的其他方法捣固。模板应留待混凝土固结后才可拆除,拆模时应保证棱角不受损坏,混凝土应按规定刮平成形,然后用木抹子将其抹饰平整。经监理人允许可采用其他抹面方法,但不允许粉饰。

(3)抹饰平整后即进入养生。养生方法及细节参照本规范 410 节的有关规定。

7. 路缘石(混凝土预制)

(1)混凝土应按试验确定的配合比进行拌制及预制,路缘石的质量符合图纸规定要求。

(2)路缘石埋设的槽底基础和后背填料应夯击密实,压实度符合图纸要求。

(3)安砌缘石时应钉桩拉线,务必使顶面平整,线条直顺,曲线圆滑美观,埋砌稳固。

313.04　质量检验

1. 基本要求

(1)培土路肩及中央分隔带回填土,分层填筑压实符合要求,层面平整。

(2)培土路肩横坡符合图纸规定,肩线直顺,曲线圆滑。

(3)土路肩加固的混凝土配合比符合本规范的要求。

(4)现浇混凝土块加固土路肩,混凝土表面平整、线条直顺、曲线圆滑。

(5)预制混凝土块加固土路肩,铺砌稳固、平整,缝宽均匀,勾缝密实。

(6)预制混凝土块路缘石安砌稳固,线条直顺,曲线圆滑,顶面平整。

2. 检查项目

(1)培土路肩及土路肩加固检查项目见表313-1。

(2)路缘石铺设检查项目见表313-2。

3. 外观鉴定

土路肩加固线条直顺,曲线圆滑,整洁美观。

路缘石勾缝密实均匀,无杂物污染。路缘石高程一致,线形顺畅。

路肩检查项目　　表313-1

项次	检查项目		规定值或允许偏差	检 查 方 法
1	压实度(%)		不小于设计值	按JTG F80/1—2004附录B检查,每200m测2处
2	平整度(mm)	土路肩	20	3m直尺:每200m测2处×4尺
		硬路肩	10	
3	横坡(%)		±1.0	水准仪:每200m测2处
4	宽度(mm)		符合设计要求	尺量:每200m测2处

路缘石铺设检查项目　　表313-2

项次	检 查 项 目		规定值或允许偏差	检 查 方 法
1	直顺度(mm)		10	20m拉线:每200m测4处
2	预制铺设	相邻两块高差(mm)	3	水平尺量:每200m测4处
		相邻两块缝宽(mm)	±3	尺量:每200m测4处
	现浇	宽度(mm)	±5	尺量:每200m测4处
3	顶面高程(mm)		±10	水准仪:每200m测4处

313.05　计量与支付

1. 计量

(1)培土路肩及中央分隔带回填土按压实后并经验收的工程数量分别以立方米为单位计量。

(2)水泥混凝土加固土路肩经验收合格后,沿路肩表面量测其长度以延米为单位计量,加固土路肩的混凝土立模、摊铺、振捣、养生、拆模,预制块预制铺砌,接缝材料等及其他有关加固土路肩的杂项工作均属承包人的附属工作,均不另行计量。

(3)路缘石按图纸所示的长度进行现场量测,经验收合格以延米为单位计量。埋设缘石的基槽开挖与回填、夯实以及混凝土垫层或水泥砂浆垫层等有关杂项工作均属承包人的附属工作,不另行计量。

2. 支付

按上述规定计量,经监理人验收并列入工程量清单的以下支付子目的工程量,其每一计量单位将以合同单价支付,此项支付包括材料、劳力、设备、运输等及其他为完成工程所必需的费用,是对完成工程的全部偿付。

3. 支付子目

子 目 号	子 目 名 称	单 位
313-1	培土路肩	m^3
313-2	中央分隔带回填土	m^3
313-3	现浇混凝土加固土路肩(厚...mm)	m
313-4	混凝土预制块加固土路肩(厚...mm)	m
313-5	混凝土预制块路缘石	m

第 314 节　路面及中央分隔带排水

314.01　范围

本节工作为路面和中央分隔带排水工程,包括纵、横、竖向排水管、渗沟、缝隙式圆形集水管、集水井、路肩排水沟和拦水带等结构物的施工及有关的作业。

314.02　材料

1. 混凝土应符合图纸及本规范第 410 节的要求。

2. 石料及水泥砂浆应符合图纸及本规范第 413 节的要求。

3 沥青材料应符合图纸及本规范第 201.02-6 条的规定。

4. 排水管要求如下。

(1)PVC-U 管的质量应符合图纸要求及《排水用芯层发泡硬聚氯乙烯(PVC-U)管材》(GB/T 16800—2008)的规定。

(2)铸铁管应符合图纸要求及现行国家相关标准的规定。

(3)混凝土排水管的质量应符合图纸及本规范第 419 节有关规定。

314.03　施工要求

1. 排水管

(1)PVC－U 排水管

a. 纵向 PVC－U 透水管的打孔冲击试验及孔径、孔距等应符合图纸规定，纵向 PVC－U 透水管的铺设纵坡不应小于 0.3%。

b. 中央分隔带开口部的纵向 PVC－U 管不打孔，其接头均应防渗漏处理。

c. 位于涵洞、通道处的中央分隔带排水系统，应按图纸及工程师的要求在涵洞、通道顶钻孔，设竖向 PVC－U 排水管，将水排入涵洞内或通道内的排水沟。

d. 纵向排水管与横向排水管及竖向排水管接头部位，均应按图纸规定设胶泥隔水层。

e. 中央分隔带横向排水管应按图纸规定设砂砾垫层及出水口混凝土预制块。

f. 超高路段横向排水管进水口应埋设于集水井，并用水泥砂浆灌注接缝。横向排水管应设置于图纸规定的基础上，管节间应严格按图纸或工程师的指示做好防水措施。

(2)铸铁排水管

a. 铸铁管及管件的外观质量应符合图纸及下列要求：

(a)管及管件表面不得有裂纹，不得有妨碍使用的凹凸不平的缺陷；

(b)采用橡胶圈柔性接口的铸铁管，承口的内工作面和插口的外工作面应光滑、轮廓清晰，不得有影响接口密封性的缺陷。

(c)铸铁管及管件的尺寸公差应符合图纸及现行国家产品标准的规定。

b. 管及管件下沟前，应清除承口内部的油污、飞刺、铸砂及凹凸不平的铸瘤；有裂纹的管及管件不得使用。

c. 铸铁排水管沿直线安装时，宜选用管径公差组合最小的管节组对连接，接口的环向间隙应均匀，承插口间的纵向间隙不应小于 3mm。

d. 铸铁排水管刚性接口或柔性接口的材料及施工安装要求应符合图纸及《给水排水管道工程施工及验收规范》(GB 50268—2008)的有关规定。

(3)混凝土排水管

a. 混凝土排水管的质量、尺寸应符合本规范第 419 节的规定。

b. 混凝土排水管的安装应符合图纸及本规范第 419.03 小节的规定。

2. 渗沟

(1)中央分隔带内填土前，应按图纸及监理人的要求在其路基、路面及路缘带内侧表面做好沥青油毡防水层。

(2)中央分隔带内应按图纸规定设置向内倾的横向坡度使表面水流向分隔带中央低凹处的渗沟。

(3)渗沟沟底纵坡应符合图纸规定或监理人的指示。

(4)渗沟施工应符合图纸规定及本规范第 207.04-6 条的要求。

3. 纵向雨水沟(管)

(1)在超高路段中央分隔带上侧边缘设置的纵向雨水沟，其起讫桩号及高程、尺寸均应符合图纸规定或工程师的指示。

(2)纵向雨水沟沟底纵坡除图纸另有规定外应与路线纵坡相同,但应不小于 0.3%,否则应调整纵坡。

(3)纵向雨水沟除端部预制件集中预制外,其余段均在现场就地浇筑。纵向雨水沟预制块应在基础混凝土未凝结前放置于基础上

(4)纵向雨水沟顶面高程不得高出相邻路面高程。

(5)纵向雨水沟的栅形盖板材料、尺寸应符合图纸要求。

4. 集水井

(1)中央分隔带超高路段应按图纸规定位置准确定位后,在开挖路槽的同时,开挖集水井及横向排水管基坑。

(2)位于涵洞、通道处的小型集水井按图纸规定尺寸、配筋集中预制,并按图纸所示安装。

(3)衔接于横向排水管的集水井按图纸规定高程、尺寸立模现浇、横向排水管管节嵌入集水井壁内,并严格按图纸或监理人批准的方法做好防水处理。

(4)集水井铸铁梳形盖板尺寸、规格应按图纸规定加工,并按图纸所示安装。

5. 路肩排水沟

(1)在经监理人验收合格的路肩基础上按图纸铺设天然砂砾层,并用小型压实机具予以压实,其密实度应符合图纸规定。

(2)若铺设土工布,按图纸规定或监理人的指示,在压实平整的砂砾层上全断面铺设土工布,土工布应拉直平顺,紧贴砂砾层上。施工中土工布不应出现任何损坏,否则,承包人应予更换重铺,并承担其费用。

(3)混凝土路肩排水沟块件按图纸规定尺寸、材料及本规范第 410 节有关施工要求,在工厂集中预制。

(4)按图纸规定安装排水沟预制块,对接砌缝及与边坡急流槽衔接处,应用水泥砂浆灌注,防止漏水。急流槽施工应符合本规范第 207.04-4 条的有关要求。

6. 沥青混凝土和水泥混凝土拦水带

(1)在经监理人验收合格的路肩上,紧靠硬路肩边缘,按图纸规定和监理人指示,铺设沥青混凝土拦水带。沥青混凝土材料应符合本规范第 309 节要求。现场浇筑沥青混凝土拦水带应使用专用机具。

(2)水泥混凝土预制块拦水带设置应符合图纸和监理人要求。预制块质量应符合图纸及本规范第 410 节的要求。现场砌筑预制块应平顺,块与块的缝隙应封严。拦水带与硬路肩边缘无缝隙,不漏水。

(3)施工中注意拦水带不得占用硬路肩的有效宽度。

(4)拦水带的泄水口一般为喇叭口式(纵坡路段宜做成不对称的喇叭口式),圆滑地与边坡急流槽相接。

314.04 质量检验

1. 各种排水管及排水沟

(1)基本要求

a. 排水管必须逐节检查,不合格的不得使用。

b. 排水管基础应符合图纸规定。

c. 混凝土排水沟接缝砂浆均匀饱满，勾缝密实。

(2)检查项目

见表314-1。

排水管及排水沟检查项目　　表314-1

项次	检 查 项 目		规定值或允许偏差	检 查 方 法
1	混凝土及砂浆强度(MPa)		在合格标准内	按JTG F80/1—2004附录D、F检查
2	轴线偏位(mm)	排水管	15	经纬仪或拉线:每两井间测3处
		排水沟	50	
3	沟、管内底高程(mm)		±15	尺量:每两井间测3处
4	基础宽、厚度(mm)		不小于图纸规定	尺量:每两井间测3处

(3)外观鉴定

a. 排水沟顶面不高出相邻路面。

b. 排水沟顺直、无折坡现象。

2. 集水井

(1)基本要求

a. 混凝土配合比准确、表面光实。

b. 井框、井盖安装平稳，井口周围无积水。

(2)检查项目

见表314-2。

(3)外观鉴定

a. 井内壁无裂缝。

b. 井盖低于相邻路面。

集水井的检查项目　　表314-2

项次	检 查 项 目	规定值或允许偏差		检 查 方 法
1	混凝土及砂浆强度(MPa)	在合格标准内		按JTG F80/1—2004附录D、F检查
2	轴线偏位(mm)	50		经纬仪:每个检查
3	圆井直径或方井长、宽(mm)	±20		尺量:每个检查
4	井底高程	±15		水准仪:每个检查井检查
5	井盖与相邻路面高差(mm)	雨水井	+0,-4	水准仪、水平尺:每个检查井检查

314.05　计量与支付

1. 计量

(1)中央分隔带处设置的排水设施，按图纸施工，经监理人验收合格的实际工程数量分别按下列项目计量：

a. 排水管按不同材料、不同直径分别以米计量。

b. 纵向雨水沟(管)按长度以米计量。

c. 集水井按不同尺寸以座计量。

d. 渗沟按不同截面尺寸以延米计量。

e. 防水沥青油毡以平方米计量。

(2)路肩排水沟,经监理人验收合格的实际工程数量,分别按下列项目计量:

a. 混凝土路肩排水沟按长度以米计量。

b. 路肩排水沟砂砾垫层(路基填筑中已计量者除外)按立方米计量。

c. 土工布以平方米计量。

(3)排水管基础开挖和基础浇筑、胶泥隔水层及出水口预制混凝土垫块及混凝土包封等不另行计量,包含在排水管单价中。

(4)渗沟上的土工布不另计量,包含在渗沟单价中。

(5)拦水带按长度以米计量。

2. 支付

按上述规定计量,经监理人验收列入工程量清单的以下支付子目的工程量,其每一计量单位将以合同单价支付,此项支付包括材料、劳力、设备、运输等及其他为完成工程所必需的所有费用,是对完成工程的全部偿付。

3. 支付子目

子 目 号	子 目 名 称	单 位
314-1	排水管	
-a	PVC-U 管(ϕ...mm)	m
-b	铸铁管(ϕ...mm)	m
-c	混凝土管(ϕ...mm)	m
314-2	纵向雨水沟(管)	m
314-3	C...混凝土集水井	座
314-4	中央分隔带渗沟(...mm × ...mm × ...mm)	m
314-5	沥青油毡防水层	m^2
314-6	路肩排水沟	
-a	混凝土路肩排水沟	m
-b	砂砾垫层	m^3
-c	土工布	m^2
314-7	拦水带	
-a	沥青混凝土拦水带	m
-b	水泥混凝土拦水带	m

第 400 章　桥梁、涵洞

第 401 节　通　　则

401.01　范围

1. 本章工程包括**桥梁、涵洞及其附属结构物**的施工。通道、排水、防护及隧道工程，亦可参照本章有关内容施工。

2. 特殊结构物的施工，必须同时按相应的有关规范及图纸要求编写项目专用本。

401.02　一般要求

1. 核对图纸和补充调查

承包人在施工开始前应对设计文件、图纸、资料进行现场核对，必要时应进行补充调查，并将调查结果提交监理人批准。

2. 平整场地

承包人应按照第 202 节要求，平整施工场地，并得到监理人认可。

3. 复测

承包人应在开工前对桥梁中心位置桩、三角网基点桩、水准基点桩及其他测量资料进行核对、复测。若桩志不足或不符合要求时，应按《公路桥涵施工技术规范》(JTJ 041—2000)第 3 章“施工准备和施工测量”有关要求重新补测，并将复测或补测结果报监理人认可。

承包人应对桥梁中心桩、水准基点桩等控制标志加以妥善保护，直至工程竣工验收。

4. 编制施工方案

承包人在开工前，应根据图纸资料和有关合同条款，编制实施性的施工进度计划和施工方案说明(包括施工安全和环保方案)，提交监理人审批。

5. 预制场地

预制场地由承包人自行选择。承包人应向监理人报送一份预制场地的平面位置布置图、预制场地的平整计划以及对环境保护采取的措施等。工程完成后，应将场地上的设备和废弃物清除干净，并恢复原状，使监理人认可。预制场地按本规范第 103.04 小节规定报批并计量。

6. 图纸

(1)承包人开工前应仔细阅读图纸，发现疑问应及时向监理人提出。

(2)承包人必须按照图纸及其有关说明施工。结构物的外形、尺寸、线条应符合图纸规定，其施工偏差应在本规范规定的允许值范围内。

(3)当图纸内有关施工说明与本规范规定有矛盾时，以图纸为准。图纸及本规范均缺少有关的要求和规定时，由监理人参考国内外已建同类工程及相应的规定并结合实际情况确定或规定，同时报发包人同意后实施。

7. 承包人必须按照国家有关的基本建设程序进行施工,并建立完善的质量保证体系,在施工过程中对工程进行自检,在工程完成后按合同条款第 18 条的相关规定,配合监理人及发包人进行检查验收工作。

8. 安全技术措施

(1)桥梁施工前,应对施工现场、机具设备及安全防护设施等进行全面检查,并经有关部门检查认证,确认符合安全要求后方可施工。

(2)手持式电动工具应按《手持式电动工具的管理、使用、检查和维修安全技术规程》(GB/T 3787—2006)的规定,根据手持式电动工具的类别和作业场所的安全要求,加设漏电保护器。

(3)桥梁施工,采用多层、高空作业或桥下通车、行人等立体施工时,应布设安全网。

(4)对于通航的江河湖海上的桥梁工程,施工前应与当地海事及航道部门联系,制定有关通航、水上作业安全事宜。

(5)高处露天作业、缆索吊装及大型构件起重吊装时,应根据作业高度和现场风力大小、对作业的影响程度,制定适于施工的风力标准。遇有六级(含六级)以上大风时,上述施工应停止作业。

(6)深水大跨及桥梁高度较大的特大型桥梁或结构复杂的大型桥梁施工,应对施工安全做专项调查研究,并制定相应的安全技术措施。

(7)单项工程开工前,应根据《公路工程施工安全技术规程》(JTJ 076—95)及工程实际情况,制定安全操作细则,并向施工人员进行安全技术交底。

401.03 质量检验

1. 线形

竣工后的桥梁应线形平顺,外形美观,弯度、坡度、超高、加宽要做到流畅顺适。桥面、缘石、栏杆、护栏等的高程要符合图纸要求。

2. 外观要求

(1)同一或相邻结构物表面、纹理和颜色应均匀一致。除非监理人另有书面批准,承包人应采用同一类型的模板、修饰方法、脱模剂等。结构物所用的水泥及外加剂宜采用同一厂家产品。

(2)一种结构形式与另一种结构形式连接处的过渡段坡度、半圆形接头等应匀顺,以使结构物具有美感。

(3)混凝土结构物外露的表面应平整,无蜂窝、麻面、露筋、空洞及缺边掉角。分段浇筑时,段与段之间不得有错台。

(4)桥面铺装混凝土表面不得有麻面、蜂窝和裂纹,施工缝处不得有裂缝。

(5)伸缩装置的伸缩性能应有效,无阻塞、渗漏、松脱和开裂现象。

(6)伸缩装置应保持顺直、平整,车辆通过时无颠簸现象。

(7)泄水管周围不允许漏水,进水口应略低于桥面面层。

(8)预制构件尺寸准确,拼装时接头平顺。

(9)为了获得满意的外观质量,监理人认为有必要进行修整时,承包人应按监理人的要求进行修整,其费用由承包人负责。

3. 桥梁总体质量

桥梁总体质量应符合表401-1的要求。

桥梁总体质量要求　　表401-1

项次	检 查 项 目		规定值或允许偏差	检 查 方 法
1	桥面中线偏位(mm)		20	全站仪或经纬仪:检查3~8处
2	桥宽(mm)	车行道	±10	尺量:每孔3~5处
		人行道	±10	
3	桥长(mm)		+300,-100	全站仪或经纬仪、钢尺检查
4	引道中心线与桥梁中心线的衔接(mm)		20	尺量:分别将引道中心线和桥梁中心线延长至两岸桥长端部,比较其平面位置
5	桥头高程衔接(mm)		±3	水准仪:在桥头搭板范围内顺延桥面纵坡,每米1点测量高程

401.04　桥梁荷载试验

1. 特大桥、结构复杂的大桥完工以后,承包人应协助和配合发包人,对桥梁或桥梁的某一部分进行荷载试验,以验证结构物是否具有足够承受设计荷载的能力。

2. 荷载试验由发包人委托有资格的科研或设计单位承担。

3. 桥梁荷载测试项目按图纸规定,一般动载试验包括冲击、自振频率、动挠度、脉动、动应变试验;静载试验包括静挠度及静应变试验。上述项目发包人将根据具体情况,选择部分或全部进行试验,必要时可增加其他项目进行试验。

4. 根据试验结果,结构物或结构物的任一部分,如由于施工原因不能满足图纸要求,承包人应进行重建或补强,重建或补强结构物的费用由承包人负责。

401.05　地质情况变化时的处理

桥梁基础在施工过程中,若地质情况有变化,承包人应及时报告监理人并提出处理意见,经监理人批准后实施。需要进行补充钻探,以查明桥梁基础的地质情况时,报请监理人审查批准后,承包人可进行补充地质钻探并取样做必要的试验,据以继续进行基础施工或改变基础设计。改变基础设计时,应按变更设计程序进行,并经监理人审查批准。

401.06　开放交通

开放交通应满足以下基本条件并经监理人批准。

1. 水泥混凝土桥面铺装在浇筑混凝土的强度达到设计等级后,方可开放交通,其车辆荷载不得大于设计荷载。如果经监理人同意采用快硬水泥混凝土铺装,开放交通的时间需根据试验确定。因不遵守上述规定开放交通行驶车辆而造成的不良后果,由承包人负责。

2. 沥青混凝土桥面铺装应待摊铺的混合料完全自然冷却,其表面温度低于 50℃后,方可开放交通。

3. 伸缩装置安装完毕,预留槽浇筑的混凝土强度达到设计强度后,方可开放交通;必须开放交通时,可采用搭桥等措施通过,搭桥可采用无变形钢材制成,搭桥不能与预留槽混凝土接触。

401.07 计量与支付

1. 计量

(1)荷载试验费用由发包人估定,以暂估价的形式按总额计入工程总价内。

(2)地质钻探及取样试验按实际完成并经监理人验收后,分不同钻径以米计量。

(3)本节的其他工程内容,均不计量。

2. 支付

按上述规定计量,经监理人验收列入了工程量清单的地质钻探及取样试验支付子目,其每一计量单位将以合同单价支付。此项支付包括为完成钻探取样所需的全部材料、劳力、设备、试验及成果分析的全部费用,是对完成钻探及取样试验的全部偿付。

3. 支付子目

子 目 号	子 目 名 称	单 位
401-1	桥梁荷载试验(暂估价)	总额
401-2	地质钻探及取样试验(暂定工程量)	
-a	ϕ70mm	m
-b	ϕ110mm	m

第 402 节 模板、拱架和支架

402.01 范围

本节工作包括就地浇筑和预制混凝土、钢筋混凝土、预应力混凝土,石料及混凝土预制块砌体所用的模板、拱架和支架的设计制作、安装、拆卸施工等有关作业。

402.02 材料

1. 木材

木材应符合《公路桥涵钢结构及木结构设计规范》(JTJ 025—86)中的承重结构选材标准,其树种可按本地区实际情况采用,材质不宜低于 III 等材标准。

2. 钢材

一般可采用符合《碳素结构钢》(GB/T 700—2006)中的牌号 Q235 钢标准的钢材。

3. 内拉杆或隔块

模板中使用的钢制内拉杆、钢制或塑料隔块应经监理人批准。金属拉杆所有配件的设计应保证在其拆除时留下的孔穴尺寸最小，并符合强度和美观的要求。

402.03　模板、拱架和支架的设计

1. 承包人应在制作模板、拱架和支架前14d，向监理人提交模板、拱架和支架的施工工艺图、应力、稳定及预计挠度计算书，经监理人批准后才能制作和架设。监理人的批准及制作、架设过程中的检查，并不免除承包人对此应负的责任。

2. 模板、支架和拱架的设计荷载及其组合，按表402-1的规定进行；计算模板、支架和拱架的强度和稳定性时，应考虑作用在其上的风力；设于水中的支架，尚应考虑水流压力、流冰压力和船只漂流物等冲击力荷载。

模板、支架和拱架设计计算的荷载组合　　表402-1

模板结构名称	荷载组合	
	计算强度用	验算刚度用
梁、板和拱的底模板以及支承板、支架及拱等	(1)+(2)+(3)+(4)+(7)	(1)+(2)+(7)
缘石、人行道、栏杆、柱、梁、板、拱等的侧模板	(4)+(5)	(5)
基础、墩台等厚大建筑物的侧模板	(5)+(6)	(5)

注：1. 表中荷载编号代表：

(1)模板、支架和拱架自重；

(2)新浇筑混凝土、钢筋混凝土或其他圬工结构物的重力；

(3)施工人员和施工材料、机具等行走运输或堆放的荷载；

(4)振捣混凝土时产生的荷载；

(5)新浇筑混凝土对侧面模板的压力；

(6)倾倒混凝土时产生的水平荷载；

(7)其他可能产生的荷载，如雪荷载、冬季保温设施荷载等。

2. 模板、支架和拱架的设计，可按《公路桥涵钢结构及木结构设计规范》(JTJ 025—86)的有关规定执行，普通模板荷载计算按《公路桥涵施工技术规范》(JTJ 041—2000)附录D进行。

3. 验算模板、支架及拱架的刚度时，其变形应符合下列规定值：

(1)模板

a. 结构表面外露的模板，其挠度不应超过模板构件跨度的1/400；结构表面隐蔽的模板，其挠度不应大于模板构件跨度的1/250。

b. 钢模板的面板变形不应大于1.5mm。

c. 钢模板的钢棱和柱箍的变形值不大于$L/500$和$B/500$(L为计算跨径，B为柱宽)。

(2)支架、拱架受载后挠曲的杆件(如盖梁、纵梁等)，其弹性挠度不应大于相应结构跨度的1/400。

4. 验算模板及其支架在荷载作用下的抗倾倒稳定时，倾覆稳定系数不得小于1.3。

5. 拱架各截面的应力验算，不论板拱架或桁拱架均作为整体截面考虑，验算倾覆稳定系数不得小于1.3。

402.04 模板、拱架和支架的制作与安装

1. 混凝土的模板板面应采用下列材料之一:金属板、木制板及高分子合成材料面板、硬塑料或玻璃钢板等材料。外露面的模板板面宜采用钢模板、胶合板。为减少模板的拼缝,对于大面积的混凝土,其每块模板的面积宜大于 $1.0m^2$。

2. 承包人开始制作模板、支架及拱架之前,应按图纸要求和《公路桥涵施工技术规范》(JTJ 041—2000)第 9.3 节及 9.4 节规定,编制本工程拟采用模板、支架或拱架的制作以及安装的技术要求,并报请监理人批准。

3. 梁及墩台帽的突出部分,应做成倒角或圆滑边,以便脱模,并按图纸所示或监理人指示,在结构物的某些部位设置凸条或凹槽的装饰线。

4. 在模板内的金属连接件或锚固件,应按图纸规定及监理人的要求将其拆卸或截断,且不损伤混凝土。

5. 模板内应无污物、砂浆及其他杂物。以后要拆除的模板,应在使用前彻底涂以脱模剂或其他相当的代用品,应使混凝土能易于脱模,并使混凝土不变色。

6. 当所有和模板有关的工作做完,待浇混凝土构件中所有预埋件亦安装完毕,应经监理人检查认可后,才能浇筑混凝土。这些工作应包括清除模板中所有污物、碎屑物、木屑、水及其他杂物。

7. 除非监理人批准,拱架和支架不得支承于基础以外的结构物的任何部分。

8. 拱架和支架应稳定、坚固,应能抵抗在施工过程中可能发生的偶然冲撞或振动。支架立柱必须安装在有足够承载力的地基或基础上,保证浇筑混凝土后不发生超过图纸规定的允许沉降量。

9. 在浇筑混凝土及砌筑拱圈过程中,承包人应随时测量和记录拱架和支架的变形及沉降量。

10. 钢筋混凝土梁、板的底模板,当结构自重和汽车荷载(不计冲击力)产生的向下挠度超过跨径的 1/1 600 时,应设预拱度,预拱度值应等于结构自重和 1/2 汽车荷载(不计冲击力)所产生的挠度。纵向预拱度可做成抛物线或圆曲线。

11. 支架和拱架应具有必要的强度和刚度,并使结构线形符合图纸要求。支架和拱架预留施工拱度时,应考虑下列因素:

(1) 支架和拱架承受施工荷载引起的弹性变形。

(2) 超静定结构由于混凝土收缩、徐变及温度变化而引起的挠度。

(3) 由于墩台受推力产生的水平位移,对拱圈引起的挠度。

(4) 由结构自重引起梁或拱圈的弹性挠度,以及 1/2 汽车荷载(不计冲击力)引起的梁或拱圈的弹性挠度。

(5) 由于杆件接头的挤压和卸落设备受载后,所产生的非弹性变形。

(6) 支架基础在受载后的沉陷。

12. 现浇混凝土的梁(板)结构,在支架架设后,应按图纸要求或监理人指示,对支架进行预压,加在支架上的预压荷载应不小于梁(板)自重。

402.05　模板、拱架和支架的拆卸

1. 承包人应在拟定拆模时间的12h以前,向监理人报告拆模建议,并应取得监理人同意。

2. 由于拆模不当而引起的混凝土损坏,其修补费用应由承包人承担。

3. 不承重的侧模,应在混凝土强度能保证混凝土表面及棱角不损坏的情况下方可拆除,一般在混凝土抗压强度达到2.5MPa时方可拆除侧模。

4. 承重模板、拱架和支架,应在混凝土强度能承受自重时方可拆除。一般而言,跨径不超过4m的梁和板应达到混凝土设计等级的50%,跨径超过4m的梁、板应达到混凝土设计等级的75%时,方可拆除。

5. 当芯模采用钢管、硬胶管或硬塑料管时,管的表面应光滑,涂刷隔离剂,并应严格按图纸要求定位。结构混凝土浇筑完成后,应定时转动芯管模,防止与混凝土粘结。抽拔芯模的时间,以混凝土抗压强度达到0.4~0.8MPa为宜。

6. 石或混凝土预制块拱桥,须待砂浆强度达到图纸要求才能卸架,如图纸无规定,一般须达到砂浆设计等级的70%。跨径小于10m的拱桥,在拱上建筑完成后卸架。中等跨径实腹式拱,在护拱完成后卸架。空腹式拱,在拱上建筑立墙完成后卸架。裸拱卸架须事先进行验算。

7. 卸落拱架时应用仪器观测拱圈挠度和墩台变位情况,并做好记录,供监理人查阅和随时控制。

8. 模板、支架及拱架拆除时的技术要求,应符合图纸要求及《公路桥涵施工技术规范》(JTJ 041—2000)第9.5节的有关规定。

402.06　质量检验

1. 承包人应按图纸要求制造模板、支架和拱架,若图纸未规定时,应按表402-2的要求确定模板的形式及控制精度。

2. 模板、支架和拱架安装的允许偏差,应符合表402-3的规定,用钢尺及测量仪器检查。尽管承包人制造和安装模板、支架及拱架的允许偏差符合上述规定,但仍不能免除其对本规范第410.19-5条至9条和第411.11-2条关于结构物检查应负的责任。

模板、支架及拱架制作时的允许偏差　　表402-2

项　次	项　　目	允许偏差(mm)
木模板制作	(1)模板的长度和宽度	±5
	(2)不刨光模板相邻两板表面高低差	3
	(3)刨光模板相邻两板表面高低差	1
	(4)平板模板表面最大的局部不平	
	刨光模板	3
	不刨光模板	5
	(5)拼合板中木板间的缝隙宽度	2
	(6)支架、拱架尺寸	±5
	(7)榫槽嵌接紧密度	2

续上表

项　　次	项　　目	允许偏差(mm)
钢模板制作	(1)外形尺寸	
	长和高	0，-1
	肋高	±5
	(2)面板端偏斜	≤0.5
	(3)连接配件(螺栓、卡子等)的孔眼位置	
	孔中心与板面的间距	±0.3
	板端中心与板端的间距	0，-0.5
	沿板长、宽方向的孔	±0.6
	(4)板面局部不平	1.0
	(5)板面和板侧挠度	±1.0

注:1. 木模板中第(5)项已考虑木板干燥后在拼合板中发生缝隙的可能;2mm 以下的缝隙,可在浇筑前浇湿模板,使其密合。

2. 板面局部不平用 2m 靠尺、塞尺检测。

模板、支架及拱架安装的允许偏差　　表 402-3

项　　目		允许偏差(mm)
1	模板高程	
	(1)基础	±15
	(2)柱、墙和梁	±10
	(3)墩台	±10
2	模板内部尺寸	
	(1)上部构造的所有构件	+5,0
	(2)基础	±30
	(3)墩台	±20
3	轴线偏位	
	(1)基础	15
	(2)柱或墙	8
	(3)梁	10
	(4)墩台	10
4	装配式构件支承面的高程	+2，-5
5	模板相邻两板表面高低差	2
	模板表面平整	5
6	预埋件中心线位置	3
	预留孔洞中心线位置	10
	预留孔洞截面内部尺寸	+10,0
7	支架和拱架	
	(1)纵轴的平面位置	跨度的 1/1 000 或 30
	(2)曲线形拱架的高程(包括建筑拱度在内)	+20，-10

402.07　计量与支付

本节工作为有关工程的附属工作，不作计量与支付。

第 403 节　钢　　筋

403.01　范围

本节工作内容包括桥梁及结构物工程中钢筋的供应、试验、储存、加工及安装。

403.02　材料

1. 一般要求

(1) HPB235、HPB300 钢筋应符合《钢筋混凝土用钢　第 1 部分：热轧光圆钢筋》(GB 1499.1—2008)的规定，HRB335、HRB400 钢筋应符合《钢筋混凝土用钢　第 2 部分：热轧带肋钢筋》(GB 1499.2—2007)的规定。钢筋的主要力学性能、工艺性能见表 403-1。

钢筋的主要力学、工艺性能　　表 403-1

钢筋种类	HPB235	HPB300	HRB335			HRB400		
钢筋直径(mm)	6～22		6～25	28～40	>40～50	6～25	28～40	>40～50
最小屈服强度(MPa)	235	300	335			400		
最小抗拉强度(MPa)	370	420	455			540		
延伸率(%)	25		17			16		
180°冷弯弯芯内径	d		$3d$	$4d$	$5d$	$4d$	$5d$	$6d$

注：d 为钢筋公称直径(mm)。

(2) 符合标准的其他国际上采用的钢筋，如经监理人批准，也可采用。

(3) 钢筋笼或钢筋骨架中的钢板及其他项目所用的结构钢材，应符合图纸要求及《碳素结构钢》(GB/T 700—2006)中 Q235 钢的性能，结构钢材应和钢筋一样进行检验。

2. 检验证明

除监理人另有许可外，承包人应向监理人提供拟用于工程的每批钢筋的一式三份工厂试验报告。工厂试验报告必须由具有法律资格的保证人(如政府质量监督部门)签字，且提供以下资料：

(1) 轧制钢筋的生产方法。

(2) 每炉或每批钢筋的鉴定(包括拉力试验，弯曲试验结果)。

(3) 每炉或每批钢筋的物理化学性能。

3. 识别标志

在检验以前，每批钢筋应具有易识别的标签。标签上标明制造商试验号及批号，或者其他可以识别该批钢筋的证明。

403.03 试样及试验

1. 一般要求

(1)钢筋应按《金属材料 室温拉伸试验方法》(GB/T 228—2002)、《钢及钢产品 力学性能试验取样位置及试样制备》(GB/T 2975—1998)、《金属材料 弯曲试验方法》(GB/T 232—1999)及《焊接接头冲击试验方法》(GB/T 2650—2008)、《焊接接头拉伸试验方法》(GB/T 2651—2008)的规定,进行屈服点、抗拉强度、延伸量和冷弯试验及焊接性能试验,或经监理人批准,采用相应的国际上采用的标准。

(2)钢筋必须按不同钢种、等级、牌号、规格及生产厂分批验收,分别堆存,且应立牌以便于识别。

(3)所有钢筋的试验必须在监理人同意的试验室进行。

2. 钢筋试验

(1)提供钢筋时应有工厂质量保证书(或检验合格证),否则,不得使用于工程中。当钢筋直径超过 12mm 时,应进行机械性能及可焊性性能试验。

(2)进场后的钢筋每批(同品种、同等级、同一截面尺寸、同炉号、同厂家生产的每 60t 为一批)内任选三根钢筋,各截取一组试样,每组 3 个试件,一个试件用于拉力试验(屈服强度、抗拉强度及延伸率);一个试件用于冷弯试验;一个试件用于可焊性试验。

(3)如果有一个试件试验失败或不符合表 403-1 要求,应另取两个试件再做试验。如果两个试件中有一个试验结果仍不符合要求,则该批钢筋将不得接收,或根据试验结果由监理人审查决定降低级别,用于非承重的结构。

403.04 钢筋的储存、加工与安装

1. 钢筋的保护及储存

(1)钢筋应储存于地面以上 0.5m 的平台、垫木或其他支承上,并应保护它不受机械损伤及避免暴露在可使钢筋生锈的环境中,以免引起钢筋表面锈蚀和破损。

(2)当安装于工程时,钢筋应无灰尘、有害的锈蚀、松散锈皮、油漆、油脂、油或其他杂质。

(3)钢筋应无有害的缺陷,例如裂纹及剥离层。只要用钢丝刷刷过的试样的最小尺寸、截面拉力性能符合规定的钢筋尺寸及钢筋级别的力学性能要求,则该钢筋的铁锈、表面不平整或轧制鳞皮不能作为拒收的理由。

2. 钢筋整直

盘筋和弯曲的钢筋,采用冷拉方法调直钢筋时,HPB235、HPB300 钢筋的冷拉率不宜大于 2%;HRB335、HRB400 钢筋的冷拉率不宜大于 1%。

3. 钢筋的截断及弯曲

(1)除监理人书面指示外,所有钢筋的截断及弯曲工作均应在工地现场内进行。

(2)钢筋应按图纸所示的形状进行弯曲。除监理人另有许可外,所有钢筋均应冷弯。部分埋置于混凝土内的钢筋,不得就地弯曲。

(3)主钢筋的弯曲及标准弯钩应按图纸及《公路桥涵施工技术规范》(JTJ 041—2000)的规定执行。

(4)箍筋的端部应按图纸规定设弯钩,并符合《公路桥涵施工技术规范》(JTJ 041—2000)规定。弯钩直线段长度,一般结构不宜小于5d,抗震结构不应小于10d(d为钢筋直径)。

4. 钢筋安设、支承及固定

(1)所有钢筋应准确安设,当浇混凝土时,用支承将钢筋牢固地固定。钢筋应可靠地系紧在一起,不允许在浇混凝土时安设或插入钢筋。

(2)桥面板钢筋的所有交叉点均应绑扎或焊接,以避免在浇混凝土时钢筋移位。但两个方向的钢筋中距均小于300mm时,则可隔一个交叉点进行绑扎或焊接。

(3)用于保证钢筋固定于正确位置的预制混凝土垫块,其形状大小应为监理人所接受,同时,其设计应保证混凝土垫块在浇筑混凝土时不倾倒。垫块混凝土的骨料粒径不得大于10mm,其配合比应按照第410节办理,其强度应与相邻的混凝土强度一致。用1.3mm直径的退火软铁丝预埋于垫块内,以便与钢筋绑扎。不得用卵石、碎石或碎砖、金属管及木块作为钢筋的垫块。

(4)钢筋的垫块间距在纵横向均不得大于1.2m。桥面板混凝土的钢筋安设按照图纸要求,在竖向不应有大于±5mm的偏差。

(5)任何构件内的钢筋,在浇筑混凝土以前,须经监理人检查认可。否则,浇筑的混凝土将不予验收。

(6)钢筋网片间或钢筋网格间,应相互搭接使能保持强度均匀,且应在端部及边缘牢固地连接。其边缘搭接长度应不小于一个网眼。

(7)安装在预制构件上的吊环钢筋,只允许采用未经冷拉的HPB235、HPB300热轧钢筋。

5. 钢筋的代用

(1)经监理人同意,屈服强度高的钢筋可以代替屈服强度低的钢筋,但代用钢筋总面积和总周长均不得小于原图所用钢筋的总面积和总周长。

(2)除非经监理人同意,不得以多种直径的钢筋代替原有同一直径的钢筋。

(3)代用钢筋的净距应遵守《公路钢筋混凝土及预应力混凝土桥涵设计规范》(JTG D62—2004)第9章的有关规定。

(4)光圆钢筋不得代替带肋钢筋。

(5)由于钢筋代用而增加的费用应由承包人负责。

(6)代用的钢筋层数不得多于原图纸规定钢筋层数。

403.05 钢筋接头

1. 一般要求

(1)受力主筋的连接仅允许按图纸或按批准的加工图规定设置。

(2)承包人如不在图纸或加工图所示位置连接钢筋,应在安设钢筋以前,提交表明每个接点位置的专用图纸,请监理人批准。

(3)钢筋连接点不应设于最大应力处,并应使接头交错排列。

2. 焊接接头

(1)热轧钢筋应如图示或经监理人批准,采用闪光对焊或电弧焊。所有焊工应在开始工作之前经考核和试焊,合格后持证上岗。焊接工艺、参数应经监理人同意。每个焊点应经合格的检查人员彻底检查。

(2)凡施焊的各种钢筋、钢板均应有质量证明书;焊材应有产品合格证。

(3)钢筋的纵向焊接,宜采用闪光对焊;当缺乏闪光对焊条件时,可采用电弧焊(帮条焊、搭接焊)。钢筋焊接接头的施工方法及焊接工艺应符合《钢筋焊接及验收规程》(JGJ 18—2003)的规定。

(4)在不利于焊接的气候条件下,施焊场地应采取适当的措施。在环境温度低于 -5℃的条件下,当闪光对焊时,宜采用预热闪光焊或闪光—预热闪光焊,可增加调伸长度,采用较低变压器级数,增加预热次数和间歇时间;当采用电弧焊时,宜增大焊接电流,减低焊接速度。当环境温度低于 -20℃时,不宜进行各种焊接。

(5)钢筋与钢板连接,应按电弧焊的规定焊接。

(6)当采用闪光对焊焊接热轧钢筋时:

a. 为了保证对焊质量,钢筋的焊接端应在垂直于钢筋的轴线方向切平,两焊接端面彼此平行。焊渣必须清除。

b. 在构件任一有钢筋焊接接头的区段内,闪光对焊接头的钢筋面积,在受拉区不应超过钢筋总面积的50%。上述区段长度不小于 $35d$(d 为钢筋直径)且不小于 500mm。同一根钢筋在上述区段内不得有两个接头。

c. 如钢筋种类和直径有变动,或焊工有变换,应对建立的焊接参数进行校核,其方法是取两根钢筋试样进行90°冷弯试验。90°冷弯围绕一固定的梢进行,HPB235、HPB300 钢筋冷弯直径为 2 倍钢筋直径,HRB335 钢筋为 4 倍钢筋直径,HRB400 钢筋为 5 倍钢筋直径。当钢筋直径大于 25mm 时,冷弯直径增加一个钢筋直径。对焊接头弯曲试验时,应将受压面的金属毛刺和因焊接而增厚部分削除,且与母材的外表齐平,焊缝应处于弯曲中心。

(7)当采用电弧焊焊接热轧钢筋时:

a. 焊缝长度、宽度、厚度应按图纸规定。如图纸无规定,按表 403-2 及图 403-1 规定办。构件的电弧焊接头应符合上述第 403.05-2(6)b 项规定。对于两预制构件的连接,如采取保证质量措施,且经监理人同意,可以不受上述规定的限制。电弧焊接头与钢筋弯曲处的距离不应小于 10 倍钢筋直径。

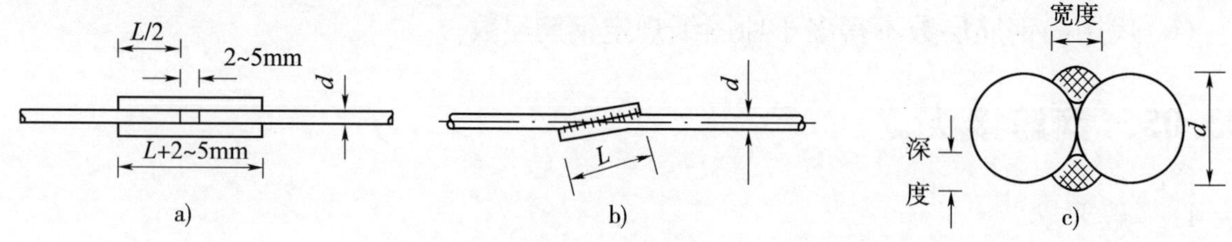

图 403-1　电弧焊接

a)帮条焊接;b)搭接焊接;c)焊缝

电弧焊的焊缝规格　　表 403-2

项　　目		HPB235、HPB300 钢筋	HRB335、HRB400 钢筋
1. 帮条焊或搭接焊，每条焊缝长度(L)	帮条焊接，4 缝(双面焊)	≥4d	≥5d
	帮条焊接，2 缝(单面焊)	≥8d	≥10d
	搭接焊接，2 缝(双面焊)	≥4d	≥5d
	搭接焊接，1 缝(单面焊)	≥8d	≥10d
2. 帮条钢筋总面积		>A	
3. 焊缝总长度	帮条焊接	≥16d	≥20d
	搭接焊接	≥8d	≥10d
4. 焊缝宽度		≥0.8d	
5. 焊缝深度		≥0.3d	

注：1. A 为被焊接的钢筋面积。

2. d 为被焊接的钢筋直径。

b. 用于电弧焊的焊条应符合《碳钢焊条》(GB/T 5117—1995)及《低合金钢焊条》(GB/T 5118—1995)的规定。

c. 如钢筋、级别、牌号、直径和焊条型号有变动，或焊工有变换，应对建立的焊接参数进行校核，其方法是取两根受拉钢筋试样进行抗拉试验。当试验的焊接抗拉强度大于或等于被焊接钢筋的抗拉强度时，焊接才允许进行。

3. 绑扎搭接接头

(1)绑扎搭接，除图纸所示或监理人同意(当无焊接及机械接头条件时，且钢筋直径≤25mm)外，一般不宜采用。绑扎搭接长度不应小于表 403-3 的规定。在受拉区，光圆钢筋绑扎接头末端应设 180°弯钩，带肋钢筋的绑扎接头末端可不做弯钩。受压带肋钢筋绑扎接头的搭接长度，应取受拉钢筋绑扎接头搭接长度的 0.7 倍。

受拉钢筋绑扎接头的搭接长度　　表 403-3

钢 筋 各 类		混凝土强度等级		
		C20	C25	高于 C25
光圆钢筋	HPB235、HPB300	35d	30d	25d
带肋钢筋	HRB335	45d	40d	35d
	HRB400	—	50d	45d

注：1. 当带肋钢筋直径 d≤25mm 时，其受拉钢筋的搭接长度应按表中值减少 5d 采用；当带肋钢筋直径 d>25mm 时，其受拉钢筋的搭接长度应按表中值增加 5d 采用。

2. 在任何情况下，受拉钢筋的搭接长度不应小于 300mm；受压钢筋的搭接长度不应小于 200mm。

3. 当混凝土强度等级低于 C20 时，HPB235、HPB300、HRB335 钢筋的搭接长度应按表中 C20 的数值相应增加 10d。

4. 当混凝土在凝固过程中受力钢筋易受扰动时，其搭接长度宜适当增加。

5. 两根不同直径的钢筋搭接长度，按较细的钢筋直径计算。

6. 环氧树脂涂层钢筋的绑扎接头搭接长度，受拉钢筋按表值的 1.5 倍采用。

7. 受拉区段内，HPB235、HPB300 钢筋绑扎接头的末端应做成弯钩。HRB335、HRB400 钢筋的末端可不做成弯钩。

8. 对有抗震要求的受力钢筋的搭接长度，当抗震烈度为七度(及以上)时应增加 5d。

(2)在受压区,对于直径为12mm及以下的光圆钢筋,以及轴心受压构件内的任何直径的纵向钢筋,均不需设弯钩,但接头的搭接长度均不得小于30倍钢筋直径。

(3)搭接部分应在三处绑扎,即中点及两端,采用直径为0.7~1.6mm(视钢筋直径而定)的软退火铁丝。

(4)除图纸所示或监理人另有指示外,在构件任一有钢筋绑扎搭接接头的区段内,搭接接头的钢筋面积,在受拉区不得超过其总面积的25%,受压区不得超过其总面积的50%。上述区段长度不小于35d(d为钢筋直径),且不小于500mm。在同一根钢筋上应尽量少设接头。受力钢筋绑扎接头应设置在内力较小处,并错开布置,两接头间距离不小于1.3倍搭接长度。如因空间限制,不能按上述要求办理时,承包人可另拟钢筋搭接方案,报请监理人批准。

(5)钢筋搭接点至钢筋弯曲起始点的距离应不小于10倍钢筋直径,亦不宜位于构件的最大弯矩处。

4. 钢筋机械连接接头(简称机械接头)

(1)一般规定

a. 常用钢筋机械接头(套筒挤压接头、锥螺纹接头、镦粗直螺纹接头等),应符合《钢筋机械连接通用技术规程》(JGJ 107—2003)的规定。

b. 接头应根据抗拉强度以及高应力和大变形条件下反复拉压性能的差异,将接头分为下列三个等级。

I级:接头抗拉强度不小于被连接钢筋实际抗拉强度或1.10倍钢筋抗拉强度标准值,并具有高延性及反复拉压性能。

II级:接头抗拉强度不小于被连接钢筋抗拉强度标准值,并具有高延性及反复拉压性能。

III级:接头抗拉强度不小于被连接钢筋屈服强度标准值的1.35倍,并具有一定的延性及反复拉压性能。

c. 钢筋机械接头的抗拉强度及变形性能应分别符合《钢筋机械连接通用技术规程》(JGJ 107—2003)表3.0.5及表3.0.7的规定。

d. 混凝土结构中要求充分发挥钢筋强度或对接头延性要求较高的部位,应采用I级或II级接头;混凝土结构中钢筋应力较高但对接头延性要求不高的部位,可采用III级接头。

e. 在结构构件中纵向受力钢筋的接头宜相互错开,钢筋机械连接的连接区段长度应按35d计算(d为被连接钢筋中的较大直径)。在同一连接区段内有接头的受力钢筋截面面积占受力钢筋总截面面积的百分率,应符合下列规定:

(a)当需要在高应力部位设置接头时,在同一连接区内III级接头的接头百分率不应大于25%;II级接头的接头百分率不应大于50%;I级接头的接头百分率可不受限制。

(b)设在有抗震设防要求的框架的梁端、柱端箍筋加密区,应采用I级接头或II级接头,且接头百分率不应大于50%。

(c)受拉钢筋应力较小部位或纵向受压钢筋,接头百分率可不受限制。

(d)对直接承受动力荷载的结构构件,接头百分率不应大于50%。

f. 钢筋连接件的混凝土保护层厚度应满足本规范第410节规定的最小厚度的要求,且不得小于15mm。连接件之间的横向净距不宜小于25mm。

g. 接头用套筒、连接套及锁母在运输、储存过程中，应按不同规格分别堆放整齐，避免雨淋、玷污、遭受机械损伤或散失。

h. 接头用设备及产品应备有符合本规范要求的、经监理人认可的、具有法人资格的质量检验单位签具的质量检验合格证。监理人应要求承包人提供采用钢筋机械接头型式检验报告和必要的工地试验报告和相关设备检验报告。

i. 凡参与接头施工的操作工人、技术管理和质量管理人员，均应参加技术规程培训；操作工人应经考核合格后持证上岗。

(2)套筒挤压接头(JGJ 108—96)

a. 套筒

(a)带肋钢筋挤压接头所用套筒材料的力学性能应符合《带肋钢筋套筒挤压连接技术规程》(JGJ 108—96)及表403-4的规定。

套筒材料的力学性能　　表403-4

项　　目	力学性能指标
屈服强度(MPa)	225～350
抗拉强度(MPa)	375～500
延伸率δ_5(%)	≥20
硬度(HRB)	60～80
或(HB)	102～133

(b)套筒截面屈服承载力和截面抗拉承载力应分别大于等于1.10倍的所连接钢筋的截面屈服承载力和截面抗拉承载力。

(c)套筒的尺寸偏差宜符合表403-5的要求。

套筒尺寸的允许偏差　　表403-5

套筒外径D(mm)	外径允许偏差(mm)	壁厚(t)允许偏差(mm)	长度允许偏差(mm)
≤50	±0.5	$+0.12t$ $-0.10t$	±2
>50	$\pm0.01D$	$+0.12t$ $-0.10t$	±2

(d)套筒宜在工厂加工，且应有出厂合格证。承包人应向监理人提供套筒产品工厂检验合格证及工地试验报告。

(e)套筒在运输和储存中，应按不同规格分别堆放整齐，不得露天堆放，防止锈蚀和污染。

b. 套筒挤压接头的施工

(a)挤压机在下列情况之一时，应进行校验：

i. 新挤压设备使用前；

ii. 旧挤压设备大修后；

iii. 油压表受损或受强烈振动后；

iv. 套筒压痕异常，且查不出原因时；

v. 挤压设备使用期超过一年;

vi. 挤压的接头数超过 5 000 个。

(b)挤压操作时采用的挤压力、压模宽度、压痕直径或挤压后套筒长度的波动范围以及挤压道数,均应符合经型式检验确定的技术参数要求。

(c)挤压机中的压模与套筒应相互配套,不同规格的套筒与压模,不得相互串用。

(d)挤压工作进行前,应进行以下工作:

i. 钢筋端头锈皮、泥沙、油污等杂物应清理干净;

ii. 应对钢筋与套筒进行试套,如钢筋有马蹄、弯折或纵肋尺寸过大者,应预先矫正或用砂轮打磨;

iii. 在钢筋端画出定位标记,确保在挤压时和挤压后按定位标记检查钢筋伸入套筒内的长度;

iv. 检查挤压设备,并进行试压,符合要求后方可正式作业。

(e)挤压操作应符合以下要求:

i. 应按定位标记检查钢筋插入套筒内的深度,钢筋端头离套筒长度中点不宜超过 10mm;

ii. 挤压时挤压力与钢筋轴线要保持垂直;

iii. 径向挤压宜从套筒中央开始,并依次向端部挤压;

iv. 宜先挤压一端套筒,在施工作业区插入待接钢筋后再挤压另一端套筒。

(3)锥螺纹接头(JGJ 109—96)

a. 连接套

(a)锥螺纹连接套的材料宜用 45 号优质碳素结构钢或其他经试验确认符合要求的钢材。连接套的受拉承载力不应小于被连接钢筋的受拉承载力标准值的 1.10 倍。

(b)连接套宜在工厂内加工,且应有产品合格证;两端锥孔应有密封盖;套筒表面应有规格标记。进场时承包人应进行复检。

b. 钢筋锥螺纹加工

(a)钢筋锥螺纹丝头的锥度、牙形、螺距等的加工必须与连接套的相一致,且经配套的量规检测合格。

(b)加工钢筋锥螺纹时,应采用水溶性切削润滑油;当气温低于 0℃时,应掺入 15% ~ 20% 亚硝酸钠。不得用机油作润滑液或不加润滑液套丝。

(c)操作工人应按《钢筋锥螺纹接头技术规程》(JGJ 109—96)附录 A 的要求逐个检查钢筋锥螺纹丝头的外观质量。

(d)已检验合格的锥螺纹丝头应加以保护。钢筋一端锥螺纹丝头应戴上保护帽,另一端可按表 403-6 规定的力矩值拧紧连接套,并按规格分类堆放整齐。

接头拧紧力矩值 表 403-6

钢筋直径(mm)	16	18	20	22	25 ~ 28	32	36 ~ 40
拧紧力矩(N · m)	118	145	177	216	275	314	343

c. 钢筋连接

(a)连接钢筋时,钢筋规格和连接套的规格应配套,并确保钢筋和连接套的丝扣干净完好无损。

(b)采用预埋接头时,连接套的位置、规格和数量应符合图纸要求。带连接套的钢筋应固定牢,连接套的外露端应有密封盖。

(c)连接钢筋时,应对正轴线将钢筋拧入连接套,然后必须用力矩扳手拧紧接头。接头拧紧值应符合表 403-6 规定的力矩值,不得超拧。

(d)力矩扳手的精度为 ±5%,要求每半年用扭力仪检测一次。

(4)镦粗直螺纹钢筋接头(JG 171—2005)

a. 套筒

(a)套筒宜在工厂加工,且应有产品合格证;套筒两端应用塑料密封塞扣紧;包装箱外应标明产品名称、型号、规格和数量、制造日期和生产批号、生产厂名。

(b)套筒内螺纹的公差带应符合《普通螺纹　公差》(GB/T 197—2003),螺纹精度可选用 $6H$。

(c)套筒表面无裂纹和其他缺陷,并应进行防锈处理。

(d)套筒材料、尺寸、螺纹规格,公差带及精度等级应符合产品设计规格的要求。

b. 丝头

(a)加工钢筋丝头时,应采用溶性切削液。当气温低于 0℃时应有防冻措施,不得在不加切削液的情况下套丝。

(b)钢筋丝头的螺纹应与连接套筒的螺纹相匹配,公差带应符合《普通螺纹　公差》(GB/T 197—2003)的规定,螺纹精度可选用 $6f$ 级。

(c)完整螺纹部分牙形饱满,牙顶宽度超过 $0.25P$ 的秃牙部分,其累计长度不宜超过一个螺纹周长(P 为螺距)。

(d)外形尺寸,包括螺纹中径及丝头长度应满足产品设计要求。

(e)钢筋丝头检验合格后,应尽快套上连接套筒或塑料保护帽保护,并应按规格分类堆放整齐。

c. 接头

(a)接头拼接时用管钳扳手拧紧,宜使两个丝头在套筒中央位置相互顶紧。

(b)各种直径钢筋连接组装后,应用扭力扳手校核,扭紧力矩值应符合表 403-7 的规定。

(c)组装完成后,套筒每端不宜有一扣以上的完整丝扣外露,加长丝头型接头、扩口型及加锁母型接头的外露丝扣数不受限制,但应另有明显标记,以便检查进入套筒的丝头长度是否满足要求。

接头组装时的最小扭矩值　　　表 403-7

钢筋直径(mm)	≤16	18 ~ 20	22 ~ 25	28 ~ 32	36 ~ 40
最小扭矩(N·m)	100	180	240	300	360

(5)滚轧直螺纹钢筋连接接头(JG 163—2004)

a. 连接套筒及锁母

(a)连接套筒及锁母宜选用 45 号优质碳素结构钢或其他经型式检验合格的产品。

(b)连接套筒的尺寸、螺纹规格应符合产品设计要求及《普通螺纹　基本尺寸》

(GB/T 196—2003)的相关规定;螺纹中径公差应符合《普通螺纹　公差》(GB/T 197—2003)中 6*H* 级精度规定的要求。

(c)连接套筒宜在工厂加工,出厂产品必须附有产品合格证,产品合格证应符合滚轧直螺纹钢筋连接接头(JG 163—2004)中的相关规定。

(d)连接套筒装箱前套筒应有保护端盖,套筒内不得混入杂物。

(e)套筒表面无裂纹和其他缺陷,并应进行防锈处理。

b. 丝头加工

(a)钢筋下料不宜采用热加工方法切断,钢筋端面应平整并与钢筋轴线垂直,不得有马蹄形或扭曲,钢筋端部不得有弯曲,若有弯曲应调直。

(b)丝头有效螺纹长度和丝头中径、牙型角应符合设计要求,并与连接套筒相匹配。

(c)钢筋丝头加工应采用水性润滑液,不得使用油性润滑液。

(d)丝头螺纹尺寸应按设计和《普通螺纹　基本尺寸》(GB/T 196—2003)规定确定,有效螺纹中径尺寸公差应符合《普通螺纹　公差》(GB/T 197—2003)中 6*f* 级精度要求。

(e)丝头有效螺纹中径的圆柱度(每个螺纹的中径)误差不得超过 0.2mm。

(f)丝头有效螺纹长度应不小于 1/2 连接套筒长度(设计另有规定者除外)。

(g)丝头加工并经验收后,应立即带上丝头保护帽或拧上连接套筒,防止损坏丝头。

c. 钢筋连接施工

(a)连接钢筋规格应与连接套筒一致,相互匹配,并保证丝头和套筒内螺纹干净、完好无损。

(b)钢筋连接应用工作扳手将丝头在套筒中央位置顶紧。如采用锁母时,应用锁母锁紧。

(c)钢筋接头拧紧后应用力矩扳手按不小于表 403-8 中拧紧力矩值检查,并加以标记。

滚轧直螺纹钢筋接头拧紧力矩值　　表 403-8

钢筋直径(mm)	≤16	18~20	22~25	28~32	36~40
拧紧力矩值(N·m)	80	160	230	300	360

403.06　钢筋骨架和钢筋网

1. 适宜于预制的钢筋骨架或钢筋网的构件,宜先预制成钢筋骨架片或钢筋网片,运至工地后就位进行焊接或绑扎,以保证安装质量和加快施工进度。

2. 预制成的钢筋骨架,必须具有足够的刚度和稳定性,以便在运送、吊装和浇筑混凝土时不致松散、移位、变形,必要时可在钢筋骨架的某些连接点处加以焊接或增设加强钢筋。

3. 钢筋骨架的焊接拼装应在坚固的工作台上进行,操作应按《公路桥涵施工技术规范》(JTJ 041—2000)第 10 章 10.4.2 条规定执行。

4. 钢筋网的焊接应按《公路桥涵施工技术规范》(JTJ 041—2000)第 10 章 10.4.3 条规定执行。若采用定型钢筋焊接网时,其技术要求、试验方法、检验规则及质量证明书等应符合《钢筋混凝土用钢筋焊接网》(GB/T 1499.3—2002)的规定。

403.07 质量检验

1. 钢筋加工及安装

(1)基本要求

a. 钢筋、机械连接器、焊条等的品种、规格和技术性能应符图纸及本规范要求。

b. 冷拉钢筋的机械性能必须符合图纸及技术规范要求,钢筋平直,表面不应有裂皮和油污。

c. 受力钢筋同一截面的接头数量、搭接长度、焊接和机械接头质量应符合图纸及本规范要求。

d. 钢筋安装时,必须保证图纸要求的钢筋根数。

e. 受力钢筋应平直,表面不得有裂纹及其他损伤。

(2)检查项目

a. 钢筋加工检查项目见表403-9。

b. 钢筋网检查项目见表403-10。

c. 钢筋安装的检查项目见表403-11。

d. 预制桩钢筋安装的检查项目见表403-12。

(3)外观检查

a. 钢筋表面无铁锈及焊渣。

b. 多层钢筋网要有足够的钢筋支撑,保证骨架的施工刚度。

钢筋加工检查项目 表403-9

项次	检查项目	规定值或允许偏差	检查方法和频率
1	受力钢筋顺长度方向加工后的全长(mm)	±10	按受力钢筋总数30%抽查
2	弯起钢筋各部分尺寸(mm)	±20	抽查30%
3	箍筋、螺旋筋各部分尺寸(mm)	±5	每构件检查5~10个间距

钢筋网检查项目 表403-10

项次	检查项目	规定值或允许偏差	检查方法和频率
1	网的长、宽(mm)	±10	尺量:全部
2	网眼尺寸(mm)	±10	尺量:抽查3个网眼
3	对角线差(mm)	15	尺量:抽查3个网眼对角线

钢筋安装检查项目 表403-11

<table>
<tr><th>项次</th><th colspan="3">检查项目</th><th>规定值或允许偏差</th><th>检查方法和频率</th></tr>
<tr><td rowspan="4">1</td><td rowspan="4">受力钢筋间距(mm)</td><td colspan="2">两排以上排距</td><td>±5</td><td rowspan="4">尺量:每构件检查2个断面</td></tr>
<tr><td rowspan="2">同排</td><td>梁、板、拱肋</td><td>±10</td></tr>
<tr><td>基础、锚碇、墩台、柱</td><td>±20</td></tr>
<tr><td colspan="2">灌注桩</td><td>±20</td></tr>
</table>

续上表

项次	检 查 项 目		规定值或允许偏差	检查方法和频率
2	箍筋、横向水平钢筋、螺旋筋间距(mm)		±10	尺量:每构件检查5~10个间距
3	钢筋骨架尺寸(mm)	长	±10	尺量:按骨架总数30%抽查
		宽、高或直径	±5	
4	弯起钢筋位置(mm)		±20	尺量:每骨架抽查30%
5	保护层厚度(mm)	柱、梁、拱肋	±5	尺量:每构件沿模板周边检查8处
		基础、锚碇、墩台	±10	
		板	±3	

注:1. 小型构件的钢筋安装按总数抽查30%。
2. 在海水或腐蚀环境中,保护层厚度不应出现负值。

预制桩钢筋安装检查项目 表403-12

项次	检 查 项 目	规定值或允许偏差	检 查 方 法
1	纵钢筋间距(mm)	±5	尺量:抽查3个断面
2	箍筋、螺旋筋间距(mm)	±10	尺量:抽查5个间距
3	纵向钢筋保护层厚度(mm)	±5	尺量:抽查3个断面,每个断面4处
4	桩顶钢筋网片位置(mm)	±5	尺量:每桩
5	桩尖纵向钢筋位置(mm)	±5	尺量:每桩

注:在海水或腐蚀环境中,保护层厚度不应出现负值。

2. 钢筋焊接接头的质量和允许偏差

钢筋焊接接头或焊接制品(焊接骨架、焊接网)质量检验应按《混凝土结构工程施工质量验收规范》(GB 50204—2002)及《钢筋焊接及验收规程》(JGJ 18—2003)的规定执行。

(1)闪光对焊焊接接头

a. 取样

在同一台班内,由同一焊工完成的300个同牌号、同直径钢筋焊接接头应作为一批。当同一台班内焊接的接头数量较少,可在一周之内累计计算;累计仍不足300个接头时,应按一批计算。

b. 外观检查

(a)每一检验批中随机抽取10%的焊接接头,进行外观检查。

(b)接头处不得有横向裂纹。

(c)与电极接触处的钢筋表面不得有明显烧伤。

(d)接头处的弯折角不得大于3°。

(e)接头处的轴线偏差不得大于钢筋直径的0.1倍,且不得大于2mm。

(f)检查结果,当外观质量各小项不合格数均小于或等于抽检数的10%,则该批焊接接头外观质量评为合格；当某小项不合格数超过抽检数的10%时，应对该批焊接接头该小项逐个进行检查，并剔出不合格接头。不合格接头采取修整或焊补措施后，可提交二次验收。

c. 拉伸试验

(a)应从每批接头中随机切取6个接头，其中3个做拉伸试验，3个留做弯曲试验，每根钢筋接头抗拉强度均不得小于本规范表403-1规定的相应种类钢筋抗拉强度。

(b)至少有2个试件断于焊缝之外，并应呈延性断裂。

(c)当达到上述两项要求时，应评定该批接头为抗拉强度合格。当试验结果有2个试件抗拉强度小于钢筋规定的抗拉强度，或3个试件均在焊缝或热影响区发生脆性断裂时，则一次判定该批接头为不合格品。

(d)当有1个试件的抗拉强度小于规定值，或2个试件在焊缝或热影响区发生脆性断裂，其抗拉强度均小于钢筋规定抗拉强度的1.10倍时，应进行复验。

(e)复验时，应再切取6个试件进行复验，其结果，当仍有1个试件的抗拉强度小于规定值，或有3个试件断于焊缝或热影响区，呈脆性断裂，其抗拉强度小于钢筋规定抗拉强度的1.10倍时，应判定该批接头为不合格品。当其抗拉强度大于或等于钢筋规定抗拉强度的1.10倍时，可按断于焊缝或热影响区之外，呈延性断裂同等对待。

d. 弯曲试验

(a)闪光对焊接头进行弯曲试验时，应将试件(3个)受压面的金属毛刺和镦粗凸起部分消除，且应与钢筋的外表齐平。

(b)弯曲试验可在经监理人批准的万能试验机、手动或电动液压弯曲试验器上进行，试件焊缝应处于弯曲中心点，弯心直径和弯曲角应符合表403-13的规定。

闪光对焊接头弯曲试验指标　　表403-13

钢筋种类	弯心直径	弯曲角(°)
HPB235	$2d$	90
HRB335	$4d$	90
HRB400	$5d$	90

注：1. d为钢筋直径(mm)。

2. 直径大于25mm的钢筋对焊接头，弯心直径应增加1倍钢筋直径。

(c)当试验结果，试件弯至90°，有2个或3个试件外侧(含焊缝和热影响区)未发生破裂，应评定该批接头弯曲试验合格。

(d)当试验结果3个试均发生破裂，则一次判定该批接头不合格品；有2个试件发生破裂，应进行复验。

(e)复验时，应再切取6个试件。复验结果，当有3个试件发生破裂时，应判定该批接头为不合格品。

(f)在弯曲试验的试件外侧横向裂纹宽度达到0.5mm时，应认为已经破裂。

(2)电弧焊接头

a. 取样

在现浇混凝土结构中，应以300个同种类钢筋、同形式接头作为一批，每批随机切取3

个接头,做拉伸试验;在装配式结构中,可按生产条件制作模拟试件,每批3个,做拉伸试验。

b. 外观检查

(a)在每一检验批中应随机抽取10%的焊接接头,进行外观检查。

(b)焊缝表面应平整,不得有凹陷或焊瘤。

(c)焊接接头区域不得有肉眼可见的裂纹。

(d)咬边深度、气孔、夹渣等缺陷允许值及接头尺寸的允许偏差应符合表403-14的规定。

(e)坡口焊、熔槽帮条焊和窄间隙焊接头的焊缝余高不得大于3mm。

(f)外观检查结构的质量评定,同本规范403.07-2(1)b(f)项目规定。

c. 拉伸试验

(a)电弧焊接头拉伸试验要求及结果的质量评定,同本规范403.07-2(1)c项。

(b)当模拟试件试验结果不符合要求时,应进行复验。复验应从现场焊接接头中切取,其数量和要求与初始试验相同。

钢筋电弧焊接头尺寸偏差及缺陷允许值　　表403-14

<table>
<tr><th rowspan="2">编号</th><th rowspan="2" colspan="2">项　目</th><th colspan="3">接头形式</th></tr>
<tr><th>帮条焊</th><th>搭接焊
钢筋与钢板搭接焊</th><th>坡口焊
窄间隙焊熔槽帮条焊</th></tr>
<tr><td>1</td><td colspan="2">帮条沿焊接中心线的纵向偏移(mm)</td><td>0.3d</td><td>—</td><td>—</td></tr>
<tr><td>2</td><td colspan="2">接头处弯折角(°)</td><td>3</td><td>3</td><td>3</td></tr>
<tr><td>3</td><td colspan="2">接头处钢筋轴线偏移(mm)</td><td>0.1d</td><td>0.1d</td><td>0.1d</td></tr>
<tr><td>4</td><td colspan="2">焊缝厚度(mm)</td><td>+0.05d,0</td><td>+0.05d,0</td><td>—</td></tr>
<tr><td>5</td><td colspan="2">焊缝宽度(mm)</td><td>+0.1d,0</td><td>+0.1d,0</td><td>—</td></tr>
<tr><td>6</td><td colspan="2">焊缝长度(mm)</td><td>-0.3d</td><td>-0.3d</td><td>—</td></tr>
<tr><td>7</td><td colspan="2">横向咬边深度(mm)</td><td>0.5</td><td>0.5</td><td>0.5</td></tr>
<tr><td rowspan="2">8</td><td rowspan="2">在长2d焊缝表面上的气孔及夹渣</td><td>数量(个)</td><td>2</td><td>2</td><td>—</td></tr>
<tr><td>面积(mm²)</td><td>6</td><td>6</td><td>—</td></tr>
<tr><td rowspan="2">9</td><td rowspan="2">在全部焊缝表面上的气孔及夹渣</td><td>数量(个)</td><td>—</td><td>—</td><td>2</td></tr>
<tr><td>面积(mm²)</td><td>—</td><td>—</td><td>6</td></tr>
</table>

注:d为钢筋直径(mm)。

(3)钢筋焊接骨架和焊接网

a. 取样

钢筋种类、直径及尺寸相同的焊接骨架和焊接网视为同一类型制品,且每300件作为一批,一周内不足300件的亦应按一批计算。

b. 外观检查

(a)同一类型制品按上述规定分批检查,每批抽查5%,且不得少于5件。

(b)焊接骨架每件制品的焊点脱落、漏焊数量不得超过焊点总数的4%,且相邻两焊点不得有漏焊及脱落。

(c)应量测焊接骨架的长度和宽度,并应抽查纵、横方向3~5个网格的尺寸,其允许偏差应符合表403-9的相关规定。

当外观检查结果不符合上述要求时,应逐件检查,并剔出不合格品。对不合格品经整修后,可提交二次验收。

(d)钢筋焊接网的长度、宽度及网格尺寸的允许偏差和网片两对角线之差均应符合表403－10的规定。

(e)焊接网交叉点开焊数量不得大于整个网片交叉点总数的1%,并且任一根横筋上的开焊点数不得大于该根横筋交叉点总数的1/2;焊接网最外边钢筋上的交叉点不得开焊。

(f)焊接网组成的钢筋表面不得有裂纹、折叠、结疤、凹坑、油污及其他影响使用的缺陷;但焊点处可有不大的毛刺和表面浮锈。

c.力学性能检验

(a)力学性能检验的试件,应从每批成品中切取;切取过试件的制品,应补焊同牌号、同直径的钢筋,其每边的搭接长度不应少于2个孔格的长度。

(b)由几种直径钢筋组合的焊接骨架或焊接网,应对每种组合的焊点做力学性能检验。

(c)热轧钢筋的焊点应做剪切试验,试件应为3件;冷轧带肋钢筋焊点除做剪切试验外,尚应对纵向和横向冷轧带肋钢筋做拉伸试验,试件应各为1件。

(d)钢筋焊接骨架、焊接网焊点剪切试验结果,3个试件抗剪力平均值应符合下式要求:

$$F \geqslant 0.3A_0\sigma_S$$

式中:F——抗剪力(N);

A_0——纵向钢筋的横截面面积(mm^2);

σ_S——纵向钢筋规定的屈服强度(MPa)。

冷轧带肋钢筋的试件拉伸试验结果,其抗拉强度不得小于550MPa(冷轧带肋钢筋的屈服强度按440MPa计)

(e)当拉伸试验结果不合格时,应再切取双倍数量试件进行复验。复验结果均合格时,应评定该批焊接制品焊点拉伸试验合格。

(f)当剪切试验结果不合格时,应从该批制品中再切取6个试件进行复验;当全部试件平均值达到要求时,应评定该批焊接制品焊点剪切试验合格。

3.钢筋机械接头的检查和允许偏差

(1)承包人应将机械连接技术提供单位按《钢筋机械连接通用技术规程》(JGJ 107—2003)附录B规定进行的接头型式检验报告,送交监理人备查。

(2)钢筋连接工程开始前及施工过程中,应对每批进场钢筋进行接头工艺检验,工艺检验应符合如下要求:

a.每种规格钢筋的接头试件不应小于3根。

b. 钢筋母材抗拉强度试件不应少于 3 根,且应取自接头试件的同一根钢筋。

c. 3 根接头试件的抗拉强度均应符合《钢筋机械连接通用技术规程》(JGJ 107—2003)规程表 3.0.5 的规定;对于 I 级接头,试件抗拉强度尚应大于等于钢筋抗拉强度实测值的 0.95 倍;对于 II 级接头,应大于 0.90 倍。

(3)除图纸另行注明者外,钢筋机械接头现场检验应进行外观质量检查和单向拉伸试验。

机械接头的现场检验按验收批进行。同一施工条件下采用同一批材料的同等级、同形式、同规格接头,以 300 个为一个验收批进行检验与验收,不足 300 个亦作为一个验收批。

a. 对接的每一验收批,必须在工程结构中随机截取 3 个接头试件作抗拉强度试验,按图纸要求的接头等级进行评定。

b. 当 3 个接头试件的抗拉强度均符合《钢筋机械连接通用技术规程》(JGJ 107—2003)表 3.0.5 中相应等级的要求时,该验收批评为合格。

c. 如有 1 个试件的强度不符合要求,应再取 6 个试件进行复检,复检中如仍有 1 个试件结果不符合要求,则该验收批评为不合格。

d. 现场检验连续 10 个验收批抽样试件抗拉强度试验 1 次合格率为 100% 时,验收批接头数量可扩大一倍。

e. 外观质量检验的质量要求、抽样数量、检验方法、合格标准以及其他指标,均按各类型接头的技术规程要求执行。

(4)套筒挤压接头外观质量检验应符合以下要求:

a. 外形尺寸

(a)挤压后套筒长度应为原套筒长度的 1.10 ~ 1.15 倍;或压痕处套筒的外径波动范围为原套筒外径的 0.8 ~ 0.90 倍。

(b)挤压接头的压痕道数应符合型式检验确定的道数。

(c)接头处弯折不得大于 4°。

(d)挤压后的套筒不得有肉眼可见裂缝。

b. 外观质量检验

(a)每一验收批中随机抽取 10% 的挤压接头作外观质量检验,如外观质量不合格数少于抽检数的 10%,则该批挤压接头外观质量评为合格。

(b)当不合格数超过抽检数据的 10% 时,应对该批挤压接头逐个进行复检,对外观不符合的挤压接头采取补救措施;不能补救的接头应作标记。

(c)在外观不合格的接头中抽取 6 个试件作抗拉强度试验,若有 1 个试件的抗拉强度低于规定值,则该批外观不合格的挤压接头,应报监理人会同设计单位商定处理,并记录存档。

(5)锥螺纹接头外观质量检验应符合以下要求:

a. 经自检合格的钢筋丝头,按《钢筋锥螺纹接头技术规程》(JGJ 109—96)附录 A 的要求对每种规格加工批量随机抽检 10%,且不少于 10 个。如有一个丝头不合格,即应对该加工批全数检查,不合格丝头应重新加工经再次检验合格方可使用。

b. 接头施工后随机抽取同规格接头数的 10% 进行外观检查。应满足钢筋与连接套的规格一致，接头丝扣无完整丝扣外露。

c. 用质检的力矩扳手按表 403-6 规定的接头拧紧力矩值抽检接头的连接质量。抽验数量：

(a)梁、柱构件按接头数的 15%，且每个构件的接头抽验数不得少于一个接头。

(b)基础、墙、板构件按各自接头数，每 100 个接头作为一个验收批，不足 100 个也作为一个验收批，每批抽检 3 个接头。抽检的接头应全部合格，如有一个接头不合格，则该验收批接头应逐个检查，对查出的不合格接头应进行补强。

(6)镦粗直螺纹接头外观质量检验应符合以下要求：

a. 套筒外观检验

(a)表面无裂纹和其他缺陷。

(b)外形尺寸包括套筒内螺纹直径及套筒长度应满足图纸要求。

(c)套筒两端应加塑料保护塞。

b. 丝头加工现场检验

(a)丝头加工现场检验项目、方法及要求见表 403-15。

(b)加工工人应逐个目测检查丝头的加工质量，每加工 10 个丝头应用环规检查一次，并剔除不合格丝头。

(c)自检合格的丝头，应由质检员随机抽样进行检验，以一个工作班内生产的钢筋丝头为一个验收批，随机抽检 10%，按表 403-15 的方法进行钢筋丝头质量检验；当合格率小于 95% 时，应加倍抽检，复检中合格率仍小于 95% 时，应对全部钢筋丝头逐个进行检验，并切去不合格丝头，重新镦粗和加工螺纹。

(d)丝头检验合格后，应用塑料帽或连接套筒保护。

丝头质量检验要求　　表 403-15

序号	检验项目	量具名称	检验要求
1	外观质量	目测	牙形饱满，牙顶宽超过 0.6mm 秃牙部分累计长度不超过一个螺纹周长
2	外形尺寸	卡尺或专用量具	丝头长度应满足图纸要求，标准型接头的丝头长度公差为 +1P
3	螺纹大径	光面轴用量规	通端量规应能通过螺纹的大径，而止端量规则不应通过螺纹大径
4	螺纹中径及小径	通端螺纹环规	能顺利旋入螺纹并达到旋合长度
		止端螺纹环规	允许环规与端部螺纹部分旋合，旋入量不应超过 3P

注：P 为螺距。

(7)滚轧直螺纹钢筋接头外观检验应符合以下要求：

a. 连接套筒及锁母外观检验

(a)螺纹牙形应饱满，连接套筒表面不得有裂纹，表面及内螺纹不得有严重的锈蚀及其他肉眼可见的缺陷。

(b)用专用的螺纹塞规检验，其塞通规应能顺利旋入，塞止规旋入长度不得超过 3P。

b. 丝头

(a)丝头表面不得有影响接头性能的损坏及锈蚀。

(b)丝头有效螺纹数量不得少于设计规定;牙顶宽度大于 0.3P 的不完整螺纹累计长度不得超过两个螺纹周长;标准型接头的丝头有效长度应不小于 1/2 连接套筒长度,且允许误差为 +2P;其他连接形式应符合产品设计要求。

(c)丝头尺寸的检验:用专用的螺纹环规检验,其环通规应能顺利旋入,环止规旋入长度不得超过 3P。

(d)自检合格的丝头,应由现场随机抽样进行检验。以一个工作班加工的丝头为一个检验批,随机抽检 10%,且不少于 10 个。

现场丝头的抽检合格率不应小于 95%。当抽检合格率小于 95% 时,应另抽取同样数量的丝头重新检验。当两次检验的总合格率不小于 95% 时,该批产品合格。若合格率仍小于 95% 时,则应对全部丝头进行逐个检验,合格者方可使用。

c. 钢筋连接接头

(a)钢筋连接完毕后,标准型接头连接套筒外应有外露有效螺纹,且连接套筒单边外露有效螺纹不得超过 2P,其他形式应符合产品设计要求。

(b)钢筋连接完毕后,拧紧力矩值应符合表 403-8 的要求。

(c)钢筋连接接头外观质量及拧紧力矩检验以及力学性能检验应按《滚轧直螺纹钢筋连接接头》(JG 163—2004)的相关规定执行。

403.08　计量与支付

1. 计量

(1)根据图纸所示及钢筋表(不包括固定、定位架立钢筋)所列,按实际安设并经监理人验收的钢筋以千克(kg)计量。

其内容包括钢筋混凝土中的钢筋,预应力混凝土中的非预应力钢筋及混凝土桥面铺装中的钢筋。

(2)除图纸所示或监理人另有认可外,因搭接而增加的钢筋不予计入。

(3)钢筋及钢筋骨架用的铁丝、钢板、套筒(连接套)、焊接、钢筋垫块或其他固定、定位架立钢筋的材料,以及钢筋的防锈、截取、套丝、弯曲、场内运输、安装等,作为钢筋工程的附属工作,不另行计量。

2. 支付

按上述规定计量,经监理人验收的列入了工程量清单的以下支付子目的工程量,其每一计量单位,将以合同单价支付。此项支付包括材料、劳力、设备、检验、运输及其他为完成钢筋工程所必需的费用,是对完成工程的全部偿付。

3. 支付子目

子　目　号	子 目 名 称	单　　位
403-1	基础钢筋(包括灌注桩、承台、沉桩、沉井等)	
-a	光圆钢筋(HPB235、HPB300)	kg
-b	带肋钢筋(HRB335、HRB400)	kg

续上表

子　目　号	子目名称	单　　位
403-2	下部结构钢筋	
-a	光圆钢筋(HPB235、HPB300)	kg
-b	带肋钢筋(HRB335、HRB400)	kg
403-3	上部结构钢筋	
-a	光圆钢筋(HPB235、HPB300)	kg
-b	带肋钢筋(HRB335、HRB400)	kg
403-4	附属结构钢筋	
-a	光圆钢筋(HPB235、HPB300)	kg
-b	带肋钢筋(HRB335、HRB400)	kg

注:附属结构包括缘石、人行道、防撞墙、栏杆、护栏、桥头搭板、枕梁、抗震挡块、支座垫块等构造物,其所用钢筋,均列入403-4项内。

第404节　基础挖方及回填

404.01　范围

本节内容为结构物基坑的开挖与回填以及与之有关的场地清理、支护(撑)、排水、围堰等作业。

404.02　施工要求

1.一般要求

(1)承包人应根据地质水文资料,结合具体情况制订开挖方案,并在开挖前报监理人批准,但这种批准并不免除承包人应负的责任。

(2)除非监理人另有指示,基础挖方的进度安排应使坑壁的暴露时间不超过30d。

(3)基础开挖与其回填作业,除应满足本节的各项要求外,尚应与结构物施工的有关要求配合。

(4)隐蔽工程的开挖、模板支护(撑)、钢筋绑扎、浇筑混凝土、养生后的混凝土结构均应全面真实地反映在工程照片中,局部重要位置能反映出钢筋数量的大样图。

2.开挖

(1)承包人应在基础开挖开始之前通知监理人,以便检查、测量基础平面位置和现有地面高程。在未完成检查测量及监理人批准之前不得开挖。为便于开挖后的检查校核,基础轴线控制桩应延长至基坑外并加以固定。

(2)开挖应进行到图纸所示或监理人所指定的高程。最终的开挖深度要依设计期间所进行的钻探和土工试验,并结合基础开挖的实际调查资料来确定。在开挖的基坑经监理人批准之前,不得浇筑混凝土或砌筑圬工。低于批准基底高程的超挖或纵横向超过本节第 404.04-1 条规定界线的部分,应由承包人自费补填,并应使用批准的材料压实到规定的标准。

(3)在原有建筑物附近开挖基坑时,应按《公路工程施工安全技术规程》(JTJ 076—95)的规定,采取有效防护措施,使开挖工作不致危及附近建筑物的安全,所采用的防护措施须经监理人同意。基坑周围不得堆放建筑材料、设备和危及基坑安全的杂物。

(4)所有从挖方中挖出的材料,如果监理人认为适用,可用作回填或铺筑路堤;或按监理人指示的其他方法处理。

(5)在基桩处的基坑开挖,应在打桩之前完成。

(6)必要时,挖方的各侧面应始终予以可靠的支撑,并使监理人认可。

(7)所有基础挖方都应始终保持良好的排水,在挖方的整个施工期间都不致遭受水的危害。凡低于已知地下水位的地方进行开挖并构成基础时,承包人必须提交一份建议用于每个基础的排水方法以及为此而采取的各项措施的报告,并取得监理人的批准。

(8)在施工期间,承包人应维护天然水道并使地面排水畅通。违反上述要求而引起的任何损失应由承包人负责。

(9)石方基础挖方的施工,除符合本节的规定外,尚应符合本规范第 203 节的有关要求。

(10)基坑开挖至图纸规定基底高程后,如发现基底承载力达不到图纸规定的承载力要求时,承包人应根据实际钻探(或挖探)及土壤试验资料提出地基处理的方案,报告监理人审查,并按监理人的指示处理。

3. 回填

(1)所有结构物基坑的回填必须采用经监理人批准的能够充分压实的材料,不得用草皮土、垃圾和有机土等回填。严禁结构物基础超挖回填虚土。

(2)未经监理人许可,不得对结构物基坑回填。一般要到结构物的拆模期终了 3d 之后进行回填。如果混凝土养生条件不正常,应按监理人的指示延长时间。桥台和桥墩基础等周围的回填,应同时在两侧及基本相同的高程上进行,特别要防止对结构物形成单侧受土压。必要时,挖方内的边坡应修成台阶形。

(3)回填材料应分层摊铺,并用符合要求的设备压实。每层都应压实到图纸或监理人要求的压实度标准。回填用土的含水率应严格控制。

(4)需回填的基坑应及时排水。若无法排除基坑积水时,则应采用砂砾材料回填,并在水中分薄层铺筑,直到回填进展到该处的水全部被回填的砂砾材料所掩盖并达到能充分压实的程度时,再进行充分夯实。

404.03 质量检验

1. 基本要求

(1)基坑开挖完毕,承包人在监理人到现场监督检验的基础上填写地基检验表,报请监理人复验批准后,方可进行基础施工。

(2)基础的地基承载力必须满足设计要求。

(3)严禁超挖回填虚土。

(4)地基检验可采用如下方法:

对于小型构造物,一般采用直观或触探的方法,必要时可进行土质试验;对于大、中桥和地基土质复杂、结构物对地基有特殊要求的,一般采用触探或钻探(钻深至少 4m)取样做土工试验,或按图纸的特殊要求进行荷载试验。

2. 检查项目

见表 404-1。

3. 外观检查

(1)基坑边线直顺、稳定、外形整齐。

(2)基坑支撑可靠、无坍塌、排水畅通。

开挖基坑检查项目　表 404-1

项次	检查内容		规定值或允许偏差	检查方法
1	平面周线位置(mm)		不小于图纸要求	用经纬仪测量纵、横各 2 点
2	基底高程(mm)	土质	±50	用水准仪测量 5~8 点
		石质	+50,-200	
3	基坑尺寸(mm)		不小于图纸尺寸	用尺量

404.04　计量与支付

1. 计量

(1)基础挖方应按下述规定,取用底、顶面间平均高度的棱柱体体积,分别按干处、水下及土、石,以立方米计量。干处挖方与水下挖方是以经监理人认可的施工期间实测的地下水位为界线。在地下水位以上开挖的为干处挖方;在地下水位以下开挖的为水下挖方。

基础底面、顶面及侧面的确定应符合下列规定:

a. 基础挖方底面:按图纸所示或监理人批准的基础(包括地基处理部分)的基底高程线计算。

b. 基础挖方顶面:按监理人批准的横断面上所标示的原地面线计算。

c. 基础挖方侧面:按顶面到底面,以超出基底周边 0.5m 的竖直面为界。

(2)当承包人遇到特殊或非常规情况时,应及时通知监理人,由监理人定出特殊的基础挖方界线。凡未取得监理人批准,承包人以特殊情况为理由而完成的任何挖方将不予计量,其基坑超深开挖,应由承包人用砂砾或监理人批准的回填材料予以回填压实。

(3)为完成基础挖方所做的地面排水及围堰、基坑支撑及抽水、基坑回填与压实、错台开挖及斜坡开挖等,作为挖基工程的附属工作,不另行计量。

(4)台后路基填筑及锥坡填土在第 204 节内计量与支付。

(5)基坑土的运输作为挖基工程的附属工作,不另行计量与支付。

2. 支付

按上述规定计量,经监理人验收的列入了工程量清单的以下支付子目的工程量,其每一计量单位,将以合同单价支付。此项支付包括材料、劳力、设备、运输等及其他为完成挖基及回填工程所必需的费用,是对完成工程的全部偿付。

3. 支付子目

子 目 号	子 目 名 称	单 位
404-1	干处挖土方	m^3
404-2	水下挖土方	m^3
404-3	干处挖石方	m^3
404-4	水下挖石方	m^3

第 405 节　钻孔灌注桩

405.01　范围

本节工作包括钻孔、安设和拆除护筒、安设钢筋笼、灌注混凝土以及按图纸规定及监理人指示的有关钻孔灌注桩的其他作业。

405.02　一般要求

1. 施工方法的确定

承包人应将准备采用的施工方法的全部细节,送请监理人批准,其中包括材料和全部设备的说明。任一钻孔工作开始前,都应得到监理人的书面批准。

2. 成桩记录

承包人应保存每根桩的全部施工记录,当需要时,记录应报送监理人作为检查之用。当记录格式由监理人统一发放时,应按监理人的要求记录和填列。如监理人要求由承包人自行拟定记录格式时,记录格式应经监理人批准。

3. 环境保护要求

钻孔过程中的泥浆及钻渣的处理应符合图纸要求及环境保护的相关规定,并取得监理人的认可。泥浆及钻渣不得污染或堵塞当地农田、水系及地下水。

405.03　材料及水下混凝土

1. 水泥、细集料和粗集料、水和外加剂,以及混凝土的拌和、输送、灌注和养护等,都应符合第 410 节的要求。混凝土级别应符合图纸规定。

2. 水下灌注混凝土(导管灌注混凝土)应符合下列要求:

(1)水泥的初凝时间不宜早于 2.5h,水泥强度等级不宜低于 42.5 级;

(2)粗集料宜优先选用卵石,或采用级配良好的碎石;

(3)粗集料的最大粒径不应大于导管内径的 1/6 ~ 1/8 和钢筋最小净距的 1/4,同时不得大于 40mm;

(4)细集料宜采用级配良好的中砂;

(5)混凝土的含砂率宜为 40% ~50%;

(6)缓凝外掺剂,只有得到监理人的批准,才能采用;

(7)抗硫酸盐水泥应按图纸说明,或按监理人的要求采用;

(8)坍落度宜为 180 ~220mm;

(9)水下混凝土的水泥用量不宜小于 $350kg/m^3$;

当监理人同意掺入适宜数量的减水缓凝剂或粉煤灰时,可不少于 $300kg/m^3$;

(10)水灰比宜采用 0.5 ~0.6,当有试验依据时,水灰比可酌情增大或减少。

3. 钢筋应符合图纸及本规范第 403 节要求。

405.04 钻孔

1. 承包人可选择任何一种钻孔方法,但完成的钻孔,应在图纸规定的允许偏差范围内。

2. 钻孔时应采用长度适应钻孔地基条件的护筒,保证孔口不坍塌及不使地表水进入钻孔,并保持钻孔内泥浆表面高程。护筒应符合以下要求:

(1)护筒可用钢板或钢筋混凝土制作。

(2)护筒内径一般应比桩径稍大,一般大 200 ~400mm,可根据钻孔情况选用。

(3)护筒高度宜高出地面 0.3m 或水面 1.0 ~2.0m。

(4)当钻孔内有承压水时,应高于稳定后的承压水位 2.0m 以上。若承压水位不稳定或稳定后承压水位高出地下水位很多,应先做试桩,鉴定在此类地区采用钻孔灌注桩基的可行性。试桩结果,报监理人批准后,方可采用钻孔灌注桩基。

(5)当处于潮水影响地区时,护筒高度应高于最高施工水位 1.5 ~2.0m,并应采取稳定护筒内水头的措施。

(6)护筒中心竖直线应与桩中心线重合,除设计另有规定外,一般平面允许误差为 50mm,竖直线倾斜不大于 1%;干处可实测定位;水域可依靠导向架定位。

(7)护筒埋置深度应根据图纸要求或桩位的水文地质情况确定,一般情况埋置深度宜为 2 ~4m,特殊情况应加深,以保证钻孔和灌注混凝土的顺利进行。有冲刷影响的河床,应沉入局部冲刷线以下不小于 1.0 ~1.5m。

(8)在钻孔排渣、提钻头除土或因故停钻时,应保持孔内具有规定的水位和要求的泥浆相对密度和黏度。

(9)当设计为斜桩时,为保证开孔斜度准确,埋设的护筒应准确,长度不宜小于 3m,护筒直径只宜比钻锥直径大 20 ~ 30mm。护筒埋设的斜度宜稍大于设计斜度,应埋筑紧密。

(10)斜孔孔壁较易坍塌,故孔内水头、护壁泥浆相对密度、黏度等指标应比钻竖孔时稍大。可掺用适量添加剂以改善泥浆性能。

3. 地质情况较为复杂的大、中桥,在钻孔灌注桩施工前,应按设计要求或监理人指示,在桥位现场试桩,以验证桩的设计参数及承载力,并根据地层情况、施工条件选择合理的施工方法。在试桩中发现地质情况(如有地下水、地层对混凝土有腐蚀作用、有较大承压水等)与原设计不符时,承包人应提出相应的技术措施或变更设计,报监理人会同原设计单位研究批准。

405.05 固孔

1. 承包人应采用钻孔泥浆护壁,以保持孔壁在钻进过程不坍塌,但采用全长护筒者除外。

2. 承包人可用膨润土悬浮泥浆或合格的黏土悬浮泥浆作为钻孔泥浆。钻孔泥浆不得污染地下水。根据钻孔方法的适用性的论证,不加掺加物的钻孔方法仅在监理人书面同意才可采用。

3. 钻孔泥浆应始终高出孔外水位或地下水位 1.0 ~ 1.5m。

4. 胶泥应用清水彻底拌和成悬浮体,使在灌注混凝土时及至施工完成保持钻孔孔壁的稳定。泥浆的性能指标如表 405-1 所示,施工时除相对密度和黏度应进行试验外,如果监理人要求,其他指标也应予以抽检。

5. 除图纸另有规定外,地面或最低冲刷线以下部分,护筒应在灌注混凝土后拔除。

泥浆性能指标要求 表 405-1

钻孔方法	地层情况	泥浆性能指标							
		相对密度	黏度 (Pa·s)	含砂率 (%)	胶体率 (%)	失水率 (mL/30min)	泥皮厚 (mm/30min)	静切力 (Pa)	酸碱度 (pH)
正循环	一般地层	1.05 ~ 1.20	16 ~ 22	8 ~ 4	≥96	≤25	≤2	1.0 ~ 2.5	8 ~ 10
	易坍地层	1.20 ~ 1.45	19 ~ 28	8 ~ 4	≥96	≤15	≤2	3 ~ 5	8 ~ 10
反循环	一般地层	1.02 ~ 1.06	16 ~ 20	≤4	≥95	≤20	≤3	1 ~ 2.5	8 ~ 10
	易坍地层	1.06 ~ 1.10	18 ~ 28	≤4	≥95	≤20	≤3	1 ~ 2.5	8 ~ 10
	卵石土	1.10 ~ 1.15	20 ~ 35	≤4	≥95	≤20	≤3	1 ~ 2.5	8 ~ 10
推钻、冲抓	一般地层	1.10 ~ 1.20	18 ~ 24	≤4	≥95	≤20	≤3	1 ~ 2.5	8 ~ 11
冲击	易坍地层	1.20 ~ 1.40	22 ~ 30	≤4	≥95	≤20	≤3	3 ~ 5	8 ~ 11

注:1. 地下水位高或其流速大时,指标取高限;反之取低限。

2. 地质状态较好、孔径或孔深较小的取低限,反之取高限。

3. 在不易坍塌的黏质土层中,使用推钻、冲抓,反循环回转钻进时,可用清水提高水头(≥2m)维护孔壁。

4. 若当地缺乏优良黏质土,远运膨润土亦很困难,调制不出合格泥浆时,可掺用添加剂改善泥浆性能,各种添加剂掺量见《公路桥涵施工技术规范》(JTJ 041—2000)附录 C-1。

5. 泥浆的各种性能指标测定方法见《公路桥涵施工技术规范》(JTJ 041—2000)附录 C-2。

405.06 钻孔工序

1. 当采用冲击法钻孔时,为防止冲击振动使邻孔孔壁坍塌或影响邻孔已灌混凝土的凝固,应待邻孔混凝土灌筑完毕,并达到 2.5MPa 抗压强度后,才能开钻,以免影响邻桩混凝土质量。在满足此条件下，为加快完成钻孔工作，可以多机同时作业。

2. 钻孔应连续进行，不得中断。如用抓斗开挖，应注意提升抓斗时，下面不致产生真空。

3. 软土地段的钻孔，首先应进行地基加固，保证钻孔设备的稳定和钻孔孔位准确，再行钻孔。

4. 钻孔时须及时填写钻孔记录，在土层变化处捞取渣样，判明土层，以便与地质剖面图相核对。当与地质剖面图严重不符时，应及时向监理人汇报，并按监理人的指示处理。

405.07　清孔

1. 钻孔达到图纸规定深度后，且成孔质量符合图纸要求并经监理人批准，应立即进行清孔。清孔时，孔内水位应保持在地下水位或河流水位以上 1.5 ~ 2m，以防止钻孔的任何塌陷。

2. 清孔时，应将附着于护筒壁的泥浆清洗干净，并将孔底钻渣及泥沙等沉淀物清除。清孔次数按图纸要求和清孔后孔底钻渣沉淀厚度符合图纸规定值为前提进行，大桥基础钻孔后一般需进行两次清孔。

3. 清孔后孔底沉淀物厚度应按图纸规定值进行检查，如图纸无规定时，对于直径等于或小于 1.5m 的摩擦桩的沉淀厚度应等于或小于 300mm；当桩径大于 1.5m 或桩长大于 40m 或土质较差的摩擦桩的沉淀厚度应等于或小于 500mm。支承桩的沉淀厚度应符合图纸规定。

嵌岩桩的沉淀厚度应满足图纸要求，并不得加深孔底深度代替清孔。

405.08　钻孔检查及允许偏差

1. 钻孔在终孔后拔出钻具，对孔径、孔形和倾斜度，应采用专用仪器测定；当缺乏上述仪器时，可采用外径 D 等于钻孔桩钢筋笼直径加 100mm（但不得大于钻头直径），长度不小于(4 ~ 6)D 的钢筋检孔器吊入钻孔内检测，检测结果应报请监理人复查。

2. 如经检查发现有缺陷，例如中心线不符、超出垂直线、直径减小、椭圆截面、孔内有漂石等，承包人应就这些缺陷书面报告监理人，并采取适当措施，予以改正。修补措施和费用，由承包人负担。

3. 钻孔应符合表 405-2 的允许偏差。

4. 对于嵌岩桩，还应检查嵌岩深度和孔底岩石是否发生变化，承包人应将施工记录和收集的地质样品提交监理人检验。嵌岩桩必须满足图纸要求的嵌岩深度，桩底岩层强度应不低于图纸规定强度。

5. 经检验确认成孔满足要求时，应立即填写成孔检查单，并经监理人签认后，即可进行下道工序工作。

6. 钻孔灌注桩检查用测绳必须是内有细钢丝芯，且度量箍签数字必须打印。测绳过水后必须用钢尺重新校核，测锤必须是规范的圆锥体，严禁其他物品代替。

钻孔灌注桩检查项目 表 405-2

<table>
<tr><th>项次</th><th colspan="3">检 查 项 目</th><th>规定值或允许偏差</th><th>检 查 方 法</th></tr>
<tr><td>1</td><td colspan="3">混凝土强度(MPa)</td><td>在合格标准内</td><td>按 JTG F80/1—2004 附录 D 检查</td></tr>
<tr><td rowspan="3">2</td><td rowspan="3">桩位(mm)</td><td colspan="2">群桩</td><td>100</td><td rowspan="3">全站仪或经纬仪:每桩检查</td></tr>
<tr><td rowspan="2">排架桩</td><td>允许</td><td>50</td></tr>
<tr><td>极值</td><td>100</td></tr>
<tr><td>3</td><td colspan="3">孔深(m)</td><td>不小于设计</td><td>测绳量:每桩测量</td></tr>
<tr><td>4</td><td colspan="3">孔径(mm)</td><td>不小于设计</td><td>探孔器:每桩测量</td></tr>
<tr><td>5</td><td colspan="3">钻孔倾斜度(mm)</td><td>1% 桩长,且不大于 500</td><td>用测壁(斜)仪或钻杆垂线法:每桩检查</td></tr>
<tr><td rowspan="2">6</td><td rowspan="2">沉淀厚度(mm)</td><td colspan="2">摩擦桩</td><td>设计规定,设计未规定时按施工规范要求</td><td rowspan="2">沉淀盒或标准测锤:每桩检查</td></tr>
<tr><td colspan="2">支承桩</td><td>不大于设计规定</td></tr>
<tr><td>7</td><td colspan="3">钢筋骨架底面高程(mm)</td><td>±50</td><td>水准仪:测每桩骨架顶面高程后反算</td></tr>
</table>

405.09 钢筋骨架

1. 桩的钢筋骨架,应紧接在混凝土灌注前,整体放入孔内。如果混凝土不能紧接在钢筋骨架放入之后灌注,则钢筋骨架应从孔内移去。在钢筋骨架重放前,应对钻孔的完整性,包括孔底松散物的出现,重新进行检查。

2. 钢筋骨架应有强劲的内撑架,防止钢筋骨架在运输和就位时变形,在顶面应采取有效方法进行固定,防止混凝土灌注过程中钢筋骨架上升。支承系统应对准中线防止钢筋骨架倾斜和移动。

3. 钢筋骨架上应事先安设控制保护层厚度的垫块,其沿桩长的间距不超过 2m,横向圆周不得少于 4 处,但图示者除外。或者采用导向钢管等其他有效方法以保证图纸要求的保护层得到满足。钢筋骨架底面高程允许偏差为 ±50mm。

4. 钢筋骨架制作和吊放的允许偏差:

主筋间距 ±10mm;箍筋间距 ±20mm;骨架外径 ±10mm;骨架倾斜度 ±0.5%;骨架保护层厚度 ±20mm;骨架中心平面位置 20mm;骨架顶端高程 ±20mm。

405.10 灌注水下混凝土

1. 灌注水下混凝土前,应检测孔底泥浆沉淀厚度,如大于第 405.07 小节的清孔要求,应再次清孔。

2. 混凝土拌和物运至灌注地点时,应检查其和易性和坍落度,如不符合第 405.03-2

(8)款的要求,应进行第二次拌和;二次拌和仍达不到要求,不得使用。

3. 灌注水下混凝土的搅拌机能力,应能满足桩孔在规定时间内灌注完毕。灌注时间不得长于首批混凝土初凝时间。若估计灌注时间长于首批混凝土初凝时间,则应掺入缓凝剂。

4. 孔身及孔底检查值得到监理人认可和钢筋骨架安放后,应立即开始灌注混凝土,并应连续进行,不得中断。当气温低于 0℃时,灌注混凝土应采取保温措施。强度未达到设计等级 50% 的桩顶混凝土不得受冻。

5. 混凝土一般用钢导管灌注。导管管径视桩径大小而定,内径一般为 200 ~ 350mm,导管的连接构造应安全、可靠,连接方便。使用前导管应进行水密承压和接头抗拉试验,严禁用压气试压。在灌注混凝土开始时,导管底部至孔底应有 250 ~ 400mm 的间隙。首批灌注混凝土的数量应能满足导管初次埋置深度(≥1.0m)和填充导管底部间隙的需要。在整个灌注时间内,出料口应伸入先前灌注的混凝土内至少 2m,以防止泥浆及水冲入管内,且不得大于 6m。应经常量测孔内混凝土面层的高程,及时调整导管出料口与混凝土表面的相应位置,并始终予以严密监视,导管应在无水进入的状态下填充。如为泵送混凝土,泵管应设底阀或其他的装置,以防水和管中混凝土混合。泵管应在桩内混凝土升高时,慢慢提起。管底在任何时候,应在混凝土顶面以下 2m。输送到桩中的混凝土,应一次连续操作。初凝前,任何受污染的混凝土应从桩顶清除。

6. 灌注混凝土时,溢出的泥浆应引流至适当地点处理,以防止污染或堵塞河道和交通。

7. 处于地面或桩顶以下的井口整体式刚性护筒,应在灌注混凝土后立即拔出;处于地面以上能拆除的护筒部分,须待混凝土抗压强度达到 5MPa 后拆除。当使用全护筒灌注混凝土时,应逐步提升护筒,护筒底面应保持在混凝土顶面以下 1 ~ 2m。

8. 混凝土应连续灌注,直至灌注的混凝土顶面高出图纸规定或监理人确定的截断高度才可停止浇筑,以保证截断面以下的全部混凝土均达到强度标准。

9. 灌注的桩顶高程应比设计高出一定高度,一般为 0.5 ~ 1.0m,以保证混凝土强度,多余部分应在接桩前必须凿除,桩头应无松散层。

10. 混凝土灌注过程中,如发生故障应及时查明原因,并提出补救措施,报请监理人经研究后,进行处理。补救费用由承包人承担。

405.11　质量检验

1. 混凝土质量的检查和验收,应符合本规范第 410.19 小节的规定。钻孔桩混凝土抗压强度评定应按下列规定制取试件:每根钻孔桩至少应制取 2 组;桩长 20m 以上者不少于 3 组;桩径大、浇筑时间很长时,不少于 4 组。如换工作班时,每工作班制取 2 组。

2. 公路工程基桩应进行 100% 的完整性检测,检测方法的选定应具有代表性和满足工程检测的特定要求,且应符合《公路工程基桩动测技术规程》(JTG/T F 81-01—2004)的规定。

3. 承包人应在监理人在场的情况下,对下列规定的钻孔桩,采用经监理人同意的低应变反射波法或高应变动测法或超声波法,进行桩的质量检验和评价。

(1)小桥选有代表性的桩或重要部位的桩及桩长大于 45m 的桩,应采用超声波进行检测,其余小桥的钻孔桩,可采用低应变反射法进行检测。

(2)中桥、大桥及特大桥的钻孔桩,应采用超声波法对逐根桩进行检测。

4. 承包人应在工地配备能对全桩长钻取 70mm 直径或较大的芯样的设备和经过训练的工作人员,也可以分包给经监理人认可的钻探队来承担钻取芯样的工作。

5. 若设计有规定和监理人对桩的质量有疑问时,或在施工中遇到的任何异常情况,说明桩的质量可能低于要求的标准时,应采用钻取芯样法对桩进行检测,以检验桩的混凝土灌注质量。对支承桩应钻到桩底 0.5m 以下。钻芯检验应在监理人指导下进行,检验结果若不合格,则应视为废桩,即按第 405.12 小节处理。

6. 当监理人对每一根成桩平面位置的复查、试验结果及施工记录都认可后,监理人应以书面进行批准,在未得到监理人的批准前,不得进行该桩基础的其他工作。

7. 钻孔灌注桩的检查项目及检查方法见表 405-2。

405.12 缺陷桩

1. 如果桩不符合规定要求,或在施工中遇到异常情况,监理人有理由认为桩的质量低劣,应采取经监理人认可的补救措施进行补救或予以废弃。

2. 废弃的桩,应由承包人做出详细的补救设计(不排除消除废弃桩),经监理人批准后方可实施。这些增加的工程,其费用由承包人承担。

3. 由于施工过错而引起的桩长增加,其费用由承包人承担。

405.13 计量和支付

1. 计量

(1)钻孔灌注桩以实际完成并经监理人验收后的数量,按不同桩径的桩长以米计量,计量应自图纸所示或监理人批准的桩底高程至承台底或系梁底。对于与桩连为一体的柱式墩台,如无承台或系梁时,则以桩位处地面线为分界线,地面线以下部分为灌注桩桩长,若图纸有标识的,按图纸标识为准。未经监理人批准,由于超钻而深于所需的桩长部分,将不予计量。

(2)开挖、钻孔、清孔、钻孔泥浆、护筒、混凝土、破桩头,以及必要时在水中填土筑岛、搭设工作台架及浮箱平台、栈桥等其他为完成工程的子目,作为钻孔灌注桩的附属工作,不另行计量。混凝土桩无破损检测及所预埋的钢管等材料,均作为混凝土桩的附属工作,不另行计量。

(3)钢筋在第 403 节内计量,列入 403-1 子目内。

(4)监理人要求钻取的芯样,经检验,如混凝土质量合格,钻取的芯样应予计量,否则不予计量。混凝土取芯按取回的混凝土芯样的长度以米计量。

2. 支付

按上述规定计量,经监理人验收的列入了工程量清单的以下支付子目的工程量,其每一计量单位,将以合同单价支付。此项支付包括材料、劳力、设备、运输等及其他为完成钻孔灌注桩工程所必需的费用,是对完成工程的全部偿付。

3. 支付子目

子 目 号	子 目 名 称	单　位
405-1	钻孔灌注桩(ϕ…m)	m
405-2	钻取混凝土芯样(ϕ70mm)(暂定工程量)	m
405-3	破坏荷载试验用桩(ϕ…m)(暂定工程量)	m

第 406 节　沉　　桩

406.01　范围

本节内容包括桥梁基础钢筋混凝土或预应力混凝土沉桩的制作、养生、移运、沉入等以及按照图纸规定及监理人指示的有关沉桩的其他作业。

406.02　材料

沉桩采用钢筋混凝土桩或预应力混凝土桩,其混凝土所用的水泥、集料、水等材料以及钢筋、预应力钢材等均应符合本规范第 410 节、第 411 节及第 403 节的规定和要求。

406.03　试桩

1. 为了确定沉桩的施工工艺和检验桩的承载能力,以及验证地质条件是否与图纸相符,在桩正式沉入前,应先进行沉桩试验。

2. 承包人应在经监理人同意的位置上沉入试桩,试桩的结构及材料以及所采用的施工方法、机具设备应与永久桩相同。在沉入试桩的过程中,如发现地质条件与图纸不符或沉入困难,承包人应及时提出处理方案报请监理人审查批准。

3. 承包人通过试桩,应提出试桩数据并报监理人,以校核图纸和确定基桩的入土深度、休息期限、贯入度(包括沉桩贯入度及检验贯入度)、射水沉桩最后停止射水需要以锤击沉入的深度,以及保证基桩具有图纸要求的承载力,并选择最合理的施工方法和机具设备。

406.04　桩的制作

1. 钢筋混凝土桩或预应力混凝土桩的预制,其材料、工艺要求应符合第 410 节、第 411 节和第 403 节的有关规定或者按监理人指示。混凝土等级应符合图纸规定。桩内纵向钢筋宜采用整根钢筋,如需接长时,应按第 403 节规定采用对接焊或机械接头连接。

2. 箍筋或螺旋筋必须箍紧纵筋,与纵筋交接处用点焊焊接或铁丝扎结牢固。

3. 预应力混凝土桩的预应力筋采用冷拉钢筋,如需焊接时,应在冷拉前采用对接焊接。

4. 使用法兰盘连接的混凝土桩,法兰盘应对准位置连接在钢筋或预应力筋上。先张法预应力混凝土桩采用法兰盘连接时,应先将法兰盘连接在预应力筋上,然后进行张拉。

5. 浇筑混凝土桩时,应按第 410 节的要求制作混凝土试件,并进行抗压强度试验。

6. 每根桩的混凝土浇筑应连续进行,不得中断,不得留施工缝。浇筑时,宜自桩的顶端向桩尖进行,桩身外露部分应在混凝土初凝前整平。

7. 现场采用重叠法浇筑混凝土桩时,下层桩顶面应设临时隔离层,上层桩须待下层桩混凝土强度达到设计强度的 30% 以上方可浇筑。

8. 混凝土桩浇筑完毕后,应在桩上标明编号、浇筑日期和吊点位置,并填写制桩记录。桩的移运及堆放应遵守《公路桥涵施工技术规范》(JTJ 041—2000)第 15.6.3 条的有关规定。

9. 桩的钢筋骨架允许偏差应符合表 406 - 1 的规定。

桩的钢筋骨架检查项目 表 406-1

项次	检 查 项 目	规定值或允许偏差	检 查 方 法
1	纵钢筋间距(mm)	±5	用尺量 3 个断面
2	箍筋、螺旋筋间距(mm)	+0, -20	用尺量 5 个间距
3	纵钢筋保护层(mm)	±5	用尺量 3 个断面,每断面 4 处
4	桩顶钢筋网片位置(mm)	±5	用尺量
5	纵钢筋底尖端位置(mm)	±5	用尺量

10. 预制桩的质量要求,除必须符合表 406-2 的规定外,还应符合下列要求。

(1)桩表面的蜂窝深度不得超过 5mm,每面蜂窝面积不得超过该面总面积的 0.5%。

(2)有棱角的桩,棱角碰损深度应在 5mm 以内,且每 10m 长的边棱角上只有一处破损,在一根桩上边棱破损总长度不得大于 500mm。

(3)桩顶及桩尖均不得有蜂窝和碰损,桩身不得露筋。

(4)钢筋混凝土桩身收缩裂缝宽度不得大于 0.2mm,深度不得超过 20mm;裂缝长度不得超过 1/2 桩宽。

(5)预制桩出场前应经监理人检验认可,出场时应具备合格检验证。

预制桩检查项目 表 406-2

<table>
<tr><th>项次</th><th colspan="2">检 查 项 目</th><th>规定值或允许偏差</th><th>检 查 方 法</th></tr>
<tr><td>1</td><td colspan="2">混凝土强度(MPa)</td><td>在合格标准内</td><td>按 JTG F80/1—2004 附录 D 检查</td></tr>
<tr><td>2</td><td colspan="2">长度(mm)</td><td>±50</td><td>尺量:每桩检查</td></tr>
<tr><td rowspan="3">3</td><td rowspan="3">横截面(mm)</td><td>桩的边长</td><td>±5</td><td rowspan="3">尺量:每预制件检查 2 个断面,检查 10%</td></tr>
<tr><td>空心桩空心(管芯)直径</td><td>±5</td></tr>
<tr><td>空心中心与桩中心偏差</td><td>±5</td></tr>
<tr><td>4</td><td colspan="2">桩尖对桩的纵轴线(mm)</td><td>10</td><td>尺量:抽查 10%</td></tr>
<tr><td>5</td><td colspan="2">桩纵轴线弯曲矢高(mm)</td><td>0.1% 桩长,且不大于 20</td><td>沿桩长拉线量,取最大矢高:抽查 10%</td></tr>
<tr><td>6</td><td colspan="2">桩顶面与桩纵轴线倾斜偏差(mm)</td><td>1% 桩径或边长,且不大于 3</td><td>角尺:抽检 10%</td></tr>
<tr><td>7</td><td colspan="2">接桩的接头平面与桩轴平面垂直度(%)</td><td>0.5</td><td>角尺:抽检 20%</td></tr>
</table>

406.05 桩的储存、搬运和装卸

1. 装卸和搬运预制桩必须小心。当提升和搬运桩时，承包人应防止桩发生任何明显的弯曲和开裂。在装卸中任何时候都必须避免桩受损或角缘破碎。

2. 在装卸和打桩时，被监理人确定已损坏的桩，必须由承包自费更换。

3. 钢筋混凝土桩在起吊时的吊点应符合图纸规定。图纸无规定时，可按以下规定：用一个吊点吊桩时，吊点设于距桩上端 0.3 倍桩长处；用两个吊点吊桩时，吊点设于距两端各 0.21 倍桩长处；用三个吊点吊桩时，吊点设在桩长中点及距两端各 0.15 倍桩长处。

4. 堆放桩的场地必须平整、坚实，不得产生过大的或不均匀沉降。堆放层数不宜超过三层，垫木数量与支垫位置应与上述吊点相一致，但不得少于 2 个，且保持在同一平面上，各层垫木应上下对齐处于同一垂线上。

406.06 施工要求

1. 一般要求

(1) 沉桩施工前，应根据试桩试验数据，确定桩沉入的施工方案和控制原则，并报请监理人审查批准。在沉桩开始前 24h 通知监理人，未经监理人书面批准，不得进行沉桩施工。

(2) 一般情况下，可采用锤击沉桩或射水沉桩，或者射水配合锤击沉桩的方法。

(3) 每一根桩在沉入前，应再次进行检查，经监理人确认合格后，方可沉桩。沉桩一经开始，就必须连续操作完成，不得中断。

(4) 沉桩前，应在每根桩的一侧用油漆划上长度标记，以便于沉桩时显示桩的入土深度。沉桩顺序，应由一端向另一端进行。当桩基平面尺寸较大时，宜由中间向两端或四周进行。如埋置有深浅，宜先深后浅；在斜坡地带，宜先坡顶后坡脚。

(5) 对沉桩的施工工艺要求应遵照《公路桥涵施工技术规范》(JTJ 041—2000) 第 5.4 节有关规定。

2. 沉桩

(1) 在松散的砂类土地区沉桩时，如在桩长的范围内有建筑物，应注意防止建筑物因地面下沉而受损。

(2) 锤击沉桩的控制贯入度，除有可靠的经验依据外，应按《公路桥涵施工技术规范》(JTJ 041—2000) 附录 B 的方法，确定其符合图纸要求承压力时的相应贯入度，作为控制贯入度。

(3) 沉桩开始时，必须控制桩锤冲击能。坠锤或单动汽锤的落距一般不宜大于 0.5m，当桩入土到一定深度，位置正常后，再按要求的落距或锤击频率进行。坠锤最大落距不得大于 2.0m；采用单动汽锤时，落距不宜大于 1.0m。

(4) 锤击沉桩应选用适当桩帽，使锤的冲击力均匀分布到桩的整个顶面上。桩垫如因承受高压力而碳化或破碎时，应及时更换。

(5) 锤击沉桩当有迹象进入软土层时，应改用较低落距锤击，避免桩身产生超过允许

的拉应力。以射水配合锤击沉桩时,亦宜用较低落距锤击,避免射水后,桩尖支承力不足,桩身产生超过允许的拉应力。

(6)射水沉桩在施工前,应对射水设备如水泵、水源、输水管道、水压等及其与桩身的连接进行设计、组装和检验,符合要求后,方可进行射水沉桩。

(7)空心桩宜采用中心射水法,为防止射水从桩尖返入桩内,使水压剧增,造成桩壁破裂,应将桩顶的桩帽、桩垫等或桩壁适当位置处开孔,以消除水压。

(8)射水沉桩桩尖接近设计高程时,应停止射水,进行锤击下沉,使桩的下端沉入未射水的土中。停止射水的桩尖高程,一般不宜小于图示桩尖高程以上 2.0m。

(9)停锤和停止射水的控制标准及要求,参阅《公路桥涵施工技术规范》(JTJ 041—2000)的第 5.4.2 条及第 5.4.3 条的规定。

3. 桩的连接

(1)用送桩法沉桩时,桩与送桩的纵轴线应保持在同一直线上;送桩紧接桩顶部分,应有保护桩顶的装置,安放送桩前,应先将桩顶修垫平整。

(2)在同一墩台桩基中,同一水平面内的桩接头数,不得超过桩基总数的 1/4;但采用法兰盘按等强度设计的接头,可不受此限制。

(3)桩的每一接头必须严格按照图纸要求,确保接头质量,使能抵抗在沉桩过程中各种荷载产生的应力和变形。

(4)桩的接头采用法兰盘以螺栓连接时,接头螺栓在沉桩前应拧紧,并用电焊或凿毛丝扣的方法固定螺帽,然后在接头处用涂漆等方法做防腐蚀处理。

(5)桩接头采用法兰盘或预埋钢圈电焊连接时,其焊缝允许偏差应符合表 406-3 的要求。

(6)接桩时,桩的纵向弯曲矢高不得大于每节桩长的 0.2%。

焊缝外观允许偏差 表 406-3

缺陷名称	允许偏差
咬边深度(mm)	0.5
对接加强层高度(mm)	2.0
对接加强层宽度(mm)	3.0
表面裂缝和未熔合	不允许
弧坑表面气孔和夹渣	

4. 纠偏和桩基处理

(1)在沉桩开始时,应严格控制桩位及竖桩的竖直度或斜桩的倾斜度;在沉桩过程中,应随时注意防止桩的偏移,并不得采用顶、拉桩头或桩身的办法来纠偏,以防止桩身开裂并增加桩身附加力矩。

(2)沉桩时,遇有下列情况之一,应立即暂停,并报告监理人,查明原因后,采取适当措施报经监理人同意后,方可继续沉桩。

a. 贯入度发生急剧变化;

b. 桩身突然倾斜、位移或锤击时有严重回弹;

c. 桩头破碎或桩身开裂;

d. 桩周地面有严重隆起或下沉；

e. 桩架发生偏移或晃动；

f. 锤击过程中桩有上浮。

(3)沉桩时，如发生断桩、裂桩或位置不准确的桩，应进行更换或处理，费用由承包人承担。

(4)对发生“假极限”、“吸入”现象的桩和射水下沉的桩及上浮现象的桩，都应进行复打。复打应经“休止”后进行，复打的要求按《公路桥涵施工技术规范》(JTJ 041—2000)附录 B.2 有关规定处理。

5. 损坏的桩

(1)桩如有长度超过第 406.04-10(4)款规定的明显裂纹，或任何缺点影响其强度、抗弯能力或寿命时，都将被认为是有缺陷的桩，不得使用于工程中。

(2)由于桩本身原因，或由于不正确施工操作而使桩损坏、位置偏移、没沉入到图纸规定的高程，都必须加以纠正和补救。由此而发生的费用，由承包人承担。纠正可采用以下方法：

a. 将桩拔出，换用新桩，必要时换用较长的桩；

b. 在有缺陷桩的旁边再补一桩。

6. 沉桩记录

(1)承包人必须对所有沉桩的施工过程如实进行记录，描述施工过程中发生的意外情况及处理结果，并将每天沉桩记录的复印件在 24h 内报送监理人。

(2)沉桩记录应按监理人规定的统一格式填写。

406.07 质量检验

1. 基本要求

(1)混凝土桩所用的水泥、砂、石、水、外掺剂及混合材料的质量和规格必须符合有关规范的要求，按规定的配合比施工。

(2)混凝土预制桩必须按表 406-2 检查合格后，方可沉桩。

(3)钢管桩的材料规格、外形尺寸和防护应符合设计和施工技术规范的要求。

(4)用射水法沉桩，当桩尖接近设计高程时，应停止射水，用锤击或振动使桩达到设计高程。

(5)桩的接头质量应符合图纸要求。

2. 检查项目

检查项目见表 406-2 和表 406-4。

沉桩检查项目 表 406-4

项次	检查项目			规定值或允许偏差	检查方法
1	桩位(mm)	群桩	中间桩	$d/2$ 且不大于 250	全站仪或经纬仪：检查 20%
			外缘桩	$d/4$	
		排架桩	顺桥方向	40	
			垂直桥轴方向	50	

续上表

<table>
<tr><th>项次</th><th colspan="2">检 查 项 目</th><th>规定值或允许偏差</th><th>检 查 方 法</th></tr>
<tr><td rowspan="2">2</td><td colspan="2">桩尖高程(mm)</td><td>不高于设计规定</td><td>水准仪测桩顶面高程后反算:每桩检查</td></tr>
<tr><td colspan="2">贯入度(mm)</td><td>小于设计规定</td><td>与控制贯入度比较:每桩检查</td></tr>
<tr><td rowspan="2">3</td><td rowspan="2">倾斜度</td><td>直桩</td><td>1%</td><td rowspan="2">垂线法:每桩检查</td></tr>
<tr><td>斜桩</td><td>15% $\tan\theta$</td></tr>
</table>

注:1. d 为桩径或短边。

2. θ 为斜桩轴线与垂线间的夹角。

3. 深水中采用打桩船沉桩时,其允许偏差应符合设计规定。

4. 当贯入度符合设计规定但桩尖高程未达到设计高程,应按《公路桥涵施工技术规范》(JTJ 041—2000)的规定进行检验,并得到设计认可时,桩尖高程为合格。

3. 外观检查

(1)预制桩的桩顶和桩尖不得有蜂窝、麻面现象。

(2)桩头无劈裂,如有劈裂时应进行处理。

406.08 计量与支付

1. 计量

(1)钢筋混凝土或预应力混凝土沉桩以实际完成并经监理人验收后的数量,按不同桩径的桩身长度以米计量。桩身长度的计量应自图纸所示或监理人批准的桩尖高程至承台底或盖梁底。未经监理人批准,沉入深度超过图纸规定的桩长部分,将不予计量与支付。

(2)为完成沉桩工程而进行的钢筋混凝土桩浇筑预制、养生、移运、沉入、桩头处理等一切有关作业,均为沉桩工程所包括的工作内容,不另计量与支付。

(3)试桩如系工程用桩,则该试桩按不同桩径分别列入支付子目中的的钢筋混凝土沉桩子目内;如果试桩不作为工程用桩,则应按不同桩径以米为单位计量,列入支付子目中的试桩子目内。

(4)沉桩的无破损检验作为沉桩工程的附属工作,不另行计量。

(5)钢筋混凝土或预应力混凝土沉桩(包括试桩)所用钢筋在第 403 节内计量,列入 403-1 子目内,其余钢板及材料加工等均含在钢筋混凝土沉桩工程子目中,不另行计量与支付。

(6)制造预应力混凝土沉桩用预应力钢材在第 411 节内计量。

制造预应力混凝土沉桩用法兰盘及其他钢材,除按上述规定在第 403 节、第 411 节计量外的所有钢材均含入预应力沉桩工程子目中,不另行计量与支付。

(7)试桩的试验机具其提供、运输、安装、拆卸以及试验数据的分析和提供试验报告等,均系该试桩的附属工作,不另行计量与支付。

2. 支付

按上述规定计量,经监理人验收的列入了工程量清单的以下支付子目的工程量,其每一计量单位,将以合同单价支付。此项支付包括材料、劳力、设备、运输等及其他为完成沉桩工程(包括试桩)所必须的费用,是对完成工程的全部偿付。

3. 支付子目

子 目 号	子 目 名 称	单 位
406-1	钢筋混凝土沉桩(ϕ...m)	m
406-2	预应力混凝土沉桩(ϕ...m)	
406-3	试桩(ϕ...m)	m

第 407 节 挖孔灌注桩

407.01 范围

本节工作包括挖孔,提供、安放和拆除孔壁支撑及护壁,设置钢筋,灌注混凝土以及按照图纸规定及按监理人指示的有关挖孔灌注桩的其他作业。

407.02 施工要求

1. 一般要求

(1)承包人应将准备采用的施工方法的全部细节,报请监理人批准,其中包括材料和全部设备的说明。任一挖孔工作开始前,都应得到监理人的书面批准。

(2)挖孔灌注桩适用于无地下水或少量地下水,且较密实的土层或风化岩层。当挖孔内的空气污染物超过《环境空气质量标准》(GB 3095—1996)规定的各项污染物的浓度限值三级标准时,如没有安全可靠的通风措施,不得采用人工挖孔作业。人工挖孔深度超过10m 时,应采用机械通风。人工挖孔孔深不宜大于 15m。如果设计桩长大于 15m,必须采用人工施工时,应加强机械通风和安全措施或采用机械挖掘,确保施工安全。挖孔斜桩仅适用于地下水位低于孔底高程的黏性土。各项污染物的浓度限值见表 407-1。

各项污染物的浓度限值 表 407-1

污染物名称	取值时间	浓度限值(mg/m^3)(标准状态)		
		一级标准	二级标准	三级标准
二氧化硫 SO_2	年平均	0.02	0.06	0.10
	日平均	0.05	0.15	0.25
	1h 平均	0.15	0.50	0.70
总悬浮颗粒物 TSP	年平均	0.08	0.20	0.30
	日平均	0.12	0.30	0.50
可吸入颗粒物 PM_{10}	年平均	0.04	0.10	0.15
	日平均	0.05	0.15	0.25
氮氧化物 NOx	年平均	0.05	0.05	0.10
	日平均	0.10	0.10	0.15
	1h 平均	0.15	0.15	0.30

续上表

污染物名称	取值时间	浓度限值(mg/m^3)(标准状态)		
		一级标准	二级标准	三级标准
二氧化氮 NO_2	年平均	0.04	0.04	0.08
	日平均	0.08	0.08	0.12
	1h 平均	0.12	0.12	0.24
一氧化碳 CO	日平均	4.00	4.00	6.00
	1h 平均	10.00	10.00	20.00
臭氧 O_3	1h 平均	0.12	0.16	0.20

(3)挖孔的平面尺寸,不得小于桩的设计断面。在浇筑混凝土时不能拆除的临时支撑及护壁所占的面积,不应计入有效断面。

(4)承包人应保存每根桩的全部施工记录,当需要时,记录应报送监理人作为检查之用。承包人应拟定记录格式,并报监理人批准。

2. 支撑及护壁

(1)挖孔施工应根据地质和水文地质情况,因地制宜选择合适的孔壁支护方案。承包人选择的支护及护壁方案,应经过计算,并报请监理人审查批准后,方可实施。

(2)摩擦桩的临时性支撑及护壁,应在灌筑混凝土时逐步拆除。无法拆除的临时性支护,不得用于摩擦桩。

(3)如以现浇或喷射混凝土护壁作为桩身的一部分时,须根据图纸规定或经监理人书面批准,且仅适用于桩身截面不出现拉力的情况。护壁混凝土的级别不得低于桩身混凝土的级别。

3. 挖孔

(1)挖孔时,应注意施工安全。挖孔工人必须配有安全帽、安全绳,必要时应搭设掩体。提取土渣的吊桶、吊钩、钢丝绳、卷扬机等机具,应经常检查。井口围护应高出地面200~300mm,防止土、石、杂物落入孔内伤人。挖孔工作暂停时,孔口必须罩盖。挖孔时,如孔内的二氧化碳含量超过0.3%,或孔深超过10m时,应采用机械通风。

挖孔斜桩挖掘时容易坍孔,宜采用预制钢筋混凝土护筒分节下沉护壁。

(2)孔内岩石须爆破时,应采用浅眼爆破法,严格控制炸药用量,并在炮眼附近加强支撑和护壁,防止震塌孔壁。当桩底进入倾斜岩层时,桩底应凿成水平状或台阶形。孔内经爆破后,应先通风排烟,经检查无有害气体后,施工人员方可下井继续作业。

(3)挖孔达到设计深度以后,应清除孔底松土、沉渣、杂物;如地质复杂,应用钢钎探明孔底以下地质情况,并报经监理人复查认可后方可灌注混凝土。

4. 灌注混凝土

(1)混凝土及钢筋骨架的施工参照第 405 节并应符合第 410 节及第 403 节的要求。

(2)当自孔底及孔壁渗入的地下水,其上升速度较小(参考值≤6mm/min)时,可不采用水下灌注混凝土桩的方法。混凝土的施工要求除应符合第 410 节有关要求外,还应注意以下事项。

a. 混凝土坍落度,当孔内无钢筋骨架时,宜小于 65mm;当孔内设置钢筋骨架时,宜为

70 ~ 90mm。当用导管灌注混凝土时，导管应靠近孔中心，混凝土在导管中自由坠落。开始灌注混凝土时，应配备排水设施，孔底积水不应超过 50mm，灌注速度应尽可能加快，以确保挖孔的安全。桩顶 2m 以内的混凝土应采用捣实措施。

b. 孔内混凝土应尽可能一次连续灌注完毕，若施工缝不可避免时，应按照第 410 节有关施工缝的要求处理，并应在施工缝设置上下连接钢筋。连接钢筋的截面积可按桩截面的 1% 设置。若在施工缝上设有钢筋骨架，则钢筋骨架的截面积可作为上述 1% 的配筋的一部分；若钢筋骨架的总截面积超过桩截面的 1%，则可不设置连接钢筋。

（3）当自孔底及孔壁渗入的地下水，其上升速度较大（参考值 > 6mm/min）时，则应采用水下灌注混凝土桩的方法，参照第 405.03-2 条及第 405.10-4 条要求，用导管在水中灌注混凝土。灌注混凝土之前，孔内水位至少应与孔外地下水位同高；若孔壁土质易坍塌，应使孔内水位高于地下水位 1 ~ 1.5m。水下混凝土应连续灌筑，直至灌筑的混凝土顶面，高出图纸规定的截断高度，才可停止浇筑，以保证截面以下的全部混凝土具有满意的质量。

5. 混凝土的质量检查及对缺陷桩的处理，参照第 405.11 小节及第 405.12 小节的规定处理。

407.03　质量检验

1. 基本要求

（1）桩身混凝土所用的水泥、砂、石、水、外掺剂及混合材料的质量和规格必须符合有关规范的要求，按规定的配合比施工。

（2）挖孔达到设计深度后，应及时进行孔底处理，必须做到无松渣、淤泥等扰动软土层，使孔底情况满足设计要求。

（3）嵌入承台的锚固钢筋长度不得小于设计规范规定的最小锚固长度。

2. 检查项目

检查项目见表 407-2。

挖孔桩检查项目　　表 407-2

项次	检查项目			规定值或允许偏差	检查方法
1	混凝土强度（MPa）			在合格标准内	按 JTG F80/1—2004 附录 D 检查
2	桩位（mm）	群桩		100	全站仪或经纬仪：每桩检查
		排架桩	允许	50	
			极值	100	
3	孔深（m）			不小于设计值	测绳量：每桩测量
4	孔径（mm）			不小于设计值	探孔器：每桩测量
5	孔的倾斜度（mm）			0.5% 桩长，且不大于 200	垂线法：每桩检查
6	钢筋骨架底面高程（mm）			±50	水准仪测骨架顶面高程后反算：每桩检查

3. 外观检查

(1)无破损检测桩的质量有缺陷,但经监理人及原设计单位确认仍可采用。

(2)桩顶面应平整,桩柱连接处应平顺且无局部修补。

407.04 计量和支付

1. 计量

(1)挖孔灌注桩以实际完成并经监理人验收后的数量,按不同桩径的桩长以米计量。计量应自图纸所示或监理人批准的从桩底高程至承台底或系梁底;如无承台或系梁时,则从桩底至图纸所示的桩顶;当图纸未示出桩顶位置,或示有桩顶位置但桩位处预先有夯填土时,由监理人根据情况确定。监理人认为由于超挖而深于所需的桩长部分,将不予计量。

(2)设置支撑和护壁、挖孔、清孔、通风、钎探、排水、混凝土、每桩的无破损检验以及其他为完成此项工程的项目,均为挖孔灌注桩的附属工作,不另行计量。

(3)钢筋在第403节内计量,列入403-1子目内。

(4)监理人要求钻取的混凝土芯样检验,经钻取检验后,如混凝土质量合格,钻取的芯样应予计量;否则不予计量。钻取芯样长度按取回的芯样以米计量。

2. 支付

按上述规定计量,经监理人验收列入了工程量清单的以下支付子目的工程量,其每一计量单位,将以合同单价支付,此项支付包括材料、劳力、设备、运输等及其他为完成挖孔灌注桩工程所必需的费用,是对完成工程的全部偿付。

3. 支付子目

子 目 号	子 目 名 称	单 位
407-1	挖孔灌注桩(ϕ...m)	m
407-2	钻取混凝土芯样(ϕ70mm)(暂定工程量)	m
407-3	破坏荷载试验用桩(ϕ...m)(暂定工程量)	m

第408节 桩的垂直静荷载试验

408.01 范围

本节工作包括对钻(挖)孔灌注桩的足尺比例的荷载试验,其中包括压载、拉桩、高吨位千斤顶及所有其他进行试验需要的材料、设备和工作。

408.02 试桩及试验要求

1. 试验要求

(1)要做荷载试验的工程用桩,应按图示或由监理人指定。监理人至少在该工程用试桩施工开始前7d选定试桩。

(2)试验应在桩的混凝土强度达到设计等级后,才能进行。

(3)试验应按《公路桥涵施工技术规范》(JTJ 041—2000)附录B进行。承包人应向监理人提交拟采用的荷载装置的详图请求批准。荷载装置应分级逐渐施加,使荷载传递均匀,无冲击,而不致使试桩振动。如批准的方法需用拉桩(锚桩),当可行的话,这些拉桩应与永久性桩同一形式和同一直径,且设在永久性的桩位上。

(4)对钻孔灌注桩是否做检验荷载试验和破坏荷载试验,应由监理人根据具体情况考虑确定。

2. 试桩

(1)对于采用就地灌注钻孔桩和挖孔桩的结构物,监理人可选择工程用桩做检验荷载试验以检验桩的承载力,承包人应在工地先施工这些供试验的工程用桩。为检验荷载试验目的而选用的桩,其施工设备及施工方法应与要施工的工程用桩所使用者相同,桩要做到如图示深度。工地的其他桩,在先前的试桩完成且监理人认为合格以后,才能施工。

(2)监理人也可要求在工地附近的其他指定地点进行试桩的破坏荷载试验。破坏荷载试验的目的是确定桩的设计合理性,这些试验应在任何工程用桩施工开始30d以前完成,且应使监理人认可。破坏荷载试验用桩,不得在以后作为工程用桩。

(3)试桩桩顶高程在混凝土达到初凝后应立即确定,且在荷载试验以前再加复核,以检验有无隆起现象。所有隆起的桩在试验前应用千斤顶压至原来的高程上。

408.03　桩的破坏荷载及检验荷载的试验标准

桩的检验荷载为两倍设计荷载。如果加载达到两倍设计荷载后总沉降量不超过40mm,且最后一级加载引起的沉降不超过前一级加载引起的沉降的5倍,沉降在24h内稳定,则该桩可予以验收。

如最后一级加载以后,桩的总沉降量等于或超过40mm,且本级荷载加载引起的沉降等于或大于前一级加载引起沉降的5倍;或桩的总沉降量等于或大于40mm且本级荷载加载后,沉降经24h仍不稳定,则最后一级加载时总荷载为破坏荷载。

408.04　桩的荷载试验步骤

1. 每级荷载增量约为预定的最大试验荷载的1/10～1/15。当桩的下端埋入巨粒土、粗粒土以及坚硬的黏质土中时,第一级可按2倍的分级荷载加载。

2. 每级加载阶段,荷载应持续到沉降稳定。沉降观测在开始的第一小时内应每15min记录一次;第二小时内每30min记录一次;以后每小时观测一次。

3. 每级加载的沉降量,在下列时间内如不大于0.1mm时,即可视为稳定:

桩尖下为大块碎石类土、砂类土、坚硬黏性土,最后30min;桩尖下为半坚硬和软塑黏性土,最后1h。

4. 应分阶段卸载,其值相当于分阶段加载的两倍,如加载级为奇数,则第一级卸载量为分阶段加载级的三倍。每级卸载应观测回弹量,观测方法与沉降观测同,见本小节2、3条。卸载到零后,至少在2h内,每30min观测一次,如果桩尖下为砂类土,则开始30min

内,每 15min 观测一次;如果桩尖下为黏性土,则开始 1h 内,每 15min 观测一次。

408.05 试桩成果及试桩的挖移或截断

1. 承包人应在试桩试验完成后,在监理人规定时间内,按《公路桥涵施工技术规范》(JTJ 041—2000)附录 B 及监理人要求,向监理人提交每根试桩完备的记录及数据分析。

2. 不用于结构上的破坏荷载试验的试桩,在试验完成以后应挖移,或截断至完工后的地面、河床或最低冲刷线以下 0.3m。

408.06 计量与支付

1. 计量

(1)试桩不论是检验荷载或破坏荷载,均以经监理人验收或认可的单根试桩计量。计量包括压载、沉降观测、卸载、回弹观测、数据分析,以及为完成此项试验的其他工作子目。

(2)检验荷载试验桩如试验后作为工程结构的一部分,其工程量在第 405 节及第 407 节有关支付子目内计量与支付。破坏荷载试验用的试桩,将来不作为工程结构的一部分,其工程量在第 405 节的支付子目 405-3 及第 407 节的支付子目 407-3 内计量与支付。

2. 支付

按上述规定计量,经监理人验收或认可的列入了工程量清单的以下支付子目的工程量,其每一计量单位,将以合同单价支付。此项支付包括材料、劳力、设备、试验、运输、成果分析等及其他为完成试桩工程所必需的费用,是对完成工程的全部偿付。

3. 支付子目

子 目 号	子 目 名 称	单 位
408-1	桩的检验荷载试验(暂定工程量)(ϕ...m)(kN)	每一试桩
408-2	ϕ...m 桩破坏荷载试验(...m)(暂定工程量)	每一试桩

注:1. 检验荷载试验应在括号内注明试桩检验荷载重量,按第 408.03 小节规定该试桩检验荷载为两倍设计荷载。

2. 破坏荷载试验桩应在括号内注明试桩长度。

第 409 节 沉 井

409.01 范围

本节工作包括施工场地准备,筑岛,沉井的制作,沉井下沉,基底处理,沉井封底,井孔填充,沉井顶板浇筑等以及按照图纸或监理人指示的沉井有关作业。

409.02 材料及制作

制作沉井的混凝土和钢筋材料,其制作工艺应符合本规范第 410 节及第 403 节的规定和要求。

409.03　施工要求

1. 施工准备

沉井施工前,应对沉井将要通过的地层及沉井底面的地质资料进行分析,制订切实可行的下沉及奠基方案。对河流的洪汛、凌汛、河床冲刷、通航、漂流物等应进行调查研究,以便制订施工的计划、方案及防护措施。承包人应将准备的施工计划、方案的全部细节,送请监理人批准。每一施工阶段开始,均应先得到监理人书面批准。沉井工程施工记录格式由承包人自行拟定,并报监理人批准。

2. 就地制作沉井

(1)不被水淹没的岸滩或位于浅水区域的岸滩,可以就地整平夯实制作沉井或水中填土筑岛制作沉井。就地制作沉井,其制作的地面或岛面,应高出施工最高水位至少 0.5m。

(2)水中填土筑岛应符合以下要求:

a. 筑岛尺寸应满足沉井制作的要求,在沉井周围应设置不小于 2m 宽的护道,当采用围堰筑岛时,护道宽度 b 尚应符合下式:

$$b \geqslant H\tan(45^\circ - \varphi/2) \tag{409-1}$$

式中:H——筑岛高度;

φ——筑岛土饱和时的内摩擦角。

围堰不得作为护道一部分。

b. 筑岛材料应用透水好、易于压实的砂土或碎石土,筑岛的临水面坡度,一般采用 1:1.75 ~ 1:3.0。

c. 为使岛体的坡面、坡脚不被冲刷,应采取防护措施。在淤泥等软土上筑岛时,应采取将软土挖除,换填砂土或碎石土,或采取其他措施。

(3)在沉井刃脚底面下的支垫木的下面,应用砂垫层填实,砂垫层厚度一般为 0.3 ~ 0.5m。在支垫木之间应用砂填平。支垫木顶面应与沉井的钢刃脚底面紧贴。支垫木的抽出应在沉井混凝土强度满足抽垫受力的要求后才能进行。支垫木的抽出应分区、依次、对称、同步地进行,同时应随抽随用砂土回填捣实。抽出支垫木时,应防止沉井偏斜。定位支点处垫木,应按图纸要求的顺序尽快地抽出。

3. 沉井浮运到位

(1)浮运前应进行的准备工作

a. 各类浮式沉井均须灌水下沉,各节均应在下水以前进行水密性检查;底节还应根据其工作压力,进行水压试验,合格后方可下水。

b. 浮运沉井前,应对所经水域和沉井位置处河床进行探查,所经水域应无妨碍浮运的水下障碍物,沉井位置处河床应基本平整。

c. 检查拖运、定位、导向、锚碇、潜水、起吊及排、灌水设施。

d. 掌握水文、气象和航运情况,并与有关部门取得联系、配合,必要时宜在浮运沉井过程中中断航运。

e. 浮运沉井的实际重力与设计重力不符时,应重新验算沉入水中的深度是否安全可靠。

(2)浮式沉井的下水方法及注意事项

a. 浮式沉井的底节可采用滑道、起重机具、涨水自浮、浮船等方法下水,应保证沉井的稳定与安全。

b. 浮式沉井底节入水后,悬浮接高时的初步定位位置,应根据下水方法,底节沉井的高度、大小、形状与水深、流速、河床土质及沉井接高和下沉过程中墩位处河床受冲淤的影响,综合分析确定初步定位位置。

c. 浮式沉井在悬浮状态下接高时,应注意下列事项:

(a)沉井底节下水后接高前,应向沉井内灌水或从气筒内排气,使沉井入水深度增加到沉井接高所要求的深度。在灌筑接高混凝土过程中,同时向井外排水或向气筒内补气,以维持沉井入水深度不变。

(b)在灌水或排气过程中,应检查并调整固定沉井位置的锚碇系统。

(c)在灌水、排气或排水、补气及灌筑接高混凝土过程中,应均匀、对称地进行。

(d)带临时性井底的浮式沉井和空腔井壁沉井,应严格控制各灌水隔舱间的水头差不得超过设计规定。

(e)对于带气筒的浮式沉井,气筒应加防护。

(3)沉井浮运就位注意事项

a. 浮式沉井必须对浮运、就位和灌水着床时的稳定性进行验算。

b. 浮运和灌水着床应在沉井混凝土达到设计要求的强度后,并尽可能安排在能保证浮运工作顺利进行的低水位或水流平稳时进行。

c. 沉井浮运宜在白昼无风或小风时,以拖轮拖运或绞车牵引进行;对水深和流速大的河流,为增加沉井稳定,可在沉井两侧设置导向船。沉井下沉前初步锚碇于墩位的上游处,在沉井浮运、下沉的任何时间内,露出水面的高度均不应小于1m。

d. 落床前应对所有缆绳、锚链、锚碇和导向设备进行检查调整,使沉井落床工作顺利进行,并注意水位涨落时对锚碇的影响。

布置锚碇体系时,尽可能使锚绳受力均匀,锚绳规格和长度应相差不大,边锚预拉力要适当,避免导向船和沉井产生过大摆动或折断锚绳。

e. 准确定位后,应向井孔内或在井壁腔格内迅速、对称、均衡地灌水,使沉井落至河床;在沉井下沉过程中,应注意防止沉井偏斜;薄壁空腔沉井落床后,可对称、均衡地排水,灌筑混凝土和加压下沉。

f. 沉井着床后,应随时观测由于沉井下沉的阻力和压缩流水断面引起流速增大而造成的河床局部冲刷,必要时可在沉井位置处用卵、碎石垫填整平,改变河床上的粒径,减小冲刷深度,增加沉井着床后的稳定。

g. 沉井着床后,应采取措施使其尽快下沉,并加强对沉井上游侧冲刷情况的观测和沉井平面位置及偏斜的检查,发现问题时立即采取措施并予调整。

4. 沉井的入土下沉

(1)沉井在井壁混凝土强度达到图纸的规定要求之后,方可入土下沉。

(2)沉井应采用不排水下沉。如采用排水下沉,应有安全措施,防止发生人身安全事故，并经监理人同意，但监理人的同意并不减轻承包人对发生安全事故的责任。沉井采用不排水下沉时，下沉前同时应备好潜水人员和潜水设备，以备急用。

(3)下沉沉井时，不宜使用爆破方法，在特殊情况下，必须采用爆破时，应严格控制药量，并须报请监理人同意。

(4)沉井下沉的过程中，应随时了解土层情况，做好下沉时的观测记录，并抄报监理人。下沉时应随时注意正位，至少每下沉1m检查一次，当下沉至设计高程以上2.0m时，应适当放慢下沉速度，使沉井平稳下沉，正确就位。

(5)对少筋混凝土沉井，下沉时应采取严格的均衡下沉措施，防止沉井开裂。

(6)沉井下沉过程中，应加强对周边建筑物及地面的观测，以预防出现周边大面积坍陷，并对周边环境应进行保护。

(7)沉井下沉遇到倾斜岩层时，应将表面松软的岩层或风化岩层凿去，并尽量整平，使沉井刃脚的2/3以上长度搁在岩层上，其嵌入深度最小处应不小于0.25m，其余未达到岩层的刃脚部分，可由袋装混凝土填塞缺口。刃脚以内井底岩层的倾斜面，应凿成台阶，并清除碎渣。

(8)采用空气幕(自井壁向外喷气以减少井壁摩阻力)下沉沉井时，喷气压力应大于最深喷气孔处的水压力加送气管路损耗，一般为最深喷气孔处理论水压的1.4～1.6倍，喷气量按喷气孔总数及每个喷气孔单位时间内所耗风量计算。为稳定喷气压力，在喷气孔与送气管之间，应设置必要的储气风包。喷气孔设于井壁外侧的气斗中，喷气孔直径为1mm，平均每1.0～1.6m^2的井壁面积设置1个(沉井上部取低限，下部取高限)。刃脚以上3m内不设气孔，以防压气时沉井外泥沙自刃脚翻入井内。

喷气前应先清除沉井刃脚下的土，一般清除至低于刃脚底面0.5～1.0m，然后再喷气下沉沉井，喷气时间一般每5min一次。喷气顺序为先沉井上部，再依次到沉井下部；停气顺序为先沉井下部，再依次到沉井上部；停气时应缓慢减压，以免出现瞬间负压，使喷气孔吸入泥沙而被堵塞。

(9)沉井下沉过程中的接高作业，应尽量纠正倾斜，接高节的中轴线应与前一节的中轴线相重合。水上的沉井接高时，井顶露出水面高度不应小于1.5m；地面上的沉井接高时，井顶露出地面高度不应小于0.5m。接高沉井用的模板，不得直接支承于地面上。沉井接高前，不得将刃脚掏空。沉井接高应对称、均匀地进行。沉井井壁混凝土的施工接缝，按本规范第410节处理。

(10)沉井下沉中不得出现开裂。

(11)沉井在下沉中发生倾斜和移位，应摸清情况，采取措施予以纠正，并使监理人满意；若下沉时发现障碍物，应立即停止下沉，进行详察，排除障碍物后方可继续下沉。

(12)在沉井施工的全过程中，承包人应做出详尽的施工记录、质检记录，以及作出实际穿过土层的地质剖面图备查。

(13)在沉井施工过程中，如果由于地质情况与图纸所示或与施工钻探有出入，因而需要变更图纸或施工方案、计划时，须报告监理人后按指示执行。

(14)对于沉井下沉的施工细节，可按《公路桥涵施工技术规范》(JTJ 041—2000)第7.4节有关规定执行。

409.04 沉井的基底检验及处理

沉井沉至设计高程后,应检验基底高程及地质情况是否与图纸相符。基底检验内容包括:基底平面位置及高程、基底地质构造及承载力。

基底检验完毕后,应进行基底处理,基底处理包括:基底面整平,以保证刃脚及内隔墙下面的水下混凝土质量并满足图纸要求的最小厚度;清除浮泥;当基底为岩层时,清除残留物(碎岩块、卵石、砂);清除沉井内井壁、隔墙、刃脚与封底混凝土接触处的泥污。

沉井基底处理按上述要求完成以后,应由承包人先自行检查,填好隐蔽工程记录,报监理人验收并经书面认可。隐蔽工程记录格式由承包人根据本小节要求自行拟定并报监理人认可。

沉井基底未经监理人验收并书面批准,不得进行混凝土封底。

409.05 沉井混凝土封底

1. 刚性导管法水下混凝土封底

(1)混凝土材料,可参照第 405 节水下混凝土及第 410 节混凝土的有关规定,混凝土坍落度宜为 150 ~ 200mm,在开始灌注混凝土时,宜用较小的坍落度。

(2)灌注封底水下混凝土时,需要的导管间隔及根数,应根据导管作用半径及封底面积确定。用数根导管灌注水下混凝土时,应按照先低处、后高处,先周围、后中部的顺序对称进行。

(3)在灌注混凝土过程中,导管随混凝土面升高而徐徐竖向提升,导管埋入混凝土的深度,应与导管内混凝土下落高度相适应,不宜小于表 409-1 的规定;多根导管灌注时,导管埋入混凝土的深度,不宜小于表 409-2 的规定。

(4)用混凝土泵通过漏斗及导管灌注水下混凝土时,导管直径应与混凝土泵的输送能力相适应并符合表 409-3 的规定。混凝土的灌注应快速进行,导管拆除的间隔时间不宜超过 30min。混凝土灌注将近结束时,应加大混凝土的坍落度和导管埋深。

导管内混凝土不同下落高度时,导管的最小埋深 表 409-1

导管内混凝土下落高度(m)	≤10	>10 ~ 15	>15 ~ 20	>20
导管最小埋入混凝土深度(m)	0.6 ~ 0.8	1.1	1.3	1.5

不同间距的导管最小埋深 表 409-2

导管间距(m)	≤5	6	7	8
导管最小埋入混凝土深度(m)	0.6 ~ 0.9	0.9 ~ 1.2	1.2 ~ 1.4	1.3 ~ 1.6

泵送混凝土与导管直径的关系 表 409-3

混凝土泵输送能力(m^3/h)	8	10	15	20	30	40
导管直径(mm)	180	200	240	240	300	350

2. 水下压浆混凝土封底(水下压注水泥砂浆于预填的粗集料内)

(1)粗集料粒径应大于15mm。细集料宜用圆颗粒的细砂,砂的最大粒径应满足式(409-2)及式(409-3)要求。

$$d_{max} \leqslant D_n/(15 \sim 20) \leqslant 2.5\text{mm} \tag{409-2}$$

$$d_{max} \leqslant D_{min}/(8 \sim 10) \tag{409-3}$$

式中:d_{max}——砂的最大粒径(mm)

D_n——预填的粗集料的平均粒径(mm);

D_{min}——预填的粗集料的最小粒径(mm)。

(2)压注的水泥砂浆,在进入压注管前,其稠度为15~20s(秒),压注度不小于5[水泥浆调度试验方法见《公路桥涵施工技术规范》(JTJ 041—2000)附录G-11]。水泥砂浆的极限切应力应为44~50Pa,黏度应为0.46~0.68Pa·s。水泥砂浆静放3h后的泌水率不应大于1.1%[泌水率的测试方法见《公路桥涵施工技术规范》(JTJ 041—2000)附录G-10]。在一个大气压(0.1MPa)下的水泥砂浆膨胀率一般为5%~10%。水泥砂浆的初凝时间不应早于每一压注区段的压注完成时间。

(3)压浆混凝土的配制强度(以MPa计),一般不小于设计等级的1.2倍。水泥砂浆中的水泥中可掺入减水剂、铝粉膨胀剂(水泥用量的0.01%~0.02%)、粉煤灰等掺加剂,其用量通过试验确定。水泥砂浆的灰砂比、水灰比和水泥中混合料掺量的关系,可以参考表409-4。

灰砂比与水灰比的关系　　表409-4

水灰比	0.45	0.50	0.55	0.40	0.65
混合料掺量(%)	灰　砂　比				
0	1.5	1.1	0.8	0.67	0.56
10	1.4	1.03	0.76	0.63	
20	1.3	0.98	0.72	0.59	
30	1.25	0.91	0.68		
40	1.2	0.85	0.64		

注:本表适用于砂浆稠度为(19±2)s,砂的细度模数为1.55;条件不同时,灰砂比应酌予调整。

3. 压浆混凝土的水泥砂浆压注施工要求及注意事项应符合图纸,如图纸未规定时,可参照《公路桥涵施工技术规范》(JTJ 041—2000)规范条文说明中第7.6.3条有关规定执行。

409.06　井孔填充和顶板浇筑(或安装)

1. 井孔填充与否及填充物的材料,应按图纸规定办理。不排水封底的沉井,如需要抽水后填充,应在封底混凝土强度满足抽水后受力要求时方可进行抽水。

2. 沉井顶部在浇筑顶板或安装预制顶板前,应对沉井内部做一次检查,进行必要的处理,并报监理人认可后方可浇筑顶板或安装预制顶板封顶。

3. 井孔填充如采用片石混凝土,应符合如下规定。

(1)片石一般为用爆破或楔劈法开采的石块,厚度不小于150mm(卵形和薄片者不得使用),其抗压强度不小于30MPa,并不得低于混凝土级别。

(2)填充片石的数量不宜超过混凝土体积的25%。

(3)片石在使用前应清扫、冲洗干净。

(4)片石应均匀放置于刚浇筑的混凝土上,其净距不小于100mm,片石表面离开井壁及封底的表面距离不得小于150mm。片石不得接触钢筋或预埋件。

409.07 质量检验

1. 基本要求

(1)混凝土桩所用的水泥、砂、石、水、外掺剂及混合材料的质量和规格,必须符合有关规范的要求,并按规定的配合比施工。

(2)沉井下沉应在井壁混凝土达到规定强度后进行。浮式沉井在下水、浮运前,应进行水密性试验。

(3)沉井接高时,各节的竖向中轴线应与第一节竖向中轴线相重合。接高前应纠正沉井的倾斜。

(4)沉井下沉到设计高程时,应检查基底,确认符合设计要求后方可封底。

(5)沉井下沉中出现开裂,必须查明原因,进行处理后才可继续下沉。

(6)下沉应有完整、准确的施工记录。

2. 检查项目

沉井检查见表409-5。

沉井检查项目　　表409-5

项次	检查项目		规定值或允许偏差	检查方法
1	各节沉井混凝土强度(MPa)		在合格标准内	按JTG F80/1—2004附录D检查
2	沉井平面尺寸(mm)	长、宽	±0.5%边长,大于24m时±120	尺量:每节段
		半径	±0.5%半径,大于12m时±60	
3	井壁厚度(mm)	混凝土	+40,-30	尺量:每节段沿周边量4点
		钢壳和钢筋混凝土	±15	
4	沉井刃脚高程(mm)		符合设计规定	水准仪:测4~8处顶面高程反算
5	中心偏位(纵、横向)(mm)	一般	1/50井高	全站仪或经纬仪:测沉井两轴线交点
		浮式	1/50井高+250	
6	沉井最大倾斜度(纵、横方向)(mm)		1/50井高	吊垂线:检查两轴线1~2处
7	平面扭转角(°)	一般	1	全站仪或经纬仪:检查沉井两轴线
		浮式	2	

沉井的封底检查见表 409-6。

沉井或钢围堰封底混凝土检查项目 表 409-6

项　次	检 查 项 目	规定值或允许偏差	检 查 方 法
1	混凝土强度(MPa)	在合格标准内	按 JTG F80/1—2004 附录 D 检查
2	基底高程(mm)	+0，-200	测绳和水准仪:5 ~9 处
3	顶面高程(mm)	±50	水准仪:5 处

3. 外观鉴定

(1)沉井接高时施工缝应清除浮浆和凿毛。

(2)封底混凝土顶面应保持平整。

409.08　计量与支付

1. 计量

(1)沉井制作完成，符合图纸规定要求，经监理人验收后，混凝土及钢筋按以下规定计量。

a. 沉井的混凝土，按就位后沉井顶面以下各不同部位(井壁、顶板、封底、填芯)和不同混凝土级别的体积以立方米为单位计量。

b. 沉井所用钢筋，列入第 403 节基础钢筋支付子目内计量。

(2)沉井制作及下沉奠基，其中包括场地准备，围堰筑岛，模板、支撑的制作安装与拆除，沉井浇筑、接高，沉井下沉，空气幕助沉，井内挖土，基底处理等工作，均应视为完成沉井工程所必需的工作，不另行计量。

(3)沉井刃脚所用钢材，视作沉井的附属工程材料，不另行计量。

2. 支付

按上述规定计量，经监理人验收列入了工程量清单的以下支付子目的工程量，其每一计量单位，将以合同单价支付。此项支付包括材料、劳力、设备、运输等及其他为完成沉井基础工程所必需的费用，是对完成工程的全部偿付。

3. 支付子目

子 目 号	子 目 名 称	单　位
409-1	钢筋混凝土沉井	
-a	井壁混凝土(C...)	m^3
-b	顶板混凝土(C...)	m^3
-c	填芯混凝土(C...)	m^3
-d	封底混凝土(C...)	m^3

第 410 节　结构混凝土工程

410.01　范围

1. 本节内容包括工程中结构混凝土的材料供应和拌和、立模、浇筑、拆模、修整、养生和质量要求。

2. 混凝土强度等级

混凝土强度等级系指 150mm 标准立方体试件(粗集料最大粒径为 40mm),在温度(20 ± 3)℃、相对湿度大于 90% 的潮湿环境下,养生 28d 经抗压试验所得极限抗压强度,单位为 MPa,具有不低于 95% 的保证率。混凝土强度等级以 C 为前缀表示。如 C30(30 级)、C40(40 级)。图纸有称"标号"时,应以相同"强度等级"代替,并应符合该强度等级混凝土的技术要求。

410.02　集料

1. 一般要求

(1)集料应清洁、坚硬、坚韧、耐久、无外包层、匀质,并不含结块、软弱或片状颗粒,无黏土、尘土、盐、碱、壤土、云母、有机物或其他有害物质。必要时,集料应予清洗和过筛,以除去有害物质。

(2)不同来源的集料不得混合或储存在同一料堆,也不得交替使用在同类的工程中或混合料中。

(3)用于混凝土的水泥、集料及掺加剂等,应分别进行含碱量试验,尽量避免使用可能发生碱—集料反应(AAR)的集料。在非含碱环境中,如果必须采用此类集料时,应按规范要求,选用碱含量小于 0.6% 的低碱水泥,并限制混凝土中的总碱量,对一般桥涵不宜超过 3.0kg/m^3;对特殊大桥、大桥和主要桥梁不宜大于 1.8kg/m^3;在含碱环境的混凝土中,不得使用此类集料。

2. 细集料

(1)细集料应由颗粒坚硬、强度高、耐风化的天然砂构成,经监理人批准,也可用山砂或硬质岩石加工的机制砂。

(2)按细度模数(M_x)将砂分组如下:

粗砂 $M_x = 3.7 \sim 3.1$

中砂 $M_x = 3.0 \sim 2.3$

细砂 $M_x = 2.2 \sim 1.6$

在混凝土配制时,应同时考虑砂的细度模数和级配情况,细度模数的计算可按《公路工程集料试验规程》(JTG E42—2005)第 4 章的规定执行。

(3)细集料的级配范围、坚固性、杂质的最大含量应符合表 410-1 ~ 表 410-3 要求,试验应按《公路工程集料试验规程》(JTG E42—2005)进行。

细集料级配范围 表410-1

筛孔尺寸(mm)	级配区		
	I区	II区	III区
	累计筛余(质量,%)		
10.00	0	0	0
5.00*	10~0	10~0	10~0
2.50	35~5	25~0	15~0
1.25	65~35	50~10	25~10
0.63*	85~71	70~41	40~16
0.315	95~80	92~70	85~55
0.16*	100~90	100~90	100~90

注:1. 混凝土中细集料的级配范围应符合表410-1任一区。

2. 表中除带有*号筛孔外,其余各筛孔累计筛余允许超出分界线,但其总量不得大于5%。

3. I区砂宜提高砂率以配低流动性混凝土,II区砂宜优先选用以配不同等级混凝土,III区砂宜适当降低砂率以保证混凝土强度。

4. 对于高强泵送混凝土用砂宜选用中砂,细度模数为2.9~2.6,2.5mm筛孔的累计筛余量不得大于15%,0.315mm筛孔的累计筛余量宜在85%~92%范围内。

砂的坚固性指标 表410-2

混凝土所处的环境条件	循环后的质量损失(%)	混凝土所处的环境条件	循环后的质量损失(%)
在寒冷地区室外使用,并经常处于潮湿或干燥交替状态下的混凝土	≤8	在其他条件下使用的混凝土	≤12

注:1. 寒冷地区系指最寒冷月份的月平均温度为0~-10℃且日平均温度≤5℃的天数不超过145d的地区。

2. 对同一产源的砂,在类似的气候条件下使用已有可靠经验时,可不做坚固性检验。

3. 对于有抗疲劳、耐磨、抗冲击要求的混凝土用砂,或有腐蚀介质作用或经常处于水位变化区的地下结构混凝土用砂,其循环后的质量损失率应小于8%。

细集料中杂质的最大含量 表410-3

混凝土级别	≥C30	<C30
含泥量(%)	≤3	≤5
其中泥块含量(%)	≤1.0	≤2.0
硫化物及硫酸盐折算为SO_3(%)	<1	<1
有机物含量(用比色法试验)	颜色不应深于标准色,如深于标准色,应以水泥砂浆进行抗压强度对比试验,加以复核	
云母含量(%)	<2	<2
轻物质含量(%)	<1	<1

注:1. 对有抗冻、抗渗或其他特殊要求的混凝土用砂,总含泥量应不大于3%,其中泥块含量应不大于1.0%,云母含量不应超过1%。

2. 对有机质含量进行复核时,用原状砂配制的水泥砂浆抗压强度不低于用洗除有机质的砂所配制的砂浆的95%时为合格。

3. 砂中如含有颗粒状的硫酸盐或硫化物,则要进行混凝土耐久性试验,满足要求时方能使用。

4. 杂质含量均按质量计。

3. 粗集料

(1)粗集料应由符合表 410-4 级配的坚硬卵石、砾石或碎石组成。C40 及 C40 以上的混凝土,应采用碎石。

粗集料颗粒级配规格 表 410-4

级配情况	公称粒级(mm)	累计筛余(质量,%) 筛眼孔径(圆)(mm)											
		2.5	5	10	16	20	25	31.5	40	50	63	80	100
连续级配	5~10	95~100	80~100	0~15	0								
	5~16	95~100	90~100	30~60	0~10	0							
	5~20	95~100	90~100	40~70		0~10	0						
	5~25	95~100	90~100		30~70		0~5	0					
	5~31.5	95~100	90~100	70~90		15~45		0~5	0				
	5~40		95~100	75~90		30~60			0~5	0			
单粒级	10~20		95~100	85~100		0~15	0						
	16~31.5		95~100		85~100			0~10	0				
	20~40			95~100		80~100			0~10	0			
	31.5~63				95~100			75~100	45~75		0~10	0	
	40~80					95~100			70~100		30~60	0~10	0

(2)粗集料的颗粒级配,可采用连续级配或连续级配与单粒级配合使用,如工程需要,通过试验证明混凝土无离析现象时,也可采用单粒级。

(3)粗集料的技术要求及有害物质含量,应分别符合表 410-5、表 410-6 的规定。

碎石和卵石中的有害物质含量 表 410-5

项 目	品 质 指 标
硫化物及硫酸盐折算为 SO_3(按质量计,%),不大于	1
卵石中有机物含量(用比色法试验)	颜色不应深于标准色,如深于标准色,则应配制成混凝土进行强度试验,抗压强度应不低于 95%

注:如含有颗粒硫酸盐或硫化物,则要进行混凝土耐久性试验,确认能满足要求时方能用。

粗集料的技术要求 表 410-6

指 标	混凝土强度等级			
	C55~C40	≤C35	≥C30	<C30
石料压碎指标值(%),不大于	12	16	—	—
针片状颗粒含量(%),不大于	—	—	15	25
含泥量(按质量计,%),不大于	—	—	1.0	2.0
泥块含量(按质量计,%),不大于	—	—	0.5	0.7
小于 2.5mm 颗粒含量(%),不大于	5	5	5	5

注:1. 混凝土强度等级为 C60 及以上时,应进行岩石抗压强度检验,其他情况下,如有怀疑或认为有必要时,也可进行岩石的抗压强度检验。岩石的抗压强度与混凝土强度等级之比对于小于或等于 C30 的混凝土,不应小于 2,其他不应小于 1.5,且火成岩强度不宜低于 80MPa,变质岩不宜低于 60MPa,水成岩不宜低于 30MPa。

2. 混凝土强度在 C10 及以下时,针片状颗粒含量可放宽到 40%。

(4)粗集料最大粒径应不超过结构物最小尺寸的1/4和钢筋最小净距的3/4;当设置两层或多层钢筋时,不得超过钢筋最小净距的1/2。粗集料粒径也不得超过100mm。用混凝土泵运送混凝土时的粗集料最大粒径,除应符合上述规定外,对碎石不应超过输送管内径的1/3;对于卵石不应超过输送管内径1/2.5。

(5)如监理人要求进行磨耗试验,按《公路工程集料试验规程》(JTG E42—2005)进行石料的洛杉矶磨耗试验时,500转的磨耗损失不应超过规定值。

(6)混凝土结构物处于表410-7所列条件下时,应按《公路工程集料试验规程》(JTG E42—2005)规定,对碎石和卵石进行坚固性试验,试验结果应符合表410-7的规定值。当由同一来源的粗集料曾在同样使用条件下使用满足要求时,经监理人同意,可不进行坚固性试验。

碎石和卵石的坚固性试验及指标　　表410-7

混凝土所处环境条件	在溶液中循环次数	试验后质量损失不宜大于(%)
寒冷地区,经常处于干湿交替状态	5	5
严寒地区,经常处于干湿交替状态	5	3
混凝土处于干燥条件,但粗集料风化或软弱颗粒过多时	5	12
混凝土处于干燥条件,但有抗疲劳、耐磨、抗冲击要求高或强度大于C40	5	5

注:有抗冻、抗渗要求的混凝土用硫酸钠法进行坚固性试验不合格时,可再进行直接冻融试验。

(7)粗集料应予以冲洗。

(8)除另有注明者外,粗集料的试验按《公路工程集料试验规程》(JTG E42—2005)进行。

410.03　水

1.一般要求

混凝土用水的技术要求、检验方法、检验规则、检验频率以及结果评定等应符合《混凝土用水标准》(JGJ 63—2006)的相关规定。

2.混凝土拌和用水技术要求

(1)混凝土拌和用水不应有漂浮明显的油脂和泡沫,不应有明显的颜色和异味,混凝土拌和用水的物质含量限值应符合下列规定。

a.水的pH值:对于素混凝土、钢筋混凝土不应小于4.5;对于预应力混凝土不应小于5.0。

b.水中硫酸盐含量(按SO_4^{2-}计):对于素混凝土不得超过2 700mg/L;对于钢筋混凝土不得超过2 000mg/L;对于预应力混凝土不得超过600mg/L。

c.水中氯离子含量(按Cl^-计):对于素混凝土不得超过3 500mg/L;对于钢筋混凝土不得超过1 000mg/L;对于预应力混凝土不得超过500mg/L;对于设计使用年限为100年的结构混凝土不得超过500mg/L;对于使用钢丝或经热处理钢筋的预应力混凝土不得超过350mg/L。

d. 水中碱含量(按 $Na_2O+0.658K_2O$ 计):均不得超过1 500mg/L。

e. 水中不溶物含量:对于素混凝土不得超过5 000mg/L;对于钢筋混凝土、预应力混凝土均不得超过2 000mg/L。

f. 水中可溶物含量:对于素混凝土不得超过10 000mg/L;对于钢筋混凝土不得超过5 000mg/L;对于预应力混凝土不得超过2 000mg/L。

(2)混凝土拌和用水的放射性应符合《生活饮用水卫生标准》(GB 5749—2006)的相关规定。

(3)拟采用混凝土拌和用水配制的水泥胶砂3d和28d强度不应低于饮用水配制的水泥胶砂3d和28d强度的90%。

(4)拟采用水与饮用水对比试验的水泥初凝时间差及终凝时间差均不得大于30min,同时,应符合《通用硅酸盐水泥》(GB 175—2007)中的水泥凝结时间的规定。

(5)钢筋混凝土和预应力混凝土结构严禁用未经处理的海水拌制混凝土。

3. 混凝土养护用水技术要求

(1)混凝土养护用水中的物质含量限值,除水中不溶物含量及可溶物含量不受限制外,其余物质含量均应符合混凝土拌和用水的标准。

(2)混凝土养护用水可不检验水泥胶砂强度及水泥凝结时间,但养护用水的放射性应符合混凝土拌和用水的标准。

410.04 水泥

1. 水泥标准及规范

(1)《通用硅酸盐水泥》(GB 175—2007);

(2)《抗硫酸盐硅酸盐水泥》(GB/T 748—2005);

(3)《快硬硅酸盐水泥》(GB 199—1990)。

2. 所有水泥应取自监理人同意的产源,在一个工程项目中所用的任一类水泥应取自同一生产厂商,但监理人批准者例外。

3. 钢筋混凝土结构、预应力混凝土结构中,严禁使用含氯化物的水泥。

4. 承包人应向监理人提供每批水泥的清单,说明厂商名称、水泥种类及数量,以及厂商的试验证明,证实该批水泥已经试验分析,在各方面符合标准规范要求。提供清单及试验证明的费用应包括在混凝土单价内。

5. 承包人应对进场的每批水泥均按相应水泥标准中所规定的试验项目、试验方法、检验规则取样检验,检验结果报送监理人批准。不合格水泥不得使用。

6. 水泥运到工地后应尽快使用,水泥由于受潮或其他原因,监理人认为变质或不能使用时,应从工地运走。

7. 桥梁、涵洞工程中的水泥必须采用转窑生产的水泥,禁止使用立窑生产的水泥。

410.05 外加剂及混合材料

1. 外加剂

(1)应根据外加剂的特点,结合使用目的,通过技术、经济比较来确定外加剂的使用品种。如果使用一种以上的外加剂，必须经过配比设计，并按要求加入到混凝土拌和物中。

(2)外加剂掺量应根据产品质量、使用要求、施工条件、混凝土原材料的变化进行调整。

(3)所采用的外加剂，必须是经过有关部门检验并附有检验合格证明的产品，其质量应符合《混凝土外加剂应用技术规范》(GB 50119—2003)的规定。使用前应复验其效果，使用时应符合产品说明及本规范关于混凝土配合比、拌制、浇筑等各项规定以及外加剂标准中的有关规定。

(4)有关混凝土外加剂现场复试检测项目及标准见《公路桥涵施工技术规范》(JTJ 041—2000)附录F-2。不同品种的外加剂应分别存储，做好标记，在运输与存储时不得混入杂物和遭受污染。

2.混合材料

(1)混合材料包括粉煤灰、火山灰质材料、粒化高炉矿渣等，应由生产厂家专门加工，进行产品检验并出具产品合格证书，其技术条件应分别符合《用于水泥混凝土中的粉煤灰》(GB 1596—2005)、《用于水泥中的火山灰质混合材料》(GB/T 2847—2005)、《用于水泥和混凝土中的粒化高炉矿渣粉》(GB/T 18046—2000)等标准的规定。使用单位对产品质量有怀疑时，应对其质量进行复查，混合材料技术条件见《公路桥涵施工技术规范》(JTJ 041—2000)附录F-3。

(2)混合材料在运输与存储中，应有明显标志，严禁与水泥等其他粉状材料混淆。

410.06　混凝土配合比设计

1.一般要求

(1)不同级别的混凝土应由承包人进行配合比设计。

(2)在混凝土施工前，承包人应根据《公路工程混凝土结构防腐蚀技术规范》(JTG/T B07-01—2006)的规定和图纸提供的环境类别、环境作用等级及工程设计基准期以及混凝土的技术要求，精心选择原材料，进行混凝土试配，在试验室试验的基础上优选混凝土配合比，并应在现场进行试浇筑。

(3)混凝土配合比设计应在混凝土浇筑前至少42d完成，其费用由承包人负担。在配合比未得监理人批准前，不得浇筑混凝土。

(4)混凝土中掺用外加剂的应用技术应符合《混凝土外加剂应用技术规范》(GB 50119—2003)和有关环境保护的规定。

2.普通混凝土配合比设计

(1)普通混凝土配合比，应按《普通混凝土配合比设计规程》(JGJ 55—2000)通过计算、试配和调整确定。

(2)混凝土的试配强度，应根据图纸规定混凝土强度等级，考虑施工条件的差异和变化以及材料质量可能产生的波动，可参考本节附录计算确定。

(3)对于混凝土受压或受拉时的弹性模量，应符合《公路钢筋混凝土及预应力混凝土桥涵设计规范》(JTG D62—2004)表3.1.5的规定。

(4)混凝土的最大水灰比、最小水泥用量，应符合表410-8的要求。

(5)混凝土的最大水泥用量(包括代替部分水泥的混合材料),不宜超过 500kg/m³,大体积混凝土水泥用量不宜超过 350kg/m³。

(6)混凝土浇筑入模时的坍落度,应符合表 410-9 的要求。

混凝土最大水灰比、最少水泥用量 表 410-8

混凝土结构所处的环境	素混凝土		钢筋混凝土/预应力混凝土	
	最大水灰比	最少水泥用量(kg/m³)	最大水灰比	最少水泥用量(kg/m³)
温暖地区或寒冷地区,无侵蚀物资影响、与土直接接触	0.60	250	0.55	275
严寒地区或使用除冰盐的桥涵	0.55	275	0.50	300
受侵蚀性物质影响	0.45	300	0.40	325

注:1. 本表中的水灰比,系指水与水泥(包括外掺混合材料)用量的比值。

2. 本表中的最小水泥用量,包括外掺混合材料;当采用人工捣实混凝土时,水泥用量应增加 25kg/m³;当掺用外加剂且能有效地改善混凝土的和易性时,水泥用量可减少 25kg/m³。

3. 严寒地区系指最冷月份平均气温≤-10℃且平均≤5℃平均的天数≥145d 的地区。

混凝土浇筑入模时的坍落度 表 410-9

结构物类型	坍落度(mm)
小型预制块及便于振捣的结构	0~20
桥涵基础、墩台等无筋或少筋结构	10~30
普通配筋率的钢筋混凝土结构	30~50
配筋较密、断面较小的钢筋混凝土结构	50~70
配筋极密、断面高而狭的钢筋混凝土结构	70~90

注:1. 水下混凝土、泵送混凝土的坍落度,另见本规范有关章节规定。

2. 用人工捣实时,坍落度宜增加 20~30mm。

(7)混凝土砂率的确定应符合下列规定:

a. 坍落度为 10~60mm 的混凝土砂率,可根据粗集料品种、粒径及水灰比按表 410-10 选取。

混凝土砂率(%) 表 410-10

水灰比	卵石最大粒径(mm)			碎石最大粒径(mm)		
	10	20	40	16	20	40
0.40	26~32	25~31	24~30	30~35	29~34	27~32
0.50	30~35	29~34	28~33	33~38	32~37	30~35
0.60	33~38	32~37	31~36	36~41	35~40	33~38
0.70	36~41	35~40	34~39	39~44	38~43	36~41

注:1. 本表数值系中砂的选用砂率,对细砂或粗砂,可相应地减小或增大砂率。

2. 只用一个单粒级粗集料配制混凝土时,砂率应适当增大。

3. 对薄壁构件砂率取偏大值。

4. 本表中的砂率系指砂与集料总量的质量比。

b. 坍落度大于 60mm 的混凝土砂率,可经试验确定,也可在表 410-10 的基础上,按坍落度每增大 20mm,砂率增大 1% 的幅度予以调整。

c. 坍落度小于 10mm 的混凝土及掺用外加剂和混合材料的混凝土,其砂率应经试验确定。

(8)在混凝土掺用外加剂,应符合以下要求:

a. 在钢筋混凝土及预应力混凝土中,不得掺用氯化钙、氯化钠等氯盐。

b. 钢筋混凝土中所有组成材料引入的氯离子(折合氯化物)含量:当结构物位于温暖或严寒地区、无侵蚀性物质影响及与土直接接触时,不宜超过水泥用量的 0.30%;结构物位于严寒和海水区域、受侵蚀环境和使用除冰盐的桥涵,不宜超过水泥用量的 0.15%。从各种组成材料引入的氯离子含量如大于上述数值时,应采用有效的防锈措施(如掺入阻锈剂、增加保护层厚度、提高混凝土密实性等)。

c. 预应力混凝土各组成材料引入的氯离子(折合氯化物)含量,不宜超过水泥用量的 0.06%,当大于 0.06% 时,宜采取防锈措施;对于干燥环境中的小型非重要构件,氯离子含量可提高一倍。

d. 无筋混凝土的氯化钠、氯化钙掺用量,以干质量计不应超过水泥用量的 3%。

e. 掺入加气剂混凝土的含气量为 3.5% ~5.5%。

f. 预应力混凝土中不得掺入加气剂及加气型减水剂。

g. 结构混凝土中各种材料引入的总含碱量不应超过 3.0kg/m^3。

h. 若在混凝土中掺用混合材料时,其掺量应通过试验确定。

3. 特殊要求混凝土的配合比设计

(1)泵送混凝土

a. 泵送混凝土应选用硅酸盐水泥、普通硅酸盐水泥、矿渣硅酸盐水泥和粉煤灰硅酸盐水泥,不宜采用火山灰质硅酸盐水泥。

b. 泵送混凝土所用粗集料的最大粒径:当泵送高度小于 50m 时,对碎石不宜大于管径的 1/3,对卵石不宜大于管径的 1/2.5;泵送高度在 50 ~ 100m 时,对碎石不宜大于管径的 1/4,对卵石不宜大于管径的 1/3;泵送高度在 100m 以上时,对碎石不宜大于管径的 1/5,对卵石不宜大于管径的 1/4;粗集料应采用连续级配,且针片状颗粒含量不宜大于 10%。

c. 泵送混凝土宜采用中砂,其通过 0.315mm 筛孔的颗粒含量不应小于 15%,通过 0.160mm筛孔的含量不应小于 5%。

d. 泵送混凝土应掺用泵送剂或减水剂,并可适量掺用粉煤灰或其他活性掺和料。当掺用粉煤灰时,其质量应符合《用于水泥和混凝土中的粉煤灰》(GB/T 1596—2005)中规定的 I、II 级粉煤灰的要求(主要结构应掺用 I 级粉煤灰)。

e. 泵送混凝土拌和物的坍落度不应小于 80mm,泵送混凝土入泵坍落度可按表 410-11 选用。

混凝土入泵坍落度选用表　　表 410-11

泵送高度(m)	<30	30 ~ 60	60 ~ 100	>100
坍落度(mm)	100 ~ 140	140 ~ 160	160 ~ 180	180 ~ 200

f. 泵送混凝土的水灰比宜为 0.4 ~ 0.6。

g. 泵送混凝土的水泥用量不宜小于 300kg/m^3。

h. 掺用引气剂型外加剂时,其混凝土含气量不宜大于 4%。

(2)抗渗混凝土

a. 抗渗等级等于或大于 P6 级的混凝土(简称抗渗混凝土),宜选择强度等级不低于 42.5 级的水泥,其品种应按图纸要求选用;当有抗冻要求时,应优先选用硅酸盐水泥或普通硅酸盐水泥。

b. 粗集料的最大粒径不宜大于 40mm,其含泥量不得大于 1.0%,泥块含量不得大于 0.5%。

c. 细集料的含泥量不得大于 3.0%,泥块含量不得大于 1.0%。

d. 外加剂宜采用防水剂、膨胀剂、引气剂或减水剂;掺用引气剂的抗渗混凝土,其含气量宜控制在 3% ~5%。

e. 水泥用量(含掺和料)不宜小于 320kg/m^3。

f. 砂率宜为 35% ~40%;灰砂比宜为 1:2 ~ 1:2.5。

g. 抗渗混凝土的最大水灰比应符合表 410-12 的规定。

抗渗混凝土最大水灰比 表 410-12

抗 渗 等 级	最大水灰比	
	C20 ~ C30 混凝土	C30 以上混凝土
P6	0.60	0.55
P8 ~ P12	0.55	0.50
>P12	0.50	0.45

h. 抗渗混凝土的抗渗性试验,应符合如下规定:

(a)抗渗水压值应比设计值提高 0.2MPa;

(b)试配时,应采用水灰比最大的配合比做抗渗试验,试验结果应符合下列要求:

$$p_t \geqslant \frac{P}{10} + 0.2$$

式中:p_t——6 个试件中 4 个未出现渗水时的最大水压值(MPa);

P——设计要求的抗渗等级。

(3)高强度混凝土

a. 配制 C50 ~ C80 强度等级的高强度混凝土(简称高强混凝土),应选择强度等级不低于 42.5 级的硅酸盐水泥或普通硅酸盐水泥,其活性不宜低于 57MPa。

b. 粗集料的最大粒径宜小于 25mm;针片状颗粒不宜大于 5%;含泥量不应大于 0.5%;泥块含量不应大于 0.2%。

c. 粗集料除进行压碎指标试验外,对碎石尚应进行岩石立方体抗压强度试验,其结果不应小于要求配制的混凝土抗压强度标准值 R 的 1.5 倍。

d. 高强混凝土宜采用中砂,其细度模数宜大于 2.6,含泥量不应大于 2.0%,泥块含量不应大于 0.5%。

e. 高强混凝土的配合比应符合本规范第410.06－2条各项规定。当无可靠的强度统计数据及标准差数值时，混凝土的施工配制强度（平均值）对于C50～C60应不低于强度等级的1.15倍，对于C70～C80应不低于强度等级值的1.12倍。

f. 高强混凝土所用砂率及所采用外加剂和矿物掺和料的品种、掺量应通过试验确定。

g. 高强混凝土的水泥用量不宜大于500kg/m^3，水泥和混合材料的总量不超过550～600kg/m^3，粉煤灰掺量不宜超过胶结料质量的30%，沸石粉不宜超过10%，硅粉不宜超过8%～10%。各种混合料的掺用种类及数量，必须通过试验并报监理人批准后确定。

h. 高强混凝土配合比提出后，尚应进行6～10次重复试验进行验证。

（4）大体积混凝土

a. 混凝土结构物中实体最小尺寸大于或等于1m的部位所用的混凝土（简称大体积混凝土），应选用水化热低、凝结时间长的水泥，优先选用大坝水泥、矿渣硅酸盐水泥、粉煤灰硅酸盐水泥、火山灰质硅酸盐水泥。

b. 粗集料宜采用连续级配，细集料宜采用中砂。

c. 大体积混凝土宜掺用缓凝剂、减水剂和减少水泥水化热的掺和料。

d. 大体积混凝土在保证混凝土强度及坍落度要求的前提下，应提高掺和料及集料的含量，以降低单方混凝土的水泥用量。

e. 大体积混凝土配合比确定后宜进行水化热的验算或测定。

（5）抗冻混凝土

a. 抗冻等级为F50及以上的混凝土（简称抗冻混凝土），应优先选用硅酸盐水泥或普通硅酸盐水泥，并不得使用火山灰质硅酸盐水泥。

b. 粗集料含泥量不得大于1.0%，泥块含量不得大于0.5%，细集料含泥量不得大于3.0%，泥块含量不得大于1.0%。

c. 抗冻等级为F100及以上的混凝土所用的粗集料和细集料均应进行坚固性试验，其结果应符合本规范表410-7的规定。

d. 抗冻混凝土宜采用减水剂，对抗冻等级为F100及以上的混凝土掺引气剂，其拌和物的含气量应在表410-13范围内选择。

有抗冻要求的混凝土拌和物含气量控制范围　　表410-13

集料最大粒径（mm）	含气量范围（%）	集料最大粒径（mm）	含气量范围（%）
10.0	5.0～8.0	40.0	3.0～6.0
20.0	4.0～7.0	63.0	3.0～5.0
31.5	3.5～6.5		

e. 抗冻混凝土的最大水灰比：

（a）当抗冻等级为F50的混凝土无引气剂时，不应大于0.55；掺引气剂时，不应大于0.60。

（b）当抗冻等级为F100的混凝土掺引气剂时，不应大于0.55。

（c）当抗冻等级为F150及以上的混凝土掺引气剂时，不应大于0.50。

（6）防腐蚀混凝土

a. 海水环境混凝土在建筑物上部位的划分应符合表410-14的规定。

海水环境混凝土部位划分 表 410-14

大气区	浪溅区	水位变动区	水下区
设计高水位加 1.5m 以上	设计高水位加 1.5m 至设计高水位减 1.0m 之间	设计高水位减 1.0m 至设计低水位减 1.0m 之间	设计低水位减 1.0m 以下

b. 海水环境钢筋混凝土结构的施工缝不宜设在浪溅区或拉应力较大部位。

c. 海水环境混凝土水灰比最大允许值应分别满足表 410-15 的规定。

d. 海水环境混凝土中应按图纸要求添加防腐剂(SRA 型等),混凝土防护等级不应低于图纸要求等级。

e. 按耐久性要求,海水环境混凝土的最低水泥用量应符合表 410-16 的规定。

海水环境混凝土的水灰比最大允许值 表 410-15

环境条件			钢筋混凝土和预应力混凝土		无筋混凝土	
			北方	南方	北方	南方
大气区			0.55	0.50	0.65	0.65
浪溅区			0.50	0.40	0.65	0.65
水位变动区		严重受冻	0.45	—	0.45	—
		受冻	0.50	—	0.50	—
		微冰	0.55	—	0.55	—
		偶冰、不冻	—	0.50	—	0.65
水下区	不受水头作用		0.60	0.60	0.65	0.65
	受水头作用	最大作用水头与混凝土壁厚之比 <5	0.60			
		最大作用水头与混凝土壁厚之比为 5 ~ 10	0.55			
		最大作用水头与混凝土壁厚之比 >10	0.50			

注:1. 除全日潮型区域外,其他海水环境有抗冻性要求的细薄构件(最小边尺寸小于 300mm 者,包括沉箱工程),混凝土的水灰比最大允许值宜减小。

2. 对有抗冻要求的混凝土,如抗冻性要求高时,浪溅区范围内下部 1m 应随水位变动区按抗冻性要求确定其水灰比。

3. 位于南方海水环境浪溅区的钢筋混凝土宜掺用高效减水剂。

海水环境混凝土的最低水泥用量(kg/m^3) 表 410-16

环境条件		钢筋混凝土和预应力混凝土		无筋混凝土	
		北方	南方	北方	南方
大气区		300	360	280	280
浪溅区		360	400	280	280
水位变动区	F350	395	360	395	280
	F300	360		360	
	F250	330		330	
	F200	300		300	
水下区		300	300	280	280

注:1. 有耐久性要求的大体积混凝土,水泥用量应按混凝土的耐久性和降低水泥水化热综合考虑。

2. 对有抗冻要求的混凝土,浪溅区范围内下部 1m 应随同水位变动区按抗冻性要求确定其水泥用量。

f. 海水环境混凝土中最大水泥用量不宜大于500kg/m^3。

g. 掺外加剂时,可适当减少水泥用量,但不得降低混凝土的密实性。

h. 海水环境结构物的混凝土保护层垫块质量应符合下列规定:

(a)垫块的强度、密实性应高于构件体混凝土,垫块宜采用水灰比不大于0.40的砂浆或细石混凝土制作。

(b)垫块厚度尺寸不允许负偏差,正偏差不得大于5mm。

i. 海水环境的混凝土的含碱总量及氯离子含量应符合本规范第410.02-1(3)款及410.06-2(8)款的规定。

4. 混凝土的试配

(1)承包人应向监理人提交混凝土配合比设计的详细内容,以取得监理人的批准,其内容包括:

a. 水泥的品种与来源;

b. 各种集料的来源;

c. 用图表表示的细、粗集料标准级配细节;

d. 以图表表示的组合集料标准级配细节,连同细、粗集料组合的比例细节;

e. 集料与水泥的质量比;

f. 水与水泥的质量比;

g. 制造与养生的方法;

h. 与混凝土结构类型、配筋及尺寸有关系的和易性(坍落度)。

(2)每个级别的混凝土,应先做3盘或更多的试配合,用来估定和易性、强度、经济性、含气量、坍落度、修饰及一般外观。然后将最佳的配合比分做同样配料的三盘,每盘有6个150mm×150mm×150mm立方体试件,3个用于7d的抗压强度试验,3个用于28d的抗压强度试验。对于预应力混凝土,每盘应另按《公路工程水泥及水泥混凝土试验规程》(JTG E30—2005)制备6个150mm×150mm×300mm试件并进行抗压弹性模量试验。所有试验按《公路工程水泥及水泥混凝土试验规程》(JTG E30—2005)进行,且经监理人过目。

(3)当做出符合本条要求的试拌和后,承包人应提出每种配合比的详细资料,包括强度、各集料的级配、混合级配、配合比、水灰比、集料—水泥比及坍落度,报请监理人批准。承包人在随后拌制混凝土时应保持这个配合,除非监理人同意,不得更改。

(4)当水泥的来源、质量或者集料有改变,都必须改变配合比,重复上述程序,在新配合比使用前必须获得监理人的批准。

(5)在每次实际拌和混凝土前,承包人应按照监理人批准的方法测量集料的含水率,并在用水量中予以扣除,提出供实际使用的施工配合比。

(6)当承包人打算购买工厂的预制混凝土构件时,应向监理人提供工厂生产的证明,内容应包括混合料比例、水灰比、和易性以及混凝土获得的28d抗压强度等详细资料,经监理人审查批准,方可购买使用,但承包人并不因此而免除其应承担的责任。

410.07 材料运输和储存

1.集料

(1)混凝土用的集料,在运输或工地储存时,应使其不受污染。

(2)集料应按不同尺寸运抵工地,并储存在相互分开的不同料堆中。

(3)粗集料堆应按厚度不超过1m的水平层堆放,以免集料发生离析。如果集料有离析时,必须重新拌和,以符合规定的级配要求。

2.水泥

(1)水泥在运输过程中必须用防水篷布或其他有效的防水覆盖物加以覆盖。散装水泥运输车辆的储料斗和筒仓,不应残留不同类型的、低级别的水泥或其他任何材料。

(2)水泥应储存足够的数量,以满足混凝土的浇筑需要。任何时候不能因水泥供应中断而暂停浇筑。

(3)承包人应在适当地点建立完全干燥、通风良好、防风雨、防潮湿的足够容量的库房放置水泥,地板应高出地面至少0.3m,以防止受潮。袋装水泥应紧密堆放,以减少空气流通,堆垛高度以不超过12袋为宜。堆垛应至少离开四周墙壁200mm,各垛之间应留置宽度不小于700mm的通道;散装水泥宜在专用的仓罐中储放。散装水泥在库内储放时,水泥库的地面和外墙内侧应进行防潮处理。

(4)不同种类的水泥应储存于不同库房;不同批交货的水泥,其储存方式应便于按交货的先后次序予以使用。

(5)水泥在交货后应尽快使用,使用时应为松散流动体并没有结块。

(6)对于小型结构物使用的水泥可以露天存放,但应有高的平台和严密的防雨设施。

410.08 混凝土拌和

1.称量

(1)称量和配水机械装置,应维持在良好状态。其精确度应准确到±0.4%,并应至少每周校核一次。如监理人认为必要,应以精确的重量和体积对比进行精度校核。

(2)所有混凝土材料,除水可按体积称量外,其余均应按照重量称量。预制场或搅拌站集中拌制的混凝土,细、粗集料称量的允许偏差为±2%;水、水泥、外加剂的允许偏差为±1%。如在现场拌制混凝土,上述允许偏差可各增(+)或减(-)1%。

2.拌和

(1)混凝土只能按工程当时需用的数量拌和。已初凝的混凝土不得使用,不允许用加水或其他办法变更混凝土的稠度。浇筑时坍落度不在表410-9规定限界之内的混凝土不得使用,并应按监理人指示处理。

(2)混凝土可在工程现场、拌和厂或搅拌车中拌和。应使用经过监理人批准的类型和容量的搅拌设备。大型及特大型桥梁施工用拌和设备应能自动控制混合料的配合比、水灰比以及自动控制进料(各种集料、水泥、水)和出料,并自动控制混合料的拌和时间。所有搅拌设备都应始终保持良好的状况,任何不合规格及不符合上述规定的设备,以及有缺陷的搅拌设备,不得用于混凝土的拌和,均须撤出工地。

(3)混凝土拌和工作,应将各种组合材料搅拌成分布均匀、颜色一致的混合物。最短连续搅拌时间,从所有材料进搅拌筒到混凝土从搅拌筒排出,应符合表410-17要求。

最短拌和时间(min)　　表410-17

搅拌机型	搅拌机容量(L)	坍　落　度(mm)		
		0~30	30~70	>70
自落式	≤400	2.0	1.5	1.0
	≤800	2.5	2.0	1.5
	≤1 200	—	2.5	1.5
强制式	≤400	1.5	1.0	1.0
	≤1 500	2.5	1.5	1.5

(4)搅拌筒的转动速度,应按搅拌设备上标出的速度操作。

(5)每盘混凝土拌和料的体积不得超过搅拌筒标出的额定容量的10%。对额定容量每盘少于一袋水泥的搅拌设备不得使用。

(6)在水泥和集料进筒前,应先加一部分拌和用水,并在搅拌的最初15s内将水全部均匀注入筒中。筒的入口应无材料积结。

(7)除非监理人另外同意,搅拌筒拌和的第一盘混凝土粗集料数量只能用到标准数量的2/3。

(8)在下盘材料装入前,搅拌筒内的拌和料应全部倒光。搅拌设备停用超过30min时,应将搅拌筒彻底清洗才能拌和新混凝土。如改变水泥类型时,应彻底清洗搅拌设备。

(9)工地现场均应准备应急的完好搅拌设备,以应付随时出现的问题。

(10)除非监理人批准,混凝土不得使用人工拌和。当采用人工拌和时水泥的用量应较同样等级机拌混凝土规定用量多10%,每批手拌混凝土的体积不得超过0.5m^3。

410.09　混凝土运输

1.用以运输及存放混凝土的容器应不渗漏、不吸水,必须在每天工作后或浇筑中断超过30min时予以清洗干净。

2.为了避免日晒、雨淋和寒冷气候对混凝土质量的影响,当需要时,应将运输混凝土的容器加上遮盖物。

3.当用轻轨斗车运输混凝土时,轻轨应铺设平整,以免混合料因斗车振动而发生离析。

4.从加水拌和到入模的最长时间,应由试验室根据水泥初凝时间及施工气温确定,并应符合表410-18规定。

混凝土拌和物运输时间限制(min)　　表410-18

气温(℃)	无搅拌运输	有搅拌运输
20~30	30	60
10~19	45	75
5~9	60	90

注:表列时间系指从加水搅拌至入模时间。

5.用混凝土泵或带式运输机运送混凝土时,应按《公路桥涵施工技术规范》(JTJ 041—2000)第 11.5.3 条和第 11.5.4 条有关规定执行。

410.10 混凝土浇筑

1.一般要求

(1)混凝土的浇筑方法,应经监理人批准,并尽可能采用水泥混凝土泵送浇筑方法。

(2)浇筑混凝土前,全部支架、模板和钢筋预埋件应按图纸要求进行检查,并清理干净模板内杂物,使之不得有滞水、冰雪、锯末、施工碎屑和其他附着物质,未经监理人检查批准,不得在结构任何部分浇筑混凝土。在浇筑时对混凝土表面操作应仔细周到,使砂浆紧贴模板,以使混凝土表面光滑并且无水囊、气囊或蜂窝。

(3)混凝土分层浇筑厚度不应超过表 410-19 规定。混凝土的浇筑应连续进行,如因故必须间断,间断时间应小于前层混凝土的初凝时间或能重塑的时间。混凝土的运输、浇筑及间歇的全部时间不得超过表 410-20 的规定。

混凝土分层浇筑厚度 表 410-19

项次	振捣方法		浇筑层厚度(mm)
1	用插入式振动器		300
2	用附着式振动器		300
3	用表面振动器	无筋或配筋稀疏时	250
		配筋较密时	150
3	人工捣实	无筋或配筋稀疏时	200
		配筋较密时	150

混凝土的运输、浇筑及间歇的全部允许时间(min) 表 410-20

混凝土强度等级	气温不高于 25℃	气温高于 25℃
≤C30	210	180
>C30	180	150

注:当混凝土中掺有促凝剂或缓凝剂时,其允许时间应根据试验结果确定。

(4)混凝土在浇筑前,混凝土的温度应维持 10~32℃之间。

(5)除非监理人另外同意,混凝土由高处落下的高度不得超过 2m。超过 2m 时应采用导管或溜槽。超过 10m 时应采用减速装置。导管或溜槽应保持干净,使用过程要避免发生离析。

(6)浇筑混凝土期间,应设专人检查支架、模板、钢筋和预埋件等稳固情况,当发现有松动、变形、移位时,应及时处理。施工过程在混凝土中预留的孔洞在施工后应用相同的混凝土修补,预留的钢构件应按第 414 节相关规定进行防锈,以防混凝土表面被污染。

(7)为提高混凝土结构物的防腐蚀耐久性,在混凝土施工中应按图纸要求及《公路工程混凝土结构防腐蚀技术规范》(JTG/T B07-01—2006)的相关规定,重点控制好混凝土的振捣均匀、密实、混凝土的养护、钢筋的混凝土保护层厚度和控制好施工阶段的混凝土裂缝。

(8)混凝土初凝至达到拆模强度之前,模板不得振动,伸出的钢筋不得承受外力。

(9)在晚间浇筑混凝土,承包人应具有经监理人批准的适当的照明设施。

(10)工程的每一部分混凝土的浇筑日期、时间及浇筑条件都应保有完整的记录,供监理人随时检查使用。

2. 泵送混凝土

(1)泵送混凝土在浇筑之前必须进行配合比设计及规定的预备试验并经监理人书面批准。混凝土泵送施工工艺见《混凝土泵送施工技术规程》(JGJ/T 10—95)有关规定。

(2)在浇筑混凝土开始之前,先泵送一部分水泥砂浆,以润滑管道。而后,最先泵出的混凝土应废弃,直到排出监理人认可的、质量一致的、和易性好的混凝土为止。

(3)混凝土的泵送作业,应使混凝土连续不断地输出,且不产生气泡。泵送作业完成后,管道里面残留的混凝土应及时排出,并将全部设备彻底进行清洗。

(4)泵机开始工作后,中途不得停机,如非停机不可,停机时间一般不应超过 30min,炎热气候下不能超过 10min。停机期间应每隔一定时间泵动几次,防止混凝土凝结堵塞管道。

3. 大体积混凝土的浇筑

大体积混凝土的浇筑应在一天中气温较低时进行,并应参照下述方法控制混凝土水化热温度。

(1)大体积混凝土材料要求及配合比设计,应符合本规范第 410.06 节大体积混凝土有关规定。

(2)减少浇筑层厚度,加快混凝土散热速度。

(3)混凝土用料要遮盖,避免日光暴晒,用冷却水搅拌混凝土,以降低入仓温度。

(4)在混凝土内埋设冷却管通水冷却。

(5)混凝土浇筑后要注意覆盖保温,加强养生;遇气温骤降的天气应注意保温,以防裂缝。

4. 高强混凝土的浇筑

(1)高强混凝土的材料及配合比要求应符合本规范第 410.06 节有关要求。

(2)配制高强混凝土必须准确控制用水量,砂石中的含水量应仔细测定后从用水量中扣除。除事先规定的部分用水可留在现场补加外,严禁在材料出机后再加水。

(3)高效减水剂宜采用后掺法,如制成溶液加入应在用水量中扣除这部分溶液用水。

(4)加入减水剂后,混凝土拌和料在搅拌机中继续搅拌的时间当用粉剂时不得少于 60s,当用溶液时不得少于 30s。

(5)拌制高强度混凝土必须使用强制式搅拌机,宜采用二次投料法拌制。

(6)混凝土的浇筑应连续进行,如因故必须间断时,其间断时间小于前层混凝土的初凝时间或能重塑时间。允许间断时间应经试验确定。若超过间断时间,须采取保证质量措施或按工作缝处理。

410.11 各类混凝土结构的混凝土浇筑

1. 基础及墩、台

(1)一般基础及墩、台混凝土应在整个平截面范围水平分层进行浇筑,当截面过大,不

能在前层混凝土初凝或能重塑前浇筑完成次层混凝土时,可分块进行浇筑。分块浇筑时应符合下列规定:

a. 分块宜合理布置,各分块平均面积不宜小于 $50m^2$。

b. 每块高度不宜超过 2m。

c. 块与块之间的竖向接缝面应与基础平截面短边平行,与平截面长边垂直。

d. 上下邻层混凝土间的竖向接缝,应错开位置做成企口,并按施工缝处理。

e. 埋置式结构基础施工前,应按图纸要求处理地基,地基承载力必须符合图纸要求。

(2)采用滑升模板浇筑墩、台混凝土时,应符合下列规定:

a. 宜采用低流动度或半干硬性混凝土。

b. 浇筑应分层分段进行,各段应浇筑到距模板上口不少于 100 ~ 150mm 的位置为止。若为排柱式墩台,各立柱应保持进度一致。

c. 应采用插入式振捣器振捣。

d. 每一整体结构的浇筑应连续进行,若因故中断,应按施工缝处理。

e. 混凝土脱模时的强度宜为 0.2 ~ 0.5MPa,脱模后,如表面有缺陷,应及时予以修理。

f. 对滑模顶升应严格控制其竖向精度,千斤顶应分组设置,除能同步顶升外,并可调整桥墩的竖向精度。提升速度不宜过快,以 100 ~ 300mm/h 为宜。

(3)采用翻转模板浇筑墩、台混凝土时,可参见上述滑升模板施工有关规定外,还应注意下列规定:

a. 翻转模板在结构上应有足够的强度和刚度,制作精度应满足图纸要求。每节模板的高度视起重设备能力的大小而定,其质量以不超过 1.5 ~ 2.0t 为宜。

b. 浇筑混凝土应采用泵送,混凝土的配合比及外加剂掺量需进行选择和反复试验。

c. 翻转模板施工是由两节模板交替轮番往上安装浇筑混凝土,须在已浇筑的混凝土强度达到 10 ~ 15MPa 后,方可在已浇混凝土的模板上立模。

d. 翻转模板的单块尺寸较大,起吊时遇风,容易产生激烈的摆动,起吊前应有所准备,采取适当的稳定措施,保证安全。

(4)高桥墩的施工,应符合下列规定:

a. 高桥墩的施工可采用滑模法或承包人习惯使用的行之有效的方法浇筑混凝土。承包人应在施工前 28d 将施工计划报监理人审批。

b. 承包人应根据所采用的施工方法和施工荷载,对高桥墩进行必要的结构验算,并将验算书报监理人审批后方可实施。

c. 施工时应严格控制墩身的竖直度或斜度,控制浇筑处桥墩顶面的偏心,发现偏差应立即予以纠正。

d. 混凝土浇筑宜连续进行,若浇筑过程因故中断,则中断时间不得超过前层混凝土的初凝时间,否则应按施工缝进行处理。

e. 在整个高墩的施工过程,承包人应采取措施,加强墩身混凝土的养生。

f. 所有施工支架及工作平台,应具有足够的强度和刚度,同时应设置必要的安全防护设施,以确保施工安全。

g. 高桥墩施工过程中,应随时进行施工部位的位移观测,做好观测记录,以便随时采取相应措施进行校正,并报送监理人备案。

2. 柱

(1)除非监理人另有指示,墩柱混凝土应在一次作业中浇筑完成。混凝土墩柱应在浇筑完成后最少 24h,且混凝土强度达到设计强度的 75% 以上,方可允许浇筑盖梁混凝土,但图纸上另有注明者除外。

(2)若采用滑升模板施工,应符合前款滑升模板施工的规定;当为排柱式墩台,各立柱的浇筑进度应保持一致。

(3)独柱墩施工时,应严格按图纸规定控制施工时墩顶的偏心,随时观测墩顶部位移,并做记录,以便随时采取相应措施进行校正。施工期间应严格防止对桥墩发生意外撞击。

3. 承台

(1)在已完成的桩基上浇筑承台混凝土时搭设的支架及模板,应符合图纸及本规范第 402 节有关规定。

(2)为了避免承台大体积混凝土因水化热使温度升高而导致混凝土裂缝,可采取下列几种措施:

a. 在进行配合比试验时,根据图纸的强度要求,选择水化热低的水泥,改善集料级配,降低水灰比,选择优质外加剂并尽量减少水泥用量;其配合比设计应符合本规范第 410. 06-3(4)款的有关规定。

b. 承台厚度较大时,可分成几层较薄的浇筑层,以增加散热面,延长浇筑时间和散热时间,使混凝土升温值得以减小。每层厚度可取 1. 5m 左右,每层浇筑间隔时间 6 ~ 7d。大体积混凝土浇筑应符合本规范第 410. 10-3 条有关规定。

c. 在混凝土浇筑体内,埋设冷却管通水冷却。冷却管宜采用导热性能较好并具有一定强度的输水钢管。输送冷却水时,应注意冷却水与混凝土的温差不宜过大。

4. 在支架上浇筑钢筋混凝土梁式桥

(1)承包人应向监理人送交拟采用的浇筑方法的详细内容和说明,包括静力计算和图纸,得到监理人的批准后,方可开始施工。

(2)支架应稳定,支架强度、刚度等的要求应符合本规范第 402. 03 小节及第 402. 04 小节的规定。支架搭设后,应对支架进行预压。

(3)支架的弹性、非弹性变形及基础的允许下沉量应满足施工后梁体设计高程的要求。

(4)浇筑梁体混凝土时,一般宜按梁的全部横断面斜向分段、水平分层地连续浇筑。上层与下层前后浇筑距离应不小于 1. 5m,每层浇筑厚度当用插入式或附着式振捣器振捣时,不宜超过 300mm。

(5)箱梁体不能一次浇筑完成,而需要分层浇筑时,底板可一次浇筑完成,腹板可分层浇筑,分层间隔时间宜控制在混凝土初凝前且使层与层覆盖住。

(6)整体浇筑时应采取措施,防止梁体不均匀下沉产生裂缝,若支架下沉可能造成梁体混凝土产生裂缝时,应分段浇筑。

5. 在拱架上浇筑混凝土、钢筋混凝土拱

(1)跨径小于 16m 的拱圈或拱肋,应按拱圈全宽度从两端拱脚向拱顶对称地连续浇筑,并在拱脚混凝土初凝前全部完成。如不能在限定时间内完成时,则应在拱脚预留一个隔缝并最后浇筑隔缝混凝土。

(2)跨径大于或等于 16m 拱圈或拱肋,应沿拱跨方向分段浇筑。分段接缝位置,拱式拱架宜设置在拱架受力反弯点、拱架节点、拱顶及拱脚处;满布式拱架宜设置在拱顶、1/4 部位、拱脚及拱架节点等处。各段的接缝面应与拱轴线垂直,各分段点应预留间隔槽,其宽度一般为 0.5 ~ 1.0m,且应满足钢筋接头要求。

(3)分段浇筑程序应符合图纸要求,各分段内的混凝土应一次连续浇筑完毕,因故中断时,应浇筑成垂直于拱轴线的施工缝;如已浇筑成斜面,应凿成垂直于拱轴线的平面或台阶或结合面。

(4)间隔槽混凝土,应待拱圈分段浇筑完成后且其强度达到设计强度的 75% 和结合面施工缝处理后,由拱脚向拱顶对称进行浇筑。拱顶及两拱脚间隔槽混凝土应在最后封拱时浇筑。封拱合龙温度应符合图纸要求,如图纸未规定时,宜在接近当地年平均温度或 5 ~ 15℃时进行。拱顶调整拱圈应力,应在拱圈混凝土强度达到设计强度后,方可进行。

(5)浇筑大跨径混凝土拱圈(拱肋)时,纵向钢筋接头应安排在图纸规定的最后浇筑的几个间隔槽内,并应在这些间隔槽浇筑时再连续。

(6)浇筑大跨径拱圈(拱肋)混凝土时,宜采用分环(层)分段法浇筑,也可沿纵向分成若干条幅,中间条幅先行浇筑合龙,达到图纸要求后,再按横向对称、分次浇筑合龙其他条幅。其浇筑顺序和养护时间应符合图纸要求。

(7)大跨径钢筋混凝土箱形拱圈(拱肋)可采用拱架上组装并现浇的施工方法。其施工方法应符合图纸要求及《公路桥涵施工技术规范》(JTJ 041—2000)第 16.2.1 条 7 款的要求。

(8)在支架上浇筑的上承式拱桥,其拱上结构混凝土浇筑应在拱圈及间隔槽混凝土强度达到设计要求强度以后进行;如设计未规定,可按达到混凝土设计强度等级的 30% 以上方可进行。一般应由拱脚至拱顶对称、均衡地浇筑。

(9)立柱底座应与拱圈(拱肋)同时浇筑,立柱上端施工缝应设在横梁承托底面上;桥面系的梁与板应尽量同时浇筑;两相邻伸缩缝间的桥面板应一次浇筑完成。

6. 钢筋混凝土斜腿刚构的浇筑

(1)承包人将斜腿刚构混凝土浇筑方法、程序等至少在施工前 28d 报送监理人批准。

(2)斜腿部分混凝土的浇筑,系在斜度大而周边封闭的模板内灌筑,因此应采取措施,防止振捣时发生离析及斜腿上缘表面出现过多气泡现象。

(3)斜腿刚构上部主梁施工宜采用搭架现浇,如主梁为箱梁时,其顺序为底板、腹板、后浇筑顶板混凝土。

(4)施工支架必须进行预压,预压力不得小于主梁自重的 80%,并随着混凝土的浇筑,逐步减少预压荷载。

(5)浇筑混凝土及设置钢筋,应符合图纸规定及本规范第 403 节、第 410 节的有关规定。

(6)浇筑混凝土前严格遵照图纸规定设置预埋件,不得遗漏。

7. 栏杆及护栏(防撞墙)

(1)除非监理人另有批准,混凝土栏杆及护栏(防撞墙)应在该跨拱架或脚手架放松后才能浇筑。特别要注意使模板光顺并紧密装配,以能保持其线条及外形,且在拆模时不得损害混凝土。应按施工详图制作所有模板以及斜角条,并具有简洁斜角接头。在完成工程中,所有角隅应准确、线条分明、加工光洁,且无裂缝、碎裂或其他缺陷。

(2)预制栏杆构件的浇筑、振捣时,应注意模板不得漏浆,确保外表光洁、平整。当混凝土足够硬化时,即可自模板中取出预制构件并养生。

(3)可以采用加湿加温方法和用快硬水泥或减水剂以缩短养生期,其方法应经监理人批准。

(4)存放并装卸预制构件时,应保持边缘及角隅完整和平整。在安放前或安放时,任何碎裂、损坏、开裂的构件应废弃并从工程中移去。

(5)与预制栏杆柱相连接的就地浇筑栏杆帽及护栏帽,在浇筑并整修混凝土时,应防止栏杆及护栏被玷污和变形。

8. 预制构件

(1)预制场地应平整、坚实、清洁,并采取排水措施,防止场地沉降。每个预制块件应一次浇筑完成,不得间断。预制构件宜采用钢模板。

(2)采用平卧重叠法浇筑混凝土时,下层构件顶面应设临时隔离层;上层构件须待下层混凝土强度达到 5.0MPa 后,方可浇筑。

(3)在空心板的筒模周围浇筑混凝土时,应采取措施使筒模不致移位,并特别注意防止筒模上浮。混凝土应分两层浇筑,底层浇至筒模的圆心处,并振捣使之沉积,然后在下层混凝土仍有足够塑性时,尽快浇筑上层混凝土,用振捣器使上下层混凝土结合。

(4)腹板底部为扩大断面的 T 形梁和 I 形梁,应先浇筑其扩大部分并振实,再浇筑其上部腹板及翼缘板。

(5)预制构件的底模板应按图纸要求设置预拱度。预应力混凝土梁、板应根据图纸提供的理论拱度值,结合施工实际情况,正确预计梁体拱度的变化值,采取相应措施。若后张法全预应力混凝土梁预计的拱度值较大时,应考虑在预制台座上设置反拱。当梁体的实际拱度已较大,将对桥面混凝土的施工造成影响时,应书面报告监理人,会同设计单位协商解决。

(6)U 形梁或拱肋,可一次浇筑或分二次浇筑。一次浇筑时,应先浇筑底板及底板承托的顶面,待上述混凝土沉实后,再浇筑腹板。分二次浇筑时,先浇筑底板至底板承托顶面,按施工缝处理后,再浇筑腹板混凝土。

(7)箱形梁段的浇筑,应先浇底板,振捣密实后,再行浇筑腹板。腹板浇筑可分段分层进行,亦可由一端向另一端逐步推进,并及时振捣。箱形梁段的浇筑,应采取必要措施以便于拆除箱梁内模板。

(8)所有预制构件,都应按图纸规定,将各种预埋件、吊环等准确埋置,不得遗漏。

(9)为加速模板周转,小型构件可采用干硬性混凝土,以下述方法进行预制。

a. 翻转模板法。构件浇筑并振实后,连同模板反转,然后脱去模板,立即进行混凝土表面修抹。

b. 在移动式底模上或平整的地面上浇筑混凝土,振动时应于表面加压,增加振动时间,然后短时间内拆模,修整混凝土边角。

410.12 混凝土捣实

1. 一般要求

所有混凝土,一经浇筑,应立即进行全面的捣实,使之形成密实、均匀的整体。

2. 设备

(1)除非监理人书面许可采用其他方法,混凝土的捣实,一般均应使用内部机械振捣;混凝土构件顶面部分,预应力混凝土构件或其他特殊地方可用外部机械振捣。

(2)振捣器的类型应经监理人批准,振捣器应能以每分钟不小于 4 500 脉冲的频率传递振动于混凝土,使在距振捣点至少 0.5m 以内的混凝土产生 25mm 坍落度的可见效应。

(3)工地上应配有足够数量的处于良好状态的振捣器,以便可随时替补。

3. 振捣

(1)振捣应在浇筑点和新浇筑混凝土面上进行,振捣器插入混凝土或拔出时速度要慢,以免产生空洞。

(2)振捣器要垂直地插入混凝土内,并要插至前一层混凝土,以保证新浇混凝土与先浇混凝土结合良好,插进深度一般为 50 ~ 100mm。

(3)插入式振捣器移动间距不得超过有效振动半径的 1.5 倍。表面振捣器移位间距,应使振动器平板能覆盖已振实部分 100mm 左右。

(4)当使用插入式振捣器时,应尽可能地避免与钢筋和预埋构件相接触。

(5)模板角落以及振捣器不能达到的地方,辅以插针振捣,以保证混凝土密实及其表面平滑。

(6)不能在模板内利用振捣器使混凝土长距离流动或运送混凝土,以致引起离析。多余的自由浆宜立即清除,避免上下混凝土结合造成局部混凝土不均匀和挤压至边缘,拆模后出现泌水露砂与花脸图案。

(7)混凝土振捣密实的标志是混凝土停止下沉、不冒气泡、泛浆、表面平坦。振捣不能产生过振,避免粗集料下沉集中,造成混凝土内部不均质,同一构件中混凝土强度不一致。

(8)混凝土捣实后 1.5 ~ 24h 之内,不得受到振动。

410.13 片石混凝土和小石子混凝土

1. 片石混凝土

(1)片石混凝土仅限于图纸规定或监理人批准的情况下,用于重力式墩台及大型基础。用于片石混凝土的片石,应符合第 413 节的要求。

(2)填充片石的数量不宜超过混凝土体积的 25%,片石厚度不小于 150mm。

(3)片石的抗压强度应不小于 30MPa,并不得低于混凝土级别。

(4)片石在使用前应清扫、冲洗干净。

(5)片石应均匀放置于刚浇筑的混凝土上,其净距不小于 100mm,片石表面离开墙、墩、台及基础的表面距离不得小于 150mm。片石不得接触钢筋或预埋件。

2. 小石子混凝土

(1)经监理人批准,在片石砌体或块石砌体中,可以采用小石子混凝土作为砂浆砌筑。

(2)小石子混凝土的粗集料可用碎石或砾石,粒径不大于 20mm。

(3)小石子混凝土的级别应按图纸规定,配合比设计除按照图纸或监理人另有规定者外,应按照第 410.06 小节有关规定办理。

(4)所拌的小石子混凝土应具有适当的和易性和保水性,其坍落度为 50 ~ 100mm。

(5)小石子混凝土拌和后,应在 45min 内使用完,未用完的应予废弃。

410.14　施工缝

1. 施工缝应按图示设置。外加施工缝应经监理人书面批准。

2. 当监理人认为需要时,水平施工缝中,沿所有外露面,在模板内设 40mm 宽的板条,使施工缝保持直线。

3. 在浇筑新混凝土前,施工缝的表面应用钢丝刷刷洗或凿毛。在用水刷洗时混凝土强度须达到 0.5MPa,在人工凿毛时须达到 2.5MPa,用风动机凿毛时须达到 10MPa,同时应加水使混凝土保持潮湿状态直到浇筑新混凝土。

4. 在浇筑新混凝土时,老混凝土强度必须达到 1.2MPa,如为钢筋混凝土,须达到 2.5MPa。同时在老混凝土面上水平缝抹一层厚 10 ~ 20mm 的 1∶2水泥砂浆,竖直缝抹一层薄纯水泥浆。

5. 下部结构混凝土的浇筑应使所有水平施工缝保持水平,并在可能时,缝位于完成结构的不暴露部位。当必须设垂直施工缝,或施工缝位于重要部位或具有抗震要求时,应有钢筋通过施工缝使结构成为整体。当施工缝为斜面时,应先凿成台阶状。当有抗渗要求时,施工缝宜作成凹形或设置止水带。

6. 施工缝混凝土的浇筑应连续进行,暴露在可见面的施工缝边线,应特别注意加以修饰,做到线条及高度整齐。

410.15　混凝土表面的修整

1. 所有混凝土的外露面的外形应线形正确、顺畅、光洁、颜色一致。拆模后如表面有粗糙、不平整、蜂窝或不良外观时,应凿到监理人同意的深度,并以监理人同意的混凝土等级重新填筑和修整表面。这种修补工作要由监理人在总体上予以同意,监理人还可以要求将全部有缺陷混凝土清除重新浇筑。

2. 表 410-21 规定了各种混凝土表面应具备的形式,并涉及完工后混凝土表面所要求的纹理和平整度。由于不良模板间相互错移而引起的表面高低错开称为突变不平整,由直接测量测定。由模板的凸出或其他原因而引起的不平整称为渐变不平整,由 2m 直尺测定之。

混凝土表面修整等级及标准　　表 410-21

等级	修 整 类 别	修 整 标 准
F1	模板成形的表面,埋置结构	突变不平整,不超过 30mm
F2	模板成形的表面,一般修整	突变不平整,不超过 6mm;渐变不平整,不超过 10mm
F3	模板成形的表面,高标准修整	突变不平整,不超过 3mm;渐变不平整,不超过 5mm
U1	不用模板成形的表面,埋置结构,用刮板修整	突变不平整,不允许;渐变不平整,不超过 12mm
U2	不用模板成形的表面,一般修整	突变不平整,不允许;渐变不平整,不超过 6mm

注:1. F1 及 F2 类的表面修整,在拆模后除了对有缺陷混凝土进行修补及填充模板系杆所留空穴外,无需再处理。仅当达不到最小厚度时,才校正表面凹陷。

2. 对于 F3 类,拆模后应修整,使具有均匀纹理及外观,亦即处于相邻模板缝之间表面这类修整,要尽一切可能减少表面孔洞。水平及垂直施工缝应正确、平整。在模板接缝所留"突鳍"或类似不平整,应用金刚砂及水磨平。

3. 除非监理人批准,用模板成形的混凝土表面不允许粉刷。

4. 对墩台帽、路缘石及护墙的不用模板成形的外露面,应用木镘刀修整。当湿润薄膜消失以及混凝土已相当凝固,且无浮浆浮于表面时,应用钢镘刀在加压下镘平,以形成密实、平整、均匀且无镘刀抹痕的表面。

5. 用于起组合作用的不用模板的预制构件外露面,应按施工缝所述制备。

6. 除了监理人另有批准外,表面修整要求如下:

a. 预制构件

(a)用于起组合作用的顶面	U2 *
(b)直接铺沥青混凝土的顶面	U2 * *
(c)模板成形的外露面	F2
(d)模板成形的非外露面	F1
(e)模板成形的内部空心	F1

b. 就地浇筑混凝土

(a)模板成形的护栏表面	F3
(b)模板成形的外露面	F2
(c)不用模板成形的外露面	U2
(d)不用模板成形的埋置面	U1

* 按第 410.13 小节或图纸所示制备的施工缝。

* * 用硬刷刷毛。

7. 补修混凝土所用材料,应符合本规范的要求。所有填充应与孔穴表面紧密结合,在填充及养生和干燥后,应坚固、无收缩开裂及鼓形区,表面平整且与相邻表面平齐。

8. 当监理人认为承包人的施工过程中,混凝土因受约束而产生收缩开裂,其宽度为 0.15mm 或大于 0.15mm 时,承包人应在监理人指示下,修补这些受收缩作用的截面,即在混凝土中插入螺纹套管并压入环氧树脂溶液,使环氧树脂贯入全部开裂截面。环氧树脂硬化以后,填缝外面必要时应磨平且加色,使与相接的混凝土配合一致。

410.16 混凝土养生

1. 一般要求

(1)混凝土浇筑完成后,待表面收浆后尽快对混凝土进行养生,洒水养生应最少保持 7d 或监理人指示的天数。预应力混凝土的养生期应延长至施加预应力完成为止。

(2)构件体积较大,水泥含量较高,或采用特别养生方法进行养生的构件,其养生方法应经监理人批准。

(3)构件不应有由于混凝土的收缩而引起的超过允许范围的裂缝。

(4)结构物各部分构件,不论采用什么养生方法,在拆模以前均应连续保持湿润。

(5)同样构件尽可能在同一条件下养生。

(6)当结构物与流动性的地表水或地下水接触时,应采取防水措施,保证混凝土在浇筑后 7d 之内不受水的冲刷。当环境水有侵蚀作用时,应保证混凝土在浇筑后 10d 内以及其强度达到设计等级的 70% 以前,不受水的侵袭。

(7)养生期间,混凝土强度达到2.5MPa之前,不得使其承受行人、运输工具、模板、支架及脚手架等荷载。

2. 洒水养生

(1)洒水养护宜用自动喷水系统和喷雾器,湿养护应不间断,不得成干湿循环。提供的覆盖材料应事先取得监理人的同意。养生用水应符合第410.03小节的要求。

(2)洒水养生应根据气温情况,掌握恰当的时间间隔,在养生期内保持表面湿润。

(3)气温低于+5℃时,应覆盖保温,不得洒水养生。

(4)新浇筑混凝土应及早开始养护,避免水分的蒸发,混凝土的湿养护不得间断,不同组成胶凝材料的混凝土湿养护最低期限宜满足表410-22的要求。

(5)大掺量矿物掺和料混凝土,应注意初始保湿养护,避免新浇混凝土表面过早暴露在空气中,在结束正常养护后仍宜采取适当措施,能在一段时间内防止混凝土表面快速失水干燥。大掺量矿物掺和料混凝土结束湿养护时的现场混凝土强度不应低于28d强度的70%。

不同混凝土湿养护的最低期限 表410-22

混凝土类型	水胶比	大气湿度50% < RH < 75%,无风,无阳光直射		大气湿度RH < 50%,有风,或阳光直射	
		日平均气温(℃)	湿养护期限(d)	日平均气温(℃)	湿养护期限(d)
胶凝材料中掺有粉煤灰(>15%)或矿渣(>30%)	≥0.45	5	14	5	21
		10	10	10	14
		≥20	7	≥20	7
	≤0.45	5	10	5	14
		10	7	10	10
		≥20	5	≥20	7
胶凝材料主要为硅酸盐或普通硅酸盐水泥	≥0.45	5	10	5	14
		10	7	10	10
		≥20	5	≥20	7
	≤0.45	5	7	5	10
		10	5	10	7
		≥20	3	≥20	5

3. 防水纸、塑料布养生

(1)防水纸的选用应尽可能采用大幅宽的。相邻纸应至少重叠150mm,并用胶带、玛蹄脂、胶水或其他批准的方法紧密粘合,使整个混凝土表面形成完全防水覆盖。应固定防水纸不被风吹移动。养生期内任何纸破碎或损坏时,应立即修补该部分。不应使用丧失防水性能的纸段。

(2)塑料布的使用要求同防水纸。

4. 蒸汽养生

(1)当承包人采用蒸汽养生时,应事先通过试验确认,对于加入外加剂的混凝土构件,经蒸汽养生后确无有害影响,并取得监理人的批准,才能进行蒸汽养生。

(2)用硅酸盐水泥或普通水泥拌制的混凝土,其配制强度应比正常养生时适当提高;用快硬水泥拌制的混凝土不得使用蒸汽养生。

(3)混凝土浇筑完毕后,应在养护棚内静放后再加温,静放时间:塑性混凝土为 2 ~ 4h,干硬性混凝土为 1h;掺有缓凝型外加剂的混凝土为 4 ~6h;静放温度不宜低于 10℃。

(4)养护温度:当采用普通硅酸盐水泥时,养护温度不宜超过 80℃;当采用矿渣硅酸盐水泥时,养护温度可提高到 85 ~95℃。

(5)用蒸汽加热法养护混凝土时,混凝土的升、降温度速度不得超过表 410-23 的规定。

加热养护混凝土的升、降温度速度　表 410-23

表面系数(m^{-1})	升温速度(℃/h)	降温速度(℃/h)
≥6	15	10
<6	10	5

(6)构件出池或撤除保温设施时,表面温度与环境温度之差不宜大于 20℃。

410.17　炎热气候的混凝土施工

在浇筑前的混凝土温度不应超过 32℃。承包人应采取以下措施以保持混凝土温度不超过 32℃。

1. 集料及其他组成成分的遮阴或围盖和冷却。

2. 在生产及浇筑时对配料、运送、泵送及其他设备的遮阴或冷却。

3. 喷水以冷却集料。

4. 用制冷法或埋水箱法或在部分拌和水中加碎冰以冷却拌和水,但在拌和完后,冰应全部融化。

5. 与混凝土接触的模板、钢筋、钢法兰盘及其他表面,在浇混凝土前应冷却至 32℃以下,其方法有盖以湿麻布或棉絮、喷雾状水,用保护罩覆盖或其他认可的方法。

6. 喷洒用水及制冰用水应符合第 410.03 小节的要求。

7. 桥面板及桥面铺装混凝土浇筑温度应不超过 26℃。蒸发率大于每小时 0.5kg/m^2 时,则不应在桥面板、桥面铺装或其他暴露的板式结构上浇筑混凝土。

410.18　寒冷气候的混凝土施工

1. 如室外日平均气温连续 5d 低于 5℃,混凝土工程施工除其材料及施工要求应符合本规范有关规定外,承包人应向监理人提交一份关于寒冷气候浇筑混凝土及养生的施工方案,详细说明所采用的施工方法和设备,保证混凝土在浇筑后的头 7d 不低于 10℃。

2. 承包人应备有足够数量的能连续记录的温度计,在头 7d 内,约每 30m^3 混凝土,在其附近放置一个温度计,设专人连续观测记录。对断面较大的构件,承包人还应留测温孔测构件内部温度,其位置与数量由监理人选定,温度记录应送交监理人。

3. 混凝土拌和时,各项材料的温度应满足混凝土拌和所需的温度,为满足拌和温度,材料可分别加热。首先应考虑水,再为集料,水泥只保温,不得加热。材料加热的温度,按《公路桥涵施工技术规范》(JTJ 041—2000)第 14.2.2 条 3 款办理。

4. 当确定拌和料的拌和温度时,应考虑混凝土拌和时及运输至成型的热量损失。热量损失可按《公路桥涵施工技术规范》(JTJ 041—2000)附录J的公式进行计算。

5. 当掺用氯化物于加热后的混合料时,除应符合第410.06-2(6)款规定外,混凝土初凝应不早于混凝土浇筑结束,并不得用蒸汽养生。

6. 在已硬化的混凝土上继续浇筑混凝土时,结合面应有5℃或以上的温度,且在浇筑混凝土过程中仍应维持5℃或以上的温度。

7. 搅拌混凝土时,搅拌时间应较表410-17规定延长50%。

8. 承包人在寒冷气候应对混凝土负责保护,任何由于保护不善受冻而损坏的混凝土都必须清除后重新浇筑,其费用由承包人承担。

410.19 质量检验

1. 一般要求

(1)除非监理人另有批准,混凝土及混凝土材料的试验,均须按本节所规定的试验标准进行。

(2)所有取样应在监理人在场的情况下由承包人进行。

(3)试验应在监理人批准的试验室进行,必要时可送到独立的试验室进行试验,其试验费用均应由承包人负担。

(4)混凝土及其原材料的取样及试验按《公路工程水泥及水泥混凝土试验规程》(JTG E30—2005)进行。

2. 原材料质量

(1)水泥:对进场的同厂家、同品质、同编号、同生产日期的水泥,袋装不超过200t为一批、散装不超过500t为一批验收,每批至少取样一次;按《水泥胶砂强度检验方法(ISO法)》(GB/T 17671—1999)、《水泥压蒸安定性试验方法》(GB/T 750—1992)、《水泥标准稠度用水量、凝结时间、安定性检验方法》(GB/T 1346—2001)、《水泥细度检验方法 筛析法》(GB/T 1345—2005)的规定做胶砂强度(3d、7d、28d)、安定性、凝结时间、细度等项目试验。若对水泥品质有怀疑时,可委托有关单位做组成材料分析试验。

在正常保管情况下,每三个月检查一次,对质量有怀疑时,应随时检查。

(2)水:非饮用水,使用前应检查其质量。如水源有变或对水质有怀疑时,应及时检查。

(3)集料:

碎石:对进场的同料源、同级配的碎石每500m^3为一批验收,每批至少取样一次,做筛分分析试验、视相对密度试验、重度试验、含泥量试验和针、片状含量试验、压碎指标值试验。

砂:对进场的同料源、同开采单位,每200m^3为一批验收,每批至少取样一次,做筛分分析试验、视相对密度试验、重度试验、含泥量试验。

在施工中,对集料含水率每工作班至少测定两次,天气骤变时,应酌情增加次数。

3. 原材料称量

(1)水泥:使用散装水泥时,每工作班至少检查四次。使用袋装水泥时,进库前应酌情抽样检查每袋重量。

(2)水:每工作班至少检查两次。

(3)集料:每工作班至少检查两次。

(4)外加剂:每工作班至少检查四次。

4.混凝土检查

(1)初始取样。初始取样用作检验入模前的混凝土的温度、含气量和坍落度。在开始浇筑混凝土时,应对每单元(一盘,或连续体积拌和时每10m^3)取样,并对温度、含气量和坍落度做试验(每个单元均取样且做三种试验)。当三个连续单元的温度、含气量和坍落度的试验结果在规范规定限度之内时,可以对每5个连续单元,随机取其中一个单元做含气量试验或坍落度试验,或两者均做试验。但当任何随机取样的试验结果超出规范限度时,仍然要对要求的各项性质,100%取样和试验。

应根据施工需要,另制取几组与结构物同条件养护的试件,作为拆模、吊装、张拉预应力、承受荷载等施工阶段的强度依据。如监理人需要取几组对比同条件下结构物的养护效果,承包人应无条件服从,并不得另行付费。

温度、含气量和坍落度的取样应按《公路工程水泥及水泥混凝土试验规程》(JTG E30—2005)规定,取样时间在混凝土出料0.2~0.6m^{3}之间。温度、含气量和坍落度的测定,监理人在场情况下由承包人进行。

温度、含气量和坍落度应分别符合本节第410.10-1(4)款、第410.06-2(8)款和表410-9的要求。

(2)验收取样。验收取样用作检验混凝土强度,并按以下规定进行:

a.不同等级及不同配合比的混凝土应分别制取试样,试样应在拌和机流出点制取,预拌混凝土则自送货车流出点提取。一组试件由3个150mm×150mm×150mm立方体试件组成,由承包人在监理人指导下完成;如果监理人认为必要,另加3个立方体试件作为监理人复检之用;用于强度预测的立方体个数由承包人自定。

b.一般体积的结构物(如基础、墩台),每一单元制取2组。

c.连续浇筑大体积结构物,每80~200m^{3}或每一工作班应制取2组。

d.每片梁长16m以下制取1组,16~30m制取2组,31~50m制取3组,50m以上不少于制取5组。小型构件每批或每工作班至少制取2组。

e.每根钻孔灌注桩试件组数为2~4组,如换工作班时,每工作班应制取2组试件。

f.小型结构物,每座、每群或每工作班不少于制取2组。当原材料和配合比相同,并由同一拌和站拌制时,可几座或几处合并制取2组。

g.一组试样的强度为组成这一组试样的3个立方体的28d抗压极限强度的平均值。

(3)评定。抗压强度的试验验收,应按是否符合图上所示混凝土的设计等级进行评定。

a.统计方法评定。应以同样的等级、混合料和配合比的混凝土组成同一检验批。

一批试件≥10组时,以统计方法按下述评定,须同时满足以下两条件:

$$\overline{R}_n - K_1 S_n \geqslant 0.9R$$

$$R_{min} \geqslant K_2 R$$

式中:n——同批混凝土试件组数;

$\overline{R}_n$——同批n组试件强度平均值(MPa);

S_n——同批 n 组试件强度的标准差（MPa），当 $S_n < 0.06R$ 时，取 $S_n = 0.06R$；

R——混凝土强度等级（MPa）；

R_{min}——同批各组试件中强度最低一组的值（MPa）；

K_1, K_2——合格判定系数，见表 410-24。

K_1、K_2 值　　表 410-24

n	10～14	15～24	≥25
K_1	1.70	1.65	1.60
K_2	0.90	0.85	0.85

b. 非统计方法评定。如同批混凝土试件少于 10 组，可采用非统计方法评定，须同时满足下两条件：

$$\overline{R_n} \geqslant 1.15R$$

$$R_{min} \geqslant 0.95R$$

式中符号意义同 410.19-4(3)a 项。

c. 除上述步骤外，监理人可以拒收任何明显有缺陷的混凝土，或通过试验并拒收任何不符合本规范要求的混凝土。

任何混凝土不符合上述规定者，或有缺陷且其位置对结构将有不能容忍的有害影响时，应令其除去，并代以合格混凝土。替代的混凝土应遵照本规范进行生产和验收。移去和重新浇筑的混凝土，其费用由承包人承担。

5. 混凝土基础质量检验

(1) 基本要求

a. 所用的水泥、砂、石、水、外掺剂及混合材料的质量和规格，必须符合图纸要求及本规范有关要求，按规定的配合比施工。

b. 承台及大体积混凝土结构的材料配合比，应满足大体积混凝土施工的要求，按规定的配合比施工。

c. 大体积混凝土结构浇筑时，应采取温度控制措施，防止出现有害温度裂缝。

d. 不得出现露筋和空洞现象。

e. 基础的地基承载力必须满足设计要求。

(2) 检查项目

混凝土基础检查项目见表 410-25～表 410-27。

扩大基础检查项目　　表 410-25

项次	检查项目		规定值或允许偏差	检查方法和频率
1	混凝土强度（MPa）		在合格标准内	按 JTG F80/1—2004 附录 D 检查
2	平面尺寸（mm）		±50	尺量：长、宽各检查 3 处
3	基础底面高程（mm）	土质	±50	水准仪：测量 5～8 点
		石质	+50，-200	
4	基础顶面高程（mm）		±30	水准仪：测量 5～8 点
5	轴线偏位（mm）		25	全站仪或经纬仪：纵、横各检查 2 点

承台检查项目 表 410-26

项　次	检 查 项 目	规定值或允许偏差	检查方法和频率
1	混凝土强度(MPa)	在合格标准内	按 JTG F80/1—2004 附录 D 检查
2	尺寸(mm)	±30	尺量:长、宽、高检查各 2 点
3	顶面高程(mm)	±20	水准仪:检查 5 处
4	轴线偏位(mm)	15	全站仪或经纬仪:纵、横各测量 2 点

大体积混凝土结构检查项目 表 410-27

项　次	检 查 项 目	规定值或允许偏差	检查方法和频率
1	混凝土强度(MPa)	在合格标准内	按 JTG F80/1—2004 附录 D 检查
2	轴线偏位(mm)	20	全站仪或经纬仪:纵、横各测量 2 点
3	断面尺寸(mm)	±30	尺量:检查 1 ~ 2 个断面
4	结构高度(mm)	±30	尺量:检查 8 ~ 10 处
5	顶面高程(mm)	±20	水准仪:测量 8 ~ 10 处
6	大面积平整度(mm)	8	2m 直尺:检查两个垂直方向,每 $20m^2$ 测 1 处

(3)外观检查

a. 混凝土表面平整,棱角平直,无明显施工接缝。

b. 蜂窝麻面面积不得超过该面总面积的 0.5%,深度超过 10mm 的必须处理。

c. 混凝土表面出现的非受力裂缝宽度超过设计规定或设计未规定时超过 0.15mm 时,必须按 410.15 小节要求处理。

6. 墩、台身及盖梁混凝土质量检验

(1)基本要求

a. 混凝土所用的水泥、砂、石、水、外掺剂及混合材料的质量和规格,必须符合图纸及本规范有关要求,按规定的配合比施工。

b. 不得出现空洞和露筋现象。

(2)检查项目

墩、台身及盖梁混凝土检查项目见表 410-28 ~ 表 410-30。

墩、台身检查项目 表 410-28

项次	检 查 项 目	规定值或允许偏差	检查方法和频率
1	混凝土强度(MPa)	在合格标准内	按 JTG F80/1—2004 附录 D 检查
2	断面尺寸(mm)	±20	尺量:检查 3 个断面
3	竖直度或斜度(mm)	0.3%H 且不大于 20	吊垂线或经纬仪:测量 2 点
4	顶面高程(mm)	±10	水准仪:测量 3 处
5	轴线偏位(mm)	10	全站仪或经纬仪:纵、横各测量 2 点
6	节段间错台(mm)	5	尺量:每节检查 4 处
7	大面积平整度(mm)	5	2m 直尺:检查竖直、水平两个方向,每 $20m^2$ 测 1 处
8	预埋件位置(mm)	符合设计规定,设计未规定时:10	尺量:每件

注:H 为墩、台身高度。

柱或双壁墩身检查项目　　表410-29

项次	检查项目	规定值或允许偏差	检查方法和频率
1	混凝土强度(MPa)	在合格标准内	按JTG F80/1—2004附录D检查
2	相邻间距(mm)	±20	尺或全站仪测量:检查顶、中、底3处
3	竖直度(mm)	0.3%H且不大于20	吊垂线或经纬仪:测量2点
4	柱(墩)顶高程(mm)	±10	水准仪:测量3处
5	轴线偏位(mm)	10	全站仪或经纬仪:纵、横各测量2点
6	断面尺寸(mm)	±15	尺量:检查3个断面
7	节段间错台(mm)	3	尺量:每节检查2~4处

注:H为墩身或柱高度。

墩、台帽或盖梁检查项目　　表410-30

项次	检查项目	规定值或允许偏差	检查方法和频率
1	混凝土强度(MPa)	在合格标准内	按JTG F80/1—2004附录D检查
2	断面尺寸(mm)	±20	尺量:检查3个断面
3	轴线偏位(mm)	10	全站仪或经纬仪:纵、横各测量2点
4	顶面高程(mm)	±10	水准仪:检查3~5点
5	支座垫石预留位置(mm)	10	尺量:每个

(3)外观检查

a.混凝土表面平整、光洁,施工缝平顺,棱角线平直,外露面色泽一致。

b.蜂窝麻面面积不得超过该面面积的0.5%,深度超过10mm的必须处理。

c.混凝土表面出现非受力裂缝宽度超过设计规定或设计未规定时超过0.15mm时,必须按第410.15小节要求处理。

d.施工临时预埋件或其他临时设施必须清除处理。

e.墩、台表面应平整,接缝应饱满无空洞,均匀整齐。

7.梁、板(现浇)质量检验

(1)基本要求

a.所用的水泥、砂、石、水、外掺剂及混合材料的质量和规格必须符合图纸要求及本规范有关要求,按规定的配合比施工。

b.空心板采用胶囊施工时,应采取有效措施防止胶囊上浮。

c.支架和模板的强度、刚度、稳定性应满足施工技术规范的要求。

d.预计的支架变形及地基的下沉量应满足施工后梁体设计高程的要求,必要时应采取对支架预压的措施。

e.梁(板)体不得出现露筋和空洞现象。

f.预埋件的设置和固定及防腐涂装等应满足设计和施工技术规范的规定。

g.梁(板)在吊移出预制底座时,混凝土的强度不得低于图纸所要求的吊装强度。

(2)检查项目

梁(板)预制和就地浇筑检查项目见表410-31~表410-32。

(3)外观检查

a. 混凝土表面平整,色泽一致,无明显施工接缝。

b. 混凝土表面不得出现蜂窝、麻面,如出现必须修整。

c. 混凝土表面出现非受力裂缝宽度超过设计规定或设计未规定时超过 0.15mm 时,必须按第 410.15 小节要求处理。

d. 封锚混凝土应密实、平整。

e. 梁、板的填缝应平整密实。

梁(板)预制检查项目 表 410-31

项次	检查项目			规定值或允许偏差	检查方法和频率
1	混凝土强度(MPa)			在合格标准内	按 JTG F80/1—2004 附录 D 检查
2	梁(板)长度(mm)			+5,-10	尺量:每梁(板)
3	宽度(mm)	干接缝(梁翼缘、板)		±10	尺量:检查 3 处
		湿接缝(梁翼缘、板)		±20	
		箱梁	顶宽	±30	
			底宽	±20	
4	高度(mm)	梁、板		±5	尺量:检查 2 处
		箱梁		+0,-5	
5	断面尺寸(mm)	顶板厚		+5,-0	尺量:检查 2 个断面
		底板厚			
		腹板或梁肋			
6	平整度(mm)			5	2m 直尺:每侧面每 10m 梁长测 1 处
7	横系梁及预埋件位置(mm)			5	尺量:每件

就地浇筑梁(板)检查项目 表 410-32

项次	检查项目		规定值或偏差	检查方法和频率
1	混凝土强度(MPa)		在合格标准内	按 JTG F80/1—2004 附录 D 检查
2	轴线偏位(mm)		10	全站仪或经纬仪:测量 3 处
3	梁(板)顶面高程		±10	水准仪:检查 3~5 处
4	断面尺寸(mm)	高度	+5,-10	尺量:每跨检查 1~3 个断面
		顶宽	±30	
		箱梁底宽	±20	
		顶、底、腹板或梁肋厚	+10,-0	
5	长度(mm)		+5,-10	尺量:每梁(板)
6	横坡(%)		±0.15	水准仪:每跨检查 1~3 处
7	平整度(mm)		8	2m 直尺:每侧面每 10m 梁长测一处

8. 拱圈预制和就地浇筑质量检验

(1)基本要求

a. 混凝土所用的水泥、砂、石、水和外掺剂的质量和规格,必须符合图纸要求和本规范有关要求，按规定的配合比施工。

b. 支架式拱架必须严格按照本规范第 402 节的要求进行制作，必须牢固稳定。

c. 拱圈的浇筑必须严格按照图纸规定的施工顺序进行。

d. 拱架的卸落必须按照图纸要求和本规范第 402 节有关规范规定的卸架顺序进行。

e. 不得出现露筋和空洞现象。

(2)检查项目

拱圈浇筑和预制检查项目见表 410-33 ~ 表 410-35。

就地浇筑拱圈检查项目　　表 410-33

项次	检查项目		规定值或允许偏差	检查方法和频率
1	混凝土强度(MPa)		在合格标准内	按 JTG F80/1—2004 附录 D 检查
2	轴线偏位(mm)	板拱	10	经纬仪:测量 5 处
		肋拱	5	
3	内弧线偏离设计弧线(mm)	跨径≤30m	±20	水准仪:检查 5 处
		跨径>30m	±跨径/1 500	
4	断面尺寸(mm)	高度	±5	尺量:拱脚、L/4,拱顶 5 个断面
		顶、底、腹板厚	+10,-0	
5	拱宽(mm)	板拱	±20	尺量:拱脚、L/4、拱顶 5 个断面
		肋拱	±10	
6	拱肋间距(mm)		5	尺量:检查 5 处

预制拱圈节段检查项目　　表 410-34

项次	检查项目		规定值或允许偏差	检查方法和频率
1	混凝土强度(MPa)		在合格标准内	按 JTG F80/1—2004 附录 D 检查
2	每段拱箱内弧长(mm)		+0,-10	尺量:每段
3	内弧偏离设计弧线(mm)		±5	样板:每段测 1 ~ 3 点
4	断面尺寸(mm)	顶底腹板厚	+10,-0	尺量:检查 2 处
		宽度及高度	+10,-5	
5	平面度(mm)	肋拱	5	拉线用尺量:每段测 1 ~ 3 点
		箱拱	10	
6	拱箱接头倾斜(mm)		±5	角尺:每接头
7	预埋件位置(mm)	肋拱	5	尺量:每件
		箱拱	10	

注:若成批生产,每批抽查 25%。

桁架拱杆件预制检查项目　　表 410-35

项次	检查项目	规定值或允许偏差	检查方法和频率
1	混凝土强度(MPa)	在合格标准内	按 JTG F80/1—2004 附录 D 检查
2	断面尺寸(mm)	±5	尺量:检查 2 处

续上表

项　　次	检 查 项 目	规定值或允许偏差	检查方法和频率
3	杆件长度(mm)	±10	尺量:检查 2 处
4	杆件旁弯(mm)	5	拉线用尺量:每件
5	预埋件位置(mm)	5	尺量:每件

(3)外观检查

a. 混凝土表面平整,线形圆顺,颜色一致。

b. 混凝土麻面面积不得超过该面积的 0.5%。深度超过 10mm 的必须处理。

c. 混凝土表面出现非受力裂缝宽度超过设计规定或设计未规定时超过 0.15mm 时,必须进行处理。

9. 混凝土附属结构施工质量检验

(1)基本要求

a. 所用的水泥、砂、石、水和外掺剂的质量和规格必须符合图纸要求及本规范有关要求,按规定的配合比施工。

b. 不得出现露筋和空洞现象。

c. 防撞护栏上的钢构件应焊接牢固,焊缝应满足图纸和有关规范的要求,并按图纸要求进行防护。

d. 桥头搭板下的地基及垫层或路面基层的强度和压实度必须满足图纸要求。

(2)检查项目

混凝土小型构件预制检查项目见表 410-36 ~ 表 410-38。

混凝土小型构件预制检查项目　　　　表 410-36

<table>
<tr><th>项次</th><th colspan="2">检 查 项 目</th><th>规定值或允许偏差</th><th colspan="2">检查方法和频率</th></tr>
<tr><td>1</td><td colspan="2">混凝土强度(MPa)</td><td>在合格标准内</td><td colspan="2">按 JTG F80/1—2004 附录 D 检查</td></tr>
<tr><td rowspan="2">2</td><td rowspan="2">断面尺寸(mm)</td><td>≤80</td><td>±5</td><td rowspan="2">尺量:2 处</td><td rowspan="3">按构件总数的 30%</td></tr>
<tr><td>>80</td><td>±10</td></tr>
<tr><td>3</td><td colspan="2">长度(mm)</td><td>+5,-10</td><td>尺量</td></tr>
</table>

混凝土防撞护栏浇筑检查项目　　　　表 410-37

项次	检查项目	规定值或允许偏差	检查方法和频率
1	混凝土强度(MPa)	在合格标准内	按 JTG F80/1—2004 附录 D 检查
2	平面偏位(mm)	4	经纬仪、钢尺拉线检查:每 100m 检查 3 处
3	断面尺寸(mm)	±5	尺量:每 100m 每侧检查 3 处
4	竖直度(mm)	4	吊垂线:每 100m 每侧检查 3 处
5	预埋件位置(mm)	5	尺量:每件

桥头搭板检查项目　　表 410-38

项次	检 查 项 目		规定值或允许偏差	检查方法和频率
1	混凝土强度(MPa)		在合格标准内	按 JTG F80/1—2004 附录 D 检查
2	枕梁尺寸(mm)	宽、高	±20	尺量,每梁检查 2 个断面
		长	±30	尺量:检查每梁
3	板尺寸(mm)	长、宽	±30	尺量:各检查 2~4 处
		厚	±10	尺量:检查 4~8 处
4	顶面高程(mm)		±2	水准仪:测量 5 处
5	板顶纵坡(%)		0.3	水准仪:测量 3~5 处

(3)外观检查

a. 构件外形轮廓清晰,线条直顺,不得有翘曲现象。

b. 混凝土表面平整,无蜂窝,颜色一致。

c. 防撞栏线形直顺美观。

d. 防撞护栏混凝土表面应平整,不应出现蜂窝麻面。如出现必须修整完好。

e. 防撞栏浇筑节段间应平滑顺接。

410.20　计量与支付

1. 计量

(1)以图纸所示或监理人指示为依据,按现场已完工并经验收的混凝土,分别以不同结构类型及混凝土等级,以立方米计量。

(2)直径小于 200mm 的管子、钢筋、锚固件、管道、泄水孔或桩所占混凝土体积不予扣除。作为砌体砂浆的小石子混凝土,不另行计量。

(3)桥面铺装混凝土在第 415 节内计量与支付;结构钢筋在第 403 节内计量。

(4)为完成结构物所用的施工缝连接钢筋、预制构件的预埋钢板、防护角钢或钢板、脚手架或支架及模板、排水设施、防水处理、基础底碎石垫层、混凝土养生、混凝土表面修整及为完成结构物的其他杂项子目,以及混凝土预制构件的安装架设设备拼装、移运、拆除和为安装所需的临时性或永久性的固定扣件、钢板、焊接、螺栓等,均作为各项相应混凝土工程的附属工作,不另行计量。

2. 支付

按上述规定计量,经监理人验收的列入了工程量清单的以下支付子目的工程量,其每一计量单位,将以合同单价支付。此项支付包括材料、劳力、设备、试验、运输、安装及其他为完成混凝土工程所必要的费用,是对完成工程的全部偿付。

3. 支付子目

子 目 号	子 目 名 称	单　　位
410-1	混凝土基础(包括支撑梁、桩基承台,但不包括桩基)	m^3
410-2	混凝土下部结构	m^3
410-3	现浇混凝土上部结构	m^3

续上表

子　目　号	子 目 名 称	单　　位
410-4	预制混凝土上部结构	m^3
410-5	上部结构现浇整体化混凝土	m^3
410-6	现浇混凝土附属结构	m^3
410-7	预制混凝土附属结构	m^3

注:1. 子目号410-1~410-4按不同结构类型及混凝土等级分列子项。

2. 预制板、梁和拱上建筑的整体化现浇混凝土,以子项列入410-5子目内。

3. 子目号410-6及410-7混凝土附属结构包括缘石、人行道、防撞墙、栏杆、护栏、桥头搭板、枕梁、抗震挡块、支座垫块等,按其种类及混凝土等级分列子项。

附　　录

1. 混凝土配制强度(R_P)应按下式计算:

$$R_P \geqslant R + 1.645\sigma$$

式中:R_P——混凝土配制强度(MPa);

R——混凝土设计强度等级(MPa);

σ——混凝土强度标准差(MPa)。

2. 混凝土强度标准差(σ)采用无偏估计算,确定该值的强度试件组数不应少于25组。

3. 当混凝土强度等级为C20、C25级,其强度标准差计算值低于2.5MPa时,计算配制强度用的标准差应取用2.5MPa;

当混凝土强度等于或大于C30级,其强度标准差计算值低于3.0MPa时,计算配制强度用的标准差应取用3.0MPa。

4. 当不具有近期的同一品种混凝土强度资料时,其混凝土强度标准差σ可取表410-39的经验数据值。

σ 值(MPa)　　表410-39

R	<C20	C20~C35	>C35
σ	4.0	5.0	6.0

第411节　预应力混凝土工程

411.01　范围

本节工作为预应力混凝土结构物的预应力钢材(包括钢丝、钢绞线、热轧钢筋、精轧螺纹粗钢筋)的供应、加工、冷拉、安装、张拉及封锚等作业;对先张法预应力混凝土,尚包括张拉台座的建造;对后张预应力混凝土,尚包括预应力系统(锚具、连接器及相应的预应力钢材）的选择、试验及供应，管道形成及灌浆；以及预应力混凝土的浇筑。

411.02　一般要求

1.预应力系统

（1）承包人选用的预应力系统，应满足图纸的要求。

（2）承包人应至少在56d以前，向监理人提交拟采用的预应力系统的全部细节，经监理人批准后始可用于工程中。

（3）若承包人拟采用的预应力系统与图纸所示不一致，应提出拟采用的预应力钢材、锚固设备的细节和完整的规范，包括构件中预应力张拉顺序的安排和压浆材料方法及设备等。

2.预制场地

（1）预应力混凝土结构构件的预制，应在由承包人选择、经监理人批准的场地进行。

（2）在属于发包人的场地被批准作为浇筑的场地之前，承包人应向监理人提交一份使用的平面图。在工程完成以后，应将工地的设备及废物清除，且恢复到可接收的条件。

3.质检证书

（1）对每次到货的预应力钢筋、钢丝、钢绞线和锚具，承包人应向监理人报送三份经批准的试验室签发的质检证书副本。证书内应标出对所有要求的试验结果。没有证书的钢材不得使用，也不得运入现场。

（2）每次预应力钢材到货应附以易于辨认的金属标签，标明生产工厂、性能、尺寸、熔炼炉次和日期。

411.03　材料

1.钢材

（1）预应力混凝土的钢筋应符合下列标准：

《钢筋混凝土用钢　第2部分：热轧带肋钢筋》（GB 1499.2—2007）；

《预应力混凝土用钢丝》（GB/T 5223—2002）；

《预应力混凝土用钢绞线》（GB/T 5224—2003）；

《预应力混凝土用热处理钢筋》（GB 4463—1984）。

（2）工地冷拉的热轧钢筋力学性能应符合《公路桥涵施工技术规范》（JTJ 041—2000）附录G－4的规定。冷拔低碳钢丝的力学性能应符合《公路桥涵施工技术规范》（JTJ 041—2000）附录G－5的规定。

（3）钢丝及钢绞线的松弛级别（I级松弛，II级松弛），应根据图纸所示要求，其性能应符合《预应力混凝土用钢丝》（GB/T 5223—2002）和《预应力混凝土用钢绞线》（GB/T 5224—2003）。

（4）用于预应力混凝土结构中的高强精轧螺纹钢筋，其力学性能和表面质量应符合《公路桥涵施工技术规范》（JTJ 041—2000）附录G-6的规定。

（5）进口的预应力钢丝或钢绞线应符合图纸对于标准强度及松弛的要求，或经监理人认可的其他国际标准。

(6)用于预应力混凝土的钢材的制造商的质量证书应随同每批钢材交付。

(7)用于锚具装置的钢材应符合图纸要求的钢材或《优质碳素结构钢》(GB/T 699—1999)的 45 号钢,且应热处理,使之符合图纸要求的硬度。锚垫板的钢材应符合《碳素结构钢》(GB/T 700—2006)的 Q235 号钢。锚具装置应符合图纸及《预应力筋用锚具、夹具和连接器》(GB/T 14370—2007)的有关规定。

(8)非预应力用的钢筋应符合第 403 节要求。

(9)预应力混凝土用钢丝和钢绞线应按《预应力混凝土用钢丝》(GB/T 5223—2002)及《预应力混凝土用钢绞线》(GB/T 5224—2003)的规定作抽样检查;锚具除逐一检查其尺寸外,还应逐一进行探伤检验。

2. 混凝土及水泥浆

混凝土及水泥浆用的材料,应符合本规范第 410 节规定,水泥用量不宜超过 500kg/m^3,特殊情况下最大不应超过 550kg/m^3。管道压注用的水泥浆 28d 抗压强度不小于 30MPa。

3. 预应力钢筋管道

(1)一般要求

a. 在后张预应力混凝土结构中,预应力筋的孔道宜由浇筑在混凝土中的刚性或半刚性管道构成,对一般工程,也可采取钢管抽芯、胶管抽芯、PE 管及金属伸缩套管抽芯方法进行预留。

b. 浇筑在混凝土中的管道不允许有漏浆现象。

c. 管道应具有足够的强度,以使其在混凝土的重量作用下能保持原有的形状,且能按要求传递粘结应力。

d. 所有管道均应设压浆孔,还应在最高点设排气孔及需要时在最低点设排水孔。压浆管、排气管和排水管应是最小内径为 20mm 的标准管或适宜的塑性管,与管道之间的连接应采用金属或塑料结构扣件,长度应足以从管道引出结构物以外。

e. 管道在模板内安装完毕后,应将其端部盖好,防止水或其他杂物进入。

(2)金属螺旋管

a. 用于制造金属波纹管的低碳钢带,应符合图纸要求及相关规范的要求,并附有出厂合格证书,其厚度不宜小于 0.3mm。

b. 金属螺旋管进入施工现场时,除应按出厂合格证和质量保证书核对类别、型号、规格及数量外,还按《预应力混凝土用金属波纹管》(JG 225—2007)的规定对其外观、尺寸、集中荷载下的径向刚度、荷载作用后的抗渗漏等进行检验,自制的管道也应进行上述检验。所有金属螺旋管应按《公路桥涵施工技术规范》(JTJ 041—2000)附录 G-7 规定取样、检验,其质量符合要求后,方可使用于工程中,严禁使用不合格产品。

(3)塑料波纹管

a. 塑料波纹管产品的分类、技术要求、试验方法、检验规则及标志、包装、运输和储存等应符合《预应力混凝土桥梁用塑料波纹管》(JT/T 529—2004)的规定。

b. 用于塑料波纹管的高密度聚乙烯树脂(HDPE)应满足《高密度聚乙烯树脂》(GB 11116—1989)的规定,聚丙烯(PP)应满足《冷热水用聚丙烯管道系统　第 2 部分:管材》(GB/T 18742.1—2002)的规定。

c. 塑料波纹管的外观应光滑，色泽均匀，内外壁不允许有隔体破裂、气泡、裂口及影响使用的划伤。

d. 塑料波纹管环刚度不小于 6kPa。

e. 塑料波纹管承受横向局部荷载后管材残余变形量和塑料波纹管的柔韧性、抗冲击性等均应符合《预应力混凝土桥梁用塑料波纹管》(JT/T 529—2004)的相关规定。

f. 进入施工现场的塑料波纹管应是按相关检验规则进行检验并且有出厂合格证和质量保证书的产品。产品进场时，不仅按出厂合格证和质量保证书核对其类别、型号、规格及数量，还应按有关规定取样进行其外观、尺寸、集中荷载下的环刚度、柔韧性、抗冲击以及抗渗漏等项目的检验，检验产品合格方可使用于工程中，否则不得用于工程中。

(4)抽芯制孔

a. 制孔采用胶管抽芯法时，胶管内应插入芯棒或充以压力水，以增加刚度。

b. 采用钢管抽芯法时，钢管表面应光滑，焊接接头应平顺。

4. 预应力设备

(1)所有用于预应力的千斤顶应专为所采用的预应力系统所设计，并经国家认定的技术监督部门认证的产品。

(2)承包人应备有为监理人所同意的校准设备，用于千斤顶校准。校准设备应配备有精确可靠的测力环或测力计，测力环或测力计应具有由独立试验室颁发的校准证明。当监理人要求时，承包人应安排测力环或测力计在国家认定的实验机构或监理人的中心实验室进行检验校准。

(3)千斤顶的精度应在使用前校准。千斤顶一般使用超过 6 个月或 200 次，以及在使用过程中出现不正常现象时，应重新校准。测力环或测力计应至少每 2 个月进行重新校准，并使监理人认可。任何时候在工地测出的预应力钢筋延伸量有差异时，千斤顶应进行再校准。

(4)用于测力的千斤顶的压力表，其精度应不低于 1.5 级。校正千斤顶用的测力环或测力计应有正负 2% 的读数精度。压力表应具有大致两倍于工作压力的总压力容量，被量测的压力荷载，应在压力表总容量的 1/4 ~ 3/4 范围内，除非在量程范围建立了精确的标定关系。压力表应设于操作者肉眼可见的 2m 距离以内，使其能无视觉差地获得稳定和不受扰动的读数。每台千斤顶及压力表应视为一个单元且同时校准，以确定张拉力与压力表读数之间的关系曲线。

411.04　预应力钢材的搬运、存放和保护

1. 运输

(1)为防止预应力钢材在装运与储存中受到物理损害和腐蚀，应将预应力钢材包装于集装箱或装运箱内。任何受到损害和腐蚀的预应力钢材不得使用。

(2)集装箱或装运箱应清晰地标明搬运注意事项及所用防腐剂的型号、种类和数量等。

2. 存放

(1)预应力钢材使用前应存放在集装箱内或木箱内，或在离开地面的清洁、干燥环境

中放置,并应覆盖防水帆布。

(2)钢丝的存放应以大直径卷盘,卷盘直径应不小于钢丝直径的400倍。

(3)锚具运输和存放时,应防止机械损伤和锈蚀。

3.保护

(1)对在混凝土浇筑及养生之前安装在管道中但在下列规定时限内没有压浆的预应力筋,应采取防止锈蚀或其他防腐蚀的措施,直至压浆或将其浇入混凝土中。

(2)不同暴露条件下,未采取防锈措施的力筋在安装后至压浆时的容许间隔时间如下:

a.空气湿度大于70%或盐分过大时为7d;

b.空气湿度40%~70%时为15d;

c.空气湿度小于40%时为20d。

411.05 预应力钢材的加工和装置

1.钢丝束制作

(1)碳素钢丝下料后,应用机械方法进行调直,但不应损坏钢丝。当将调直后的钢丝绕盘运输时,钢丝卷盘的直径不得小于钢丝直径的400倍。

(2)钢丝束应顺直,没有交叉和扭曲,其中一端要平齐。钢丝每隔1~1.5m用铅丝绑扎一道,铅丝头应弯进钢丝束里,以便于穿孔通过。绑扎完成后,钢丝束应按图纸束号顺序存放,并清楚标明记号。

(3)钢丝束运输时,手携、肩抬或吊升点的间距不要超过3m,端部悬出长度不大于1.5m。

(4)钢丝的切割应使用切断机、砂轮锯或其他经监理人同意的机械方法进行切割。

2.钢绞线的制作

(1)钢绞线切割时,应在每端离切口30~50mm处用铁丝绑扎。切割应用切断机或砂轮锯,不得使用电弧。

(2)钢绞线编束时,应每隔1~1.5m绑扎一道铁丝,铁丝扣应向里,绑好的钢绞线束应编号挂牌堆放。

3.预应力筋的冷拉

(1)预应力筋的冷拉,可采用控制应力或控制冷拉率(只对能分清炉批号的热轧钢筋)的方法。

(2)当采用控制应力方法冷拉钢筋(Ⅳ级)时,其冷拉控制应力700MPa下的最大冷拉率,不应超过4%。冷拉时应检查钢筋的冷拉率,当超过4%时,应进行力学性能检验。

(3)当采用控制冷拉率方法冷拉钢筋时,冷拉率必须由试验确定。测定同炉批钢筋冷拉率,其试样不少于4个,并取其平均值作为该批钢筋实际采用的冷拉率。

测定冷拉率时钢筋(Ⅳ级)的冷拉应力应不小于730MPa。

(4)冷拉多根连接的钢筋,冷拉率可按总长计,但冷拉后每根钢筋的冷拉率,应符合411.05-3(2)款的规定。

(5)钢筋的冷拉速度不宜过快,宜控制在5MPa/s左右。冷拉至规定的控制应力(或冷拉度)后,应停置1~2min再放松。冷拉后,有条件时宜进行时效处理;冷拉钢筋应按冷拉率大小,分组堆放,以备编束时选料。

(6)当采用控制应力方法冷拉钢筋时,对使用的测力计,应经常进行校验。

4.预应力钢筋的冷拔

(1)预应力筋采用冷拔低碳钢丝时,应采用6~8mm的HPB235或HPB300钢筋盘条拔制。

(2)拔丝模孔为盘条原直径的0.85~0.9,拔制次数一般不超过3次,超过3次时应将拔丝退火处理。

(3)拉拔总压缩率应控制在60%~80%,平均拔丝速度应为50~70m/min。冷拔达到要求直径后,应进行拉力及180°反复弯曲试验,试验结果应符合《公路桥涵施工技术规范》(JTJ 041—2000)附录G-5的要求。

411.06　预应力钢筋管道的安装和成形

1.一般要求

(1)预应力管道的形式,应符合图纸所示。若承包人变更管道形式,必须经监理人批准。

(2)管道应按图纸所示位置牢靠地固定。管道上若出现意外的孔洞应在浇筑混凝土以前修补好。

(3)当使用金属软管时,接缝数量应尽可能保持最少。每个接缝处都应严格加以密封,防止任何材料进入。

(4)在穿钢丝束以前,所有管道端部均应密封并加以保护。

2.波纹管的安装

(1)波纹管在安装前应通过1kN径向力的作用下不变形,同时应作灌水试验,以检查有无渗漏现象,确无变形、渗漏现象时始可使用。

(2)波纹管的连接,应采用大一号同型波纹管作接头管,接头管长200mm。波纹管连接后用密封胶带封口,避免混凝土浇筑时水泥浆渗入管内造成管道堵塞。

(3)安装波纹管位置应准确,采用钢筋卡子以铁丝绑扎固定,避免管道在浇筑混凝土过程中产生移位。

(4)波纹管如有反复弯曲,在操作时应注意防止管壁破裂,同时应防止邻近电焊火花烧筑管壁。如有微小破损应及时修补并得到监理人的认可。

3.其他材料管道的安装

(1)在桥梁的某些特殊部位,若图纸有规定或监理人要求时,可采用符合要求的平滑钢管和高密度聚乙烯管。

(2)用做管道的平滑钢管和聚乙烯管的管壁厚不得小于2mm。管道内横截面不宜小于预应力筋净截面的2倍,如果由于某种原因,管道与预应力筋的面积比小于上述规定时,则应通过试验验证其能进行正常管道压浆作业,对于超长钢束的管道,亦应通过试验来确定其面积比。试验结果均应报监理人审查。

(3)预应力管道制孔采用胶管抽芯法时,应按图纸要求位置妥善固定胶管以防走样,胶管内应插入芯棒或充以压力水,以增加刚度。

(4)预应力管道制孔采用钢管抽芯法时,钢管表面应光滑,焊接接头应平整。

(5)制孔抽芯时间应通过试验确定,以混凝土抗压强度达到 0.4 ~0.8MPa 时为宜,抽拔时不应损伤结构混凝土。

(6)抽芯法制孔后,应用通孔器或压气、压水等方法对孔道进行检查,如发现孔道堵塞或有残留物或与邻孔有串通,应及时处理,并报监理人审查。

411.07 预应力混凝土的浇筑

1. 一般要求

(1)模板、钢筋、管道、锚具和预应力钢材经监理人检查并批准后,方可浇筑混凝土。

(2)预应力混凝土的浇筑及养生,除按本规范第 410 节有关规定执行外,尚应符合下列要求。

a. 浇筑混凝土时,应保持锚塞、锚圈和垫板位置的正确和稳固。

b. 在混凝土浇筑和预应力钢筋张拉前,锚具的所有支承表面(例如垫板)应加以清洗。

c. 拌和后超过 45min 的混凝土不得使用(图纸另有规定或掺外加剂的混凝土除外)。

d. 简支梁梁体混凝土应水平分层,一次浇筑完成。梁体混凝土体积较大时,可采用第 410.10-1(3)款内所述的方法。浇筑箱形梁段混凝土时,应尽可能一次浇筑完成;梁身较高时也可分两次或三次浇筑;梁身较低时可分为两次浇筑。分次浇筑时,宜先底板及腹板根部,其次腹板,最后浇顶板及翼板,注意事项可参照《公路桥涵施工技术规范》(JTJ 041—2000)第 15 章有关规定执行。

e. 为避免孔道变形,不允许振捣器触及套管。

f. 梁或空心板端部锚固区,为了保证混凝土密实,宜使用外部振捣器加强振捣,集料尺寸不要超过两根钢筋或预埋件间净距的一半。

g. 混凝土立方体强度尚未达到 15 ~20MPa 时,不得拆除模板。

h. 混凝土养生时,对为预应力钢束所留的孔道应加以保护,严禁将水和其他物质灌入孔道,并应防止金属管生锈。养生的注意事项可参照《公路桥涵施工技术规范》(JTJ 041—2000)第 11 章及第 14 章有关规定执行。

2. 预应力混凝土梁的悬臂浇筑

(1)在预应力混凝土梁施工前 56d,承包人应将施工组织设计(包括拟采用施工工艺、施工控制、施工挂篮的说明、图纸、静力及变形计算等资料)报请监理人审查批准。未获批准前不得施工。

(2)如梁与桥墩非刚性连接,悬臂浇筑梁体混凝土时,应按图纸要求预埋墩身与梁体临时固结的预应力钢筋。并在墩顶按图纸规定安装支座,支座安装应符合《公路桥涵施工技术规范》(JTJ 041—2000)第 15.3.5 条的规定。

(3)采用挂篮悬臂浇筑梁体混凝土时,可先在桥墩两侧设置托架,立模浇筑墩顶块(0 号块)混凝土和 1 号梁段混凝土,如为连续梁时将墩顶块与桥墩临时固结。待墩顶块和 1 号梁段的混凝土强度达到设计等级后,始可在其上组拼挂篮,悬臂浇筑 2 号梁段及其后各梁段的混凝土。

(4)浇筑 0 号块时,由于受力复杂、管道集中、钢筋密集、混凝土数量较多,应采取控制水化热温度的措施,以保证构件有足够的强度和不发生裂缝。

(5)挂篮所使用的材料必须是可靠的,有疑问时应进行材料力学性能试验。挂篮试拼后,必须进行荷载试验,在荷载试验中,应用高精度水准仪测量挂篮的竖向变形,根据实测值推算各段挂篮底的竖向变形,为施工预拱度提供数据。

挂篮质量与梁段混凝土的质量比值宜控制在 0.3 ~ 0.5 之间,特殊情况下不应超过 0.7。挂篮主要设计参数应符合图纸要求及《公路桥涵施工技术规范》(JTJ 041—2000)第 15.3.1 条的规定。

(6)挂篮支承平台除要有足够的强度外,还应有足够的平面尺寸,以满足梁段的现场作业需要。

(7)悬臂浇筑前,待浇筑段的前端底板高程和桥面板高程,应根据挂篮前端竖向变形、各施工阶段的弹塑性变形(包括先浇及后浇各梁段的重量、预应力、混凝土收缩与徐变、施工设备荷载、桥面系恒载、体系转换引起的变形)及 1/2 静活载竖向变形,设置预拱度。施工时由施工控制、监理、设计等单位协调,施工单位配合。

(8)悬臂浇筑梁段时,桥墩两侧的浇筑进度应尽量做到对称、均衡。桥墩两侧的梁体和施工设备的重量差以及相应的在桥墩两侧产生的弯矩差,应不超过图纸规定。

(9)用桁架式挂篮悬臂浇筑,在已完成的梁段上前移时,后端应有压重稳定或采取其他可靠的稳定措施,后端并应锚固于已完成的梁段上。挂篮前移及在其上浇筑混凝土时,抗倾覆安全系数应不小于 2.0。

(10)浇筑梁段混凝土时,应自前端开始向后浇筑,在浇筑的梁段根部与前一浇筑段接合。前后两梁段的模板接缝应紧密接合。

(11)各跨混凝土悬臂浇筑完成合龙时,要求悬臂端相对竖向变形(包括吊带变形的总和)不大于 20mm,轴线偏差不大于 10mm。

(12)梁的合龙顺序按图纸要求办理,如图纸未规定,一般先边跨后次中跨再中跨;多跨一次合龙,必须同时均衡对称合龙。合龙时,一切临时荷载均要与施工监控、监理、设计单位协商决定。

(13)浇筑合龙段长度及体系转换应按图纸规定,将两悬臂端的合龙口予以临时联结,并复查、调整两悬臂端合龙施工荷载,使其对称相等,如不相等,合龙前应在两端悬臂预加压重,并在浇筑混凝土过程中逐步撤除,使悬臂挠度保持稳定。

(14)合龙段混凝土浇筑时间应选择在一天中气温最低时进行。

(15)合龙段混凝土强度等级可提高一级,以尽早张拉。

(16)在箱梁和合龙段混凝土浇筑完成后应加强养生,在达到图纸规定强度后,尽早张拉预应力钢筋。

(17)预应力钢材张拉完成并经监理人同意后,即可进行管道压浆。压浆时应有监理人在场方可进行。

3. 预应力混凝土连续梁在移动模架上浇筑

(1)移动模架长度必须满足施工要求。

(2)移动模架应利用专用设备组拼,在施工时能确保质量和安全。

(3)浇筑分段工作缝,必须设在弯矩零点附近。

(4)箱梁外、内模板在滑动就位时,模板平面尺寸、高程、预拱度的误差必须在容许范围内。

(5)混凝土内预应力筋管道、钢筋、预埋件设置应符合本规范第 403 节、第 411 节、第 414 节的有关规定。

(6)除非监理人批准,混凝土的强度未达到图纸规定值之前,不得张拉预应力筋及移动模架。

411.08 后张法预应力

1. 一般要求

(1)承包人在张拉开始前,应向监理人提交详细说明、图纸、张拉应力和延伸量的静力计算,请求审核。

(2)承包人应选派富有经验的技术人员指导预应力张拉作业。所有操作预应力设备的人员,应通过设备使用的正式训练。

(3)所有设备应最少每间隔两个月进行一次检查和保养。

(4)预应力张拉中,如果发生下列任何一种情况,张拉设备应重新进行校验:

a. 张拉过程,预应力钢丝经常出现断丝时;

b. 千斤顶漏油严重时;

c. 油压表指针不回零时;

d. 调换千斤顶油压表时。

2. 施工要求

(1)除非另有书面允许,张拉工作应在监理人在场时进行。

(2)张拉预应力钢材时的温度不宜低于 +5℃。

(3)张拉即将开始前,所有的预应力钢材在张拉点之间应能自由滑动,同时构件可以自由地适应施加预应力时产生的水平和垂直移动。

(4)张拉时构件的混凝土强度应符合图纸要求,图纸无规定时,不应低于设计强度等级值的 75%。张拉力应按图纸规定,边张拉边量测伸长值。

(5)预应力筋的张拉顺序应符合图纸规定,当图纸未规定时,可采取分批、分阶段对称张拉。

(6)预应力张拉应从两端同时进行,除非监理人同意另外的方式。

(7)当仅从一端张拉时,应精确量测另一端的回缩量,并从千斤顶量测的伸长值中适当给予扣除。

(8)图纸所示的控制张拉力为在锚固前锚具内侧的拉力。在确定千斤顶的拉力时,应考虑锚圈口预应力损失。这些增加的损失以采用的预应力系统及通过现场测验而定,但一般对钢绞线为 3% 的千斤顶控制张拉力,对钢丝为 5% 的千斤顶控制张拉力。

3. 张拉步骤

(1)除图纸有规定或监理人另有指示外,张拉程序可按表 411-1 进行。

(2)初始拉力(一般为张拉力的 10% ~15%)是把松弛的预应力钢材拉紧,此时应将千斤顶充分固定。在把松弛的预应力钢材拉紧以后,应在预应力钢材的两端精确地标以记号,预应力钢材的延伸量或回缩量即从该记号起量。张拉力和延伸量的读数应在张拉过程中分阶段读出。当预应力钢材由很多单根组成时,每根应作出记号,以便观测任何滑移。预应力钢材实际伸长值 ΔL,除上述测量伸长值外,应加上初应力时的推算伸长值,即:

$$\Delta L = \Delta L_1 + \Delta L_2$$

式中:ΔL_1——从初始拉力至最大张拉力间的实测伸长值;

ΔL_2——初始拉力时的推算伸长值(mm),可采用相邻级的伸长值。

后张法预应力筋张拉程序　　表411-1

预应力筋		张拉程序
钢筋、钢筋束		0→初应力→1.05σ_{con}(持荷2min)→σ_{con}(锚固)
钢绞线束	对于夹片式等具有自锚性能的锚具	普通松弛力筋　0→初应力→1.03σ_{con}(锚固) 低松弛力筋　0→初应力→σ_{con}(持荷2min锚固)
	其他锚具	0→初应力→1.05σ_{con}(持荷2min)→σ_{con}(锚固)
钢丝束	对于夹片式等具有自锚性能的锚具	普通松弛力筋　0→初应力→1.03σ_{con}(锚固) 低松弛力筋　0→初应力→σ_{con}(持荷2min锚固)
	其他锚具	0→初应力→1.05σ_{con}(持荷2min)→0→σ_{con}(锚固)
精轧螺纹钢筋	直线配筋时	0→初应力→σ_{con}(持荷2min锚固)
	曲线配筋时	0→σ_{con}(持荷2min)→0(上述程序可反复几次)→初应力→σ_{con}(持荷2min锚固)

注:1. 表中σ_{con}为张拉时的控制应力,包括预应力损失值。

2. 两端同时张拉时,两端千斤顶升降压、画线、测伸长、插垫等工作基本一致。

3. 梁的竖向预应力筋可一次张拉到控制应力,然后于持荷5min后测伸长和锚固。

(3)预应力钢材张拉后,应测定预应力钢材的回缩与锚具变形量,对于钢制锥形锚具和夹片锚具,均不得大于6mm,对于镦头锚具不得大于1mm。如果大于上述允许值,应重新张拉,或更换锚具后重新张拉。

(4)预应力钢筋的断丝、滑丝,不得超过表411-2规定,如超过限制数,应进行更换,如不能更换时,在许可的条件下,可提高其他束的控制张拉力,作为补救措施,但须满足设计上各阶段极限状态的要求。

后张预应力筋断丝、滑移限制数　　表411-2

类　别	检查项目	控制数
钢丝束和钢绞线束	每束钢丝断丝或滑丝	1根
	每束钢绞线断丝或滑丝	1丝
	每个断面断丝之和不超过该断面钢丝总数的	1%
单根钢筋	断筋或滑移	不容许

注:超过表列控制数时,原则上应更换。当不能更换时,在许可的条件下,可采取补救措施,如提高其他束预应力值,但须满足设计上各阶段极限状态的要求。

(5)当计算延伸量时,应根据试样或试验证书确定弹性模量。

(6)在张拉完成以后,测得的延伸量与计算延伸量之差应在 ±6% 以内,否则,监理人可指示采取以下的若干步骤或全部步骤:

a. 重新校准设备。

b. 对预应力材料作弹性模量检验。

c. 放松预应力钢材重新张拉。

d. 预应力钢材用滑润剂以减少摩擦损失。仅水溶性油剂可用于管道系统,且在灌浆前清洗掉。

e. 原先如仅一台千斤顶张拉,可改为两端用两台千斤顶张拉。

f. 监理人指示的其他方法。

g. 监理人可以要求按照《公路桥涵施工技术规范》(JTJ 041—2000)附录 G-9 进行摩擦损失试验。

(7)当监理人对预应力张拉认可后,预应力钢材应予锚固。放松千斤顶压力时应避免振动锚具和预应力钢材。

(8)预应力钢材在监理人认可后才可截割露头。梁端锚口应按图纸所示用水泥砂浆封闭。

4. 记录及报告

每次预应力张拉以后,如监理人要求,应将下列数据抄录给监理人。

(1)每个测力计、压力表、油泵及千斤顶的鉴定号。

(2)测量预应力钢材延伸量时的初始拉力。

(3)在张拉完成时的最后拉力及测得的延伸量。

(4)千斤顶放松以后的回缩量。

(5)在张拉中间阶段测量的延伸量及相应的拉力。

411.09 先张法预应力

1. 任何先张法工作开始以前,承包人应向监理人提交他的先张法的建议,包括他拟采用的预应力张拉台、横梁及各项张拉设备。预应力张拉台须有足够强度和刚度,抗倾覆安全系数不小于 1.5,抗滑移系数不小于 1.3。横梁须有足够的刚度,受力后挠度不应大于 2mm。

2. 先张法预应力张拉,除图纸所示或监理人另有指示外,可参照第 411.08 小节有关张拉规定,其张拉程序可按表 411-3 进行。

先张法预应力筋张拉程序 表 411-3

预应力钢材种类	张 拉 程 序
钢筋	0→初应力→1.05σ_{con}(持荷 2min)→0.9σ_{con}→σ_{con}(锚固)
钢丝、钢绞线	0→初应力→1.05σ_{con}(持荷 2min)→0→σ_{con}(锚固)
	对于夹片式等具有自锚性能的锚具: 普通松弛力筋 0→初应力→1.03σ_{con}(锚固) 低松弛力筋 0→初应力→σ_{con}(持荷 2min 锚固)

注:1. 表中 σ_{con} 为张拉时的控制应力,包括预应力损失值。

2. 张拉钢筋时,为保证施工安全,应在超张拉放张至 0.9σ_{con} 时安装模板、普通钢筋及预埋件等。

3. 张拉时,钢丝、钢绞线在同一构件内断丝数不得超过钢丝总数的 1%;预应力钢筋不容许断筋。

3. 当预应力钢材在张拉时的温度低于 10℃时，钢材延伸量计算应考虑从张拉时到混凝土初凝时钢筋温度增加的因素。当测得的环境温度低于 -15℃时，未得监理人许可，不宜施加预应力。

4. 当混凝土达到图纸所示规定强度时，荷载应能逐渐传递给混凝土，而且要求混凝土与钢材不互相隔离。预应力筋的放张顺序应符合图纸要求，图纸未规定时，应分阶段、对称、相互交错地放张。然后预应力钢材端部应截断到与混凝表面平齐，并涂一层防腐蚀剂或用砂浆封闭。

5. 预应力筋放张时的混凝土强度须符合图纸规定，图纸未规定时，不得低于混凝土设计强度等级的 75%。

6. 所有构件应标以不易擦掉的记号，记录制造的生产线、浇筑混凝土的日期及张拉日期。标记的位置应在工程完工及构件置于最终位置以后，不致暴露于外。

411.10　孔道压浆

1. 压浆设备

(1) 水泥浆拌和机应能制备具有胶稠状的水泥浆。水泥浆泵应可连续操作，对于纵向预应力管道，能进行 0.7MPa 的恒压作业；对于竖向预应力钢材管道的压浆最大压力，能进行 0.4MPa 的恒压作业。

(2) 水泥浆泵应是活塞式的或排液式的，泵及其吸入循环系统应是完全密封的，以避免气泡进入水泥浆内。它应能在压浆完成的管道上保持压力，且装有一个喷嘴，该喷嘴关闭时，导管中无压力损失。

(3) 压力表在第一次使用前及此后监理人认为需要时应加以校准。所有设备在灌浆操作中至少每 3 个小时用清洁水彻底清洗一次，每天使用结束时也应清洗一次。

2. 压浆

(1) 水泥浆应由精确称量的强度等级不低于 42.5 级硅酸盐水泥或普通硅酸盐水泥和水组成。水灰比一般在 0.4 ~ 0.45，所用水泥龄期不超过一个月。

(2) 在水泥浆混合料中可掺入经监理人同意的减水剂，其掺入量百分比以试验确定，且须经监理人同意。掺入减水剂的水泥浆水灰比，可减小到 0.35。其他掺入料仅在监理人的书面许可下才可使用。含有氯化物和硝酸盐的掺料不应使用。

(3) 水泥浆的泌水率最大不得超过 3%，拌和后 3h 泌水率宜控制在 2%，24h 后泌水应全部被浆吸回。

(4) 水泥浆内可掺入（通过试验）适当膨胀剂，膨胀剂性能及使用方法应符合《混凝土外加剂应用技术规范》（GB 50119—2003）的规定，但不应掺入铝粉等锈蚀预应力钢材的膨胀剂。掺入膨胀剂后，水泥浆不受约束的自由膨胀应小于 10%。

(5) 水泥浆的拌和应首先将水加于拌和机内，再放入水泥。经充分拌和以后，再加入掺加料。掺加料内的水分应计入水灰比内。拌和应至少 2min，直至达到均匀的稠度为止。任何一次投配以满足一小时的使用即可。稠度宜控制在 14 ~ 18s 之间。

(6) 水泥浆的泌水率、膨胀率及稠度按《公路桥涵施工技术规范》（JTJ 041—2000）附录 G-10、G-11 进行测试。

(7)当监理人认为需要时,应进行压浆试验。

(8)压浆前,应将锚具周围的钢丝间隙和孔洞填封,以防冒浆。

(9)在压浆前,用吹入无油分的压缩空气清洗管道。接着用含有 0.01kg/L 生石灰或氢氧化钙的清水冲洗管道,直到将松散颗粒除去及清水排出为止。管道再以无油的压缩空气吹干。

(10)压浆时,每一工作班应留取不少于 3 组试样(每组为 70.7mm × 70.7mm × 70.7mm立方体试件 3 个),标准养生 28d,检查其抗压强度作为水泥浆质量的评定依据。

(11)当气温或构件温度低于 5℃时,不得进行压浆。水泥浆温度不得超过 32℃。

(12)管道压浆应尽可能在预应力钢筋张拉完成和监理人同意压浆后立即进行,一般不得超过 14d。必须在监理人在场,才允许进行管道压浆。压浆时,对曲线孔道和竖向孔道应由最低点的压浆孔压入,并且使水泥浆由最高点的排气孔流出,直到流出的稠度达到注入的稠度。管道应充满水泥浆。简支梁的管道压浆,应自梁一端注入,而在另一端流出,流出的稠度须达到规定的稠度。

(13)水泥浆自调制至压入孔道的延续时间,一般不宜超过 30 ~ 45min,水泥浆在使用前和压注过程中应经常搅动。

(14)出气孔应在水泥浆的流动方向一个接一个地封闭,注入管在压力下封闭直至水泥浆凝固。压满浆的管道应进行保护,使在一天内不受振动,管道内水泥浆在注入后 48h 内,结构混凝土温度不得低于 5℃,否则应采取保温措施。当白天气温高于 35℃时,压浆宜在夜间进行。在压浆后两天,应检查注入端及出气孔的水泥浆密实情况,需要时进行处理。

(15)承包人应具有完备的压浆记录,包括每个管道的压浆日期、水灰比及掺加料、压浆压力、试块强度、障碍事故细节及需要补做的工作。这些记录的抄件应在压浆后 3d 内送交监理人。

3. 真空吸浆

(1)管道较长时宜采用真空吸浆法压浆,承包人当采用真空吸浆法进行管道压浆时,在施工前,应对真空吸浆工艺进行必要的试验,并制订管道压浆施工方案及详细说明报请监理人审查,经监理人批准后方可实施。

(2)真空吸浆工艺的技术条件应符合如下要求:

a. 预应力管道及管道两端必须密封;

b. 抽真空时管道内真空度(负压)控制在 -0.06 ~ -0.1MPa 之间;

c. 管道压浆的压力应≤0.7MPa;

d. 水泥浆的水灰比:0.3 ~ 0.4;

e. 水泥浆的浆体流动度:30 ~ 50s;

f. 水泥浆体泌水性:

(a)小于水泥浆初始体积的 2%;

(b)四次连续测试的结果平均值 < 1%;

(c)拌和后泌水应在 24h 内重新全部被浆吸回;

g. 浆体初凝时间:6h;

h. 浆体体积变化率:<2%;

i. 浆体强度：≥30MPa。

(3)承包人应按经监理人批准的压浆施工方案中的压浆顺序、方法以及安全操作事项进行施工。

(4)真空吸浆的管道在24h内不得受振动。管道内水泥浆在压浆后48h内，结构混凝土温度不得低于5℃，否则应采取保温措施。当白天气温高于35℃时，压浆宜在夜间进行。

(5)承包人应做好压浆记录，包括每个管道的压浆日期、浆体水灰比、掺加料、流动度、试块强度，管道真空度、压浆压力，以及障碍事故细节及需要补做的工作。这些记录的抄件应在压浆后3d内送交监理人。

411.11 质量检验

1. 预应力筋的加工和张拉

(1)基本要求

a. 预应力筋的各项技术性能必须符合国家现行标准规定和图纸要求。

b. 预应力束中的钢丝、钢绞线应梳理顺直，不得有缠绞、扭麻花现象，表面不应有损伤。

c. 单根钢绞线不允许断丝。单根钢筋不允许断筋或滑移。

d. 同一截面预应力筋接头面积不超过预应力筋总面积的25%，接头质量应满足施工技术规范的要求。

e. 预应力筋张拉或放张时混凝土强度和龄期必须符合图纸要求，严格按照图纸规定的张拉顺序进行操作。

f. 预应力钢丝采用镦头锚时，镦头应头形圆整，不得有斜歪或破裂现象。

g. 制孔管道应安装牢固，接头密合，弯曲圆顺。锚垫板平面应与孔道轴线垂直。

h. 千斤顶、油表、钢尺等器具应经检验校正，并经监理人检验。

i. 锚具、夹具和连接器应符合设计要求，按施工技术规范的要求经检验合格后方可使用。

j. 压浆工作在5℃以下进行时，应采取防冻或保温措施。

k. 孔道压浆的水泥浆性能和强度应符合施工技术规范要求，压浆时排气、排水孔应有水泥原浆溢出后方可封闭。

l. 按图纸要求浇筑封锚混凝土。

(2)检查项目

预应力筋的加工和张拉检查项目见表411-4～表411-6。

钢丝、钢绞线先张法检查项目 表411-4

项次	检查项目		规定值或允许偏差	检查方法和频率
1	镦头钢丝同束长度相对差(mm)	$L>20m$	$L/5\ 000$ 及5	尺量：每批抽查2束
		$20m\leq L\leq 6m$	$L/3\ 000$	
		$L<6m$	2	

续上表

项次	检 查 项 目	规定值或允许偏差	检查方法和频率
2	张拉应力值	符合设计要求	查油压表读数,每束
3	张拉伸长率	符合设计规定,设计未规定时为 ±6%	尺量:每束
4	同一构件内断丝根数不超过钢丝总数的百分数	1%	目测:每根(束)检查

注:L 为钢束长度。

粗钢筋先张法检查项目 表 411-5

项次	检 查 项 目	规定值或允许偏差	检查方法和频率
1	冷拉钢筋接头在同一平面内的轴线偏位(mm)	2 及 1/10 直径	拉线用尺量:抽查 30%
2	中心偏位(mm)	4% 短边及 5	尺量:全部
3	张拉应力值	符合设计要求	查油压表读数:全部
4	张拉伸长率	符合设计规定,设计未规定时为 ±6%	尺量:全部

后张法检查项目 表 411-6

项次	检 查 项 目		规定值或允许偏差	检查方法和频率
1	管道坐标(mm)	梁长方向	±30	尺量:抽查 30%,每根查 10 个点
		梁高方向	±10	
2	管道间距(mm)	同排	10	尺量:抽查 30%,每根查 5 个点
		上下层	10	
3	张拉应力值		符合设计要求	查油压表读数:全部
4	张拉伸长率		符合设计规定,设计未规定时为 ±6%	尺量:全部
5	断丝、滑丝数	钢束	每束 1 根,且每断面不超过钢丝总数的 1%	目测:每根(束)
		钢筋	不允许	

(3)外观检查

预应力筋表面应保持清洁,不应有明显的锈迹。

2. 悬臂施工梁

(1)基本要求

a. 悬臂浇筑或合龙段浇筑所用的砂、石、水泥、水、外掺剂及混合材料的质量和规格必须符合图纸及本规范有关要求,按规定的配合比施工。

b. 悬拼或悬浇块件前,必须对桥墩根部(0 号块件)的高程、桥轴线作详细复核,严格按图纸要求控制不对称荷载后,方可进行悬拼或悬浇。

c. 悬臂施工必须对称进行,应对轴线和高程进行施工控制。

d. 在施工过程中,梁体不得出现宽度超过设计规范规定的受力裂缝。一旦出现,必须查明原因,经过处理后方可继续施工。

e. 必须确保悬浇或悬拼的接头质量。

f. 悬臂合龙时,两侧梁体的高差应在图纸允许范围内。

(2)检查项目

悬臂施工梁检查项目见表 411-7 ~ 表 411-8。

悬臂浇筑梁检查项目　　表 411-7

项次	检查项目		规定值或允许偏差	检查方法和频率
1	混凝土强度(MPa)		在合格标准内	按 JTG F80/1—2004 附录 D 检查
2	轴线偏位(mm)	L≤100m	10	全站仪或经纬仪:每个节段检查 2 处
		L>100m	L/10 000	
3	顶面高程(mm)	L≤100m	±20	水准仪:每个节段检查 2 处
		L>100m	±L/5 000	
		相邻节段高差	10	尺量:检查 3 ~ 5 处
4	断面尺寸(mm)	高度	+5, -10	尺量:每个节段检查 1 个断面
		顶宽	±30	
		底宽	±20	
		顶底、腹板厚	+10, -0	
5	合龙后同跨对称点高程差(mm)	L≤100m	20	水准仪:每跨检查 5 ~ 7 处
		L>100m	L/5 000	
6	横坡(%)		±0.15	水准仪:每节段检查 1 ~ 2 处
7	平整度(mm)		8	2m 直尺:检查竖直、水平两个方向,每侧面每 10m 梁长测 1 处

注:L 为梁跨径。

悬臂拼装梁检查项目　　表 411-8

项次	检查项目		规定值或允许偏差	检查方法和频率
1	合龙段混凝土强度(MPa)		在合格标准内	按 JTG F80/1—2004 附录 D 检查
2	轴线偏位(mm)	L≤100m	10	全站仪或经纬仪:每个节段检查 2 处
		L>100m	L/10 000	
3	顶面高程(mm)	L≤100m	±20	水准仪:每个节段检查 2 处
		L>100m	±L/5 000	
		相邻节段高差	10	尺量:检查 3 ~ 5 处
4	合龙后同跨对称点高程差(mm)	L≤100m	20	水准仪:每跨检查 5 ~ 7 处
		L>100m	L/5 000	

(3)外观检查

a. 线形平顺,梁顶面平整,各孔无明显折变。

b. 相邻块件颜色一致,接缝平整密实,无明显错台。

c. 混凝土表面不得出现蜂窝麻面,如出现必须进行修整。

d. 梁体出现非受力裂缝宽度超过设计规定或设计未规定时超过 0.15mm 必须按 410.15小节规定处理。

e. 梁体内外的建筑垃圾、杂物、临时预埋件等必须清理干净。

3. 原材料质量

(1)钢丝

a. 进场的预应力钢丝应具有厂方的质量保证书及自检报告,自检报告内容包括抗拉强度、伸长率和弯曲试验。

b. 进场后的预应力钢丝应进行下列检验:

(a)外观检查:同一钢号、同一直径、同一抗拉强度和同一交货状态的钢丝以每 60t 为一批,按 5% 盘选取(不少于 5 盘)进行钢丝形状、尺寸检查。

钢丝外观应逐盘检查,钢丝表面不得有裂缝、小刺、劈裂、机械损伤、氧化铁皮和油迹。

(b)力学性能试验

从每批中任意选取 5% 盘(不少于 3 盘)的钢丝,从每盘钢丝的两端各截取一个试件,进行抗拉强度、弯曲和伸长率试验。如有某一项试验结果不符合《预应力混凝土用钢丝》(GB/T 5223—2002)标准要求,则该盘钢丝为不合格品;并从同一批未经试验的钢丝盘中再取双倍数量的试件进行复验。如仍有一个指标不合格,则该批钢丝为不合格品,钢丝将拒收。钢丝屈服强度检验,按 2% 盘数选取,但不得少于 3 盘。

(2)钢绞线

a. 进场的钢绞线应具备厂方的质量保证书,同时要有国家建筑钢材质量监督检验测试中心检验合格的自检报告,报告内容应包括拉力试验、松弛试验。

b. 进场后的钢绞线,同一钢号、同一规格、同一生产工艺制造的钢绞线以每 60t 为一批进行验收,每批选取 3 盘,每盘截取一个试件,做力学性能试验(由中心试验室统一取样验收)。如有某一项试验结果不符合《预应力混凝土用钢绞线》(GB/T 5224—2003)标准要求,则该盘钢绞线为不合格品;其复验方法与钢丝相同。

另外,每批钢绞线任选 3 盘,进行表面质量及直径偏差试验。

(3)精轧螺纹钢筋

a. 精轧螺纹钢筋应具有厂方的质量保证书及自检报告,自检报告内容包括:外形尺寸的检查、拉力试验、冷弯试验。

b. 进场后的精轧螺纹钢筋应进行下列检验:

应分批进行检验,每批重量不大于 100t,对表面质量应逐根目视检查,外观检查合格后在每批中任选 4 根钢筋截取试件,其中两根进行拉伸试验,两根进行弯曲试验,试验结果如有一项不符合表 411-9 所规定的要求时,则另取双倍数量的试件重做全部各项试验,如仍有一根试件不合格,则该批钢筋为不合格。

拉伸试验的试件,不允许进行任何形式的加工。

精轧螺纹钢筋力学性能 表 411-9

级别	屈服点 $\sigma_{0.2}$(MPa)	抗拉强度 σ_b(MPa)	伸长率 δ_5(%)	冷弯	10h 松弛率(%),不大于
	不小于				
JL540	540	835	10	$d=6a$ 90°	1.5
JL785	785	980	7	$d=7a$ 90°	
JL930	930	1 080	6		

注:1. a 为钢筋直径(mm),其规格一般为 18mm、25mm、32mm、40mm;d 为弯心直径。

2. 除非生产厂另有规定,弹性模量取为 2×10^6 MPa。

3. 冷弯指标不作为交货条件。

(4)热处理钢筋

a. 从每批钢筋中抽取10%的盘数(不小于25盘)进行表面质量和尺寸偏差的检查。如检查不合格,则应对该批钢筋进行逐盘检查。

b. 从每批钢筋中抽取10%的盘数(不小于25盘)进行力学性能试验。试验结果如有一项不合格时,该不合格盘应报废,并再从未试验过的钢筋中取双倍数量的试样进行复检,如仍有一项不合格,则该批钢筋为不合格。

c. 每批钢筋的重量应不大于60t。

(5)冷拉钢筋

a. 相同级别和相同直径的钢筋每20t为一批进行检验,每批钢筋外观经逐根检查合格后,再从任选的两根钢筋上各取一套试件,按照现行国家标准的规定进行拉力试验(屈服强度、抗拉强度、伸长度)和冷弯试验。

b. 如有一项试验结果不符合《公路桥涵施工技术规范》(JTJ 041—2000)附录G-4所规定的要求时,则另取双倍数量的试件重做全部各项试验,如仍有一根试件不合格,则该批钢筋为不合格。

c. 钢筋冷拉后,其表面不得有裂纹和局部缩颈。冷弯试验后,冷拉钢筋的外观不得有裂纹、鳞落或断裂现象。

(6)冷拔低碳钢丝

a. 对进场的冷拔低碳钢丝,应逐盘进行抗拉强度、伸长率和弯曲试验。

b. 从每盘钢丝上任一端截去不少于500mm后再取两个试样,分别作拉力和180°反复弯曲试验,试验结果应符合《公路桥涵施工技术规范》(JTJ 041—2000)附录G-5的要求。弯曲试验后,不得有裂纹、鳞落或断裂现象。

(7)锚具、夹具和连接器

a. 锚具、夹具和连接器进场时,应按出厂合格证和质量证明书核查其锚固性能类别、型号、规格及数量。

b. 预应力筋锚具、夹具和连接器验收批的划分:在同种材料和同一生产工艺条件下,锚具、夹具应以不超过1 000套组为一个验收批;连接器以不超过500套组为一验收批。

c. 锚具、夹具和连接器按下列规定进行验收:

(a)外观检查:应从每批中抽取10%的锚具且不少于10套,检查其外观和尺寸。如有一套超过产品标准及设计图纸规定尺寸的允许偏差,则应另取双倍数量的锚具重做检查;如仍有一套不符合要求,则应逐套检查,合格者方可使用。如发现一套有裂纹,则应逐套检查,合格者方可使用。

(b)硬度检验:应从每批中抽取5%的锚具且不少于5套,对其中有硬度要求的零件做硬度试验,对多孔夹片式锚具的夹片,每套至少抽取5片。每个零件测试3点,其硬度应在设计要求范围内。如有一个零件不合格,则应另取双倍数量的零件重做试验;如仍有一个零件不合格,则应逐个检查,合格者方可使用。

(c)静载锚固性能试验:对大桥等重要工程,当质量证明书不齐全、不正确或质量有疑点时,经上述两项试验合格后,应从同批中抽取6套锚具(夹具或连接器)组成3个预应力筋锚具组装件,进行静载锚固性能试验,如有一个试件不符合要求,则应另取双倍数量的锚具(夹具或连接器)重做试验;如仍有一个试件不符合要求,则该批锚具(夹具或连接器)为不合格品。

对用于其他桥梁的锚具(夹具或连接器)进场验收,其静载锚固性能,可由锚具生产厂提供试验报告。

411.12 计量与支付

1. 计量

(1)预应力混凝土结构物(包括现浇和预制预应力混凝土)按图纸尺寸或监理人指示为依据,按已完工并经验收合格的结构体积,以立方米计量。计量中包括悬臂浇筑、支架浇筑及预制安装预应力混凝土梁、板的一切作业。

(2)完工并经验收的预应力混凝土结构的预应力钢材,按图纸所示和本条款规定相应长度计算,预应力钢材数量以千克(kg)计量。后张法预应力钢材的长度按两端锚具间的理论长度计算;先张法预应力钢材的长度按构件的长度计算。除上述计算长度以外的锚固长度及工作长度的预应力钢材含入相应预应力钢材报价之中,不另行计量。

(3)预应力混凝土结构的非预应力钢筋,在第 403 节计量与支付。

(4)预应力钢材的加工、锚具、管道、锚板及联结钢板、焊接、张拉、压浆等,作为预应力钢材的附属工作,不另行计量。预应力锚具包括锚圈、夹片、连接器、螺栓、垫板、喇叭管、螺旋钢筋等整套部件。

(5)后张法预应力混凝土梁封锚及端部加厚混凝土,计入相应梁段混凝土之中,不单独计量。

(6)预制板、梁的整体化现浇混凝土及其钢筋,分别在第 410 节及第 403 节计量。

(7)桥面铺装混凝土在第 415 节计量。

2. 支付

按上述规定计量,经监理人验收的列入了工程量清单的以下支付子目的工程量,其每一计量单位,将以合同单价支付。此项支付,包括材料、劳力、设备、试验、运输等及其他为完成预应力混凝土工程所必需的费用,是对完成工程的全部偿付。

3. 支付子目

子 目 号	子 目 名 称	单 位
411-1	先张法预应力钢丝	kg
411-2	先张法预应力钢绞线	kg
411-3	先张法预应力钢筋	kg
411-4	后张法预应力钢丝	kg
411-5	后张法预应力钢绞线	kg
411-6	后张法预应力钢筋	kg
411-7	现浇预应力混凝土上部结构	m^3
411-8	预制预应力混凝土上部结构	m^3

注:1. 预应力钢丝及预应力钢绞线,应注明其松弛级别(I 级为普通松弛级,II 级为低松弛级),如在工程中两种级别均采用,则在子目内分别以子项列出。

2. 子目号 411-7、411-8 中的预应力混凝土结构,按不同结构类型、不同混凝土强度等级及不同施工工艺分列子项。

第 412 节　预制构件的安装

412.01　范围

本节工作包括钢筋混凝土及预应力混凝土预制构件的起吊、运输、装卸、储存和安装。

412.02　一般要求

1. 预制构件的起吊、移运、装卸、安装等的施工细节，承包人应至少在施工前 28d 报送监理人批准。

2. 预制构件的起吊、运输、装卸和安装时的混凝土强度，应符合图纸规定，一般不低于预制构件混凝土设计等级的 75%。对于预应力混凝土梁，应通过与梁相同的混凝土制成的、且与梁同一条件下养护的混凝土立方体试件，表明梁的抗压强度达到图纸规定的抗压强度，且至少达到 14d 龄期，才能装运。预应力混凝土预制构件孔道内的水泥浆强度，应符合图纸规定，如图纸无规定时，不应低于 30MPa。

3. 装卸、运输及储存预制构件时，其位置应正立，不准上下倒置，应按标定的上下记号安放。支承点应接近于构件最后放置的位置的情况。

4. 预制构件在起吊、运输、装卸和安装过程中的应力应始终小于设计应力。

5. 在起吊、运输、装卸和安装过程中由承包人损坏的任何预制构件均应由承包人自费修复或更换，直至监理人检查合格为止。

6. 在桥墩、支柱或桥台未达到图纸规定强度或 75% 设计等级（当图纸未规定时）时和其他方面未经监理人许可时，不得架设预制构件。

7. 分段拼装的预制构件，除图内有规定外，其接合用的混凝土的设计等级应不低于预制构件的设计等级。

8. 预制构件安装就位，并经监理人检查认可后，才允许浇筑接合用的混凝土或焊接。

9. 构件应在正式起吊安装前，进行满载或超载的起吊试验，以检验起吊设备的可靠性，进一步完善操作方法。

10. 预制构件安装前，构件的上拱度应符合图纸规定值，构件出坑到开始浇筑结构整体混凝土的时间不得大于 90d。

11. 成垛堆放装配式构件时，应注意下列事项：

(1) 堆放构件的场地，应整平压实，不积水；

(2) 构件应按吊运及安装次序顺号堆放，并有适当通路，防止越堆吊运；

(3) 堆放构件时，应按构件刚度及受力情况平放或竖放并保持稳定；小型构件及块件的堆放，如有折断可能时，应以其刚度较大的方向作为竖直方向；

(4) 构件堆垛时，应放置在垫木上，吊环向上，标志向外，混凝土养护期未满的应继续洒水养护；

(5) 水平分层堆放构件时，其堆垛高度应按构件强度、地面耐压力、垫木强度以及垛堆的稳定而定,但大型构件一般以两层为宜,不宜超过3层;层与层之间应以垫木隔开,各层垫木的位置应在吊点处,上下层垫木必须在一条垂直线上;

(6)雨季应注意防止地面软化下沉而造成构件折裂破坏。

412.03 梁、板的安装

1.安装前应对墩、台支座垫层表面及梁底面清理干净,支座垫石应用水灰比不大于0.5的1:3水泥砂浆抹平,使其顶面高程符合图纸规定,抹平后的水泥砂浆在预制构件安装前,必须进行养护,并保持清洁。

2.板式橡胶支座上的构件安装温度,应按图纸规定。对于非桥面连续简支梁,当图纸未规定安装温度时,一般在5~20℃的温度范围内安装。

3.预制梁就位后应妥善支承和支撑,直到就地浇筑或焊接的横隔梁强度足以承受荷载。支撑系统图纸应在架梁开始之前报请监理人批准。

4.简支梁、板的桥面连续设置,应符合图纸要求。桥面连续钢筋的焊接,应符合第403节的要求。

5.预制板的安装直至形成结构整体各个阶段,都不允许板式支座出现脱空现象,并应逐个进行检查。

412.04 先简支后连续(结构)预应力混凝土T梁安装

1.承包人按图纸要求和根据现场情况、梁段的重力及所用设备等,制订安装方案及说明,在开始安装前至少14d报请监理人审查批准。

2.在经监理人验收合格的墩台顶面,按图纸要求及本规范第416节有关规定安装支座。在桥台及非联墩上设置永久支座,在联墩上设置硫黄砂浆临时支座(硫黄砂浆内埋入电热丝)并安装永久支座。

3.预制梁段安装于支座上成为简支状态,并及时设保险垛或支撑,将梁固定并与先安装好的大梁进行横向连接。

4.连接梁端处预留钢筋,设置连续梁端接头波纹管并穿索。在日温最低时从桥梁每联的两端孔向中孔依次浇筑连续接头及横隔板接缝混凝土(桥面板以下)。

5.当浇筑混凝土达到设计强度后,按批准的安装方案所规定顺序张拉负弯矩区预应力钢束(预应力钢束均采用两端张拉,且横桥向对称于桥轴线均匀张拉),并压注水泥浆。

6.按图纸要求顺序浇筑桥梁湿接缝混凝土,待湿接缝混凝土达到设计强度后,采用电热法解除每联梁下全部临时支座,完成体系转换。

412.05 拱肋及拱上建筑的安装

1.拱肋的移运应按图纸要求或监理人指示,同时应遵守下列各点:

(1)拱肋采用两点吊运,吊点位置应使吊点高于构件重心,可设在距拱肋端头0.22L~0.24L处(L为吊运的拱肋长度)。

(2)当拱肋较长或曲率较大,可采用3点或4点吊运,各吊点受力应均匀,吊点位置应按图纸规定。若图纸无规定，当采用3点吊时，除跨中一点外，其余两吊点可设在距端头0.1*L*处。当采用4点吊时，第一吊点可设在距拱肋端头0.17*L*处，第二吊点设在距端头0.37*L*处，4个吊点左右对称（*L*为吊运的拱肋长度）。

2.拱肋的安装，可采用少支架或无支架施工方法。

（1）少支架施工：支架的架设和拆卸的技术要求，除应符合第402节有关规定外，还应符合下列规定：

a.当拱肋接头混凝土、拱板混凝土及拱肋横向联结构件混凝土的强度达到设计等级的75%或满足图纸规定后，方可开始卸架；为避免一次卸架突然发生较大变形，可在主拱安装完成（包括拱板浇筑完成）时，分两次或多次卸架，使拱圈及台、墩逐次成拱受力。

b.卸架前，承包人应对主拱圈混凝土质量、拱轴线的坐标尺寸、卸架设备、气温引起拱圈变化、台后填土等，进行全面检查。卸架时应观测拱圈挠度和墩台变位情况。

c.承包人须在卸架前取得监理人的书面批准后，方可进行卸架。

（2）无支架施工：

a.拱肋吊装时，除拱顶段外，每段拱肋应各采取一组扣索悬挂。扣索固定在扣架上，扣架设在墩台顶上。扣架底部应固定，其顶部应设置风缆。

b.各段拱肋应设置风缆，其布置与安装应符合下列要求：

（a）每对风缆与拱肋轴线水平投影的夹角，一般不宜小于50°。

（b）拱肋分3段或5段拼装时，至少应保持2根基肋设置固定风缆，拱肋接头处应加横向联结。

（c）固定风缆应待全孔合龙、横向联结构件混凝土强度满足图纸要求后或经监理人同意后，才可撤除。

（d）在河流中设置风缆时，必须采取可靠的防护措施，防止风缆受到碰撞。

3.多孔拱桥施工时，应按图纸所示的程序自桥台或制动墩起逐孔吊装。施工时桥墩承受的单向推力，应尽量减小到图纸规定的允许范围内。

4.拱肋及拱板的合龙温度应符合图纸规定，如图纸无规定，宜在气温接近年平均温度（一般在5～15℃）时进行。

5.拱上建筑的施工：拱上构造的立柱或横墙的基座，承包人在施工前应对其位置和高程进行复测检查。基座与拱的联结应牢固。大跨径拱桥拱上构造的吊装安砌应根据施工验算并结合施工观测进行，使施工过程中的拱轴线与设计拱轴线尽量接近。中、小跨径拱桥拱上构造，一般可由拱脚至拱顶对称吊装、安砌。

6.拱上腹拱圈施工时，应注意腹拱圈所产生的推力对立柱或横墙的影响；相邻腹拱的施工进度应大致平衡。

412.06 质量检验

1.墩、台身安装

（1）基本要求

a.墩、台身预制件必须经检验合格后，方可进行安装。

b.墩、台柱埋入基座坑内的深度和砌块墩、台埋置深度，必须符合设计规定。

(2)检查项目

墩、台身安装检查项目见表 412-1。

(3)外观检查

墩、台表面应平整,接缝应饱满无空洞,均匀整齐。

墩、台身安装检查项目 表 412-1

项次	检 查 项 目	规定值或允许偏差	检查方法和频率
1	轴线偏位(mm)	10	全站仪或经纬仪:纵、横各测量 2 点
2	顶面高程(mm)	±10	水准仪:检查 4~8 处
3	倾斜度(mm)	0.3% 墩、台高,且不大于 20	吊垂线:检查 4~8 处
4	相邻墩、台柱间距(mm)	±15	尺量或全站仪:检查 3 处
5	节段间错台(mm)	3	尺量:每节检查 2~4 处

2. 拱桥组合桥台

(1)基本要求

a. 地基强度必须满足图纸要求。

b. 组合桥台的各个组成部分,其接触面必须紧贴。

c. 阻滑板不得断裂。

d. 必须对组合桥台的位移、沉降、转动及各部分是否紧贴进行观测,提供观测数据。

e. 拱桥台背填土必须在承受拱圈水平推力以前完成,并应控制填土进度,防止桥台出现过大的变位。

(2)检查项目

除按有关各节检查各组成部分自身的质量外,还需按本节检查其组合性能,见表 412-2。

拱桥组合桥台检查项目 表 412-2

项次	检 查 项 目	规定值或允许偏差	检查方法和频率
1	架设拱圈前,台后沉降完成量	设计值的 85% 以上	水准仪:测量台后上、下游两侧填土后至架设拱圈前高程差
2	台身后倾率	1/250	吊垂线:检查沉降缝分离值推算
3	架设拱圈前,台后填土完成量	90% 以上	按填土状况推算:每台
4	拱建成后桥台水平位移	在设计允许值内	全站仪或经纬仪:检查预埋测点,每台

(3)外观检查

a. 各组成部分接触面应平整,不平整必须调整。

b. 各组成部分接近桥面的顶面如因沉降不同而有错台时必须整修。

3. 梁(板)安装

(1)基本要求

a. 梁(板)预制构件在起吊、运输、装卸和安装时的混凝土强度不得低于图纸所要求的强度;梁(板)在安装时,支承结构(墩台、盖梁、垫石)的强度应符合图纸要求。

b. 梁(板)安装前,墩、台支座垫板必须稳固。

c. 梁(板)就位后,梁两端支座应对位,梁(板)底与支座以及支座底与垫石顶须密贴,否则应重新安装。

d. 两梁(板)之间接缝填充材料的规格和强度应符合图纸要求。

(2)检查项目

梁(板)安装检查项目见表412-3。

(3)外观检查

a. 梁、板的填缝应密实平整。

b. 梁体内不应遗留建筑垃圾、杂物、临时预埋件等,如有应清理干净。

梁(板)安装检查项目 表412-3

项次	检 查 项 目		规定值或偏差	检查方法和频率
1	支座中心偏位(mm)	梁	5	尺量:每孔抽查4~6个支座
		板	10	
2	倾斜度(%)		1.2	吊垂线:每孔检查3片梁
3	梁(板)顶面纵向高程(mm)		+8,-5	水准仪:抽查每孔2片,每片3点
4	相邻梁(板)顶面高差(mm)		8	尺量:每相邻梁(板)

4. 拱的安装

(1)基本要求

a. 拱桥安装必须严格按图纸规定的程序进行施工。

b. 拱段接头采用现浇混凝土时,必须确保其强度和质量,并在达到图纸规定强度后,方可进行拱上建筑的施工。

c. 安装过程中,如杆件或节点出现开裂,应查明原因,采取措施后方可继续进行。

d. 合龙段两侧高差必须在图纸规定的允许范围内。

(2)检查项目

拱的安装检查项目见表412-4~表412-6。

主拱圈安装检查项目 表412-4

项次	检 查 项 目		规定值或允许偏差			检查方法和频率
1	轴线偏位(mm)	$L\leqslant60$m	10			经纬仪:检查5处
		$L>60$m	$L/6\ 000$			
2	拱圈高程(mm)	$L\leqslant60$m	±20			水准仪:检查5~7点
		$L>60$m	$\pm L/3\ 000$			
3	对称接头点相对高差(mm)		允许	$L\leqslant60$m	20	水准仪:检查每段
				$L>60$m	$L/3\ 000$	
			极值	允许偏差的2倍,且反向		
4	同跨各拱肋相对高差(mm)		$L\leqslant60$m		20	水准仪:检查5处
			$L>60$m		$L/3\ 000$	
5	同跨各拱肋间距(mm)		30			尺量:检查5处

注:1. 正拱斜置时,项次3为两对称接头点之差(实际高程-设计高程)。

2. L为跨径。

悬臂拼装的桁架拱检查项目 表 412-5

<table>
<tr><th>项次</th><th colspan="2">检 查 项 目</th><th colspan="3">规定值或允许偏差</th><th>检查方法和频率</th></tr>
<tr><td rowspan="2">1</td><td rowspan="2">轴线偏位(mm)</td><td>L≤60m</td><td colspan="3">10</td><td rowspan="2">经纬仪:每跨检查 5 处</td></tr>
<tr><td>L>60m</td><td colspan="3">L/6 000</td></tr>
<tr><td>2</td><td colspan="2">节点混凝土强度(MPa)</td><td colspan="3">在合格标准内</td><td>按 JTG F80/1—2004 附录 D 检查</td></tr>
<tr><td rowspan="2">3</td><td rowspan="2">拱圈高程(mm)</td><td>L≤60m</td><td colspan="3">±20</td><td rowspan="2">水准仪:每肋每跨检查 5 处</td></tr>
<tr><td>L>60m</td><td colspan="3">±L/3 000</td></tr>
<tr><td>4</td><td colspan="2">相邻拱片高差(mm)</td><td colspan="3">20</td><td>水准仪:每跨检查 5 处</td></tr>
<tr><td rowspan="3">5</td><td colspan="2" rowspan="3">对称点相对高差(mm)</td><td rowspan="2">允许</td><td>L≤60m</td><td>20</td><td rowspan="3">水准仪:每跨检查 5 处</td></tr>
<tr><td>L>60m</td><td>L/3 000</td></tr>
<tr><td>极值</td><td colspan="2">允许偏差的 2 倍,且反向</td></tr>
<tr><td>6</td><td colspan="2">拱片竖向垂直度(mm)</td><td colspan="3">1/300 高度,且不大于 20</td><td>吊垂线:每片检查 2 处</td></tr>
</table>

注:L 为跨径。

腹拱安装检查项目 表 412-6

项　次	检 查 项 目	规定值或允许偏差	检查方法和频率
1	轴线偏位(mm)	10	经纬仪:纵、横各检查 2 处
2	起拱线高程(mm)	±20	水准仪:每起拱线测 2 点
3	相邻块件高差(mm)	5	尺量:每相邻块件检查 1~3 处

(3)外观检查

a. 接头处无因焊接或局部受力造成的混凝土开裂、缺损或露筋现象,如有应进行整修。

b. 接头垫塞楔形钢板应均匀合理。

c. 节点应平整,接头两侧的杆件应无错台。

d. 上下弦杆线形顺畅,表面平整。

5. 小型构件安装

(1)人行道铺设

a. 基本要求

(a)悬臂式人行道必须在横向与主梁牢固联结。

(b)人行道板必须在人行道梁锚固后方可铺设。

b. 检查项目

人行道铺设检查项目见表 412-7。

人行道铺设检查项目 表 412-7

项次	检 查 项 目	规定值或允许偏差	检查方法和频率
1	人行道边缘平面偏位(mm)	5	经纬仪、钢尺拉线检查:每 30m 检查 1 处
2	纵向高程(mm)	+10,-0	水准仪:每 100m 检查 3 处
3	接缝两侧高差(mm)	2	水准仪:抽查 10%

续上表

项次	检查项目	规定值或允许偏差	检查方法和频率
4	横坡(%)	±0.3	水准仪:每 100m 检查 3 处
5	平整度(mm)	5	3m 直尺:每 100m 检查 3 处

注:桥长不足 100m 者,按 100m 处理。

c. 外观检查

人行道构件连接牢固、密贴,线形直顺,表面平整。

(2)栏杆安装

a. 基本要求

(a)栏杆杆件不得有弯曲或断裂现象。

(b)栏杆必须在人行道板铺完后方可安装。

(c)栏杆安装必须牢固,其杆件连接处的填缝料必须饱满平整,强度应满足图纸要求。

b. 检查项目

栏杆安装检查项目见表 412-8。

c. 外观检查

(a)栏杆安装应直顺美观。

(b)杆件接缝处应无开裂现象。

栏杆安装检查项目 表 412-8

项次	检查项目	规定值或允许偏差	检查方法和频率
1	栏杆平面偏位(mm)	4	经纬仪、钢尺拉线检查:每 30m 检查 1 处
2	扶手高度(mm)	±10	水准仪:抽查 20%
	柱顶高差(mm)	4	
3	接缝两侧扶手高差(mm)	3	尺量:抽查 20%
4	竖杆或柱纵横向竖直度(mm)	4	吊垂线:抽查 20%

412.07 计量与支付

经验收的不同形式预制构件的安装,包括构件安装所需的临时性或永久性的固定扣件、钢板、焊接、螺栓等,其工作量包含在第 410 节及第 411 节相应预制混凝土构件或预应力混凝土构件的工程子目中,不另行计量与支付。

第 413 节 砌石工程

413.01 范围

本节工作包括石砌及混凝土预制块砌桥梁墩台、翼墙、拱圈等的砌筑,也可作为涵洞、锥坡、挡土墙、护坡、导流构造物砌体工程的参考。

413.02 材料

1. 石料质量

(1)石料等级应符合图纸规定或监理人要求。石料在使用前应按《公路工程岩石试验规程》(JTG E41—2005)进行试验,以确定石料各项物理力学指标值。立方体的极限抗压强度,以 MPa 表示。

(2)石料应强韧、密实、坚固与耐久,质地适当细致,色泽均匀,无风化剥落和裂纹及结构缺陷。石料应取自成品质量满意的采石场。

(3)石料不得含有妨碍砂浆的正常粘结或有损于外露面外观的污泥、油质或其他有害物质。石料的运输、储存和处理,应不使有过量的损坏和废料。

2. 混凝土预制块

应符合第 410 节的要求。

3. 砂浆

(1)砂浆强度等级应符合图纸规定或监理人要求。砂浆强度等级系指 70.7mm × 70.7mm × 70.7mm 标准立方体试件,在温度(20 ± 3)℃、相对湿度不小于 90% 中养生 28d,经抗压试验所得的极限抗压强度值,以 MPa 表示。

(2)砂浆所用水泥、砂及水应符合第 410 节的规定。砂浆中宜用中砂或粗砂,砂的最大粒径,当用于砌筑片石时,不宜大于 5mm;当用于砌筑块石、粗料石时,不宜大于 2.5mm。

(3)监理人许可时,可以将粗集料最大尺寸不超过 20mm 的混凝土(小石子混凝土)用作片石和块石砌体的砂浆。

(4)除非图纸上另有标明或监理人指示,勾缝砂浆强度等级对于主体工程不低于 M10,附属工程不低于 M7.5,且均不低于砌筑砂浆的强度等级。水泥砂浆的配合比按《砌筑砂浆配合比设计规程》(JGJ 98—2000)的规定执行。

(5)除非监理人同意,不得人工拌和砂浆。

4. 片石

片石的厚度不应小于 150mm(卵形和薄片者不得使用)。镶面石料应选择尺寸稍大并具有较平整表面,且应稍加粗凿。在角隅处应使用较大石料,大致粗凿方正。

5. 块石

块石应大致方正,上下面大致平行。石料厚度 200 ~ 300mm,石料宽度及长度应分别为石料厚度的 1 ~ 1.5 倍和 1.5 ~ 3 倍。石料的尖锐边角应凿去。所有垂直于外露面的镶面石的表面,应如图 413-1 所示修凿,其表面凹陷深度不得大于 20mm。角隅石或墩尖端的镶面石,根据需要应修凿至所需形状。

6. 粗料石

(1)粗料石应修凿并修整到大致形成六面体,其厚度 200 ~ 300mm,宽度为 1 ~ 1.5 倍厚度,长度为 2.5 ~ 4 倍厚度,表面凹陷深度不超过 20mm。

(2)粗料石砌体的镶面石,其丁石长度应比同层顺石宽度至少大 150mm。镶面石的外露面和所有垂直于外露面的表面应如图 413-2 所示修凿。角隅石、拱砌块或墩尖端的镶面石应修凿成所要求形状。

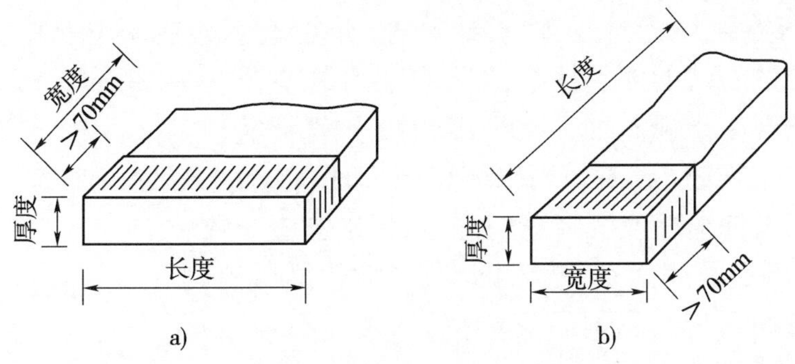

图 413-1　镶面块石的修凿(画影线表示修凿部分)

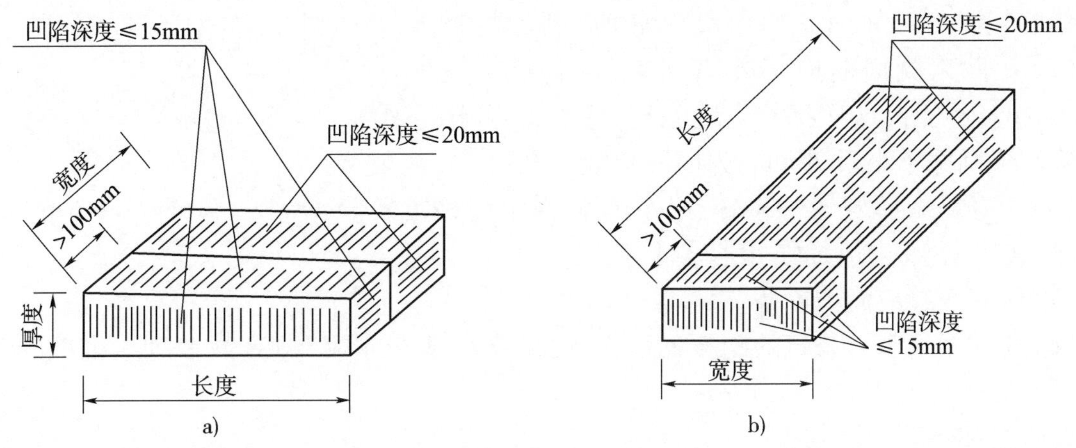

图 413-2　镶面粗料石的修凿

7. 拱石

(1)拱石可以由片石、块石或粗料石做成,石纹应垂直于拱轴。各排拱石沿拱圈内弧的厚度应一致。

(2)用作拱石的粗料石,当拱背线的长度比拱腹线的长度超出 0.3 倍拱背线长度时,应做成楔形;反之,拱圈石可以为大致整齐六面体,由变化的径向接缝厚度调整拱背与拱腹长度之差。由粗料石制成的楔形拱圈石尺寸应满足下列要求(见图 413-3):

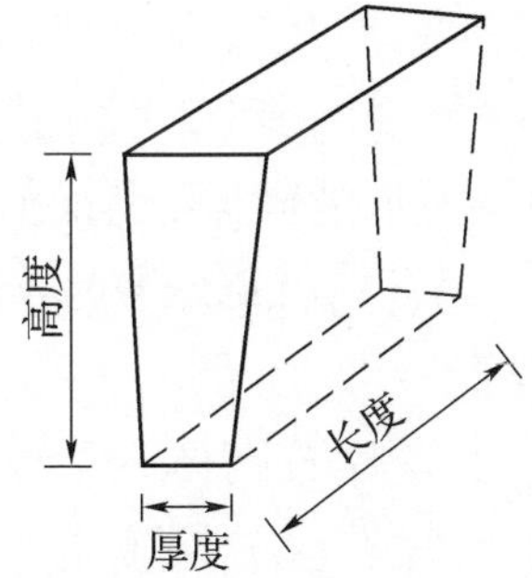

图 413-3　粗料石拱石

a. 拱腹厚度不应小于 200mm,拱背厚度按图纸或施工放样确定。

b. 高度应为最小厚度的 1.2 ~2.0 倍。

c. 长度应为最小厚度的 2.5 ~4.0 倍。

8. 混凝土预制块

混凝土预制块的混凝土等级应按图纸规定或监理人指定,其尺寸应符合图纸所示,当图纸无规定时,可采用第 413.02-6 条规定的粗料石尺寸。

413.03　施工要求

1. 一般要求

(1)在砌筑前每一石块均应用干净水洗净并使彻底饱和,其垫层亦应干净并湿润。所有石块均应坐于新拌砂浆之上,在砂浆凝固前,所有缝应满浆,石块固定就位。垂直缝的满浆系先将已砌好的石块的侧面抹浆,然后用侧压砌置下一相邻石块;或石块就位后灌入砂浆。当用小石子混凝土填满垂直缝时,应用扁钢钎捣实。

(2)所有石料均应按层砌筑。当砌体相当长时,应分为几段。砌筑时相邻段高差不大于1.2m,段与段间设伸缩缝或沉降缝,各段水平砌缝应一致。

(3)先铺砌角隅石及镶面石,然后铺砌帮衬石,最后铺砌腹石。角隅石或镶面石应与帮衬石互相锁合,帮衬石与腹石应互相锁合,如图 413-4 所示。

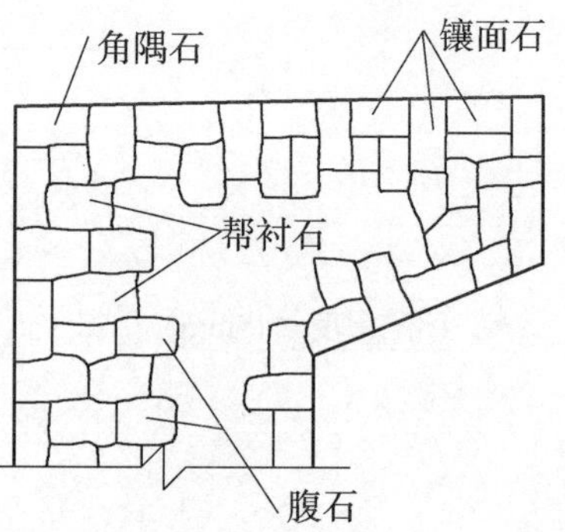

图 413-4　砌石

(4)如果石块松动或砌缝开裂,应将石块提起,垫层砂浆与砌缝砂浆清扫干净,然后将石块重铺砌在新砂浆上。

(5)在砂浆凝固前应将外露缝勾好,勾缝深度不小于20mm。如若不能按这样将外露缝勾缝,应在砂浆未凝固前,将砌缝砂浆刮深不小于20mm,为以后勾缝作准备。

(6)勾好缝或灌好浆的砌体在完工后,视水泥种类及气候情况,在 7 ~ 14d 内应加强养生。

(7)所有灰缝应满填砂浆。

(8)在软弱地基上修筑的砌石工程,应在软基处理达到图纸规定及监理人批准的沉降期终了之后进行。

2. 砂浆和小石子混凝土

(1)砌体所用砂浆或小石子混凝土的材料配合比,应经试拌试验决定。水灰比不应大于0.65。砂浆应有适当的和易性和稠度,其值当用标准圆锥体沉入度表示时为 50 ~ 70mm。小石子混凝土的坍落度应为 50 ~ 100mm。

(2)砌石和勾缝所用砂浆或小石子混凝土等级应按图纸规定。砂浆用机械拌和。机械拌和砂浆应在监理人认可的拌和机内进行,其拌和时间不少于 1.5min。砂浆或小石子混凝土拌和后 2 ~ 3h 内应使用完毕,不允许加水重塑。在运输过程或在储存器中发生离析、泌水的砂浆,砌筑前应重新拌和;已凝结的砂浆,不得使用。

(3)在铺筑砂浆或用作砂浆的小石子混凝土时,应遵守第 410 节有关气候和温度的规定。

3. 片石砌体

片石应分层砌筑,一般 2 ~ 3 层组成一个工作层,每一工作层应大致找平。应选用具有比较整齐表面的大尺寸石块作为角隅石及镶面石。相对长和短的石块应交错铺在同一层并和帮衬石或腹石交错锁结。竖缝应与邻层的竖缝错开。一般平缝与竖缝宽度,当用水泥砂浆砌筑时不大于 40mm,当用小石子混凝土砌筑时为 30 ~ 70mm。可以用厚度不比缝宽大的石片填塞宽的竖缝,且石片应被砂浆包裹。

4. 块石砌体

(1)块石砌体应成行铺砌,并砌成大致水平层次。镶面石应按一丁一顺或一丁两顺砌筑,如图 413-5。任何层次石块应与邻层石块搭接至少 80mm。砂浆砌筑缝宽应不大于 30mm。

(2)帮衬石及腹石的竖缝应相互错开,砂浆砌筑平缝宽度不应大于 30mm,竖缝宽度不应大于40mm；当用小石子混凝土砌筑时，砌缝不大于50mm。

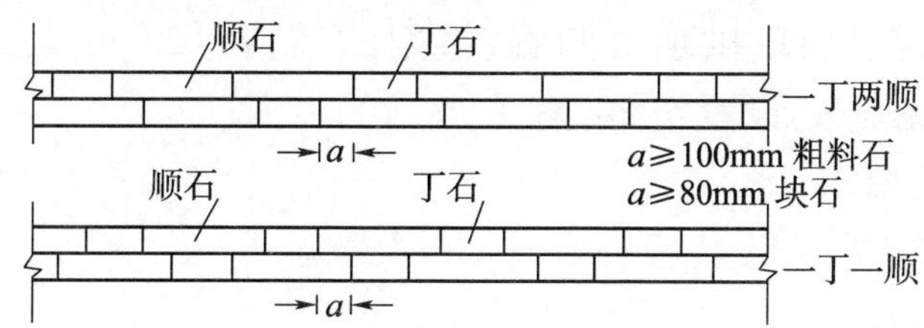

图413-5 镶面石砌筑

5. 粗料石及混凝土预制块砌体

粗料石砌体应成行铺砌并砌成水平层次。在铺砌前，应选择石料，使各层在厚度、外观及类别上相匹配。

任何镶面石应是一丁一顺（见图413-5）砌筑。缝为竖缝及平缝，粗料石缝宽不大于20mm，混凝土预制块缝宽不大于10mm。任何镶面石块应与邻层石块搭接，其搭接长度不小于100mm，同时在丁石的上层或下层不宜有竖缝。

如图示或经监理人批准，帮衬石及腹石可以用满足上述第413.03-4条所规定的块石。

6. 石砌及混凝土预制块砌拱圈

（1）砌筑层数，砌块厚度以及砂浆等级均应按图上规定或监理人指定。

（2）在监理人校核拱架并批准后，才能砌筑拱石。

（3）径向缝应垂直于拱轴线。拱圈的任一层及任一纵排的石块，应分别与邻层和邻排的石块，形成长度不小于100mm的径向搭接和纵向搭接，如图413-6所示。砌缝宽度，对片石砌体不大于40mm，对块石砌体不大于30mm，对粗料石或混凝土预制块砌体为10～20mm。当用小石子混凝土砌片石时，砌缝宽度为40～70mm；用小石子混凝土砌块石时砌缝宽度不大于50mm。

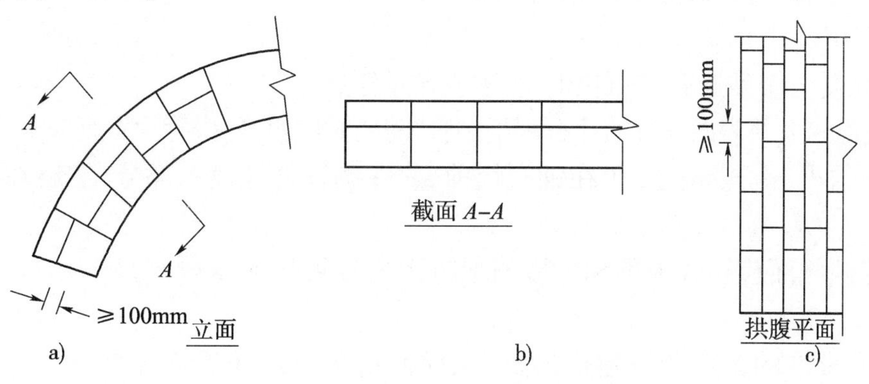

图413-6 相邻石块间搭接

（4）对于陡的径向缝，可以在拱石间塞填木片形成固定缝，以便随后将砂浆填入。对于不甚陡的径向缝，可以在已成石块侧面铺砂浆，随后横向压挤砌筑相邻石块。

（5）拱石铺砌应在纵横向保持对称、平衡，按图纸的加载程序进行，并应随时进行观察和测定以控制拱架和拱圈的变形。

（6）拱跨长度在13～20m时，不论用何种形式的拱架，半拱圈可以分三段，其长度大致相等（见图413-7）。先砌筑拱脚及拱顶部分，然后砌筑拱跨1/4及3/4附近部分，两半跨应同时对称地进行。当拱跨在10m及10m以下且设满堂拱架时，拱圈石可以从拱脚向拱顶对称均衡砌筑;当用拱式拱架时,其砌筑方法同前拱跨长度 13～20m 所述者。

(7)拱圈施工时应在拱脚、拱顶石两侧、拱架的结构缝、分段点及可能出现裂隙处设置空缝,有关空缝的设置和填塞应满足下列有关要求:

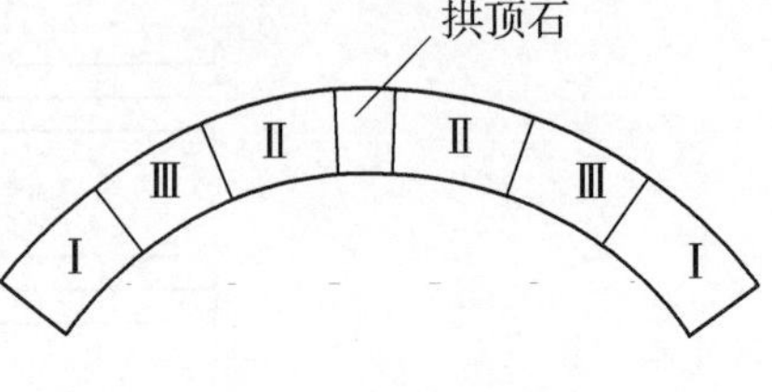

图 413-7　拱圈砌筑

a. 外露面的空缝宽度应与上述各条中所列缝宽一致,但当拱圈石为粗料石时,空缝内部宽可以加大到 30～40mm,以便填浆。可以将 M2.5 水泥砂浆块插入空缝以保持缝宽。插入块数量及其尺寸不应过多、过大,以保持缝宽为度。

b. 空缝两边的拱石侧面应凿成规则形状。

c. 空缝应在分段砌体砂浆强度达到设计等级 70% 后进行填塞,填塞时应分层捣实。

d. 在全部拱圈砌筑完以及卸拱架前,应完成空缝填浆工作。填缝砂浆应为 M2.5 及以上的半干硬水泥砂浆。所有空缝的填浆和捣实应自两拱脚向拱顶对称进行;或先填塞拱脚处,次填塞拱顶处,然后自拱顶向两端对称逐条填塞;也可所有空缝同时填塞。

(8)封拱的定义为砌筑拱顶石(见图 413-7),并在拱顶石两侧灌浆,它是拱圈施工中最后工序,应遵守下列要求进行,但图上另有规定或监理人批准时除外。

a. 封拱应在当地平均气温 5～15℃时进行。

b. 当拱圈分成几段砌筑时,填缝砂浆应达到设计等级的 50% 才能封拱;当采用刹尖封顶时,填缝砂浆应达设计等级的 70%;采用千斤顶施加压力以调整拱圈应力封拱时,填缝砂浆应达设计等级的 100%。

(9)拱上建筑在拱架卸架前砌筑时,拱圈合龙砂浆强度应达到设计等级的 30%;拱上建筑先松架后砌筑时,拱圈合龙砂浆强度应达到设计等级的 70%;拱圈采用千斤顶施加压力以调整应力时,拱上建筑砌筑时的拱圈合龙砂浆强度应达到图纸规定值。

拱上建筑由拱脚至拱顶对称、均衡地砌筑。

7. 用小石子混凝土砌筑片石拱圈

用小石子混凝土作砂浆砌筑石块时应遵守下列各点:

(1)应将底面较大并表面整齐的片石用于拱腹,需要时应粗凿;拱背片石则应大致平整。

(2)砌缝中的小石子混凝土,可在铺石块前,先在砌缝处铺设一部分,然后在铺石块后再填缝。

(3)在空缝两侧面应用较大的和大致凿成方形的经挑选的石块。

8. 拱架

应按监理人批准的拱架图修建拱架,但在任何情况下这并不减轻承包人由于应用此图所负的责任。应设合适的楔块、砂筒或其他设施使拱架能逐渐降落,使拱能独立支承。应逐渐并均匀降落拱架,并使结构中任何部分无有害的应力。两跨或两跨以上的拱,卸拱架顺序应提请监理人批准。

413.04　质量检验

1. 水泥砂浆及小石子混凝土的取样和试验

除监理人另有指示外,重要及主体砌筑物,不同强度等级及不同配合比的水泥砂浆及小石子混凝土，每工作班分别各制取2组试件（每组试件，水泥砂浆取6个70.7mm×70.7mm×70.7mm立方体，小石子混凝土取3个150mm×150mm×150mm立方体）。一般及次要砌筑物，每工作班取一组试件。

一组砂浆试样的强度为该组试样6个试件28d抗压极限强度的平均值。砂浆的抗压强度试验应按《建筑砂浆基本性能试验方法》（JGJ 70—90）的规定进行。

砂浆试样强度应符合以下要求：

（1）同一等级的各组砂浆试样的平均强度（MPa）应不低于图纸规定的砂浆强度等级。

（2）任一组试件的强度应不低于图纸规定的砂浆强度等级的75%。

小石子混凝土的强度评定见第410.19-4(3)款。

2. 砌体质量检验

（1）基本要求

a. 石料或混凝土预制块的强度、质量和规格必须符合图纸要求和本规范有关要求。

b. 砂浆所用的水泥、砂和水的质量必须符合图纸及本规范要求，按规定的配合比施工。

c. 地基承载力应满足图纸要求，严禁超挖回填虚土。

d. 砌块应错缝、坐浆挤紧，嵌缝料和砂浆饱满，无空洞、宽缝、大堆砂浆填隙和假缝。

e. 拱圈砌体的辐射缝应垂直于拱轴线，辐射缝两侧相邻两行拱石的砌缝应互相错开，错开距离不应小于100mm。

f. 拱架应牢固、稳定，严格按图纸规定的顺序砌筑拱圈和卸架。

（2）检查项目

砌体检查项目见表413-1～表413-4。

（3）外观检查

a. 砌体表面应平整。

b. 砌缝不应有裂隙，若裂隙宽度超过0.5mm时必须进行处理。

c. 勾缝平顺，无开裂和脱落现象。

d. 拱圈轮廓线应清晰，表面整齐。

基础砌体检查项目　　表413-1

项次	检查项目		规定值或允许偏差	检查方法和频率
1	砂浆强度（MPa）		在合格标准内	按JTG F80/1—2004附录F检查
2	轴线偏位（mm）		25	经纬仪：纵、横各测量2点
3	平面尺寸（mm）		±50	尺量：长、宽各3处
4	顶面高程（mm）		±30	水准仪：测5～8点
5	基底高程（mm）	土质	±50	水准仪：测5～8点
		石质	+50，-200	

墩、台身砌体检查项目 表 413-2

项次	检 查 项 目		规定值或允许偏差	检查方法和频率
1	砂浆强度(MPa)		在合格标准内	按 JTG F80/1—2004 附录 F 检查
2	轴线偏位(mm)		20	全站仪或经纬仪:纵、横各测量 2 点
3	墩台长、宽(mm)	料石	+20,-10	尺量:检查 3 个断面
		块石	+30,-10	
		片石	+40,-10	
4	竖直度或坡度(%)	料石、块石	0.3	垂线或经纬仪:纵、横各测量 2 处
		片石	0.5	
5	墩、台顶面高程(mm)		±10	水准仪:测量 3 点
6	大面积平整度(mm)	料石	10	2m 直尺:检查竖直、水平两个方向,每 $20m^2$ 测 1 处
		块石	20	
		片石	30	

拱圈砌体检查项目 表 413-3

项次	检 查 项 目		规定值或允许偏差	检查方法和频率
1	砂浆强度(MPa)		在合格标准内	按 JTG F80/1—2004 附录 F 检查
2	砌体外侧平面偏位(mm)	无镶面	+30,-10	经纬仪:检查拱脚、拱顶、1/4 跨共 5 处
		有镶面	+20,-10	
3	拱圈厚度(mm)		+30,-0	尺量:检查拱脚、拱顶、1/4 跨共 5 处
4	相邻镶面石砌块表层错位(mm)	料石、混凝土预制块	3	拉线用尺量:检查 3~5 处
		块石	5	
5	内弧线偏离设计弧线(mm)	跨径≤30m	±20	水准仪或尺量:检查拱脚、拱顶、1/4 跨共 5 处高程
		跨径>30m	±1/1 500 跨径	
		极值	拱腹四分点:允许偏差的 2 倍,且反向	

注:项次 2 平面偏位向外为“+”,向内为“-”,下同。

侧墙砌体检查项目 表 413-4

项次	检 查 项 目		规定值或允许偏差	检查方法和频率
1	砂浆强度(MPa)		在合格标准内	按 JTG F80/1—2004 附录 F 检查
2	外侧平面偏位(mm)	无镶面	+30,-10	经纬仪:抽查 5 处
		有镶面	+20,-10	
3	宽度(mm)		+40,-10	尺量:检查 5 处
4	顶面高程(mm)		±10	水准仪:检查 5 点
5	竖直度或坡度(%)	片石砌体	0.5	吊垂线:每侧墙面检查 1~2 处
		块石、粗料石、混凝土块镶面	0.3	

413.05　计量和支付

1.计量

(1)以图纸所示或监理人指示为依据,按工地完成的并经验收的各种石砌体或预制混凝土块砌体,以立方米计量。

(2)计算体积时,所用尺寸应由图纸所标明或监理人书面规定的计价线或计价体积定之。相邻不同石砌体计量中,应各包括不同石砌体间灰缝体积的一半。镶面石突出部分超过外廓线者不予计量。泄水孔、排水管或其他面积小于0.02m^2的孔眼不予扣除,削角或其他装饰的切削,其数量为所在石料5%或少于5%者,不予扣除。

(3)砂浆或作为砂浆的小石子混凝土,作为砌体工程的附属工作,不另计量。

(4)砌体垫铺材料的提供和设置,拱架、支架及砌体的勾缝,作为砌体工程的附属工作,不另计量。

2.支付

按上述规定计量,经监理人验收的列入了工程量清单的以下支付子目的工程量,其每一计量单位,将以合同单价支付。此项支付包括材料、劳力、运输、安砌等及其他为完成砌体工程所必需的费用,是对完成工程的全部偿付。

3.支付子目

子　目　号	子目名称	单　　位
413-1	浆砌片石	
-a	M…	m^3
413-2	浆砌块石	
-a	M…	m^3
413-3	浆砌料石	
-a	M…	m^3
413-4	浆砌预制混凝土块	
-a	M…	m^3

注:按不同结构及砂浆等级分别在子项列出。

第414节　小型钢构件

414.01　范围

本节工作包括桥梁及其他公路构造物,除钢筋及预应力钢筋以外的小型钢构件(如管道支架等)的供应、制造、保护和安装。

414.02 材料

1. 钢材

钢材技术条件及尺寸、外形、重量及其允许偏差应符合图纸要求及相关国家标准的规定。

2. 焊材

焊材应与被焊主体金属及施焊方法相匹配。

3. 油漆

(1)罩面漆应为符合专业标准及图纸防锈要求的各色醇酸磁漆,或经批准的等效产品。

(2)含锌硅酸盐漆应是无机硅酸盐调漆液,内含锌金属粉末。承包人可以提出含锌硅酸盐漆或等效产品的型号、成分及性能报监理人批准。

4. 检验证书

承包人应提供使监理人认可的证据,说明所有材料或构件均符合本节提到的标准规范或监理人另行规定或指定的要求。检验证书应表明对本工程所用的材料或构件所进行的机械试验和化学分析的结果。任何材料或构件的鉴定得到监理人批准之前,均不得在本工程中使用。

所有试验的费用均应由承包人负担。

414.03 加工要求

1. 加工图

承包人应绘制全部加工图、制造和安装图。这些图纸至少应开始加工前 28d 报监理人审批。这些图纸的任何变动均必须得到监理人的批准。

2. 加工

(1)钢构件加工应按照《公路桥涵施工技术规范》(JTJ 041—2000)第 17 章有关规定进行。钢构件除另有规定者外,可用火焰切割、锯或剪裁的方式下料,用这些方法切割出的表面应处理得方正、平顺并且尺寸精确。当切割边缘处理不合格时,应打磨或机加工,直至监理人批准。外露边缘的所有角隅应按约 2mm 的半径磨圆。不许在图纸所示拼接点之外拼接。

(2)所有焊接均应按照《公路桥涵施工技术规范》(JTJ 041—2000)第 17.2.6 条及第 17.2.7 条的规定。

(3)焊接应在开工前取得测验证书,并由具备做过类似工程经验的书面证明合格的电焊工进行。除非被焊接部件按规定进行预热,气温低于 0℃时,普通碳素结构钢不应进行焊接;除非工程及焊接工作受到适当保护,在表面潮湿、大风期间或雨天均不应进行焊接。

(4)栓接应使用与被连接的钢构件在化学及物理特性上相适应的材料,并应按《公路桥涵施工技术规范》(JTJ 041—2000)第 17.2.4 条及第 17.4.3 条的规定进行。

3. 标记

所有钢构件在安装前应打上明显的记号,并向监理人提供一份示出标记的图纸。在钢构件未得到监理人检查认可前,不得进行涂漆或安装。

414.04　保护处理

1. 保护系统 1(含锌硅酸盐漆)

(1)保护系统 1 由含锌硅酸盐油漆系统构成,用于除锚固螺栓以外的所有桥面行车道及人行道的伸缩装置。这种涂层的构成为无机硅酸盐漆料中调入金属锌颜料构成。这种涂料可以自行养护或用烘烤或化学方法养护。

(2)应采用喷射、抛丸、化学清洗或其他经认可的方法把所有污垢、油、油脂、铁锈、热轧钢材表面的氧化皮、焊渣或其他杂质从待漆的金属上清除干净,使其露出金属本色。清洁面应经监理人认可后方能涂漆。

(3)喷砂处理之后应随之用清洁干燥的压缩空气、洁净刷子或吸尘设备把灰尘从表面立即清除净。处理干净的表面应尽快涂漆,在任何情况下,在喷砂处理干净的表面上,涂刷含锌硅酸盐漆剂都应在喷砂当天进行,不得过夜。如承包人未能按上述要求去做,则须根据本规范对表面重新喷砂处理。

(4)应按照制造厂家的建议在整个表面上均匀涂刷,用量为形成不小于 80μm 厚度的干膜及表面不小于 300g/m^2 用锌量。油漆应渗入所有角落和接缝里。漆面应光滑均匀,不应有淌滴、漆珠、微孔和发裂。

(5)涂层应满足下列黏性试验要求。用一直规和一磨出 30°尖的硬钢划线器,在漆面上刻划出两条间距等于平均涂层厚度 10 倍的平行线。每次划线时都应用足够的力量一下划穿漆面,达到下面的金属。在第二次刻划时两线之间如有任何部分的涂料脱离下面的金属,则视为涂层未能通过试验。

2. 保护系统 2(热浸镀锌)

(1)保护系统 2 为热浸镀锌层,应用于图纸规定或监理人指定的地方。

(2)在镀锌前,应采用化学处理或喷砂、抛丸方法清除钢材表面的所有污垢、焊渣、油脂、矿渣、油料、油漆或其他有害材料。应在表面清理干净后 2h 以内,及表面可能受污以前,在清洁干燥的表面上完成镀锌层。

(3)除图纸所示或监理人另有指示外,镀锌厚度不得小于 84μm 或使用的锌定量为 600g/m^2。

(4)要用热浸法电镀的任何螺母、螺栓和垫圈均应符合国家的相应标准。加工旋制螺纹时应考虑镀锌余地。

(5)镀锌钢结构的现场修复应按保护系统 1 的要求进行。

3. 储存、运输和搬运

(1)保护系统没有充分养护前不得搬运构件。所有钢结构部件在运输过程中都应牢固支撑和包装,以防构件变形。尽管在加工车间已取得满意的检验结果,承包人仍应负责对送到工地的变形钢构件采用补救措施。

(2)金属构件或保护系统的破坏或变形均应及时地修复到原来的质量标准。工地焊接、螺栓或其他接头的涂料应达到加工构件的同等涂漆质量或遵照监理人的指示。

414.05 计量与支付

桥梁及其他公路构造物的钢构件,作为有关子目内的附属工作,不另计量与支付。

第415节 桥面铺装

415.01 范围

本节工作内容为混凝土及沥青混凝土桥面铺装。

415.02 材料

1.钢筋

钢筋应符合第403节的要求。

2.混凝土

混凝土应符合第410节及第310节的要求。

3.沥青混凝土

沥青混凝土材料必须符合第308节的要求。

4.泄水管

(1)泄水管采用铸铁件或塑料管。

(2)泄水管管部与盖子必须密合,且不得有裂缝、砂眼和其他影响强度及使用价值的缺陷。

(3)铸件的边缘应做成整齐的圆角。

(4)应清除所有铸铁件的鳞屑,使表面光洁均匀。

5.防水层

(1)水泥混凝土防水层的材料及配合比应符合本规范第410节的有关规定。

(2)水泥砂浆防水层水泥和砂的配合比一般可采用1:2~1:2.5(体积比);水灰比可采用0.4~0.5;坍落度可采用70~80mm;水泥宜采用普通水泥或膨胀水泥,亦可采用矿渣水泥;侵蚀性环境中的水泥砂浆防水层,应按图纸要求采用水泥。

(3)卷材防水层应采用耐腐蚀、抗老化的石油沥青油毡、沥青玻璃布油毡、再生胶油毡等,不得使用纸胎油毡。

(4)涂料防水层可采用沥青胶结材料或合成树脂、合成橡胶的乳液或溶液;较潮湿基面应采用湿固型涂料或乳化沥青、阳离子氯丁橡胶乳化沥青等亲水性涂料。

415.03 施工要求

1.一般要求

(1)预制板或现浇桥面板与桥面铺装混凝土的混凝土龄期相差应尽量缩短,以避免两者之间产生过大的收缩差。

(2)为使桥面铺装与下面的混凝土构件紧密结合,应对桥面铺装下面的混凝土凿毛,并用高压水冲洗干净。

(3)若桥面设置钢筋网,应采取措施保证其位置正确和保护层厚度。浇筑混凝土时,施工人员及机具不得踩踏在钢筋网上。

(4)浇筑桥面混凝土前,应在桥面范围内布点测量高程,以确定浇筑后的铺装厚度。

(5)当进行混凝土桥面铺装时,应按图纸所示预留好伸缩缝工作槽。当进行沥青混凝土铺装时,可不留伸缩缝预留工作槽,而在安装伸缩缝前先行切割沥青混凝土铺装所占的伸缩缝的位置。

(6)桥面铺装宜在全桥宽上同时进行,或按监理人的指示办理。

2. 混凝土桥面的铺装

(1)混凝土桥面铺装的施工应按《公路水泥混凝土路面滑模施工技术规程》(JTJ/T 037.1—2000)第 7 章及《公路水泥混凝土路面施工技术规范》(JTG F30—2003)第 8 章有关要求进行摊铺。

(2)混凝土的铺设要均匀,铺设的高度应略高于完成的桥面高程。

(3)混凝土桥面铺装的最终修整工作,应包括镘平及清理。在修整前要清理所有的表面自由水,但不能用如水泥、石粉或沙子来吸干表面水分。

(4)在一段桥面铺装修整完成并在其收浆、凿毛后,应尽快予以覆盖和进行养生。

(5)当混凝土桥面铺装之上另有一层沥青混凝土铺装时,该混凝土桥面铺装除按上述要求外,其表面应凿毛或粗糙处理。

(6)当桥面需要铺防渗混凝土时,应参照第 410.06-3(2)抗渗混凝土要求进行配合。如使用外加剂改善混凝土的和易性与质量时,应通过监理人认可的试验确定,外加剂费用不另支付。

3. 沥青混凝土桥面铺装

(1)沥青混凝土桥面铺装必须按照《公路沥青路面施工技术规范》(JTG F40—2004)相关章节的要求进行摊铺。

(2)在水泥混凝土桥面上铺设沥青混凝土铺装层时,应符合下列要求:

a. 铺装沥青层的下卧层必须符合平整、粗糙、整洁的要求;桥面纵横坡符合图纸要求。

b. 水泥混凝土下卧层表面应作铣刨拉毛处理,清除浮浆,除去过高的突出部分。

c. 铺设沥青混凝土桥面铺装前,必须确保混凝土强度达到设计强度的 90% 以上,并完全干燥,严禁在潮湿条件下铺设防水粘结层及摊铺沥青混合料,防止混凝土中的水分在施工或使用过程中遇热变成水汽使防水粘结层产生鼓包。

4. 防水层

(1)沥青类桥面防水粘结层的施工应符合下列要求:

a. 整个铺筑过程直至铺设石屑保护层前严禁包括行人在内的一切交通。

b. 不洒黏层油,直接分 2 ~ 3 层喷洒或人工涂刷热沥青、热融或溶剂稀释的改性沥青、改性乳化沥青的防水粘结层,必须均匀一致,且达到设计要求的厚度。

c. 喷洒防水粘结层后应立即撒布一层洁净的尺寸为 3 ~ 5mm 的石屑作保护层,并用轻型压路机(6 ~ 8t)以较慢的速度碾压。

(2)防水卷材防水层的铺筑应符合下列要求:

a. 防水卷材应符合图纸要求,无破洞、不漏水,内部有金属或聚合物纤维,表面有均匀的石屑撒布层。

b. 铺筑的防水粘结层不得有漏铺、破漏、脱开、翘起、皱折等现象。

c. 铺设前应喷洒黏层油和涂刷粘结剂,铺筑时边加热边滚压,粘结后必须检查确认任何部位都不能被人工或铁锹撕、揭开。

d. 铺设卷材后不得通行任何车辆或堆放杂物,防止卷材污染。

e. 防水卷材防水层不得在摊铺机或运料车作用下遭到损坏。

5. 泄水管

(1)在浇筑桥面板时应预留泄水管安装孔,桥面铺装时应避免泄水管预留孔堵塞。

(2)泄水管顶面应略低于桥面铺装面层,下端应伸出结构物底面 100 ~ 150mm,或按图纸所示将其引入地下排水设施。

415.04 质量检验

1. 桥面防水层

(1)基本要求

a. 防水层铺设材料的规格和性能,以及防水层的不透水性应符合图纸要求,并至少应有不低于桥面沥青混凝土铺装层使用年限的寿命,能适应动荷载及混凝土桥面开裂时不损坏的特点。

b. 防水层施工前,混凝土表面应清除垃圾、杂物、油污与浮浆,并保持干净和干燥。

c. 应严格按规定的工艺施工。

d. 预计涂料表面在干燥前会下雨,则不应施工。施工过程中,严禁踩踏未干的防水层。防水层养护结束后、桥面铺装完成前,行驶车辆不得在其上急转弯或紧急制动。

(2)检查项目

桥面防水层检查项目见表 415-1。

防水层检查项目 表 415-1

项次	检查项目	规定值或允许偏差	检查方法和频率
1	防水涂膜厚度(mm)	符合设计规定,设计未规定时,±0.1	测厚仪:每 $200m^2$ 测 4 点或按材料用量推算
2	粘结强度(MPa)	不小于设计要求,且≥0.3(常温),≥0.2(气温≥35℃)	拉拔仪:每 $200m^2$ 测 4 点(拉拔速度:10mm/min)
3	抗剪强度(MPa)	不小于设计要求,且≥0.4(常温),≥0.3(气温≥35℃)	剪切仪:1 组 3 个(剪切速度:10mm/min)
4	剥离强度(N/mm)	不小于设计要求,且≥0.3(常温),≥0.2(气温≥35℃)	90°剥离仪:1 组 3 个(剥离速度:100mm/min)

注:剥离强度仅适用于卷材类或加胎体涂膜类防水层。

(3)外观检查

a. 防水涂料应喷涂整个混凝土表面,如有遗漏,必须进行处理。

b. 防水层应表面平整,无空鼓、脱落、翘边等缺陷。不符合要求时必须进行处理。

2. 桥面铺装

(1)基本要求

a. 水泥混凝土桥面的基本要求应同第 311 节水泥混凝土路面,沥青混凝土桥面的基本要求应同第 308 节沥青混凝土路面。

b. 桥面泄水孔进水口的布置应有利于桥面和渗入水的排除,其数量不得少于图纸要求,出水口不得使水直接冲刷桥体。

(2)检查项目

桥面铺装检查项目见表 415-2 和表 415-3。

(3)外观检查

桥面排水良好。

桥面铺装检查项目 表 415-2

项次	检 查 项 目			规定值或允许偏差		检查方法和频率
1	强度或压实度			在合格标准内		按 JTG F80/1—2004 附录 B 或 D 检查
2	厚度(mm)			+10,-5		以同梁体产生相同下挠变形的点为基准点,测量桥面浇筑前后相对高差:每 100m 测 5 处
3	平整度	高速、一级公路		沥青混凝土	水泥混凝土	平整度仪:全桥每车道连续检测,每 100m 计算 *IRI* 或 σ
			IRI(m/km)	2.5	3.0	
			σ(mm)	1.5	1.8	
		其他公路	*IRI*(m/km)	4.2		
			σ(mm)	2.5		
			最大间隙 h(mm)	5		3m 直尺:每 100m 测 3 处×3 尺
4	横坡(%)		水泥混凝土	±0.15		水准仪:每 100m 检查 3 个断面
			沥青面层	±0.3		
5	抗滑构造深度			符合设计要求		砂铺法:每 200m 查 3 处

注:桥长不满 100m 者,按 100m 处理。

复合桥面水泥混凝土铺装检查项目 表 415-3

项次	检 查 项 目	规定值或允许偏差	检查方法和频率
1	混凝土强度(MPa)	在合格标准内	按 JTG F80/1—2004 附录 D 检查
2	厚度(mm)	+10,-5	对比桥面浇筑前后高程检查:每 100m 查 5 处
3	平整度(mm)	5	3m 直尺:每 100m 测 3 处×3 尺
4	横坡(%)	±0.15	水准仪:每 100m 检查 3 个断面

注:复合桥面的沥青混凝土面层按表 415-2 检查。

415.05 计量与支付

1. 计量

(1)桥面铺装应按图纸所示的尺寸,或按实际完成并经监理人验收的数量,分别按不同材料、级别、厚度,以平方米计量。由于施工原因而超铺的桥面铺装,不予计量。

(2)桥面防水层按图纸要求施工,并经监理人验收的实际数量,以平方米计量。

(3)桥面泄水管及混凝土桥面铺装接缝等作为桥面铺的附属工作,不另行计量。

(4)桥面铺装钢筋在第 403 节有关工程子目中计量,本节不另行计量。

2. 支付

按上述规定计量,经监理人验收的列入了工程量清单的以下支付子目的工程量,其每一计量单位,将以合同单价支付。此项支付包括材料、劳力、设备及其他为完成桥面铺装工程所必需的费用,是本节规定的全部工程的偿付。

3. 支付子目

子 目 号	子 目 名 称	单 位
415-1	沥青混凝土桥面铺装(厚…mm)	m^2
415-2	水泥混凝土桥面铺装(C…级、厚…mm)	m^2
415-3	防水层(厚…mm)	m^2

注:桥面铺装应按其材料、等级及厚度分列子项。

第 416 节 桥 梁 支 座

416.01 范围

本节工作包括桥梁隔震橡胶支座和普通橡胶支座及球形支座的供应和安装。

416.02 一般要求

1. 桥梁支座应符合《橡胶支座 第 2 部分:桥梁隔震橡胶支座》(GB 20688.2—2006)、《橡胶支座 第 4 部分:普通橡胶支座》(GB 20688.4—2007)和《球型支座技术条件》(GB/T 17955—2000)及图纸要求的相关规定。

2. 桥梁支座应按图纸所示,或由承包人推荐、监理人认可的厂商制造和供应。承包人应在支座制造期间,为监理人检查支座制造及支座成品提供设备和方便。厂商应提供支座承受其上反力的静力计算和变形数据。

3. 承包人应对进场的支座按图纸及本规范有关要求进行检查,并将检查结果报送监理人批准。当监理人要求时,应在现场抽样,摘除厂商标记,统一编号,并送监理人认为合格的试验室进行成品检验。

416.03 材料

1. 橡胶

橡胶支座的橡胶材料物理性能应分别符合表 416-1 ~ 表 416-3 的规定。支座采用的橡胶种类应符合图纸规定或由监理人指定。不得使用再生橡胶制造支座。

板式支座用胶料的物理机械性能 表416-1

项目		指标		
		氯丁橡胶(CR)	天然橡胶(NR)	三元乙丙橡胶(EPDM)
硬度(IRHD)		60±5	60±5	60±5
拉伸强度(MPa) ≥		17.0	18.0	15.0
扯断伸长率(%) ≥		400	450	350
脆性温度(℃) ≤		-40	-50	-60
恒定压缩永久变形(70℃×24h)(%) ≤		15	30	25
耐臭氧老化(试验条件:20%伸长率,40℃×96h)		100×10^{-8}	25×10^{-8}	100×10^{-8}
		无龟裂	无龟裂	无龟裂
热空气老化试验	试验条件(℃×h)	100×70	70×168	100×70
	拉伸强度变化率(%) ≤	15	15	15
	扯断伸长率变化率(%) ≤	40	20	40
	硬度变化(IRHD)	0~+10	-5~+10	0~+10
橡胶与钢板粘结剥离强度(kN/m) ≥		10	10	10
聚四氟乙烯板与橡胶剥离强度(kN/m) ≥		7	7	7

盆式支座用胶料物理机械性能 表416-2

项目		橡胶承压板			橡胶密封圈		
		氯丁橡胶(CR)	天然橡胶(NR)	三元乙丙橡胶(EPDM)	氯丁橡胶(CR)	天然橡胶(NR)	三元乙丙橡胶(EPDM)
硬度(IRHD)		60±5	60±5	60±5	50±5	50±5	50±5
拉伸强度(MPa) ≥		17.5	18.0	15.0	14.5	12.0	12.0
扯断伸长率(%) ≥		400	450	350	400	450	350
脆性温度(℃) ≤		-40	-50	-60	-40	-50	-60
恒定压缩永久变形(70℃×24h)(%) ≤		25	25	25	25	25	25
耐臭氧老化(试验条件:20%伸长率,40℃×96h)		100×10^{-8}	25×10^{-8}	100×10^{-8}	100×10^{-8}	25×10^{-8}	100×10^{-8}
		无龟裂	无龟裂	无龟裂	无龟裂	无龟裂	无龟裂
热空气老化试验	试验条件(℃×h)	100×70	70×168	100×70	100×70	70×168	100×70
	硬度变化(IRHD)	0~+10	±10	0~+10	±10	±10	±10
	拉伸强度变化率(%) ≤	15	15	15	15	15	15
	扯断伸长率变化率(%) ≤	40	20	40	40	20	40

隔震橡胶支座的橡胶材料物理性能　　表 416-3

技术指标		天然橡胶	氯丁橡胶
拉伸性能		见 GB 20688.2—2006 附录 C	
老化性能	拉伸强度变化率(%)	±25	
	扯断伸长率变化率(%)	最大值 -50	
	试验条件	70℃ ×168h	100℃ ×72h
粘合性能		90°剥离强度的最小值为 7.0N/mm	
压缩永久变形	天然橡胶支座(LNR)所用橡胶 铅芯橡胶支座(LRB)所用橡胶(%) 其他低阻尼支座所用橡胶	<35	
	高阻尼橡胶支座(HDR)所用橡胶(%)	<60	
	试验条件	70℃、24^{0}_{-2}小时,压缩率为 25%	
抗臭氧性能	外观要求	橡胶保护层不出现龟裂	
	试验条件	50×10^{-8},20% 伸长率,40℃ ×96h	
硬度	硬度可作为质量控制指标之一,但不应作为主要的设计指标		

2. 聚四氟乙烯板

聚四氟乙烯板材应采用新鲜纯料模压而成,严禁使用再生料、回头料模压加工的板材。聚四氟乙烯板的物理机械性能应符合图纸要求及本规范表 416-4 的规定。

3. 钢材

(1)支座用钢板的强度应符合《碳素结构钢》(GB/T 700—2006)或《低合金高强度结构钢》(GB/T 1591—94)或《优质碳素结构钢》(GB/T 699—1999)的有关规定。加劲钢板的质量应满足《碳素结构钢和低合金结构钢　热轧薄钢板和钢带》(GB 912—2008)的要求。

(2)支座所用的不锈钢板应符合《不锈钢冷轧钢板和钢带》(GB/T 3280—2007)的有关规定。

(3)支座用铸钢件的机械性能、化学成分均应符合《一般工程用铸造碳钢件》(GB/T 11352—89)的有关规定。

4. 聚四氟乙烯板粘结剂

用于聚四氟乙烯板的粘结剂应是不可溶的和热固性的,粘结剂必须质量稳定。橡胶与聚四氟乙烯板、橡胶与钢板之间的粘结剥离强度应满足表 416-1 要求和橡胶支座的使用性能要求。

5. 润滑剂

支座的润滑剂应符合《5201 硅脂》(HG/T 2502—93)的要求或经监理人批准的其他产品。

6. 黄铜

盆式支座紧箍圈采用 H62 黄铜板或黄铜带,其化学成分及机械性能应符合《铜及铜合金板》(GB/T 2040—2002)的相关规定。

聚四氟乙烯板材的物理性能　　表416-4

项　目	指　标　值
相对密度(比重)(kg/m^3)	2 130 ~ 2 200
拉伸强度(MPa)	≥30
断裂伸长率(%)	≥300
球压痕硬度(H132/60)(MPa)	23 ~ 33

416.04　产品类型

1. 板式橡胶支座

(1)板式橡胶支座可用工厂定型产品,其性能及尺寸应符合图纸要求及GB 20688.4—2007的有关规定。

(2)板式支座内部加劲钢板公称最小厚度应为2mm。加劲钢板之间每层橡胶的公称厚度至少应为5mm。所有部件都应完全模制成一个整体,板式支座侧面橡胶保护层公称厚度不应小于5mm;上、下橡胶保护层的公称最小厚度为2.5mm。

(3)橡胶和钢夹板之间的粘结应在对试件进行分离试验时,破坏发生在橡胶内,而不在橡胶与钢夹板的粘结面处出现。

(4)板式橡胶支座成品的力学性能应符合表416-5的要求。

板式橡胶支座成品的力学性能要求　　表416-5

项次	项　目		指　标
1	极限抗压强度 R_a(MPa)		≥70
2	实测抗压弹性模量 E_1(MPa)		$E \pm E \times 20\%$
3	实测抗剪弹性模量 G_1(MPa)		$G \pm G \times 15\%$
4	实测老化后抗剪弹性模量 G_2(MPa)		$G \pm G \times 15\%$
5	实测转角正切值($\tan\theta$)	混凝土桥	≥1/3 00
		钢桥	≥1/500
6	实测四氟滑板与不锈钢板表面摩擦系数 μ_f(加硅脂时)		≤0.03

注:四氟滑板式橡胶支座不考核抗剪弹性模量和老化后抗剪弹性模量。

(5)板式支座抗压弹性模量 E 和支座形状系数 S 应按GB 20688.4—2007中第5.3.1条规定计算。

(6)活动支座

聚四氟乙烯滑板支座粘贴的聚四氟乙烯板材最小公称厚度应符合表416-6;四氟滑板式支座配套使用的不锈钢板厚度应符合表416-7的规定。

聚四氟板材最小厚度　　表416-6

矩形支座		圆形支座	
长边范围 L_b(mm)	厚度 t_f(mm)	直径范围 d(mm)	厚度 t_f(mm)
≤500	2.0	≤500	2.0
>500	3.0	>500	3.0

不锈钢板厚度 表 416-7

矩 形 支 座		圆 形 支 座	
长边范围 L_b(mm)	厚度 t_b(mm)	直径范围 d(mm)	厚度 t_b(mm)
≤500	2.0	≤500	2.0
>500	3.0	>500	3.0

(7)板式支座尺寸偏差

对于工厂制造的纯橡胶和夹板支座,其平面尺寸和厚度允许偏差应符合表 416-8 及表 416-9 的规定。

平面尺寸偏差表 表 416-8

矩 形 支 座		圆 形 支 座	
长边范围(mm)	偏差(mm)	直径范围(mm)	偏差(mm)
≤500	+5.0	≤500	+5.0
>500	+1%	>500	+1%

厚度偏差表 表 416-9

厚度范围(mm)	偏差(mm)
t≤50	+1
50 < t≤100	+2
100 < t≤150	+3

(8)板式支座成品外观质量不得有 GB 20688.4—2007 表 8 内规定的缺陷存在。板式支座内在质量应满足 GB 20688.4—2007 表 7 的要求。

(9)板式支座的成品质量检验应符合 GB 20688.4—2007 第 8 章的规定。每批产品应向监理人提供成品的质量检验及物理力学性能检验报告一份。

2. 盆式橡胶支座

(1)盆式橡胶支座由封闭在钢盆内的橡胶圆板组成。滑动支座系用聚四氟乙烯(PTFE)板设于橡胶板之上,设于梁支点下面的不锈钢板在其上相对水平滑动。盆式橡胶支座的制造成品质量检验应符合 GB 20688.4—2007 的有关规定。

(2)支座竖向转动角度不得小于 0.02rad。

(3)盆式支座用橡胶承压板的压应力设计值不应大于 25MPa,支座的橡胶承压板的尺寸允许偏差应符合表 416-10 要求。活动支座用聚四氟乙烯板的压应力设计值不应大于 30MPa,聚四氟乙烯板的最小公称厚度为 7mm,尺寸允许偏差应符合表 416-11 的规定,外露厚度尺寸应 $H \geqslant 3^{+1.0}_{0}$mm。

橡胶承压板尺寸允许偏差 表 416-10

橡胶板直径 ϕ(mm)	直径允许偏差(mm)	厚度允许偏差(mm)
ϕ≤500	+0.5 0	±1.0

续上表

橡胶板直径 ϕ(mm)	直径允许偏差(mm)	厚度允许偏差(mm)
500 < ϕ ≤ 1 000	+1.0 0	±1.5
ϕ > 1 000	+1.5 0	±2.0

聚四氟乙烯板尺寸允许偏差　　表 416-11

直径 ϕ 或对角线(mm)	直径或长度偏差(mm)	厚度偏差(mm)
ϕ ≤ 600	+1.5 0	+0.5 0
600 < ϕ ≤ 1 200	+2.0 0	+0.75 0
ϕ > 1 200	+2.0 0	+1.0 0

(4)橡胶承压板橡胶密封圈的外观不得有裂纹、掉块、损伤及鼓泡,外观质量应符合 GB 20688.4—2007 中表 13 的要求。

(5)盆式支座的钢盆必须整体铸造,严禁使用焊接件。各焊接件应牢固,焊接技术应符合《工程机械焊接件通用技术条件》(JB/T 5943—1991)的要求。

(6)放置在支座钢质圆形盆腔内的金属件(不含铜材和不锈钢),应按图纸要求进行防腐蚀处理;盆式支座外露的金属表面(除不锈钢板表面外)按图纸要求或按本规范第 414 节保护系统方案进行防护;锚固螺栓应采用镀锌处理,其技术要求应符合《锌铬涂层技术条件》(GB/T 18684—2002)的规定。

(7)盆式支座组装后整体高度偏差应符合下列规定:

承载力小于 20MN 时,偏差不应大于 ±2mm;

承载力大于等于 20MN、小于 50MN 时,偏差不应大于 ±3mm;

承载力大于等于 50MN 时,偏差不应大于 ±5mm。

(8)当支座最后被检查及验收后,应将支座各部分组装并栓紧在一起。夹紧板要足够结实,保证异物不污染滑动面,并且支座组成各部分在运输及装卸时都保持在原来位置。夹紧板应保持其位置,直到支座最后就位。支座部件出厂后任何时候均不能任意拆卸。

3. 桥梁隔震橡胶支座

(1)桥梁隔震橡胶支座应采用工厂定型产品,产品的分类和力学性能及尺寸等应符合图纸要求及《橡胶支座　第 2 部分:桥梁隔震橡胶支座》(GB 20688.2—2006)的规定。支座的性能试验应按《橡胶支座　第 1 部分:隔震橡胶支座试验方法》(GB 20688.1—2007)的规定执行。

(2)隔震橡胶支座的橡胶材料物理性能应满足本规范表 416-3 的要求。支座橡胶保护层的厚度不应小于 5mm,并应满足工作环境和条件的要求。

(3)钢材应符合 GB/T 700—2006、GB/T 1591—94 标准的要求,支座连接板、封板和内部钢板的强度设计值不应低于表 416-12 的规定。钢板厚度应满足应力检验的要求,并应满足地震时大变形的稳定性要求。

钢板的强度要求 表 416-12

牌　号	强度设计值(MPa)			
	钢板厚度 t(mm)(括号内为 Q345 钢板厚度)			
	$t \leqslant 16$	$16 < t \leqslant 40$ ($16 < t \leqslant 35$)	$40 < t \leqslant 60$ ($35 < t \leqslant 50$)	$60 < t \leqslant 100$ ($50 < t \leqslant 100$)
Q235	215	205	200	190
Q345	310	295	265	250

(4)隔震橡胶支座的老化、徐变及疲劳性能应满足表 416-13 的要求。

隔震橡胶支座的耐久性性能要求 表 416-13

项　目	要　求
老化性能	水平等效刚度和阻尼性能的允许变化率为 ±30%
徐变性能	在 60 年后的徐变不应超过 10%
疲劳性能	水平等效刚度允许变化率为 ±15%,试件外观无裂缝

(5)隔震橡胶支座表面应光滑平整,外观质量应符合表 416-14 的规定。

外 观 要 求 表 416-14

缺 陷 名 称	质 量 指 标
气泡	单个表面气泡面积不超过 50mm²
杂质	杂质面积不超过 30mm²
缺胶	缺胶面积不超过 150mm²,不得多于 2 处,且内部嵌件不许外露
凹凸不平	凹凸不超过 2mm,面积不超过 50mm²,不得多于 3 处
胶钢粘结不牢(上、下端面)	裂缝长度不超过 30mm,深度不超过 3mm,不得多于 3 处
裂纹(侧面)	不允许
钢板外露(侧面)	不允许

(6)隔震橡胶支座产品的尺寸应按 GB/T 20688.1—2007 规定的方法进行测量,其尺寸偏差应满足下列规定。

a. 平面尺寸允许偏差应满足表 416-15 的规定。

支座产品平面尺寸的允许偏差 表 416-15

标称平面尺寸(a'、b'和 D')(mm)	允 许 偏 差
≤500	5mm
1 500≥尺寸>500	1%
>1 500	15mm
设有凹槽的 III 型支座	取 2mm 或 0.4% 中的较大值

注:a'、b'分别为矩形支座包括保护层厚度的长边及短边长度;D'为圆形支座包括保护层厚度的直径。

b. 支座高度允许偏差应满足表 416-16、表 416-17 的规定。

支座高度 H_n 的允许偏差　　表 416-16

标称产品高度 H_n(mm)	允 许 偏 差
$160 \geq H_n > 20$	±2.5%
$H_n > 160$	±4mm

支座总高度 H 的允许偏差　　表 416-17

标称连接板直径 D_f 或边长 L_f(mm)	允 许 偏 差
≤1 500	$\pm(H_n \times 0.025 + 1.5)$mm
>1 500	$\pm(H_n \times 0.025 + 2.5)$mm

注:1. 本表不适用于设暗销Ⅲ型支座。

2. H 为橡胶支座包括连接板的总高度;H_n 为橡胶支座不包括连接板的高度。

c. 支座产品平整度的偏差应满足表 416-18 的规定。

支座平整度的允许偏差　　表 416-18

标称平面尺寸(a'、b'和 D')(mm)	允 许 偏 差
≤1 000	1
>1 000	(a'、b'和 D')/1 000

d. 隔震橡胶支座水平偏移不应超过 5.0mm,经历试验后 48h 内的残余变形限制也不应超过 5.0mm。

e. 支座连接板平面尺寸及厚度允许偏差及连接板螺栓孔径位置允许偏差等应符合 GB 20688.2—2006 的表 23 ~ 表 25 的规定。

4. 球形支座

(1)球形支座应采用工厂定型产品,其性能及尺寸均应符合图纸要求及《球型支座技术条件》(GB/ T 17955—2000)规定。

(2)球形支座的结构由上支座滑板、下支座板、球形板、平面四氟乙烯滑板(平面四氟板、球面四氟板)及橡胶挡圈等组成。

(3)球形钢支座的水平位移,由上支座板与四氟板之间的活动来实现。支座的转角通过球形板与球面四氟板之间的活动来实现。支座竖向承载力、支座转角、支座位移量均应符合图纸规定。

(4)支座出厂时应由生产厂家将支座调平,并拧紧连接螺栓,以防止支座在安装过程中发生转动和倾覆。承包人可根据设计需要预设转角及位移,但应在订货时提出预设转角及位移量的要求。生产厂家在装配时预先调整好。

416.05　支座的安装

所有支座安装都必须按照图纸规定,确保其平面位置的正确。

1. 板式橡胶支座的安装,应注意下列事项:

(1)支座安装前,应检查产品的技术指标、规格尺寸是否符合图纸要求,如不相符,不得使用。

(2)桥墩和桥台上放置支座部位的混凝土表面应平整清洁,以保证整个面积上的均匀压力。并认真检查所有表面、底座及垫石高程,对处于纵坡及弯道上的桥梁,在其支座施工时应作相应调整和处理或采用坡形支座。支座垫石高程的容许误差,简支梁为 ±10mm,连续梁为 ±5mm。

(3)为便于更换,板式支座不采用固定装置。

(4)支座安装应在温度为 5 ~20℃的范围内进行。

(5)在上部结构的构件吊装时,应采取措施保持支座的正确位置,以达到第 412.06 小节表 412-1 的要求。

(6)橡胶支座与上下部结构间必须接触紧密,不得出现空隙。

(7)橡胶支座应水平安装。因施工原因而倾斜安装时应征得监理人的同意,但其坡度不能超过 2% 。选择用橡胶支座时,必须考虑由于支座倾斜安装而产生的剪切变形所需要的橡胶层厚度。

2. 盆式橡胶支座的安装,应注意下列事项:

(1)活动支座安装前应用丙酮或酒精将支座各相对滑移面及有关部分擦拭干净,擦净后在四氟滑板的储油槽内注满硅脂润滑剂,并注意硅脂保洁;坡道桥注硅脂应注意防滑。

(2)安装支座的高程应符合设计要求,支座顶板、底座表面应水平,支座承压能力小于或等于 5 000kN 时,其四角高差不得大于 1mm;支座承压能力大于 5 000kN 时,不得大于 2mm。

(3)盆式橡胶支座的顶板和底板可用焊接或锚固螺栓栓接在梁体底面和墩台顶面的预埋钢板上;采用焊接时,应防止烧坏混凝土;安装锚固螺栓时,其外露杆的高度不得大于螺母的厚度。

(4)支座安装的顺序,宜先将上座板固定在大梁上,而后根据顶板位置确定底盆在墩台上的位置,最后予以固定。

(5)支座中线应尽可能与主梁中线重合,其最大水平位置偏差不得大于 2mm;安装时,支座上下各个部件纵轴线必须对正,对活动支座,其上下部件的横轴线应根据安装时的温度与年平均的最高、最低温差,由计算确定其错位之距离;支座上下导向挡块必须平行,最大偏差的交叉角不得大于 5′。

3. 隔震橡胶支座的安装,应注意下列事项:

(1)用于桥梁的隔震橡胶支座必须是按 GB 20688.2—2006 的检验规划进行检验合格的产品,并应有合格证书。支座安装前应开箱检查装箱清单、原材料检验报告和产品合格证书,是否符合图纸要求,如不相符,不得使用。开箱后不得任意松动连接螺栓,并不得任意拆卸支座。

(2)支座安装高度应符合图纸要求,要保证支座支承平面的水平及平整,支座支承面四角高差不得大于图纸规定。

(3)隔震橡胶支座与梁体及墩台采用预埋螺栓连接,必要时可采用与预埋钢板焊接,但将支座与预埋钢板焊接时,要防止支座钢体过热,以免烧坏支座内的橡胶。

(4)安装支座板及地脚螺栓时,在下支座板四角用钢楔块调整支座水平,找正支座纵、横向中线位置,使之符合图纸要求后,用环氧砂浆灌注地脚螺栓孔及支座底面垫层。

(5)环氧砂浆硬化后,拆除支座四角临时楔块,并用环氧砂浆填满抽出楔块的位置。

(6)梁体安装完毕后,或现浇混凝土梁体形成整体并达到图纸规定强度后,在张拉梁体预应力之前,拆除上、下临时连接板,以防止约束梁体正常转动。

4. 球形支座的安装,应注意下列事项:

(1)支座安装前开箱检查装箱清单、原材料检验报告的复印件和产品合格证,是否符合图纸要求,如不相符,不得使用。开箱后不得任意松动连接螺栓,并不得任意拆卸支座。

(2)支座与梁体及墩台采用预埋螺栓连接,必要时亦可采用与预埋钢板焊接,但将支座与预埋钢板焊接时,要防止支座钢体过热,以免烧坏硅脂及聚四氟乙烯板。

(3)支座安装时,支座的相对滑动面应用丙酮、酒精仔细擦净,不得夹有灰尘和杂质。然后表面均匀地涂满硅脂润滑剂。

(4)支座安装高度应符合图纸要求,要保证支座支承平面的水平及平整,支座支承面四角高差不得大于 2mm。

(5)安装支座板及地脚螺栓时,在下支座板四角用钢楔块调整支座水平,并使下支座板底面高出桥墩顶面 20 ~ 50mm,找正支座纵、横向中线位置,使之符合图纸要求后,用环氧砂浆灌注地脚螺栓孔及支座底面垫层。

(6)环氧砂浆硬化后,拆除支座四角临时钢楔块,并用环氧砂浆填满抽出楔块的位置。

(7)梁体安装完毕后,或现浇混凝土梁体形成整体并达到图纸规定强度后,在张拉梁体预应力之前,拆除上、下连接板,以防止约束梁体正常转动,并及时安装活动支座的橡胶防尘罩。

416.06　质量检验

1. 支座垫石和挡块

(1)基本要求

a. 混凝土所用的水泥、砂、石、水、外掺剂及混合材料的质量和规格,必须符合图纸要求及本规范有关要求,按规定的配合比施工。

b. 支座垫石不得出现露筋、空洞、蜂窝、麻面现象及任何裂缝。

(2)检查项目

支座垫石和挡块检查项目见表 416-19 ~ 表 416-20。

支座垫石检查项目　　表 416-19

项次	检查项目	规定值或允许偏差	检查方法和频率
1	混凝土强度(MPa)	在合格标准内	按 JTG F80/1—2004 附录 D 检查
2	轴线偏位(mm)	5	全站仪或经纬仪:支座垫石纵横方向检查
3	断面尺寸(mm)	±5	尺量:检查 1 个断面
4	顶面高程(mm)	±2	水准仪:检查中心及四角
	顶面四角高差(mm)	1	
5	预埋件位置(mm)	5	尺量:每件

挡块检查项目 表416-20

项次	检查项目	规定值或允许偏差	检查方法和频率
1	混凝土强度(MPa)	在合格标准内	按JTG F80/1—2004附录D检查
2	平面位置(mm)	5	全站仪或经纬仪:每块检查
3	断面尺寸(mm)	±10	尺量:每块检查1个断面
4	顶面高程(mm)	±10	水准仪:每块检查1处
5	与梁体间隙(mm)	±5	尺量:每块检查

(3)外观检查

a.混凝土表面平整、光洁,棱角线平直。

b.挡块如出现蜂窝、麻面,必须进行修整。

c.挡块出现非受力裂缝宽度超过图纸规定或图纸未规定时超过0.15mm必须处理。

2.支座安装

(1)基本要求

a.支座的材料、规格和质量必须满足图纸和有关规范的要求,经验收合格后方可安装。

b.支座底板调平砂浆性能应符合图纸要求,灌注密实,不得留有空洞。

c.支座上下各部件纵轴线必须对正。当安装时温度与设计要求不同时,应通过计算设置支座顺桥向预偏量。

d.支座不得发生偏歪、不均匀受力和脱空现象。滑动面上的四氟滑板和不锈钢板不得有划痕、碰伤等,位置正确,安装前必须涂上硅脂油。

(2)检查项目

支座安装检查项目见表416-21。

(3)外观检查

支座表面应保持清洁,支座附近的杂物及灰尘应清除,不符合要求时必须进行处理。

支座安装检查项目 表416-21

项次	检查项目		规定值或允许偏差	检查方法和频率
1	支座中心横桥向偏位(mm)		2	经纬仪、钢尺:每支座
2	支座顺桥向偏位(mm)		10	经纬仪或拉线检查:每支座
3	支座高程(mm)		符合设计规定;设计未规定时,±5	水准仪:每支座
4	支座四角高差(mm)	承压力≤500kN	1	水准仪:每支座
		承压力>500kN	2	

416.07 计量与支付

1.计量

支座按图纸所示不同的类型,包括支座的提供和安装,以个计量。支座的质量检查、清洗、运输、起吊及安装支座所需的扣件、钢板、焊接、螺栓、粘结以及质量检测等作为支座安装的附属工作,不另行计量。

2. 支付

按上述规定计量,经监理人验收的列入了工程量清单的以下支付子目的工程量,其每一计量单位,将以合同单价支付。此项支付包括材料、劳力、设备及其他为完成支座工程必需的费用,是对完成工程的全部偿付。

3. 支付子目

子 目 号	子目名称	单　位
416-1	矩形板式橡胶支座	个
416-2	圆形板式橡胶支座	个
416-3	球冠圆板式橡胶支座	个
416-4	盆式支座	个
416-5	隔震橡胶支座	个
416-6	球形支座	个

注:应按支座的型号、规格、材料分列子项。

第417节　桥梁接缝和伸缩装置

417.01　范围

本节工作为桥梁的所有竖向、横向或斜向接缝和伸缩装置,包括橡胶止水片,沥青类等接缝填料,及桥面上伸缩装置的供应和安装。

417.02　材料

1. 除图纸或监理人另有规定外,桥梁接缝和伸缩装置的材料应符合《公路水泥混凝土路面施工技术规范》(JTG F30—2003)中第3.9节及《公路桥梁伸缩装置》(JT/T 327—2004)的要求:

(1)热浇接缝填料(如聚氯乙烯胶泥类和沥青橡胶类等),其技术要求应符合表417-1的规定。

热浇接缝填料技术要求　　表417-1

试验项目	技术要求	试验项目	技术要求
针入度(0.1mm)	<90	流动度(mm)	<2
弹性复原率(%)	≥60	拉伸量(mm)	≥15

(2)常温接缝料(如聚氨酯改性沥青嵌缝胶,聚氨酯焦油等),其技术要求见表417-2的规定。

常温接缝填料技术要求 表417-2

试验项目	技术要求	试验项目	技术要求
灌入稠度(s)	<20	流动度(mm)	0
失黏时间(h)	6~24	拉伸量(mm)	≥15
弹性复原率(%)	≥75		

(3)钢材

a. 伸缩装置的钢材,其质量应符合图纸及《公路桥梁伸缩装置》(JT/T 327—2004)第5.3.1条的要求,并应符合《碳素结构钢》(GB/T 700—2006)或《优质碳素结构钢》(GB/T 699—1999)或《低合金高强度结构钢》(GB/T 1591—1994)的规定。

b. 伸缩装置中使用的钢板、圆钢、方钢、角钢等应符合《碳素结构钢和低合金结构钢 热轧薄钢板和钢带》(GB 912—2008)、《碳素结构钢和低合金结构钢 热轧厚钢板和钢带》(GB/T 3274—2007)、《热轧圆钢和方钢尺寸、外形、重量及允许偏差》(GB/T 702—2004)的规定。

c. 伸缩装置使用的异型钢材应符合《公路桥梁伸缩装置》(JT/T 327—2004)中表2的要求及相关规定,且不允许使用焊接成型异型钢材。

d. 沿海及跨海桥伸缩装置使用的异型钢材应符合《焊接结构用耐候钢》(GB/T 4172—2000)的规定。

(4)钢筋:符合本规范第403节规定。

(5)橡胶封条及橡胶伸缩装置

a. 橡胶止水片及伸缩装置可模制或挤压成型,其横截面应均匀,不应有孔隙或其他缺陷,符合图纸所示的型号及标称尺寸。经监理人认可,可以采用等效的标准产品。

b. 橡胶伸缩装置、模数式伸缩装置中使用的密封带的橡胶的物理机械性能应满足表417-3的要求。不允许使用再生胶或粉碎的硫化橡胶。

密封带的橡胶材料性能要求 表417-3

项目		氯丁橡胶(适用于-25~60℃地区)		天然橡胶(适用于-40~60℃地区)		三元乙丙橡胶(适用于-40~60℃地区)	
		密封橡胶带	橡胶伸缩装置	密封橡胶带	橡胶伸缩装置	密封橡胶带	橡胶伸缩装置
硬度(IRHD)		55±5	60±5	55±5	60±5	55±5	60±5
拉伸强度(MPa)		≥15		≥16		≥14	
扯断伸长率(%)		≥400		≥400		≥350	
脆性温度(℃)		≤-40		≤-50		≤-60	
恒定压缩永久变形(室温×24h)		≤20		≤20		≤20	
耐臭氧老化(25~50pphm)20%伸长(40℃×96h)		无龟裂		无龟裂		无龟裂	
热空气老化试验(与未老化前数值相比发生最大变化)	试验条件(℃×h)	70×96		70×96		70×96	
	拉伸强度(%)	±15		±15		±10	
	扯断伸长率(%)	±25		±25		±20	
	硬度变化(IRHD)	0~+10		-5~+10		0~+10	

续上表

项目		氯丁橡胶(适用于 -25~60℃地区)		天然橡胶(适用于 -40~60℃地区)		三元乙丙橡胶(适用于 -40~60℃地区)	
		密封橡胶带	橡胶伸缩装置	密封橡胶带	橡胶伸缩装置	密封橡胶带	橡胶伸缩装置
橡胶与钢板粘结剥离强度(kN/m)		>7		>7		>7	
耐盐水性(23℃ × 14d,浓度 4%)	体积变化(%)	≤ +10		≤ +10		≤ +10	
	硬度变化(IRHD)	≤ +10		≤ +10		≤ +10	
耐油污性(一号标准油,23℃ ×168h)	体积变化(%)	-5 ~ +10		< +45		< +45	
	硬度变化(IRHD)	-10 ~ +5		< -25		< -25	

c. 模数式伸缩装置使用的橡胶压紧支座、承压支座的橡胶的物理机械性能应满足表 417-4 的要求。

d. 模数式伸缩装置使用的聚氨酯位移控制弹簧,其技术性能应满足表 417-5 的要求。

e. 伸缩装置中使用的粘结剂、聚四氟乙烯板材、硅脂等材料应符合《公路桥梁板式橡胶支座》(JT/T 4—2004)的规定。

模数式伸缩装置的橡胶压紧支座、承压支座的橡胶机械性能 表 417-4

项目		压紧支座	承压支座
硬度(IRHD)		70 ±2	62 ±2
拉伸强度(MPa)	天然胶	≥18.5	≥18.5
	氯丁胶	≥17.5	≥17.5
扯断伸长率(%)	天然胶	≥350	≥500
	氯丁胶	≥300	≥450

注:氯丁胶、天然胶的其他性能应满足 JT/T 4—2004 的要求。

聚氨酯位移控制弹簧的技术性能 表 417-5

项目		计量单位	指标
密度		kg/m^3	550 ±10
拉伸强度		MPa	≥4
扯断伸长率		%	≥350
恒定压缩变形(任选一项)	70℃ ×72h	%	≤6.5
	150℃ ×24h	%	≤8
抗撕裂强度		kN/m	≥120
60% 压缩模量		MPa	4.0 ±0.2
疲劳试验 200 万次	频率≤3	Hz	无裂纹
	压应力 =7	MPa	

2. 检验证书

(1)承包人应提供制造厂家用于制造接缝或伸缩装置的材料及制造规范和有关成品

的检验说明。

(2)监理人可以要求进行他认为必需的任何试验,以验证各种材料是否符合本规范。所有试验都应在监理人预先批准的专门试验室内进行,试验费用由承包人负担。

417.03 施工要求

1.一般要求

(1)桥梁接缝和伸缩装置类型,应按照图纸所示。承包人如要改变类型,须制定各项安装参数,报监理人书面批准。

(2)所有产品在任何时候都应严格按照生产厂家推荐的方法装卸、放置、装配和安装。

(3)当接缝处的温度低于10℃时不应浇筑热浇封缝料。

(4)沥青混凝土铺装,应在伸缩装置安装前完成,且不为伸缩装置预留位置,而在安装伸缩装置前,切割先前铺设的沥青混凝土铺装所占的伸缩装置的位置。

(5)伸缩装置的牌号、型号应符合图纸规定。安装伸缩装置时,上部构造端部间的空隙宽度及伸缩装置的安装预定宽度,均应与安装温度相适应,并应遵照图纸规定。伸缩装置的安装,应在伸缩装置制造商提供的夹具控制(将伸缩装置预置)下进行。伸缩装置一般应在 +5 ~ +20℃的温度范围内安装。当伸缩装置的安装温度不同于图纸规定时,各项安装参数应予调整。

(6)伸缩装置的安装须满足制造商的有关要求。伸缩装置下面或背面的混凝土应密实,不留气泡,预埋件位置应准确。安装完成后的伸缩装置应与桥面铺装接合平整。

2.橡胶伸缩装置

(1)按照图纸的要求选用伸缩装置,安装时应根据气温的高低,对橡胶伸缩体进行必要的预压。

(2)当气温在5℃以下时,不得进行橡胶伸缩装置的施工。

(3)采用后嵌式橡胶伸缩体时,应在桥面混凝土干燥收缩完成且徐变大部完成后再进行安装。安装时,应根据温度高低予以施加必要的预压力。

(4)安装伸缩装置时,承包人应按生产厂家的安装说明进行施工。

3.模数式伸缩装置

模数式伸缩装置,种类型号众多,由异型钢与单元橡胶密封带组合而成(例如"毛勒缝"即为其一种)。不同牌号和型号的伸缩装置均应由专门的生产厂家成套供应。

(1)伸缩装置应根据图纸提出的型号、长度、密封橡胶件的类别以及安装时的宽度等要求进行购置和装配。

(2)伸缩装置应预先在工厂组装好,由专门的设备包装后运送工地。装配好的伸缩装置在出厂前,生产厂家应按图纸要求的安装尺寸,用夹具固定,以便保持图纸需要的宽度,并应分别标出重量、吊点位置。若组合式伸缩装置过长受运输长度限制或别的其他原因时,经监理人批准,在工厂试组装后,可以分段组装运输,但模数式伸缩装置必须在工厂组装。伸缩装置运到工地存放时,应垫离地面至少300mm,并不得露天存放,承包人应确保其不受损害。

(3)在浇筑桥面板或桥台混凝土时,承包人应按图纸或生产厂家提供的安装图,预留安装伸缩装置的凹槽,并按图纸要求预埋钢筋,且钢筋头应伸进凹槽内。

(4)伸缩装置的安装,应在生产厂家提供的夹具控制下进行。安装前,承包人应对上部构造端部间的空隙宽度和预埋钢筋的位置进行检查是否符合图纸要求,并将预留凹槽内混凝土打毛,清扫干净。根据生产厂家提供的安装温度或温度范围,查验实际气温与安装温度是否相符合。如果有出入,则应调整伸缩装置的安装宽度。

(5)在预留凹槽内划出伸缩装置定位中心线(顺缝向和垂直缝向)和高程,用起重机将伸缩装置吊入预留凹槽内,使伸缩装置正确就位。如伸缩装置坐落在坡面上,需作适应纵横坡的调整。此后将锚固钢筋与预埋钢筋焊连,使伸缩装置固定。禁止在伸缩装置边梁上施焊,以免造成边梁局部变形。伸缩装置固定后即可松开夹具,使伸缩装置参与工作。

(6)安装伸缩装置的最终一道工序是在槽口上立模板浇筑混凝土。模板应严密无缝,防止混凝土进入控制箱内,同时,也不允许将混凝土溅撒到密封橡胶件上,如果发生上述现象应立即予以清除。在边梁、控制箱及锚固板周围的混凝土务必要振捣密实,并及时进行养生。浇筑混凝土前,应经监理人对安装好的伸缩装置进行检查认可。

(7)当伸缩装置在桥面铺装前安装时,在桥面铺装施工中对伸缩装置应加盖临时保护措施,避免撞击及直接承受车辆荷载。桥面铺装完成后,在桥面上不应出现缝隙,且桥面与伸缩装置齐平。

(8)伸缩装置的安装,宜由专业施工单位施工,或在伸缩装置生产厂家派员指导下施工。

4. 梳齿板式伸缩装置

(1)梳齿板式伸缩装置应按图纸要求型号、长度、尺寸及安装时的宽度在工厂加工制作,并由生产厂家安装。

(2)施工安装梳齿板式伸缩装置前,应按图纸提供的尺寸,核对梁端部及桥台处安装伸缩装置的预留槽尺寸。同时应检查核对预埋锚固钢筋的规格、数量、位置与图纸的一致性,与梁(板)、桥台锚固的可靠性;检查核对梁(板)与桥台间的伸缩缝宽度与图纸是否一致,若不符合图纸要求时,土建工程施工单位应首先处理,满足图纸要求后生产厂家方可安装伸缩装置。

(3)伸缩装置安装前,应将预留槽内的混凝土打毛,清扫干净。应按照安装时气温调整伸缩装置安装时的定位值,并经监理人检查确认后,方可用专用卡具将其固定。

(4)梳齿板式伸缩装置安装,应防止产生梳齿不平、扭曲及其他的变形,严格控制由于伸缩方向的误差及横向伸缩等原因造成梳齿之间的间隙偏差,在最高温度时,梳齿间横向间隙不应小于 5mm,齿板间隙不应小于 15mm。

(5)浇筑混凝土前,应彻底清扫预留槽,采取防止水泥混凝土渗入伸缩缝间隙的措施,按图纸要求填充捣实混凝土预留槽,预留槽混凝土强度满足图纸要求后,方可开放交通。

5. 填充式材料伸缩装置

填充式材料伸缩装置亦称无缝伸缩缝,是由支承钢板和弹性材料混合石料加固的填料组成。弹性材料应经过特殊改性,具有特殊性能,以保证该材料能在较大温度范围内既具有柔韧性又有较高的软化点,在室外温度下不会发生流变现象。弹性材料有多种,其中"TST"是目前公路桥梁中使用的一种。弹性材料混合石料填料的材料性能、指标及规格应符合图纸规定。施工技术要求及注意事项应符合图纸要求。

417.04 质量检验

1. 基本要求

(1)伸缩装置必须满足图纸和有关技术规范的要求,须有合格证,并经验收合格后方可安装。

(2)伸缩装置必须锚固牢靠,伸缩性能必须有效。

(3)伸缩缝两侧混凝土的类型和强度,必须符合图纸要求。

(4)伸缩缝处不得积水。

2. 检查项目

伸缩装置安装检查项目见表 417-6。

伸缩装置安装检查项目 表 417-6

项次	检 查 项 目	规定值或允许偏差		检查方法和频率
1	长度(mm)	符合设计要求		尺量:每道
2	缝宽(mm)	符合设计要求		尺量:每道 2 处
3	与桥面高差(mm)	2		尺量:每侧 3 ~ 7 处
4	纵坡(%)	一般	±0.5	水准仪:测量纵向锚固混凝土端部 3 处
		大型	±0.2	水准仪:沿纵向测伸缩缝两侧 3 处
5	横向平整度(mm)	3		3m 直尺:每道

注:项次 2 应按安装时气温折算。

3. 外观检查

伸缩缝无阻塞、渗漏、变形、开裂现象,不符合要求时必须进行整修。

417.05 计量与支付

1. 计量

桥面伸缩装置按图纸要求安装并经监理人验收的数量,分不同结构形式以米计量。其内容包括伸缩装置的提供和安装等作业。

除伸缩装置外的其他接缝,如橡胶止水片、沥青类等接缝填料,作为有关工程的附属工作,不另行计量。

安装时切割和清除伸缩装置范围内沥青混凝土铺装或安装伸缩装置所需的部分水泥混凝土及临时或永久性的扣件、钢板、钢筋、焊接、螺栓、粘结等,作为伸缩装置安装的附属工作,不另行计量。

2. 支付

按上述规定计量,经监理人验收的列入了工程量清单的以下支付子目的工程量,其每一计量单位,将以合同单价支付。此项支付包括材料、劳力、运输、工具、安装等及其他为完成伸缩装置工程所必需的费用,是对完成工程的全部偿付。

3. 支付子目

子　目　号	子 目 名 称	单　　位
417-1	橡胶伸缩装置	m
417-2	模数式伸缩装置	m
417-3	梳齿板式伸缩装置	m
417-4	填充式材料伸缩装置	m

注:伸缩装置应按型号或要求的伸与缩的合计量,分列子项。分列子项时,先小型后大型。人行道伸缩装置、缘石伸缩装置、护栏底座伸缩装置与车行道伸缩装置合并计量,取平均单价。

第418节　防 水 处 理

418.01　范围

本节内容为桥梁工程中的混凝土或砌体表面防水工作。与路堤材料或路面接触的所有公路通道等结构物的外表面,亦应按图纸及本节要求做防水处理。

418.02　材料

结构物防水处理用材料应符合图纸要求,材料的主要性能应符合《地下工程防水技术规范》(GB 50108—2001)及《地下防水工程质量验收规范》(GB 50208—2002)的相关规定。

沥青涂刷层及沥青油毛毡防水层用材料应符合以下材料。

沥青:《建筑石油沥青》(GB/T 494—1998)。

沥青油毛毡:《石油沥青纸胎油毡》(GB 326—2007)。

418.03　施工要求

1. 沥青涂刷层

须做防水处理的混凝土按照第410节的规定养生之后,其表面应平整、洁净,并至少晾干10d。然后用刷子或喷枪给混凝土或砌体表面彻底刷上或喷上一道沥青胶结材料底层及三道防水沥青,每层均应在完全吸收后才喷刷下一层。在封层硬结前不应与水或土接触。当混凝土或前一层未干或气候条件不适宜时不应涂防水层。

沥青胶结材料防水层的施工气温不得低于图纸规定。温度低于图纸规定时,必须采取保温措施。在炎热季节施工,应采取遮阳措施,防止烈日暴晒,沥青流淌。

2. 沥青油毛毡防水层

需用预制沥青油毛毡做防水层的混凝土养生后,其表面应平整、洁净,并至少晾干10d,然后用一层冷底子油彻底封闭。当冷底子油的溶剂完全挥发后,连续洒布一层热沥青混合物,而后在热沥青层上铺油毡。铺油毡前,应将油毡表面的云母片、滑石粉等杂物清除。

油毡应铺得紧密,使油毡与混凝土表面之间,或各层油毡之间不存空气。油毡之间应搭接,端头至少应搭接 150mm,侧向至少应搭接 100mm。接头应安排得在任何一点都不超过三层油毡厚度,而且接头距离应尽可能远一些,以便把水从外露边缘排走。油毡防水层铺贴时的气温不应低于 5℃。

3. 晾干

当使用含挥发溶剂的沥青材料时,应待所有溶剂挥发后再铺筑下一层。如果使用乳化沥青,则应待全部水分蒸发。

4. 保护

除非图纸上另有说明,所有暴露于外面的、无覆盖的防水层都应用最小厚度为 10mm 的沥青砂层进行保护。

418.04 计量与支付

沥青或油毛毡防水层,作为与其有关子目内的附属工作,不另计量与支付。

第 419 节 圆管涵及倒虹吸管涵

419.01 范围

本节工作为圆管涵的施工,还包括倒虹吸管涵的修筑等有关作业。

419.02 材料

所需各项材料均须符合图纸和本规范第 201.02 小节规定的要求。

419.03 一般要求

1. 在开工之前,承包人应向监理人提供本工程的有关施工方法和施工安排的书面报告,只有在获得监理人的批准后,才能开工。

2. 承包人应按图纸确定的排水构造物的位置和高程,进行施工放样测量,并经监理人核准。

3. 排水构造物的基槽开挖和回填,应按本规范第 404 节和第 204 节的有关规定进行。当混凝土砌体的砂浆强度达到设计强度的 75% 以上时,方可进行回填。

4. 排水构造物的基槽底面均应夯实到图纸规定的压实度。若基槽底面的地质状况与图纸要求不符时,承包人应根据实际情况提出处理方案和加固措施,经监理人审核批准后进行地基处理。

5. 在软弱地基上修筑涵洞时,应在软基处理达到图纸规定及监理人批准的沉降期终了之后进行。

6. 为防止排水构造物的基底冲刷,承包人应严格按图纸要求施工。若监理人根据实际地形指示增加基底深度,承包人应按监理人的指示执行。

7. 涵管工程防水层的设置应按图纸进行,防水层材料应符合图纸要求和本规范201.02小节规定,并经监理人批准。涂抹防水层的圬工表面,应先清除粉屑污泥;涂抹工作应在干燥温暖的天气进行。油毛毡、防水纸等防水层,应在涂抹的热沥青尚未凝固时铺设,使防水层和结构物黏成一体。

8. 所有砂浆砌体均应按《公路桥涵施工技术规范》(JTJ 041—2000)第13.6节的有关规定进行勾缝及养护。所有混凝土的养生和表面缺陷修整弥补,应按照本规范第410节的有关规定执行。

9. 所有地面以下的隐蔽工程,只有在经监理人检验合格之后,才能掩埋。

10. 禁止施工机械直接在涵管构造物上通过,当涵管构造物上方填土高度大于0.5m时,经监理人书面批准,方可通过施工机械。

11. 由于承包人未执行上述有关规定而导致排水构造物的损坏和缺陷,应由承包人自费拆除重建。

419.04 预制混凝土构件

1. 预制

预制混凝土构件除应符合本规范第410节的有关要求外,还应符合下列规定:

(1)构件应按图纸所示尺寸制模,外形轮廓线条应顺直,其端面必须垂直于底面。预制圆管的质量要求见表419-1。

管节预制检查项目 表419-1

项次	检 查 项 目	规定值或允许偏差	检查方法和频率
1	混凝土强度(MPa)	在合格标准内	按JTG F80/1—2004附录D检查
2	内径(mm)	不小于设计	尺量:2个断面
3	壁厚(mm)	不小于设计壁厚-3	尺量:2个断面
4	顺直度	矢度不大于0.2%管节长	沿管节拉线量,取最大矢高
5	长度(mm)	-5,-0	尺量

(2)当构件外露表面宽度小于200mm时,应用整块模板或在内侧(与混凝土接触部分)铺衬适当材料,使外露表面上不得出现搓板及接缝痕迹。

(3)所预制构件成品,表面应清洁平整,没有蜂窝、麻面、离析、坑洞、破角或其他缺陷,且无外部涂刷的痕迹。外形轮廓清晰,线条顺直,无翘曲现象。

(4)预制构件的混凝土强度必须达到设计强度的70%以后,才允许脱底模。

2. 检验和废弃

(1)所有预制构件的材料质量、制造工艺及制成的构件,都应在预制场地接受检查和试验,具体的检验或试验项目、标准及抽样数量均应经监理人批准;承包人应将待检查的成品另外安放在特定的场地。

(2)用于试验的预制件,由承包人免费提供,并由监理人任意选择。

(3)除监理人批准可修复外,具有下列任一缺陷的成品应予废弃。

a. 由于配合比、拌和、浇筑和养生不当而显示出成型不良。

b. 钢筋外露或严重放错位置(用一种被认可的混凝土钢筋覆盖层测定仪检查)。

c. 端部开裂或损坏,致使连接处连接不良。

d. 成品尺寸超过允许偏差。

(4)废弃的构件应立即搬走,并由承包人自费更换。

3. 运输与装卸

涵管在运输、装卸过程中,应采取防碰撞措施,避免管节损坏或产生裂纹。涵管装卸和堆放工作应用吊车或经监理人批准的吊具进行,禁止采用滚板或斜板卸管,并不得在地上滚动。存放场地的位置和装卸的操作方法必须经监理人认可。

419.05 施工要求

1. 挖基

(1)基础开挖应符合图纸要求及本规范第404节有关规定执行。当在原有灌溉水流的沟渠修筑时,承包人应开挖临时通道保护好灌溉水流。

(2)基槽开挖后,应紧接着进行垫层铺设、涵管敷设及基槽回填等作业。如果出现不可避免的耽误,无论是何原因,承包人均应采取一切必要措施,保护基槽的暴露面不致破坏。

2. 垫层和基座

(1)砂砾垫层应为压实的连续材料层,其压实度应在95%以上,按重型击实法试验测定;砂砾垫层应分层摊铺压实,不得有离析现象,否则要重新拌和铺筑。

(2)石灰土作垫层时,混合料的配合比设计,承包人应在施工前报监理人批准;施工中要拌和均匀,分层摊铺,分层压实,其压实度应在90%以上,按重型击实法试验测定。

(3)混凝土基座应按本规范第400章规定施工,基座尺寸及沉降缝应符合图纸所示,沉降缝位置应与管节的接缝位置相一致。

(4)管涵基础应按图纸所示或监理人的指示,结合土质及路基填土高度设置预留拱度。

3. 钢筋混凝土圆管涵成品质量

(1)管节端面应平整并与其轴线垂直;斜交管涵进出水口管节的外端面,应按斜交角度进行处理。

(2)管壁内外侧表面应平直圆滑,如果缺陷小于下列规定时,应进行修补完善后方可使用,如果缺陷大于下列规定时,不预验收,应报监理人处理。

a. 每处蜂窝面积不得大于30mm×30mm;

b. 其蜂窝深度不得超过10mm;

c. 蜂窝总面积不得超过全面积的1%,并不得露筋。

(3)管节混凝土强度应符合图纸要求,混凝土配合比、拌和均应符合本规范第410节有关规定。

(4)管节各部尺寸,不得超过表419-1的规定值。

4. 敷设

(1)管节安装从下游开始,使接头面向上游;每节涵管应紧贴于垫层或基座上,使涵管受力均匀,所有管节应按正确的轴线和图纸所示坡度敷设。如管壁厚度不同,应使内壁齐平。

(2)在敷设过程中,应保持管内清洁无脏物,无多余的砂浆及其他杂物。

(3)任何管节如位置设置不准确,承包人应自费取出重新设置。

(4)在软基上修筑涵管时,应按图纸和监理人指示对地基进行处理,当软基处理达到图纸要求后,方可在上面修筑涵管。

5. 接缝

(1)涵管接缝宽度不应大于 10mm,禁止加大接缝宽度来满足涵长的要求,并应用沥青麻絮或其他具有弹性的不透水材料填塞接缝的内、外侧,以形成一柔性密封层。如图纸所示或监理人要求,应再用两层 150mm 宽的浸透沥青的油毛毡包缠并用铅丝绑扎接缝部位。

(2)如果图纸规定,在管节接缝填塞好后,应在其外部设置 20 级混凝土箍圈。箍圈环绕接缝浇筑好后,应给予充分养生,使获得满意的强度而不产生裂缝、脱落现象。

(3)当管节采用承插式接缝时,在承口端应先坐以干硬性水泥砂浆,在管节套接以后再在承口端的环形空隙内塞以砂浆,以使接头部位紧密吻合,并将内壁表面抹平。

(4)当管节采用套环接缝时,应按接缝形式分别采用沥青麻絮、水泥砂浆或沥青砂紧密填塞所有接缝,使其稳固、耐久和不漏水。在填塞沥青砂之前,应在圆管的外表面和套环内表面涂刷沥青涂层,以增强其黏性,并按图纸所示部位固定捆扎绳,以免沥青砂外漏。

(5)倒虹吸管宜采用圆管,进出水口必须设置竖井。管节接头及进出水口应按图纸要求进行防水处理,不得漏水和渗水。按图纸要求或根据监理人指示在填土覆盖前应进行灌水试验。

6. 进出水口

(1)进出水口应按图纸所示,采用混凝土或圬工结构修筑。施工工艺应分别符合本规范第 410 节和第 413 节的规定。

(2)进出水口的沟床应整理顺直,使上下游水流稳定畅通。当设有跌水井和急流槽时,应按图纸或监理人的指示进行施工。

7. 回填

(1)经检验证实圆管涵和倒虹吸管安装及接缝符合要求,并且其砌体砂浆或混凝土强度达到设计强度的 75%,方可进行回填作业。回填土按本规范第 404 节规定进行。

(2)涵洞处路堤缺口填土应从涵洞洞身两侧不小于 2 倍孔径范围内,同时按水平分层、对称地按照图纸要求的压实度填筑、夯(压)实。填土方法应按照本规范第 204 节有关规定办理。

(3)用机械填土时,除应按照上述规定办理外,涵洞顶上填土厚度必须大于 0.5 ~ 1.0m时,才允许机械通过。

419.06　质量检验

1. 管座及涵管安装

(1)基本要求

a.涵管必须检验合格方可安装。

b.地基承载力须满足图纸要求,涵管与管座、垫层或地基紧密贴合,垫稳坐实。

c.接缝填料嵌填密实,接缝表面平整,无间断、裂缝、空鼓现象。

d.每节管底坡度均不得出现反坡。

e.管座沉降缝应与涵管接头平齐,无错位现象。

f.要求防渗漏的倒虹吸涵管须做渗漏试验,允许渗漏量应符合表419-2的要求。

倒虹吸管灌水试验允许渗水量 表419-2

管径(m)	允许渗水量(混凝土和钢筋混凝土)	
	$m^3/d\cdot km^{-1}$	$L/h\cdot m^{-1}$
0.50	22	0.9
0.70	26	1.1
1.00	32	1.3
1.20	36	1.5
1.50	42	1.7
2.00	52	2.1
2.20	56	2.3
2.40	60	2.5

(2)检查项目

管座及涵管安装见表419-3。

管座及涵管安装检查项目 表419-3

项次	检查项目		规定值或允许偏差	检查方法和频率
1	管座或垫层混凝土强度		在合格标准内	按JTG F80/1—2004附录D检查
2	管座或垫层宽度、厚度		≥设计值	尺量:抽查3个断面
3	相邻管节底面错台(mm)	管径≤1m	3	尺量:检查3~5个接头
		管径>1m	5	

(3)外观检查

管壁顺直,接缝平整,填缝饱满。

2.倒虹吸竖井砌筑

(1)基本要求

a.砌块的质量和规格符合图纸要求,砌筑砂浆所用材料符合规范要求。

b.井基符合图纸要求。

c.应分层错缝砌筑,砌缝砂浆应饱满。抹面时应压光,不得有空鼓现象。

d.接头填缝应平整密实、不漏水。

e.井内不得遗留建筑垃圾、杂物等。

f.按设计规定做灌水试验,试验结果应满足要求。

(2)检查项目

倒虹吸竖井砌筑的检查项目见表 419-4。

倒虹吸竖井砌筑检查项目　　表 419-4

项次	检 查 项 目	规定值或允许偏差	检查方法和频率
1	砂浆强度(MPa)	在合格标准内	按 JTG F80/1—2004 附录 F 检查
2	井底高程(mm)	±15	水准仪:测 4 点
3	井口高程(mm)	±20	
4	圆井直径或方井边长(mm)	±20	尺量:2～3 个断面
5	井壁、井底厚(mm)	+20, −5	尺量:井壁 4～8 点,井底 3 点

(3)外观检查

井壁平整、圆滑,抹面无麻面、裂缝。

3. 一字墙和八字墙

(1)基本要求

a. 砌块、水泥、砂、水的质量应符合图纸及本规范的要求,混凝土或砂浆应按规定的配合比施工。

b. 地基承载力及基础埋置深度必须满足图纸要求。

c. 砌块应分层错缝砌筑,坐浆挤紧,嵌填饱满密实,不得有空洞。

d. 抹面应压光、无空鼓现象。

(2)检查项目

涵洞一字墙和八字墙的检查项目见表 419-5。

一字墙和八字墙检查项目　　表 419-5

项次	检 查 项 目	规定值或允许偏差	检查方式和频率
1	砂浆强度(MPa)	在合格标准内	按 JTG F80/1—2004 附录 F 检查
2	平面位置(mm)	50	经纬仪:检查墙两端
3	顶面高程(mm)	±20	水准仪:检查墙两端
4	底面高程(mm)	±50	
5	竖直度或坡度(%)	0.5	吊垂线:每墙检查 2 处
6	断面尺寸(mm)	不小于设计	尺量:各墙两端断面

(3)外观检查

a. 墙体直顺、表面平整。

b. 砌缝无裂隙;勾缝平顺,无脱落、开裂现象。

c. 混凝土墙蜂窝、麻面面积不得超过该面面积的 0.5%,深度超过 10mm 者必须处理。

419.07　计量与支付

1. 计量

(1)钢筋混凝土圆管涵或倒虹吸管涵,以图纸规定的洞身长度或监理人同意的现场沿涵洞中心线量测的进出洞口之间的洞身长度,分不同孔径及孔数,经监理人检查验收后以米计量。管节所用钢筋,不另计量。

(2)图纸中标明的基底垫层和基座,圆管的接缝材料、沉降缝的填缝与防水材料等,洞口建筑,包括八字墙、一字墙、帽石、锥坡、铺砌、跌水井以及基础挖方及运输、地基处理与回填等,均作为承包人应做的附属工作,不另计量与支付。

(3)洞口(包括倒虹吸管涵)建筑以外涵洞上下游沟渠的改沟铺砌、加固以及急流槽消力坎的建造等均列入本规范第 207 节相应子目内计量。

(4)建在软土、沼泽地区的圆管涵(含倒虹吸管涵),按图纸要求特殊处理的基础工程量(如:塑料排水板、袋装砂井、各种桩基、喷粉桩等)在本规范第 205 节相关子目中计量与支付,本节不另行计量。

2. 支付

按上述规定计量,经监理人验收的列入工程量清单的以下支付子目的工程量,其每一计量单位将以合同单价支付,此项支付包括材料、劳力、设备、运输等及其他为完成工程所必需的费用,是对完成工程的全部偿付。

在支付方式上,当完成管涵(含倒虹吸管)基础的浇筑或砌筑,经监理人检查认可后,支付管涵(含倒虹吸管)工程费用的 30%;管涵(含倒虹吸管)工程全部完成后,再支付工程费用的余下部分。

3. 支付子目

子 目 号	子 目 名 称	单 位
419-1	单孔钢筋混凝土圆管涵(ϕ…m)	m
419-2	双孔钢筋混凝土圆管涵(ϕ…m)	m
419-3	钢筋混凝土圆管倒虹吸管涵(ϕ…m)	m

注:圆管涵按不同的直径分列。

第 420 节　盖板涵、箱涵

420.01　范围

本节工作内容包括钢筋混凝土盖板涵、箱涵(通道)的建造及其有关的作业。

420.02　材料

所需材料应符合图纸要求及本规范第 201.02 小节及第 410 节的有关规定。

420.03　施工要求

1. 挖基

同本规范第 419.05-1 条的要求。

2. 垫层与基础

(1)同本规范第 419.05-2 条的要求。

(2)基础应按图纸要求设置沉降缝。

3. 涵洞施工

(1)现浇混凝土涵洞的台帽、台身、一字墙如为整体式时,台身和基础可以连续浇筑,也可不连续浇筑。八字式洞口或锥坡式洞口与涵台之间应是分离式。

(2)混凝土的涵台及基础分别浇筑时,基础顶面与涵台相接部分应拉成毛面。基础、涵台及洞口建筑(帽石除外)采用石砌时,应符合本规范第 413 节规定的要求。

(3)涵台或盖板,可按图纸设置的沉降缝处分段修筑。

(4)图纸有要求将钢筋混凝土盖板用锚栓与涵台锚固在一起时,应按图纸规定或监理人批准的其他方法固定锚栓。

(5)当设计有支撑梁时,应在安装或浇筑盖板之前完成。

(6)安装预制混凝土盖板,应注意下列事项:

a. 涵台帽强度达到设计强度的 70% 以上。

b. 安装后,盖板上的吊装装置,应用砂浆或监理人批准的其他材料填满;相邻板块之间采用高等级(1:2)水泥砂浆填塞密实。

c. 盖板安装前,应检查成品及涵台尺寸。

(7)箱形涵洞现场浇筑时应满足以下要求:

a. 在浇筑底板以前,应清除基座上的杂物,然后按图纸立模板、绑扎钢筋、浇筑混凝土。

b. 底板混凝土强度达到设计强度的 70% 后,方可在底板上立模浇筑侧板及顶板。

c. 在浇筑侧板上的牛腿时,应按图纸和监理人的指示预埋搭板联结锚固筋。

d. 严格按图纸所示的高程、纵坡和预拱度,设置垫层和基座以及浇筑涵洞混凝土。

(8)台背填土必须在支撑梁(或涵底铺砌)及盖板安装且砂浆强度及箱涵混凝土强度达到设计强度的 75% 以后,方可进行填土,填土应两个涵台同时对称填筑,并按本规范第 404 节有关规定进行回填。在涵洞上填土时,第一层的最小摊铺厚度不得小于 300mm,并防止剧烈的冲击。

4. 沉降缝

(1)设置沉降缝的道数、缝宽和位置应按图纸或监理人指示进行施工,并按图纸规定填塞嵌缝料或采用监理人批准的加氟化钠等防腐掺料的沥青浸过的麻絮或纤维板紧密填塞,和用有纤维掺料的沥青嵌缝膏或其他材料封缝。

(2)在缝处应加铺抗拉强度较高的卷材,如沥青玻璃纤维布或油毡,加铺的层数及宽度按图纸所示,具体的施工方法,应经监理人批准。

5. 防水层

(1)混凝土盖板或顶板、侧板外表面上在填土前应涂刷沥青胶结材料和其他材料,以形成防水层。

(2)涂刷的层数或厚度应按图纸和监理人的指示进行。

420.04　质量检验

1. 涵台

(1)基本要求

a. 所用的水泥、砂、石、水、外掺剂、混合材料的质量和规格必须符合图纸及本技术规范的要求,按规定的配合比施工。

b. 地基承载力及基础埋置深度须满足图纸要求。

c. 混凝土不得出现露筋和空洞现象。

d. 砌块应错缝、坐浆挤紧,嵌缝料和砂浆饱满,无空洞、宽缝、大堆砂浆填隙和假缝。

(2)检查项目

涵台检查项目见表 420-1。

(3)外观检查

a. 涵台线条顺直,表面平整。

b. 蜂窝、麻面面积不得超过该面面积的 0.5%,深度超过 10mm 者必须处理。

c. 砌缝匀称,勾缝平顺,无开裂和脱落现象。

涵台检查项目 表 420-1

项次	检 查 项 目		规定值或允许偏差	检查方法和频率
1	混凝土或砂浆强度(MPa)		在合格标准内	按 JTG F80/1—2004 附录 D 或 F 检查
2	涵台断面尺寸(mm)	片石砌体	±20	尺量:检查 3~5 处
		混凝土	±15	
3	竖直度或斜度(mm)		0.3% 台高	吊垂线或经纬仪:测量 2 处
4	顶面高程(mm)		±10	水准仪:测量 3 处

2. 盖板制作

(1)基本要求

a. 混凝土所用的水泥、砂、石、水、外掺剂及拌和料的质量和规格必须符合图纸及本技术规范要求,按规定的配合比施工。

b. 分块施工时接缝应与沉降缝吻合。

c. 板体不得出现露筋和空洞现象。

(2)检查项目

盖板制作检查项目见表 420-2。

盖板制作检查项目 表 420-2

项次	检 查 项 目		规定值或偏差	检查方法和频率
1	混凝土强度(MPa)		在合格标准内	按 JTG F80/1—2004 附录 D 检查
2	高度(mm)	明涵	+10,-0	尺量:抽查 30% 的板,每板检查 3 个断面
		暗涵	不小于设计值	
	宽度(mm)	现浇	±20	
		预制	±10	
3	长度(mm)		+20,-10	尺量:抽查 30% 的板,每板检查两侧

(3)外观检查

a. 混凝土表面平整,棱线顺直,无严重啃边、掉角。

b. 蜂窝、麻面面积不得超过该面面积的 0.5%,深度超过 10mm 者必须处理。

c. 混凝土表面出现非受力裂缝宽度超过图纸规定或图纸未规定时超过 0.15mm 必须处理。

3. 盖板安装

(1)基本要求

a. 安装前,盖板、涵台、墩及支承面检验必须合格。

b. 盖板就位后,板与支承面须密合,否则应重新安装。

c. 板与板之间接缝填充材料的规格和强度应符合图纸要求,并与沉降缝吻合。

(2)检查项目

盖板安装检查项目见表 420-3。

盖板安装检查项目　　表 420-3

项　次	检 查 项 目	规定值或允许偏差	检查方法和频率
1	支承面中心偏位(mm)	10	尺量:每孔抽查 4 ~6 个
2	相邻板最大高差(mm)	10	尺量:抽查 20%

(3)外观检查

板的填缝应平整密实。

4. 箱涵浇筑

(1)基本要求

a. 混凝土所用的水泥、砂、石、水、外掺剂及混合材料的质量规格必须符合图纸及本技术规范的要求,按规定的配合比施工。

b. 地基承载力及基础埋置深度须满足图纸要求。

c. 箱体不得出现露筋和空洞现象。

(2)检查项目

箱涵浇筑检查项目见表 420-4。

箱涵浇筑检查项目　　表 420-4

<table>
<tr><th>项次</th><th colspan="2">检 查 项 目</th><th>规定值或偏差</th><th>检查方法和频率</th></tr>
<tr><td>1</td><td colspan="2">混凝土强度(MPa)</td><td>在合格标准内</td><td>按 JTG F80/1—2004 附录 D 检查</td></tr>
<tr><td>2</td><td colspan="2">高度(mm)</td><td>+5, -10</td><td rowspan="2">尺量:检查 3 个断面</td></tr>
<tr><td>3</td><td colspan="2">宽度(mm)</td><td>±30</td></tr>
<tr><td rowspan="2">4</td><td rowspan="2">顶板厚
(mm)</td><td>明涵</td><td>+10, -0</td><td rowspan="2">尺量:检查 3 ~5 处</td></tr>
<tr><td>暗涵</td><td>不小于设计值</td></tr>
<tr><td>5</td><td colspan="2">侧墙和底板厚(mm)</td><td>不小于设计值</td><td>尺量:检查 3 ~5 处</td></tr>
<tr><td>6</td><td colspan="2">平整度(mm)</td><td>5</td><td>2m 直尺:每 10m 检查 2 处 ×3 尺</td></tr>
</table>

(3)外观检查

同本规范第 420.04-2(3)款规定。

420.05　计量与支付

1. 计量

(1)钢筋混凝土盖板涵(含梯坎涵、通道)、钢筋混凝土箱涵(含通道)应以图纸规定的洞身长度或经监理人同意的现场沿涵洞中心线测量的进出口之间的洞身长度,经验收合格后按不同孔径及孔数以米计量,盖板涵、箱涵所用钢筋不另计量。

(2)所有垫层和基座,沉降缝的填缝与防水材料,洞口建筑,包括八字墙、一字墙、帽石、锥坡(含土方)、跌水井、洞口及洞身铺砌以及基础挖方、地基处理与回填土、沉降缝的填缝与防水材料等作为承包人应做的附属工作,均不单独计量。

(3)洞口建筑以外涵洞上下游沟渠的改沟铺砌、加固以及急流槽等均列入本规范第 207 节有关子目计量。

(4)通道涵按下列原则进行计量与支付:

a. 通道涵洞身及洞口计量应符合上述第(1)款及(2)款的规定;

b. 通道范围(进出口之间距离)以内的土石方及边沟、排水沟等均含入洞身报价之中不另行计量;

c. 通道范围以外的改路土石方及边沟、排水沟等在本规范第 200 章相关章节中计量与支付;

d. 通道路面(含通道范围内)分不同结构类型在本规范第 300 章相关章节中计量与支付。

(5)建在软土、沼泽地区的盖板涵、箱涵(含通道),按图纸要求特殊处理的基础工程量(如:塑料排水板、袋装砂井、各种桩基、喷粉桩等)在本规范第 205 节相关子目中计量与支付,本节不另行计量。

2. 支付

按上述规定计量,经监理人验收的列入工程量清单的以下支付子目的工程量,其每一计量单位将以合同单价支付,此项支付包括材料、劳力、设备、运输等及其他为完成工程所必需的费用,是对完成工程的全部偿付。

在支付方式上,当完成涵洞工程基础部分的浇筑或砌筑,支付涵洞工程费用的 20%;完成涵洞墙身的浇筑或砌筑,再支付涵洞工程费用的 30%;涵洞工程全部完成后,再支付涵洞工程费用的余下部分。每一阶段完成的工程,均须得到监理人检查认可。

3. 支付子目

子 目 号	子 目 名 称	单 位
420-1	钢筋混凝土盖板涵(…m×…m)	m
420-2	钢筋混凝土箱涵(…m×…m)	m
420-3	钢筋混凝土盖板通道涵(…m×…m)	m
420-4	钢筋混凝土箱形通道涵(…m×…m)	m

第 421 节　拱　　涵

421.01　范围

本节工作内容包括石砌拱涵和混凝土拱涵的建造等有关作业。

421.02　材料

所用材料均须符合图纸及本规范第 402、第 410、第 413 节的要求。

421.03　施工要求

1. 挖基

同本规范第 419.05-1 条。

2. 垫层与基础

同本规范第 419.05-2 条,并符合图纸要求。

3. 拱涵施工

(1)拱架、支架、模板等由承包人负责设计,经监理人批准后进行施工。各种石料的砌筑工艺按本规范第 413 节进行。

(2)拱圈砌筑应由两侧向中间同时对称进行,以防拱架失稳,进出水口的拱上端墙应待拱圈合龙、砂浆强度达到设计强度的 30% 以上后方可进行施工。

(3)拱架拆除和拱顶填土,应符合下列条件之一时方可进行。

a. 拱圈砂浆强度达到设计强度的 70% 时方可拆除拱架;砂浆强度必须达到设计强度后方可进行拱上填土。

b. 当拱架未拆除,拱圈砂浆强度达到设计强度的 70% 时,可进行拱顶填土,但应在拱圈砂浆达到设计强度后方可卸架。

(4)混凝土拱涵的浇筑参照本规范第 410.10 小节有关规定进行。

421.04　质量检验

1. 基本要求

(1)所用的水泥、砂、石、水、外掺剂、混合材料的质量和规格必须符合图纸及本技术规范的要求,按规定的配合比施工。

(2)地基承载力及基础埋置深度须满足图纸要求。

(3)混凝土不得出现露筋和空洞现象。

(4)砌块应错缝、坐浆挤紧,嵌缝料和砂浆饱满,无空洞、宽缝、大堆砂浆填隙和假缝。

2. 检查项目

拱涵浇(砌)筑检查项目见表 421-1。

拱涵浇(砌)筑检查项目　　表 421-1

项次	检查项目		规定值或允许偏差	检查方法和频率
1	混凝土或砂浆强度(MPa)		在合格标准内	按 JTG F80/1—2004 附录 D 或 F 检查
2	拱圈厚度(mm)	砌体	±20	尺量:检查拱顶、拱脚 3 处
		混凝土	±15	
3	内弧线偏离设计弧线(mm)		±20	样板:检查拱顶、1/4 跨 3 处

3. 外观检查

(1)线形圆顺,表面平整。

(2)混凝土蜂窝、麻面面积不得超过该面面积的0.5%,深度超过10mm者必须处理。

(3)砌缝匀称,勾缝平顺,无开裂和脱落现象。

421.05 计量与支付

1. 计量

(1)石砌和混凝土拱涵(含梯坎涵、通道)应以图纸规定的洞身长度或经监理人同意的现场沿涵洞中心线测量的进出口之间的洞身长度,经验收合格后按不同孔径以米计量,钢筋不另计量。

(2)所有垫层和基础,沉降缝的填缝与防水材料,洞口建筑,包括八字墙、一字墙、帽石、锥坡(含土方)、跌水井、洞口及洞身铺砌以及基础挖方、地基处理与回填土等作为承包人应做的附属工作,均不单独计量。

(3)洞口建筑以外涵洞上下游沟渠的改沟、铺砌、加固以及急流槽等可列入本规范第207节有关子目中计量。

(4)通道涵按下列原则进行计量与支付:

a. 通道涵洞身及洞口计量应符合上述第(1)款及(2)款的规定;

b. 通道范围(进出口之间距离)以内的土石方及边沟、排水沟等均含入洞身报价之中不另行计量;

c. 通道范围以外的改路土石方及边沟、排水沟等,在本规范第200章相关章节中计量与支付;

d. 通道路面(含通道范围内)分不同结构类型在本规范第300章相关章节中计量与支付。

(5)建在软土、沼泽地区的拱涵,按图纸要求特殊处理的基础工程量(如:塑料排水板、袋装砂井、各种桩基、喷粉桩等)在本规范第205节相关子目中计量与支付,本节不另行计量。

2. 支付

同本规范第420.05-2条。

3. 支付子目

子 目 号	子目名称	单 位
421-1	拱涵(…m×…m)	m
421-2	拱形通道涵(…m×…m)	m

第500章　隧　　道

第 501 节　通　　则

501.01　范围

本章工作内容包括隧道的施工准备、洞口与明洞工程、洞身开挖、洞身衬砌、防水与排水、风水电作业及通风防尘、监控量测、特殊地质地段施工与地质预报等以及其他有关工程的施工作业。

501.02　材料

隧道工程所用的材料应符合图纸规定,且必须符合中华人民共和国颁布的标准规格和质量要求,经检验合格且监理人批准后方可使用。

1. 混凝土工程的钢筋、水泥、集料等应符合本规范第 403 节和第 410 节的规定。

2. 砌石工程的石料、水泥砂浆应符合本规范第 413 节的规定。

3. 喷射混凝土所用材料的性能、要求应符合本章第 503.05-2 条的规定;锚杆一般采用带肋钢筋,应符合本规范第 403 节的规定。

4. 支护用钢材及其他建筑材料应符合图纸规定,其技术指标应符合相应的国家标准。

5. 拱架、模板及支架的材料应符合图纸规定和相应的国家标准。

6. 防水材料应符合图纸要求和相应的国家标准。

501.03　一般规定

1. 核对图纸和补充调查

(1)施工前承包人要对图纸、资料等进行现场核对,并作补充调查,调查核对隧道所处的位置、地形、地貌、工程地质和水文地质、钻探图表,以及隧道进出口位置和其他相关工程的情况。

(2)调查核实水、电、交通运输及通信设施可利用的情况,当地生产、生活、劳力可以供应的情况。

(3)调查收集当地气象、水文资料。

(4)承包人将调查结果复制一份提交监理人,如有建议或改进意见应一并提交监理人审批。

2. 确定施工方案编制实施性施工组织设计

(1)承包人根据总体施工组织设计,结合本项目的具体情况、工期要求、施工队伍、机械设备、施工中的现场监控量测等因素,正确选定施工方案,制订施工顺序,编制实施性施工组织设计。

(2)实施性施工组织设计应根据图纸,对施工方法、施工工艺、工序安排、劳力组织、机械设备、材料供应、场地布置、监控量测、进度安排、供水、排水、供电、通风、通信和装渣运输方案,以及采用有关安全、质量、技术措施等的规章制度,作出合理计划并提出组织措施和充分预计可能出现的问题和对策。

(3)承包人将上述选定的施工方案、实施性施工组织设计和必要的图表资料报送监理人审批。

(4)承包人根据批准的施工方案和实施性施工组织设计,合理安排工序进度,循环作业,并做好机具选型配套工作和材料的供应保障工作,使施工按预定的计划进行。

3. 施工安全

(1)承包人对隧道施工安全应贯彻《中华人民共和国安全生产法》"安全第一,预防为主"的方针,严格地遵守《建设工程安全生产管理条例》(国务院第 393 号令)和《公路工程施工安全技术规程》(JTJ 076—95)的有关规定,制订安全制度和采取安全措施,并负责检查实施情况,切实地做到施工安全。

(2)在施工作业中应采取各种有效的防护措施,做好通风、照明、防尘、防水、降温和防治有害气体等的措施,保护环境卫生,保障施工人员的健康和生产安全。否则,由于承包人未采取有效防护措施,或采取的措施不力,从而导致施工人员发生人身安全事故或身体健康受到损害,承包人均应对此承担全部责任。

(3)承包人应按批准的施工方案、实施性施工组织设计和《公路工程施工安全技术规程》(JTJ 076—95)安全规程进行施工;在施工过程中,如发生工伤事故或工程事故,均不因施工方案曾获批准而减轻承包人应负的责任。

(4)承包人应根据批准的爆破计划和按施工安全技术规程的要求进行爆破作业,并对所有人身、工程本身及所有财产采取保护措施,并对由于爆破造成的任何事故或财产损失承担责任。

(5)施工过程中,应对围岩进行监控量测,根据量测结果及反馈信息,合理修正支护参数和开挖方法,指导施工和确保施工安全。承包人应根据图纸要求和《公路隧道施工技术规范》(JTG F60—2009)的规定,进行地质及支护状态观察、周边位移量测、拱顶下沉量测、锚杆内力及抗拔力量测、地表下沉量测,必要时可作超前地质预报。另外,根据监理人指示和围岩具体情况,进行围岩体内位移量测、围岩压力量测等。所有量测结果都应报送监理人备查。超前地质预报可采用声波探测或超前水平岩芯钻探或其他别的有效方法,查明地质情况,完善施工方案。

(6)炸药的管理和使用应严格遵守公安部门的有关规定,并获得公安部门的许可。爆破器材应设专人严格保管,严格领用手续。对器材应定期进行检查,失效及不符技术条件要求的,不得使用。

(7)在安全风险大的地质条件下施工或风险大的工程项目施工中,如围岩复杂、塌方、岩爆、涌水、瓦斯、围岩破碎、地下水渗漏以及仰拱基础开挖等,承包人应对此制订预控措施,以便出现险情时能及时防止和排除。

(8)承包人或其派出的施工人员应具有在紧急情况下,提出应急措施和组织抢险的能力,以备施工过程中,遇有特殊情况时能得到及时正确的处理。

(9)承包人对安全与工程防护,有责任和义务贯彻始终,一直到工程完工经监理人确认交验为止。

4. 施工过程中,当围岩地质条件发生变化,应报请监理人审定。若施工技术需作相应变更时,应报请监理人批准。对于Ⅰ~Ⅵ级围岩级别的划分,应符合《公路隧道设计规范》(JTG D70—2004)的规定。

监理人对围岩变化认可后,承包人应根据实际情况调整施工组织,以保证工程进度与质量。

5. 监控设施(如烟雾浓度检测仪、CO检测仪、交通量检测仪、车高仪、电视监控设施、信息板及信号标志等)、供配电设施、照明设施、通风设施、消防与救援设施、通信设施等的设置和安装所需的预留、预埋构件必须按图纸要求和监理人的指示正确设置,预留、预埋构件不得遗漏,并切实加以保护,不得受到毁损。

6. 承包人应建立自检体系,工程的每道工序都必须进行自检后,方可通知监理人检查。前道工序未经监理人检查批准,不得进行下一道工序的施工。

7. 施工中除应符合图纸及本规范的要求外,还应遵守《公路隧道施工技术规范》(JTG F60—2009)及《公路工程施工安全技术规程》(JTJ 076—95)的有关规定。

501.04　准备工作

1. 施工测量

(1)承包人应配备能胜任此项工作的人员和测量器材,在监理人监督下完成隧道施工前的各项测量工作,以及今后工程进行中的测量校对和监控量测工作。

(2)承包人应按《公路勘测规范》(JTG C10—2007)关于洞外控制测量的有关规定进行一切必要的测量和计算工作,并应将施测采用的方法和精度报监理人批准。

(3)承包人应根据合同图纸和有关勘测资料,对交付使用的隧道轴线桩、平面控制三角网基点桩、高程控制的水准基桩等,进行详细的测量检查和核对,不得有误,并将测量成果报送监理人。任何由于测量原因造成的误差、错误而产生的后果,应由承包人负责。

(4)承包人在放线中除公里桩、平曲线基本桩外,应设置必要的加桩,在工程实施中隧道中桩最大间距直线上不得大于10m,曲线上不得大于5m,并明确标出用地界桩、路面和排水沟中心桩、辅助基准点,以及其他为控制正确放线的水平和垂直标桩。

(5)承包人应保护好一切基准点和测桩,并予以固定;如遇损坏、遗失、位移等情况,应立即报告监理人,同时承包人应自费及时予以恢复。

(6)隧道洞口应设立中线桩及两个以上的后视点桩和两个水准点;并进行联测,核对其是否达到精度的要求。

2. 施工场地的准备和布置

(1)承包人应按隧道图纸,对拟建洞口构造物的施工场地进行清理,凡在施工区域内有碍施工的电杆、建筑物、道路等均应拆迁或移改。

(2)承包人应根据图纸要求,合理地布置施工场地,为隧道施工创造方便条件,应绘制施工场地布置图,主要内容有:

a. 弃渣场地位置和范围;

b. 轨道运输的卸渣线、编组线、牵出线和各种作业线的布置;

c. 运输道路、场内道路和其他运输设施的位置;

d. 大型机械设备的组装场地;

e. 各种材料的存放场地及回收材料的堆放位置;

f. 各种机械设备停放场地、加工场、仓库、工棚、宿舍、办公用房以及医疗等房屋的位置;

g. 通风、供水、供电、通信等设施的布置;

h. 场内临时排水系统的位置。

3. 交验前的准备

(1)为观察建成后隧道的稳定情况,隧道路面中心及两侧路缘带每隔 50m(曲线)或 100m(直线)应设置永久的水平观测点,在可能有采空区出现的地段、不良地质地段,观测点的距离应适当减小,并按监理人指示办理。交验时还应同时向监理人提交设有观测点位置与高程的平面图。

(2)隧道完工后,应按监理人指示及时准备全部竣工资料,与工程一并交验。提交的隧道竣工资料复制份数按监理人指示办理。竣工资料计有:

a. 机电设备装置的测试记录;

b. 竣工图纸及原始资料(包括监控量测记录);

c. 工程检查合格证;

d. 主要机械设备的技术合格证;

e. 竣工文件清单及竣工交验报告。

4. 环境保护

(1)隧道施工中,应尽量减少对原有自然环境的破坏,对因工程行为而造成的破坏,要有处理措施,如坡面防护、加固、排水、植被等。

(2)隧道凿岩应采用湿法钻孔。通风除尘和排除有害气体时,必须考虑洞口的环境污染和注意洞外常年主导风向与居民区位置的关系,必要时应改变排风口的位置或提高排风口的高度。

(3)隧道弃渣中硬质岩石应充分利用,多余废渣应在规定地点弃置,并做好妥善防护。必须避免因弃渣而引起排水不畅、污染水源及过高堆积引起坍塌、崩溃等的不良后果。

(4)隧道施工中排放的污水、废气或产生的噪声等,承包人应提出排放、处理方案,报请监理人批准。

(5)隧道施工中,由于可能造成地下水径流的改变或形成洞顶地表塌陷等而影响当地居民的生活、生产时,承包人应于施工前采取必要的预防措施,制订施工方案报请监理人批准。

501.05 质量检验

1. 基本要求

(1)洞口设置应符合设计要求。

(2)必须按设计设置洞内外的排水系统,不淤积、不堵塞。

(3)隧道防排水施工质量须符合如下的规定:

a. 高速公路、一级公路隧道和设有机电工程的一般公路隧道。

(a)隧道拱部、墙部、设备洞、车行横通道、人行横通道不渗水；
(b)路面干燥无水；
(c)洞内排水系统不淤积、不堵塞，确保排水通畅；
(d)严寒地区隧道衬砌背后不积水，排水沟不冻结。
b. 其他公路隧道
(a)拱部、边墙不滴水；
(b)路面不冒水、不积水，设备箱洞处不渗水；
(c)洞内排水系统不淤积、不堵塞，确保排水通畅；
(d)严寒地区隧道衬砌背后不积水，路面干燥无水，排水沟不冻结。
(4)隧道装修应符合《建筑装饰装修工程质量验收规范》(GB 50210—2001)的规定。
2. 外观要求
洞内没有渗漏水现象，结构轮廓线条顺直美观，隧道配置的设施完整齐全。
3. 隧道总体质量
隧道总体质量应符合表 501-1 的要求。

隧道总体检查项目　　表 501-1

项次	检 查 项 目	规定值或允许偏差	检 查 方 法
1	车行道(mm)	±10	尺量：每 20m(曲线)或 50m(直线)检查 1 次
2	净总宽(mm)	不小于设计图纸规定	尺量：每 20m(曲线)或 50m(直线)检查 1 次
3Δ	隧道净高(mm)	不小于图纸规定	水准仪：每 20m(曲线)或 50m(直线)测 1 个断面，每断面测拱顶和两拱腰 3 点
4	隧道偏位(mm)	20	全站仪或其他测量仪器：每 20m(曲线)或 50m(直线)检查 1 处
5	路线中心线与隧道中心线的衔接(mm)	20	分别将引道中心线和隧道中心线延长至两侧洞口，比较其平面位置
6	边坡、仰坡	不大于设计图纸规定	坡度板：检查 10 处

501.06　计量与支付

1. 本节所有准备工作和施工中应采取的措施，均为以后各节工程的附属工作，不作单独计量与支付。

2. 图纸中列出的工程及材料数量，在各节工程支付子目表中凡未被列出的，其费用应认为均含在与其相关的工程项目单价中，不再另予计量与支付。

第 502 节　洞口与明洞工程

502.01　范围

本节工作内容包括洞口土石方开挖、排水系统、洞门、明洞、坡面防护、挡墙以及洞口的辅助工程等的施工及其他有关作业。

502.02　一般规定

1. 洞口与明洞工程应按照隧道施工组织设计的顺序安排,按图纸要求先施工完成,以减少干扰,并保证安全,为加速隧道施工创造条件。

2. 隧道洞口附近其他构造物的施工安排,应考虑到隧道施工场地布置及适应弃渣、运输的需要,相邻工程的部署,亦应妥善安排。

3. 洞口工程特别是排水、坡面防护等工程在隧道施工过程中直至完工交验之前,应经常进行养护维修,费用由承包人自理。

4. 洞口施工时,如地质情况有变化或其他原因须变更设计或施工方案时,承包人应报请监理人批准或按监理人指示办理。

5. 洞口施工宜避开降雨期和融雪期,在寒冷地区施工,应按冬期施工的有关规定办理。

6. 隧道洞口可能出现地层滑坡时,承包人应根据地层的具体情况,采取相应的预防措施。因施工方法不当造成坍塌,一切增加的工程费用由承包人负责。

7. 洞口仰坡上方洞身范围禁止修建施工用水池。

502.03　施工要求

1. 洞口土石方

(1)按照图纸的要求,在洞口施工放样的线位上进行边坡、仰坡自上而下的开挖;不得采用大爆破,尽量减少对原地层的扰动。所有土石方的开挖除本节规定外,应按本规范第 200 章有关规定办理。

(2)边坡、仰坡上浮石、危石要清除,坡面凹凸不平应予整修平顺。

(3)洞门端墙处的土石方,应结合地层稳定程度、洞门施工季节和隧道施工方法等进行开挖。

(4)松软地层开挖边坡、仰坡时,宜随挖随支护,加强防护,随时监测、检查山坡稳定情况。

(5)进洞前必须完成应开挖的土石方。废弃的土石方,应堆放在指定地点,边坡、仰坡上方不得堆置弃土、石方。

(6)工程需要的填方,应按图纸或监理人的指示施工;超挖部分应按监理人批准的材料回填并压实或振捣密实,其费用由承包人自负。

2. 排水工程

(1)洞外排水工程包括边坡和仰坡外的截水沟、排水沟和洞口排水沟、涵管组成的排水系统,所有开挖与铺砌除按图纸施工外,还应符合本节和本规范第 413 节砌石工程的规定。

(2)边坡、仰坡外的截水沟或排水沟应于洞口土石方开挖前完成,截水沟及排水沟的上游进水口应与原地面衔接紧密或略低于原地面,下游出水口应妥善地引入排水系统。

(3)边坡、仰坡以外的上方,如有坑洼积水时,应按图纸或监理人的指示予以处理;但不得用土石方填筑,以免流失堵塞排水沟渠,影响洞口安全。

(4)路堑两侧边沟应与排水设施妥善连接,使排水畅通。土路肩及碎落台,应按图纸要求予以加固。

3. 坡面防护

(1)边坡、仰坡开挖面的防护措施,应按图纸进行,并主动制订工程措施报请监理人批准后及时实施。如情况有变化或图纸未作规定时,应按监理人的指示办理。

(2)坡面防护,一般采用浆砌片石、喷射混凝土、铺种草皮等措施,应按图纸及本规范第200章和第400章的有关要求进行施工。坡面喷射混凝土防护时,应将岩面浮渣及危岩清除干净。

4. 洞门

洞门应及早修筑,并尽可能安排在冬季或雨季前施工;所有建筑材料和施工要求,均应按照图纸及本规范第400章的有关规定进行,并符合以下要求:

(1)洞门施工放样位置准确。

(2)洞门基础开挖及支护方案应报监理人审批,基础必须置于稳固的地基上,地基承载力应满足图纸要求,做好防水排水工作,不得被水浸泡。基坑废渣、杂物等必须清除干净,报请监理人验收合格后,方可进行下一道工序。

(3)洞门拱墙应与洞内相邻的拱墙衬砌同时施工,连成整体。洞门端墙应与隧道衬砌紧密相连。

(4)洞门端墙的砌筑(或浇筑)与墙背回填,应两侧同时进行,防止对衬砌产生偏压。

(5)洞口装饰的隧道名牌,字样要求美观醒目。

(6)洞门建筑完成后,洞门以上仰坡坡脚如有损坏,应及时修补,并应检查与确保坡顶以上的截水沟和墙顶排水沟与路堑排水系统的完好与连通。

(7)端墙顶排水沟砌筑在填土上时,应将填土夯实紧密。

5. 明洞

(1)明洞地段土石方的开挖

a. 承包人应根据地形、地质条件、边坡及仰坡的稳定程度和图纸要求,提出施工方法、施工步骤、作业时间以及防护措施,报监理人审查批准。

b. 明洞的开挖可采用全部明挖法或拱上明挖拱下暗挖法。若采用后一种方法开挖时,起拱线以上的土石方为洞外明挖,按本规范第200章石方开挖的要求施工;起拱线以下的开挖为拱下暗挖,按本章洞内开挖的施工方法,以确保施工安全。

c. 土石方开挖,应按顺序进行,边坡开挖要严格控制爆破药量,爆破作业应符合本章第503.03小节的规定。明洞开挖后应即进行边坡防护。

d. 在松软地层开挖边坡、仰坡时,宜随挖随支护。

e. 明洞开挖前,应先做好洞顶的防水、排水设施,防止地面水冲刷而导致边坡、仰坡落石、塌方。在施工过程中,承包人应对因自身原因造成的落石、塌方所造成的危害、破坏和损失,负全部责任。

f. 明洞开挖的弃方,应堆置于经监理人批准的指定地点。

g. 明洞不宜在雨季施工,如确需在雨季施工时,应制订严密的施工方案和防护措施,同时应加强对山坡稳定情况的监测、检查。

(2)边墙基础

a. 明洞边墙基础应设置在符合图纸要求且稳固的地基上,基坑的渣体杂物、风化软层和积水应清除干净,经监理人检验合格后,方可进行下一道工序。

b. 偏压和单压明洞的外边墙基底,垂直路线方向宜挖成有向内的斜坡,以提高基底的抗滑力,如基底松软,应采取措施增加基底承载力。

c. 深基础开挖,应注意核查地质条件,如挖至设计高程,不符合图纸要求时,应提出变更设计报监理人审批。

(3)衬砌

明洞的衬砌,除应按本章第 504 节规定与要求办理外,还应遵守下列规定:

a. 拱圈按图纸要求制作挡头板、外模、支架、支柱,并应设有防止渗漏、跑浆和走模的施工措施;

b. 钢筋的加工及绑扎按本规范第 400 章的有关规定办理;

c. 浇筑拱圈混凝土时,应连续进行,不得中断;并应采取防雨措施。混凝土养生按本规范第 400 章的有关规定办理;

d. 起拱线以下暗挖时,应在拱圈混凝土达到设计强度后进行,并有保证拱圈安全和稳定的措施;

e. 沉降缝及施工缝的设置与施工,按图纸要求或监理人的指示办理。

(4)明洞与暗洞衔接

明洞施工一般采用先墙后拱法。当边坡松软易坍及明洞与暗洞衔接时,施工宜采用先拱后墙法。在仰坡暂能稳定的情况下,宜由内向外进行施工;在仰坡易坍塌的情况下,宜先将明洞拱圈浇筑到仰坡脚,再由内向外作洞内拱圈,并确保仰坡稳定。明洞与暗洞拱圈应连接良好。

(5)防水

a. 拱圈混凝土达到设计强度的 50% 后,拱圈背部以砂浆涂抹平整。设置防水层时应在拱背涂上一层热沥青后,立即从下向上敷设卷材防水层,敷设时应黏贴紧密,相互搭接错缝,搭接长度不小于 100mm,并向隧道内拱背延伸不少于 0.5m。先三油二毡后,再涂抹水泥砂浆厚 20mm。

b. 墙背竖向铺设无纺土工织物作滤层时,防水板与无纺土工织物应叠合一起,整体铺挂。

c. 拱背铺设黏土隔水层应按图纸要求选用黏性好、无杂质、无石块的黏土分层夯实,并与边坡、仰坡搭接良好,封闭严密。

d. 止水带的施工见本章第 505.04-2 条的规定。

(6)回填及拱架拆除

a. 拱圈混凝土达到设计强度、拱墙背防水设施完成后,方可回填拱背土方。

b. 明洞段顶部回填土方应对称分层夯实,每层厚度不得大于 0.3m,两侧回填的土面高差不得大于 0.5m;回填至拱顶后应分层满铺填筑,顶层回填材料宜采用黏土以利于隔水。回填土夯实度应符合图纸要求并经监理人认可。

c. 使用机械回填时,拱圈混凝土强度应达到设计强度,且需先用人工填筑夯实至拱顶以上 1.0m 后,方可使用机械施工。

d. 在人工填筑时,拱顶中心回填高度达到 0.7m 以上方可拆除拱架。若使用机械施工回填时,则应在回填土石全部完成后方可拆除拱架。

(7)仰拱

当设置仰拱时,应按本章第 504.04-9(1)款进行施工。

(8)遮光棚

遮光棚或遮光板应采用钢筋混凝土构件,可以就地浇筑,也可以预制安装。其所用材料及施工要求,均应符合图纸要求和本规范第 400 章有关规定。

502.04　质量检验

1. 基本要求

(1)洞口设置位置符合图纸要求。

(2)洞口边坡、仰坡的坡率,符合图纸要求。坡顶无危石、坡面无显著的凹凸不平。

(3)洞门排水与路基边沟排水组成系统。

(4)端墙、翼墙的混凝土浇筑,均匀密实,无蜂窝麻面现象。

(5)浆砌片(块)石,符合图纸要求,砌筑砂浆饱满密实,砌石分层错缝,砌体表面平整,无凹凸不平现象。

(6)伸缩缝、沉降缝位置适当,填缝符合图纸要求。

(7)基础的地基承载力须满足图纸和规范要求,严禁超挖回填虚土。

(8)明洞与暗洞应连接良好,符合图纸和规范要求。

(9)防水层施工前,明洞混凝土外部应平整,不得有钢筋外露。

(10)明洞外模拆除后,应立即做好防水层和纵向盲沟。

(11)墙背回填应两侧同时进行。

(12)人工回填时,拱圈混凝土的强度应达到设计强度的 75%。机械回填时,拱圈混凝土强度应达到设计强度且拱圈外人工夯填厚度不小于 1.0m。

(13)明洞黏土隔水层应与边坡、仰坡搭接良好,封闭紧密。

2. 检查项目

(1)排水工程中的浆砌截水沟、排水沟的检查项目见表 502-1。

(2)坡面防护采用浆砌片石护坡的检查项目见表 502-2。

(3)洞门端墙和翼墙的检查项目见表 502-3。

(4)明洞浇筑的检查项目见表 502-4。

(5)明洞防水层的检查项目见表 502-5。

(6)明洞回填的检查项目见表 502-6。

(7)外露及隐蔽工程各项施工记录、试验报告和其他有关资料。

浆砌截水沟、排水沟检查项目　　表 502-1

项次	检查项目	规定值或允许偏差	检查方法
1	砂浆强度(MPa)	在合格标准内	按 JTG F80/1—2004 附录 F 检查
2	轴线偏位(mm)	50	经纬仪或尺量:每 200m 测 5 处
3	沟底高程(mm)	±15	水准仪:每 200m 测 5 点
4	墙面直顺度(mm)或坡度	30 或符合设计要求	20m 拉线、坡度尺:每 200m 测 2 处
5	断面尺寸(mm)	±30	尺量:每 200m 测 2 处
6	铺砌厚度(mm)	不小于设计	尺量:每 200m 测 2 处
7	基础垫层宽、厚(mm)	不小于设计	尺量:每 200m 测 2 处

护坡检查项目 表502-2

项次	检查项目	规定值或允许偏差	检查方法
1	砂浆强度(MPa)	在合格标准内	按JTG F80/1—2004附录F检查
2	顶面高程(mm)	±50	水准仪:每50m检查3点,不足50m时至少2点
3	表面平整度(mm)	30	2m直尺:每50m检查3处
4	坡度	不陡于设计	坡度尺:每20m量3处
5	厚度(mm)	不小于设计	尺量:每100m检查3处
6	底面高程(mm)	±50	水准仪:每50m检查3处

洞门端墙、翼墙的检查项目 表502-3

项次	检查项目		规定值或允许偏差	检查方法
1	混凝土强度和砂浆强度(MPa)		在合格标准内	按JTG F80/1—2004附录D、F检查
2	平面位置(mm)	浆砌	50	每20m用经纬仪检查3点
		混凝土	30	
3	顶面高程(mm)	浆砌	±20	每20m用水准仪检查1点
		混凝土	±10	
4	表面平整度(mm)	浆砌	10	每20m用2m直尺检查3处
		混凝土	5	
5	断面尺寸(mm)		不小于图纸规定	每20m用尺量2个断面
6	基础底面高程(mm)	石质	+50,-200	每20m用水准仪检查1点
		土质	±50	
7	墙面坡度		不陡于图纸规定	每20m用吊垂线检查3处

明洞浇筑的检查项目 表502-4

项次	检查项目	规定值或允许偏差	检查方法
1	混凝土强度(MPa)	在合格标准内	按JTG F80/1—2004附录D检查
2	衬砌厚度(mm)	不小于图纸规定	尺量或地质雷达:每20m检查1个断面,每个断面自拱顶每3m检查1点
3	墙面平整度(mm)	20	2m直尺:每10m每侧检查2处

明洞防水层的检查项目 表502-5

项次	检查项目	规定值或允许偏差	检查方法
1	搭接长度(mm)	≥100	尺量:每环测3处
2	卷材向隧道延伸长度(mm)	≥500	尺量:检查5处
3	卷材于基底的横向长度(mm)	≥500	尺量:检查5处
4	沥青防水层每层厚度(mm)	2	尺量:检查10点

明洞回填的检查项目 表502-6

项次	检查项目	规定值或允许偏差	检查方法
1	回填层厚(mm)	≤300	尺量:回填一层检查一次,每次每侧检查5点
2	两侧回填高差(mm)	≤500	水准仪:每层测3次
3	坡度	不大于设计图纸规定	尺量:检查3处
4	回填压实质量	压实质量符合设计图纸要求	层厚及碾压遍数符合要求

3. 外观检查

(1)混凝土表面密实,每延米的隧道面积中,蜂窝、麻面和气泡面积不超过0.5%,深度不超过10mm。

(2)结构轮廓线条顺直美观,混凝土颜色均匀一致。

(3)施工缝平顺无错台。

(4)防水卷材无破损,接合处无气泡、折皱和空隙。

(5)回填坡面平顺、密实,排水畅通。

502.05 计量与支付

1. 计量

(1)各项工程,应按图纸所示和监理人指示为依据,按照实际完成并经验收的工程数量,进行计量。

(2)洞口路堑等开挖与明洞洞顶回填的土石方,不分土、石的种类,只区分为土方和石方,以立方米计量。

(3)弃方运距在图纸规定的弃土场内为免费运距,弃土超出规定弃土场的距离时(比如图纸规定的弃土场地不足要另外增加弃土场,或经监理人同意变更的弃土场),其超出部分另计超运距运费,按立方米公里计量。若未经监理人同意,承包人自选弃土场时,则弃土运距不论远近,均为免费运距。

(4)隧道洞门的端墙、翼墙、明洞衬砌及遮光栅(板)的混凝土(钢筋混凝土)或石砌圬工,以立方米计量。钢筋以千克(kg)计量。

(5)截水沟(包括洞顶及端墙后截水沟)圬工以立方米计量。

(6)防水材料(无纺布)铺设完毕经验收以平方米计量,与相邻防水材料搭接部分不另计量。

(7)洞口坡面防护工程,按不同圬工类型分别汇总以立方米计量,锚杆及钢筋网分别以千克计量;种植草皮以平方米计量。

(8)截水沟的土方开挖和砂砾垫层、隧道名牌以及模板、支架的制作安装和拆卸等均包括在相应工程中不单独计量。

(9)泄水孔、砂浆勾缝、抹平等的处理,以及图纸示出而支付子目表中未列出的零星工程和材料,均包括在相应工程子目单价内,不另行计量。

2. 支付

(1)按上述规定计量,经监理人验收的列入工程量清单的以下支付子目的工程量,其每一计量单位将以合同单价支付。此项支付包括材料、劳力、设备、运输等及其为完成洞口及明洞工程所必需的费用,是对完成工程的全部偿付。

(2)洞口土石方开挖与明洞洞顶回填各子目的合同单价,应以本规范第200章同子目的单价为结算依据。

3. 支付子目

子 目 号	子 目 名 称	单　位
502-1	洞口、明洞开挖	
-a	土方	m^3
-b	石方	m^3
-c	弃方超运	$m^3 \cdot km$
502-2	防水与排水	
-a	M...砂浆砌片石截水沟	m^3
-b	无纺布	m^2
	……	
502-3	洞口坡面防护	
-a	M...浆砌片石	m^3
-b	C...喷射混凝土	m^3
-c	种植草皮	m^2
-d	锚杆	kg
-e	钢筋网	kg
502-4	洞门建筑	
-a	C...混凝土	m^3
-b	M...浆砌粗料石(块石)	m^3
-c	钢筋	kg
502-5	明洞衬砌	
-a	C...混凝土	m^3
-b	光圆钢筋(HPB235)	kg
-c	带肋钢筋(HRB335)	kg
	……	
502-6	遮光棚(板)	
-a	C...混凝土	m^3
-b	光圆钢筋(HPB235)	kg
-c	带肋钢筋(HRB335)	kg
	……	
502-7	洞顶回填	
-a	回填土石方	m^3

第503节　洞身开挖

503.01　范围

本节工作内容包括洞身及行车、行人横洞以及辅助坑道的开挖、钻孔爆破、施工支护、装渣运输等有关作业。

503.02　一般规定

1. 承包人应在开挖前28d根据地质、机械设备等条件向监理人提出符合隧道具体情况的施工方案(包括开挖顺序、爆破、施工照明、通风、排水、支护、出渣等),并经监理人审查批准。施工方法宜采用新奥法,并根据施工中具体情况的变化,也可及时改变施工方法,但都必须报经监理人批准。

2. 承包人应根据批准的施工方案,以现代化施工技术,合理地安排工序,科学地组织隧道施工,以保证合格的施工质量和合理的计划进度。

3. 承包人应安排好施工过程的测量,以保证隧道按设计方向和坡度施工,使开挖断面符合图纸所示尺寸,尽量做到不欠挖和少超挖。洞内还应每隔50m设置一个水准点。

4. 监理人批准的施工方法,如有导致工程的缺陷或失败的情况,都不应减轻承包人在施工中的责任。

5. 在施工过程中,承包人应根据对开挖面的直接观察、围岩变形的量测结果,辅以超前地质预报,结合岩层构造、岩性及地下水情况,提出围岩分类的修改意见,并判定坑道围岩的稳定性,提出相应的处理措施,报请监理人批准。

6. 在洞身开挖过程中,为保证洞内工作人员施工安全,承包人应配备安置足够长度的逃生管。施工中一旦发生事故,洞内工作人员得以安全通过逃生管安全撤出。逃生管的管径不宜小于600mm,管壁厚不宜小于10mm。配备逃生管所需费用计入支付子目102-3安全生产费之中。

503.03　开挖作业

1. 开挖要求

(1)承包人应根据监理人批准的施工方案或其后批准的修改方案完成开挖作业。洞口处边坡防护工程未完成,不得进行洞身开挖。

(2)为了最大限度地利用围岩自承能力,承包人必须采用减少围岩扰动的方法进行洞身开挖。各级围岩的开挖方法参见《公路隧道施工技术规范》(JTG F60—2009)有关规定。

(3)在确定开挖断面时,除应满足隧道净空和结构尺寸外,并应考虑围岩及初期支护的变形。当采用复合式衬砌时,还应考虑适当预留变形量,预留变形量的大小可根据围岩级别、断面大小、埋置深度、施工方法及支护情况等,采用工程类比法测定;如无预测值时,可参照《公路隧道设计规范》(JTG D70—2004)表8.4.1确定。施工过程中,应根据现场监控量测结果进行调整。

(4)洞身开挖断面尺寸应符合图纸要求,边沟、电缆沟及边墙基础也同时开挖,所有开挖应按图纸标明的开挖线进行施工,并一次挖够。在开挖过程中,承包人应随时测定隧道轴线位置和高程。预留洞室在施工前应与图纸进行核对,确保洞室的数量与位置正确。

(5)在开挖的进程中应考虑按有利于减少超挖、有利于围岩稳定的施工方法进行。除指定、责任未定的或非承包人的错误造成的超挖外,无论承包人出于任何原因所造成的超过允许范围的超挖,以及这部分超挖的回填,所有材料和施工费用均由承包人负责。

(6)严格控制断面开挖,不应欠挖,仅在岩层完整、抗压强度大于30MPa,经监理人确认不影响衬砌结构的稳定和强度时,岩石个别突出部分(每平方米内不大于0.1m^2)可侵入衬砌,侵入值不得大于50mm。拱脚、墙脚以上1m内断面严禁欠挖。

应尽量减少超挖,不同围岩地质条件下的允许超挖值应按《公路隧道施工技术规范》(JTG F60—2009)的相关规定。采用复合式衬砌时,开挖轮廓应按图纸规定预留变形量,图纸无规定时,可按《公路隧道施工技术规范》(JTG F60—2009)的相关规定。

(7)采用台阶法施工时,台阶不宜分层过多,上下台阶之间的距离尽可能满足机具正常作业,并减少翻渣工作量;当顶部围岩破碎,需支护紧跟时,可适当延长台阶长度。

(8)当两相对掘进工作面接近打通时,两端施工应加强联系,统一指挥。当两工作面的距离剩下15m时,应从一面掘进贯通。

(9)浅埋隧道开挖时应严格控制地表沉陷,减小循环开挖进尺和防止塌方。为此,应根据具体情况,采取适当措施,如:

a.施工中为减少对围岩扰动,宜采用单臂掘进机或风镐开挖,爆破开挖时应遵循短进尺、强支护、弱爆破、勤观测的原则;

b.应加强对拱脚的处理,安设拱脚锚杆;

c.及时施作仰拱或临时仰拱;

d.若初期支护变形过大,又不宜加固时,可对洞周2~3m范围内的围岩进行系统深孔岩石注浆;

e.在V级以下软弱破碎围岩或有涌水时,应采用预注浆,或从地表安设地层锚杆,或洞内环形固结注浆或采用管棚法加固地层;

f.应加强地表下沉、拱顶下沉的观测及反馈以指导施工。

(10)隧道内两相向施工中线在贯通面上的极限误差应符合表503-1的规定。

(11)由洞外设置洞口投点桩时,测量误差和洞内支导线放样测量误差引起的贯通面产生的中误差应不大于表503-2的规定。

隧道中线极限贯通误差 表503-1

类别	两相向开挖洞口间长度(m)	两端施工中线在贯通面上的极限误差(mm)
横向	<3 000	±150
	3 000~6 000	±200
	>6 000	±300
高程	不限	±70

贯通中误差　　表503-2

测量部位	两开挖洞口间长度(m)			高程中误差(mm)
	<3 000	3 000～6 000	>6 000	
	贯通中误差(mm)			
洞外	45	60	90	25
洞内	60	80	120	25
全部隧道	75	100	150	25

2. 钻爆设计

(1)在岩石隧道爆破作业的掘进中,对爆破技术诸要素如钻眼大小、孔深、间距、药量、钻眼分布与起爆顺序等应慎重研究与严格控制。

在进行钻爆施工前至少14d,承包人应完成钻爆设计并报请监理人批准。

(2)钻爆设计应在综合研究地质条件、开挖断面、开挖方法、掘进循环进尺、钻眼机具、爆破器材等的基础上进行。其主要内容有:炮孔布置图(包括掏槽方式、钻孔深度及斜度);装药结构图(包括装药量及炮孔堵塞方式);钻爆参数表;起爆方法和顺序,必要时应绘制爆破图;主要技术经济指标及必要的说明。

(3)钻爆设计应使用光面爆破或预裂爆破技术,爆破参数的选择,均应通过试验确定。无试验条件时,可参照《公路隧道施工技术规范》(JTG F60—2009)有关参数。

a. 光面爆破的要求:

(a)残留炮孔痕迹,应在开挖轮廓面上均匀分布。炮孔痕迹保留率:硬岩不少于80%,中硬岩不少于70%,软岩不少于50%。

(b)相邻两孔之间的岩面平整,孔壁不应有明显的爆破裂隙。

(c)相邻两孔之间出现的台阶形误差不得大于150mm。

b. 预裂爆破的要求:

(a)在主要爆破眼引爆前,瞬时爆破单排密距孔眼,可获得沿开挖线的预裂面,减少对主要爆破眼的爆破影响,从而减少外层岩石的破损。

(b)最理想的情况是单一的断裂应连接到邻近的爆破眼,并在每个预裂孔眼内还保留一半的孔深。

(c)预裂爆破孔的预裂缝宽度一般不宜小于5mm。

3. 钻爆作业

(1)钻爆作业必须按照钻爆设计进行。当开挖条件出现变化时,爆破技术应随围岩条件的变化而做相应改变。

(2)钻炮眼前应绘出开挖断面的中线、水平和断面轮廓,并根据爆破设计标出炮眼的位置,经检查符合设计要求后,方可钻眼。

(3)炮眼的深度、角度、间距应按设计要求确定,并应符合设计精度要求。

(4)钻眼完毕,应按炮眼布置图进行检查,并做好记录,经检查合格后,方可装药。

(5)装药前应将炮眼内泥浆、存水及石粉吹洗干净,所有装药的炮眼均应及时堵塞炮泥,周边眼的堵塞长度不宜小于200mm。

(6)采用预裂爆破法时,应从药包顶端起堵塞,不得只在眼口堵塞。

采用电力起爆时,应按《土方与爆破工程施工及验收规范》(GBJ 201—1983)中的爆破工程部分规定及《公路隧道施工技术规范》(JTG F60—2009)有关规定执行。

(7)周边眼以一次同时起爆为宜。当在软岩地段必须对爆破震动加以控制时,周边眼可根据地质条件分组起爆。

(8)爆破后应设专人负责清帮清顶,同时要对开挖面和未衬砌地段立即进行检查,如察觉可能产生险情时,承包人应采取措施,及时处理。

(9)双连拱衬砌断面的开挖爆破属分部开挖作业,应严格遵守"短进尺、弱爆破"的原则,遵守有关"爆破与震动"的作业要求;核心围岩的开挖爆破,不得对已衬砌结构的安全产生影响甚至破坏。

4. 雷电期间作业

(1)雷电将临时,应立即停止所有地面或地下的炸药运输和短程搬运,所有人员应立即撤至安全地点,并将雷电来临或雷电已过的信号,通知洞内工作人员。

(2)爆破作业已完成的地段,承包人应提供、安装并使用经批准的雷电监控器和自动报警灯。

5. 爆破与震动

(1)爆破或其他作业所引起地面震动,不得损坏地面现有建筑物和公共设施。

(2)承包人应提供合格的仪器、量测人员和资料分析人员。监测并记录每次爆破的震动情况及空气增压情况,调整爆破作业,使震速不超过允许值,并防止开挖失稳。

(3)所有的爆破和施工操作,对地面现有建筑物震动的最大震速应小于 25mm/s。

对于新浇筑混凝土的震速要求,不得超过表 503-3 规定值:

新浇筑混凝土的震速要求 表 503-3

混凝土龄期(h)	震速限值(mm/s)	混凝土龄期(h)	震速限值(mm/s)
12 ~ 24	6.25	48 ~ 120	25
24 ~ 48	12.5		

(4)在最邻近爆破地点的现有建筑物所量测的爆破冲击噪声,不得超过 130dB。使用有线频反应的最大冲击记录仪记录的爆破时空气超压不得超过 0.005MPa。

(5)合同图纸中规定禁止爆破的地方严禁爆破。有关震动记录资料应随时提供监理人检查,必要时应提供复印件。

6. 爆破安全措施

(1)爆破材料的运输、储存、加工、现场装药、联线、起爆及瞎炮处理,必须遵守《爆破安全规程》(GB 6722—2003)的有关规定。

(2)进行爆破时,人员应撤至受爆破影响范围之外,一般距爆破工作面的距离应不少于 200m。

爆破期间,除引爆电路外,所有动力及照明电路均应断开或改移到距爆破点不小于 50m 的地点。

(3)当开挖面与衬砌面平行作业时,应根据混凝土强度、围岩特性以及爆破规模等因素确定其距离,一般不宜小于 30m。

(4)爆破后必须立即进行安全检查,查出有未起爆的瞎炮,应按《爆破安全规程》(GB 6722—2003)的有关规定进行处理,确认无误后才能出渣。

7. 有害气体安全措施

(1)坑道中如遇有害气体,所有人员应立即停止工作,并撤至洞外。承包人应采取措施,在确认无危险后,方可继续进洞施工。

(2)承包人应对有害气体定时检测、记录,并报监理人检查,隧道中有害气体不得超过第507.03-1(2)款的标准。

(3)凡在含有害气体隧道施工,应安装连续监测可燃气体和有害气体的分析仪和报警器,报警器应能视觉报警,又能听觉报警。

(4)承包人应为工作人员提供各种必要的安全工具和安全灯,在可能出现有害气体地区还应提供防毒面具。

8. 放射性物质安全措施

(1)施工过程或图纸示出隧道将通过有放射性物质区域时,除按本节规定施工外,应严格遵守行业安全规程的有关规定。

(2)图纸示出围岩含有放射性物质的区域,施工时应严格按照图纸要求进行检测、开挖、运输和弃渣的处置。

(3)在含有放射性物质的区域施工现场,承包人应配备有检测有害物质的仪器设备,必须有专职的检测人员负责检测。对施工人员应采取安全保护措施,同时还应制订安全应急预案。

(4)隧道开挖过程,如发现有放射性危害的异常情况,在一般情况下,施工人员应停止施工作业,撤至洞外,并报告监理人和有关单位,待有关方面作出评估和采取相应措施后,方可继续施工。

503.04　装渣运输

1. 运输方案的选择

(1)在隧道施工组织设计中提出的装渣运输方案,应根据断面大小、施工方法、机具设备、运量要求确定方案,并不断地改进装、运、卸和调车作业,减少干扰,提高运输效率,保证作业安全。

(2)在长隧道施工中,应建立工程运输调度,根据施工安排编制运输计划,统一指挥,提高运输效率。

(3)装渣应选用在隧道断面内能发挥高效率的机具,装渣能力应与运输车辆的容积相适应。运输方式根据隧道长度、机具设备和施工条件,选用有轨或无轨的运输方式;报请监理人批准后,在施工过程中承包人必须严格执行批准的运输方案。切忌二次倒运。

2. 有轨运输与无轨运输的作业要求应符合《公路隧道施工技术规范》(JTG F60—2009)的规定。

3. 弃渣装运

(1)弃渣装运应按监理人批准的方案进行,不得干扰任何施工作业或其他设施,并应符合本规范第501.04-4(3)款的要求。

(2)所有弃渣堆顶面及坡脚处,或与原地面衔接处均应修筑永久排水设施和其他必要的防护工程,以确保地表径流不致冲蚀弃渣堆。

(3)弃渣区整修后,应经监理人验收合格。

503.05 施工支护

1.一般规定

(1)施工支护措施,应紧随开挖面及时施作,确保施工安全,并控制围岩变形和减少围岩暴露时间。它可作为开挖面临时支护,亦可作为永久衬砌的一部分。临时支护包括喷射混凝土、锚杆、锚杆与喷射混凝土并用,锚杆、挂钢筋网与喷射混凝土并用。

(2)不同类别的围岩,应采用不同结构形式的施工支护。

a.Ⅰ、Ⅱ级围岩支护时,宜采用局部喷混凝土或局部锚杆,为防止岩爆和局部落石,可局部加栓钢筋网。

b.Ⅲ、Ⅳ级围岩可采用锚杆、锚杆挂网、喷混凝土或锚喷联合支护,Ⅳ级围岩必要时可加设钢架。

c.Ⅴ、Ⅵ级围岩宜采用锚喷挂网的联合支护形式,并可结合辅助施工方法进行施工支护。

d.当地质条件差,围岩不稳定时,可采用构件支护。

(3)施作锚杆、喷射混凝土和构件支护时,均应作好记录备查。

2.喷射混凝土

(1)一般要求

a.在喷射混凝土施工前28d,承包人应提交喷射混凝土的施工方案,包括喷射方式、机具设备、操作方法、混合料配合比及外加剂等,并附简要说明,报请监理人批准。

b.在每一开挖面施工现场,承包人应始终最少拥有一台可正常操作的喷浆机组,在使用前应经检查并批准。承包人还应有备用设备,当出现故障时,能立即投入使用。

c.喷射混凝土前,应埋设标志或利用锚杆外露长度以控制喷射混凝土的厚度。

d.喷射作业区的气温不应低于+5℃;混合料进入喷射机的温度不应低于+5℃。

(2)材料、设备

a.喷射混凝土采用的原材料及细集料与粗集料的级配应符合《锚杆喷射混凝土支护技术规范》(GB 50086—2001)的规定。

b.承包人应定期检查料堆中集料的含水率。

c.早强剂和速凝剂:凡喷射混凝土拟用于堵塞漏水灌浆,或要求支撑加固尽快达到强度值,可掺加早强剂于混合料中。为使喷射混凝土在喷射后达到速凝,可掺加速凝剂于混合料中。速凝效果要求初凝时间不大于5min,终凝时间不大于10min。该外加剂对所用水泥的适应性和其他因素均应在施工前通过试验室试验,并经监理人的认可。

d.喷射混凝土加筋,非镀锌焊接钢筋网应符合《锚杆喷射混凝土支护技术规范》(GB 50086—2001)规范的规定。

e.喷射钢纤维混凝土所用钢纤维其质量及技术要求应符合图纸要求,并应符合《锚杆喷射混凝土支护技术规范》(GB 50086—2001)及《纤维混凝土结构技术规程》(CECS 38:2004)的有关规定。

f.喷射混凝土的用水应采用清洁的饮用水,pH值不小于4、硫酸盐含量(以SO_4^{2-}计)不超过1%的清水(按重量计)。在喷射混凝土的用水中,含有的有机物和无机物应以不损害混凝土的质量为准。

g. 喷射设备应能连续均匀混料并喷射。混料设备应严格密封,以防外来物质侵入。在混合料中添加钢纤维时,宜采用钢纤维播料机。

h. 空压机应适用于所选用的喷射设备,并具有足够的气压和流率,且应保持连续优质作业。

喷嘴水压必须高于压缩空气的压力。施工中必须保持连续供水。

i. 喷射混凝土的物理力学性质

混凝土强度等级	C20 (20MPa)	抗拉强度		1.1MPa
密度	2 200kg/m^3	弹性模量		2.1×10^4 MPa
1d 龄期抗压强度	≮5MPa	与围岩粘结强度	(I、II 级围岩)	≮0.8MPa
弯曲抗压强度	11MPa		(III 级围岩)	≮0.5MPa

(3)配合料设计与施工前的试验

施工前试验应按《锚杆喷射混凝土支护技术规范》(GB 50086—2001)的规定进行。标准试块按《锚杆喷射混凝土支护技术规范》(GB 50086—2001)附录 F 及《公路隧道施工技术规范》(JTG F60—2009)制作并进行各种龄期的抗压强度试验。

喷射混凝土与围岩的粘结强度试验宜在现场按《锚杆喷射混凝土支护技术规范》(GB 50086—2001)附录 A 的规定进行。

承包人应于施工前至少 28d,在监理人在场的情况下,为每种不同材料和配合比的喷射混凝土最少制作 3 块试验板,并进行养生。经各种龄期养生后的试验板按规定加工成立方体试块,送交监理人检查认可后,即进行各龄期的抗压强度试验。

(4)技术报表

试验室要对下列各项内容提出书面证明和说明,并提交监理人认可。

a. 试验人员的资格经历证明。

b. 对材料的储存、运输,用料的混合与拌和及设备的放置提出建议意见的说明。

c. 使用水泥和集料的来源。

d. 提供试验室认可并获批准的试验成果的复制件,说明建议使用的材料满足规范规定要求的情况。

e. 建议的设计混合料和强度测试的成果。

f. 建议的外加剂与水泥的适应性试验成果。

g. 由于现场温度、湿度、养生条件及强度要求的原因,需要提出现场调整的建议意见。

(5)混凝土喷射基面的清理

a. 按监理人的要求全面清理待喷射的基面,用喷水或喷气法清除所有松动岩石,并使岩面保持一定湿度。

b. 对破损岩面,应清除所有暴露的破损岩石。在破损岩面范围内提供并安装附加的岩石加固钢筋或钢支撑。

c. 在已有混凝土面上进行喷射时,应清除剥离部分,以保证新老混凝土之间具有良好的粘结强度。

(6)作业要求

a. 隧道开挖后应立即对岩面喷射混凝土,以防岩体发生松弛。

b. 按施工前试验所取得的方法与条件进行喷射混凝土作业,在喷射混凝土达到初凝后方能喷射下一层。首次喷射混凝土厚度应不少于 50mm,另有批准或按图纸所示者除外。

c. 喷射作业应分段、分片依次进行,喷射顺序应自下而上进行,每段长度不宜超过 6m。

d. 喷射混凝土作业需紧跟开挖面时,下次爆破距喷射混凝土作业完成时间的间隔不得小于 4h。

e. 图纸上所示喷射混凝土的厚度应分层喷射,喷射混凝土厚度应用批准的方式测定。在隧道全长内每隔 10 ~ 20m 至少要取一处试件,从拱中心向两侧边墙每 2m 取样用以确定强度是否符合要求,取样时要注意不要在有水的部位取样。

f. 喷射混凝土的回弹物不得重复利用,所有的回弹混凝土应从工作面清除。

g. 喷嘴应与受喷面保持垂直,同时与受喷面保持一定的距离,一般可取 0.6 ~ 1.0m。

h. 当受喷面有水时,先清除岩层表面之水,混凝土中可根据试验结果增添外加剂。

i. 开挖断面周边有金属杆件和钢支撑时,应保证将其背面喷射填满,粘结良好。

j. 新喷射的混凝土应按规定洒水养护。

k. 工程验收前,喷射混凝土如有气孔、缺陷或损伤等均应修复完好,该项费用由承包人自负。

l. 应按照本章第 507.03 小节的防尘要求,确保洞内清新的工作环境,减轻喷射混凝土作业中造成的粉尘影响;加强通风设施;采用集尘机捕捉粉尘。

m. 喷射钢纤维混凝土的施工作业,尚应符合下述规定:

(a)水泥的强度等级不应低于 32.5,混凝土强度等级不低于 C20,粗集料最大粒径不得大于 15mm。

(b)添加速凝剂时,其掺量应通过试验确定。

(c)钢纤维的抗拉强度不得低于 380MPa;直径 0.3 ~ 0.5mm;长度 20 ~ 25mm,且不得大于 25mm; 掺入量为混凝土混合料质量的 3% ~6% 。

(d)混合料搅拌时,应采用钢纤维播料机均匀撒入混合料中,搅拌好的混合料中钢纤维应分布均匀,不得结团,搅拌时间不宜小于 3min。

(e)干混合料宜随拌随用,无速凝剂掺入的混合料,存放时间不应超过 2h; 干混合料掺速凝剂后,存放时间不得超过 20min。

(f)在受喷围岩明显凹凸不平处,应先用喷射混凝土填平补齐,而后再喷射钢纤维混凝土。填补混凝土的强度等级不应低于钢纤维混凝土的等级。

(g)在喷射钢纤维混凝土表面,应再喷敷厚度为 10mm 的水泥砂浆。水泥砂浆的强度等级不应低于钢纤维混凝土的等级。

(7)施工质量管理

a. 材料质量检验工作应连续进行,以保证产品满足规范要求,非规定的和非批准的材料不准使用。

b. 对已喷射的混凝土,应按《公路隧道施工技术规范》(JTG F60—2009)及《锚杆喷射混凝土支护技术规范》(GB 50086—2001)附录 F 的规定取样作抗压强度试验。

若混凝土试件的试验结果未能达到设计强度、未满足规范要求时,应研究未能达到要求的原因,并向监理人提出报告,同时采取补救措施。

c. 在已喷射的混凝土表面上,不允许混凝土开裂、漏水,也不允许钢筋、锚杆外露和混凝土侵占隧道净空,如有上述情况发生,应按监理人指示采取补救措施。

d. 承包人应配备质量管理工程师,负责喷射混凝土的测试、制作、操作及验收证明,在喷射混凝土作业中应与监理人取得密切联系,要自始至终强调遵守操作的工艺要求,执行规范的规定,确保喷射混凝土的制作和良好的喷射质量。

(8)施工安全

a. 施工前,应认真检查和处理喷射混凝土支护作业区的危石,施工机具应布置在安全地带。

b. 锚喷支护必须紧跟开挖工作面,应先喷后锚,喷射作业应有人随时观察围岩变化情况。

c. 喷射机、水箱、风包、注浆机应经密封性能和耐压试验,合格后方可使用。

d. 施工中,应定期检查电源线路和设备的电器部件,确保用电安全;应经常检查输料管和管路接头有无磨薄、击穿或松脱现象,发现问题,应及时处理。

e. 喷射作业中发生堵管时,应将输料管顺直,必须紧按喷头,疏通管路的工作风压不得超过0.4MPa。

f. 处理机械故障时,必须使设备断电、停风。向施工设备送电、送风前,应通知有关人员。

g. 喷射作业中,非操作人员不得进入正进行施工的作业区,喷头前方严禁站人。

h. 喷射混凝土的操作人员必须穿戴安全防护用品。

3. 构件支护

(1)一般规定

a. 承包人应根据图纸的要求,进行构件支护的设计,报监理人批准,并可按有关规定和现场调查资料进行必要的修改。

b. 根据围岩类别及现场的实际情况,确定支护形式。支护的结构形式及其接头应简单牢固,易于装卸、倒用,并尽量定型化。

c. 每排支护应根据中线、水平、坑道断面和预留沉降量,架设在隧道中线方向的垂直面上。支护的间距,视围岩稳定情况而定,一般为0.8~1.2m,松软破碎地段可再加密。

d. 各排支护间应用纵撑连接牢固,构成整体。支护与围岩间应以板、楔或背柴等填塞紧密。柱脚虚渣必须清除,地层松软时应加设垫板或垫梁。

e. 支护应经常检查,发现杆件破裂、倾斜、弯扭、变形以及接头松脱填塞漏空等异状,必须立即加固。

f. 支护的抽换、拆除,应本着“先顶后拆”的原则进行,防止围岩松动坍塌。

(2)钢架支护

a. 钢架支护的设计与制造应符合《钢结构工程施工质量验收规范》(GB 50205—2001)的要求。钢架支护钢材,应按施工图中标明的采用。在隧道开挖中,各部分安装支护的方法(包括支护的间距),应获监理人批准。

b. 钢架支护应准确就位,并经常维护。当监理人发现钢架支护安装不当,并提请承包人注意后的48h内,应由承包人进行调整。由于钢架支护超过规定的容许偏差或其他任何原因造成损坏,其费用由承包人自理。

(3)木支护

a. 木支护应着重用于临时性应急支护,承包人应在施工前将这类支护类型和相应的施工规范报监理人批准。隧道开挖的系统支护不宜采用木支护,以节省木材。

b. 木支护的梁、柱等主要圆木杆件,其梢径不应小于 200mm,跨度大于 4m 时,梢径不应小于 250mm,其他连接杆件梢径可用 120 ~ 150mm;木板厚度不宜小于 50mm。

c. 支护的木料质地应坚固、有弹性;脆硬的木料不宜使用,腐朽破裂多节的木料严禁使用。

4. 锚杆

(1)承包人必须按照图纸或监理人指示,在图纸标明处或批准部位提供和安装注浆或不注浆的锚杆。

(2)注浆锚杆使用在所有需永久支护的部位,注浆使用的浆液应是水泥浆、水泥砂浆或其他批准的材料。

不注浆锚杆使用在所有临时支护的部位。

(3)锚杆的钻孔及其安装方法应经监理人批准。锚杆钻孔应圆而直,孔口岩面应整平,钻孔应与岩面垂直。预应力锚杆则应在孔中锚定锚杆后,将锚杆拉伸至规定的轴向荷载。

(4)每根锚杆的抗拔力不得低于图纸规定,并不应低于 50kN,每 300 根锚杆必须抽样一组进行抗拔力试验,每组不少于 3 根;并应符合《锚杆喷射混凝土支护技术规范》(GB 50086—2001)的规定。

(5)承包人在工地应备有充足的锚杆和附件的备用件,准备随时使用,以免待料贻误工作。

(6)需注浆的钻孔应按监理人批准的方法和材料,全部用浆液充填。

浆液配合所使用的外加剂、拌和方法、注浆压力、设备和注浆方法,都应经监理人批准。一般注浆压力为 0.5 ~ 1.0MPa,终压 2.0 ~ 2.5MPa。

5. 钢筋网

(1)承包人在图纸规定和监理人指示的部位,提供与安装钢筋网。钢筋网应随受喷面的起伏铺设,钢筋网的混凝土保护层应不小于 20mm,且应与锚杆或钎钉联结牢固,在喷射作业时不发生颤动。

(2)在需将喷射混凝土作为永久支护的部位,钢筋网是唯一批准的配筋形式,钢筋直径和钢筋网的网格间距按图纸要求或监理人指示执行。

503.06 开挖辅助作业

1. 超前锚杆或超前小钢管支护

(1)宜与钢架支护配合使用并从钢架腹部穿过。

(2)与隧道纵向开挖轮廓线间的外插角宜为 5° ~ 10°,长度应大于循环进尺,以 3 ~ 5m 为宜。

(3)超前锚杆宜用早强水泥砂浆锚杆。

(4)超前小钢管在安设前应检查其尺寸,钢管顶入钻孔长度不应小于管长的90%。

2. 管棚钢架超前支护

(1)检查开挖的断面中线及高程,开挖轮廓线应符合图纸要求。

(2)钢架安装垂直度允许偏差为±2°,中线及高程允许偏差为±50mm。

(3)在钢架上沿隧道开挖轮廓线纵向钻设管棚孔,其外插角以不侵入隧道开挖轮廓线越小越好。孔深不宜小于10m。孔径比管棚钢管直径大20~30mm。钻孔顺序由高孔位向低孔位进行。

(4)管棚钢管外径宜为ϕ70~180mm,长度宜为4~6m。接长管棚钢管时,接头应采用厚壁管箍,上满丝扣,丝扣长度不应小于150mm。接头应在隧道横断面上错开。

(5)当需增加管棚钢架支护的刚度时,可在钢管内注入水泥砂浆。

3. 超前小导管预注浆

(1)沿隧道纵向开挖轮廓线向外以10°~30°的外插角钻孔,将小导管打入地层。亦可在开挖面上钻孔将小导管打入地层,小导管环向间距宜为200~500mm。

(2)小导管注浆前,应对开挖面及5m范围内的坑道喷射厚为50~100mm混凝土或用模筑混凝土封闭。

(3)注浆压力应为0.5~1.0MPa。必要时可在孔口处设置能承受规定的最大注浆压力和水压的止浆塞。

(4)注浆后至开挖前的时间间隔,视浆液种类宜为4~8h。开挖时应保留1.5~2.0m的止浆墙,防止下一次注浆时孔口跑浆。

503.07　辅助坑道

1. 一般要求

(1)凡图纸标明的辅助坑道,均纳入隧道的总体施工组织设计中,并按工程量清单相同的项目予以计量支付。承包人为加快施工进度、增大工作面或其他目的而自行增加的辅助坑道则不予计量支付。但对增加的辅助坑道类型、施工安排、与正洞的衔接措施、加固处理等应报请监理人批准。

隧道施工需要设置横洞、斜井、竖井或平行导坑作辅助坑道时,对坑道类型、平面位置、坡度高程、断面尺寸、支护类型和设备技术条件等的选择,均应符合《公路隧道设计规范》(JTG D70—2004)的有关规定。

(3)坑道口的截水、排水系统和防护冲刷的设施,应在施工前妥善规划,尽快完成。坑道口或井口的洞门或锁口圈亦应尽早施工完成。

(4)辅助坑道需要支护的地段,开挖与支护应配合进行,并宜采用喷锚支护。辅助坑道的岔洞及与正洞连接处,支护应加强并紧跟开挖进行。

(5)辅助坑道不再利用时,除图纸另有规定外,承包人应按《公路隧道施工技术规范》(JTG F60—2009)的规定予以处理封闭。

2. 横洞与平行导坑

(1)当采用喷锚作施工支护时,横洞与平行导坑的断面形式宜用拱形断面。

(2)平行导坑的横通道施工,应在平行导坑和正洞掘进至其位置时,将交叉口处一次挖成。如原确定的横通道位置地质不良,可根据实际情况调整通道间距。

为提高运输效率,可每隔几个横通道设置一个反向通道,以利车辆调度。

(3)平行导坑掘进应超前于正洞,其超前距离可视施工条件决定,但不宜小于横通道的间距。

(4)开挖时如有地下水应及时将水沟做好;如地质松软,水沟应铺砌,防止排水不畅影响施工。

3. 竖井

(1)根据地形、地质条件,承包人可结合运输、通风需要,设置深度小于 40m 的简易竖井,断面可采用矩形,如地压较大时亦可采用圆形。兼作通风用的竖井应设在隧道中线上。

(2)竖井口的锁口圈应于井身掘进前完成,并配备井盖。只有在升降人员、物料时,井盖方可开启。

(3)竖井开挖,除钻爆作业应符合本章有关规定外,还应符合下列要求:

a. 开挖宜用直眼掏槽;当岩层倾斜较大且层理裂隙明显时,可用楔形或其他形式掏槽。有地下水时,可采用立式梯台超前掏槽法。

b. 钻眼前应将工作面的石渣清理干净并排除积水。每一孔眼钻完,应将眼口临时堵塞,防止碎石掉落眼内。

c. 每次爆破后应检查断面,不得有欠挖。每掘进 5 ~ 10m,核对一次中线,及时纠正偏斜。

(4)竖井施工宜采用喷锚支护。每次支护高度应根据围岩稳定程度而定。若采用构件支撑,圆形竖井宜用井圈背板支撑,矩形竖井宜用框架支撑。

(5)竖井的井口段、马头门、地质较差的井身段采用模筑混凝土衬砌时,应分节自下而上进行,并按需要设置壁座。

(6)竖井开挖时,对出渣、支撑、喷锚支护、运输以及安全防护、联系信号等,应符合《公路隧道施工技术规范》(JTG F60—2009)的规定。

4. 斜井

(1)斜井口应设在地质条件较好和不受水淹的地方,并应便于布置井口车场和弃渣场地。井身不宜变坡,在井底变坡点处用竖曲线与井底车场连接。

(2)斜井开挖除钻爆作业应符合本章有关规定外,应符合下述要求:钻眼方向应与斜井倾角一致;底眼应较井底高程略低,避免出现台阶。每一循环进尺应用坡度尺放线控制井身斜度;每隔 20 ~ 30m 应用仪器复核中线、水平,保证斜井位置正确。

(3)斜井施工需要支护的地段,宜采用喷锚支护。若采用构件支撑时,斜井倾度不宜大于 25°,其立柱斜度宜为斜井倾角之半,但最大不得大于 9°,各排支撑间应用三道纵撑支稳。

(4)斜井口和不良地质或渗水地段的井身以及井底调车场、作业洞室,施工时应加强支护并及时衬砌。

在倾角大于 30°且地质条件差的井身段衬砌,其墙基的末端宜做成台阶形式。斜井倾角大于 15°时,井内运输轨道必须有防爬措施,每根钢轨应装两组防爬设施。

(5)斜井开挖时,对出渣、支撑、喷锚支护、运输以及安全防护等,应符合《公路隧道施工技术规范》(JTG F60—2009)的规定。

503.08　连拱隧道的施工

连拱隧道施工工艺除应按前述各小节、条款的规定及图纸要求外,尚应注意以下各点:

1. 隧道开工之前,承包人在拟订连拱施工方案、编制实施性施工组织设计的同时,还应编制详细的爆破开挖计划,报请监理人审批,未获批准,不得实施爆破。施工方案、施工组织设计及爆破开挖计划虽经监理人批准,并不因此免除承包人对工程应负的责任。

2. 连拱隧道的施工,应坚持"弱爆破、短进尺、少扰动、强支护、勤量测、紧封闭"的原则。

3. 围岩爆破的方式,宜采用控制爆破(光面爆破和预裂爆破)。为了在爆破时控制围岩的扰动,应放小炮,爆破的装药量应予严格控制。

4. 连拱隧道的施工方法,应根据地质条件及承包人自身的经验来确定,通常采用三导坑开挖,先中导坑开挖并浇筑中隔墙,再开挖侧导坑,先墙后拱施工。

5. 中导坑开挖决定着洞身开挖的方向,也是对洞身岩层情况的先行探察,为主洞的开挖积累资料和摸索情况,指导主洞的施工,是隧洞开挖的关键,承包人务必准确控制中导坑开挖中线,仔细探察岩层情况。

6. 中导坑贯通后,浇筑中隔墙混凝土。墙顶处的防排水处理,应按图纸要求,做好防排水设施的施工,以保证防排水设施能充分发挥其效用,排水畅通,不渗不漏。

7. 主洞上拱部的开挖,在中隔墙混凝土浇筑完毕并达到强度要求后进行,应慎重施工。为了平衡初期支护左(右)侧拱圈的推力,上拱部开挖前,应在中隔墙右(左)侧导坑空隙处用钢管设置横向水平支撑,或采取其他措施,支顶中隔墙,防止中隔墙受到左(右)侧拱圈的推力后产生变形。

8. 连拱隧道的施工,不宜左右两洞齐头并进,同时开挖、衬砌,宜先左(右)洞,后右(左)洞;再左(右)洞、继而右(左)洞的逐步推进,如此往复循环的依次进行,最终完成连拱隧道的开挖衬砌。左右两洞的作业面距离视围岩情况及承包人的经验确定,一般不应小于10m。

9. 左(右)侧隧洞模注衬砌完成后,须滞后一定时间(滞后时间的长短可通过试验或承包人的经验来确定),以便模注混凝土达到一定的强度,而后始可进行右(左)侧隧洞的开挖和衬砌。

10. 连拱隧道,对中墙的地基承载能力要求较高,承包人宜根据地基的情况进行测试,承载力不能满足要求时,应采取提高地基承载力的措施,譬如高压加固注浆等。

11. 仰拱施工宜尽可能在侧墙完成之后,二次衬砌施工之前进行,以早日封闭成环,发挥相应的作用,防止侧压力将侧墙推裂。仰拱开挖前,应采取措施防止边墙内挤。可设置横撑或其他有效方法。设置横撑时,横撑间距不宜过大,拆除横撑时,须待仰拱混凝土强度达到设计强度的70%以上始可进行。

12. 隧道开挖的监控量测,应按图纸规定的项目以及测点布置和观察量测要求认真执行。承包人应对监控量测的数据进行整理、分析,绘制各种关系曲线,根据所绘曲线的变化情况与趋势,判定围岩的稳定性,及时预报险情,确定其后施工时应采取的措施,并为设计单位修改设计时提供参考依据。

13. 量测元件的安设及初读的时间,应在爆破后 24h 内并在下一次爆破之前完成。

14. 隧道开挖的初期支护,应配合开挖,紧随开挖面及时施作,以减少围岩的暴露时间,控制围岩变形和防止围岩松弛,确保施工安全。

15. 施工时,承包人应及时做好洞内排水系统,严禁积水。软岩地段施工排水沟不得沿墙基脚设置,宜距墙基脚适当距离,以防止水沟渗水软化墙基底围岩而降低其强度。

16. 对于地质超前预报工作,应予加强。承包人应配备专职地质人员,通过相应的设备(如地质超前预报仪)结合炮眼钻孔的钻进情况和管棚支护情况等进行综合分析,判断开挖前方的工程地质及围岩情况,确定合理的施工方案。

503.09　小净距隧道的施工

小净距隧道施工工艺除应按前述各小节、条款的规定及图纸要求外,尚应注意以下各点:

1. 承包人应根据图纸的要求,编制施工组织计划,并对各工序的滞后时间、空间间距和爆破方案中的炮眼深度、装药量等正确选定,报监理人审批。

2. 小净距隧道监控量测应根据不同围岩级别制订量测计划。应将中间岩柱稳定、浅埋段地表沉降和爆破震动对相邻洞室的影响作为监控量测的重要内容。根据施工中所得到的现场量测资料,对施工方法和工序应及时进行调整,以确保工程安全、经济、合理。

3. 小净距隧道开挖方法的选择,应以减小对中夹岩的扰动,控制中夹岩的围岩变形,保证开挖过程中围岩的稳定性为原则,合理安排施工方法及施工工序。不同围岩级别施工方法可按如下要求进行:

(1)Ⅵ、Ⅴ级围岩段宜采用正向单侧壁导洞的开挖方法,导坑、正洞宜采用台阶法开挖。左右洞内侧导坑开挖和初支纵向宜错开 25～30m,二衬可错开 15～20m。侧壁临时支护宜采用格栅钢拱架与钢筋网和湿喷混凝土联合支护形式。开挖宜以人工风镐为主,辅以轮胎式挖掘机配合,局部进行弱爆破松动开挖。

(2)Ⅳ级围岩段宜采用反向单侧壁导坑的开挖方法,正洞、侧壁导坑宜采用台阶法开挖,并采用减轻震动光面爆破技术钻爆开挖。侧壁导坑采用临时锚喷支护,宜在后续正洞上、下导坑开挖时拆除,并立即按设计完成全断面的初期支护。

(3)Ⅲ、Ⅱ、Ⅰ级围岩段可采用导坑超前、二次扩挖、光面爆破的开挖方法,左右洞错开施工。若左(右)洞先开挖,则右(左)洞二次扩挖应在左(右)洞初期支护施工完成并达到一定强度后进行,一般滞后左(右)洞扩挖 10～15m。左(右)洞二次衬砌距右(左)洞扩挖距离应根据震动测试结果具体确定,一般不小于 25m,右(左)洞二次衬砌距右(左)洞扩挖的距离一般不小于 40m。

4. 为确保小净距隧道施工的安全,施工应注意以下事项:

(1)必须采取措施对钻爆施工进行严格的监测和控制。为避免爆破震动波的叠加,必须采取微差控制爆破,后行隧道爆破震动速度应控制在 150mm/s 以内。

(2)中间岩柱的稳定与加固是整个小净距隧道施工的关键。Ⅵ～Ⅳ级围岩段可采用超前小导管预注浆、水平贯通预应力锚杆、钢支撑等预加固措施。

(3)隧道开挖必须及时采取措施防止塌方(尤其是中夹岩处塌方)的发生,在发生塌方后,处治措施必须考虑相邻隧道的安全。

(4)特殊地质段隧道的施工,应采用辅助方法施工,特别要保护好围岩,要以保护中夹岩体的稳定完整为前提,并将"先治水、短开挖、弱爆破、强支护、早衬砌、勤检查、稳步前进"作为指导的原则。

(5)承包人应通过监控量测,随时掌握围岩和支护的变形情况,科学修正支护参数,及时修订施工方案,保证施工安全。

503.10　质量检验

1.洞身开挖

(1)基本要求

a.不良地质段开挖前应做好预加固、预支护。

b.当前方地质出现变化迹象或接近围岩分界线时,必须用地质雷达、超前小导坑、超前探孔等方法先探明隧道的工程地质和水文地质情况,才能进行开挖。

c.应严格控制欠挖。当石质坚硬完整且岩石抗压强度大于30MPa并确认不影响衬砌结构稳定和强度时,允许岩石个别凸出部分(每$1m^2$不大于$0.1m^2$)凸入衬砌断面,锚喷支护时凸入不大于30mm,衬砌时不大于50mm,拱脚、墙脚以上1m内严禁欠挖。

d.开挖轮廓要预留支撑沉落量及变形量,并利用量测反馈信息进行及时调整。

e.隧道爆破开挖时应严格控制爆破震动。

f.洞身开挖在清除浮石后应及时进行初喷支护。

(2)检查项目

a.隧道中线的贯通要求的允许偏差,见本章第503.03-1(10)款及第503.03-1(11)款的规定。

b.隧道结构与净空,必须满足设计建筑限界的要求。

c.超挖:应按开挖轮廓线作业,尽量减少超挖,洞身开挖的允许偏差见表503-4。

洞身开挖检查项目　　表503-4

项次	检查项目		规定值或允许偏差	检查方法
1	拱部超挖(mm)	破碎岩,土(Ⅵ、Ⅴ级围岩)	平均100,最大150	水准仪或端面仪:每20m 1个断面
		中硬岩,软岩(Ⅱ~Ⅳ级围岩)	平均150,最大250	
		硬岩(Ⅰ级围岩)	平均100,最大200	
2	边墙超挖(mm)	每侧	+100,-0	尺量:每20m检查1处
		全宽	+200,-0	
3	仰拱、隧底超挖(mm)		平均100,最大250	水准仪:每20m检查3处

d.欠挖:应按开挖轮廓线作业,并按本章第503.03-1(6)款的规定处理。

(3)外观检查

洞顶无浮石。

2.(钢纤维)喷射混凝土支护

(1)基本要求

a.材料必须满足规范和设计图纸要求。

b.喷射前要检查开挖断面的质量,处理好超欠挖。

c. 喷射前,岩面必须清洁。

d. 喷射混凝土支护应与围岩紧密粘结,结合牢固,喷层厚度应符合要求,不能有空洞,喷层内不容许添加片石和木板等杂物,必要时应进行粘结力测试。喷射混凝土严禁挂模喷射。受喷面必须是原岩面。

e. 支护前应做好排水措施,对渗漏水孔洞、缝隙应采取引排、堵水措施,保证喷射混凝土质量。

f. 采用钢纤维喷射混凝土时,钢纤维抗拉强度不得低于 380MPa,且不得有油渍及明显的锈蚀。

(2)检查项目

(钢纤维)喷射混凝土支护的检查项目见表 503-5。

(3)外观检查

无漏喷、离鼓、裂缝、钢筋网外露现象。

(钢纤维)喷射混凝土支护的检查项目 表 503-5

项次	检查项目	规定值或允许偏差	检查方法
1	喷射混凝土强度(MPa)	在合格标准内	按 JTG F80/1—2004 附录 E 检查
2	喷层厚度(mm)	平均厚度≥设计厚度;检查点的 60%≥设计厚度;最小厚度≥0.5 设计厚度,且≥50	凿孔法或雷达检测仪:每 10m 检查一个断面,每个断面从拱顶中线起每 3m 检查 1 点
3	空洞检测	无空洞,无杂物	凿孔或雷达检测仪:每 10m 检查一个断面,每个断面从拱顶中线起每 3m 检查 1 点

3. 锚杆支护

(1)基本要求

a. 锚杆的材质、类型、规格、数量、质量和性能必须符合图纸和规范的要求。

b. 锚杆插入孔内的长度不得短于设计长度的 95%。

c. 砂浆锚杆和注浆锚杆的灌浆强度应不小于设计图纸和规范要求,锚杆孔内灌浆密实饱满。

d. 锚杆垫板应满足设计要求,垫板应紧贴围岩,围岩不平时要用 M10 砂浆填平。

e. 锚杆应垂直于开挖轮廓线布设。对沉积岩,锚杆应尽量垂直于岩层面。

(2)检查项目

锚杆支护的检查项目见表 503-6。

锚杆支护的检查项目 表 503-6

项次	检查项目	规定值或允许偏差	检查方法
1	锚杆数量(根)	不少于设计	按分项工程统计
2	锚杆拔力(kN)	28d 拔力平均值≥图纸要求,最小拔力≥0.9 图纸要求	按锚杆数 1% 做拔力试验,且不小于 3 根做拔力试验
3	孔位(mm)	±50	尺量:检查锚杆数的 10%
4	钻孔深度(mm)	±50	尺量:检查锚杆数的 10%
5	孔径(mm)	符合图纸要求	尺量:检查锚杆数的 10%

(3)外观检查

钻孔方向应尽量与围岩和岩层主要结构面垂直,锚杆垫板与岩面紧贴。

4. 钢筋网支护

(1)基本要求

采用双层钢筋网时,第二层钢筋网应在第一层钢筋网被混凝土覆盖后铺设。

(2)检查项目

钢筋网支护的检查项目见表503-7。

钢筋网支护的检查项目 表503-7

项次	检查项目	规定值或允许偏差	检查方法
1	网格尺寸(mm)	±10	尺量:每 $50m^2$ 检查2个网眼
2	钢筋保护层厚(mm)	≥10	凿孔检查:每20m检查5点
3	与受喷岩面的间隙(mm)	≤30	尺量:每20m检查10点
4	网的长、宽(mm)	±10	尺量

(3)外观检查

钢筋网与锚杆或其他固定装置连接牢固,喷射混凝土时不得晃动。

5. 钢支撑支护

(1)基本要求

a. 钢支撑的形式、制作和架设应符合设计图纸和规范要求。

b. 钢支撑之间必须用纵向钢筋连接,拱脚必须放在牢固的基础上。

c. 拱脚高程不足时,不得用块石、碎石砌垫,而应设置钢板进行调整,或用混凝土浇筑,混凝土强度不小于C20。

d. 钢支撑应靠紧围岩,其与围岩的间隙,不得用片石回填,而应用喷射混凝土填实。

(2)检查项目

钢支撑支护的检查项目见表503-8。

(3)外观检查

无污秽、无锈蚀和假焊,安装时基底无虚渣及杂物,接头连接牢靠。

钢支撑支护实测项目 表503-8

项次	检查项目		规定值或允许偏差	检查方法
1	安装间距(mm)		50	尺量:每榀检查
2	保护层厚度(mm)		≥20	凿孔检查:每榀自拱顶每3m检查一点
3	倾斜度(°)		±2	测量仪器检查每榀倾斜度
4	安装偏差(mm)	横向	±50	尺量:每榀检查
		竖向	不低于设计图纸规定高程	
5	拼装偏差(mm)		±3	尺量:每榀检查

6. 超前锚杆

(1)基本要求

a. 锚杆材质、规格等应符合设计图纸和规范要求。

b. 超前锚杆与隧道轴线外插角宜为5°~10°,长度应大于循环进尺,宜为3~5m。

c. 超前锚杆与钢架支撑配合使用时,应从钢架腹部穿过,尾端与钢架焊接。

d. 锚杆插入孔内的长度不得短于设计长度的 95%。

e. 锚杆搭接长度应不小于 1m。

(2)检查项目

超前锚杆的检查项目见表 503-9。

超前锚杆的检查项目　表 503-9

项次	检查项目	规定值或允许偏差	检查方法
1	长度(m)	不小于设计图纸规定	尺量:检查锚杆数的 10%
2	孔位(mm)	±50	尺量:检查锚杆数的 10%
3	钻孔深度(mm)	±50	尺量:检查锚杆数的 10%
4	孔径(mm)	符合图纸要求	尺量:检查锚杆数的 10%

(3)外观检查

锚杆沿开挖轮廓线周边均匀布置,尾端与钢架焊接牢固,锚杆入孔长度符合要求。

7. 超前钢管

(1)基本要求

a. 钢管的型号、规格、质量等应符合图纸和规范要求。

b. 超前钢管与钢架支撑配合使用时,应从钢架腹部穿过,尾端与钢架焊接。

c. 钢管插入孔内的长度不得短于设计长度的 95%。

(2)检查项目

超前钢管的检查项目见表 503-10。

超前钢管的检查项目　表 503-10

项次	检查项目	规定值或允许偏差	检查方法和频率
1	长度(mm)	不小于设计图纸规定	尺量:检查 10%
2	孔位(mm)	±50	尺量:检查 10%
3	钻孔深度(mm)	±50	尺量:检查 10%
4	孔径(mm)	符合图纸要求	尺量:检查 10%

(3)外观检查

钢管沿开挖轮廓线周边均匀布置,尾端与钢架焊接牢固,入孔长度符合要求。

503.11 计量与支付

1. 计量

(1)洞内土石方开挖应符合图纸所示(包括紧急停车带、车行横洞、人行横洞以及监控、消防和供配电设施等的洞室)或监理人指示,按隧道内轮廓线加允许超挖值(设计给出的允许超挖值或《公路隧道施工技术规范》(JTG F60—2009)按不同围岩级别给出的允许超挖值)后计算土石方。另外,当采用复合衬砌时,除给出的允许超挖值外,还应考虑加上预留变形量。按上述要求计得的土石方工程量,不分围岩级别,以立方米计量。开挖土石方的弃渣,其弃渣距离在图纸规定的弃渣场内为免费运距;弃渣超出规定弃渣场的距离时

(如图纸规定的弃渣场地不足要另外增加弃土场,或经监理人同意变更的弃渣场),其超出部分另计超运距运费,按立方米公里计量。若未经监理人同意,承包人自选弃渣场时,则弃渣运距不论远近,均为免费运距。

(2)不论承包人出于任何原因而造成的超过允许范围的超挖,和由于超挖所引起增加的工程量,均不予计量。

(3)支护的喷射混凝土按验收的受喷面积乘以厚度,以立方米计量,钢筋以千克(kg)计量。喷射混凝土其回弹率、钢纤维以及喷射前基面的清理工作均包含在工程子目单价之内,不另行计量。

(4)洞身超前支护所需的材料,按图纸所示或监理人指示并经验收的各种规格的超前锚杆或小钢管、管棚、注浆小导管、锚杆以米计量;各种型钢以千克(kg)计量;连接钢板、螺栓、螺帽、拉杆、垫圈等作为钢支护的附属构件,不另行计量。木材以立方米计量。

(5)隧道开挖的钻孔爆破、弃渣的装渣作业均为土石方开挖工程的附属工作,不另行计量。

(6)隧道开挖过程,洞内采取的施工防排水措施,其工作量应含在开挖土石方工程的报价之中。

2. 支付

按上述规定计量,经监理人验收并列入了工程量清单的以下支付子目的工程量,其每一计量单位将以合同单价支付。此项支付包括材料、劳力、设备、运输及其他为完成洞身开挖工程所必需的费用,是对完成工程的全部偿付。

3. 支付子目

子 目 号	子 目 名 称	单 位
503-1	洞身开挖	
-a	土方	m^3
-b	石方	m^3
-c	弃方超运	$m^3 \cdot km$
503-2	超前支护	
-a	锚杆(规格)	m
-b	小钢管(规格)	m
-c	管棚(规格)	m
-d	注浆小导管(规格)	m
-e	型钢(规格型号)	kg
	……	
503-3	初期支护	
-a	C...喷射钢纤维混凝土	m^3
-b	C...喷射混凝土	m^3
-c	注浆锚杆(规格)	m
-d	锚杆(规格)	m
-e	钢筋网	kg
503-4	木材	m^3

第 504 节 洞身衬砌

504.01 范围

本节工作内容包括隧道洞身衬砌、模板与支架、防水层和洞内附属工程等以及有关工程的施工作业。

504.02 一般规定

1. 承包人应在衬砌施工之前至少 14d,提出衬砌工程的施工方案,报请监理人批准。

2. 隧道衬砌的施工,其中线、高程、断面尺寸、净空以及衬砌材料的标准、规格,必须符合图纸的要求。

3. 为了保证衬砌工程质量,混凝土的浇筑应采用泵送作业。

4. 在浇筑混凝土之前,应将浇筑处的地基表面的积水、泥浆、岩屑、油污、有害的附着物和松散物、半松散的或风化的岩块等清除掉。

5. 浇筑混凝土应尽可能直接入仓,自由跌落(垂直地或倾斜地)距离不应大于 1.2m,严禁采用导致集料分离的方式浇筑混凝土。若混凝土浇筑中断时,承包人应在初凝以前将接缝处的混凝土振实,并使缝面具有合理、均匀稳定的坡度。凡是未振实又超过该水泥初凝时间的混凝土,应由承包人自费加以清除。

6. 不论什么原因造成的混凝土损坏和混凝土内有蜂窝、裂缝或其他缺陷,以及因有表面凹陷而不合格的混凝土均应按规范要求自费清除、修补。

7. 地下水具有侵蚀性的地段,根据工地水样化验结果,必须针对侵蚀类型,采用不同类型的抗侵蚀性混凝土。

8. 当围岩类别有变化时,衬砌断面的类别亦应相应变化,但需获得监理人批准。围岩较差地段的衬砌,应向围岩较好地段伸延,一般伸延长度为 5m。

9. 整体式衬砌施工中,发现围岩存在对衬砌有不良影响的硬、软岩层分界处,应设置沉降缝;V ~ VI 级围岩洞口约 50m 范围内必要时可每隔 10m 左右设置沉降缝。在严寒地区,整体式衬砌、锚喷衬砌或复合式衬砌,均应在洞口和易受冻害地段设置伸缩缝。

衬砌的工作缝应与设计的沉降缝、伸缩缝结合布置。在有地下水的隧道中,所有工作缝、沉降缝和伸缩缝均应进行防水处理。

10. 为确保衬砌不侵入隧道建筑限界,承包人在放样时可将设计的轮廓线适当予以扩大(一般为 50mm),但由此而增大隧道的开挖量和衬砌量,其费用由承包人自负。

11. 衬砌采用防水混凝土时,施工中应遵守《公路隧道施工技术规范》(JTG F60—2009)的相关规定。

504.03 模板与支架

1. 衬砌所用的拱架、墙架和模板,宜采用定型的金属结构。模板应表面光滑,接缝严密，不漏浆。模板表面应在浇筑混凝土前涂刷经过批准的脱模剂。

2. 模板与支架应有足够的强度、刚度和稳定性，能安全地承受所浇筑混凝土的重力、侧压力及在施工中可能产生的各项荷载。

3. 长隧道施工，应使用全断面衬砌模板台车或移动式整体模架，并配备混凝土泵或混凝土输送器浇筑衬砌。

4. 拱、墙架的间距，应根据衬砌地段的围岩情况、隧道宽度、衬砌厚度及模板长度而定，一般可用 1.0m，最大不超过 1.5m。

5. 架设拱架、墙架及模板，应位置准确，连接牢固，严防走动，并遵守以下规定：

(1) 拱架、曲墙架在使用前要先在样台上试拼装，重复使用时应注意检查，如有变形，及时纠正。

(2) 架立前应按隧道中线和高程，结合允许施工偏差和拱架预留沉降量，对开挖断面进行复核和整修。

(3) 模板接头应整齐平顺，挡头板与岩壁间缝隙应嵌堵紧密。

6. 立拱架应以隧道中线为准，按路线方向垂直架设。拱架的夹板、螺栓、拉杆等应安装齐全。拱架(包括模板)高程应预留沉降量，其数值可按表 504-1 采用。施工中应随时量测、调整，使其符合要求。

7. 立跨度较大的拱架时，在拱架外缘沿辐射线方向，应用支撑与围岩顶紧，防止浇筑中拱架变形。

拱架(包括模板)预留沉降量　　表 504-1

围岩级别	III 及 III 以上	IV	V	VI
预留沉降量(mm)	≤50	50 ~ 100	100 ~ 150	150 ~ 200

注：①上述预留量值适用于先拱后墙法；如采用先墙后拱法或全断面衬砌浇筑时均不大于 50mm。
②上表不包括施工偏差。

8. 立墙架时应遵守以下规定：

(1) 先墙后拱法施工，应按隧道中线确定墙架位置。

(2) 先拱后墙法施工，经复核检查中线及拱部净空无误后，可由拱脚挂线定位。

(3) 对墙基高程进行检查。立曲墙架时，应标出路面水平控制位置。

(4) 严禁利用墙架兼作脚手架，防止模板走动变形。

9. 拱架、墙架和模板的拆除，应符合下列要求：

(1) 不承受外荷载的拱墙混凝土强度达到 5.0MPa 以上。

(2) 受有较大围岩压力的拱墙，在封顶和封口的混凝土达到设计强度 100%。

(3) 受围岩压力较小的拱墙，封顶和封口的混凝土达到设计强度 70% 以上。

504.04　整体式衬砌

1. 施工支护应按本章第 503.05 小节、及第 503.06 小节的规定办理。

2. 拱圈施工应符合下列要求：

(1) 拱圈环节长度应根据围岩情况和施工方法及机具设备能力等确定。

(2) 浇筑顺序应从两侧拱脚向拱顶对称进行，间歇及封顶的层面应成辐射状。

(3)分段施工的拱圈合拢,宜选在围岩较好处。

(4)先拱后墙施工的拱圈,浇筑前应将拱脚支承面找平。石质隧道支承面可以碎石垫平,上铺 20 ~ 30mm 砂子,用水洒湿。土质隧道宜横铺一层 50mm 厚木板。拱脚以下超挖较多时,应用浆砌片石砌筑至起拱线高程,不得用石渣回填。

3. 浇筑防水混凝土时,应根据图纸规定的级别和抗渗要求,通过试验配制报监理人批准。

4. 浇筑混凝土前,应检查开挖断面尺寸。隧道衬砌混凝土的浇筑方法和程序,应经监理人批准。衬砌模筑混凝土的施作时间,应根据围岩稳定情况和支护情况确定,一般应紧跟开挖灌筑,但开挖爆破不得危害已成衬砌。

5. 采用移动式混凝土泵或其他获准的机具连续浇筑时,一次浇筑段长度不应超过 30m,并应防止混凝土离析。当混凝土面超过拱顶时,泵管出口应埋设在混凝土面以下,保证拱顶所有空间能填满、填实。

6. 隧道整体式衬砌内不允许存在水平接缝和倾斜的接缝。倘浇筑混凝土因故中断,则在继续浇筑新混凝土前,应先凿除已硬化的前层混凝土表面上的松软层和水泥砂浆薄膜,并将表面凿毛,用压力水冲洗干净。

7. 边墙施工应符合下列要求:

(1)基底虚渣、污物和基坑内积水必须排除干净,严禁向有积水的基坑内倾倒混凝土干拌和物。

(2)边墙基础的埋置深度应符合图纸规定,扩大基础的扩大部分及仰拱的拱座应结合边墙施工一次完成。

8. 拱圈封顶应随拱圈的浇筑及时进行。墙顶封口应留 70 ~ 100mm 在完成边墙 24h 后进行。封口前必须将拱脚的浮渣清除干净。封顶、封口的混凝土应适当降低水灰比,并认真捣固密实。

9. 仰拱、铺底、边沟及电缆沟的施工要求:

(1)仰拱

a. 应根据批准的施工程序浇筑仰拱混凝土,仰拱应先于衬砌浇筑完成,在施工安排中,应尽快修筑仰拱,以利衬砌结构的整体受力。

b. 仰拱开挖不允许欠挖,仰拱断面开挖后应立即检查并浇筑混凝土。浇筑前应清除虚渣、杂物、排除积水,超挖部分应按设计规定予以回填。后于边墙施工的仰拱,浇筑前已成仰拱拱座应凿毛、冲洗干净,保持湿润,再浇筑混凝土。

c. 浇筑仰拱应采用大样板,并由仰拱中心向两侧对称进行,仰拱与边墙衔接处应捣固密实。

d. 仰拱混凝土达到设计强度 70% 以上后,清除仰拱上面的碎渣尘土,并冲洗干净而无积水。

(2)铺底

隧道内清除虚渣、杂物及排除积水后进行铺底,即为路面结构的基层(平整层),其表面高程不得大于图纸规定的基层顶面高程,横坡应与路面横坡一致。

(3)边沟及电缆沟

应与边墙施工一次挖好,将预制好的边沟及电缆沟按图纸所示高程座浆砌好,边沟纵坡符合图纸要求,底面平顺;所有盖板铺设平稳,无晃动或吊空,边缘整齐,两端与沟壁的缝隙应用砂浆填平。

10. 洞内出露的地下水,经化验确认具有侵蚀性时,应针对不同侵蚀类型采取相应的抗侵蚀性混凝土,同时在施工中应提高混凝土的密实性。判定环境水对混凝土侵蚀类型和侵蚀程度,以及耐腐蚀混凝土的配制和防护可参照本节附录表 504-4 及表 504-5,通过试验后确定。

11. 衬砌浇筑 10 ~ 20h 后应进行养护,一般连续养护 7 ~ 14d。寒冷和严寒地区,应做好衬砌的防寒保温措施。

12. 隧道拱、墙背后空隙必须回填密实,并按下列要求与衬砌同时施工:

(1)先拱后墙法施工时,拱脚以上 1m 范围内的超挖,应用与拱圈相同材料一次灌筑。

(2)边墙基底以上 1m 范围内的超挖,应用与边墙相同材料一次灌筑。

(3)其余部位,超挖在允许范围内,应采用与衬砌相同材料灌筑;超挖大于规定时,可用片石混凝土或浆砌片石回填密实(但初期支护必须与围岩密贴)。当围岩稳定、干燥无水时,可先用干砌片石回填,再在衬砌背后压浆。

504.05　复合式衬砌

1. 复合式衬砌除按本节规定外,还应按照“整体式衬砌”的要求办理。

2. 有关支护的施工应按照本章第 503.05 小节及第 503.06 小节有关规定办理。

3. 复合式衬砌的施工,应根据围岩和支护量测的变化规律,确定二次衬砌和仰拱的施作时间。

4. 二次衬砌的施作时间,应满足下列条件:

(1)各测试项目所显示的位移率明显减缓并已基本稳定。

(2)已产生的各项位移已达预计位移量的 80% ~90% 。

(3)周边位移速率小于 0.1 ~0.2mm/d,或拱项下沉速率小于 0.07 ~0.15mm/d。

在满足上述条件后,应尽快进行二次衬砌的施作。

自稳性很差的围岩,可能长时间达不到基本稳定条件,当初期支护的混凝土发生大量明显裂缝,而支护能力又难以加强,变形无收敛趋势时,承包人在报经监理人批准后,应提前施作仰拱及二次衬砌。在二次衬砌中,可采取增设钢筋和提高混凝土强度等级的措施。

5. 二次衬砌施作前,应铺设防水层。应在初期支护变形基本稳定后进行。防水板应与喷层面平顺密贴,无钢筋或锚杆外露,凸凹较大时应先行补平。

6. 二次衬砌施作前,应将喷层或防水层表面的粉尘清除干净,并洒水润湿。浇筑混凝土应振捣密实,防止收缩开裂;振捣时不得损坏防水层。

7. 如衬砌背后需压浆,应预留压浆孔。

8. 二次衬砌的内轮廓、中线及高程应符合图纸要求。

9. 二次衬砌拆模时间:

(1)不承重结构当混凝土强度达到 2.5MPa 以上。

(2)承重结构在混凝土强度达到设计强度 70% 以上。

504.06　洞内附属工程

洞内附属工程包括洞内路面、紧急停车带、车行及人行横洞、电力设备与消防设备洞室、洞室门、沉降缝和施工缝等的施工。

1. 洞内路面

(1)路面施工应符合本规范第 300 章路面的有关规定,并按《公路水泥混凝土路面施工技术规范》(JTG F30—2003)及《公路沥青路面施工技术规范》(JTG F40—2004)有关规定办理。

(2)浇筑路面混凝土前,应将铺底或隧底填充表面上的浮渣、杂物清除干净,并用水冲洗。

(3)水泥混凝土路面应根据施工组织设计连续浇筑,在浇筑过程中,应使已铺设路面地段的修整、防护、养生等作业,得以正常进行。养生期间,禁止车辆和人员在其上行走。

2. 紧急停车带

(1)紧急停车带的开挖与衬砌,及与洞身衬砌相连接的一段,应有专门的施工方法和程序,提交监理人批准。

(2)紧急停车带应布置在同一级别的围岩地层中。开挖过程中,若发现不在同一级别的围岩时,应按监理人指示办理。

(3)紧急停车带衬砌两端与洞身衬砌以喇叭口形式连接,应圆顺平整。

3. 车行、人行横洞

(1)按图纸所示位置与正洞同时进行开挖与衬砌。

(2)交叉段衬砌结构构造,应有专门的施工方法和程序,应与洞身衬砌的施工方法由承包人一并提交监理人批准。

(3)交叉段衬砌混凝土应连续浇筑,不得中断。交叉段的钢筋应相互连接良好,绑扎牢固使之成为整体。

4. 洞室

(1)各种洞室根据图纸布置位置应与洞身同时开挖。

(2)隧道边墙内的洞室,应在浇筑边墙混凝土前,布设钢筋及预埋件后,一次浇筑完成;洞室不得设在衬砌断面变化及各种衬砌接缝处,如有上述情况,按监理人的指示办理。

(3)各种洞室装修,按图纸要求施工,均设有洞门,洞门应向外开,启闭自如、严密、防火、隔热。

5. 洞室门

(1)各洞室的洞室门及横通道门采用钢材制作,采用的材料规格、制作、安装、防蚀除按图纸要求外,还应符合《钢结构工程施工质量验收规范》(GB 50205—2001)有关规定办理。

(2)承包人在进行施工前 14d,应提交每种洞室门的施工图,供监理人审批。图内包括材料、切割、加工、焊接、安装、喷涂等全部施工细节。

(3)在未获批准前洞室门的任何制作,如有不符图纸要求处,应由承包人自行负责;经过批准的图纸,也不能推卸承包人根据合同规定应承担的有关责任。

6. 沉降缝、施工缝和伸缩缝

(1)洞口约50m范围若为Ⅴ~Ⅵ级围岩,拱墙衬砌环节每10~15m设置一道沉降缝,洞内衬砌结构变化处或围岩有明显的软硬变化处,以及图纸要求设置处,均应设置沉降缝。沉降缝的设置位置,应使拱圈、边墙和仰拱在同一里程上贯通。

(2)承包人应在施工前14d内,提出施工缝的位置、混凝土的浇筑程序和浇筑分块图,报请监理人批准。分块图应包括该部位施工缝位置和混凝土的浇筑程序。

(3)根据拱圈、边墙和仰拱等各自不同长度的施工环节,设置施工缝,允许各部位的施工缝互相错开,不必贯通,施工缝应近于水平或垂直,并用模板或其他经批准的措施,形成预定的形状,以保证与后续工程紧密地连接,除非另有规定,施工缝不设键槽。

(4)在严寒地区,应在洞口和易受冻害地段设置伸缩缝。

(5)衬砌的施工缝应与设计的沉降缝结合布置。

(6)在有地下水的隧道中,所有沉降缝、施工缝和伸缩缝均应进行防水处理。

504.07 质量检验

1. 基本要求

(1)所用材料、规格必须满足规范和图纸要求。钢筋的品种、规格、形状、尺寸、数量、间距、接头位置必须符合图纸要求和有关标准的规定。

(2)防水混凝土必须满足图纸和规范的要求。

(3)防水混凝土粗集料尺寸不应超过规定值。

(4)基底承载力应满足图纸要求,对基底承载力有怀疑时应做承载力试验。

(5)拱墙背后的空隙必须回填密实。因严重超挖和塌方产生的空洞要制订具体处理方案经批准后实施。

(6)仰拱应结合拱墙施工及时进行,使支护结构尽快封闭。

(7)仰拱浇筑前应清除积水、杂物、虚渣等。

(8)仰拱超挖严禁用虚土、虚渣回填。

2. 检查项目

(1)混凝土衬砌的检查项目见表504-2。

(2)衬砌钢筋的检查项目见表504-3。

(3)仰拱的检查项目见表504-4。

混凝土衬砌的检查项目 表504-2

检查项目	允许偏差	检查方法
混凝土强度(MPa)	在合格标准内	按JTG F80/1—2004附录D检查
衬砌厚度(mm)	不小于设计图纸规定	激光断面仪或地质雷达:每40m检查1个断面
墙面平整度(mm)	20	2m直尺:每40m每侧检查5处

衬砌钢筋的检查项目　　表504-3

<table>
<tr><th>项次</th><th colspan="3">检 查 项 目</th><th>规定值或允许偏差</th><th>检 查 方 法</th></tr>
<tr><td>1</td><td colspan="3">主筋间距(mm)</td><td>±10</td><td>尺量:每20m检查5点</td></tr>
<tr><td>2</td><td colspan="3">两层钢筋间距(mm)</td><td>±5</td><td>尺量:每20m检查5点</td></tr>
<tr><td>3</td><td colspan="3">箍筋间距(mm)</td><td>±20</td><td>尺量:每20m检查5处</td></tr>
<tr><td rowspan="4">4</td><td rowspan="4">绑扎搭接长度</td><td rowspan="2">受拉</td><td>HPB235</td><td>30d</td><td rowspan="4">尺量:每20m检查3个接头</td></tr>
<tr><td>HRB335</td><td>35d</td></tr>
<tr><td rowspan="2">受压</td><td>HPB235</td><td>20d</td></tr>
<tr><td>HRB335</td><td>25d</td></tr>
<tr><td>5</td><td>钢筋加工</td><td colspan="2">钢筋长度(mm)</td><td>-10,+5</td><td>尺量:每20m检查2根</td></tr>
</table>

仰拱的检查项目　　表504-4

项次	检 查 项 目	规定值或允许偏差	检 查 方 法
1	混凝土强度(MPa)	在合格标准内	按JTG F80/1—2004附录D检查
2	仰拱厚度(mm)	不小于设计图纸规定	水准仪:每20m检查一个断面,每个断面检查5点
3	钢筋保护层厚度(mm)	≥50	凿孔检查:每20m检查一个断面,每个断面检查3点

3.外观鉴定

(1)混凝土表面密实,每延米的隧道面积中,蜂窝、麻面和气泡面积不超过0.5%。深度超过10mm时应处理。

(2)结构轮廓线条顺直美观,混凝土颜色均匀一致。

(3)施工缝平顺无错台。

(4)衬砌钢筋无污秽、无锈蚀。

(5)仰拱混凝土表面密实,无露筋。

504.08　计量与支付

1.计量

(1)洞身衬砌的拱部(含边墙),按实际完成并经验收的工程量,分不同级别水泥混凝土和圬工,以立方米计量。洞内衬砌用钢筋,按图纸所示以千克(kg)计量。

(2)任何情况下,衬砌厚度超出图纸规定轮廓线的部分,均不予计量。

(3)按第503.03-1(6)款规定,允许个别欠挖的侵入衬砌厚度的岩石体积,计算衬砌数量时不予扣除。

(4)仰拱、铺底混凝土,应按图纸施工,以立方米计量。

(5)预制或就地浇筑混凝土边沟及电缆沟,按实际完成并经验收后的工程量,以立方米计量。

(6)洞内混凝土路面工程经验收合格以平方米计量。

(7)各类洞门按图纸要求,经验收合格以个计量。其中材料采备、加工制作、安装等均不另行计量。

(8)施工缝及沉降缝按图纸规定施工,其工作量含在相关工程子目之中,不另行计量。

2. 支付

按上述规定计量，经监理人验收并列入了工程量清单的以下支付子目的工程量，其每一计量单位，将以合同单价支付。此项支付包括材料、劳力、设备、机具等及其他为完成隧道衬砌工程所必需的费用，是对完成工程的全部偿付。

3. 支付子目

子　目　号	子 目 名 称	单　　位
504-1	洞身衬砌	
-a	C... 混凝土	m^3
-a	C... 防水混凝土	m^3
-c	M... 浆砌粗料石(块石)	m^3
-d	光圆钢筋(HPB235)	kg
-e	带肋钢筋(HRB335)	kg
504-2	C... 仰拱、铺底混凝土	m^3
504-3	C... 边沟、电缆沟混凝土	m^3
504-4	洞室门(规格)	个
504-5	洞内路面	
-a	C... 混凝土(厚... mm)	m^2
-a	光圆钢筋(HPB235)	kg
-c	带肋钢筋(HRB335)	kg

附　　录

环境水对混凝土侵蚀类型及侵蚀程度的判定　　表 504-5

序号	侵蚀类型	环境条件特征		判定项目	侵蚀程度		
		地质条件	水质 pH 值		弱侵蚀	中等侵蚀	强侵蚀
1	硫酸盐侵蚀	石膏地层	7.0 ~ 8.0	SO_4^{2-}(mg/L)	500 ~ 1 000	1 001 ~ 2 000	> 2 000
		含盐地层	7.5 ~ 9.0		1 000 ~ 2 000	2 001 ~ 4 000	> 4 000
2	镁盐侵蚀	含镁盐渍土、盐湖、盐田、海水	8.0 ~ 10.0	Mg^{2+}(mg/L)	1 000 ~ 3 000	3 001 ~ 7 500	>7 500
3	盐类结晶侵蚀	干旱地区盐渍土、碱土、滨海平原盐渍土	10.0 ~ 12.0	溶解盐类(g/L)	10 ~ 15	16 ~ 30	> 30
4	硫酸型酸性侵蚀	煤系地层、黑色岩层、有色金属矿田、矿脉	1.5 ~ 6.5	pH 值	6.5 ~ 6.1	6.0 ~ 5.0	< 4.5
				SO_4^{2-}(mg/L)	≤250	251 ~ 1 000	>1 000
5	溶出型侵蚀(含碳酸型侵蚀)	富含有机质的淤泥和土壤、低矿化度河水和地下水	5.0 ~ 6.5	pH 值	6.5 ~ 6.1	6.0 ~ 5.0	—
				HCO_3^-(mmol/L)	1.5 ~ 0.7	< 0.7	—

混凝土受硫酸盐、盐类结晶或溶出型侵蚀的防护措施　　表504-6

侵蚀程度	宜用的水泥品种及掺合料	最大水灰比	最小水泥用量（kg/m^3）	抗渗等级
弱侵蚀	火山灰质硅酸盐水泥 矿渣硅酸盐水泥 粉煤灰硅酸盐水泥 普通硅酸盐水泥（$C_3A<8\%$）掺20%粒化高炉矿渣或粉煤灰，或掺5%硅灰	0.55	300	≥S6
	普通抗硫酸盐水泥（$C_3A<5\%$）	0.60	300	
中等侵蚀	火山灰质硅酸盐水泥 矿渣硅酸盐水泥 粉煤灰硅酸盐水泥 普通硅酸盐水泥（$C_3A<8\%$）掺30%粒化高炉矿渣或粉煤灰，或掺10%硅灰	0.50	330	≥S8
	普通抗硫酸盐水泥（$C_3A<5\%$）	0.55	300	
	高级抗硫酸盐水泥（$C_3A<2.5\%$）	0.60	300	
强侵蚀	普通抗硫酸盐水泥（$C_3A<5\%$）	0.45	360	≥S10
	高级抗硫酸盐水泥（$C_3A<2.5\%$）	0.50	330	

注：①C_3A为铝酸三钙（$3CaO \cdot Al_2O_3$）。

②溶出型侵蚀类型不宜使用抗硫酸盐水泥。

③当最大水灰比小于或等于0.5时，均应掺用减水剂。如不掺用，则水泥用量应比表列数量增加10%；当水灰比大于0.5，且无抗冻性要求而掺外加剂（减水剂或引气剂）时，水泥用量可减少10%。

④ 当具有高水头压力又有耐腐蚀要求时，不宜选用矿渣硅酸盐水泥。

第505节　防水与排水

505.01　范围

本节工作内容包括隧道施工中的洞内外临时防水与排水和洞内永久防水、排水工程以及防水层施工等的有关作业。

505.02　一般规定

1.隧道施工的临时防、排水应与永久防、排水设施相结合；以防、截、排、堵相结合，因地制宜综合治理的原则进行。选择既经济合理又切实可行的治水措施，确保围岩稳定，便于初期支护的施工，并保证在二次衬砌施工前，现场具有防水层的施工条件。

2.施工前，根据图纸和调查资料，预计可能出现的地下水情况并估计水量，参照《地下工程防水技术规范》（GB 50108—2008）的有关规定，制订防、排水施工方案，报请监理人批准。施工中，应对隧道的出水部位、水质、水量及变化规律等做好观测试验记录，并不断改进和完善防、排水措施。

3. 洞顶上方地面有坑洼、探坑等容易积水时,应按图纸要求或监理人指示予以处理;原有天然沟谷应予以整治,确保水流畅通,必要时沟床需加铺砌。

4. 在地下水发育的易溶性岩层中施工,为防止水囊、暗河及高压涌水的突然出现,开挖工作面上应布设超前钻孔,并提出防止涌水的安全措施,报请监理人批准。

5. 洞内出现的地下水,经化验确认对衬砌结构有侵蚀性时,应按图纸要求或监理人指示,针对不同侵蚀类型采取相应的抗侵蚀措施。

6. 洞顶设有水池时,池底应有防渗措施,同时还应有疏导溢水的设施,不得任溢水漫流。

7. 开挖中洞内出现大面积渗漏水时,宜采用钻孔将水集中汇流引入排水沟,并将钻孔部位、数量、孔径、深度、方向和渗水量等,作成详细记录,据以确定在衬砌时设置拱墙背后的排水设施。

8. 如图纸无特殊要求,衬砌背后之流水均应排入隧道内侧排水沟。施工中应做好衬砌背后的疏排水设施,若有压浆时,不得将排水设施堵塞。

505.03　防、排水处理

1. 地表防、排水

(1)隧道覆盖层地表积水应先处理。按图纸要求修筑截水沟、排水沟及其他排水建筑物,洞口附近不得积水。

(2)地表的坑洼、钻孔、探坑等应以不透水材料或土壤填塞,并分层夯实。

(3)边坡、仰坡坡顶的截水沟、排水沟应于路堑土石方开挖前施工,以确保截、引地表水,防止出水口顺坡漫流。

(4)洞口排水应与路基边沟组成系统。

(5)洞外路堑向隧道内为下坡时,可将路基边沟挖成反坡,以利向路堑外排水。必要时还应在洞口外适当位置设横向截水沟。

2. 洞内排水

(1)设置施工临时排水沟

a. 洞内施工时应设置临时顺坡排水沟,水沟断面应满足洞内渗水和排出施工废水的需要,水沟位置应远离边墙,宜距边墙基脚不小于1.5m。围岩松软或裂隙发育地段的水沟应铺砌,或用管槽代替。施工中排水沟应经常清理。

b. 当洞内需设置反坡排水沟时,应使用机械设备。可根据距离、坡度、水量和设备等因素布置排水管道,或一次或分段接力将水排出洞外。配备抽水机的功率,应大于排水量的20%以上,并应有备用抽水机。

(2)渗漏水的处理

开挖中洞内渗水的面积较大时,宜采用钻孔将水集中汇流入排水沟内。应将钻孔位置、数量、孔径、深度、方向和渗水量等做详细记录,用以确定衬砌施工时拱墙背后所需要的排水措施。

(3)承压水的排放

a. 当预计开挖工作面前方有承压水,而且排放不会影响围岩稳定,或进行注浆前排水降压,可采用超前钻孔或辅助坑道排水。

b. 超前钻孔及辅助坑道应保持 10 ~ 20m 的超前距离,最短亦应超前 1 ~ 2 倍掘进循环长度。

(4)地下水的处理

a. 地下水不大时可引入临时排水沟内排出。

b. 地下水较丰富,无法排出或排水费用昂贵,以及不允许排水的情况下,经技术、经济比选,可采用注浆堵水措施。根据隧道埋深,或采用地面预注浆,或开挖工作面预注浆。

(5)高压涌水的处理

a. 隧道施工中遇有高压涌水危及施工安全时,宜先采用排水的方法降低地下水的压力,然后用注浆法进行封堵。

b. 封堵涌水注浆应先在周围注浆,切断水源,然后顶水注浆,将涌水堵住。

3. 隧道边沟和排水管

(1)隧道边沟,应按图纸的要求进行施工。边沟应与隧道衬砌同时完成,参见本章第 504.04-9(3)款。

(2)洞内为排除围岩裂隙水和路面水流而设置的排水孔,应按图纸要求采用排水管将水引入边沟。排水孔间距和排水管的坡度按图纸要求设置。当裂隙水较大需要加密时,经监理人同意后可适当加密。排水管宜在初期支护之后施工,以免造成塌方掉块。

4. 防、排水系统

(1)施工中的防、排水工程应与隧道竣工使用的排水工程相结合,并各成系统。

(2)隧道外地表应使雨水通畅地导入公路两侧边沟、涵洞或其他安全地带,不使其渗漏到隧道内。

(3)隧道开挖施工中的水流应畅通而安全地导入临时排水沟,不得使洞内积水,更不允许漫流。

(4)竣工后洞内排水沟断面和坡度应符合图纸要求,排除裂隙水的排水管应保证排水通畅,排除路面水流的排水管进口底端不得高于路面表面,设置盖板的边沟沟底面更不得高于路面表面。

5. 压浆堵水

(1)采用强度等级为 32.5 的普通硅酸盐水泥浆或水泥—水玻璃浆作为堵水材料。施工前应根据工程地质和水文地质条件,通过试验作出设计,并经监理人批准后再进行压浆;在施工过程中修正各项参数,改进工艺操作,提高堵水效果。

(2)衬砌背后采用压注水泥砂浆防水时,应按下列要求进行:

a. 压浆地段混凝土衬砌达到设计强度 70% 时,方可进行压浆。

b. 洞内气温不低于 +5℃,灰浆温度应保持在 +5℃以上。

c. 如遇流砂或含水土质地层,不宜采用水泥砂浆作防水层。

d. 需要压浆地段衬砌背后宜用干砌片石回填紧密,并每 20m 左右用 1m 厚浆砌片石或混凝土浇筑阻浆隔墙,分段进行压浆。

e. 压浆孔的排列宜作梅花形,孔距不宜大于 2m,径向孔深应穿过衬砌进入岩层 0.50m。

f. 压浆顺序应从下而上,从无水、少水地段向有水或多水处,从下坡方向往上坡方向,从两端洞口向洞身中间压浆。每段压浆长度不宜小于20m。

g. 必要时可进行检查压浆,使水流全部集中,检查压浆可在第一次压浆后5~7d进行。

h. 第一次压浆压力为0.3~0.5MPa;检查压浆可适当加大压力,但不超过1.2MPa。

(3)如衬砌背后注水泥砂浆后,仍有渗漏,可采用向衬砌圬工内压注化学浆液或水泥—水玻璃浆液。施工时应符合下列要求:

a. 拱部水应以堵为主,起拱线附近和墙部水可集中引至边沟排出。

b. 压浆孔的间距可采用1~2m。孔深宜为衬砌厚度的1/2~2/3,但不得少于150mm,并不得穿透衬砌,以防漏浆。

c. 拱部如有缝隙成股漏水,应先用蘸有化学浆液饱和的棉纱或碎布筋等予以堵塞,再进行压浆。压力为1.2~2.0MPa,不得低于1.2MPa。

d. 压注化学浆液时必须穿戴防护用品,并遵守国家有关安全技术方面的规定,以保护施工人员不受伤害。

e. 压注化学浆液时,应随时注意对隧道附近水源的影响,一旦发现污染,应立即停止使用。

(4)经压浆防水后,拱部仍有轻微渗水或成片潮湿不能满足电化要求时,可采用喷涂防水层方法整治。施工时应注意下列事项:

a. 敷设防水层前,衬砌表面应凿去污垢清洗干净,并根据所采用浆液特性进行处理。

b. 化学浆液喷涂防水层可采用氯丁乳胶、防水硅化砂浆、环氧树脂、阳离子乳化沥青等。对于不宜在潮湿环境下施工、喷涂困难和有较大毒性的涂料不宜选用。

c. 防水层须多层涂抹时,每层应反复压抹密实,粘结紧密,厚度均匀,各层涂抹时间有合理间歇。

d. 如衬砌已呈现发裂,且有扩大可能时,防水层间宜加玻璃纤维布1~2层,防止喷层破坏。

e. 采用硅化砂浆等防水层时,其表面应用10~20mm厚的1:1水泥砂浆作保护层。

505.04　防水层与止水带的施工

1. 防水层

(1)防水层所用材料应符合图纸的要求。采用的无纺布及防水板,应具有耐老化、耐细菌腐蚀、有足够强度及延伸率、易操作、易焊接且焊接时无毒气的特点。承包人应提供样品及出厂检验证件送监理人审查批准。

(2)防水层应在二次衬砌灌筑前进行,施作地段应在爆破的安全距离以外,铺设表面应保证圆顺。显著凹凸的初期支护表面应分层喷射找平,截除外露的锚杆头和钢筋网头,注意防水板搭接良好,以保证防水层与喷层基本密贴。

(3)防水层铺设应符合下列要求:

a. 防水层施作前,需割除初期支护表面尖利棱角物,如凸出的钢筋头、锚杆等,清除后用砂浆抹平。对表面不平整处,应补喷混凝土使其表面平整圆顺。对初期支护表面有渗水、漏水处应进行详细调查,并将调查结果及处理方案报监理人批准后处理。

b. 防水层一般情况下应使用无钉铺设技术,铺挂时应留出足够的空余量,保证足够的松弛度。铺挂防水层的固定点,其间距拱部0.5~0.7m,边墙1~1.2m,在凹凸处应适当增加固定点。

c. 防水板的接头可采用焊接。焊接前待焊接头板面应擦净,焊接时,焊接温度和速度应根据材质由试验确定。应避免漏焊、虚焊或烤焦。

d. 沿隧道纵向一次铺挂长度宜比本次二次衬砌施工长度多1.0m左右,以便与下一循环的防水层相接;同时可使防水层接缝与衬砌混凝土接缝错开1.0m左右,有利于防止混凝土施工缝渗漏水。

e. 修补防水层的补丁不得过小,补丁形状要剪成圆角,不应有长方形、三角形等的尖角。防水层修补后一般用真空检查法检查。

f. 防水层施工完成后,必须注意严加保护。在浇筑二次衬砌混凝土前,应检查防水层铺设质量和焊接质量,如发现有破损情况,必须进行处理。

(4)铺设防水层安全保护和做好记录:

a. 铺设防水层地段距开挖工作面不应小于爆破安全距离。二次衬砌时,不得损坏防水层。

b. 防水层应按隐蔽工程办理,二次衬砌前应检查质量,并认真填写质量检查记录。

2. 止水带

(1)衬砌的施工缝和沉降缝采用的止水带所用材料应符合图纸要求,使用前承包人应事先提供样品及出厂检验证件送监理人批准。

(2)设置止水带后,若仍有渗漏水,应进行堵漏或设置排水暗槽进行处理。

(3)采用塑料止水带或橡胶止水带防水时,施工中应符合下列要求:

a. 止水带在安装时以及在混凝土浇捣作业过程中,应注意止水带的保护,不得被钢筋、石子和钉子刺破,如发现有被刺破、割裂现象,必须及时修补。

b. 在固定止水带和浇筑混凝土过程中,应防止止水带偏移。

c. 加强混凝土振捣,排除止水带底部气泡和空隙,使止水带和混凝土紧密结合。

d. 止水带的接头根据其材质和止水部位可采用不同的接头方法。对于橡胶止水带,其接头形式应采用搭接或复合接;对于塑料止水带,其接头形式应采用搭接或对接。止水带的搭接宽度可取100mm,冷粘或焊接的缝宽不小于50mm。

505.05 质量检验

1. 基本要求

(1)高速公路、一级公路隧道和设有机电工程的一般公路隧道

a. 隧道拱部、墙部、设备洞、车行横通道、人行横通道不渗水;

b. 路面干燥无水;

c. 洞内排水系统不淤积、不堵塞,确保排水畅通;

d. 严寒地区隧道衬砌背后不积水,排水沟不冻结。

(2)其他公路隧道

a. 拱部、边墙不滴水;

b. 路面不冒水、不积水，设备箱洞处不渗水；

c. 洞内排水系统不淤积、不堵塞，确保排水畅通；

d. 严寒地区隧道衬砌背后不积水，路面干燥无水，排水沟不冻结。

(3)防水材料的质量、规格、性能等必须符合设计和规范要求。

(4)防水卷材铺设前要对喷射混凝土基面进行认真地检查，不得有钢筋、凸出的管件等尖锐突出物；割除尖锐突出物后，割除部位用砂浆抹平顺。

(5)隧道断面变化处或转弯处的阴角应抹成半径不小于50mm的圆弧。

(6)防水层施工时，基面不得有明水；如有明水，应采取措施封堵或引排。

(7)止水带的材质、规格等应满足设计和规范要求。

(8)止水带与衬砌端头模板应正交。

(9)墙背泄水孔必须伸入盲沟内，泄水孔进口高程以下超挖部分应用同级混凝土或不透水材料回填密实。

(10)排水管接头应密封牢固，不得出现松动。

(11)严寒地区保温水沟施工时应有防潮措施。修筑的深埋渗水沟，回填材料除应满足保温、透水性好的要求外，水沟周侧应用级配骨料分层回填，石屑、泥砂不得渗入沟内。排水设施应设置在冻胀线以下。

2. 检查项目

(1)防水层的检查项目见表505-1。

(2)止水带的检查项目见表505-2。

防水层的检查项目　　表505-1

项次	检查项目		规定值或允许偏差	检查方法
1	搭接宽度(mm)		≥100	尺量:全部搭接均要检查，每个搭接检查3处
2	缝宽(mm)	焊接	两侧焊缝宽≥25	尺量:每个搭接检查5处
		粘接	粘缝宽≥50	
3	固定点间距(m)	拱部	符合设计图纸要求	尺量:检查总数的10%
		侧墙		

止水带的检查项目　　表505-2

项次	检查项目	规定值或允许偏差	检查方法
1	纵向偏离(mm)	±50	尺量:每环3处
2	偏离衬砌中心线(mm)	≤30	尺量:每环3处

(3)排水结构物(如浆砌片石水沟、现浇混凝土等)按本规范第502节表502-1和JTG F80/1—2004相应项目检验评定。

3. 外观检查

(1)防水层表面平顺，无折皱、无气泡、无破损等现象，与洞壁密贴，松紧适度，无紧绷现象。

(2)防水层接缝、补眼粘贴密实饱满，不得有气泡、空隙。

(3)发现止水带破裂应及时修补。

(4)衬砌脱模后，若发现因走模致使止水带过分偏离中心，应适当凿除或填补部分混凝土,对止水带进行纠偏。

(5)水沟和检查井盖板平稳无翘曲。

505.06 计量与支付

1.计量

(1)洞内排水用的排水管按不同类型、规格以米计量。

(2)压浆堵水按所用原材料(如水泥浆液、水泥—水玻璃浆液)以吨(t)计量。压浆钻孔以米计。

(3)防水层按所用材料(防水板、无纺布等)以平方米计量;止水带、止水条以米计量。

(4)为完成上述项目工程加工安装所有工料、机具等均不另行计量。

(5)隧道洞身开挖时,洞内外的临时防排水工程应作为洞身开挖的附属工作,不另行支付。为此,第503节支付子目的土方及石方工程报价时,应考虑本节支付子目外的其他施工时采取的防排水措施的工作量。

2.支付

按上述规定计量,经监理人验收并列入了工程量清单的以下支付子目的工程量,其每一计量单位将以合同单价支付。此项支付包括材料、劳力、设备、运输等及其他为完成防排水工程所必需的费用,是对完成工程的全部偿付。

3.支付子目

子 目 号	子 目 名 称	单 位
505-1	防水与排水	
-a	防水板	m^2
-b	无纺布	m^2
-c	止水带	m
-d	止水条	m
-e	压注水泥—水玻璃浆液	t
-f	压注水泥浆液	t
-g	压浆钻孔	m
-h	排水管(ϕ...mm)	m
	……	

第506节 洞内防火涂料和装饰工程

506.01 范围

本节工作内容包括隧道的洞内防火涂料及装饰工程(镶贴瓷砖)施工,以及喷涂混凝土专用漆等有关工程的施工作业。

506.02　一般规定

1. 承包人应在施工之前至少14d,制订施工方案报监理人批准。其内容应包括施工方法、施工工艺、施工工序及采用的脚手架、支架设计图纸资料,防火涂料、砂浆配合比设计及其拌和、运输方式、养生方法等。

2. 在正式施工前,承包人应进行喷涂和安装试验,试验结果经监理人检验合格后方能正式施工。

3. 隧道内防火涂料及装饰工程正式施工前,应将喷涂及装饰的表面进行清理。

4. 承包人应将拟采用的喷涂、装饰材料的样品及其特性简介送交监理人审查批准。

5. 无论什么原因造成防火涂料、砂浆及镶面、瓷砖损坏,以及蜂窝麻面、裂缝或其他缺陷等,承包人应自费予以清除、修补,直至监理人认可。

506.03　施工要求

1. 喷涂防火涂料

(1)洞内防火涂料喷涂应严格按图纸要求施工。

(2)防火涂料施作应采用专用设备,喷涂与涂抹相结合。

(3)喷涂设备应能连续将均匀涂料喷涂到基层上。

(4)空气压缩机应与喷涂设备相匹配,应具有足够的气压和流率,且能保持连续优质作业。

(5)在喷涂防火涂料前应对洞身混凝土表面除尘、去污,并对错台进行修补处理,以保证防火涂料喷涂厚度均匀。喷涂前,为加强附着力,宜用强度等级为32.5的水泥调纯水泥清浆刷洞身一次。

(6)防火涂料用搅拌器搅拌均匀,搅拌时间应经试验确定。防火涂料每次搅拌后应在4h内施涂完成,超过4h后不得再用。

(7)防火涂料总涂层厚度应符合图纸规定,图纸无规定时。一般可为20mm,并应多次喷涂(一般为三次),直到符合图纸要求厚度。在室温下每次喷涂间隔时间不小于24h,施涂完成后,应按常规养护28d。

(8)施涂期间,环境温度不应低于4℃。施涂后其养护条件与普遍混凝土相同。

(9)防火涂料涂层硬化后,方可按图纸要求涂刷各类装饰色料。

(10)防火涂料可按一般物料储存、运输,应防潮、防散包,轻装轻卸,其有效期为3个月。受潮结块或过期的涂料不得使用,包装袋一经打开即须使用。

2. 镶贴瓷砖

(1)洞内镶贴瓷砖应严格按图纸要求施工,并应符合《建筑装饰装修工程质量验收规范》(GB 50210—2001)的要求。

(2)瓷砖必须表面平整、边缘整齐;棱角不得损坏,并具有产品合格证。经监理人对其规格和色差认可后方能使用。

(3)瓷砖镶贴用砂浆比例应按图纸规定,图纸无规定时,可按水泥: 砂 =1∶1。镶贴时,应保证砂浆饱满,面层与基层粘结牢固,无空鼓现象。

(4)边墙表面必须进行附着物清除、凿毛、清洗凿平符合图纸要求,经监理人认可后方能镶贴瓷砖。

(5)镶贴瓷砖前,应对边墙以砂浆找平,砂浆比例应按图纸规定,图纸无规定时,可按水泥:砂=1:3。施工时,应严格按图纸要求执行。找平层的平整度应符合图纸规定。

3.喷涂混凝土专用漆

(1)洞内喷涂混凝土专用漆应严格按图纸要求施工。

(2)专用漆喷涂厚度应符合图纸规定,图纸无规定时,一般可用 300μm(喷涂三遍:一底、二面)。

(3)为保证面层美观,应采用高压无空气喷涂机施工,第一次喷涂无色封闭底漆,然后喷涂两次带色面漆,每次喷涂间隔时间 8h。

(4)喷涂混凝土专用漆施工工艺流程可参照"基层→处理→质检→喷底漆→喷两次面漆→质检→补喷→质检、验收"施行。

506.04 质量检验

1.基本要求

(1)防火涂料、砂浆拌和及喷涂混凝土专用漆采用的原材料必须与批准的配合比设计所用材料相一致,配料应准确。

(2)各种配合比、原材料的计量、拌和、运输、养生等均应符合图纸的规定。

(3)瓷砖必须符合产品质量检验标准要求方可使用。瓷砖镶贴应遵守《建筑装饰装修工程质量验收规范》(GB 50210—2001)的规定。镶贴瓷砖其粘结强度应符合《建筑工程饰面砖粘结强度检验标准》(JGJ 110—2008)的要求。

(4)喷涂及装饰前,基层应经检查、清理,表面应干净、无尘土。

(5)隧道专用漆的质量及涂装施工质量应符合图纸及《建筑装饰装修工程质量验收规范》(GB 50210—2001)的规定。

2.外观鉴定

(1)瓷砖镶贴表面应平整、洁净;镶贴牢固,无缺棱掉角和裂缝等缺陷;接缝平直、宽窄均匀,缝线平、竖对齐。

(2)防火涂料喷涂无裂缝、不起层、不脱落、整体平整、厚度符合图纸要求。

(3)隧道专用漆喷涂均匀一致,无漏涂、无流坠、无色差、无针孔龟裂。

506.05 计量与支付

1.计量

本节完成的各项工程,应根据图纸要求,按实际完成并经监理人验收的数量,分别按以下的工程子目进行计量:

(1)喷涂防火涂料

喷涂的面积,以平方米为单位计量。其工作内容包括材料的采备、供应、运输,支架、脚手架的制作安装和拆除,基层表面处理,防火涂料喷涂后的养生,施工的照明、通风等一切与此有关的作业。

（2）镶贴瓷砖

镶贴瓷砖的面积，以平方米为单位计量。其工作内容包括材料的采备、供应、运输，混凝土边墙表面的处理，砂浆找平，施工的照明、通风等一切与此有关的作业。找平用的砂浆不另行计量。

（3）喷涂混凝土专用漆

喷涂混凝土专用漆的面积，以平方米为单位计量。其工作内容包括材料的采备、供应、运输，基层处理，施工的照明、通风等一切与此有关的作业。

2. 支付

按上述规定计量，经监理人验收的列入工程量清单的以下支付子目的工程量，其每一计量单位将以合同单价支付。此项支付包括材料、劳力、设备、试验、运输等及其他为完成洞内防火涂料和装饰工程所必需的费用，是对完成工程的全部偿付。

3. 支付子目

子目号	子目名称	单位
506-1	洞内防火涂料	
-a	喷涂防火涂料	m^2
506-2	洞内装饰工程	
-a	镶贴瓷砖	m^2
-b	喷涂混凝土专用漆	m^2

第507节　风水电作业及通风防尘

507.01　范围

本节工作内容包括隧道施工中的供风、供水、供电、照明以及施工中的通风、防尘等作业。

507.02　供风、供水、供电和照明

1. 供风

（1）空压机站设备能力，应能满足同时工作的各种风动机具的最大耗风量和足够的风压。

（2）空压机站应设在洞口附近，并宜靠近变电站。

（3）空压机站应有防水、降温、保温和防雷击设施。

（4）隧道工作面风压应不小于0.5MPa。

2. 供水

（1）供水方案及设备的配置应能满足工程及生活用水的需要；使用前必须经过水质鉴定，符合国家工程用水及生活用水的水质标准。

（2）供水的蓄水池高度应能保证洞内最高用水点的水压。水池的容量应有一定的储

备量,以保证洞内外集中用水的需要。

(3)采用机械抽水站供水时,应有备用的抽水机。

(4)隧道工作面的水压不小于 0.3MPa。

3. 供电和照明

(1)隧道供电电压应符合下列要求:

a. 供电线路应采用 400/230V 三相四线系统两端供电。

b. 动力设备应采用三相 380V。

c. 照明电压,成洞段和不作业地段可用 220V,瓦斯地段不得超过 110V,一般作业地段不宜大于 36V,手提作业灯为 12 ~ 24V。

d. 选用的导线截面应使线路末端电压降不得大于 10%,36V 及 24V 线不得大于 5%。

(2)变压器容量按电气设备总用电量确定。当单台电动设备超过变压器容量 1/3 时,应适当考虑增加起动附加容量。

(3)洞内照明和动力线路安装在同一侧时,必须分层架设,电线悬挂高度距人行地面的距离,110V 以下时不应小于 2m,400V 时应大于 2.5m,6 ~ 10kV 时不应小于 3.5m。瓦斯地段的电缆应沿侧壁铺设,不得悬空架设。

(4)洞外变电站宜设在洞口附近,并应靠近负荷集中地点和设在电源来线一侧,变电站电源来线如须跨越施工地区,电线最低点距人行道和运输线最小高度:35kV 为 7.5m,6 ~ 10kV 为6.5m,400V 为 6m。

(5)长、特长隧道成洞地段应用 6 ~ 10kV 高压电缆送电;洞内设置 6 ~ 10/0.4kV 变电站供电时,应有保证安全的措施。

(6)隧道作业地段必须有足够的照明。瓦斯地段的照明器材应采用防爆型。

在主要通道、洞内抽水机站等重要处所,应有安全照明。漏水地段照明,应用防水灯头和灯罩。

(7)各种电气设备和输电线路应有专人经常进行检查、维修、调整等工作,作业时应按照《电力建设安全工作规程　第 2 部分:架空电力线路》(DL 5009.2—2004)的有关规定办理。

4. 供风、供水管路宜敷设在电缆电线相对的一侧,并不得妨碍运输,不影响边沟施工。

507.03　隧道通风与防尘

1. 作业环境卫生标准

施工中作业环境应符合下列卫生标准:

(1)坑道内氧气含量按体积不应小于 20%。

(2)有害气体浓度容许值:

a. 一氧化碳(CO)最高容许浓度为 30mg/m^3。在特殊情况下,施工人员必须进入工作面时,可为 100mg/m^3,但工作时间不得超过 30min。

b. 二氧化碳(CO_2)按体积计不得大于 0.5%。

c. 氮氧化物(NO_2)为 5mg/m 以下。

d. 甲烷(CH_4)(瓦斯)按体积计不得大于 0.5%,否则必须按煤碳工业部门现行的《煤矿安全规程》有关规定办理。

e. 二氧化硫浓度不得超过 15mg/m^3。

f. 硫化氢浓度不得超过 10mg/m^3。

g. 氨的浓度不得超过 30mg/m^3。

(3)坑道内气温不宜高于 28℃。

(4)噪声不宜大于 90dB(分贝)。

2. 通风方式及要求

(1)承包人应将施工期间通风设计提交监理人批准,并须为每座隧道的掘进提供已批准的通风设施。风速和风量要求:全断面开挖(包括竖井)时应不小于 0.15m/s,坑道内应不小于 0.25m/s,但均不得大于 6m/s。供风量应保证每人供应新鲜空气不小于 3m^3/min。

(2)压入式进风管口或吸出式出风管口应设在洞外适当位置,并做成烟囱式,防止污染空气再回流进入洞内。

(3)通风管靠近工作面的距离:压入式通风管的出风口距工作面不宜大于 15m,吸出式通风管吸风口不宜大于 5m。

(4)采用混合式通风时,当一组风机向前移动,另一组风机的管路即相应接长,始终保持两组管道相邻端交错不小于 20 ~ 30m。局部通风时,吸出式风管的出风口应引入主风流循环的回风流中。

(5)通风机应装有保险装置,当发生故障时能自动停机。

(6)通风设备应有适当的备用数量,一般为计算能力的 50%。

通风系统应定期测试通风的风量、风速、风压,检查通风设备的供风能力和动力消耗。

(7)如通风设备出现事故或洞内通风受阻,所有人员应撤离现场,在通风系统恢复正常工作和经全面检查确认洞内已无有害气体以前,任何人均不得进入洞内。

(8)如风机假日停止运转,在假日过后进入隧道工作以前,风机应至少提前 2h 启动,并要进行上述同样检查工作。

3. 风流及其质量的量测

(1)掘进工作中安全监理人或领班应连续监测瓦斯,在其他时间内也需经常监测,以确保洞内工作安全。同时记录测试数据,随时提交监理人核查。

(2)在每班工作期间,应用手持式风速仪或皮托管风速量测计,对风道内的风量至少量测一次。如有通风不足,应予记录并立即报告监理人。

(3)承包人应提供瓦斯浓度、缺氧及游离二氧化硅(SiO_2)等检测试验所需的设备,还应为检测试验人员提供经批准的防毒面罩。

4. 通风设备

(1)隧道施工必须采用机械通风。在进口和出口处设置消声器,施工场所的噪声不得超过 90dB。

(2)无论采用何种通风方式,宜采用钢制可拆装的刚性管道,也可用不可燃性材料制作,刚性管道节长宜不超过 6m。

5. 有毒气体和可燃气体的防护

施工期间洞内任何部位和工作面处,空气中的有毒气体和可燃气体的浓度,都不得超过第 507.03-1(2)款所列的容许浓度和下述规定:

(1)任何汽油动力设备都不允许放在隧道内或在隧道内使用。

(2)任何情况下都不允许汽油运到洞内。

以上规定承包人必须严格执行。

6. 防尘的卫生标准

(1)施工过程中,作业环境每立方米空气中的粉尘允许含量:

a. 含 10% 以上游离二氧化硅(SiO_2)的粉尘不得超过 $2mg/m^3$;

b. 含 10% 以下游离二氧化硅的粉尘不得超过 $4mg/m^3$。

(2)粉尘测定

在隧道掘进或出渣期间,用沉积板或粉粒计数器在隧道开挖面附近测定粉尘含量,以制订相应的降低粉尘含量的措施。

(3)防尘措施

a. 控制粉尘的产生,钻眼作业必须采用湿式凿岩,仅在水源缺乏、容易冻结或岩石性质不适于湿式凿岩的地段可采用带有捕尘设备的干式凿岩,但所采用的防尘措施不能达到规定的粉尘浓度标准时,严禁采用干式凿岩。

b. 在凿岩和装渣时,应做好以下事项:

(a)凿岩机在钻眼时,必须先送水后送风。

(b)放炮后必须进行喷雾、洒水。

(c)出渣前应用水淋湿全部石渣和附近岩壁。

(d)新鲜风流连续经过几个工作面时,在两个工作面间和混合式通风系统中两组风管交错的距离间, 根据防尘效果, 应适当增设喷雾器净化风流中的粉尘。

(e)施工人员应佩戴防尘面罩。

c. 通过调整隧道供风的风速以排除粉尘。试验观测资料提供:最低的排尘风速不应小于0.15m/s,在此风速下,呼吸性粉尘能够悬浮并与空气均匀混合而随风流运动;提高排尘风速,粒径稍大的尘粒也能悬浮并被排走;当风速达到 1.5 ~3.0m/s 时,作业地点的粉尘浓度可降到最小,一般认为是最佳排尘风速;风速再大则将使沉降的粉尘产生二次飞扬。最佳的排尘风速宜通过现场试验认定。

507.04 计量与支付

风水电作业及通风防尘为隧道施工的不可缺少的附属工作,其工作量均含在本章各节有关支付子目的报价中,不予另行计量。

第 508 节 监 控 量 测

508.01 监控量测

1. 一般要求

(1)承包人应在初期支护前 56d 提出监控量测计划,其内容包括量测项目及方法、量测仪器、测点布置、量测频率、数据处理及量测人员组织等,并经监理人批准。

(2)量测计划应根据隧道的围岩条件、支护类型和参数、施工方法以及所确定的量测目的进行编制。

(3)采用复合式衬砌的隧道,施工单位与设计单位必须紧密配合,共同研究,分析各项量测信息,确认或修正设计参数。

2. 目的

(1)为了掌握施工中围岩和支护的力学动态信息及稳定程度并及时反馈,以指导施工作业,保证施工安全。监控量测在施工中应认真实施。

(2)通过对围岩和支护的变位、应力量测,及时修改支护系统设计。

3. 监控量测作业

隧道施工中的监控量测,按《公路隧道施工技术规范》(JTG F60—2009)的规定和图纸要求,确定必测项目和选测项目。通常情况的必测项目为:洞内外观察、周边位移量测、拱顶下沉量测等。选测项目为:地表下沉量测、围岩内部变形量测、锚杆轴力量测、围岩压力量测、支护及衬砌应力量测、钢架内力及所承受的荷载量测、围岩弹性波速度测试等。应根据图纸要求和各隧道的具体情况以及监理人的指示选定量测项目和布设测点。测点应埋设牢固可靠,并加以妥善保护。

(1)洞内外观察

观察工作面状态、围岩变形、围岩风化变质情况、节理裂隙、断层分布和形态、地下水情况以及喷射混凝土的效果。观察后应绘制开挖工作面略图(地质素描),填写工作面状态记录表及围岩类别判定卡。对已施工区段的观察也应每天至少进行一次,观察内容包括喷射混凝土、锚杆、钢架的状况。洞外观察包括对洞口地表情况、地表沉陷、边坡及仰坡的稳定以及地表水渗透等的观察。

(2)周边位移量测

量测坑道断面的收敛情况,包括量测拱顶下沉、净空水平收敛,以及底板鼓起(必要时)。

拱顶下沉和水平收敛量测断面的间距为:III 级及以上围岩不大于 40m,IV 级围岩不大于 25m,V 级围岩应小于 20m。围岩变化处应适当加密,在各级围岩的起始地段增设拱顶下沉测点 1 ~2 个,水平收敛 1 ~2 对。当发生较大涌水时,IV、V 级围岩量测断面的间距应缩小至 5 ~10m。

各测点应在避免爆破作业破坏测点的前提下,尽可能靠近工作面埋设,一般为 0.5 ~2m,并在下一次爆破循环前获得初始读数。初读数应在开挖后 12h 内读取,最迟不得超过 24h,而且在下一循环开挖前,必须完成初期变形值的读数。

净空水平收敛测线的布置应根据施工方法、地质条件、量测断面所在位置、隧道埋置深度等条件确定。在地质条件良好,采用全断面开挖方式时,可设一条水平测线。当采用台阶开挖方式时,可在拱腰和边墙部位各设一条水平测线。

拱顶下沉量测应与净空水平收敛量测在同一量测断面内进行,可采用水准仪测定下沉量。当地质条件复杂,下沉量大或偏压明显时,除量测拱顶下沉外,尚应量测拱腰下沉及基底隆起量。

拱顶下沉量测与净空水平收敛量测宜用相同的量测频率,应从表 508-1 中根据变形速度和距开挖工作面距离选择较高的一个量测频率。

(3)地表下沉量测

a.位于Ⅳ~Ⅵ级围岩中且覆盖层厚度小于40m的隧道,应进行地表沉降量测。根据图纸要求或监理人指示,应在施工过程中可能产生地表塌陷之处设置观测点,地表下沉观测点按普通水准基点埋设。并在预计破裂面以外3~4倍洞径处埋设水准基点,作为各观测点高程测量的基准,从而计算出各观测点的下沉量。地表下沉桩的布置宽度应根据围岩级别、隧道埋置深度和隧道开挖宽度而定,地表下沉量测断面的间距按表508-2采用。

量 测 频 率 表 508-1

变形速度(mm/d)	量测断面距开挖工作面的距离	量 测 频 率
>10	(0~1)B	1~2 次/d
10~5	(1~2)B	1 次/d
5~1	(2~5)B	1 次/2d
<1	>5B	1 次/1 周

注:B 表示隧道开挖宽度。

地表下沉量测断面的间距 表 508-2

埋置深度 H	地表下沉量测断面的间距(m)
$H>2B$	20~50
$B<H<2B$	10~20
$H<B$	5~10

注:①无地表建筑物时取表内上限值。

②B 表示隧道开挖宽度。

b.量测频率

地表下沉量测频率和拱顶下沉及净空水平收敛的量测频率相同。

c.地表下沉量测应在开挖工作面前方 $H+h$(隧道埋置深度+隧道高度)处开始,直到衬砌结构封闭、下沉基本停止时为止。

(4)围岩松弛范围量测:可采用弹性波法或位移法。

(5)当围岩条件差、变形过大或初期支护破损变形较大时,应进行支护结构内的应力及接触应力量测。

(6)各项量测作业均应持续到变形基本稳定后1~3周,停止量测作业须经监理人批准。

(7)各项量测项目,其监控量测的要求应按图纸规定,监控量测项目及频率按表508-3执行。

监控量测项目及频率 表 508-3

序号	项 目 名 称	测量间隔时间			
		1~15d	16d~1 个月	1~3 个月	大于 3 个月
1	地质和支护状况观察	每次爆破后进行观察			
2	周边位移	1~2 次/d	1 次/2d	1~2 次/周	1~3 次/月
3	拱顶下沉	1~2 次/d	1 次/2d	1~2 次/周	1~3 次/月

续上表

序号	项 目 名 称	测量间隔时间			
		1 ~ 15d	16d ~ 1 个月	1 ~ 3 个月	大于 3 个月
4	地表下沉	开挖面距量测断面前后 < 2*B* 时，1 ~ 2 次/d 开挖面距量测断面前后 < 5*B* 时，1 次/2d 开挖面距量测断面前后 > 5*B* 时，1 次/周			
5	围岩体内位移（洞内设点）	1 ~ 2 次/d	1 次/2d	1 ~ 2 次/周	1 ~ 3 次/月
6	围岩体内位移（地表设点）	同地表下沉要求			
7	围岩压力及两层支护间压力	1 ~ 2 次/d	1 次/2d	1 ~ 2 次/周	1 ~ 3 次/月
8	支护、衬砌内应力、表面应力及裂缝量测	1 ~ 2 次/d	1 次/2d	1 ~ 2 次/周	1 ~ 3 次/月

注：*B* 为隧道开挖宽度。

4.数据处理和应用

（1）应及时对现场量测数据绘制时态曲线（或散点图）和空间关系曲线。

（2）当位移—时间曲线趋于平缓时，应进行数据处理或回归分析，以推算最终位移和掌握位移变化规律。

（3）当位移—时间曲线出现反弯点时，则表明围岩和支护已呈不稳定状态，此时应密切监视围岩动态，并加强支护，必要时暂停开挖。

（4）隧道周壁任意点的实测相对位移值或用回归分析推算的总相对位移值均应小于表 508-4 所列数值。当位移速率无明显下降，而此时实测位移值已接近表列数值，或者喷层表面出现明显裂缝时，承包人应立即采取补强措施，并调整原支护设计参数或开挖方法。

（5）埋设量测元件情况和量测资料，均应整理清楚报监理人核查，并作为竣工交验资料的一部分。

（6）根据量测结果进行综合判断，确定变形管理等级，据以指导施工。变形管理等级见表 508-5。

隧道周边允许相对位移值（%）　　　表 508-4

围 岩 级 别	覆盖层厚度（m）		
	< 50	50 ~ 300	> 300
III	0.1 ~ 0.3	0.2 ~ 0.5	0.4 ~ 1.2
IV	0.15 ~ 0.5	0.4 ~ 1.2	0.8 ~ 2.0
V	0.2 ~ 0.8	0.6 ~ 1.6	1.0 ~ 3.0

注：①相对位移值系指实测位移与两测点间距离之比，或拱顶位移实测值与隧道宽度之比。

②脆性围岩取表中较小值，塑性围岩取表中较大值。

③VI、II、I 级围岩可按工程类比初步选定允许值范围。

④本表所列数值可在施工中通过实测和资料积累做适当修正。

变形管理等级　　　表 508-5

管 理 等 级	管 理 位 移	施 工 状 态
III	$U_0 < (U_n/3)$	可正常施工
II	$(U_n/3) \leq U_0 \leq (2U_n/3)$	应加强支护
I	$U_0 > (2U_n/3)$	应采取特殊措施

注：U_0：实测变形值；U_n：允许变形值。

5. 量测管理

(1)隧道量测应成立专门量测小组,由承包人或委托有相应资质的其他单位承担。

(2)承包人在提交实施性施工组织设计的同时,应专门提交详细的监控量测计划。计划中应包括量测内容、方法、量测仪器、测点布置、量测频率、数据处理、量测人员及其负责人,并报监理人批准后执行。

(3)量测组负责测点埋设、日常量测、数据处理和仪器保养维修工作并及时将量测信息反馈于施工和设计。当量测任务委托给其他单位承担时,承包人应为量测单位的量测工作提供方便和积极的配合,包括以下内容:打眼、埋点、测点保护、高空作业等以及其他一切与此相关的监理人指定的工作。上述配合工作为承包人应尽的义务,不予计量支付。

(4)监控量测资料应列入竣工文件。

508.02 计量与支付

1. 监控量测是隧道安全施工必须采取的措施,监控量测除必测项目外,应根据具体情况确定选测项目,分别以总额报价及支付。

2. 支付子目

子目号	子目名称	单位
508-1	监控量测	
-a	必测项目(项目名称)	总额
-b	选测项目(项目名称)	总额

第509节 特殊地质地段的施工与地质预报

509.01 范围

本节内容为隧道施工中常遇到的几种特殊地质地段,在这些地段中施工的有关作业以及地质预报有关事项。

509.02 一般规定

1. 不良地质地段的隧道施工,应做好预测、预报工作,坚持以预防为主的原则,在确保安全的前提下,制订切实可行的施工方案并做出专门设计,报请监理人批准。

2. 隧道通过破碎松散、软塑膨胀、承压涌水、流沙流泥等不良地质地段,施工前应对图纸所提供的工程地质和水文地质资料进行详细分析了解,制订相应的预防措施,备足有关应急的机具材料。

3. 不良地质地段的隧道施工,应先治水,采取短开挖、弱爆破、强支护、早衬砌的措施,稳步前进。

在施工过程中,应经常观察地质和地下水的变异情况,检查支护、衬砌的受力状态,注意地形、地貌的变化,防止突然事故的发生。如有险情,应立即分析情况采取措施,迅速处理。

509.03 施工要求

1.塌方

(1)隧道施工中发生塌方,承包人有不可推卸的责任,应及时、迅速、妥善处理。处理前,必须详细观测塌方范围、形状,塌穴的地质构造,分析塌方发生原因和地下水活动情况,制订处理方案报监理人批准。凡对有经验的承包人由于施工不当而引发的塌方,承包人应承担由此而发生的一切费用。

(2)隧道塌方后应先加固未塌方地段,防止塌穴扩大,继续发展,同时应加强防排水工作。

(3)当塌方规模较小时,应首先加固塌体两端洞身,尽快施作喷射混凝土或锚喷联合支护,封闭塌穴顶部和侧部,然后清渣。亦可在保证安全的前提下,在塌渣上架设施工临时支架,稳定顶部而后清渣。

(4)当塌方规模很大,塌渣体堵死洞身时,宜采取先护后挖的方法。在查清塌穴规模大小和穴顶位置后,可采用管棚法或注浆凝固法稳固围岩体和渣体,待其稳定后再按先上部后下部的顺序清除渣体。

(5)对塌方冒顶,在清渣前应支护陷穴口,地层极差时,在陷穴口附近地面应打设地表锚杆,洞内可采用管棚支护和钢架支撑。

(6)在塌方处,模筑衬砌背后与塌穴洞孔周壁间必须紧密支撑。塌方较小时,可用浆砌片石或干砌片石将其填充;塌穴较大时,可用浆砌片石回填厚2m,其上空间应采用钢支撑等顶住稳定围岩。特大塌穴将根据具体情况作特殊处理。

(7)塌方地段应采取有效措施,防止地表水流入或下渗到塌穴和塌渣体内。对于塌方冒顶,还应在陷穴口设棚遮盖穴顶防雨。陷穴口回填高程应高出地面并封口。

2.断层

(1)施工前应切实掌握断层带的情况,其破碎带的宽度、填充物、地下水以及隧道轴线与断层构造线方向的组合关系(正交、斜交或平行),承包人根据有关施工技术和机具设备条件,选择通过断层地段的施工方法报监理人审批。

(2)当断层带内充填软塑状的断层泥或特别松散的颗粒时,可超前支护,采用先拱后墙法。墙部的首轮马口,可用挖井法施工;如断层带特别破碎,则二三轮马口应以扩井法施工,最后挖去核心土,随即浇筑仰拱。

(3)断层地段出现大量涌水时,宜采取排堵结合的治理措施。

(4)通过断层地段的各施工工序之间的距离宜尽量缩短,尽快地使全断面衬砌封闭,减少岩层暴露、松动和地压增大。

(5)采用爆破法掘进时,应严格掌握炮眼数量、深度和装药量。原则上应尽量减小爆破对围岩的震动。

(6)当采用上下导坑、先拱后墙法施工时,其下导坑不宜超前过多,掘进后随即将下导坑予以临时衬砌。

(7)断层地带的支护原则应宁强勿弱,并应经常检查加固。

(8)断层地带的衬砌应紧跟开挖面完成,衬砌断面尽早封闭。

3. 溶洞

(1)施工前应根据图纸及有关资料,查明溶洞分布范围、类型(大小、有无水、是否在发育中、填充物)、岩层的稳定程度以及地下水流情况等。据以选择施工方法并报监理人审批。

(2)当遇到暗河或溶洞有水流时,宜排不宜堵。应查明水源流向及其与隧道位置的关系后,采取适当措施,将水排出洞外。

(3)当水流的位置在隧道上部或高于隧道时,应在适当距离外,开凿引水槽(引水斜洞)将水位降低到隧道底部位置以下,再行引排。

(4)对已停止发育、跨径较小且无水的溶洞,可根据其与隧道相交的位置及其充填情况,采用混凝土、浆砌片石或干砌片石予以回填封闭,并根据地质情况决定是否需要加深边墙基础,加固隧道底部。

(5)隧道拱顶部有空溶洞时,可视溶洞的岩石破碎程度在溶洞顶部采用锚杆加固,并加设隧道护拱及拱顶回填的办法处治。

(6)当溶洞较大较深,可采用梁、拱跨越。但梁端或拱座应置于稳固可靠的岩基上,必要时灌筑混凝土进行加固。

(7)在岩溶区施工,遇到难以处理的溶洞时,可采取迂回导坑绕过溶洞,继续进行隧道施工,而后再处治溶洞以节省时间。绕行开挖中应注意防止洞壁失稳。

(8)施工中对溶洞顶部应经常进行检查,及时处理危石。当溶洞较大较高且顶部破碎时,应先喷射混凝土加固,设置钢筋网和支架。

(9)岩溶地段的爆破,应尽量做到多打眼,打浅眼,并控制用药量。

(10)在溶洞未做出处理方案之前,不得将弃渣随意倾填于溶洞中。

4. 瓦斯地层

(1)在瓦斯溢出地段施工,承包人应探查瓦斯种类和含量,同时制订瓦斯稀释措施、防爆措施以及紧急救援措施等。

(2)所有有关工种施工人员,应通过专门训练,经考试合格确认其已掌握有关在瓦斯地段施工的防爆方面的技术操作知识后,方允许上岗担任防爆工作,以策安全。

(3)隧道内严禁使用明火照明,不得带入易燃物品,严禁穿化纤衣服进洞,施工操作时防止碰撞和摩擦产生火花,加强通风和确保风流稳定。

(4)洞内机电设备,不论固定式或移动式都必须采用安全防爆类型。

(5)钻爆作业必须严格遵守下列规定:

a. 在煤层或有瓦斯岩层中,不允许打 400mm 以下的浅眼,任何炮眼最大抵抗线不得小于 300mm;

b. 打眼时应采取湿式凿岩,严禁干式凿岩;

c. 应使用毫秒电雷管和安全炸药,并采取电力起爆;

d. 爆破电闸应安装在新鲜风流中,与开挖面保持不小于 200m 的距离;

e. 应采用连续装药方式,雷管安放在最外一节炸药中,不得使用裸露药包;

f. 工作面风流中瓦斯含量达到 1% 时,必须停止用电钻打眼; 放炮地点附近 20m 以内

风流中瓦斯含量达到1%时,禁止放炮;

g.开挖工作面风流中瓦斯含量达到1.5%时,必须停止工作,撤出人员,切断电源,进行处理;电动机或其开关地点附近20m以内风流中瓦斯含量达到1.5%,必须停止运转,撤出人员,切断电源,进行处理。

(6)应加强瓦斯检查制度,在钻眼、装药、放炮前和放炮后四个环节上做好瓦斯巡回检测工作。瓦斯检查应按下列规定执行:

a.导坑内瓦斯含量在0.5%以下时,每隔0.5~1h检查一次,0.5%以上时,应随时检查并不得离开开挖面,发现异常应及时报告;

b.当发现瓦斯含量在2%时,应加强通风稀释,并使瓦斯不致造成局部聚集,只有在瓦斯含量降到允许值后,才可进入检查;

c.瓦斯检查人员工作时应配备安全防护装备。

5.膨胀性岩层

(1)隧道通过膨胀性地层时,应对围岩的压力和流变情况进行调查、量测,掌握围岩变形及压力的增长特性。

(2)隧道的开挖宜采用短台阶法或中央导坑法,但开挖分部不宜过多,分部工序距离应尽量缩短,尽可能地减少围岩暴露时间。

(3)应加强支护,开挖后尽快对围岩施加约束,可用锚喷及钢架或格栅联合支护。喷射混凝土层宜用钢纤维混凝土,以提高喷层的抗拉和抗剪能力。

(4)钢架支撑宜采用可缩性结构。可缩接头的数量、最大伸缩量以及可缩接头的滑动阻力,均应通过计算确定。

(5)衬砌的拱部与侧墙宜同时施工,仰拱应尽早完成。仰拱与侧墙连接处应尽可能做成圆弧状,衬砌与围岩应密贴,捣固密实。

(6)在膨胀性岩层中施工,须特别注意排水工作,避免水漫流;拱脚及墙脚应采取措施,不使积水。

(7)不得向开挖面洒水,以保持围岩干燥;加强通风,以降低洞内湿度和温度。

6.流沙

(1)施工中应调查流沙特性、规模,了解地质构成、贯入度、相对密度、粒径分布、塑性指数、地层承载力、滞水层分布、地下水压力和透水系数等,据此制订出处治方案报监理人批准。

(2)隧道通过流沙地段,首要的是处理地下水。应根据工程地质、水文地质条件及地下水的性质和类型等,可采用“防、截、排、堵”的治理方法,合理选用。

(3)开挖隧道应加强防排水工作,防止沙层稀释和挟走沙粒,必要时应采取降低地下水位的措施。

(4)开挖时应自上而下分部开挖,先护后挖,边挖边密封,遇缝必堵,流沙出现后,应尽快用板材封闭开挖面。也可采用超前注入水泥浆、水泥—水玻璃为主的注浆材料或化学药液注浆以加固地层,然后开挖。

(5)架立支撑,应上下纵横连接牢固,支撑背面应用木板或钢板遮挡,严防流沙从支撑间逸出。

(6)流沙地段开挖边墙马口,其长度不得大于2m,并亦采取措施,防止拱圈两侧不均匀下沉。拱部和边墙衬砌混凝土的浇筑应尽量缩短时差,尽快形成封闭环。

7. 岩爆

(1)岩爆多发生在埋藏深、整体、干燥和质地坚硬的岩层中,发生岩爆的时间,一般在开挖后几小时内,但也有在开挖后较长时间发生的。岩爆发生前并无明显的征兆,而是突然发生,石块应声而下,对安全威胁甚大,施工人员在此类岩层中施工,必须时加警惕。

(2)施工中有平行导坑时,应掘进超前正洞一定距离,以了解地质情况,分析可能发生岩爆的地段,以便及时采取必要措施。

(3)开挖宜使用光面爆破,并严格控制用药量,尽可能减少爆破时对围岩的影响。

(4)可选用松动爆破法、超前钻孔预爆法、喷射高压水冲洗法等,预先释放部分岩层的原始应力,以减少岩爆的发生。

(5)加强支护工作,岩爆发生后立即向拱部及侧壁喷射混凝土,再加设锚杆及钢丝网。衬砌工作应紧跟开挖工序进行,以尽可能减少岩层暴露时间,减少岩爆发生,确保人身安全。

8. 高地温

(1)隧道如通过高温、高热地段,为保证隧道内施工人员的安全生产,承包人应采取切实措施降温,如采用通风和洒水,或通风与洒水相结合等,使施工环境温度符合《公路工程施工安全技术规程》(JTJ 076—95)的规定,不超过28℃。

(2)在高温地段的岩体及喷射混凝土上浇筑二次衬砌混凝土时,由于混凝土里面和表面的温差,在早龄期有可能存在裂缝。

为此,对二次混凝土衬砌防止裂缝,应采取下述措施:

a. 考虑到对温泉水的耐久性,宜采用高炉矿渣水泥(分离粉碎型水泥),并为防止高温时强度降低,应选定合适的水灰比。混凝土配合比及掺加剂应通过试验优选确定。

b. 在防水板和混凝土衬砌之间设置隔热材料,隔断从岩体传来的热量,以降低混凝土内的温度应力。

c. 适当缩短衬砌混凝土的浇筑长度;在两拱脚延长方向适当设置裂缝诱发缝。

d. 用防水板和无纺布组合成缓冲材料,由于与喷混凝土隔离,混凝土衬砌的收缩可不受到约束。

(3)在高温条件下工作,承包人除应采取降温措施外,还须注意中暑症的发生,采取必要的防治措施。

(4)承包人应根据洞内的高温程度、劳动强度和劳动效率,合理确定劳动工时,以保证施工人员的健康和安全。

(5)对高血压、心脏病患者以及循环器官有异常的施工人员,严禁参加施工;对疲劳、空腹、睡眠不足及酒醉等人员,容易诱发中暑症,应禁止参加劳动;对不适应高温者,应避免在洞内作重体力劳动。

9. 松散地层

(1)在松散地层进行隧道施工,应减少对围岩的扰动,避免引发坍塌。施工时一般采取先护后挖,密闭支撑,边挖边封闭的施工原则。多采用导坑领先,先拱后墙,分部开挖法施工。

(2)施工时可采用超前支护,以预先支护围岩,防止围岩坍塌。开挖前,向围岩内打入钢钎、钢管、钢板等构件，进入掘进前方的稳定岩层内，其末端支承在拱部围岩的悬吊锚杆或格栅拱支撑上，以有效地约束围岩在爆破后的一定时间内不发生松弛坍塌。

（3）当围岩为砂黏土、黏砂土、亚黏土、粉砂、细砂、砂夹卵石夹黏土等非常松软、破碎的土壤，钻孔后极易塌孔的地层，可采用超前管棚法施工。管棚长度及管棚钢管的外径应根据地质情况选用。为增加管棚刚度，在钢管内可注入混凝土，或在钢管内设置钢筋笼，注入水泥砂浆。

（4）在自稳时间很短的砂层、砂卵（砾）石层等松散地层，还可采用超前小导管注浆的方法进行施工。沿开挖外轮廓线以一定的角度打入管壁带孔的小导管，而后向管内压注水泥砂浆或化学浆液，既将松散地层固结为整体，又能起到超前支护的作用。

（5）松散地层中含水，对隧道施工危害极大，应采取措施，排除施工部位的地下水。可在洞内或辅助坑道内井点降水，埋深较浅时，可深井泵降水或洞外地面隧道两侧布点降水。还可采用注浆堵水的方法。采用何种方法，宜根据工程地质及水文地质等具体情况，经过技术、经济比选后确定。

（6）分部开挖施工应注意下列事项：

a. 上导坑与扩大部分之间的距离应尽量缩短，拱部衬砌要紧跟。

b. 开挖时，应提前准备草束或麻袋，随时堵塞缝隙，避免漏砂造成空洞导致坍塌。

c. 扩大后、灌拱前，拱脚基础应根据地层的承载能力，采取措施予以加固，防止开挖马口时发生坍塌。

d. 衬砌应每隔适当距离设置沉降缝；支撑架设应预留沉降量。

e. 衬砌断面封闭后，不论松散地层中有无水，均应向衬砌背后（包括仰拱下）压注水泥砂浆加固。

10. 黄土

（1）在黄土层中施工隧道，由于黄土的特性，施工时稍有不慎或处理不当，极易发生“塌顶”、基础下沉、坍塌等。施工前，承包人应充分做好黄土中构造节理的产状与分布状况调查，据以加强和完善施工技术措施。

（2）施工中应遵循“短开挖、少扰动、强支护、及时密贴、实回填、严治水、勤量测”的施工原则，紧凑施工工序，精心组织施工。

（3）开挖方法宜采用短台阶开挖法或分部开挖法，初期支护紧跟开挖面施作。

（4）围岩开挖后，暴露时间不能过长，以避免围岩周壁风化至内部，围岩体松弛加快，进而造成坍塌方，因此，宜采用复合式衬砌，衬砌背后尤其是拱顶应回填密实。

（5）做好洞顶、洞门及洞口的防排水系统工程，妥善处理好陷穴、裂缝，以免地面积水浸蚀洞体周围，造成土体坍塌。洞内应做良好排水设施，必要时采用井点降水，使地下水位降至衬砌底部以下，改善施工条件。在干燥无水的黄土层中施工，应严格管理好施工用水，不使废水漫流。

（6）施工时应特别注意拱脚与墙脚处断面，如超挖过大，应及时用浆砌片石回填。如发现该处土体承载力不够，应采取相应措施进行加固。

（7）施工中发现工作面有失稳现象，应及时用喷射混凝土封闭、加设锚杆、架立钢支撑等加强支护。

（8）仰拱应先于衬砌浇筑完成，如果不能先完成浇筑仰拱时，可在开挖与浇筑仰拱前，为防止边墙向内位移,应加设横撑顶紧。

509.04 地质预报

隧道施工中,承包人应聘有地质工作者严密注意围岩开挖情况,通过探测手段,预测开挖工作面前方几米至几十米,甚至上百米的围岩工程地质和水文地质条件,结合掘进中地质条件的变化,及时提出预报,以便有准备地做好各种预防和施工措施,保证隧道工程的顺利进行。

1. 预报内容

(1)对照图纸提供的地质资料,预报地质条件变化情况及对施工的影响程度。

(2)预报可能出现塌方、滑动的部位、形式、规模及发展趋势,提出处理措施。

(3)预报可能出现突然涌水的地点、涌水量大小、地下水泥砂含量及对施工的影响。

(4)预报软岩内鼓、片帮掉块地段及对施工的影响程度。

(5)预报岩体突然开裂或原有裂隙逐渐加宽的位置及其危害程度。

(6)位移量测中发现围岩变形速率加快时,应预报对围岩稳定性的影响程度。

(7)浅埋隧道地面出现下沉或裂缝时,预报对隧道稳定和施工的影响程度。

(8)对隧道将要穿过不稳定岩层、较大断层作出预报,以便及时改变施工方法或采用应急措施。

(9)隧道附近或穿过瓦斯地段的岩(煤)层中,预报瓦斯影响范围。

(10)隧道施工中由于措施不当,可能造成围岩失稳,应及时采取改进措施。

2. 探测方法

(1)导坑探测

地质条件较复杂的隧道施工中,可采用超前导坑或专用的探测坑道进行探测。根据导坑开挖揭露的围岩地质情况,能了解并较准确地判断预测隧道开挖工作面前方相应地段围岩的工程地质及水文地质条件。

(2)超前水平岩芯钻探

超前水平岩芯钻孔,可视为隧道中的微型导坑,可以探测了解隧道开挖工作面前方几十米乃至上百米范围内围岩的地质情况。在钻进过程中,应尽可能避免钻头发生偏移,导致探测结果发生误差。应根据岩石的坚硬程度,调整钻机的转速和钻压。坚硬的岩石,应采用较低的转速和较高的钻压;较软的岩石,则应采用较高的转速和较低的钻压。

(3)工作面上的浅孔钻探

浅孔钻探是利用开挖工作面上的炮眼孔或探水孔、声波探测孔的钻进情况来探测了解围岩地质情况。这些钻孔深一般为几米至几十米,在钻进过程中,通过钻进的时间、速度、压力、成分以及卡钻、跳钻等和岩性、构造性质及地下水等情况,掌握地质条件,判断开挖工作面前方围岩的地质情况。

(4)声波探测

声波探测是利用不同岩石(体),有不同的物理力学性质,因而声波的传播速度亦有不同的关系,可根据岩石(体)的声波传播速度来判断围岩的工程地质情况。当岩石(体)的波速越高时,则岩体越完整坚硬,岩体质量越好。

(5)地震波量测

地震波量测是利用微型爆破引发的地震波在岩体中向四周传播,当波在隧道掘进前方遇到一界面时,部分波将从界面反射回到接收传感器,通过专门设备的数据运算和处理,即可预报掘进前方的地质情况。

1996年国内隧道施工首次引进的地震波测量系统(TSP),进行地质超前预报,效果明显。这种测量系统在软岩和极硬岩的任何地质条件下,均能准确地预报隧道施工前方100~200m范围内的地质条件和岩石特性的变化,对施工顺利进行具有直接指导意义。

通常隧道每掘进150~200m,宜采用地震波测量系统(TSP)作一次测量,进行地质超前预报,为隧道施工方法、措施的变更和拟定提供依据,以减少施工的盲目性,减少事故的发生率,确保施工安全。

3. 地质预报管理

(1)隧道量测应成立专门地质预报小组,由承包人或委托有相应资质的其他单位承担。

(2)承包人在提交实施性施工组织的同时,应专门提交详细的地质预报计划。计划中应包括预报内容、方法、预报人员及负责人,经报监理人批准后执行。

(3)预报组应及时将预报信息反馈给施工和设计单位,当预报任务委托给其他单位承担时,承包人应为预报单位的预报工作提供方便和积极配合,一切与此相关的监理人指定的配合工作为承包人应尽的义务,不予计量与支付。

509.05 计量与支付

1. 隧道施工中遇到特殊地质地段时承包人应采取的有关施工措施,不另行计量与支付。地质预报其采用的方法手段应根据具体情况选用,以总额报价及支付。

2. 支付子目

子 目 号	子 目 名 称	单 位
509-1	地质预报(探测手段)	总额

第510节 洞内机电设施预埋件和消防设施

510.01 范围

本节工作内容为洞内机电设施预埋件的埋置及消防设施土建部分的施工作业等。

510.02 施工要求

1. 预埋件

(1)承包人应按图纸规定的位置和数量,将隧道通风、通信、照明、监控以及供配电设施需要在洞内埋设的预埋件设置稳妥。

(2)有关预埋件的施工要求、注意事项应严格遵守图纸规定和监理人指示。预埋件须做抗拔力检验并满足图纸要求。

(3)所有预埋件的材料质量必须符合图纸要求及相应国家标准的规定。

(4)预埋件设置完毕,承包人应给予妥善保护,不得碰撞、损坏。

2. 消防设施(土建部分)

(1)承包人应按图纸要求修筑洞外供水系统的集水池、蓄水池、泵房等以及供水管道的埋设等。

(2)供水管道的钢管和铸铁管,其材质、规格应符合图纸要求,表面不得有显著锈蚀,并不得有裂纹和机械损伤。必须有生产厂的产品合格证明,材料进场时应经检验合格。

(3)管道的连接方式应按图纸要求,采用焊接时应遵守国家相关施工规范的规定;采用法兰连接时,应对法兰密封面及密封垫片进行外观检查,不得有影响密封性能的缺陷存在,确保无渗漏现象。

(4)供水钢管和铸铁管应按图纸要求及监理人指示进行敷设,管道敷设前应清除铁锈,并按图纸要求进行防腐。供水管道还应按图纸要求进行保温处理。管道敷设应符合相应的管道施工规范的规定。

(5)隧道内消防洞室防火门按图纸要求的材质、规格尺寸进行加工安装,其精度应符合图纸要求。

(6)消防设施的供水系统的集水池、蓄水池和泵房等圬工工程的修筑,应按图纸规定的地点和要求进行施工,并应符合国家相应的混凝土结构工程及砖石结构工程等施工规范的规定。

510.03 质量检验

1. 机电设施预埋件的质量要求应符合图纸规定。

2. 钢管和铸铁管的敷设质量要求应符合图纸及相应规范的规定。

3. 集水池、蓄水池、泵房的修筑应符合图纸的质量要求,并应符合国家相应规范的规定。

510.04 计量与支付

1. 计量

(1)机电设施预埋件按图纸要求施工完毕,经监理人分别按其所属设施验收合格以千克(kg)为单位计量。

(2)供水钢管、铸铁管按图纸要求敷设完毕,经监理人验收合格以米为单位计量。其工作内容包括焊接、法兰连接、防腐处理、开挖(回填)沟槽所需的人工和材料等,不另行计量。

(3)消防洞室防火门制作安装经验收合格以套为单位计量。

(4)集水池、蓄水池、泵房等按图纸要求施工完毕,经监理人验收合格分别以座为单位计量;消防设施的其他混凝土、砖石圬工工程以立方米为单位计量。

(5)消防系统中未列入清单中的附属设施其工作量含在相关子目中,不另计量。

2. 支付

按上述规定计量，经监理人验收列入工程量清单的以下支付子目的工程量，其每一计量单位将以合同价支付。此项支付包括材料、劳力、设备、运输等及其他为完成工程所必需的费用，是对完成工程的全部偿付。

3. 支付子目

子　目　号	子目名称	单　　位
510-1	预埋件	
-a	通风设施预埋件	kg
-b	通信设施预埋件	kg
-c	照明设施预埋件	kg
-d	监控设施预埋件	kg
-e	供配电设施预埋件	kg
	……	
510-2	消防设施	
-a	供水钢管（铸铁管）（ϕ...mm）	m
-b	消防洞室防火门	套
-c	集水池	座
-d	蓄水池	座
-e	泵房	座
	……	

第 600 章　安全设施及预埋管线

第601节　通　　则

601.01　范围

本章工作内容包括护栏、隔离栅、道路交通标志、道路交通标线、防眩设施、通信管道及电力管道、预埋(预留)基础、收费设施和地下通道等的施工及有关作业。

601.02　一般要求

1.护栏、护柱、隔离栅

应按《公路交通安全设施施工技术规范》(JTG F71—2006)和图纸的要求,并按监理人的指示进行施工。立柱应采用新的、整根的钢管或槽钢。

2.道路交通标志

(1)道路交通标志按《道路交通标志和标线》(GB 5768—1999)和《公路交通标志板》(JT/T 279—2004)的规定进行。

(2)道路交通标志的反光方法及反光膜级别,应符合图纸规定,如无规定时,应根据不同道路等级和标志类型,按《道路交通标志和标线》(GB 5768—1999)附录A及《公路交通标志板》(JT/T 279—2004)的规定办理。

(3)在同一地点设置两种以上的标志时,可合装在一根立柱上,但最多不超过四块。多块时按警告、禁令、指示的顺序先上后下,先左后右排列。

3.道路交通标线

道路交通标线包括各种路面标线、箭头、文字、立面标记、突起路标和轮廓标等,应按照图纸及《道路交通标志和标线》(GB 5768—1999)的规定设置。

4.通信及电力管道、预埋(预留)基础、防眩设施、收费设施和地下通道

应按图纸要求和监理人的指示进行施工。

601.03　计量与支付

本节不作计量与支付。

第602节　护　　栏

602.01　范围

本节内容为路基护栏、桥梁护栏和活动护栏的设置及其有关的施工作业。

602.02 材料

1. 混凝土护栏采用的材料和制作要求应符合本规范第 410 节和第 403 节的要求。

2. 路基护栏、桥梁护栏、活动护栏采用的材料及防腐处理应符合《公路交通安全设施施工技术规范》(JTG F71—2006)中第 3 章、第 4 章及第 10 章的相关要求。

3. 波形梁钢护栏产品质量要求

(1)波形梁板、立柱、防阻块、横隔梁、端头、螺栓、螺母等构件应符合《公路波形梁钢护栏》(JT/T 281—2007)及《公路三波形梁钢护栏》(JT/T 457—2007)产品标准的规定。生产厂方在提供产品时,应同时提交产品质量合格证书。

(2)波形梁板、立柱、端头、防阻块、托架等部件应符合《碳素结构钢》(GB/T 700—2006)的 Q235 牌号钢的要求。

(3)连接螺栓、螺母、垫圈、横梁垫片等部件应符合《碳素结构钢》(GB/T 700—2006)的要求,其抗拉强度不得小于 375MPa 和 400MPa(分别适用于 JT/T 281—2007 和 JT/T 457—2007)。

(4)高强度拼接螺栓连接副应符合《低合金高强度结构钢》(GB/T 1591—2008)、《优质碳素结构钢》(GB/T 699—1999)或《合金结构钢》(GB/T 3077—1999)的要求。公称直径 16mm、8.8S 级抗拉荷载不得小于 133kN。

(5)为保证产品质量要求,应对护栏各部件的外观、尺寸、防腐处理进行抽样检查。不相同的部件各以 200 件一批为取样单位,分别取出一片护栏板、一个端头、一根立柱、一块托架进行检查,如果受检的构件不符合要求,另取两件检验,如果这两件中仍有一件不符合要求,则以此为样品的整批产品应被拒收,一切费用由承包人自付。

(6)护栏板、端头梁、立柱的长度和宽度方向不允许焊接,构件不应出现裂缝。

(7)高强度螺栓应抽样进行楔负载拉力试验,断裂应发生在螺纹部分或螺纹与杆部交接处;如不能做楔负载拉力试验则应做芯部硬度试验,芯部硬度值为洛氏 HRC34 ~ 40。螺母应抽样进行保证荷载和硬度试验。

(8)每批高强螺栓都应有出厂合格证,螺栓连接副扭矩应附有扭矩系数的平均值、标准偏差的试验数据和扭矩系数测试时的环境温度等技术资料。

(9)波形梁护栏、活动式钢护栏及螺栓、螺母、垫圈、垫片等所有部件均应按《高速公路交通工程钢构件防腐技术条件》(GB/T 18226—2000)的规定采用热浸镀锌(铝)进行金属表面处理。热浸镀锌应采用《锌锭》(GB/T 470—2008)中所规定的牌号为 Zn99.99 以上的锌锭。镀锌构件锌层质量应符合表 602-1 的规定。热浸镀铝应采用《重熔用铝锭》(GB/T 1196—2008)中所规定的牌号为 Al 99.5 以上的铝锭,镀铝构件铝层质量应符合表 602-2 的规定。

镀锌构件锌层质量 表 602-1

构 件 名 称	平均锌层质量(g/m^2)	锌层近似厚度(μm)
护栏板、立柱、H 型钢防阻块、垫板、过渡板、端头	600	85
紧固件、托架	350	50

镀铝构件铝层质量　　　　表 602-2

构件名称	平均铝层质量（g/m^2）	铝层近似厚度（μm）
护栏板、立柱、H 型钢防阻块、垫板、过渡板、端头	120	50
紧固件、托架	110	45

高强度螺栓进行热浸镀锌处理后，对高强度螺栓连接件表面要涂黄油，以及进行磷化润滑处理，在出厂时应密封包装，以防运输、保存期间生锈或弄脏。

（10）镀锌构件的锌层应均匀，试样经硫酸铜溶液浸蚀 5 次不变红，并符合《高速公路波形梁钢护栏》（JT/T 281—2007）附录 B 的规定；镀锌构件的锌层应与基底金属结合牢固，经锤击试验镀锌层不剥离、不凸起，并符合《高速公路波形梁钢护栏》（JT/T 281—2007）附录 C 的规定。

（11）镀铝构件的铝层应均匀，不允许有针孔，按《高速公路交通工程钢构件防腐技术条件》（GB/T 18226—2000）铝层有孔度试验后，无红褐色的氢氧化铁沉积物；镀铝构件的铝层应与基底金属结合牢固，按 GB/T 18226—2000 铝层弯曲试验后，铝层不剥离、不凸起，不得开裂或起层到用裸手指能够擦掉的程度。

4. 缆索护栏产品质量要求

（1）缆索用钢丝绳应符合《镀锌钢绞线》（YB/T 5004—2001）的规定。其性能和构造应符合表 602-3 的规定。为保证缆索的质量要求，应对进场的缆索进行表面检查，包括：缆索内不应有断裂、交错和折弯的钢丝。钢丝表面不应有凹陷、锈蚀、压扁、碰伤或切伤等缺陷。股中钢丝的接头应尽量减少，接头之间的距离不得小于 5m。

缆索的性能和构造　　　　表 602-3

钢丝绳直径（mm）	单丝直径（mm）	构造	钢丝绳公称抗拉强度（MPa）	断面积（mm^2）	捻制方法	单位质量（kg/m）
18	3.86	3 股 7 蕊	≥1 270	134	右同向捻	1.09

（2）端部立柱、中间端部立柱、中间立柱、间隔保持件、螺栓、螺母、垫圈等构件应符合《碳素结构钢》（GB/T 700—2006）中 Q235 钢的要求。

（3）缆索护栏用的托架材料应符合《碳素结构钢和低合金结构钢热轧薄钢板及钢带》（GB/T 912—2008）的规定。

（4）索端锚具的拉杆螺栓和锚具以及固定缆索用别针应符合《优质碳素结构钢》（GB/T 699—1999）中 45 号优质碳素结构钢的规定。

（5）缆索用钢丝绳采用热浸镀锌防腐处理时，应采用单丝进行热浸镀锌的办法，并应符合《镀锌钢绞线》（YB/T 5004—2001）中有关镀锌层质量为 250g/m^2 的规定。用于镀层的锌应满足《锌锭》（GB/T 470—2008）中特一号或一号锌的规定。经热浸镀锌处理的钢丝不应出现裂纹、斑疤和露铁现象。为了保证缆索护栏经久耐用与增加视线诱导的效果，图纸如有特殊规定时可在缆索外按图纸要求再加涂层。

（6）缆索护栏的各种立柱、托架、索端锚具和螺栓、螺母、垫圈等所有部件均应按图纸要求及《高速公路交通工程钢构件防腐技术条件》（GB/T 18226—2000）的相关规定进行防腐处理。

5. 对于聚酯外涂层护栏，其聚酯外涂层的技术要求及质量要求，应满足《公路用防腐

蚀粉末涂料及涂层　第四部分:热固性聚酯粉末涂料及涂层》(JT/T 600.4—2004)的有关规定。

6. 充填式活动护栏所用的钢构件均应进行防腐处理。防腐处理应符合图纸要求及《高速公路交通工程钢构件防腐技术条件》(GB/T 18226—2000)的相关规定。

7. 油漆采用材料及技术条件和要求,同本规范第 414 节有关规定。

8. 混凝土构件,应按本规范第 410 节有关要求对预制构件进行检查批准。

602.03　路基护栏施工要求

1. 一般规定

(1) 缆索护栏、波形梁护栏的路基土压实度和混凝土护栏的地基承载力应符合图纸的规定。

(2) 所有钢构件均应进行防腐处理。防腐处理应符合图纸要求及本规范第 602.02 小节的相关规定,螺栓、螺母等紧固件和连接件在防腐处理后,必须清理螺纹或进行离心分离处理。

2. 混凝土护栏

混凝土护栏的施工应符合本规范第 400 章的规定外,还应满足下列要求:

(1)应根据现场条件确定并核对混凝土护栏的设置位置,确定控制点,检测基础承载力是否达到本规范或图纸的要求。

(2)现场浇筑混凝土护栏

a. 采用固定模板法施工时,模板宜采用钢模板,钢模板的厚度不应小于 4mm。

b. 混凝土浇筑前的温度应维持在 10℃ ~32℃之间。

c. 采用滑动模板法施工时,滑模机的施工速度应根据旋转搅拌车、混凝土卸载速度以及成型断面的大小决定。混凝土振捣由设置在滑模机上的液压振动器完成,振动器应能根据混凝土的坍落度无级调速,一边振动一边前进。

d. 两处伸缩缝之间的混凝土护栏必须一次浇筑完成,伸缩缝应与水平面垂直,宽度应符合图纸的规定,伸缩缝内不得连浆。

e. 混凝土初凝后,严禁振动模板,预埋钢筋不得承受外力。

f. 应根据气温和混凝土强度确定拆模时间,一般可在混凝土终凝后 3 ~5d 拆除混凝土护栏侧模。拆模时不应损坏混凝土护栏的边角,并应保持模板的完好状况。

g. 假缝可在混凝土护栏拆除模板后,按图纸要求的间距和规格采用切割机切开,并应保证断面光滑、平整。

(3)预制混凝土护栏

a. 预制混凝土护栏的施工场地应平整、坚实、排水良好、交通方便。

b. 应采用钢模板,模板长度应根据吊装和运输条件确定,宜采用固定的规格。

c. 每块预制混凝土护栏必须一次浇筑完成。

d. 拆模时混凝土强度不应低于设计强度的 70% 。拆模时不得损坏混凝土护栏的边角,并应保持模板完好。

e. 在起吊、运输和堆放过程中,不得损坏混凝土护栏构件的边角,否则在安装就位后,应采用高于混凝土护栏强度的材料及时修补。

f. 混凝土护栏的安装应从一端逐步向前推进，护栏的线形应与公路的平、纵线形相协调。

g. 中央分隔带混凝土护栏在超高路段，应按图纸要求处理好排水问题。

3. 波形梁护栏

(1)立柱放样

a. 应根据图纸进行立柱放样，并以桥梁、通道、涵洞、隧道、中央分隔带开口、紧急电话开口、互通式立体交叉等控制立柱的位置，进行测距定位。

b. 立柱放样时可利用调节板调节间距，并利用分配方法处理间距零头数。

c. 应调查立柱所在处是否存在地下管线、排水管等设施，或构造物顶部埋土深度不足的情况。

(2)立柱安装

a. 立柱安装应与图纸相符，并与公路线形相协调。

b. 位于土基中的立柱，可采用打入法、挖埋法或钻孔法施工。立柱高程应符合图纸要求，并不得损坏立柱端部。

(a)采用打入法打入过深时，不得将立柱部分拔出加以矫正，必须将其全部拔出，将基础压实后再重新打入。立柱无法打入到要求深度时，严禁将立柱的地面以上部分焊割、钻孔，不得使用锯短的立柱。

(b)采用挖埋法施工时，回填土应采用良好的材料并分层夯实，回填土的压实度不应小于设计规定值。填石路基中的柱坑，应用粒料回填并夯实。

(c)采用钻孔法施工时，立柱定位后应用与路基相同的材料回填，并分层夯填密实。

c. 在铺有路面的路段设置立柱时，柱坑从路基至面层以下50mm处应采用与路基相同的材料回填并分层夯实，余下部分应采用与路面相同的材料回填并压实。

d. 位于石方区的立柱，应根据图纸的要求设置混凝土基础。

e. 位于小桥、通道、明涵等混凝土基础中的立柱，可设置在预埋的套筒内，通过灌注砂浆或混凝土固定，或通过地脚螺栓与桥梁护轮带基础相连。

f. 立柱安装就位后，其水平方向和竖直方向应形成平顺的线形。

g. 护栏渐变段及端部的立柱，须按图纸规定的坐标进行安装。

(3)防阻块、托架、横隔梁安装

a. 防阻块、托架应通过连接螺栓固定于护栏板和立柱之间，在拧紧连接螺栓前应调整防阻块、托架，使其准确就位。防撞等级为SA、SAm和SS的波形梁护栏，在安装防阻块时，应同时安装上层立柱，线形应与下层立柱相同。

b. 设有横隔梁的中央分隔带护栏，应在立柱准确定位后安装横隔梁。在护栏板安装前，横隔梁与立柱间的连接螺栓不应过早拧紧。

(4)横梁安装

a. 护栏板应通过拼接螺栓相互连接成纵向横梁，并由连接螺栓固定于防阻块、托架或横隔梁上。护栏板拼接方向应与行车方向一致。拼接螺栓必须采用高强螺栓。

b. 防撞等级为SA、SAm和SS的波形梁护栏通过螺栓将上层横梁与上层立柱加以连接。

c.立柱间距不规则时,可利用调节板、梁进行调节,不得采用现场切割护栏板的方法。

d.所有的连接螺栓及拼接螺栓应在护栏的线形达到规定要求时才能拧紧。终拧扭矩应符合表602-4的规定。

波形梁护栏板连接螺栓及拼接螺栓的终拧扭矩规定值 表602-4

螺 栓 类 型	螺栓直径(mm)	扭矩值(N·m)
普通螺栓	M16	60~68
	M20	95~102
	M22	163~170
高强螺栓		315~430

(5)端头安装

各类护栏端头应通过拼接螺栓与护栏板牢固连接,拼接螺栓必须采用高强螺栓。防撞等级为SA、SAm和SS的波形梁护栏上横梁必须按图纸的规定进行端部处理。

4.缆索护栏

(1)承包人应在缆索护栏运往工地之前,向监理人提供所采用的护栏部件的样品及出厂检验合格证书供其审查批准,必要时应根据监理人的要求进行荷载试验。所有运往工地的护栏构件的质量均应符合图纸和本规范的要求。

(2)护栏在施工之前,承包人应编制详细的缆索护栏施工组织设计,上报监理人审查批准,并应详细了解地下管线,构造物的位置以便进行合理的处理。无论采用何种方法安装护栏,承包人应避免损坏路面下埋设的管线设施,若造成损坏,承包人应负责修好,修理费用由承包人承担。

(3)放样

a.应根据现场桥梁、涵洞、通道、路线交叉、隧道等的分布确定控制立柱的位置,并测定控制立柱之间的间距,据此调整端部立柱、中间端部立柱、中间立柱的设置位置。

b.应调查立柱下是否存在地下管线、构造物等设施,并进行适当处理。

(4)端部立柱和中间端部立柱的设置

a.应根据图纸的要求,将立柱、斜撑及底板焊接成牢固的三角形支架。

b.应根据最终确定的立柱位置开挖基坑、浇筑混凝土基础,到达规定高程时,应对三角形支架进行定位。基坑开挖、地基检验、地基处理及混凝土的浇筑应符合图纸及本规范第400章的相关规定。

c.位于桥梁、涵洞、通道、挡土墙等构造物处的端部立柱和中间端部立柱,应根据图纸的要求进行基础预埋。

(5)中间立柱的设置

a.中间立柱应定位准确,纵向和横向位置与公路线形一致。

b.位于土基中的中间立柱,可采用挖埋法、钻孔法或打入法施工。立柱高程应符合图纸要求,并不得损坏立柱端部。

c.位于混凝土基础中的中间立柱,可设置在预埋的套筒内,通过灌注砂浆或混凝土固定,或通过地脚螺栓与桥梁护轮带基础相连。

(6)托架安装

中间立柱或中间端部立柱上的托架,应按图纸规定的托架编号和组合正确安装。

(7)架设缆索

a. 缆索应在端部立柱和中间端部立柱的混凝土基础达到设计强度的80%以上时架设。

b. 缆索应支放在立柱的内侧,通过中间支架向另一端滚放。严禁在路面上长距离拖拽缆索。

c. 可用楔子固定或注入合金的方法将一端的缆索锚固在索端锚具上。

d. 应在另一端部立柱或中间端部立柱上设置倒链滑车或杠杆式倒链张紧器将缆索临时拉紧。B级和A级缆索护栏的初拉力应为20kN,其他等级的缆索护栏初拉力应符合图纸的规定。

e. 应根据索端锚具的规格,切断多余的缆索。缆索切断面应垂直整齐,不得松散,可按本款第c款规定的方法锚固在索端锚头上。

f. 索端锚具安装到端部立柱或中间端部立柱后,可卸除临时张拉力。

g. 缆索应按从上向下的顺序架设。

h. 缆索调整完毕后,应拧紧各中间立柱、中间端部立柱托架上的索夹螺栓。

602.04　桥梁护栏施工要求

1. 一般规定

(1)桥梁护栏应在桥梁车行道板、人行道板施工完毕,跨中支架及脚手架拆除后桥跨处于独立支撑的状态时施工。

(2)对于焊接的金属护栏,在进行防腐处理前应对所有外露焊缝做好磨光或补满的清面工作。

(3)桥梁护栏施工前应对所有预埋件的设置位置、强度、腐蚀程度进行检查,不符合要求的必须整改。

2. 金属桥梁护栏

(1)立柱放样与预埋件设置

a. 应以桥梁伸缩缝附近的端部立柱作为控制立柱,并在控制立柱之间测距定位。

b. 立柱间距出现零数时,可用分配的办法使其符合横梁规定的尺寸,立柱宜等距设置。

c. 在车行道板或人行道板上应准确地设置套筒或地脚螺栓等预埋件,并采取适当措施,使预埋件在桥梁施工期间免遭损坏。

(2) 护栏安装

a. 横梁和立柱的安装位置应准确。连接螺栓和拼接螺栓开始时不宜过早拧紧,以便在安装过程中充分利用横梁和立柱法兰盘的长圆孔进行调整,使其线形顺适,不应出现局部的凹凸现象。调整完毕后,必须拧紧螺栓。

b. 横梁、立柱等构件在安装过程中应避免损坏防腐层。安装完成后,应对被损坏的防腐层按规定的方法进行修复。

3. 钢筋混凝土墙式和梁柱式桥梁护栏

(1) 宜采用现场浇筑的方法进行施工,当采用预制件时,护栏与车行道板或人行道板间应按照图纸的要求进行可靠连接。

(2)护栏的施工应符合本规范第 602.03-2 条的规定。

(3)护栏伸缩缝内清理干净后,应填满橡胶或沥青胶泥等弹性、不透水的材料。

(4)端部翼墙应根据图纸的要求加工模板,设置在桥梁上或路基段的端部翼墙应采用现场浇筑施工方法,并设置预埋件。

4. 组合式桥梁护栏

(1)金属结构部分应符合本规范第 602.04-2 条的规定。

(2)钢筋混凝土部分应符合本规范第 602.04-3 条的规定。

602.05 活动护栏施工要求

1. 一般规定

(1)插拔式活动护栏的预埋基础应在面层施工前完成,其余部分应在路面施工后安装。插拔式活动护栏应在工厂加工制作。

(2)充填式活动护栏应在路面施工后安装

2. 插拔式活动护栏的施工

(1)插拔式活动护栏基础应根据图纸放样,并与中央分隔带护栏端头相协调。应调查基础与地下管线是否冲突,经论证可对基础的埋设位置或高程进行适当调整。

(2)混凝土基础可采用现浇法施工,并应符合本规范第 400 章的规定,混凝土浇筑时应按图纸的规定预埋连接件。基础施工完成后应采取措施,防止杂物落入预埋套管内。

(3)基础混凝土强度达设计强度的 70% 以上后,方可将焊接成整体的插拔式活动护栏片插入预埋套管内。

(4)对有防眩和视线诱导要求的路段,应按图纸要求安装防眩设施和轮廓标。

3. 充填式活动护栏

(1)充填式活动护栏应按图纸的规定放样定位和拼装。

(2)线形调整平顺后,应将符合图纸要求的材料按规定数量充填活动护栏。

602.06 质量检验

1. 混凝土护栏

(1)基本要求

a. 混凝土所用的水泥、砂、石、水及外掺剂的质量、规格必须符合有关规范的要求,按规定的配合比施工。

b. 混凝土护栏预制块件在吊装、运输、安装过程中,不得断裂。

c. 各混凝土护栏块件之间、护栏与基础之间的连接应符合设计要求。

d. 混凝土护栏块件标准段、混凝土护栏起终点及其他开口处的混凝土护栏块件的几何尺寸应符合图纸要求。

e. 混凝土护栏的地基强度、埋入深度应符合图纸要求。

f. 混凝土护栏块件的损边、掉角长度每处不得超过 20mm,否则应予及时修补。

(2)检查项目

检查项目见表 602-5。

混凝土护栏检查项目 表 602-5

项次	检 查 项 目		规定值或允许偏差	检查方法和频率
1	护栏混凝土强度(MPa)		在合格标准内	按 JTG F80/1—2004 附录 D 检查
2	地基压实度(%)		符合设计要求	现场检查
3	护栏断面尺寸(mm)	高度	±10	直尺、钢卷尺:抽检 10%
		顶宽	±5	
		底宽	±5	
4	基础平整度(mm)		10	水平尺:检查 100%
5	轴向横向偏位(mm)		±20 或符合设计要求	直尺、钢卷尺:抽检 10%
6	基础厚度(mm)		±10% H	过程检查,直尺:检查 100%

注:H 为基础的设计厚度。

(3)外观鉴定

a. 混凝土护栏块件之间的错位不大于 5mm。

b. 混凝土护栏外观、色泽均匀一致,表面的蜂窝麻面、裂缝、脱皮等缺陷面积不超过该面面积的 0.5%。

c. 护栏线形适顺,直线段不允许有明显的凹凸现象,曲线段护栏应圆滑顺畅,与线形协调一致。中央分隔带开口端头护栏尺寸应与图纸相符。

2. 波形梁钢护栏

(1)基本要求

a. 波形梁钢护栏产品应符合《高速公路波形梁钢护栏》(JT/T 281—2007)及《公路三波形梁钢护栏》(JT/T 457—2007)的规定。

b. 护栏立柱、波形梁、防阻块及托架的安装应符合图纸和施工规范的要求。

c. 为保证护栏的整体强度,路肩和中央分隔带的土基压实度不应小于设计值。达不到压实度要求的路段不应进行护栏立柱打入施工。石方路段和挡土墙上的护栏立柱的埋深及基础处理应符合图纸要求。

e. 波形梁护栏的端头处理及与桥梁护栏过渡段的处理应满足图纸要求。

(2)检查项目

波形梁钢护栏的安装检查项目见表 602-6。

波形梁钢护栏检查项目 表 602-6

项次	检 查 项 目	规定值或允许偏差	检查方法和频率
1	波形梁板基底金属厚度(mm)	±0.16	板厚千分尺:抽检 5%
2	立柱壁厚(mm)	4.5 ±0.25	测厚仪、千分尺:抽检 5%
3	镀(涂)层厚度(μm)	符合设计	测厚仪:抽检 10%
4	拼接螺栓(45 号钢)抗拉强度(MPa)	≥600	抽样做拉力试验,每批 3 组
5	立柱埋入深度	符合设计规定	过程检查,尺量:抽检 10%
6	立柱外边缘距路肩边线距离(mm)	±20	直尺:抽检 10%
7	立柱中距(mm)	±50	钢卷尺:抽检 10%

续上表

项次	检 查 项 目	规定值或允许偏差	检查方法和频率
8	立柱竖直度(mm/m)	±10	垂线、直尺:抽检 10%
9	横梁中心高度(mm)	±20	直尺:抽检 10%
10	护栏顺直度(mm/m)	±5	拉线、直尺:抽检 10%

(3)外观鉴定

a. 焊接钢管的焊缝应平整,无焊渣、突起。构件镀锌层表面应均匀完整、颜色一致,表面具有实用性光滑,不得有流挂、滴瘤或多余结块。镀件表面应无漏镀、露铁、擦痕等缺陷。构件镀铝层表面应连续,不得有明显影响外观质量的熔渣、色泽暗淡及假浸、漏浸等缺陷。构件涂塑层应均匀光滑、连续,无肉眼可分辨的小孔、空间、孔隙、裂缝、脱皮及其他有害缺陷。

b. 直线段护栏不得有明显的凹凸、起伏现象,曲线段护栏应圆滑顺畅,与线形协调一致,中央分隔带开口端头护栏的抛物线形应与图纸相符。

c. 波形梁板搭接方向正确,搭接平顺,垫圈齐备,螺栓紧固。

d. 防阻块、托架、端头的安装应与图纸相符,安装到位,不得有明显变形、扭转、倾斜。

e. 波形梁板和立柱不得现场焊割和钻孔。

f. 立柱及柱帽安装牢固,其顶部应无明显塌边、变形、开裂等缺陷。

3. 缆索护栏

(1)基本要求

a. 缆索性能、缆索直径、单丝直径、构造(3 股 7 芯)、锚具及其镀锌量应符合图纸要求,缆索抗拉强度、镀锌质量须经抽检,合格后方可使用。

b. 张拉前应标定拉力测定计。

c. 立柱按图纸要求准确定位,埋深不得小于设计值。立柱内外表面均应按规定热浸镀锌。

d. 采用挖埋法施工,立柱埋入土中时,回填土应分层夯实,每层土厚度不超过 100mm,立柱埋入混凝土中时,基础混凝土的几何尺寸、强度等应符合图纸要求。

e. 立柱壁厚、外径、长度不小于设计值。

f. 采用打入法或先钻孔后打入法施工的钢立柱,立柱不应产生明显的变形,倾斜或扭曲,顶部也应无明显塌边、变形、开裂等现象。

(2)检查项目

缆索护栏检查项目见表 602-7。

缆索护栏检查项目 表 602-7

项次	检 查 项 目	规定值或允许偏差	检查方法和频率
1	缆索直径(mm)	18 ±0.5	卡尺:抽检 10%
	单丝直径(mm)	2.86 +0.10, -0.02	
2	初张力(kN)	±5%	过程检查,张拉计:抽检 10%
3	最下一根缆索的高度(mm)	±20	直尺:抽检 10%
4	立柱壁厚(mm)	±0.10	千分尺:抽检 10%

续上表

项次	检 查 项 目	规定值或允许偏差	检查方法和频率
5	立柱埋入深度	符合设计要求	过程检查,抽检10%
6	立柱竖直度(mm/m)	±10	垂线、直尺:抽检10%
7	立柱中距(mm)	±50	直尺:抽检10%
8	镀锌层厚度(μm)	立柱 ≥85 索端锚具 ≥50 紧固件 ≥50 镀锌钢丝 ≥33	测厚仪:抽检10%
9	混凝土基础尺寸	符合设计规定	过程检查,直尺:检查100%
10	混凝土强度	在合格标准内	基础施工同时做试件,每个工作班1组(3件),检查试件的强度,抽检100%

(3)外观鉴定

a.缆索护栏金属构件表面不得有气泡、剥落、漏镀及划痕等表面缺陷。

b.缆索护栏线形应与公路线形协调一致,直线段没有明显的凹凸现象,曲线段应圆滑顺畅。

c.索端锚具、托架、索夹螺栓应安装到位、固定牢固;托架编号和组合应与缆索护栏的类别相适应;上、下托架位置正确,中央分隔带缆索护栏的托架应两边对称。

4.活动护栏

(1)活动护栏的形式、规格、钢构件的防腐处理应符合图纸要求。

(2)插拔式活动护栏的预埋套管应定位精确,偏差不得大于图纸要求。

(3)活动护栏宜与两端护栏齐平,线形与公路保持一致。

(4)充填护栏的充填材料和数量应符合图纸要求。

602.07 计量与支付

1.计量

(1)设置在中央分隔带的混凝土护栏,应按图纸和监理人指示,经验收后其长度以米计量;混凝土基础以立方米计量。

(2)地基填筑、垫层材料、砌筑砂浆、嵌缝材料以及油漆涂料等均不另行计量。

(3)波形梁钢护栏(含立柱)为安装就位(包括明涵、通道、小桥部分)并经验收合格,其长度沿栏杆面(不包括起终端段)量取,按米计量。钢护栏起、终端头以个计量。

(4)缆索护栏安装就位(包括明涵、通道、小桥、挡墙部分)并经验收合格,其长度按沿栏杆面量取的实际长度,以米为单位计量。

(5)中央分隔带开口处活动式钢护栏应拼装就位准确,经验收合格以个计量。

(6)明涵、通道、小桥、挡墙部分缆索护栏的立柱插座、预埋构件作为上述构造物的附属工作,不另计量。

2.支付

按上述规定计量,经监理人验收并列入了工程量清单的以下支付子目的工程量,其每一计量单位,将以合同单价支付。此项支付包括材料、劳力、设备、检验、运输等及其他为完成护栏、护柱安装工程所必需的费用,是对完成工程的全部偿付。

3. 支付子目

子　目　号	子 目 名 称	单　　位
602-1	C... 混凝土护栏	m
602-2	单面波形梁钢护栏	m
602-3	双面波形梁钢护栏	m
602-4	活动式钢护栏	个
602-5	波形梁钢护栏起、终端头	
-a	分设型圆头式端头	个
-b	分设型地锚式端头	个
-c	组合型圆端头	个
602-6	缆索护栏	
-a	路侧缆索护栏	m
-b	中央分隔带缆索护栏	m
602-7	C... 混凝土基础	m^3

注:各式护栏可根据实际情况增列子项如 602-1-a、602-1-b……。

第 603 节　隔离栅和防落网

603.01　范围

本节为隔离栅和防落网的制作、安装等的施工及有关作业。

603.02　材料

1. 隔离栅和防落网应符合《隔离栅技术条件》(JT/T 374—1998)及《公路交通安全设施施工技术规范》(JTG F71—2006)的规定。

(1)钢板网片的材料应采用低碳薄钢板,并符合《碳素结构钢和低合金结构钢热轧薄钢板及钢带》(GB/T 912—2008)和《碳素结构钢冷轧薄钢板及钢带》(GB/T 11253—2007)的要求。

(2)电焊网片、编织网片、刺铁丝网片的材料应采用低碳钢丝,并符合《一般用途低碳钢丝》(GB/T 343—1994)的要求。

2. 立柱可采用钢管、型钢或钢筋混凝土柱,如图纸所示。钢管以钢带焊接或焊后冷加工制造,应符合《直缝电焊钢管》(GB/T 13793—2008)的要求;型钢应符合《碳素结构钢》(GB/T 700—2006)的要求;钢筋混凝土柱应符合本规范第 410 节及第 403 节的有关规定。

3. 螺栓、螺母可采用常用的普通紧固件,并符合《紧固件机械性能　螺栓、螺钉和螺柱》(GB/T 3098.1—2000)及《紧固件机械性能　螺母》(GB/T 3098.2—2000)的要求。

4. 镀锌

隔离栅和防落网的所有金属件均应采用镀锌处理，应按《高速公路交通工程钢构件防腐技术条件》（YB/T 5294—2006）及《隔离栅技术条件》（JTJ/T 374—1998）对金属防腐处理的有关规定办理。

5. 对于聚乙烯、聚氯乙烯涂层隔离栅，其聚乙烯涂层的技术要求及质量要求，应满足《公路用防腐蚀粉末涂料及涂层　第 2 部分：热塑性聚乙烯粉末涂料及涂层》（JT/T 600. 2—2004）有关规定；聚氯乙烯涂层的技术要求及质量要求，应满足《公路用防腐蚀粉末涂料及涂层　第 3 部分：热塑性聚氯乙烯粉末涂料及涂层》（JT/T 600. 3—2004）有关规定。

6. 承包人在施工前应向监理人提供拟采用的隔离栅和防落网样品并获得批准，施工时所有运到工地的隔离栅和防落网其质量均应与获批准的样品相符。

603. 03　施工要求

1. 一般规定

（1）隔离栅所在位置应进行场地清理，且基础严禁座埋在虚土上和易于坍塌的土埂上，软基应进行处理。

（2）任何立柱在运到工地之前，首先承包人应向监理人提交每一种柱子的试样。监理人将检查其外观质量，并进行检验（钢筋混凝土柱参照本规范第 410 节要求进行）；监理人将通知每种立柱是否适用，所交的立柱都应符合批准的标准。

（3）监理人可以按交货的每种立柱从每 500 个立柱（或每种中的一部分）中任意挑选一个进行复验。如果一个立柱未能通过试验，应加倍抽验，如不合格，则由该试件代表的所有立柱均应被拒收。

（4）防落网施工前应对所有预埋件的设置位置、强度、腐蚀程度进行检查，不符合要求的应整改。

2. 隔离栅

（1）隔离栅宜在路基工程完成后尽早实施；承包人应在施工前制定详细的施工组织设计送监理人审批。承包人应根据批准的施工组织设计，按图纸要求及实际地形地物的情况进行施工放样，定出立柱中心线进行必要的清场和挖除树根以便按规定的坡度和线形修建隔离栅。

（2）每个柱位均应按图纸的要求确定高程，并应按实际地形进行调整。

（3）应根据图纸的规定开挖基坑。

（4）立柱应根据图纸的规定设置在现浇混凝土基础或预制混凝土基础内。立柱的埋设应分段进行。可先埋设两端的立柱，然后拉线埋设中间立柱，控制立柱与中间立柱的平面投影在一条直线上，柱顶应平顺。预制混凝土立柱和基础在运输及装卸时应避免折断或损坏边角。

（5）混凝土基础强度达到设计强度的 70% 以上时，可按下列规定安装隔离栅网片：

a. 安装无框架卷网时，应从端头立柱开始，沿纵向展开，边铺设边拉紧，挂钩时网片不得变形。

b. 安装有框架的片网时,网面应平整,框架应整体平顺、美观,框架与立柱应连接牢固。

c. 安装刺钢丝网时,应从端头立柱开始。刺钢丝之间应平行、平直,绷紧后应与立柱上的铁钩牢固绑扎,横向与斜向刺钢丝相交处也应绑扎牢固。

(6)隔离栅网片安装完毕后,应对基础周围进行夯实处理。

3. 防落网

(1)应以上跨桥梁与公路、铁路等设施的交叉点为控制点,向两侧对称进行防落网的施工。防落网的设置长度应符合图纸的规定。

(2)应根据防落网立柱预埋基础的位置安装立柱。未设置预埋件时,应采取后固定的施工工艺固定立柱。

(3)桥梁防护网网片应牢固地安装在立柱上,网片应平整、绷紧。

(4)应根据图纸的规定对防落网作防雷接地处理。

603.04 质量检验

1. 基本要求

(1)隔离栅和防落网用的材料规格及防腐处理应符合《隔离栅技术条件》(JT/T 374—1998)及图纸和本规范的规定。

(2)用金属网制作的隔离栅和防落网,安装后要求网面平整,无明显翘曲现象。刺铁丝的中心垂度小于 15mm。

(3)防落网应网孔均匀,结构牢固,围封严实。

(4)金属立柱弯曲度超过 8mm/m,有明显变形、卷边、划痕等缺陷者,以及混凝土立柱折断者均不得使用。

(5)立柱埋深应符合图纸要求。立柱与基础、立柱与网之间的连接应稳固。混凝土基础强度不小于图纸要求。

(6)隔离栅起终点应符合端头围封设计的要求。

2. 检查项目

隔离栅和防落网检查项目见表 603-1。

隔离栅和防落网检查项目 表 603-1

项次	检 查 项 目	规定值或允许偏差	检查方法和频率
1	高度(mm)	±15	钢卷尺:每 100 根测 2 根
2	镀(涂)层厚度(μm)	符合设计	测厚仪:抽检 5%
3	网面平整度(mm/m)	±2	直尺、塞尺:抽检 5%
4	立柱埋深	符合设计	直尺:过程检查,抽检 10%
5	立柱中距(mm)	±30	钢卷尺:每 100 根测 2 根
6	混凝土强度 (MPa)	在合格标准内	基础施工同时做试件每工作班作 1 组(3 件),检查试件的强度,抽检 10%
7	立柱竖直度(mm/m)	±8	直尺、垂线:每 100 根测 2 根

3. 外观鉴定

(1)电焊网不得脱焊、虚焊。

(2)镀锌层表面应具有均匀完整的锌层,颜色一致,表面具有实用性光滑,不允许有流挂、滴瘤或多余结块。镀件表面应无漏镀、露铁等缺陷。涂塑层应均匀光滑、连续,无肉眼可分辨的小孔、空间、孔隙、裂缝、脱皮及其他有害缺陷。

(3)混凝土立柱应密实平整,无裂缝、翘曲、蜂窝、麻面等缺陷。

(4)有框架的隔离栅和防落网,网片应与框架焊牢,网片拉紧。整网铺设的隔离栅,端柱与网连接牢固,网面平整绷紧。刺铁丝间距符合图纸要求,刺线平直,绷紧。

(5)隔离栅安装位置应符合图纸规定。安装线形整体顺畅并与地形相协调。围封严实,安装牢固。

603.05　计量与支付

1. 计量

(1)隔离栅应安装就位并经验收,分别按铁丝编织网隔离栅、刺铁丝隔离栅、钢板网隔离栅、电焊网隔离栅等,从端柱外侧沿隔离栅中部丈量,以米计量。金属立柱的紧固件等均并入隔离栅计价中,不另行计量。

(2)桥上防护网以米计量,安设网片的支架、预埋件及紧固件等不另行计量。

(3)钢立柱及钢筋混凝土立柱安装就位并经验收以根计量,钢筋及立柱斜撑不另计量。

(4)所需的清场、挖根、土地整平和设置地线等工程均为安装隔离栅的附属工作,不另计量。

2. 支付

按上述规定计量,经监理人验收并列入了工程量清单的以下支付子目的工程量,其每一计量单位,将以合同单价支付。此项支付包括材料、劳力、设备、运输等及其他为完成隔离栅和桥梁护网工程所必需的费用,是对完成工程的全部偿付。

3. 支付子目

子 目 号	子 目 名 称	单　　位
603-1	铁丝编织网隔离栅	m
603-2	刺铁丝隔离栅	m
603-3	钢板网隔离栅	m
603-4	电焊网隔离栅	m
603-5	桥上防护网	m
603-6	钢筋混凝土立柱	根
603-7	钢立柱	根

第 604 节　道路交通标志

604.01　范围

本节内容为各式道路交通标志、界碑及里程标等的提供和设置有关施工作业。

604.02 材料

1. 材料应符合下列要求

(1)立柱

a. 立柱所用的钢板、角钢及槽钢应符合本规范第 414 节所列标准。凡钢管外径在 152mm 以下(含 152mm)的立柱,采用普通碳素结构钢焊接钢管,并应符合《碳素结构钢》(GB/T 700—2006)的要求;凡钢管外径在 152mm 以上的立柱,采用一般常用热轧无缝钢管,并应符合《结构用无缝钢管》(GB/T 8162—1999)的规定。

b. 所有标志柱应配有柱帽,柱帽可采用板厚为 3mm 的钢板焊接或其他方法紧固在立柱上,或采用监理人批准的其他形式的柱帽。

(2)标志板(未粘贴反光膜)

a. 标志板应符合《公路交通标志板》(JT/T 279—2004)的规定。

b. 标志板采用铝合金板制造时,应符合《一般工业用铝及铝合金板、带材　第 3 部分:尺寸偏差》(GB/T 3883.3—2006)和《一般工业用铝及铝合金板、带材　第 1 部分:一般要求》(GB/T 3880.1—2006)的规定。采用薄钢板制造时,应符合《冷轧钢板》(GB/T 708—2006)和《连续热镀锌薄钢板和钢带》(GB/T 2518—2004)的规定。标志板背面的滑动槽钢和三角钢可采用铝合金挤压型材制成,并符合《工业用铝及铝合金热挤压型材》(GB/T 6892—2000)的规定。标志板所用铝合金板其最小厚度应不小于 2mm。

c. 标志板面应无裂缝或其他表面缺陷,标志板边缘应整齐、光滑,标志板的外形尺寸偏差为 ±5mm,若外形尺寸大于 1.2m^2 时,其偏差为其外形尺寸的 ±0.5%。标志板应平整,表面无明显皱纹、凹痕或变形,每平方米范围内的平整度公差不应大于 1.0mm。

d. 除尺寸大的指路标志外,所有标志板应由单块铝合金板或薄钢板加工制成,不允许拼接。

e. 考虑到大型指路标志在制造、运输、安装过程中的困难,厂家在制造过程中,应在监理人指示下,根据标志板面设计的具体情况采取适当分割的办法来制造,在安装时可按标志板拼接设计中规定的方法拼接。

f. 大型指路标志最多只能分割成四块,并应尽可能减少分块数量,标志板的拼接应采用对接,接缝的最大间隙为 1mm。所有接缝应用背衬加强,背衬与标志板用铆钉连接,铆钉的最大间距应小于 200mm,背衬的最小宽度为 50mm,背衬的材料与板面板材相同。

g. 标志底板面应进行化学清洗和浸蚀或磨面处理,清除表面杂质。当标志图案、字符是喷漆制作时,应先在标志底板面均匀涂一层磷化底漆。

h. 标志板背面不应涂漆。但应采用适当的化学或物理方法,使其表面变成暗灰色和不反光。标志板背面应无刻痕或其他缺陷。

(3)标志面

标志面的逆反射材料有反光标志膜(反光膜)、反光涂料及反射器三类。

a. 逆反射性能

(a)反光膜按其最小逆反射系数分为五级,高等级公路标志反光膜宜采用一、二、三级,各种标志采用反光膜的级别应符合图纸的规定。

(b)用作标志面的反光膜的逆反射系数值不应低于表 604-1 ~ 表 604-5 给出的相应级

别的规定。标志面为反光涂料时,其逆反射系数值不应低于表 604-5 的规定。

(c)用于标志面的反射器的发光强度系数值不应低于表 604-6 的规定。

(d)在完全潮湿状态下,反光膜或反光涂料的标志面在观测角为 0.2°、入射角为 -4°时的逆反射系数值不应低于表 604-1 ~ 表 604-5 中相应规定值的 80%。

b. 色度性能

标志面的普通材料色和逆反射材料色的色品坐标和亮度因数应在表604-7 的范围之内。

一级反光膜 表 604-1

观测角	入射角	最小逆反射系数(cd · lx^{-1} · m^{-2})					
		白色	黄色	红色	绿色	蓝色	棕色
0.2°	-4°	600	450	120	100	50	20
	15°	450	320	85	80	40	15
	30°	300	220	60	50	25	10
0.33°	-4°	360	250	60	60	25	15
	15°	260	180	40	40	18	10
	30°	160	110	25	25	10	6.0

二级反光膜 表 604-2

观测角	入射角	最小逆反射系数(cd · lx^{-1} · m^{-2})					
		白色	黄色	红色	绿色	蓝色	棕色
0.2°	-4°	250	170	45	45	20	12
	15°	200	130	35	35	16	10
	30°	150	100	25	25	10	6.5
0.33°	-4°	180	120	25	25	14	10
	15°	150	90	20	20	11	8.0
	30°	100	70	14	14	8.0	5.0
1°	-4°	20	12	3.0	3.0	1.0	0.8
	15°	15	8.0	2.0	2.0	0.8	0.6
	30°	9.0	5.0	1.0	1.0	0.4	0.3

三级反光膜 表 604-3

观测角	入射角	最小逆反射系数(cd · lx^{-1} · m^{-2})					
		白色	黄色	红色	绿色	蓝色	棕色
0.2°	-4°	140	100	30	30	10	5
	15°	110	80	22	22	8	3.5
	30°	60	36	12	10	4	2
0.33°	-4°	100	75	20	20	5	4
	15°	85	60	15	15	4	2.8
	30°	45	25	7.5	7	2	1.2
1°	-4°	11	6	2.5	2.5	0.8	0.6
	15°	9	4	1.6	1.6	0.6	0.4
	30°	5	2	0.8	0.8	0.3	0.2

四级反光膜 表 604-4

观测角	入射角	最小逆反射系数($cd \cdot lx^{-1} \cdot m^{-2}$)					
		白色	黄色	红色	绿色	蓝色	棕色
0.2°	-4°	80	50	14	9	4	3
	15°	55	35	11	7	3	2
	30°	30	22	6	3.5	1.5	1
0.33°	-4°	50	35	10	7	3	2
	15°	45	20	8	5	2	1.4
	30°	24	15	4	2.5	1.0	0.7
01°	-4°	5	3	2	1	0.6	0.4
	15°	3	2	1	0.8	0.3	0.2
	30°	2	1.5	0.6	0.4	0.2	0.1

五级反光膜 表 604-5

观测角	入射角	最小逆反射系数($cd \cdot lx^{-1} \cdot m^{-2}$)					
		白色	黄色	红色	绿色	蓝色	棕色
0.2°	-4°	50	25	8.0	5.0	3.5	2.0
	15°	35	14	6.0	4.0	2.5	1.5
	30°	18	10	3.5	2.0	1.0	0.7
0.33°	-4°	30	15	5.0	4.0	2.5	1.5
	15°	21	11	4.2	3.0	1.8	1.0
	30°	10	5.0	2.0	1.5	0.8	0.4
01°	-4°	4.0	2.0	0.8	0.5	0.4	0.2
	15°	2.5	1.3	0.6	0.4	0.2	0.1
	30°	1.5	0.8	0.4	0.2	0.1	—

反 射 器 表 604-6

反射器直径(mm)	颜色	观测角	反光强度系数($cd \cdot lx^{-1}$)	
			入 射 角	
			-4°	15°
13 ±1	白	0.2°	0.209	0.119
16 ±1	白	0.2°	0.236	0.135
22 ±1	白	0.2°	0.392	0.224
32 ±1	白	0.2°	0.820	0.469
41 ±1	白	0.2°	1.320	0.754

标志面的颜色 表 604-7

颜色		色品坐标(光源为标准照明体 D_{65},观测条件为 45/0)								亮度因数
		1		2		3		4		
		x	y	x	y	x	y	x	y	
普通材料色	白	0.350	0.360	0.300	0.310	0.290	0.320	0.340	0.370	≥0.75
	黄	0.519	0.480	0.468	0.442	0.427	0.483	0.465	0.534	≥0.45
	红	0.690	0.310	0.595	0.315	0.569	0.341	0.655	0.345	≥0.07
	绿	0.230	0.754	0.291	0.438	0.248	0.409	0.007	0.703	≥0.12
	蓝	0.078	0.171	0.150	0.220	0.210	0.160	0.137	0.038	≥0.05
	黑	0.385	0.355	0.300	0.270	0.260	0.310	0.345	0.395	≤0.03

续上表

颜色		色品坐标(光源为标准照明体 D_{65},观测条件为 45/0)								亮度因数
		1		2		3		4		
		x	y	x	y	x	y	x	y	
逆反射材料色	白	0.350	0.360	0.300	0.310	0.285	0.325	0.335	0.375	≥0.27
	黄	0.545	0.454	0.464	0.534	0.427	0.483	0.487	0.423	0.16~0.40
	红	0.690	0.310	0.658	0.342	0.569	0.341	0.595	0.315	0.03~0.10
	绿	0.007	0.703	0.026	0.399	0.177	0.362	0.248	0.409	0.03~0.10
	蓝	0.078	0.170	0.137	0.038	0.210	0.160	0.150	0.220	0.01~0.10
	棕	0.430	0.340	0.430	0.390	0.550	0.450	0.610	0.390	0.01~0.06

c. 抗冲击性能

将 150mm×150mm 的试样标志面朝上,按照 JT/T 279—2004 中第 6.6 节规定的方法进行试验,标志面(反射器除外)在冲击点以外,不应出现裂缝、层间脱落或其他损坏。

d. 耐盐雾腐蚀材料

按 JT/T 279—2004 中第 6.7 节规定的方法试验后,标志面不应有变色或被侵蚀的痕迹。

e. 耐高低温性能

按 JT/T 279—2004 中第 6.8 节规定的方法试验后,标志面不应出现裂缝、软化、剥落、皱纹、起泡、翘曲或外观不均匀等痕迹。

f. 耐候性能

按 JT/T 279—2004 中第 6.9 节的方法连续自然暴露,或进行人工气候加速老化试验,在试验完成后:

试样应无裂缝、刻痕、凹陷、气泡、侵蚀、剥离、粉化、变形等破坏,从任何一边不应出现超过 0.8mm 的收缩,也不应出现反光膜从标志底板边缘翘曲或脱离的现象。

试样各种颜色的色品坐标及亮度因数应保持在表 604-7 规定的范围内。

在观测角为 0.2°,入射角为 -4°,15°,30°的条件下,标志面为反光膜时,其逆反射系数值应符合 GB/T 18833—2002 中第 6.3 节的要求;为反光涂料时,其逆反射系数值不应低于表 604-5 规定值的 50%;为反射器时,其发光强度系数值不应低于表 604-6 规定值的 50%。

g. 标志面与标志底板的附着性能

(a)由反光膜粘贴到标志底板上制成的标志板,按 JT/T 279—2004 中第 6.10.1 条规定的方法试验后,反光膜在 5min 后的剥离长度不应大于 20mm。

(b)由反光涂料或其他涂料涂敷到标志底板上制成的标志板,按 JT/T 279—2004 中第 6.10.2 条规定的方法试验后,涂料对标志底板的附着性能应达到《漆膜附着力测定法》(GB/T 1720—1979)中三级以上的要求。

h. 油墨与反光膜的附着性能

按 JT/T 279—2004 中第 6.11 节规定的方法试验后,标志面上油墨与反光膜的附着牢度应大于或等于 95%。

(4)预制里程标、公路界碑以及其他各路标等所用的水泥、钢筋等材料,应符合本规范第403节、第410节的要求。

(5)立柱、横梁扣件、结合件和连接件等配件应采用符合图纸要求的材料,并应采用热浸镀锌进行金属表面处理,镀锌量参照表602-1的规定。当接触的金属材料不同时,应铺设绝缘材料,以防止电解腐蚀。

(6)防撞桶桶盖、桶身、横隔板所用材料为塑料或橡胶;外贴反光膜等级为二级及以上;配载物所用砂为普通中砂,细度模数在3.0~2.3之间。

2. 承包人应在施工前30d,根据本规范向监理人提供所有拟用材料的样品,同时附有生产厂商的使用说明和规定。对大型标志,承包人应制作小样品报送监理人审批。

604.03 施工要求

1. 标志定位与设置

所有交通标志都应按图纸的要求定位和设置,安装的标志应与交通流方向几乎成直角,在曲线路段,标志的设置角度应由交通流的行近方向来确定。为了消除路侧标志表面产生眩光,标志应向后旋转约5°,以避开车前灯光束的直射;门架标志的垂直轴应向后倾成一角度;对于路侧标志,标志板内缘距土路肩边缘不得小于250mm,或根据监理人的指示确定。

2. 基础

标志基础可根据本规范第410节就地浇筑或预制后再埋置。基础位置的确定、开挖以及浇筑混凝土立模和锚固螺栓的设置等,都应经监理人批准后方可施工。

3. 标志支承结构

(1)路侧式标志的装设,应按《道路交通标志和标线》(GB 5768—1999)第13.6节进行。

(2)钢支承结构应根据本规范第414节和《道路交通标志和标线》(GB 5768—1999)的规定制作和安装。

(3)管状或空心截面的支承结构,应设有经监理人同意的防雨帽。

(4)钻孔、冲孔和车间焊接,应在钢材电镀之前完成。提供的连接件和附件应适合标志安装系统并符合《道路交通标志和标线》(GB 5768—1999)附录E的要求。

(5)承包人应把其推荐的安装系统,包括多标志组合装置的详情报送监理人审批。安装期间,标志板应适当支撑和加固,其表面应采取防止损坏的保护措施。

(6)标志支撑结构的架设应在基础混凝土强度达到要求,并得到监理人的批准后才能进行。门架标志结构整个安装过程应以高空吊车为工具,不允许施工人员在门架的横梁上作业。在横梁安装之前,应先预拱,横梁中间处的预拱度一般为50mm。悬臂标志的预拱度为40mm。

门架和悬臂式标志支撑结构安装完毕后,应按图纸要求,用高强级反光膜贴在立柱的迎交通流面,作为立面标记。

(7)标志中与铝合金或其他金属接触的所有钢材都应加以保护,以避免发生钢材或铝合金的锈蚀,保护措施应经监理人认可。

4. 标志板制作安装

(1)标志面的制作

a. 交通标志的形状、图案和颜色应严格按照《道路交通标志和标线》(GB 5768—1999)及图纸的规定执行。所有标志上的汉字、汉语拼音字母、英文字、阿拉伯数字应符合《道路交通标志和标线》(GB 5768—1999)的规定,不得采用其他字体。

b. 交通标志板面上的图案、字符的平面布设,应在施工前三个月做出样品,提交给监理人审批。标志采用全反光、部分反光及反光膜的级别,应符合图纸要求。

c. 粘贴反光膜时,不允许采用手工操作或用溶剂激活粘结剂。在标志面的最外层可涂保护层,如透明涂料等。

d. 反光膜应尽可能减少拼接,当粘贴反光膜不可避免出现接缝时,应使用反光膜产品的最大宽度进行拼接,接缝以搭接为主。当需要滚筒粘贴或丝网印刷时,可以平接,其间隙不应超过1mm,距标志板边缘50mm之内,不得有拼接。

e. 当用反光膜拼接标志图案时,拼接处应有3~6mm的重叠部分,如果监理人同意采用对接,则接缝间隙不得大于0.8mm。反光膜粘贴在挤压型材板面上,并伸出上、下边缘的最小长度为8mm,且应紧密地粘贴在上、下边缘上。

(2)标志板应在车间剪裁或切割,以产生整齐、方正的边缘,不应有毛刺,并按《道路交通标志和标线》(GB 5768—1999)附录E进行加固。所有标志板的槽钢应在粘贴定向反光膜之前焊接好。

(3)承包人应先提供一种所有各类标志板面各种图案的配置图,在取得监理人同意之后,再进行图案制作。

(4)定向反光膜应用不剥落的热活性胶黏剂粘贴,将反光膜牢固粘贴到标志板上,其表面不得产生任何气泡和污损等缺陷。

(5)标志板的运输、储存和搬运方式应按制造厂商的要求进行,两块标志邻接面之间应用适合的衬垫材料分隔,以免在运输、搬运过程中磨损标志板面。标志板应储存在干净、干燥的室内。

(6)标志板安装前承包人应对标志板板面外观逐一进行检查,以满足设计要求、监理人应按一定比例进行抽检。安装标志板时,应事先获得监理人的批准,标志的紧固方法应符合图纸的要求。

(7)标志安装完毕后,承包人应根据标志制造厂商建议的方法,清扫所有标志板。在清扫过程中,不应损坏标志面或产生其他缺陷。

(8)标志安装完毕后,监理人检查所有标志,以确认在白天和夜间条件下标志的外观、视认性、颜色、镜面眩光等是否符合图纸要求。

在标志检查中发现的任何缺陷,承包人应按监理人指示自费予以修正或更换。

5. 里程标、百米桩、公路界碑

(1)里程标、公路界碑、测量标志碑、安全标、固定物标志及其他标志应根据《道路交通标志和标线》(GB 5768—1999)和图纸制作和设置,并应按图纸所示或监理人指示准确定位。

(2)里程标、公路界碑等混凝土构件的预制及强度要求等应符合图纸要求及本规范第410节、第403节的规定。

(3)除图纸另有示出或监理人另有指示外,各预制件应按《道路交通标志和标线》(GB

5768—1999)的要求进行油漆,油漆应符合本规范第 602.02 -4 条的要求。

604.04 质量检验

1.基本要求

(1)交通标志的制作应符合《道路交通标志和标线》(GB 5768—1999)和《公路交通标志板》(JT/T 279—2004)的规定。

(2)交通标志在运输、安装过程中不应损伤标志面及金属构件的镀层。

(3)标志的位置、数量及安装角度应符合设计要求。

(4)大型标志的地基承载力应符合设计要求。大型标志柱、梁的焊接部分应符合钢结构焊接规范的质量要求,无裂缝、未熔合、夹渣等缺陷。

(5)标志面应平整完好,无起皱、开裂、缺损或凹凸变形,标志面任一处面积为500mm × 500mm 表面上,不得存在总面积大于 $10mm^2$ 的一个或一个以上气泡。

(6)反光膜应尽可能减少拼接,任何标志的字符不允许拼接,当标志板的长度或宽度、圆形标志的直径小于反光膜产品的最大宽度时,底膜不应有拼接缝。当粘贴反光膜不可避免出现接缝时,应按反光膜产品的最大宽度进行拼接。

2.检查项目

检查项目见表 604-8。

交通标志检查项目　　表 604-8

项次	检查项目	规定值或允许偏差	检查方法和频率
1	标志板外形尺寸(mm)	±5。当边长尺寸大于 1.2m 时允许偏差为边长的 ±0.5% 三角形内角应为 60° ±5°	钢卷尺、万能角尺、卡尺:检查 100%
	标志底板厚度(mm)	不小于设计	
2	标志汉字、数字、拉丁字的字体及尺寸(mm)	应符合规定字体,基本字高不小于设计	字体与标准字体对照,字高用钢卷尺:检查 10%
3	标志面反光膜等级及逆反射系数($cd \cdot lx^{-1} \cdot m^{-2}$)	反光膜等级符合设计。逆反射系数值不低于《公路交通标志板技术条件》(JT/T 279—2004)规定	反光膜等级用目测初定。 便携式测定仪:检查 100%
4	标志板下缘至路面净空高度及标志板内缘距路边缘距离(mm)	+100,0	用直尺、水平尺或经纬仪:检查 100%
5	立柱竖直度(mm/m)	±3	垂线、直尺:检查 100%
6	标志金属构件镀层厚度(μm)	标志柱、横梁≥78,紧固件≥50	测厚仪:检查 100%
7	标志基础尺寸(mm)	-50, +100	钢尺、直尺:检查 100%
8	基础混凝土强度	在合格标准内	基础施工同时做试件每处 1 组(3 件):检查 100%

3. 外观鉴定

(1)标志板安装后应平整,夜间在车灯照射下,标志板底色和字符应清晰明亮,颜色均匀,不应出现明暗不均的现象,不能影响标志的认读。

(2)标志反光膜采用拼接时,重叠部分不应小于 5mm。当采用平接时,其间隙不应超过 1mm。距标志板边缘 50mm 之内,不得有接缝。

(3)标志金属构件镀层应均匀、颜色一致,不允许有流挂、滴瘤或多余结块,镀件表面无漏镀、露铁等缺陷。

604.05　计量与支付

1. 计量

(1)标志应按图纸规定提供、装好、埋设就位和经验收的不同种类、规格分别计量:

a. 所有各式交通标志(包括立柱、门架)均以个为单位计量。

b. 所有支承结构、底座、硬件和为完成组装而需要的附件,均附属于各有关标志工程子目内,不另行计量。

(2)里程标和公路界碑等均应按埋设就位和验收的数量以个为单位计量。

2. 支付

按上述规定计量,经监理人验收并列入了工程量清单的以下支付子目的工程量,其每一计量单位,将以合同单价支付。此项支付包括材料、劳力、设备、检验、运输等及其他为完成交通标志安装工程所必需的费用,是对完成工程的全部偿付。

3. 支付子目

子 目 号	子 目 名 称	单　　位
604-1	单柱式交通标志	个
604-2	双柱式交通标志	个
604-3	三柱式交通标志	个
604-4	门架式交通标志	个
604-5	单悬臂式交通标志	个
604-6	双悬臂式交通标志	个
604-7	悬挂式交通标志	个
604-8	里程碑	个
604-9	公路界碑	个
604-10	百米桩	个
604-11	防撞桶	个

注:各式交通标志按其形状、尺寸、反光等级在该项目下以子项列出。

第 605 节 道路交通标线

605.01 范围

本节内容为在已完成的沥青混凝土和水泥混凝土路面上喷涂路面标线、涂敷振荡标线,安装突起路标、轮廓标及其附属工程等有关施工作业。

605.02 材料

1. 路面标线所用材料应符合《路面标线涂料》(JT/T 280—2004)的规定。无论采用哪一种标线材料,应能满足在沥青混凝土、水泥混凝土路面上耐久使用的要求,且均应有合适的施工机械与之配套。

路面标线涂料的分类如表 605-1。

路面标线涂料分类 表 605-1

种类	施工时的条件	玻璃珠含量和使用方法	状态
溶剂型	普通型	涂料中不含玻璃珠,施工时也不撒玻璃珠	液态
	反光型	涂料中不含玻璃珠,施工时涂布涂层后立即将玻璃珠撒布在其表面	
热熔型	普通型	涂料中不含玻璃珠,施工时也不撒玻璃珠	固态
	反光型	涂料中含 18% ~25% 的玻璃珠,施工时涂布涂层后立即将玻璃珠撒布在其表面	
	突起型	涂料中含 18% ~25% 的玻璃珠,施工时涂布涂层后立即将玻璃珠撒布在其表面	
双组分	普通型	涂料中不含玻璃珠,施工时也不撒玻璃珠	液态
	反光型	涂料中不含(或含 18% ~25%)的玻璃珠,施工时涂布涂层后立即将玻璃珠撒布在其表面	
	突起型	涂料中含 18% ~25% 的玻璃珠,施工时涂布涂层后立即将玻璃珠撒布在其表面	
水性	普通型	涂料中不含玻璃珠,施工时也不撒玻璃珠	液态
	反光型	涂料中不含(或含 18% ~25%)的玻璃珠,施工时涂布涂层后立即将玻璃珠撒布在其表面	

2. 溶剂型涂料的性能应符合表 605-2 的规定。

3. 热熔型涂料的性能应符合表 605-3 的规定。

4. 双组分涂料的性能应符合表605-4的规定。

5. 水性涂料的性能应符合表605-5的规定。

6. 玻璃珠的性能应符合《路面标线用玻璃珠》(JT/T 466—2001)的有关规定。

7. 路面标线涂料的色度性能应符合《安全色》(GB2 893—2001)的要求，其色品坐标和亮度因数应符合表605-6和JT/T 280—2004图1中规定的范围。

溶剂型涂料的性能　　表605-2

项　目		溶　剂　型	
		普通型	反光型
容器中状态		应无结块、结皮现象，易于搅匀	
黏度		≥100(涂4杯，s)	80~120(KU值)
密度(g/cm³)		≥1.2	≥1.3
施工性能		空气或无空气喷涂(或刮涂)施工性能良好	
加热稳定性		—	应无结块、结皮现象，易于搅匀，KU值小于140
涂膜外观		干燥后，应无发皱、泛花、起泡、开裂、发黏等现象，涂膜颜色和外观应与标准板差异不大	
不粘胎干燥时间(min)		≤15	≤10
遮盖率	白色	≥95	
	黄色	≥80	
色度性能(45/0)	白色	涂料的色品坐标和亮度因数应符合JT/T 280—2004中表6和图1规定的范围	
	黄色		
耐磨性(mg)(200转/1 000g后减重)		≤40(JM—100橡胶砂轮)	
耐水性		在水中浸24h应无异常现象	
耐碱性		在氢氧化钙饱和溶液中浸24h应无异常现象	
附着性(划圈法)		≤4级	
柔韧性(mm)		5	
固体含量(%)		≥60	≥65

热熔型涂料的性能　　表605-3

项　目		热　熔　型		
		普通型	反光型	突起型
密度(g/cm³)		1.8~2.3		
软化点(℃)		90~125		≥100
涂膜外观		干燥后，应无皱纹、斑点、起泡、裂纹、脱落、粘胎现象，涂膜的颜色和外观应与标准板差异不大		
不粘胎干燥时间(min)		≤3		
色度性能(45/0)	白色	涂料的色品坐标和亮度因数应符合JT/T 280—2004中表6和图1规定的范围		
	黄色			

续上表

项　　目	热　熔　型		
	普通型	反光型	突起型
抗压强度(MPa)	≥12	23℃ ±1℃时,≥12 50℃ ±2℃时,≥2	
耐磨性(mg)(200转/1 000g后减重)	≤80(JM—100橡胶砂轮)	—	
耐水性	在水中浸24h应无异常现象		
耐碱性	在氢氧化钙饱和溶液中浸24h应无异常现象		
玻璃珠含量(%)	—	18~25	
流动度(s)	35±10		—
涂层低温抗裂性	-10℃保持4h,室温放置4h为一个循环,连续做三个循环后应无裂纹		
加热稳定性	200℃~220℃在搅拌状态下保持4h,应无明显泛黄、焦化、结块等现象		
人工加速耐候性	经人工加速耐候性试验后,试板涂层不产生龟裂、剥落;允许轻微粉化和变色,但色品坐标应符合JT/T 280—2004中表6和图1规定的范围,亮度因数变化范围应不大于原样板亮度因数的20%		

双组分涂料的性能　　表605-4

项　　目		热　熔　型		
		普通型	反光型	突起型
容器中状态		应无结块、结皮现象,易于搅匀		
密度(g/cm^3)		1.5~2.0		
施工性能		按生产厂的要求,将A、B组分按一定比例混合搅拌均匀后,喷涂、刮涂施工性能良好		
涂膜外观		涂膜固化后应无皱纹、斑点、起泡、裂纹、脱落、粘胎等现象,涂膜的颜色和外观应与标准板差异不大		
不粘胎干燥时间(min)		≤35		
色度性能(45/0)	白色	涂膜的色品坐标和亮度因数应符合JT/T 280—2004中表6和图1规定的范围		
	黄色			
耐磨性(mg)(200转/1 000g后减重)		≤40(JM—100橡胶砂轮)		
耐水性		在水中浸24h应无异常现象		
耐碱性		在氢氧化钙饱和溶液中浸24h应无异常		
附着性(划圈法)		≤4级(不含玻璃珠)	—	—
柔韧性(mm)		5(不含玻璃珠)	—	—
玻璃珠含量(%)		—	18~25	18~25
人工加速耐候性		经人工加速耐候性试验后,试板涂层不产生龟裂、剥落;允许轻微粉化和变色,但色品坐标应符合JT/T 280—2004中表6和图1规定的范围,亮度因数变化范围应不大于原样板亮度因数的20%		

水性涂料的性能　　表605-5

项　目		溶　剂　型	
		普通型	反光型
容器中状态		应无结块、结皮现象,易于搅匀	
黏度		≥70(KU值)	80~120(KU值)
密度(g/cm^3)		≥1.4	≥1.6
施工性能		空气或无空气喷涂(或刮涂)施工性能良好	
漆膜外观		应无发皱、泛花、起泡、开裂、发黏等现象,涂膜颜色和外观应与样板差异不大	
不粘胎干燥时间(min)		≤15	≤10
遮盖率(%)	白色	≥95	
	黄色	≥80	
色度性能(45/0)	白色	涂料的色品坐标和亮度因数应符合JT/T 280—2004中表6和图1规定的范围	
	黄色		
耐磨性(mg)(200转/1 000g后减重)		≤40(JM—100橡胶砂轮)	
耐水性		在水中浸24h应无异常现象	
耐碱性		在氢氧化钙饱和溶液中浸24h应无异常	
冻融稳定性		在-5℃±2℃条件下放置18h后,立即置于23℃±2℃条件下放置6h为一个周期,3个周期后,应无结块、结皮现象,易于搅匀	
早期耐水性		在温度为23℃±2℃、湿度为90%±3%的条件下,实干时间≤120min	
附着性(划圈法)		≤5级	—
固体含量(%)		≥70	≥75

普通材料和逆反射材料的各角点色品坐标和亮度因数　　表605-6

颜　色		用角点的色品坐标来决定可使用的颜色范围(光源:标准光源D_{65},照明和观测几何条件45/0)					亮度因数
			1	2	3	4	
普通材料色	白	x	0.350	0.300	0.290	0.340	≥0.75
		y	0.360	0.310	0.320	0.370	
	黄	x	0.519	0.468	0.427	0.465	≥0.45
		y	0.480	0.442	0.483	0.534	
逆反材料色	白	x	0.350	0.300	0.290	0.340	≥0.35
		y	0.360	0.310	0.320	0.370	
	黄	x	0.545	0.487	0.427	0.465	≥0.27
		y	0.454	0.423	0.483	0.534	

8.材料的检验、包装、运输和储存

(1)材料由生产厂的检验部门按《路面标线涂料》(JT/T 280—2004)标准规定进行检验,并保证所有出厂产品都应符合规定的技术指标。产品应有合格证,另附有使用说明及注意事项。

(2)承包人应向监理人提供拟使用来自供应厂商合格的每种材料的样品和使用说明,产品按《色漆、青漆和色漆与青漆用原材料 取样》(GB/T 3186—2006)进行取样,样品应分两份,一份密封储存备查,另一份作为检验试验之用,样品经试验同意后,将作为以后来料比较的依据。

(3)材料同意使用后,在交货前应对每批预定材料取样,并进行试验。在生产中,必要时监理人可以在生产过程中取样并进行检验,以保证其符合规定的产品标准。所有试样应明确标出生产厂商的批量编号和生产日期。每次产品装运时应附上与最初提供的样品一致的证明书。

(4)产品的包装除玻璃珠应符合本规范第605.02-8(8)款外,涂料可用内衬密封塑料袋外加编织袋的双层包装袋包装,袋口应严密封闭。

(5)产品在存放时应保持通风、干燥、防止日光直接照射,并应隔绝火源,夏季温度过高时应设法降温。

(6)产品在运输时,应防止雨淋、日晒,应采用集装箱运输,并符合运输部门有关规定。

(7)产品应标明储存期,超过储存期应按《路面标线涂料》(JT/T 280—2004)标准规定的项目进行检验,不合格者,不得使用。

(8)玻璃珠的包装应符合下列要求:

a. 宜采用柔软耐磨的黄麻袋或其他纺织袋包装,里面衬以衬垫,保证在运输过程中不被污染或包装破损。每包应含有不少于25kg净重玻璃珠。所有包装应明显标出玻璃珠的种类、质量(以千克计)、批数及制造商名称。

b. 存储在封闭包内一年的玻璃珠不应结块。

9. 涂料试验

(1)监理人可提前指示承包人按《路面标线涂料》(JT/T 280—2004)规定的试验方法,并参见表605-2 ~ 表605-5质量要求进行试验,以确定材料是否合格。并在监理人指定的地段进行实地试验以便吸取经验。

(2)热熔涂料涂敷于路面上使用12个月(缺陷责任期)后应无明显褪色和剥落。

(3)为了使施工中质量有所控制,应用湿膜厚度梳子校核道路路面的湿膜厚度,或工程师同意的其他方法进行校核。

a. 在湿膜涂层或放在金属试件上后,立即将梳子仔细并垂直放入湿膜内。

b. 将梳子量规在湿膜内稳固地保持5 ~ 10s,然后垂直地将其取出。

c. 定出湿膜厚度梳子量规尖头覆盖着的材料。为了准确地测量湿膜厚度,湿漆必须触及量规中刻有规定厚度的尖头,而不触及刻有下一较高厚度的尖头。

10. 突起路标和轮廓标

(1)反光突起路标

a. 反光突起路标应符合图纸要求,一般为矩形或圆形或椭圆形,其面向行车方向的边长及平行于行车方向的边长或直径应符合《突起路标》(JT/T 390—1999)的规定。反光路标可由工程塑料、金属或强化玻璃及陶瓷等材料组成,其底面应粗糙以保证粘结剂将其与路面牢固粘结。

b. 突起路标反射体应反射性能均匀,完整无缺角、缺口,突起路标壳体成型应完整,外表面不得有明显的划伤,颜色应均匀一致,无飞边。

c. 突起路标应经抗压强度试验,抗压荷载应大于160kN。突起路标的色度性能、逆反射特性、机械性能、耐候性能、耐盐雾及腐蚀性能均应符合《突起路标》(JT/T 390—1999)的规定。

d. 承包人应将符合尺寸要求的反光路标样品提前提交给工程师,以便有足够的时间进行试验和批准使用。

(2)附着式轮廓标(附着于护栏、侧墙等的轮廓标)

a. 附着式轮廓标的后底板、支架,应按图纸要求采用铝合金板或钢板制造,连接件应采用钢材制造,并应符合《轮廓标技术条件》(JT/T 388—1999)的规定。

b. 铝合金板的性能应符合《一般工业用铝合金板、带材　第1部分:一般要求》(GB/T 3880.1—2006)的要求。用作支架及底板时,其最小实测厚度不应小于2.0mm。

钢板的性能应符合《连续热镀锌薄钢板和钢带》(GB/T 2518—2004)的要求。用作支架及底板时,其最小实测厚度不应小于1.5mm。连接件亦应经镀锌处理。

c. 镀锌钢板或铝合金板的尺寸、形状和螺栓孔应按图纸所示的要求进行加工制作,板表面不得有砂眼、毛刺、飞边或其他缺陷。

d. 逆反射材料通过支架固定在护栏与连接螺栓中,或按图纸所示固定在其他构造物上。

(3)柱式轮廓标(路边线轮廓标)

a. 柱式轮廓标柱体应由聚乙烯树脂、玻璃纤维增强塑料、聚碳酸酯树脂、氯乙烯树脂等加工成型方便的材料制成。其机械性能、耐候性能、耐盐雾腐蚀性能应符合《轮廓标技术条件》(JT/T 388—1999)的规定。上述合成树脂类板材的实测厚度不应小于3.0mm。

b. 柱式轮廓标柱体表面应平整光滑,无毛刺、裂缝或气泡等缺陷,无明显凹痕或变形。柱体表面平面度公差不应大于1.0mm。

c. 柱式轮廓标柱体白色和黑色的色品坐标和亮度因素及其对应的颜色的色品图应符合《轮廓标技术条件》(JT/T 388—1999)的规定。

d. 180mm×40mm的逆反射材料应镶嵌在轮廓标柱体的表面,使不易脱落。

(4)逆反射材料

a. 逆反射材料应采用反射器或反光膜。反射器有微棱镜型和玻璃珠型两种形式。微棱镜型反射器应颜色均匀一致,整个反光面逆反射性能均匀。玻璃珠型反射器的玻璃珠应颜色一致,不应有漏珠、破损或其他缺陷。反光膜在柱体上应粘贴平整,无皱纹、气泡、拼接缝或其他缺陷。

b. 轮廓标的逆反射材料,其色度性能、光度性能、耐候性能、耐盐雾腐蚀性能、耐高低温性能、密封性能等均应符合《轮廓标技术条件》(JT/T 388—1999)的有关规定。

(5)上述加工产品,须按《轮廓标技术条件》(JT/T 388—1999)及《突起路标》(JT/T 390—1999)的规定,随机抽样检验合格,方可进行安装和设置。

605.03　施工要求

1. 路面标线

(1)设置标线的路面表面应清洁干燥,无松散颗粒、灰尘、沥青、油污或其他有害物质。

(2)在水泥路面或旧的沥青路面施加标线需要预涂底油时,先喷涂热熔底油下涂剂,按试验决定的间隔时间喷涂热熔涂料,以提高其粘结力。

(3)为了确保标线涂料和路面材料完全相适应,底油的类型和用量应经监理人批准。

(4)标线的颜色为白色和黄色,应符合《路面标线涂料》(JT/T 280—2004)的要求。并按监理人同意的方法施工。喷涂机具应使用自行式机械。

(5)标线宽度、虚线长及间隔、点线长及间隔、双标线的间隔,应按《道路交通标志和标线》(GB 5768—1999)规定办理。标线喷涂厚度应符合图纸要求。

(6)特殊标线的图案、标记如箭头及字母等的尺寸应按图纸要求和《道路交通标志和标线》(GB 5768—1999)规定办理。

(7)所有标线应具有顺直、平顺、光洁、均匀及精美外观,湿膜厚度符合图纸要求,否则,应由承包人予以更正并经监理人同意,费用由承包人自负。

(8)有缺陷的、施工不当、尺寸不正确或位置错误的标线均应清除,路面应修补,材料应更换,并经监理人同意,其费用由承包人自理。

(9)涂料在容器内加热时,温度应控制在涂料生产商的使用说明规定值内,不得超过最高限制温度,烃树脂类材料,保持在熔融状态的时间不大于6h,树胶树脂类材料,保持在熔融状态的时间不大于4h。

(10)涂料喷涂于路面时的温度,应符合涂料生产商使用说明的要求,否则会影响喷涂使用寿命。

(11)喷涂施工应在白天进行,雨天,尘埃大,风大,温度低于10℃时应暂时停止施工。

(12)玻璃珠的撒布应经试验并获监理人批准后方可实施。撒布玻璃珠应在涂料喷涂后立即进行,以0.3kg/m^{2}的用量加压撒布在所有标线上。

(13)喷涂标线时,应有交通安全措施,设置适当警告标志,阻止车辆及行人在作业区内通行,防止将涂料带出或形成车辙,直至标线充分干燥。

(14)振荡标线是在平滑的基础标线上,一次成型长方形排骨式突起的高亮度道路标线涂料,即使在雨天也能取得超群的高视认性,在汽车压线的瞬间引起轻快的振动,以提醒驾驶员注意安全,防止越线的新型产品。具体施工工艺为:

a. 路面处理。先清除路面泥土、尘埃等杂物;如含有水分,则应先用喷枪进行干燥处理。

b. 底漆撒布。使用专用设备按热熔型标线涂料的规定用量均匀撒布。

c 振荡标线的涂敷。往热熔釜中投入专门材料,在充分搅拌的条件下使之完全溶解;在确认底漆完全干燥后,使用专用划线机在170~210℃之间进行涂敷施工。

d. 玻璃微珠的撒布。使用与划线机一体的撒布器在涂敷之后,随即撒布玻璃微珠。

e. 确认涂料充分冷却、固化后,方可开放车辆通行。

f. 振荡标线规格及质量应符合图纸要求。

2. 突起路标

(1)突起路标应按图纸要求或监理人的指示地点设置,设置时路面面层应干燥清洁,无杂屑,此时,将环氧树脂均匀涂覆于突起路标的底部,涂覆厚度约为8mm,将突起路标压在路面的正确位置上,轻微转动,直到四周出现挤浆并及时清除其溢出部分,在凝固前突起路标不得扰动。

(2)在水泥混凝土路面设置突起路标时,先用硬刷和10%盐酸溶液洗刷混凝土表面,然后用清水冲洗干净,待路面清洁干燥后安装突起路标。

(3)突起路标设置高度,顶部不得高出路面25mm。

(4)突起路标的反光玻璃球有白色、红色或黄色,白色设在一般路段,红色或黄色设在危险路段。

(5)设置间距及其他规定应按图纸要求和监理人的指示进行。

(6)在降雨、风速过大或温度过高过低时,不进行设置。

(7)突起路标设置后,经检查不合格时,应拆除重新安装,费用由承包人承担。

3. 轮廓标

(1) 柱式轮廓标

a. 柱式轮廓标应按图纸的规定量距定位。

b. 混凝土基础可采用现浇或预制的方法施工,并应符合本规范第400章的规定,预制时应按图纸的规定预埋连接件。

c. 柱式轮廓标安装时,柱体应垂直于水平面,三角形柱体的顶角平分线应垂直于公路中心线,柱体与混凝土基础之间可用螺栓连接。

(2)附着式轮廓标

a. 附着于梁柱式护栏上的轮廓标可按立柱间距定位,附着于混凝土护栏和隧道侧墙上的轮廓标应量距定位。

b. 附着式轮廓标应按照放样确定的位置进行安装。反射器的安装角度应符合图纸的规定。安装高度宜尽量统一,并应连接牢固。

4. 立面标记

(1)立面标记设置的位置应符合图纸规定。

(2)立面标记的颜色为黄黑相间的倾斜线条,斜线倾角为45°,线宽及其间距均为150mm,设置时应把向下倾斜的一边朝向行车道。

5. 锥形交通路标的设置

锥形交通路标应根据《锥形交通路标》(JT /T 595—2004)和图纸制作和设置,并应按图纸所示或监理人指示准确定位。

605.04　质量检验

1. 路面标线

(1)基本要求

a. 路面标线涂料应符合《路面标线涂料》(JT/T 280—2004)的规定。

b. 路面标线喷涂前应仔细清洁路面,表面干燥,无起灰现象。

c. 路面标线的颜色、形状和设置位置应符合《道路交通标志和标线》(GB 5768—1999)的规定和图纸要求。

(2)检查项目

路面标线检查项目见表605-7。

路面标线检查项目 表605-7

<table>
<tr><th>项次</th><th colspan="2">检 查 项 目</th><th>规定值或允许偏差</th><th>检查方法和频率</th></tr>
<tr><td rowspan="4">1</td><td rowspan="4">标线线段
长度(mm)</td><td>6 000</td><td>±50</td><td rowspan="4">钢卷尺:抽检10%</td></tr>
<tr><td>4 000</td><td>±40</td></tr>
<tr><td>3 000</td><td>±30</td></tr>
<tr><td>1 000~2 000</td><td>±20</td></tr>
<tr><td rowspan="3">2</td><td rowspan="3">标线宽度
(mm)</td><td>400~450</td><td>+15,0</td><td rowspan="3">钢尺:抽检10%</td></tr>
<tr><td>150~200</td><td>+8,0</td></tr>
<tr><td>100</td><td>+5,0</td></tr>
<tr><td rowspan="3">3</td><td rowspan="3">标线厚度
(mm)</td><td>常温型(0.12~0.2)</td><td>-0.03,+0.10</td><td rowspan="3">湿膜厚度计,干膜用水平尺、塞尺或用卡尺:抽检10%</td></tr>
<tr><td>加热型(0.20~0.4)</td><td>-0.05,+0.15</td></tr>
<tr><td>热熔型(1.0~4.50)</td><td>-0.10,+0.50</td></tr>
<tr><td>4</td><td colspan="2">标线横向偏位(mm)</td><td>±30</td><td>钢卷尺:抽检10%</td></tr>
<tr><td rowspan="4">5</td><td rowspan="4">标线纵向
间距(mm)</td><td>9 000</td><td>±45</td><td rowspan="4">钢卷尺:抽检10%</td></tr>
<tr><td>6 000</td><td>±30</td></tr>
<tr><td>4 000</td><td>±20</td></tr>
<tr><td>3 000</td><td>±15</td></tr>
<tr><td>6</td><td colspan="2">标线剥落面积</td><td>检查总面积的0~3%</td><td>4倍放大镜:目测检查</td></tr>
<tr><td>7</td><td colspan="2">反光标线逆反射系数
($cd \cdot lx^{-1} \cdot m^{-2}$)</td><td>白色标线 ≥150
黄色标线 ≥100</td><td>反光标线逆反射系数测量仪:抽检10%</td></tr>
</table>

(3)外观鉴定

a. 标线施工污染路面应及时清理。每处污染面积不超过1 000mm^2。

b. 标线线形应流畅,与道路线形相协调,曲线圆滑,不允许出现折线。

c. 反光标线玻璃珠应撒布均匀,附着牢固,反光均匀。

d. 标线表面不应出现网状裂缝、断裂裂缝、起泡现象。

2. 突起路标、轮廓标

(1)基本要求

a. 突起路标

(a)突起路标产品应符合《突起路标》(JT/T 390—1999)的规定。

(b)突起路标的布设及其颜色应符合《道路交通标志和标线》(GB 5768—1999)的规定或符合图纸要求。

(c)突起路标与路面的粘结应牢固、耐久,能经受汽车轮胎的冲击而不会脱落。

(d)突起路标应在路面干燥、清洁,并经测量定位后施工。

b. 轮廓标

(a)轮廓标产品应符合《轮廓标技术条件》(JT/T 388—1999)的规定。

(b)轮廓标的布设应符合图纸及本规范的要求。

(c)柱式轮廓标的基础混凝土强度、基础尺寸应符合图纸要求。

(d)柱式轮廓标安装牢固,逆反射材料表面与行车方向垂直,色度性能和光度性能与图纸相符。

(2)检查项目

a. 突起路标检查项目见表 605-8。

b. 轮廓标检查项目见表 605-9。

突起路标检查项目 表 605-8

项次	检 查 项 目	规定值或允许偏差	检查方法和频率
1	安装角度(°)	±5	角尺:抽检 10%
2	纵向间距(mm)	±50	钢卷尺:抽检 10%
3	损坏及脱落个数	<0.5%	检查损坏及脱落个数,抽检 30%
4	横向偏位(mm)	±50	钢卷尺:抽检 10%
5	承受压力(kN)	>160	检查测试记录
6	光度性能	在规定范围内	检查测试报告

轮廓标检查项目 表 605-9

项次	检 查 项 目	规定值或允许偏差	检查方法和频率
1	柱式轮廓标尺寸(mm)	三角形断面:底边允许偏差为 ±5, 三角形高允许偏差为 ±5; 柱式轮廓标总长允许偏差为 ±10	钢尺:抽检 10%
2	安装角度(°)	0~5	花杆、十字架、卷尺、万能角尺:抽检 10%
4	反射器中心高度(mm)	±20	直尺:抽检 10%
5	反射器外形尺寸(mm)	±5	卡尺、直尺,抽检 10%
6	光度性能	在合格标准内	检查检测报告

(3)外观鉴定

a. 突起路标

(a)突起路标外观应美观,尺寸符合有关规范要求,表面光滑,不得有尖角、毛刺存在,表面无明显的划伤、裂纹。

(b)突起路标纵向安装应成直线,不得出现折线。曲线段的突起路标应与道路曲线相吻合,线形圆滑、顺畅。

(c)突起路标粘结剂不得造成路面污染。

b. 轮廓标

(a)轮廓标不应有明显的划伤、裂纹、损边、掉角等缺陷。表面应平整光滑,无明显凹痕或变形。

(b)轮廓标安装牢固,线形顺畅。

(c)柱式轮廓标的垂直度不超过 ±8mm/m。

605.05 计量和支付

1. 计量

(1)路面标线应按图纸所示,经检查验收后,以热熔型涂料、溶剂常温涂料和溶剂加热涂料的涂敷实际面积,以平方米为单位计量。反光型的路面标线玻璃珠应包含在涂敷面积内,不另计量。

(2)突起路标安装就位经检查验收后以个数计量。

(3)轮廓标安装就位经检查验收后以个计量。

(4)立面标记设置经检查验收后以处计量。

(5)锥形交通路标安装就位经检查验收后以个数计量。

2. 支付

按上述规范计量,经监理人验收并列入了工程量清单的以下支付子目的工程量,其每一计量单位,将以合同单价支付。此项支付包括材料、劳力、设备、检验、运输等及其他为完成交通标线工程所必需的费用,是对完成工程的全部偿付。

3. 支付子目

子 目 号	子 目 名 称	单 位
605-1	热熔型涂料路面标线	
-a	……	m^2
605-2	溶剂常温涂料路面标线	
-a	……	m^2
605-3	溶剂加热涂料路面标线	
-a	……	m^2
605-4	水性涂料路面标线	
-a	……	m^2
605-5	突起路标	个
605-6	轮廓标	
-a	柱式轮廓标	个
-b	附着式轮廓标	个
605-7	立面标记	处
605-8	锥形路标	个

注:各种涂料标线根据不同涂敷厚度可分别以子项列出。

第606节 防眩设施

606.01 范围

本节内容为设置防眩板、防眩网的有关施工作业。

606.02　材料

1. 独立设置的混凝土基础所用的钢筋、水泥、细集料、粗集料、拌和用水、外加剂等材料,应符合本规范第 400 章的规定。

2. 除图纸另行规定外,防眩板、防眩网所用材料应符合《公路防眩设施技术条件》(JT/T 333—1997)、《塑料防眩板》(JT/T 598—2004)、《公路用玻璃纤维增强塑料产品 第 4 部分:防眩板》(JT/T 599.4—2004)的规定。

3. 所有钢构件均应进行防腐处理。除图纸另行规定外,防腐处理均应满足《高速公路交通工程钢构件防腐技术条件》(GB/T 18226—2000)的规定。螺栓、螺母等紧固件和连接件在防腐处理后,必须清理螺纹或进行离心分离处理。

4. 防眩板构件及防眩网应具有产品合格证明并经监理人认可后方能使用。

606.03　施工要求

1. 设置于混凝土护栏上的防眩板或防眩网的安装

(1)防眩板或防眩网可通过混凝土护栏顶部的预埋件及连接件安装在混凝土护栏上。未设置预埋件时,可采取后固定的施工工艺安装。

(2)混凝土护栏强度低于设计强度的 70% 时,不得安装防眩板或防眩网。

(3)防眩板或防眩网下缘与混凝土护栏顶部的间距应符合图纸的规定。

(4)防眩板或防眩网安装后,不得削弱混凝土护栏的原有功能。

2. 设置于波形梁护栏上的防眩板或防眩网的安装

(1)防眩板或防眩网可通过连接件安装在波形梁护栏上。

(2)防眩板或防眩网安装在波形梁护栏上时,不得削弱波形梁护栏的原有功能。

(3)防眩板或防眩网下缘与波形梁护栏顶面的间距应符合图纸的规定。

(4)施工过程中不应损伤波形梁护栏的防腐层,否则应在 24h 之内予以修补。

3. 独立设置立柱的防眩板或防眩网的安装

(1)施工前,应清理场地、协调与其他设施的关系。

(2)防眩板或防眩网单独设置立柱时,可根据所在位置将立柱埋入土中、设置混凝土基础或固定于桥梁、通道、明涵等构造物上。设置混凝土基础,其强度达到设计强度的 70% 以上时,才能在立柱上安装防眩板或防眩网。

(3)立柱施工时,不得破坏地下管线和排水设施。

606.04　质量检验

1. 基本要求

(1)防眩设施的材质、镀锌量应符合《公路防眩设施技术条件》(JT/T 333—1997)及图纸和本规范的要求。

(2)防眩设施整体应与道路线形相一致,美观大方,结构合理。

(3)防眩设施的几何尺寸及遮光角应符合图纸要求。

(4)防眩板的平面弯曲度不得超过板长的 0.3%。

(5)防眩设施安装牢固。

(6)防眩网的质量要求同第 603.04 小节有关规定。

2. 检查项目

防眩设施检查见表 606-1。

防眩板检查项目 表 606-1

项次	检查项目	规定值或允许偏差	检查方法和频率
1	安装高度(mm)	±10	钢卷尺:抽检 5%
2	镀(涂)层厚度	符合设计	涂层测厚仪:抽检 5%
3	防眩板宽度(mm)	±5	直尺:抽检 5%
4	防眩板设置间距(mm)	±10	钢卷尺:抽检 10%
5	竖直度(mm/m)	±5	垂线、直尺:抽检 10%
6	顺直度(mm/m)	±8	拉线、直尺:抽检 10%

3. 外观鉴定

(1)防眩板表面不得有气泡、裂纹、疤痕、端面分层等缺陷。

(2)防眩设施色泽均匀。

606.05 计量与支付

1. 计量

(1)防眩板设置安装完成并经验收后以块计量。

(2)防眩网设置安装完成并经验收后以延米计量。

(3)为安装防眩板、防眩网设置的预埋件,连接件、立柱、基础混凝土以及钢构件的焊接等均作为防眩板、防眩网工程的附属工作,不另行计量。

2. 支付

按上述规定计量,经监理人验收列入了工程量清单的以下支付子目的工程量,其每一计量单位,将以合同单价支付。此项支付包括材料、劳力、工具及其他为完成防眩设施所必需的费用,是完成工程的全部偿付。

3. 支付子目

子目号	子目名称	单位
606-1	防眩板	块
606-2	防眩网	m

第 607 节 通信和电力管道与预埋(预留)基础

607.01 范围

本节内容为通信、监控、照明、供配电等的预埋管道和基础工程,人(手)孔,紧急电话设施基础,接地系统的施工作业等。

607.02　材料

1. 钢筋、混凝土、砂浆,预制构件和混凝土拌制材料应符合本规范第 403、410、413 节的要求。

2. 预埋通信系统管道和监控、供电电缆管道材料应符合图纸要求,并符合国家有关标准和规定。

3. 回填材料及填缝料应符合图纸的要求。

4. 接地系统所用材料应符合图纸的要求。

5. 机制砖应符合《烧结普通砖》(GB/T 5101—2003)的规定。

607.03　施工要求

1. 人(手)孔

(1)混凝土(钢筋混凝土)人(手)孔及井盖的施工应符合图纸及本规范第 410 节有关要求。

(2)人(手)孔壁上预留管道(多孔管块或钢管)口子的大小尺寸应符合邮电部门的有关规范和规定。

(3)人(手)孔也可采用砖砌。砖砌圬工应参照本规范第 413 节有关规定进行。

(4)混凝土强度未达到设计等级以前不许回填。所有接缝封闭防水处理应符合《通信管道工程施工及验收技术规范》(YDJ 39—90)标准的要求。

2. 紧急电话平台

(1)紧急电话平台基础的开挖与回填应按本规范第 404 节进行。混凝土底座的成型,锚固螺栓的安装和管道的设置等,应在浇筑混凝土前取得监理人的批准。混凝土应按本规范第 410 节的要求拌和、浇筑、抹面和养护。

(2)大桥(结构物)上钢质紧急电话平台的设置和施工,应按图纸的规定执行。

3. 管道工程

(1)管道沟(坑)的挖掘,回填和多余材料的处理应按规范第 404 节的要求进行。

(2)除图纸另有规定者外,管道工程应根据《通信管道工程施工及验收技术规范》(YDJ 39—90)和《长途通信光缆塑料管道工程验收规范》(YD 5043—2005)的要求进行修建。

(3)中央分隔带的纵向主管道埋设时,按图纸要求,且每一段落应具有形成一个单元所需的管孔数。其他纵向和横向的管道应符合图纸要求。

(4)除中央分隔带的管道一般铺设在混凝土基础之上外,其他管道均应按图纸所示铺设在混凝土或粒料基座上。管道铺设的线形应顺适,检查井之间的管道应无低凹处,管节之间的连接角度应不大于 5°。封闭接缝防水按《通信管道工程施工及验收技术规范》(YDJ 39—90)标准执行。管道铺设后,其端口应用封头堵塞,防止异物进入管孔。

(5)当管道工程、人(手)孔将修建在路面底基层内时,管道工程应铺设在底基层的下面,并应在路面底基层开始摊铺前完成。

(6)横穿路基的牵引线应按监理人批准的方法装入每一条管孔中,并牢牢地固定在每条管道的终点或坑内,以防止牵引线被拉入管道内。牵引线应采用经监理人批准的具有一定强度的尼龙线或镀锌钢丝。

(7)除硅芯管外,管道工程铺设完成后,应按邮电部门的规定做拉棒检验,以保证管道的施工质量。

4. 接地系统

(1)按图纸要求做好接地系统,配合土建施工同时进行,隐蔽部分应在覆盖前及时作好中间测试、检查与验收。施工中技术要求应符合《电气装置安装工程接地装置施工及验收规范》(GB 50169—2006)的有关规定。

(2)独立的接地系统与变电所接地网按图纸施工,不得任意连接或断开。接地引线数量不得任意改变及减少。

(3)接地系统的所有焊接必须牢固,无虚焊,接地引线应防止发生机械损伤和化学腐蚀。接地引线和接地电极均应进行镀锌处理,接地电阻应符合图纸要求。

607.04 质量检验

1. 检查项目

(1)人(手)孔

检查项目见表 607-1。

(2)紧急电话平台

检查项目见表 607-2。

(3)管道工程

检查项目见表 607-3。

人(手)孔的检查项目 表 607-1

项次	检 查 项 目	规定值或允许偏差	检查方法和频率
1	混凝土及砂浆强度(MPa)	在合格标准内	见 JTG F80/1 - 2004 附录 D、F
2	轴线偏位(mm)	50	经纬仪:每个检查
3	圆孔直径或方孔长宽(mm)	±20	钢卷尺:每个检查
4	孔底高程	±15	水准仪,每个检查
5	井盖与相邻路面高差(mm)	+4 ~ 0	水准仪,水平尺,每个检查

紧急电话平台检查项目 表 607-2

项次	检 查 项 目	规定值或允许偏差	检查方法和频率
1	混凝土强度(MPa)	在合格标准以内	见 JTG F80/1—2004 附录 D
2	顶面高程(mm)	±40	直尺:抽查 10%
3	立柱中心至路肩边线间距(mm)	±20	直尺:100% 检查
4	基础尺寸(mm)	±25	直尺:100% 检查
5	立柱竖直度(mm/m)	±5	垂线、直尺:100% 检查

管道工程检查项目　表 607-3

项次	检查项目		规定值或允许偏差	检查方法和频率
1	混凝土和砂浆强度(MPa)		在合格标准以内	见 JTG F80/1—2004 附录 D、F
2	管道轴线偏位(mm)		15	经纬仪或拉线:每两井间测 3 处
3	管内底高程(mm)		±10	水准仪:每两井间测 2 处
4	基础厚度(mm)		不小于设计值	尺量:每两井间测 3 处
5	管座	肩宽(mm)	+10,-5	尺量、挂边线:每两井间测 2 处
		肩高(mm)	±10	
6	抹带	宽度	不小于设计值	尺量:按 10% 抽查
		厚度	不小于设计值	

2. 外观鉴定

(1)人(手)孔

a. 孔内砂浆抹面无裂缝。

b. 孔内平整,孔盖平稳。

(2)紧急电话平台

a. 立柱表面不得有气泡、裂纹、疤痕等表面缺陷。

b. 基础外露部分的混凝土表面应刮平。

(3)管道工程

a. 管道基础平整密实。

b. 管节铺设顺直,接缝平整密实,无开裂脱皮现象。

607.05 计量与支付

1. 计量

(1)人(手)孔应根据图纸的形式及不同尺寸按个计量。

(2)紧急电话平台应按底座就位和验收的个数计量。

(3)预埋管道工程应按铺筑就位并验收的以米计量,计量是沿着单管和多管结构的管道中线进行。过桥管箱的制作、安装以米计量。所有封缝料和牵引线及拉棒检验等,作为承包人的附属工作,不另行计量。

(4)挖基及回填,压实及接地系统作为相关工程的附属工作,不另计量。

(5)附属于桥梁、通道或跨线桥的预留管道及其他的电信设备应作为这些结构的一部分,在主体工程内计量,本节不单独计量。

(6)通信管道安装在桥上的托架作为制造、安装过桥管箱的附属工作,不另行计量。

2. 支付

按上述规范计量,经监理人验收并列入了工程量清单的以下支付子目的工程量,其每一计量单位,将以合同单价支付。此项支付包括材料、劳力、设备、运输等及其他为完成安装工程所必需的费用,是对完成工程的全部偿付。

3. 支付子目

子 目 号	子目名称	单 位
607-1	人(手)孔	个
607-2	紧急电话平台	个
607-3	管道工程	
-a	铺设…孔 ϕ…塑料管(钢管)管道	m
-b	铺设…孔 ϕ…塑料管(钢管)管道	m
-c	铺设…孔 ϕ…塑料管(钢管)管道	m
-d	铺设…孔 ϕ…塑料管(钢管)管道	m
-e	制作、安装过桥管箱(包括两端接头管箱)	m

第608节 收费设施及地下通道

608.01 范围

本节工作内容包括收费站内收费设施的土建部分,即收费岛、收费亭、收费天棚、预埋(架设)管线、地下通道以及收费设施的预埋件设施等有关作业。

608.02 材料

1. 钢筋、水泥、集料、砂浆等材料均应分别符合本规范第403节、第410节及第413节的有关要求。

2. 收费亭的铝合金应符合《一般工业用铝及铝合金热挤压型材》(GB/T 6892—2006)的规定;玻璃应符合《普通平板玻璃》(GB 4871—1995)的规定。

3. 收费天棚所有材料应符合图纸要求,钢材应符合《碳素结构钢》(GB/T 700—2006)及《结构用无缝钢管》(GB/T 8162—1999)的规定。

4. 地下通道及收费设施的预埋件所有材料应符合图纸要求。

5. 机制砖应符合《烧结普通砖》(GB/T 5101—2003)的规定。

6. 防水材料应符合图纸要求,并应符合国家有关标准的规定。

608.03 施工要求

1. 收费亭的结构形式及施工要求应符合图纸要求。铝合金构件组装结构应按制造厂商的组装顺序进行。

2. 收费天棚为钢构件组装架设时,应符合图纸要求并应符合《钢结构工程施工质量验收规范》(GB 50205—2001)的规定。其他形式的收费天棚按图纸要求施工。

3. 收费岛混凝土工程的施工按图纸要求并应符合本规范第410节的有关规定。

4. 地下通道开挖的土方工程参照本规范第203节的有关规定;混凝土工程参照本规范第

400 章有关节的规定;砖石结构的施工应符合《砌体工程施工及验收规范》(GB 50203—2002)的规定,通道内的装饰应符合《建筑装饰装修工程质量验收规范》(GB 50210—2001)的有关规定,做好通道内的防、排水处理,并应符合《地下工程防水技术规范》(GB 50108—2001)的规定。

5. 地下通道和收费设施的管线预埋和架设及预埋件的设置,其埋置及架设位置应符合图纸要求。

608.04　计量与支付

1. 计量

(1)收费亭按图纸的形式组装或修建,经监理人验收,分别按单人收费亭和双人收费亭以个为单位计量。

(2)收费天棚按图纸组装架设,经监理人验收以平方米为单位计量。

(3)收费岛浇筑按图纸形式及大小经监理人验收,分别按单向收费岛和双向收费岛以个为单位计量。

(4)地下通道按图纸要求经监理人验收,其长度沿通道中心量测洞口间距离,以米为单位计量,计量中包含了装饰贴面工程及防、排水处理等内容。

(5)预埋及架设管线按图纸规定铺设就位经监理人验收以米为单位计量。

(6)收费设施的预埋件为各有关工程子目的附属工作,均不另予计量。

(7)所有挖基、挖槽以及回填、压实等均为各相关工程子目的附属工作,不另予计量。凡未列入计量子目的零星工程,均含在相关工程子目内,不另予计量。

2. 支付

按上述规定计量,经监理人验收并列入工程量清单的以下支付子目的工程量,其每一计量单位,将以合同单价支付。此项支付包括材料、劳力、设备、工具、运输、安装和清理现场地等及其他为完成工程所必需的费用,是对完成工程的全部偿付。

3. 支付子目

子　目　号	子 目 名 称	单　　位
608-1	收费亭	
-a	单人收费亭	个
-b	双人收费亭	个
608-2	收费天棚	m^2
608-3	收费岛	
-a	单向收费岛	个
-b	双向收费岛	个
608-4	地下通道(高×宽)	m
608-5	预埋管线	
-a	(管线规格)	m
-b	(管线规格)	m
608-6	架设管线	
-a	(管线规格)	m
-b	(管线规格)	m

第 700 章　绿化及环境保护设施

第701节 通 则

701.01 范围

本章工作内容为公路沿线及附属结构地域内,为净化空气、减小噪声、防止水土流失、美化环境等所增设的必要设施的施工及其管理等的有关作业。

701.02 一般规定

1.绿化工程

(1)绿化工程应按图纸规定,在不同的地段、区域,选择适宜栽种的树种、草种,并在当地适宜的种植季节进行施工作业。施工单位必须认真做好施工组织设计,对于各个施工项目进度的确定、每道工序的衔接、物质材料的供应、施工人员和各项工作力量的调配作出精心安排,以保证绿化施工任务能够高质量地如期完成。

(2)种植前应对种植区内土壤进行处理。

(3)在施工及缺陷责任期间,绿化工作的管理与养护以及任何缺陷的修正和弥补,均属承包人的责任。

(4)承包人应按招标文件要求配备(聘请)足够的专业园林工程师作为绿化技术指导或代理人,在技术上指导或领导全部绿化工程。

(5)承包人的绿化设备必须满足绿化工程的需要,绿化用车辆必须是证、照和保险等各种上路手续齐全,以保证绿化养护工作正常进行。

(6)缺陷责任期满时,植物种植成活率应达到95%以上,如果承包人在缺陷责任期满时,植物种植成活率未能达到95%,则监理人有权暂停退还保留金并要求承包人重新补种,同时相应责任期延长一年。

(7)工程开工前应编制开工报告,应包括下列内容:

a.施工程序和进度计划;

b.苗木调运安排;

c.各工序的用工数量及总用工日;

d.工程所需材料进度表;

e.机械与运输车辆和工具的使用计划;

f.施工技术和安全措施。

2.种植材料和播种材料

(1)所有种植物必须符合现行关于植物病害及昆虫传染检疫的法规,承包人提供的种植物具有必要的全部检疫证明。选定的种植材料应符合其产品标准的规定。

(2)种植材料应根系发达,生长茁壮,无病虫害,规格及形态应符合设计要求。

(3)木本苗木的品种与规格、树形及整形修剪质量和草种选择、配比、播种量以及修剪质量等均应符合设计要求及《城市绿地设计规范》(GB 50420—2007)的相关规定。苗木挖掘、包装宜符合《城市绿化和园林绿地用植物材料——木本苗》(CJ/T 24—1999)的规定。外地调入的苗木与种子应有植物检疫报告,种子应提供由国家法定种子检验机构出具的种子检验报告。所使用的绿化辅助材料均应有产品合格证、检验报告或现场试验报告。

(4)露地栽培花卉应符合下列规定:

a. 一、二年生花卉,株高应为 100 ~ 400mm,冠径应为 150 ~ 350mm。分枝不应少于 3 ~ 4 个,叶簇健壮,色泽明亮。

b. 宿根花卉,根系必须完整,无腐烂变质。

c. 球根花卉,根茎应茁壮、无损伤,幼芽饱满。

d. 观叶植物,叶色应鲜艳,叶簇丰满。

(5)植生带,厚度不宜超过 1mm,种子分布均匀,种子饱满,发芽率应大于 95%。

(6)播种用的草坪、草花、地被植物种子均应注明品种、品系、产地、生产单位、采收年份、纯净度及发芽率,不得有病虫害。

(7)根据设计要求的所有栽植苗木应优先采用本地区的苗木。如果本地区缺少或必须到外地采购时,事先应提交采购报告并必须经严格检疫,批准后方可采购。

(8)根据设计要求的栽植苗木,如果无法采购到时,可以申请变更,但应取得监理人的批准。

(9)用于本项目的各类苗木运至工现场后,应及时通知监理人对苗木的规定、品种进行检查,并提供检疫、产地等证明文件。

3. 绿化工程检验评定的时间应符合下列规定:

(1)植物材料与绿化辅助材料的质量与规格应在施工前分批进行检验与控制。

(2)植物材料的成活率、发芽率、覆盖率的检验评定应在一个年生长周期满后进行。

701.03 计量与支付

本节不作计量与支付。

第 702 节 铺 设 表 土

702.01 范围

本节内容为在公路绿化工作开始前,在公路绿化区域(含路堤、中央分隔带及互通立交范围内和服务区的绿化种植区)内按照图纸布置和植物生长的最小土层厚度要求,保持地表面的平整,翻松、铺设表土等施工作业。

702.02 材料

1. 表土应为松散的、具有透水作用并含有有机物质的土壤,能助长植物生长,不应含有盐、碱土,且无有害物质以及大于 25mm 的石块、棍棒、垃圾等;采集时,表土上生长有茂盛农作物、草或其他植物时,则证明该土质是良好的。

2.利用的表土,是指本规范第202节或第203节的清理场地或道路挖方开挖存放的适用材料。

3.开挖的表土,是指承包人可以在公路用地界内取得,其开挖的部位、深度,应在监理人指导下进行;如当地无表土可取,承包人应负责自他处取得。

4.种植前应对绿化场地的土壤理化性质进行化验分析,根据分析结果采取相应土壤改良措施,并提供土质检验报告及土壤改良措施报告。

702.03　施工要求

1.表土的提供

(1)承包人应在绿化区表土铺设前至少7d通知监理人。

(2)承包人应作出采集表土的计划安排,支付所有的费用,并应给监理人提供有关良好表土的样品,并附上一份副本,说明挖取的表土以及恢复该地区的安排。采集地在用地界外应经有关机构批准。

(3)种植地的土壤含有建筑废土及其他有害成分,以及强酸性土强碱土、盐土、重黏土、沙土等不能直接采用,均应根据设计规定,采用客土或采取改良土壤的技术措施。

2.地表面的准备

(1)覆盖表土范围的地表面,应进行深翻,将土块打碎,使其成为均匀的种植土。不能打碎的土块,大于25mm的砾石、树根、树桩和其他垃圾应清除并运到监理人同意的地点废弃。

(2)通过翻松、加填或挖除以保持地表面的平整。

3.铺设

(1)准备工作经监理人认可后,应即铺设表土,铺设厚度应符合表702-1的要求。当表土过分潮湿或不利于铺设时,不应进行铺设。除非另有规定,表土铺设完成后,其表面高程应比路缘石、集水井、人行道、车行道或其他类似结构低25mm。

(2)表土铺设达到要求厚度后,其完成的工程应符合图纸所要求的线形、坡度、边坡。

(3)铺设后,承包人应用机具将表土滚压,并形成至少深50mm的纵向沟槽。全部铺设面积应具有均匀间隔的沟槽,其方向宜垂直于天然水流,以利于排水,但图纸或监理人另有要求者除外。

植物生长的最小土层厚度　　表702-1

植物种类	植物生长的最小厚度(m)	植物种类	植物生长的最小厚度(m)
草本花卉、草本植被	0.30	浅根乔木	0.90
小灌木	0.45	深根乔木	1.50
大灌木	0.60		

702.04　计量与支付

1.计量

(1)表土铺设应按完成的铺设面积并经验收以立方米为单位计量。

(2)铺设表土的准备工作(包括提供、运输等),为承包人应做的附属工作,不另予计量。

2. 支付

按上述规定计量,经监理人验收并列入了工程量清单的以下支付子目的工程量,其每一计量单位,将以合同单价支付。此项支付包括材料、劳力、设备、运输等及其他为完成铺设表土所必需的费用,是对完成铺设表土的全部偿付。

3. 支付子目

子　目　号	子 目 名 称	单　　位
702-1	开挖并铺设表土	m^3
702-2	铺设利用的表土	m^3

第703节　撒播草种和铺植草皮

703.01　范围

本节为按照图纸所示或监理人指示,在公路绿化区域内铺设表土的层面上撒播草种或铺植草皮和施肥、布设喷灌设施等绿化工程作业。

703.02　材料

1. 草种

应选择适合于当地气候条件、易于生长的草种,或经监理人同意或指示的其他混合草种。混合草种应试验其萌芽情况,其纯度和萌发率均应达到90%以上。

2. 草皮

(1)种植草皮应具有耐旱、耐涝、容易生长、蔓面大、根部发达、茎低矮强壮和多年生长的特性。

(2)铺栽草坪用的草块及草卷应规格一致,边缘平直,基本无杂草。草块土层厚度为30~50mm,草卷土层厚度宜为10~30mm。

(3)播种用的草坪、草花、地被植物种子均应注明品种、品系、产地、生产单位、采收年份、纯净度及发芽率,不得有病虫害。自外地引进种子应有检疫合格证。发芽率达90%以上的方可使用。

3. 肥料

(1)应优先使用经过沤制的农家肥。

(2)如使用化肥时,应为标准农用化肥并按袋装提供。化学肥料中氮、磷、钾的含量应根据施工季节和土壤肥力状况选定。

(3)混合肥料由10%的有机肥、20%的化肥、70%的表土,均匀拌和而成。有效营养成分符合要求的液体化肥也可使用。

4.水

种植或养护植物用水应无油、酸、碱、盐或其他对植物生长有害的物质，并应符合《农田灌溉水质标准》(GB 5084—2005)的要求。

703.03　施工要求

1.撒播草种

(1)准备好地表面

a.同本规范第702.03-2条。

b.地面无天然表土或天然表土厚度小于图纸规定的厚度时，承包人应按本规范第702.03-3条规定，加铺表土，以形成厚度符合要求的表土层。

(2)播种方法及用量

a.承包人应事先将采用机具和播种方法通知监理人。必要时承包人应在工程开始前做工艺的野外试验。

b.播种时应先浇水浸地，保持土壤湿润，稍干后将表层土耙细耙平，进行撒播，均匀覆土3~5mm后轻压，然后喷水。

c.播种后应及时喷水，水点宜细密均匀，浸透土层80~100mm，除降雨天气，喷水不得间断。亦可用草帘覆盖保持湿度，至发芽时撤除。

d.植生带铺设后覆土、轻压、喷水，方法同播种。

e.坡地和大面积草坪铺设可采用喷播法。

f.除图纸另有规定或监理人指示外，草籽播种量一般情况下每1 000m^2平地面不少于6kg，坡地面不少于9kg。

g.将采用的草籽和混合肥料拌和，均匀地撒播到已准备好的表土区内。也可在播种前不多于48h施肥，使肥料深入到表土层内，化肥的施肥量应根据土壤理化性质确定。

(3)播种季节

a.应在图纸规定的季节正常播种、施肥和覆盖。如图纸未规定具体日期时，应在当地生长季节进行播种、施肥和覆盖。

b. 在刮风天不应播种，也不应在过湿或未经耕作的土地播种。

(4)干播

干播法应采用经监理人同意的机动播种机、条播机或其他机械设备。对于机械设备不能进入的地区可以用人工播种。播种后的地面应用监理人认可的机具在24h内轻轻压实，随即浇水。

(5)喷播

喷播一般用于坡度较大的地段，喷播应采用经监理人同意的技术方案和机具。喷播前必须按喷播技术要求进行坡面处理，打桩挂网，并保证喷播种子的均匀程度和萌发质量。

2.铺植草皮

(1)铺植季节

a.除非图纸上另有标明或监理人指示，铺植草皮应根据不同草皮在当地最适宜的季节进行铺植;种植的适宜季节和草种类型选择应符合《城市绿化工程施工及验收规范》(CJJ/T 82—1999)的要求。

b. 土壤条件不适合种植时不应铺植。

(2)提供草皮、检查及运送

a. 承包人应在铺植工作前14d,向监理人提供有关草皮供应来源的全部资料,监理人可随时前来检查。所有草皮应符合现行关于植物病害及昆虫传染检疫的法规,承包人应送交监理人必要的全部检疫证明。

b. 从采集场地运出前不少于7d,承包人应以书面形式通知监理人,在采集场地挖移以前检查草皮。监理人同意挖移的草皮,并不意味着最后验收。

c. 草皮块运输时宜用木板置放2~3层,保护好根系。移植发育充分并有足够根系的草皮,装卸时应防止破碎。

(3)铺植草皮

在铺植地表的准备工作完成以后,即可铺植草皮,可密铺或间铺成条状方格。铺植的形式,按图纸要求。铺草皮时,除平铺外,在边坡较高较陡之处也可铺植,即自坡脚处向上钉铺,用小尖木桩或竹签将草皮钉固于边坡上。密铺应互相衔接不留缝,间铺间隙应均匀,并填以种植土。铺植后应进行滚压、喷灌浇水。

3. 草坪混播

(1)选择两个以上草种应具有互为利用、生长良好、增加美观的功能。

(2)混播应根据生态组合、气候条件和设计确定草坪植物的种类和草坪比例。

(3)同一行混播应按确定比例混播在一行内,隔行混播应将主要草种播在一行内,另一草种播在另一行内。混合撒播应筑播种床育苗。

703.04 种植质量检验

1. 外观鉴定

(1)草坪应无杂草、无枯黄、无明显病虫害;无连续0.5m^2以上空白面积。

(2)边坡绿化施工不得破坏公路路基。

(3)互通区绿地不应有明显集水区。

(4)绿地草坪应符合设计要求,整体图案美观。

(5)服务区绿地应整洁,表面应平整,微地形整理应符合设计要求。

(6)服务区花卉种植、草坪应无杂草、无枯黄;草坪应进行修剪。

(7)取、弃土场绿化应充分覆盖裸露、松散地表,满足水土保持的要求。

2. 检查项目

(1)中央分隔带草坪覆盖率应符合设计要求,路侧绿化、互通立交区、服务区等草坪覆盖率应≥95%,取、弃土场草坪覆盖率应≥80%;前两部位每公里检查200m,余下部位是检查全部。

(2)绿化喷灌设施应能正常运转,按《建筑工程施工质量验收统一标准》(GB 50300—2001)的相关条款进行验收。

703.05　计量和支付

1. 计量

(1)撒播草种按经监理人验收的成活草种的面积以平方米为单位计量。

(2)草种、水、肥料等,作为承包人撒播草种的附属工作,均不另行计量。

(3)铺草皮按经监理人验收的数量以平方米为单位计量,密铺、间铺按不同支付子目计量、支付。

(4)需要铺设的表土,按表土的来源,在本规范第 702 节相关支付子目内计量。

(5)绿地喷灌设施按图纸所示,敷设的喷灌管道以米为单位计量。喷灌设施的闸阀、水表、洒水栓等均不另行计量。

2. 支付

按上述规定计量,经监理人验收并列入了工程量清单的以下支付子目的工程量,其每一计量单位,将以合同单价支付。此项支付包括材料、劳力、设备、运输和养护、管理等及其他为完成绿化工程所必需的费用,是对完成工程的全部偿付。但在工作进行中根据工程进度分期支付:

(1)在开始种植时期按工作量预付给承包人工程款项的 40%,支付的确实数额由监理人决定。

(2)其余支付承包人款项,在工程交工验收植物栽植成活率符合规定后支付,未达到成活率要求的应进行补植。

3. 支付子目

子　目　号	子 目 名 称	单　　位
703-1	撒播草种	m^2
703-2	铺植草皮	
-a	马尼拉草皮	m^2
-b	美国二号草皮	m^2
	……	
703-3	绿地喷灌管道	m

第 704 节　种植乔木、灌木和攀缘植物

704.01　范围

本节工作内容为按照图纸所示或监理人指示,对公路绿化区域内提供和种植乔木、灌木和攀缘植物等作业。

704.02　材料

1. 表土、肥料、水等应符合本规范第 702 节及第 703 节的规定。

2. 植物品种

(1)所有植物应考虑公路沿线地区特点,选择适合于当地气候条件易于生长的、并有丰满干枝体系和茁壮的根系。植物应无缺损树节、擦破树皮、受风冻伤害或其他损伤,植物外观应显示出正常健康状态,能承受上部及根部适当的修剪。无特殊规定或图纸标明,所有植物应在苗圃采集。

(2)乔木应具有挺直的树干,良好发育的枝杈,根据其自然习性对称生长。

(3)运到现场的乔木高度应符合图纸要求,其胸径(树高出地面 1.3m 处)应不小于 30mm。按图纸所示,种在坡脚或沿边沟的灌木高度不小于 1.0m。

(4)不允许采用代替品种,除非证实在承包期内的正常种植季节采集不到规定的植物。只有经监理人同意后,才允许种植代替品种。

704.03 施工要求

1. 种植季节

各类植物应在公路所经当地的最适宜的季节进行种植,除非图纸上另有标明或监理人指示;土壤条件不适合种植时不应种植。

2. 提供植物、检查及运送

(1)承包人应在种植工作前 14d,向监理人提供有关种植物供应来源的全部资料,监理人可随时前来检查。所有种植物应符合现行关于植物病害及昆虫传染检疫的法规,承包人应送交监理人必要的全部检疫证明。

(2)从苗圃运出前不少于 7d,承包人应以书面通知监理人,在苗圃挖移以前检查所有种植物。监理人同意挖移的植物,并不意味着最后验收。

(3)在运出植物前,应由园艺人员按起苗、调运等技术要求负责将植物挖出、包扎、打捆,以备运输;任何时候,植物根系应保持潮湿、防冻、防止过热。落叶树在裸根情况下运输时,必须将根部包涂黏土浆,使根的全部带有泥土,然后包装在稻草袋内。所有常青树及灌木的根部,均应连同掘出的土球用草袋包装。运到工地及种植前,这些土球应结实,草包应完好,树冠应仔细捆扎以防止枝杈折断。

(4)植物以单株、成捆、大包或容器内装有一株或多株植物运到工地时,均应分别系有清楚的标签,标明植物名称、尺寸、树龄或其他详细资料,这对鉴别植物是否符合规定是必要的。当不能对各单株植物分别标明时,标签内应说明成捆、成包以及容器内的各种规格植物的数量。

3. 储存和保护

(1)运到工地后一天内种不完的植物,应存放在阴凉潮湿处,以防日晒风吹,或暂进行假植。

(2)裸根树种应将包打开,放在沟内,根部暂盖壅土,并保持湿润。

(3)带有土球及草袋包装的植物,应用土、稻草或其他适当材料加以保护,并保持土、稻草等潮湿,以防根系干燥。

4. 种植准备

(1)承包人应按绿化工程布置的图纸标出种植地段、种植位置及苗木品种和规格,并

进行放样,在种植之前这些布置应得到监理人的检查认可。尚应做到:

a.种植穴、槽定点放线应符合设计图纸要求,位置必须准确,标记明显。

b.种植穴定点时应标明中心点位置。种植槽应标明边线。

c.定点标志应标明树种名称(或代号)、规格。

d.行道树定点遇有障碍物影响株距时,应与设计单位取得联系,进行适当调整。

(2)种植地段应修整到符合监理人指示的线形和坡度,并具有舒顺的外形。在种植中所有大土块、石块、硬土及其他杂物和不适于种植的材料,均应由承包人自工地移走。处理好的表土和底土应分开,并得到监理人认可。

(3)在种植时,先在坑底松填约150mm厚的表土。

5.刨坑

(1)刨坑刨槽的规格要求

a.刨坑刨槽位置要准确,坑径应根据根系、土球大小及土质情况而定,刨坑刨槽要直上直下成桶形,不得上大下小或上小下大,以免造成窝根或填土不实。

b.坑径一般可比植物的根系或土球直径大0.2~0.3m,具体规定如表704-1、表704-2、表704-3所示。

c.如遇土质过黏、过硬或含有有害物质如石灰、沥青等,则应适当加大坑径。

乔、灌木干径或树高相对应的树坑规格 表704-1

乔木干径	mm			30~50	50~70	70~100	
灌木高度	m		1.2~1.5	1.5~1.8	1.8~2.0	2.0~2.5	
常绿树高度	m	1.0~1.2	1.2~1.5	1.5~2.0	2.0~2.5	2.5~3.0	3.0~3.5
坑径	m	0.5×0.3	0.6×0.4	0.7×0.5	0.8×0.6	1.0×0.7	1.2×0.8

绿篱高度与相对应的坑槽规格 表704-2

绿篱高度	m	1.0~1.2	1.2~1.5	1.5~2.0
单行	m(槽:宽×深)	0.5×0.3	0.6×0.4	0.7×0.4
双行	m(槽:宽×深)	0.3×0.4	1.0×0.4	1.2×0.5

花灌木类种植穴规格(单位:m) 表704-3

冠径	种植穴深度	种植穴直径
2.0	0.7~0.9	0.9~1.1
1.0	0.6~0.7	0.7~0.9

(2)刨坑的操作

a.刨坑时应以所定位置为中心,按规定坑径划一圆圈作为刨坑的范围。

b.挖坑时应把表土与底土分别置放,不同的土质亦应分开堆放。堆放位置以不影响栽植为宜。刨坑到规定深度后在坑底垫底土。

c.挖坑的坑壁要随挖随修使其成直上直下形状,不要成锅底形。

d.刨坑时如发现地下管道、电缆等地下设施应停止操作,并及时向监理人报告,请示处理办法。

e.在斜坡处挖坑应先做成一平台,平台大小应以坑径最低规格为依据,作成后在平台上再挖坑。

f. 在土层干燥地区应于种植前浸穴。

g. 挖穴、槽后,应施入腐熟的有机肥作为基肥。

6. 栽植

(1)修剪工作对高大乔木应在散苗前后进行,即在栽植前进行,高度3m以下无明显主尖的乔木和灌木为了保证栽后高矮一致、整齐美观,可在栽植后修剪,疏剪的剪口应与树干平齐不留枯橛以免影响愈合;短截时注意留外芽,剪口距芽位置要合适,一般离芽10mm左右,剪口应稍斜成马蹄形;修剪20mm以上的大枝剪口应涂防腐剂,可促进愈合和防止病虫雨水侵害。

(2)散苗、散露根苗应掌握随掘随运随散苗、随栽植,尽量缩短根部暴露时间以利成活。散苗时要轻拿轻放,行道树散苗要顺路的方向放树苗,不得横放路上影响交通;散带土球树木,要注意保护土球完整,搬运土球时不得只搬树干,尽量少滚动土球。

(3)栽植前对露根苗的根系要进行修剪,将断根、劈裂根,感染病虫害根,过长的根剪去,剪口要平滑,带土球苗和灌木应将围拢树冠的草绳剪断。

(4)栽植前应检查坑的大小,深度是否与根系、土球规格标准要求的坑径一致,不符时应修整。

(5)栽树时不得歪斜,要保持树木上下垂直,有树弯时应掌握树尖与根部在一垂直线上,行道树的树弯应在顺路的方向,与路平行。

(6)应由有经验工人,按照正常做法,进行种植和回填土,植物应垂直地栽好,比在苗圃的种植深度加深20~30mm。种植前的乔木和灌木应经监理人检查认可。

(7)对裸根植物,先将表土放在坑底,其松散厚度约150mm,随即撒布适量(视表土性质而定)有机肥,在肥料上覆盖50至100mm回填土层,使根系不接触肥料。随后将裸根植物放在树坑中央,以自然形态散开根系,所有折断或损坏的根系,应予截去,促使根部生长良好。

在树坑四周及其上回填土后捣固并适当压紧,当回填到根系一半深度时,将植物稍提起,随即再按每层厚150mm回填土并压实。植物四周应由土围成与树坑大小相同的浅盆形凹穴(浅土盆)的蓄水池,深约150mm。

(8)栽行道、行列树必须横平竖直,栽植时可每隔10或20株按规定位置准确的栽上一株作为前后植树对齐的依据,然后再分别栽植。

(9)根部带有土球的植物,应和上述(7)一样进行处理,并将表土及肥料放在穴内。随即将乔木或灌木垂直栽在坑底放稳,栽种深度应比苗圃时深25mm。

回填土随即填在植物土球周围并捣实。土球上部的麻(草)袋应割开并移去,将土球上部的土松开并摊平,然后将其余回填土填下,还应做好浅土盆的蓄水池。

(10)栽植较大规格的常绿树和高大乔木时应在栽植同时埋上支柱,支柱应埋深在0.3m以下,支柱要捆牢,并注意不要使支柱与树干直接接触以免磨伤树皮。立支柱方向应在下风口。

(11)在种植后应按图纸要求,对乔木或灌木浇水,并要浇透,半月之内,再浇透水2~3次。其后每周一般浇水一次,视气候情况而定,直到植物成活为止。

(12)对于在中央分隔带栽植起防眩作用的树木,其高度和株距应符合图纸要求,如图纸无规定,则树高宜1.60m,株距宜2.0m。

704.04　种植质量检验

1. 种植材料、种植土和肥料等，均应在种植前由施工人员按其规格、质量分批进行验收；并报监理人和试验指导人员。

2. 工程中间验收的工序应符合下列规定：

(1)种植植物的定点、放线应在挖穴、槽前进行；

(2)种植的穴、槽应在未换种植土和施基肥前进行；

(3)更换种植土和施肥，应在挖穴、槽后进行。

(4)草坪和花卉的整地，应在播种或花苗(含球根)种植前进行；

(5)工程中间验收，应分别填写验收记录并签字。

3. 交工验收时间应符合下列规定：

(1)新种植的乔木、灌木、攀缘植物，应在一个年生长周期满后方可验收；

(2)地被植物应在当年成活；

(3)花坛种植的一、二年生花卉及观叶植物，应在种植 15d 后进行验收；

(4)春季种植的宿根花卉、球根花卉，应在当年发芽出土后进行验收。秋季种植的应在第二年春季发芽出土后验收。

4. 种植应按设计图纸要求核对苗木品种、规格及种植位置。

5. 规则式种植应保持对称平衡，行道树或行列种植树木应在一条线上，相邻植株规格应合理搭配，高度、干径、树形近似，种植的树木应保持直立，不得倾斜，应注意观赏面的合理朝向。

6. 种植绿篱的株行距应均匀。树形丰满的一面应向外，按苗木高度、树干大小搭配均匀。在苗圃修剪成型的绿篱，种植时应按造型拼栽，深浅一致。

7. 种植材料的覆盖物、包装物等应及时进行清理，不得随意乱弃，避免造成环境污染。种植带土球树木时，不易腐烂的包装物必须拆除。

8. 珍贵树种应采取树冠喷雾、树干保湿和树根喷布生根激素等措施。

9. 种植时，根系必须舒展，填土应分层踏实，种植深度应与原种植线一致。

10. 种植胸径 50mm 以上的乔木，应设支柱固定。支柱应牢固，绑扎树木处应夹垫物，绑扎后的树干应保持直立。

11. 攀缘植物种植后，应根据植物生长需要，进行绑扎或牵引。

12. 绿化工程质量验收应符合下列规定：

(1)花卉种植地应无杂草、无枯黄，各种花卉生长茂盛；

(2)草坪无杂草、无枯黄；

(3)绿地整洁，表面平整；

(4)种植的植物材料的整形修剪应符合设计要求；

(5)绿地附属设施工程的质量验收应符合《建筑工程质量检验统一标准》(GB 50300—2001)的有关规定。

13. 按绿化工程部位进行质量验收可按如下规定进行：

(1)中央分隔带绿化

a. 基本要求

(a)中央分隔带的苗木修剪后的高度应为 1.4 ~ 1.6m,栽植的株行距合理,应满足防眩功能的要求,不得影响交通安全;

(b)中央分隔带应进行绿化用土回填,回填土的厚度应大于 600mm。

b. 检查项目

检查项目见表 704-4。

c. 外观鉴定

(a)苗木的枝条不应伸出中央分隔带、不应有烧膛、偏冠等现象;

(b)苗木应栽植整齐、竖直;

(c)不应有连续缺株 4 株以上(含 4 株)现象;

(d)苗木、草坪不应有明显病虫害。

中央分隔带绿化检查项目　　表 704-4

项次	检 查 项 目	规定值或允许偏差	检查方法和频率
1	苗木规格与数量	符合设计	尺量:每 1km 测 50m
2	种植穴规格	符合 CJJ/T 82—1999 的规定	钢尺量:每 1km 测 50m
3	土层厚度	符合 CJJ/T 82—1999 的规定	钢尺量:每 1km 测 50m
4	苗木间距	±5%	皮尺量:每 1km 测 50m
5	苗木成活率(%)	≥95%	目测:每 1km 测 200m
6	草坪覆盖率(%)	符合设计	目测:每 1km 测 200m

(2)路侧绿化

a. 基本要求

(a)路侧绿化的种植材料应符合设计要求,不能及时种植的苗木应进行假植;

(b)边坡绿化施工应按照设计文件所规定的施工方法与工艺进行,严格施工过程质量控制;

(c)边坡绿化施工不得破坏公路路基。

b. 检查项目

检查项目见表 704-5。

c. 外观鉴定

(a)草坪应无枯黄、无明显病虫害;

(b)草坪不应连续空白面积达 0.5m^2 以上;

(c)边沟外侧绿化带、护坡道绿化带不应连续缺株 4 株以上(含 4 株);

(d)苗木不应有明显的病虫害。

路侧绿化检查项目　　表 704-5

项次	检 查 项 目	规定值或允许偏差	检查方法和频率
1	苗木规格与数量	符合设计	尺量:每 1km 测 50m
2	种植穴规格	符合 CJJ/T 82—1999 的规定	钢尺量:每 1km 测 50m
3	土层厚度	符合 CJJ/T 82—1999 的规定	钢尺量:每 1km 测 50m
4	苗木成活率(%)	≥85%	目测:每 1km 测 200m
5	草坪覆盖率(%)	≥95%	目测:每 1km 测 200m
6	其他地被植物发芽率(%)	≥85%	目测:每 1km 测 200m

(3)互通立交区绿化

a. 基本要求

(a)互通立交区绿地整理、排水应符合设计要求；播种前应清除绿地内的施工废弃物；整体图案应符合设计要求；

(b)孤植树、珍贵树种以及乔木树种应保证成活；

(c)树木种植不应影响行车安全视距；

(d)喷灌设施施工应按施工规范进行，其质量按《建筑工程施工质量验收统一标准》(GB 50300—2001)验收。

b. 检查项目

检查项目见表 704-6。

c. 外观鉴定

(a)草坪应无杂草、无枯黄，连续空白面积不得超过 0.5m^2；

(b)绿地不应有明显的集水区；

(c)绿地草坪、树木不应有明显病虫害；

(d)绿化图案景观效果应较明显。

互通立交区绿化检查项目　表 704-6

项次	检查项目	规定值或允许偏差	检查方法和频率
1	苗木规格与数量	符合设计	尺量:全部
2	种植穴规格	符合 CJJ/T 82—1999 的规定	钢尺量:检查 5%
3	土层厚度	符合 CJJ/T 82—1999 中表 5.0.2 的规定	钢尺量:检查 5% 种植穴,且不少于 3 穴
4	地形高程	±30	水准仪:每 3 000m^2 不少于 6 点
5	苗木成活率	≥95%	目测:检查全部
6	草坪覆盖率	≥95%	目测:测量全部

(4)养护管理区、服务区绿化

a. 基本要求

(a)养护管理区、服务区的绿化宜按照《城市绿化工程施工及验收规范》(CJJ/T 82—1999)进行施工。其绿地面积应大于总面积的 30%，绿地内的植被覆盖率应大于 85%。

(b)绿化附属设施的质量按《建筑工程施工质量验收统一标准》(GB 50300—2001)验收。

(c)孤植树、珍贵树种以及乔木树种应保证成活。

(d) 绿地草坪应符合设计要求，整体图案美观。

b. 检查项目

检查项目见表 704-7。

养护管理区、服务区绿化检查项目　表 704-7

项次	检查项目	规定值或允许偏差	检查方法和频率
1	放样定位	±5% 的设计间距	尺量:抽测 5%
2	苗木规格与数量	符合设计	尺量:检查全部
3	种植穴规格	符合 CJJ/T 82—1999 的规定	钢尺量:抽测 5%

续上表

项次	检 查 项 目	规定值或允许偏差	检查方法和频率
4	土层厚度	符合 CJJ/T 82—1999 的规定	钢尺量:检查 5% 种植穴,且不少于 3 穴
5	地形高程	±30	水准仪:每 3 000m^2 测 6 点,且不少于 6 点
6	苗木成活率(%)	≥95%	目测:检查全部
7	草坪覆盖率(%)	≥95%	目测:检查全部
8	绿化附属设施	符合设计	GB 50300—2001,检查全部

c. 外观鉴定

(a)花卉种植地、草坪应无杂草、无枯黄;草坪应进行修剪,空白面积不应超过 0.5m^2;

(b)绿地整洁,表面应平整,微地形整理应符合设计要求;

(c)绿地树木、花卉、草坪应无明显的病虫害;

(d)树干应与地面垂直。

(5)取、弃土场绿化

a. 基本要求

(a)取、弃土场绿化应营造适合植物生长的环境条件后方可进行。

(b)取、弃土场绿化应充分覆盖裸露、松散的地表,满足水土保持的要求。

b. 检查项目

检查项目见表 704-8。

c. 外观鉴定

树木、草坪不应有明显病虫害。

取、弃土场绿化检查项目 表 704-8

项次	检 查 项 目	规定值或允许偏差	检查方法和频率
1	苗木规格与数量	符合设计	尺量:抽测 10%
2	苗木成活率	≥85%	目测:检查全部
3	草坪覆盖率	≥80%	目测:检查全部

704.05 计量与支付

1. 计量

(1)人工种植经监理人按成活数验收,乔木、灌木及人工种植攀援植物均以棵计量。

(2)需要铺设的表土,按表土的来源,在本规范第 702 节相关支付子目内计量。

(3)种植用水,设置水池储水,均作为承包人种植植物的附属工作,不另予计量。

2. 支付

按上述规定计量,经监理人验收并列入了工程量清单的以下支付子目的工程量,其每一计量单位,将以合同单价支付。此项支付包括材料、劳力、设备、运输和养护、管理等及其他为完成绿化工程所必需的费用,是对完成工程的全部偿付。但在工作进行中根据工程进度分期支付:

(1)在开始种植时期按工作量预付给承包人工程款项的 40%,支付的确实数额由监理人决定。

(2)其余支付承包人款项,在工程交工验收植物栽植成活率符合规定后支付,未达到成活率要求的应进行补植。

3. 支付子目

子　目　号	子 目 名 称	单　　位
704-1	人工种植乔木	
-a	香樟	棵
-b	大叶樟	棵
-c	杜英	棵
	……	
704-2	人工种植灌木	
-a	夹竹桃	棵
-b	木芙蓉	棵
-c	春杜鹃	棵
	……	
704-3	人工种植攀缘植物	棵

第 705 节　植物养护和管理

705.01　范围

1. 本节工作内容为公路绿化工作从开始种植到工程缺陷责任期结束,所有按本规范 703 及 704 节施工的种植物进行管理和养护。

2. 通过整个绿化工程的实施应能营造出高速公路绿色走廊、固土、美化景观的效果,使道路和周围环境相协调,通过植物搭配,减少污染和噪声。

705.02　材料

1. 一般要求

应符合本规范第 703 节及第 704 节对播种草种和种植的植物品种以及肥料、水等的规定。

2. 化学物品

(1)农药,除草剂及其他农用化学物品应由承包人按园艺要求的方法、季节及当地气候和所用物品的有关性质来选用。

(2)在工作开始至少 7d 前,承包人应将各化学物品的样品以及有关资料送交监理人批准。

705.03　施工要求

1. 种植完工后3d内,承包人应向监理人提供管理和养护种植物的详细计划及日程,这个计划是种植计划的延续,将种植物养护到工程缺陷责任期结束为止。对于更换枯树或草的再种植,应从再种植时起至少养护一年的生长期,随时进行检查及时补植。

2. 植物栽植的成活率在规定的时间内应符合下述标准:公路处于平原区时应达90%以上;处于山区时应达85%以上;处于寒冷草原区及沙、碱、干旱区时应达75%以上。

3. 植物管理及养护计划应包括以下内容:

— 清除除草、施加除草剂

— 按园艺方法进行修剪、栽培

— 需要时经常浇水灌溉

— 每年施肥应不少2次

— 经常施加农药及防治病虫害

— 采取措施防范人为的破坏和牲畜的践踏、啃咬

— 枯死、损坏或丢失的树木花草应适时补植

— 保持种植区的清洁,经常清扫及清除垃圾、保护表土

4. 施肥

(1)根据植物的生长需要,定期施肥,但对树木施肥每年不得少于2次,草坪、地被等应采用薄肥勤施的方法,经常性施肥。

(2)施肥量应根据树种、树龄、生长期和肥源以及土壤理化性状等条件而定。树木青壮年期欲扩大树冠及观花、观果植物,应适当增加施肥量。

5. 整形修剪

(1)乔木类:主要修除徒长枝、病虫枝、交叉枝、并生枝、下垂枝、扭伤枝以及枯枝和烂头。

(2)灌木类:灌木修剪应使枝叶茂繁,分布匀称;花灌木修剪,要有利于促进短枝和花芽形成,修剪应遵循"先上后下,先内后外,去弱留强,去老留新"的原则进行。对于中央隔离带的树木修剪,应保证树木防眩所需的高度和形状。

(3)绿篱类:绿篱修剪,应促其分枝,保持全株枝叶丰满;也可作整形修剪,特殊造型绿篱应逐步修剪成形。

(4)地被、攀援类:地被、攀援植物修剪应促进枝分,加速覆盖和攀缠的功能;对多年生的攀缘植物要定期翻蔓,清除枯枝,疏删老弱的藤蔓。

(5)修剪时,切口都必须靠节,剪口应在剪口芽的反侧呈45°倾斜;剪口要平整,应涂抹园林用的防腐剂。对过于粗壮的大枝应采取分段截枝法,防扯裂,操作时必须保证安全。

(6)休眠期修剪以整形为主,可稍重剪;生长期修剪以调整树势为主,宜轻剪。有伤流的树种应在夏、秋两季修剪。

6. 病虫害防治

(1)贯彻"预防为主,综合治理"的防治方针。充分利用植物的多样化来保护和增殖天敌,抑制病虫害。

(2)采用的种苗,必须严格遵守国家和本市有关植物检疫法规和有关规章制度。

(3)严禁使用剧毒化学药剂和有机氯、有机汞化学农药。化学农药应按有关安全操作规定执行。

7. 在适宜的季节,对枯树、坏灌木以及其他不发芽或死去的植物和草均应予以更换,并在监理人指示的期限内完成。

8. 承包人应提供并设置临时栅栏,以保护种植物不受损害,不需要时可拆除。

9. 承包人应提供、修建并维护植物必要的拉牵或桩木。

705.04　技术档案

各承包人必须建立完整的种植与养护技术档案 。档案内容应包括:

1. 绿化地段气候、物候、水文、土质、地形、地下构筑物等自然条件的变化资料及调查报告;

2. 植物种类:按植物分类记载,地区名称、规格、来源、栽植年月、生长势和日常养护措施及其成效等;

3. 应用新技术、新工艺和新成果的单项技术资料;

4. 各类统计报表和调查总结报告等。

技术档案应按照发包人要求,按期分类整理,装订成册,编好目录,分类归档。

706.05　计量和支付

种植物的养护及管理是承包人完成绿化工程的附属工作,不另计量与支付。

第 706 节　声　屏　障

706.01　范围

本节工作内容为根据图纸要求,在公路路侧居民集中区、学校教学区、医院病房区等设置声屏障等隔声设施以及与此有关的施工作业。

706.02　材料

1. 钢筋、混凝土以及砂浆应符合本规范第 403 节、第 410 节及第 413 节的规定。

2. 砖采用普通黏土砖,应符合图纸要求及《烧结普通砖》(GB/T 5101—2003)的规定。

3. 各类吸、隔声材料及成品规格、尺寸以及质量要求应符合图纸规定。

4. 钢材应符合图纸及国家有关标准的规定。

5. 金属结构声屏障所采用金属立柱的规格、材质不应低于图纸要求。

6. 金属结构声屏障所采用的焊接材料和紧固件必须符合图纸要求和现行行业标准的规定。

706.03 施工要求

1.砌块体声屏障

(1)一般要求

a.砌筑基础前,应校核基坑放线尺寸,符合设计要求,并填写记录。

b.砌筑顺序应符合下列规定:

(a)基底高程不同时,应从低处砌起,并应由高处向低处搭砌。设计无要求时,搭接长度不应小于基础扩大部分的高度。

(b)砌体的转角处与交接处应同时砌筑。不能同时砌筑时,应留槎、接槎。

c.墙上预留临时施工洞口的净宽度不应大于1m。临时施工洞口应做好补砌。

d.施工过程中的墙体超过2m高,应采用临时支撑等有效措施,防止大风侵袭。

e.在潮湿或有化学侵蚀介质的环境条件下,砌体中的钢筋的防腐应符合设计要求。

f.排水施工应符合图纸要求。

(2)吸声砖声屏障

a.按图纸的要求施工,在规定的位置预埋钢管(钢筋混凝土柱)加强柱,并在柱顶浇筑混凝土底板以及在柱间浇筑混凝土承台。混凝土的施工要求应符合本规范第410节的规定。

b.底板和承台混凝土强度达到强度等级后,即可在其上砌筑预制吸声砖,砌筑时的施工工艺应符合图纸的规定。

c.钢管加强柱如果不是镀锌钢管,应在预埋前加以防锈处理。

(3)砖墙声屏障

a.按图纸的要求施工,砌筑前,所有用砖应用干净水浸润,使在砌筑时具有足够的湿度。

b.墙体过长时,应按图纸或监理人指示设置沉降缝。

c.砖墙的基础应按图纸规定的地段或监理人指示进行基坑开挖,达到图纸规定的高程后,对地基应加以夯实,符合图纸要求并经监理人同意,方可砌筑基础。

d.基础砌筑完成并经检验合格,方可进行墙身砌筑。

e.墙身砌筑,应上下错缝,内外搭砌,砌缝宽度以10mm为宜。墙身横竖砌缝应填满砂浆,勾缝的外露面所留缝槽深度宜为10~15mm。

f. 砌筑墙身,应挂线砌筑以保证墙身平整和顺直。

g.砌筑工作中断时,应将砌完不久部位进行覆盖并洒水养生。恢复砌筑时,应先将已砌部位表面清理干净并洒水润湿,然后再行砌筑。

2.金属结构声屏障

(1)一般要求

a.金属构件制作的规格、尺寸应符合图纸要求,构件焊接不得有裂纹、未熔合、夹渣和未填满弧坑等缺陷。

b.金属立柱、连接件和声屏障屏体在运输时,应采取可靠措施防止构件变形或防腐处理层损坏。严禁安装变形的构件。

c. 固定螺栓紧固，位置正确，数量符合图纸要求，封头平整无蜂窝、麻面。

d. 屏体与基础的连接缝密实，符合图纸要求。

(2) 插装吸、隔声板声屏障

a. 按图纸的要求施工，在规定的位置浇筑钢筋混凝土柱桩基础，并在柱桩顶部预埋钢板和螺栓；在柱桩间浇筑混凝土联系梁。混凝土浇筑的施工要求应符合本规范第410节的规定。

b. 钢管立柱与柱桩顶部预埋钢板连接应牢固，立柱两侧焊接的嵌口槽钢，其焊接位置应准确。

c. 在立柱间插装消声板元件，应用压紧件使元件插装牢固。

d. 钢管立柱及嵌口槽钢应按图纸要求进行防锈处理。

706.04　质量要求

1. 砌块体声屏障

(1) 检查项目

砌块体声屏障的检查项目见表706-1。

(2) 外观鉴定

a. 墙体外观平整美观，无表面破损。

b. 砌筑灰缝应用砌筑砂浆充实。

砌块体声屏障检查项目　　表706-1

项次	检查项目	规定值或允许偏差	检查方法
1	降噪效果	符合设计要求	按环保复查方法
2	与路肩边线位置偏移(mm)	±20	尺量：检查30%
3	墙体高程(mm)	±20	水准仪：检查30%
4	墙体竖直度(mm/m)	3	经纬仪、尺量：检查30%
5	墙体厚度(mm)	不小于设计	尺量：抽查15%
6	顺直度(mm/10m)	10	10m拉线：每100m测2处，总数不少于5处
7	水平灰缝平直度(mm)	7	拉10m线和尺量：每100m测2处，总数不少于5处
8	表面平整度(mm)	8	2m靠尺和楔形塞尺：每100m测10尺

2. 金属结构声屏障

(1) 检查项目

金属结构声屏障的检查项目见表706-2。

(2) 外观鉴定

a. 立柱镀(涂)层均匀，镀(涂)层剥落面、出现气泡、未镀(涂)面、刻痕、划伤面等不超过该构件表面积的1‰。

b. 屏体颜色均匀一致，无裂纹，划伤面不超过面积的1‰。

c. 基础外观平整美观，不得造成路面污染及构筑物破损。

d. 屏体与立柱及屏体间的缝隙必须密实，不密实处应及时处理。

金属结构声屏障检查项目表　　表706-2

项次	检查项目	规定值或允许偏差	检查方法
1	降噪效果	符合设计要求	按环保复查方法
2	与路肩边线位置偏移(mm)	±20	尺量:检查30%
3	顶面高程(mm)	±20	水准仪:检查30%
4	金属立柱中距(mm)	10	尺量:检查30%
5	金属立柱竖直度(mm/m)	3	垂线、尺量:检查30%
6	镀(涂)层厚度(μm)	不小于规定值	测厚仪:检查20%
7	屏体厚度(mm)	±2	游标卡尺:检查15%
8	屏体宽度、高度(mm)	±10	尺量:检查15%

706.05　计量与支付

1.计量

吸、隔声板声屏障应按图纸施工完成经监理人验收的现场量测的长度,以米为单位计量;吸声砖及砖墙声屏障以立方米为单位计量。声屏障的基础开挖、基底夯实、基坑回填、立柱、横板安装等工作为砌筑吸声砖声屏障及砌筑砖墙声屏障所必需的附属工作,均不另行计量。

2.支付

按上述规定计量,经监理人验收并列入了工程量清单的以下支付子日的工程量,其每一计量单位,将以合同单价支付。此项支付包括材料、劳力、设备、运输等及其他为完成声屏障工程所必需的费用,是对完成工程的全部偿付。

3.支付子目

子目号	子目名称	单位
706-1	吸、隔声板声屏障	m
706-2	吸声砖声屏障	m^3
706-3	砖墙声屏障	m^3

注:消声板声屏障可按其高度不同以子项列出。